# "神话学文库" 编委会

## 主　编

叶舒宪

## 编　委

（以姓氏笔画为序）

# "神话学文库"学术支持

上海交通大学文学人类学研究中心

上海交通大学神话学研究院

中国社会科学院比较文学研究中心

陕西师范大学人文社会科学高等研究院

上海市社会科学创新研究基地——中华创世神话研究

"十二五""十三五"国家重点图书出版规划项目
第五届、第八届中华优秀出版物奖获奖作品

神话学文库
叶舒宪主编

《旧约》中的民间传说
宗教、神话和律法的比较研究

FOLK-LORE IN THE OLD TESTAMENT

［英］詹姆斯·乔治·弗雷泽（James George Frazer）◎著

叶舒宪　户晓辉◎译

陕西师范大学出版总社

图书代号　　SK23N1132

本书译自 Sir James George Frazer, Folk-lore in the Old Testament: Studies in Comparative Religion, Legend and Law, Abridged Edition, London: Macmillan and Co., Limited, 1923

**图书在版编目（CIP）数据**

《旧约》中的民间传说：宗教、神话和律法的比较研究／（英）詹姆斯·乔治·弗雷泽著；叶舒宪，户晓辉译. —西安：陕西师范大学出版总社有限公司，2023.10

（神话学文库／叶舒宪主编）

ISBN 978-7-5695-3679-9

Ⅰ.①旧…　Ⅱ.①詹…②叶…③户…
Ⅲ.①《圣经》—故事—研究　Ⅳ.①B971.1

中国国家版本馆 CIP 数据核字（2023）第 110177 号

**《旧约》中的民间传说：宗教、神话和律法的比较研究**

《JIUYUE》ZHONG DE MINJIAN CHUANSHUO: ZONGJIAO、SHENHUA HE LÜFA DE BIJIAO YANJIU

[英]詹姆斯·乔治·弗雷泽　著　叶舒宪　户晓辉　译

| | | |
|---|---|---|
| 出 版 人 | 刘东风 |
| 责任编辑 | 谢勇蝶 |
| 责任校对 | 刘存龙 |
| 出版发行 | 陕西师范大学出版总社 |
| | （西安市长安南路 199 号　邮编 710062） |
| 网　　址 | http://www.snupg.com |
| 印　　刷 | 中煤地西安地图制印有限公司 |
| 开　　本 | 720 mm×1020 mm　1/16 |
| 印　　张 | 32.75 |
| 插　　页 | 4 |
| 字　　数 | 491 千 |
| 版　　次 | 2023 年 10 月第 1 版 |
| 印　　次 | 2023 年 10 月第 1 次印刷 |
| 书　　号 | ISBN 978-7-5695-3679-9 |
| 定　　价 | 165.00 元 |

读者购书、书店添货或发现印刷装订问题，请与本公司营销部联系、调换。
电话：(029)85307864　85303635　传真：(029)85303879

# "神话学文库"总序

叶舒宪

神话是文学和文化的源头，也是人类群体的梦。

神话学是研究神话的新兴边缘学科，近一个世纪以来，获得了长足发展，并与哲学、文学、美学、民俗学、文化人类学、宗教学、心理学、精神分析、文化创意产业等领域形成了密切的互动关系。当代思想家中精研神话学知识的学者，如詹姆斯·乔治·弗雷泽、爱德华·泰勒、西格蒙德·弗洛伊德、卡尔·古斯塔夫·荣格、恩斯特·卡西尔、克劳德·列维－斯特劳斯、罗兰·巴特、约瑟夫·坎贝尔等，都对 20 世纪以来的世界人文学术产生了巨大影响，其研究著述给现代读者带来了深刻的启迪。

进入 21 世纪，自然资源逐渐枯竭，环境危机日益加剧，人类生活和思想正面临前所未有的大转型。在全球知识精英寻求转变发展方式的探索中，对文化资本的认识和开发正在形成一种国际新潮流。作为文化资本的神话思维和神话题材，成为当今的学术研究和文化产业共同关注的热点。经过《指环王》《哈利·波特》《达·芬奇密码》《纳尼亚传奇》《阿凡达》等一系列新神话作品的"洗礼"，越来越多的当代作家、编剧和导演意识到神话原型的巨大文化号召力和影响力。我们从学术上给这一方兴未艾的创作潮流起名叫"新神话主义"，将其思想背景概括为全球"文化寻根运动"。目前，"新神话主义"和"文化寻根运动"已经成为当代生活中不可缺少的内容，影响到文学艺术、影视、动漫、网络游戏、主题公园、品牌策划、物语营销等各个方面。现代人终于重新发现：在前现代乃至原始时代所产生的神话，原来就是人类生存不可或缺的文化之根和精神本源，是人之所以为人的独特遗产。

可以预期的是，神话在未来社会中还将发挥日益明显的积极作用。大体上讲，在学术价值之外，神话有两大方面的社会作用：

一是让精神紧张、心灵困顿的现代人重新体验灵性的召唤和幻想飞扬的奇妙乐趣；二是为符号经济时代的到来提供深层的文化资本矿藏。

前一方面的作用，可由约瑟夫·坎贝尔一部书的名字精辟概括——"我们赖以生存的神话"（Myths to live by）；后一方面的作用，可以套用布迪厄的一个书名，称为"文化炼金术"。

在21世纪迎接神话复兴大潮，首先需要了解世界范围神话学的发展及优秀成果，参悟神话资源在新的知识经济浪潮中所起到的重要符号催化剂作用。在这方面，现行的教育体制和教学内容并没有提供及时的系统知识。本着建设和发展中国神话学的初衷，以及引进神话学著述，拓展中国神话研究视野和领域，传承学术精品，积累丰富的文化成果之目标，上海交通大学文学人类学研究中心、中国社会科学院比较文学研究中心、中国民间文艺家协会神话学专业委员会（简称"中国神话学会"）、中国比较文学学会，与陕西师范大学出版总社达成合作意向，共同编辑出版"神话学文库"。

本文库内容包括：译介国际著名神话学研究成果（包括修订再版者）；推出中国神话学研究的新成果。尤其注重具有跨学科视角的前沿性神话学探索，希望给过去一个世纪中大体局限在民间文学范畴的中国神话研究带来变革和拓展，鼓励将神话作为思想资源和文化的原型编码，促进研究格局的转变，即从寻找和界定"中国神话"，到重新认识和解读"神话中国"的学术范式转变。同时让文献记载之外的材料，如考古文物的图像叙事和民间活态神话传承等，发挥重要作用。

本文库的编辑出版得到编委会同人的鼎力协助，也得到上述机构的大力支持，谨在此鸣谢。

是为序。

# 弗雷泽的学术导向性

## ——中译本序

《〈旧约〉中的民间传说》是引领我进入文化人类学领域的标志性著作，也是我读到的弗雷泽的第一本书。虽然过去近 30 年了，当时读后的那种震撼之感，依然记忆犹新。

那是 1983 年在北京师范大学中文系进修期间，课余到北京图书馆（今日国家图书馆的前身）外文阅览室，只能以内阅方式（不外借）边读边做笔记。那时的图书馆内没有餐饮供应，我和进修班同学王海龙总是带上一些黄瓜、西红柿充作午餐，从早上九点一下子看到下午五点下班关门时。那本英文书是馆藏的孤本，尘封日久，无人问津，纸质发黄发脆，从扉页上的红色印章"巴金赠书"可以略知其来历。

弗雷泽被学界称为"比较主义者"（阿兰·邓迪斯），就是因为其广阔的全球视野和贯通古今的知识储备，使得他在研究犹太教圣书《旧约》时能够立足希伯来文化，放眼五大洲，得心应手，左右逢源，梳理出一个又一个学术问题，并通过丰富的跨文化比较材料的引用，形成宗教、神话、仪式、禁忌、礼俗等方面的研究专题群，为后来者开辟出可以从容跟进的康庄大道。当时，我刚要走出国别文学教育所铸就的狭隘壁垒，对弗雷泽如此宏大的研究气魄只有仰望之情。三年后，我在翻译加拿大批评理论家弗莱的原型说时，看到他把弗雷泽视为自己方法上的导师，称之为最杰出的文学批评家。这就更加激发了我学习和效法弗雷泽式研究范式的念头。中国和西方的传统理念"博学"在知识全球化的新背景下，获得重新诠释的机会，弗雷泽所树立的榜样的力量，成为博学理念在 20 世纪的一种新范本。弗雷泽的著述方式为以比较研究为特色的新人文学开辟出路径。我们这一批从中国学问传统中走来的人，在古典人类学家知识范式的熏陶下，坚持十余年以后，逐渐走向文学研究与人类学视野相结合的跨学科方向——文学人类学。

1996 年，一个号称"中国文学人类学研究会"的学术组织就在中国比较文学学会内作为二级学会而诞生了。以萧兵先生为首任会长的这批学界同道们，没有一个不是弗雷泽著述的忠实读者和学步者。大家当时只是朦胧地意识到，相对封闭数千年的中国学问传统一旦和文化人类学的知识全球化视野相互连通，其效果将带来怎样的一种柳暗花明之境。以中国本土的浩瀚资料（无论是文献资料还是各地的口传资料）为基础展开弗雷泽式的国际比较研究，那又该是怎样一种广阔的学问新天地？目前，中国民间文艺家协会正在和汉王公司合作，开展一个名为"中国口头文学遗产数字化工程"的项目，将数十万民间文学工作者几代人在 2800 多个县采集笔录的中国口头文学作品 8 亿多字转换成电子文本，相信这一数字化工程的成果传到网络上后，将给文学和文化研究者带来一次材料大海般的新震撼。以手抄资料方式常年从事写作的弗雷泽先生地下有知，该是多么兴奋和鼓舞！中国文学人类学研究会的同道们正在用"大传统"的新文化理念，重新体认这一口头文化传统的深厚性与丰富性。

对本书的翻译工作始于东方文学课的教学需要，先是独自翻译前面几章与神话研究相关的内容，用于教学和研究的参考。断断续续积累了一些译稿。后来到中国社会科学院做专业研究，教学任务减轻，本书的翻译也随之暂停。后来户晓辉分配到中国社会科学院文学研究所，就约他承担本书后半部分的汉译。我们两人终于在 2004 年完成了全部译稿。其中一些章节的译文先后发表在《杭州师范学院学报》（2005 年第 3 期）和《国际文学人类学研究》（天津：百花文艺出版社，2006 年，第 149—169 页）等。2007 年，有一家知名的学术出版社将此书译本列入出版计划，还草签过合同。后来由于我申报的中国社会科学院重大项目"中华文明探源的神话学研究"将此书列入神话学文库资料集成的编撰计划，不到项目评审结项，子课题的内容也不宜先行出版，所以就一下子拖了四年，时至今日。2009 年我在台湾中兴大学为研究生讲授文学人类学课时，编写了一部专业教程，在教程的第一章第五节，专门录用《〈旧约〉中的民间传说》中造人神话分析部分的中译文，作为文学人类学批评开端的一种先导性范例。

记得 1996 年到纽约时，学友王海龙不仅带我去书店淘宝，还将他特意收集到的一巨册加斯特大著《〈旧约〉中的神话、传说和习俗：与弗雷泽〈旧约中的民间传说〉各章的比较研究》（Theodor H. Gaster, *Myth, Legend, and Custom in the Old Testament：A comparative study with chapters from Sir James G. Frazer's Folklore in the Old Testament*, Harper & Row, Publishers, New York and Evanston, 1969）送给我做礼物。正是这部书，使得中译本的内容和面貌能够比原著更加丰

富多彩。

　　弗雷泽当年著述时苦心搜寻并系统整理的世界各地各民族、各族群口传文学和口传文化材料，在今日已经获得联合国教科文组织认定的新名目——口传与非物质文化遗产。这些遗产不仅存在于弗雷泽所生活的西方文明之底层，而且存在于一切文明社会和前文明社会的底层。在中国人文学界要效法弗雷泽式的比较研究，其资料条件如何的问题，已经在前面提到的"中国口头文学遗产数字化工程"有所介绍，其源文献约 5000 册书，全部来自田野采集的口述材料，被学界誉为中国民间文化的"四库全书"。预计在不久的将来，由民间文学专家组进行重新分类编排的这套大书，就将向全球的读者和学者开放。其促进民间文学和民间文化之大传统研究的深远意义，对改造千百年来本土知识人唯书本马首是瞻的知识观和学术观所将发挥的助力，都是值得期待的。我们自 2010 年以来，将此一后现代知识观的大变革运动，用学理溯源的表述方式，称为"人类学转向"。学界谈到 20 世纪以来的学术变革，常用"语言学转向"来概括。窃以为人类学转向的意义和辐射范围都不亚于语言学转向。相关的讨论与争鸣还在展开之中。这里只需强调一点，弗雷泽等早期人类学者的个人学术著述，对于人类学转向的形成具有奠基和驱动的双重作用。熟读他们的皇皇巨著，对于今日的人文学子来说，依然是扩大眼界和尝试研究的一项基本功。

　　2012 年 8 月，教育部主办的全国首届"文学人类学骨干教师高级研修班"在重庆文理学院举办。本次培训是自觉延续费孝通先生在 20 世纪 90 年代开创的人类学骨干进修班的传统，为我国高校在人文社会科学领域开展学科交叉、培育新兴学科培养一支骨干队伍，也为高校文学类学科改革提供一种新的路向。本次培训以文学人类学这一新兴交叉学科为基础，围绕学术问题而展开，使学员结合自身学术积累形成新的研究课题和方向。在"高研班"上，我们重新界定大/小传统，不再拘泥于美国人类学家雷德菲尔德的原有概念，指出他的大小传统划分是后殖民时代到来以前的，难免有殖民主义／精英主义的偏见，需要给予批判和再造。其再造的用意是：将口传与非物质文化遗产，将众多无文字民族的多元活态文学，统统提升到大传统的地位，将长期以来占据绝对统治地位的汉字书写传统（国学）相对化，凸显人类学转向后的学术范式革新意义。以此为基石，形成中国文学人类学独特的文化观（文学观），再用多重证据法来实现具体研究操作与理论建构的统一性，将分散的个案研究用新理论体系提升起来。在"高研班"的授课和讨论中，弗雷泽依然是高频词和关键词。尽管今日的人类学发展已经大大跨越了弗雷泽时代的古典进化论,尽管弗雷泽因为没有田野调研经验而时常受到诟病,但是我还是要讲:我们是他永远的学生。

叶舒宪

2012 年 8 月 11 日

写于重庆永川,茶山竹海天街客栈

# 原 版 前 言

　　研究人类早期历史的现代学者已经用不同的方法、以无可抗辩的说服力一致得出结论说，一切文明民族都在某个阶段源自一种野蛮状态，而这种状态与许多落后种族保留至今的状态或多或少都非常相似，而且，即使当某个共同体中的多数人早就不再像野蛮人那样思想和行动了，这个民族的习惯和习俗中古老而粗野的生活方式和思维方式的遗迹也并不在少数，这些遗留物被列在民俗学的名目之下。一个民族传统的信仰和习俗似乎应该归因于民众的集体行为，而不能追溯到伟人的个人影响，就此而言，最广义的"民俗学"可以说包括一个民族传统的信仰和习俗的整体。尽管古希伯来人的道德和宗教发展程度很高，但没有理由认为他们是这个普遍规律的例外。他们可能也经历了一个未开化的甚至野蛮的阶段，对他们的文献与其他种族的比较考察证实了这种可能性，因为除非认为这种文献中提到的许多信仰和习俗是低得多的某个文化层次的早期遗留物，否则就几乎无法对它们作出解释。我在本书中已经着手进行的正是要说明和解释《旧约》中像化石般保留下来的蛮荒时代的这样一些遗留物。在其他著作中，我已经注意到《旧约》中的另一些野蛮性的遗存，诸如献祭头生子、关于妇女不洁的律法和关于替罪羊的习俗。但是，既然我不愿重复自己对这些话题已经说过的话，所以我只是满足于向有兴趣的读者指出我的另一些著作。

　　探查文明之下的野蛮行径的工具就是比较方法，这种方法用在人类的精神上能使我们追踪人的理智和道德的演化过程，正如用在人类的身体上就可以让我们追踪人的身体从动物生活的低级形式演化而来的过程一样。简而言之，除了有一种身体的比较解剖学之外，还有一种精神的比较解剖学，它可能对人类的未来产生毫不逊色的（不仅是思辨的而且是实践的）深远后果。用比较方法研究古希伯来文化并不是新鲜之事。在 17 世纪，法国博学的牧师博沙尔①和英国博学的牧师约翰·斯宾塞②都曾经成功地把这种方法用于这种目的。据说，作为剑桥圣体学院的院长，斯宾塞有关古代希伯来仪式法的著作为比较宗教学奠定了基础。两个世纪之后，在我们自己的时代，这些著名学者和牧师开创的工作在剑桥又由我尊敬的老师兼朋友威廉·罗伯逊·史密斯③重新开始，此项研究在他的一生以及自从他过早离世以来所取得的进步，在很大程度上要归功于他的非凡天才和学识的有力推动。我的夙愿就是追随这些杰出的前辈学者在这个知识领域的足迹，把我说的剑桥比较宗教学研究传统继续延续下去。

有一个通常的道理是，任何一个问题的完全解决都会引起许多其他问题的迎刃而解。而且，若非无所不知，任何东西也不足以回答看似最简单的询问毫无保留地提出的所有问题。因此，尤其是在目前这种不成熟的研究条件之下，对某个民俗学要点的调查自然开启了通向许多方向的研究之门，在追寻这些方向时，我们会不知不觉地被引入越来越宽广的研究领域，直到我们由以出发的要点几乎已经消失在远处，或者更准确地说，是在适当的角度把它看做众多相似现象中的一个。所以，许多年以前，当我调查意大利民俗的某个特点时就发生了这种情况，现在，当我已经着手讨论古希伯来民俗的一些特点时，也发生了这样的情况。对某个传说、习俗或律法的考察有时会逐渐扩展为一篇专题论文甚至一部专著。但我希望，除了与以色列人的传统和习俗的直接关联之外，这些专题论文也被看做对一般民俗学研究的贡献。这种研究仍然处于初创阶段，我们关于所研究的这些问题的理论在很长时间内大概必定是推测性的和临时性的，它们只是临时挑选许多事实的鸽子窝，而不是一劳永逸地编排事实的铁模子。在这些情况下，民俗学领域中坦诚的研究者目前将以某种谦虚谨慎的态度陈述他们的推论，而保留正在研究的问题的相关难点和不确定之处，这正是我常常尽力要做的事情。如果我在任何地方忘记了我向别人推荐的这条告诫，并且用证

---

① 博沙尔（Samuel Bochart，1599—1667），法国著名学者和新教神学家，东方学家，精通各种主要的东方语言，包括希伯来语、迦勒底语、阿拉伯语和腓尼基语等。其贡献在于研究《圣经》的地理、民族、动物等背景，著有《〈圣经〉地理》二册（*Geographia sacra* I-II, 1646），以《创世记》第 10 章为基础，研究并勾勒出古代民族的分布状况。另有《神圣动物，即〈圣经〉动物历史》（*Hierozoicon sive Historia animalium Sacrae Scripturae*, 1663），研究《圣经》中特殊动物的名字及其意义。——译注

② 约翰·斯宾塞（John Spencer，1559—1614），1607 年被任命为剑桥大学圣体学院院长，曾是钦定版《圣经》的译者之一。——译注

③ 威廉·罗伯逊·史密斯（1846—1894），苏格兰神学家、东方学家、著名宗教学家，著有《闪米特人的宗教》等。——译注

据不允许的独断论的面目来表达我的观点，那么，我请求读者用怀疑论的这种一般的和真诚的表白来匡正所有这类说法。

在本书的整个研究过程中，我已经试图考虑了现代最优秀的考证学家关于《旧约》各章的成分和年代的结论，因为我相信，只有根据这些结论，这部圣典中的许多明显的不一致之处才能得到逻辑的和历史的解释。《旧约》的引文一般引自英文修订版，有时我斗胆持有异议而宁愿采用不同的译法甚至在几处采用不同的读解。我想说的是，在专心阅读希伯来语版《旧约》的整个文字时，我身边一直放着英译本，译者和修订者以恰当的词句所进行的工作加上在每个细节上对原文精神的非同寻常的忠实程度，都给我留下了深刻的印象。在把严格的准确性与语言的庄重和华美相结合这一点上，作为一种译本的英文修订版《旧约》无疑是不可超越的，而且在文献上可能也是无与伦比的。

我的研究范围迫使我主要强调《旧约》中揭示的古希伯来人生活的比较低级的一面以及在它的记录中发现的野蛮和迷信的种种迹象。但这样做并不是要忽视、更不是要贬低希伯来天才在其神圣的宗教和纯粹道德中表现出来的更高级的一面，《旧约》正是这一方面的不朽丰碑。相反，对古希伯来文明之下（正如在现代欧洲文明之下）的低级成分的揭示，反而可以通过对比来强化一个民族的荣耀，因为它能够从无知和残酷的如此黑暗的深渊提升到智慧和美德的如此明亮的高度，正如阳光在穿过冬日的阴暗云层时比它从夏日正午的宁静光辉中倾泻大地更加绚烂夺目一样。野蛮和迷信的编年史令人遗憾地构成了人类文献的大部分，但在《旧约》中，伴随这种令人沮丧的记录，我们还同时发现：《诗篇》的作者唱出了他们在僻静的山丘或青青牧场和寂静河边进行虔诚冥想时的甜美而庄严的曲调；照亮其极乐未来的真福直观①的先知们具有的一种激情想象的光辉；把铭记在清新风格的琥珀色中的往昔场景传诸遥远时代的历史学家。还有哪本书会让我们同时看到这些东西呢？这些就是《旧约》和以色列人的真正荣耀。我们期盼并且相信，当神圣和世俗的文献中记载的粗野言行已经从未来更高贵的人性中被涤除出去之时，这些仍将会让人类感受到愉悦和鼓舞。

詹姆斯·乔治·弗雷泽
1918 年 5 月 26 日于伦敦
1 Brick Court, Temple

---

① 真福直观（beatific visions），指圣徒灵魂在天堂上对上帝的直接认知。——译注

# 删节版前言

有人建议我说，有些读者既买不起也没空读原版三大卷《〈旧约〉中的民间传说》，所以，删节版或许更受他们的欢迎。考虑到这种意见，于是我准备了目前这个节本，完全删去了一些章节并压缩了其余的绝大部分章节。尤其是，为了给正文腾出空间，我删去了几乎所有注释，包括对权威的引证，除非在极个别的情况下需要对某个词作出解释，或者在引用《旧约》时我认为有必要说明采用不同于钦定版或修订版的解读的理由。因此，读者若想了解任何一个特定观点的出处，就必须查阅引证详备的三卷原版。

勒南①曾指出，对于从事起源研究的哲学人士来说，人类的过去仅仅提供了三种首先让人感兴趣的历史：即希腊史、以色列史和罗马史。对于这三种全部以书面文献为依据的历史而言，我们现在至少可以增加第四种历史，那就是生活在不懂文字技术的时代和国度里的人类的历史。因为自勒南将他伟大的以色列史和早期基督教史公之于世以来，我们关于人类既往的知识已经得到了大幅度的扩展和丰富，这一方面是由于史前考古的种种发现，另一方面是由于对野蛮种族所做的更精确的研究，对我们来说，这些种族以或大或小的准确程度再现了文明民族的祖先在很久以前经历的社会进化的各个阶段。总体来看，这些比较性质的新科学在一定程度上揭开了迄今笼罩在人类童年时代上的面纱；它们让我们突破（如果我可以这样说的话）了直到最近似乎仍在阻碍研究者跨越古典文化边界的障碍；它们为人类自产生到完全成熟期间已经逝去的那些晦暗而难以计数的岁月中曾有过的思想和活动打开了一幅无穷无尽的远景。因此，如今有越来越多的研究者热衷于民俗学和史前考古学研究。我们几乎可以说，在塑造并转变当代开明观点的种种力量中，这些人文学科开始发挥的影响仅次于物理学的长足进展在活生生的记忆中对思想的整体活动所带来的触动，因为信

---

① 勒南（Ernest Renan，1823—1892），法国哲学家、历史学家和宗教学家，著有《宗教历史研究》（1857）和《耶稣的一生》（1883）等。——译注

仰的有效性和习俗的价值问题几乎与它们的起源问题不可分离，而考古学和民俗学对后一个问题恰恰不断有新的阐释。

在本书中，我试图用民俗学的方法把古代以色列人的某些信仰和习俗追溯到更早的和更粗野的阶段，而那时他们的思想和惯例与现存野蛮人的信仰和风俗有种种相似之处。如果我的这项尝试在某种程度上是成功的，那么，我们就有可能以一种虽然不够浪漫却更加真实的眼光来看待以色列史，不是把以色列人看做一个由神启从所有种族中不可思议地甄别出来的民族，而是看做一个和其他民族一样经历了缓慢演化过程的民族，这个过程就是从无知和野蛮的初始状态演化而来的自然选择过程。

詹姆斯·乔治·弗雷泽

1923 年 6 月 5 日

# 目　　录

## 第一部　世界初始

1

印第安人和斯拉夫印第安人讲述的同一个故事的另一个异文 / 哈勒斯金印第安人讲述的同一个故事的另一个异文 / 廷内印第安人讲述的大洪水故事 / 阿拉斯加的特林吉特印第安人讲述的故事 / 夏洛特皇后群岛的海达印第安人讲述的故事 / 英属哥伦比亚的汤普森印第安人讲述的故事 / 华盛顿州的印第安人讲述的故事 / 哥伦比亚河下游的印第安人讲述的故事 / 爱斯基摩人和格陵兰人讲述的故事

# 第二部　族长的时代

内亚和爱斯基摩人用水中表象占卜 / 用水容器占卜的其他方法 / 用滴到水里的东西占卜 / 用杯中的茶叶占卜 / 用水里融化的铅或蜡占卜

# 第三部　士师和诸王的时代

## 第一章　蒲草箱里的摩西　283

## 第二章　参孙和大利拉　290

## 第三章　灵魂的包裹　304

## 第四章　隐多珥的女巫　313

11

## 第二章　不可用山羊羔母的奶煮山羊羔　389

## 第三章　为死者割体剪发　405

体 / 萨摩亚群岛、芒艾亚岛和马尔萨斯群岛在悼亡时的割体 / 毛利人悼亡者的割体剪发 / 澳大利亚土著悼亡者的割体剪发 / 悼亡者的血滴在尸体或墓穴上 / 悼亡者剪掉的头发被放在尸体上 / 塔斯马尼亚人悼亡者割体剪发 / 割体剪发大概是向幽灵的伪装 / 澳大利亚悼亡习俗中表现出来的对幽灵的恐惧 / 澳大利亚悼亡习俗中表现出来的抚慰幽灵的愿望 / 给死者献祭血和头发 / 人们认为血对死者有什么好处 / 人们认为头发对死者有什么好处 / 悼亡时割体剪发的习俗是崇拜死者的证据

## 第四章　触人的牛　427

触死人的牛被人用石头砸死 / 库基人的复仇扩展到动物和树木 / 阿依努人砍倒致人死亡的树 / 杀人的武器被毁掉或使其丧失用途 / 马六甲和西利伯斯岛触死人的水牛被处死 / 阿拉伯人对杀人动物的处置 / 《阿维斯陀古经》中对咬人的狗的惩罚 / 古代雅典对动物和物件的审判 / 柏拉图提议的对动物和物件的审判 / 萨索斯岛对物件的审判和处罚 / 奥林匹亚和罗马对雕像的处罚 / 古罗马对动物的处罚 / 现代欧洲对动物的审判和处罚 / 教会对野生动物和害虫的审判 / 教会法庭上对动物提起诉讼的方式 / 欧洲起诉动物的实例 / 圣于连的居民起诉甲虫的案子 / 欧坦的鼠案 / 斯泰尔维奥居民对田鼠的诉讼 / 伯尔尼人对名为inger的害虫的诉讼 / 库尔对西班牙蝇和洛桑对水蛭的诉讼 / 维勒诺斯和斯特兰比诺对毛虫的诉讼 / 萨沃伊省对毛虫的诉讼 / 巴西对蚂蚁的诉讼 / 博兰顿对硕鼠和老鼠的诉讼 / 政权对家养动物的审判和处罚 / 在萨维尼对一头杀人的母猪的审判和执行 / 各地处死母猪 / 法国处死其他动物 / 巴塞尔的一只公鸡因生蛋被处死 / 新英格兰处死狗 / 上述动物在萨沃伊省当证人 / 拉罗谢尔的钟因异端受处罚 / 英国的奉献物法 / 亚当·斯密论对无生命之物的处罚 / 原始律法中反映的对物的原始拟人化

## 第五章　金铃铛　446

犹太祭司的长袍上挂着金铃铛 / 铃声大概是想驱魔 / 在古希腊罗马铜器的碰撞声可以赶跑精灵 / 用教堂钟声赶走恶魔 / 朗费罗在《金色的传说》中论教堂钟声 / 丧钟 / 敲响丧钟来驱魔 / 但丁论晚祷钟声 / 布里特·哈特论奉告祈祷钟 / 勒南论罗马和威尼斯的钟声 / 民俗在情感方面的重要性 / 敲响教堂的钟来赶走女巫 / 更夫和他的祝福 / 弥尔顿、赫里克和艾迪生论更夫 / 敲响教堂的钟来赶走雷暴 / 钟的神圣化：钟上

14

## 一个人一生能讲几个故事？

# 第一部

# 世界初始

# 第一章　造人[①]

留心于《圣经》的读者不会注意不到《创世记》第一章和第二章里记载的两个造人故事之间的明显差异。在第一章里，我们读到上帝如何在创世的第五天造出鱼和鸟以及所有住在水中和空中的生物，在第六天造出陆地上的所有生物，最后造出了人。上帝按照自己的形象同时造出了男人和女人。

从这一叙述中我们推断出，在地球上所有被造的生物中，人是最后一个；我们还附带地推断出，作为人类特征的两性划分的权力，也同样为神灵所享有，尽管这种性别划分怎么能够与单一的神性相吻合，作者并没有给我们作出任何说明。让我们略过这个神学问题——对人类的理解力来说，它也许过于深奥——转向较为简单的编年问题，并且注意叙述中所说的上帝先造出了低等动物然后才造人的顺序。还有，人类由男人和女人组成，两种形象同时出现，每一种形象都同样反映着他们神圣起源的荣耀。至此，我们阅读的是第一章。然而，当我们进入第二章，就会惊奇地看到对同一个重大事件完全不同的、事实上是相互矛盾的记述。因为我们在这里很惊讶地看到上帝先造了男人，然后造低等动物，最后造了女人。上帝好像只是事后才想到造女人，便从熟睡的男人身上取下一根肋骨。两种叙述之中的价值显然是相反的。在第一种叙述中，神从造鱼开始，经过造出鸟和兽，再造出男人和女人。在第二种叙述中，神从造男人开始，经过造出低等动物，然后再造女人，这最后造出来的女人显然标志着神的工作的最低

①从第一章起，全书按照《圣经·旧约》的结构，对"神学"材料中的民俗现象展开新的解读。弗雷泽的这种解经立场，目的不在于阐释神学内涵，而在很大程度上体现了进化论推动之下的"科学"态度。在泰勒的影响下，《旧约》中的民俗结合世界各地的"土著"材料也就带有了某些可供还原的"历史"事实性质。在今天看来，本书中神学与历史的分野就并非那么分明了。另外，弗雷泽被称为"扶手椅上的人类学家"，主要指他并没有直接的田野经验，因此本书中的大量材料都来自他的阅读，三卷本中的文献性注释非常详赡，在删节版中都被略去了。在本译本中，户晓辉根据三卷本和西奥多·加斯特的《〈旧约〉中的神话、传说和习俗：与弗雷泽〈旧约中的民间传说〉各章的比较研究》(Theodor H. Gaster, *Myth, Legend, and Custom in the Old Testament: A comparative study with Chapters from Sir James G. Frazer's Folklore in the Old Testament*, Harper & Row, Publishers, New York and Evanston, 1969) 一书，补充并翻译了有关注释。——译注

等创造。而且在第二种异文中，并没有说男人和女人是按照上帝的形象造出的，我们只是读到"上帝用地上的尘土造的男人，并向他的鼻孔中吹气，这个男人便成为一个活的灵魂"①。然后，为了解除男人的孤独——他在伊甸园中徘徊，没有一个活物陪伴，上帝造出了鸟和兽，并把它们带给了男人，让它们作为他的伴侣。男人看着它们，并赐给它们名字。不过，他仍然不满足于这些伴侣，于是上帝用男人身体中的一部分造出了女人，并让她做他的妻子。②

　　如下情况非常简单地解释了这两种叙述之间无法调和的矛盾：即它们来源于两种不同的、本来各自独立的文献，后来由某位编者组合到了同一部书中。这位编者把两种叙述放在一起，从没有考虑过要弥合两者之间的差异。第一章中记录的创世故事来源于所谓的祭司文献，这部分文献是在"巴比伦之囚"③事件期间或之后由祭司作者撰写的。在第二章中记述的造人与造动物的故事来源于所谓的耶和华文献，它比祭司文献的书写年代早几百年，也许是在公元前 9 世纪到前 8 世纪。两位作者的宗教立场有明显差异。后者或祭司作者认为上帝是一种抽象的形式，非人的视力所能及，他仅靠发号施令便创造了万物。前者或耶和华文献的作者认为上帝是一种非常具体的形式，他的言行举止都像人，他用泥土造出一个人，在凉爽的白昼散步于花园之中，把男人和女人从他们藏身的树林中召唤出来，用兽皮外衣替代我们的两位先祖用来遮蔽裸体的过于简陋的树叶衣。前一种叙述中那迷人的天真和欢乐，与后一种叙述中的高度严肃性形成对照。在这里，我们被一种忧伤而消极的情绪打动，面对着天真时代明亮多彩的生命图画——那是伟大的耶和华文献的艺术家为我们绘制的。总之，他很难掩饰他对女人的深深蔑视。造女人不仅最晚，而且造的方式也不合常规，而且不够体面——是出于她的男主人身上的一根骨头。女人被造的时间是在所有低等动物按照常规方式被造之后——这就清楚地表明，在神的眼中，女人的地位是低下的。在结尾处，他还显示出一种厌女倾向——当他把人类的所有不幸和悲伤都归咎于其第一位母亲轻信的愚蠢和食欲时，我们能够清楚地感到一种阴暗的气氛。

　　两种叙述中的前一种，即耶和华文献，不光是在描绘上更加形象化，而且含有更加丰富的民俗内涵，保留了许多散发着芬芳的原始纯朴的特征，后来的作者把这些都小心翼翼地抹掉了。因此，耶和华文献与那些带有童趣的故事具有

---

① 见《创世记》第 2 章第 7 节。——译注
② 见《创世记》第 2 章第 18—24 节。——译注
③ 即公元前 6 世纪期间，犹太王国被新巴比伦国王尼布甲尼撒二世率军征服，征服者将犹太王室人员、官员、神职人员以及大部民众统统掳掠到巴比伦城，史称"巴比伦之囚"。——译注

更多可资比较的地方，许多时代和许多国家的人们都曾试图用这样的故事来解释地球上生命伊始时的伟大神秘。我会在下文中引证其中一些朴素的故事。

耶和华文献的作者似乎是这样想象的：上帝用泥土造了第一个人，就像一个陶匠的工作或者像一个孩子用泥巴做他的玩偶，这样的工作把泥揉成恰当的形状，而神向这一形象的口鼻吹气并赐予他生命，正像人们所说的先知以利沙让书念妇女死去的孩子复活的方式：先知躺在孩子的身上，眼对着孩子的眼，嘴对着孩子的嘴，无疑他把他的呼吸注入那尸体，在此之后，孩子打了七次喷嚏，然后睁开了眼睛。①对于古希伯来人而言，我们人类诞生于地面的尘土，这一点是非常自然的，因为在他们的语言中表示"地"（adamah）的这个词是"人"（adam）这个词的阴性形式。②从巴比伦文献中多次提到的情况来看，巴比伦人也认为人是由泥土塑成的。③按照巴比伦祭司贝若索斯（Berosus）的看法，关于创造的故事，被保留在一个希腊文本中，神贝尔割掉了自己的头，其他神接住流出的血，用血和土来和泥，然后用血泥造出了人。④他们说，人之所以如此聪明，正因为他的世俗的泥胎浸入了神圣的血液。⑤在埃及神话中，据说众神之父克诺莫（Khnoumou）在其陶匠的陶轮上用泥土塑造了人。⑥

同样，在古希腊传说中，据说圣人普罗米修斯⑦在弗西斯的帕诺普斯（Panopeus）用泥土塑造了第一批人。⑧当他完成了这项工作时，还有一些泥土剩了下来，这些剩下的泥土形成了一条沟壑两边的巨大边沿上的斑点，至今仍可见到。有一

① 见《列王纪下》第 4 章第 34 节以下。——译注
② 参见德赖弗（S. R. Driver）和贝内特（W. H. Bennett）对《创世记》的评注，第 2 卷，第 7 页。——译注
③ 齐默恩（H. Zimmern）的观点，引自施拉德尔（E. Schrader）：《楔形文字与〈旧约〉》（*Die Keilinschriften und das Alte Testament*），Berlin，1902 年，第 506 页。——译注
④ 参见尤西比乌斯（Eusebius）：《编年史》（*Chronicon*），舍内（Schoene）编，第 1 部分，第 16 行。——译注
⑤ 一般认为，巴比伦人神话源自苏美尔，但加入了自己的内容：主神马尔杜克率众神杀掉了原初大神提阿马特，用其身体造出了天地。又用提阿马特的从神金古的血液混合泥土造人，命人为神服务。——译注
⑥ 参见克斯（H. Kees）：《埃及人》（*Aegypten*），见《贝尔托莱特宗教史读本》（*Bertholet's Religiongesch. Lesebuch*），第 10 卷，1928 年，第 19 页，No. 25；切尼（J. Černy）：《古埃及的宗教》（*Ancient Egyptian Religion*），1952 年，第 49 页；巴达维（A. M. Badawi）：《克努姆神》（*Der Gott Chnum*），1937 年。——译注
⑦ 古希腊神话中普罗米修斯是提坦神，人类的救主。关于他的盗火、被惩罚和从大洪水中拯救人类的神话最为著名。——译注
⑧ 参见保萨尼阿斯：《希腊志》，第 4 章，第 4 页；阿波罗多洛斯（Apollodorus）：《书库》（*Bib.*），第 1 卷，第 7 章，第 1 页；奥维德：《变形记》，第 1 部，第 82 页以下；魏斯克（Weiske）：《普罗米修斯及其神话圈》（*Prometheus und seine Mythenkreis*），1842 年，第 497 页。——译注

位希腊旅行家在公元2世纪的时候访问了这个地方,他认为沟壑的边沿上有彩色的泥,而且发出强烈的人肉气味。我在此后1750年之时访问了这个地方,观看了这些泥斑。这是帕诺普斯山南侧的一个荒凉的小峡谷,或者干脆说是一个空洞,恰位于峰顶灰色岩石上的残破却依然庄严的塔墙的延伸线之下。那是一个深秋的炎热的日子——11月1日——经历了漫长的希腊夏日雨季,这个小峡谷显得分外干燥,两边的灌木中没有水滴下来,但在谷底,我发现了一堆红土,那也许就是普罗米修斯塑出人类第一对父母时所留下的泥土的遗迹吧。这个地方孤寂而荒凉,也看不到人类居住的痕迹,只有山丘上朽败的古塔和城垛,静静地俯视着很久以前曾经热闹非凡的地方。这整个景观像在希腊其他地方的许多景观那样,非常易于给人留下如此的感伤:人在大地上短暂而渺小的存在与宇宙自然永久的平和宁静形成鲜明的对比。在这一天炎热的正午,我在这个山顶上休息,极目远望,思绪万千,老橡树繁茂枝叶的阴影之下,这样的感觉就更加强烈。野生的百里香在空气中摇曳着,散发出醉人的芬芳。在南面,刀削斧凿般的赫利孔山崖俯视着下面的层层山峦。在西面,雄伟的帕耳那索斯山在远处若隐若现,它的山脊上覆盖着的层层松林的暗色如同笼罩在山侧的云影。山脚下,有爬满常青藤的多利斯墙,它孤悬在深深的峡谷之上,其浪漫的美与普洛克涅和夜莺的爱情与悲伤的故事如此吻合,关于她们的希腊传说与这个地方密切相关。①向北看,望过广阔的平原,帕诺普斯山陡峭而光秃的山峰蜿蜒落到平原上,我的目光落在群山之间的深沟上,只见塞菲索斯的山风缓缓地吹动着秃石山脚下的柳树林,沟内浑浊的水弥漫其中,不再滞留在如今已经消失的考派克湖(Copaic Lake)的细长的沼泽中,而是流入到一个石灰岩上的黑暗洞穴里。向东看去,贴附在黯淡的山脉——帕诺普斯山构成它的一个部分——之斜坡上的,是查若尼亚的废墟,那是普鲁塔克②的出生地。旁边的平原就是使希腊沦于马其顿帝国铁蹄之下的那场致命战斗的战场。也是在这块地方,在后来的时代里,东西方之间发生了殊死的搏斗,苏拉(Sulla)统率下的罗马军队击败了米特拉达梯王朝③的亚洲军队。这就是展现在我面前的景色,在一个夏去秋来的

---

① 雅典国王潘狄翁将女儿普洛克涅嫁给了在战争中援助了自己的色雷斯国王——战神之子忒瑞俄斯。忒瑞俄斯觊觎潘狄翁的另一个女儿菲罗茉拉,于是借口带菲罗茉拉探望姐姐而将其占有并秘密囚禁。普洛克涅知晓忒瑞俄斯的阴谋之后杀掉了自己与其的亲生儿子作为报复。忒瑞俄斯追杀姐妹俩,普洛克涅变成了燕子,菲罗茉拉变成了夜莺,而忒瑞俄斯则变成了戴胜鸟。——译注

② 普鲁塔克(Plutarch,约公元46—120),罗马帝国时代的希腊作家,一生写有大量作品,其中最著名的是《希腊罗马名人传》。——译注

③ 米特拉达梯(Mithridates)是位于小亚细亚安那托利亚本都王国的统治者。——译注

悲伤得令人难忘的日子里，夏日的色彩不舍得褪去，好像不愿让冬日到来。次日，景色就变了：夏天去了，灰蒙蒙的 11 月的迷雾低低地笼罩在山峦上，只有在昨天被阳光驱散过。在迷雾那忧郁帷幕的遮盖之下，整个查若尼亚大平原（the Chaeronean plain）——一个在山坡上延展开来的、没有树木的平原，透露出一种极度的悲伤，因为那正是使一个民族丧失了自由的古战场。

我们不能怀疑，对于希腊人、希伯来人、巴比伦人和埃及人是同样有效的这样一种粗陋的人类起源观念，是由他们野蛮的祖先们传入古代的文明人之中的。可以肯定的是，同样的故事，在今天或者往昔的原始人和野蛮人中也有记录。例如，墨尔本周边的澳大利亚黑人说，创世主庞德-吉尔（Pund-jel）用大刀割下了三块树皮，他把一些泥巴放在一块树皮上，用刀把它修成恰当的形状，然后把泥块的一部分放在另一块树皮上，再把它塑成人的形状。他先造的是脚，然后造的是腿，然后是躯干和手，最后是头。他就这样在另外两块树皮上各造出了一个人。他对他的手艺欣喜万分，围着他们手舞足蹈。随后，他又从桉树上取下树皮的纤维做成头发，把它贴在泥人的头上，然后他又观看他们，再度为他的杰作而欣喜，并又一次围着他们跳起舞来。随后，他俯下身来，把他的呼吸使劲吹入他们的口中、鼻中和他们的肚脐眼中。不久，他们抖动起来，会说话，最后站起来，成为发育完全的男人。[1]新西兰的毛利人说，有一位神有不同的名字，或者叫做图、提凯，或者叫做唐，他取了河边的红色泥土，用自己的血和进去，塑成和自己一样的形状——眼睛、腿、手臂以及全身。实际上，那简直就是该神自己的一个化身。在使之完美无缺以后，神通过吹气把生命送进泥人的口鼻。顿时，这个泥人活了起来并且打出喷嚏。毛利人的造物主提凯创造的人与他自己如此相像，因此，他给这个人起名为提凯-阿华，意思就是提凯的相似者。[2]

塔希提岛上有一个被人们普遍接受的传说：主神塔若亚（Taaroa）创造了人类第一对男女。他们说，他在创造了世界之后，又用红土造了人，在面包和水果被造出之前，红土也是人的食物。还有一种说法：塔若亚有一天叫那个男人的名字，他来到之后，塔若亚让他陷入熟睡，当他熟睡时，塔若亚取出他身上

---

[1] 参见布拉夫·史密斯（R. Brough Smyth）：《维多利亚的土著》（*The Aborigines of Victoria*），第 1 卷，1878 年，第 424 页。——译注

[2] 参见格杰恩（W. E. Gudgeon）：《毛利人的宗教》（*Maori Religion*），见《波利尼西亚协会会刊》（*Journal of the Polynesian Society*），第 14 卷，1905 年，第 125 页以下；肖特兰（E. Shortland）：《毛利人的宗教与神话集》（*Maori Religion and Mythology*），1882 年，第 21 页以下；也可参见狄克逊（R. B. Dixon）：《大洋洲神话集》（*Oceanic Mythology*），1916 年，第 107 页，第 203 页。——译注

的一块骨头，用它造出了一个女人，并把这个女人送给男人当妻子，这对夫妇就成为人类的祖先。这个故事是由原住民在基督教传到塔希提岛的早先时期传承下来的。记录这个传说的传教士威廉·埃利斯（William Ellis）认为："我总觉得这个故事是对《摩西五经》①中的创世说的单纯复述，后者是他们从一些欧洲人那里听说的。尽管他们一再对我说在外国人到来之前他们自己就有这个传说，但我从来都不相信。还有一些叙述者说，故事中的女人名叫伊维（Ivi），这也许是他们对书写的夏娃一名的发音。'伊维'是当地语言中的词，不仅指骨头，还指寡妇以及在战争中被杀的牺牲者。虽然原住民有他们的说法，但我还是认为，伊维或夏娃，是这个故事的仅有的被原住民看中的部分，因为他们崇敬人类的母亲。"②然而，同样的传说也流传在塔希提以外的波利尼西亚的其他地区。比如，法考福岛（Fakaofo）和鲍迪奇岛（Bowditch）的原住民说，最早的男人是用一块石头造的。过了一些时候，他想到要造一个女人，于是，他聚拢一些泥土捏成一个女人的模样，然后从自己身体左侧取下一根肋骨，安到女泥人身上，那女泥人顿时就活了。他称她为伊维（Ivi）或肋骨，并让她做了自己的妻子。整个人类种族由这一对夫妇开始繁殖。还有，据报道说，毛利人也相信第一个女人是由第一个男人的肋骨造出来的。同一个故事在波利尼西亚岛屿地区的广泛传播给人们提出了如下疑问：如同传教士威廉·埃利斯认为的那样，这只是从欧洲人那里听来的《圣经》叙事的重复吗？

然而，在另外一些地方，由于我们看到的第一个女人从第一个男人的肋骨造出来的故事毕竟在形式上与《圣经》叙事太相似了，所以很难说它们是完全独立产生的。例如，缅甸的克伦人（the Karens）说："神创造男人，用什么材料来造他呢？神最初用尘土创造男人，由此结束了创世工作。他创造了女人，用什么材料来造她呢？他从第一个男人身上取下一根肋骨，造了女人。"还有类似的说法，例如，西伯利亚的贝瑟尔塔塔尔人（the Bedel Tartars）有一个传说认为，神最初造了一个男人。他一个人在大地上孤独地生活。有一天他睡觉时，魔鬼碰了他的胸，从他肋上掉下一根骨头，骨头落入土中生长起来，就成了第一个女人。由此看来，这些塔塔尔人让魔鬼参与创造我们共同的母亲，并由此加深

---

① 《旧约》由三十九部组成，其中最古老、最重要的五部被称为《摩西五经》，又称《摩西五书》。——译注

② 威廉·埃利斯（W. Ellis）：《波利尼西亚研究》（*Polynesian Researches*），第 1 卷，1832—1836 年，第 110—111 页；狄克逊（R. B. Dixon）：《大洋洲神话集》（*Oceanic Mythology*），1916 年，第 24—26 页。——译注

了《创世记》作者的玩世不恭色彩。下面让我们再回到太平洋地区。

帛琉群岛①的岛民们说，有一对兄妹用泥土和着各种动物的血造出了第一批人。这批人和他们的后代继承了那些奉献了血液的动物的性格，比如，那些用老鼠血造出的人生来就是小偷，那些用蛇血造出的人行为鬼鬼祟祟，那些用公鸡血造出的人则天生就勇敢。②在班克斯群岛的莫塔岛（Mota）上流传的美拉尼西亚人的传说认为，大英雄卡特（Qat）用红土造人。那红土取自万努阿－拉瓦河的岸边。最初，他造出的人和猪是一样的。后来，他的兄弟们向他抗议，他就打倒了猪，让猪用四蹄走路，让人保持直立行走。卡特又用柔软的细枝造出第一个女人，当她微笑时，他知道她是一个活女人。③新赫布里底群岛的马勒库拉岛（Malekula）岛民认为，大神博克尔（Bokor）用泥土造出了最初的男人和女人。④

凯伊群岛（the Kei Islands）的诺胡若岛（Noo-hoo-roa）岛民说，他们的祖先是至上神杜阿德拉用泥土造的，他还用吹气的方式给泥人赋予了生命。⑤印尼的西里伯斯岛⑥中部讲巴雷埃语的托拉查人（the Bare' e-speaking Toradjas）说，世界上起初没有人类。上界的天神易莱和下界的女神易纳拉决定造人。他们把这个任务交给了易康本吉（Ikombengi），他用石头造了两个模型，一个是男人的，另一个是女人的。还有一种说法认为，模型是用木头做的。他在完成了制作模型的工作之后，把模型立在从上界通往下界的大路边上，好让所有路过的精灵都能看到并批评他的手艺。晚上，众神谈论到了模型，认为两个人的腿肚子还不够圆。于是，易康本吉再次去工作，又造了两个新的模型，仍交给众神去评议。这一次，众神觉得模型的肚子太大了。易康本吉又造了第三对模型，又对

---

① 帛琉群岛（Pelew Islands），西太平洋加罗林群岛西部岛群，二战后为美国托管。——译注

② 参见库巴雷（J. Kubary）：《帛琉岛民的宗教》（Die Religion der Pelauer），见《巴斯蒂安民俗学和人学杂录》（A. Bastian's Allerlei aus Volks- und Menschenkunde），第 1 卷，1888 年，第 3 页，第 56 页。——译注

③ 参见科德林顿（R. H. Codrington）：《美拉尼西亚人》（The Melanesians），1891 年，第 158 页。——译注

④ 参见莱加特（T. W. Leggart）：《新赫布里底群岛的马勒库拉岛》（Malekula, New Hebrides），见《澳大拉西亚科学促进会第四次会议报告》（Report of the Fourth Meeting of the Australasian Association for the Advancement of Science），1893 年，第 707 页以下。——译注

⑤ 参见普勒特（C. M. Pleyte）：《对凯伊群岛的民族志描述》（Ethnographische Beschrijving der Kei-Eilanden），见 Tijdschrift v. h. Kon. Neserl. Aardr. Genootschap，第 2 系列，第 10 卷，1893 年，第 564 页。——译注

⑥ 西里伯斯岛（Celebes），苏拉威西岛的英语惯用名。——译注

模型外观略加修改——把男人的一部分转移到女人身上，诸神认可了这对模型。剩下的工作就是如何给这对男女模型赋予生命了。这时，天神易莱回到他的天庭，要为这一男一女送上永恒的呼吸。但没有想到的是，制造者易康本吉由于疏忽，或者是由于匆忙，让普通的风吹到了两个人偶，结果他们从风中获得呼吸与生命。这样就注定了人的生命是有限的，当人死的时候，呼吸就回到了风中。①

英属婆罗洲②萨卡兰（Sakarran）地区的迪雅克人（the Dyaks）说，最初的男人是由两只大鸟造的。开始时，它们试图用树造人，但没有成功。之后又用岩石造人，结果造出的人不会说话。最后，它们用泥土造人，再取来昆旁树（the kumpang-tree）的红色汁液输入人体血管之中。然后对着这个男人喊叫，他就回答了。它们割伤他，血从他的伤口流出。于是，它们给他起名叫谭纳-昆波，意思是"泥人"。③还有些沿海迪雅克人（the Sea Dyaks）有不同的看法。他们说，有一个叫撒兰潘戴（Salampandai）的神造了人。他用锤子砸泥土造人，造出的是有待降生到大地上的幼儿的身体。有一种昆虫在夜晚发出奇怪的噪声，当地的迪雅克人听到这种声音就认为是撒兰潘戴工作时的锤子敲击声。这个故事说，撒兰潘戴第一次用石头造人，结果造出的人不会说话；第二次用铁造人，造出的人还是不会说话；第三次他才用泥土做材料，这次造出的人有了说话能力。诸神对此表示满意，说道："你造的这个人很好，让他成为人类的祖先，你还必须造出和他相似的其他人。"于是，撒兰潘戴又开始造人，他仍然躲在看不见的地方，在他的铁砧上打造人。他就在那里打造出那些泥制的孩子，他把其中的一个孩子交给天神。天神问孩子："你想要操持的东西是什么？"如果孩子回答说是"剑"，天神就叫他男孩；如果孩子回答说"棉花和纺轮"，天神就叫她女孩。这样，这些被造的孩子们就根据自己的意愿成为男孩或女孩。④

苏门答腊西南部尼亚斯岛（Nias）上的居民有一部叙述创世的长诗，每逢部落酋长的葬礼上表演舞蹈时，他们便吟诵这首诗。诗的形式按照希伯来诗歌的风格排成对句，第二行诗重复第一行的内容，但换用不同的语言。我们在诗中

---

① 参见阿德里亚尼（N. Adriani）和克鲁伊特（A. C. Kruijt）：《西里伯斯岛中部说巴雷埃语的托拉查人》（De Bare' e-sprekende Toradja's van Midden-Celebes），第1卷，1912—1914年，第245页。——译注

② 婆罗州（Borneo），东南亚加里曼丹岛的旧称。——译注

③ 参见霍斯伯格（Hosburgh）引自林·罗思（H. Ling Roth）：《沙捞越和英属北婆罗洲的土著》（The Natives of Sarawak and of British North Borneo），第1卷，1896年，第299页以下。——译注

④ 参见戈梅斯（E. H. Gomes）：《在婆罗洲沿海迪雅克人中的十七年》（Seventeen Years among the Sea Dyaks of Borneo），1911年，第197页。——译注

看到，主神罗扎荷（Luo Zaho）在天界泉水中沐浴，水面像镜子般反射出他的形象。他看到自己在水中的映像，就拿了一块鸡蛋大小的泥土，造成一个与尼亚斯岛人所造的那些祖先像相像的人。做完这个人，他把他放在天平上称重，还称了风的重量，再把称过的风放入人偶的口中，于是那人偶就像一个男人或者一个孩子那样说起话来。天神给他取名叫西亥（Sihai）。[①]虽然西亥在外观上像神，但他没有后代。那时世界是黑暗的，因为还没有太阳和月亮。天神经过冥思，派西亥到大地上去，居住在一座用树叶搭的房子里。不过，西亥还是既没有妻子也没有孩子。有一天，他死在中午。然而，从他的口中长出两棵树。树发芽并且开花，风把花吹落到地面，从中产生出了病菌。从西亥的喉咙里也长出了一棵树，树上长出了金子。从他心窝也长出一棵树，男人从树上走下来。还有，他的右眼里长出太阳，左眼里长出月亮。在这个传说中，神按照他自己的形象造人的观念是造物主偶然得到的启示：他刚好在天界泉水中看到了自己的映像。

菲律宾群岛之一的棉兰老岛（Mindanao）上的野蛮人部落比拉安人（the Bilaan）讲了下面的造人故事。最初的时候，有一个神叫美鲁（Melu），他的身体如此巨大，世界上没有已知的任何东西能与他相比。他的身体是白色的，牙齿是金子的。他坐在云端，居然占据了整个天空。他有非同寻常的洁癖，总是不断擦拭自己的身体，以保持皮肤的洁白无瑕。他这样从头上擦下来的头皮屑被放在一边，堆积如山，让他烦恼不堪。为了摆脱这一大堆头皮屑，他用头皮屑造大地。他为自己的创造感到快乐，又造出两个和自己一样的生命，只是个头要比自己小得多。他造这两个生命用的是造大地后剩下的头皮屑，所依据的是自己的形象。这两个生命就是最初的人类。当这位造物主还在工作的时候，他几乎完成了全部塑造，只剩下一个人的鼻子还没造好，另一个人的鼻子和一部分没有造好。助手陶达鲁·塔纳来找美鲁，要求美鲁允许他来完成造鼻子的任务。经过与造物主的一番激烈争论，陶达鲁·塔纳获准造鼻子。但是，当他把造好的鼻子往我们的人祖脸上安时，却不幸装反了位置。针对这个鼻子的制造，造物主与助手争论得非常激烈，以至于造物主都忘记了第二个生命还有一部分没有造完，就自己跑回云端里去了，留下未能完成的第一个男人或第一个女人。陶达鲁·塔纳也跑到下界他自己的地方去了。随后下了一场大雨，最早的两位

---

① 参见松德曼（H. Sunderman）：《尼亚斯岛及其使命》（*Die Insel Nias und die Mission dasselbst*），Barmen，1905年，第65页以下，第200页以下。——译注

人类祖先险些被毁掉，因为雨水从他们头上流下来进入装反了的鼻孔。所幸的是，造物主看到了他们两人的危险处境，就从云端下来营救他们，将他们的鼻子重新安好。①

菲律宾的棉兰老岛东南部的异教部落巴戈博人（the Bagobos）认为，在最初的时候，有一位叫迪瓦塔的神造了海洋和陆地，还种了各种各样的树木。随后，他取了两块土，制作成两个人的形状，向他们身上吐口水，于是他们就成了男人和女人。他把最初的男人称为图格莱，把最初的女人称为图格丽蓬。他们两人结婚并生活在一起。男人造了大房子，还用女人给他的种子种植了多种作物。②

居住在印度东部的若开邦和吉大港山区的库米人（the Kumis）曾对列文船长讲了如下的造人故事：神首先造了世界和植物，还有爬行动物。此后，神又造了一个男人和一个女人，用泥土塑成他们的身体。但是就在晚上，他刚完成制造工作，来了一条大蛇，趁着神睡觉的机会吞噬了两个新造出的人。同样的事情居然连续发生了两三次。神几乎到了无计可施的境地，他整天工作，却不能在十二个小时之内完成一对人的制作。库米人推测说，如果他不睡觉，"那就对他不好了"。于是，正如我已经说过的那样，神也有无能为力的时候。不过，有一天清晨，神早早就起来，先造了一只狗并赐予它生命。晚上收工时，让这只狗来看管新造的人。等到大蛇一来，狗就大叫起来并吓跑了它。正因如此，如今一旦有人要死了，狗就要吼叫。不过，库米人认为，如今神睡得太死了或者是蛇更加大胆了，所以，尽管狗叫，人还是要死的。就在神昏睡不醒的时候，那条大蛇爬来带走了我们的生命。如果神不睡觉，那就不会有疾病和死亡了。③阿萨姆邦的卡西人（the Khasis）也有一个类似的故事。起初的时候，神创造了人并把人放在地上。当他回来看望自己的作品时，发现人被邪恶精灵毁灭了。同样的事情发生了两次。于是，神先造出一只狗，然后再造人。让狗看护人，防止邪恶精灵的再度破坏。这样，神的伟大作品才得以保留下来。④印度中央邦的原住民部落科尔库人（the Korkus）中也流传着同样的故事，不过对印度的传统

① 参见费伊－库珀·科尔（Fay-Cooper Cole）：《达沃区棉兰老岛的野蛮部落》（*The Wild Tribes of Davao District, Mindanao*），见《田野博物馆出版物》（*Field Museum Publication*），第 170 卷，1913 年，第 135—136 页。——译注

② 参见劳拉·本尼迪克特（Laura W. Benedict）：《巴戈博人神话》（*Bagobo Myths*），见《美国民俗学杂志》（*JAF*），第 26 卷，1913 年，第 15 页。——译注

③ 参见卢因（T. H. Lewin）：《印度东南部的野蛮种族》（*Wild Races of S. E. India*），1870 年，第 224—226 页。——译注

④ 参见戈登（P. R. T. Gordon）：《卡西人》（*The Khasis*），1914 年，第 106 页。——译注

神话做了些许润饰。按照他们的说法，锡兰①的魔王拉万，看到温迪亚（the Vindhyan）和撒特普拉（Satpura）山区没有人烟，就请求大神马哈多赐予人口。于是，这位大神马哈多——即他们的湿婆②，派出一只乌鸦去为他寻找红土的蚂蚁之丘。乌鸦在贝杜尔（Betul）山发现了这样的蚂蚁之丘。大神赶到那个地方，取了一把红土，用土造出两个人形，就好像男人和女人。但他刚刚造完，因陀罗③派出的来自大地深处的两匹暴躁之马就将这两个人踏成了尘土。在两天的时间里，大神都坚持尝试他的造人工作，但每次造出的人形都被那两匹马踏成尘土。最后，大神造出了一只狗的形象，并把生命的气息赋予那狗，使它能够免遭因陀罗神的残暴迫害。这样，有了狗的看护，大神又安全地造出一男一女两个形象，赋予他们生命，给他们分别起名叫穆拉和穆莱。他们两人就成了科尔库人部落的先祖。④

在焦达那格浦尔高原上的原始土著民族蒙达人（the Mundas）中，流传着一个类似的故事，而情节上则有奇妙的变化。该故事说，名叫辛波嘎的太阳神最先造出了两个泥人形，一个代表男人，另一个代表女人。但是，还没来得及赋予他们生命，一匹狂暴的马就预感到自己将来会落入人的手中，忍受被人奴役的命运，于是就用四蹄把两个泥人踏成灰土。那个时候，这匹马还长着翅膀，跑起来的速度比现在快得多。当太阳神发现那匹马把自己创造的泥人践踏毁坏的情形时，他就改变了创造的方式：先造出一只蜘蛛，再造出两个人形，如同被那匹马踏坏的两个人一样。随后，他命令蜘蛛去守护那两个泥人，不让他们受到马的侵犯。于是，蜘蛛用自己编织的蛛网把人形包裹起来，使那匹马无法再接近他们。随后，太阳神将生命赋予这两个人，他们成为最初的人类。⑤

俄罗斯的一支讲芬兰语的切列米斯人（the Cheremiss），也有一个造人故事带有类似的插曲，使人想到托拉查人和印度人的传说。故事说，大神用泥土造出了男人的身体，回到天上去取灵魂，以使男人获得生命。在他离开时，大神

① 锡兰（Ceylon），斯里兰卡的旧称。——译注

② 湿婆（shiva），印度教三大主神之一，被尊为毁灭与创造之神，关于他的神话在文献中记载很丰富。——译注

③ 因陀罗（indra），印度教《吠陀经》里记载的众神之王，是天神、战神与雷神。——译注

④ 参见拉塞尔（R. V. Russell）：《印度中央邦的部落和种姓》（*The Tribes and Castes of the Central Provinces of India*），1916年，第551页以下。——译注

⑤ 参见钱德拉·罗伊（Sarat Chandra Roy）：《蒙达人的宗教神话》（*The Divine Myths of the Mundas*），见《比哈尔和奥里萨研究会会刊》（*Journal of the Bihar and Orissa Research Society*），第2卷，Bankipore，1916年，第201页以下。——译注

派一只狗来守护这个人的身体。但是，当大神离去之际，恶魔靠近过来，吹起一股冷风袭击那狗，然后贿赂它一件皮大衣挡风，使它放松了守卫工作。就这样，恶魔趁机向泥人身上吐口水，把他完全弄脏。大神回来看到这种情景，非常绝望，不知该如何把他弄干净。最后，他作出了一个痛苦的简单决定，将肮脏的身体外部翻转到里面去。这就是如今的人类身体内部之所以如此肮脏的原因。大神还在同一天对那只狗所犯的玩忽职守的罪过发出诅咒。①

现在我们转向非洲，可以发现，在白尼罗河流域的希卢克人（the Shilluks）中，也流传着用泥土造人的传说，该传说巧妙地解释了各个种族不同肤色的由来——那是因为造人时使用的泥土颜色不一。故事说，创造主朱奥克用土造了所有人。他一边造人，一边周游世界。他在白色土地上发现了白土或沙子，就用它造出了白人。随后，他来到埃及的土地上，就用尼罗河的泥土造出了红肤色或棕肤色的人。最后，他来到希卢克人的土地上，发现了那里的黑土，就用它造出了黑人。他造人的程序是这样的：先拿起一堆土，然后对自己说："我要造人，他必须能走能跑，能下地，所以我要给他们两条红鹤般的长腿。"造出人后，他又想："这个人必须能够给自己种植小米，所以我要给他两只手。一只手拿锄头，另一只手除杂草。"于是，他给了人两只手。随后他又想到："这个人还必须能够看到他的小米，所以我要给他两只眼睛。"他就这样给了人两只眼睛。后来大神又想到："这个人必须能够吃自己的小米，所以我要给他一张嘴。"接下来，他又想："这个人还必须能够唱歌跳舞和呼喊，为此他必须有一条舌头。"于是他又给了他一条舌头。最后，大神对自己说："这个人还必须能够听见唱歌的声音以及大人的话语。所以他必须有两只耳朵。"于是，他给了他两只耳朵。神派他到世界上成为一个完整的人。②西非的范人（the Fans）说，神用泥土造人，起初是按照蜥蜴的形象造的，造成后把他放入水池中，让他在水中停留七天。在七天结束的时刻，神叫道："出来啊！"于是，从水池里走出一个人而不是蜥蜴。③西非多哥地区讲埃维语④的部落认为，大神至今仍在用泥土造人。当他用来濡湿泥土的那一点水用完时，他就把在水分不足情况下所捏的泥团放在地面上，

① 参见斯米尔诺夫（J. N. Smirnov）：《伏尔加和卡马盆地的芬兰居民》（*Les populations finnoises des bassins de la Volga et de la Kama*），第1卷，1898年，第200页。——译注
② 参见霍夫马尔（W. Hofmayr）的文章，见《人》（*Anthropos*），第6卷，1911年，第128—129页。——译注
③ 参见特斯曼（G. Tessmann）：《庞圭人》（*Die Pangwe*），第2卷，1913年，第18页。——译注
④ 埃维语（Ewe），是非洲多哥和黄金海岸部分地区说的一种语言，属于苏丹—几内亚语系。——译注

从中造出不服从神意的坏人。当他想造出好人时，他就用好的泥土，而当他想造坏人时，就用那种不合格的泥土。最初的时候，神造出一个男人，并派他来到地面上。随后又造出一个女人。这两个人互相对视并开始发笑，神便让他们一同来到世界上。①

在美洲，从阿拉斯加到巴拉圭，在爱斯基摩人和印第安人中，都同样流传着用泥土造人的传说。例如，在阿拉斯加北冰洋岸的巴罗角（Point Barrow）生活的爱斯基摩人说，从前世界上没有人，有一个叫阿塞卢的精灵来到巴罗角居住，他造了一个泥人，把人放在岸边晒干，赐予他神圣呼吸即生命。②阿拉斯加的其他爱斯基摩人讲了另外的造人故事：渡鸦用泥土造出第一个女人，为的是给第一个男人做伴。渡鸦将水草绑在这个女人的头后，成为头发，又对着这个泥人拍打双翅，使她站立起来，成为一个美丽的少女。③加利福尼亚的阿卡切门（Aca-gchemem）印第安人说，有一个叫奇尼格奇尼克（Chinigchinich）的大神用泥土造了人类。所用的泥土是他在一个湖边发现的。他造出的人分为男女两性，如今的印第安人就是这些泥土造的男女的后代。④

按照加利福尼亚的迈杜（Maidu）印第安人的说法，第一个男人和第一个女人是由一位名叫大地创始者的神秘人物创造的。他顺着一条用羽毛制成的绳索从天上降临世间。他的身体如同太阳那样闪光，但他的面孔却隐而不见，无人知晓他的模样。有一天下午，他采来一些深红色的土，用水和成泥，捏出两个人形，一个是男人，另一个是女人。他在屋里把男人放在自己的右边，把女人放在自己的左边。完成创造工作后，他躺下来，累得整个下午和整个晚上都在出汗。第二天早晨，那个女人开始在一边给他搔痒。他保持身体不动，也没有发笑。过了一会儿，他站起来，扔了一小片木头在地上，燃起了火。那两个被造出的人显得非常白，如今的人已经没有他们那么白了。他们看上去非常漂亮，他们的眼睛是粉红色的，头发是黑色的，牙齿闪闪发光。据说，大地创始者并

① 参见施皮特（J. Spieth）：《埃维语氏族》（Die Ewe-Stämme），1906年，第828页，第840页。——译注

② 参见《巴罗角国际探险队的报告》（Report of the International Expedition to Point Barrow），Washington，1885年，第47页。——译注

③ 参见尼尔森（E. W. Nelson）：《白令海峡周边的爱斯基摩人》（The Eskimo about Bering Strait），见《美国人种学管理局第18个年度报告》（18th Annual Report of the Bureau of American Ethnology），1899年，第854页。——译注

④ 参见杰罗尼姆·博斯卡纳神父（Father Geronimo Boscana）：《奇尼格奇尼克》（Chingchinich），见《（鲁滨孙）在加利福尼亚的生活》[（A. Robinson's）Life in California] 的附录，1846年，第247页。——译注

没有完成造人工作，因为他不知道怎么才能做得最好。有一只北美土狼——它在西部的印第安人神话中扮演着重要角色——提出建议说，被造的人应该具有和它一样的前肢，但大地创始者不同意，他说："不，他们的手臂应该像我的。"于是，他就这样完成了造人的工作。土狼问他："为什么他们的手臂被造成这个样子？"大地创始者回答说："是这样的，一旦受到熊的追击，他们就可以用手臂爬上树啊。"第一个男人被称作库克苏，第一个女人则被称作晨星女人。①

在加利福尼亚州最西南的角落居住的迪埃格诺（the Diegueno）印第安人，自称为卡瓦吉派人（the Kawakipais），他们有一个神话讲述如今的世界如何而来，人类如何被造。按照他们的说法，起初的时候，没有大地或坚实的土地，那时世界上什么都没有，只有咸海水——一个原始的大洋。在大洋的底下住着一对兄弟，哥哥叫泰帕克马（Tcaipakomat）。两兄弟都紧闭双眼，因为不然的话，咸海水就会弄瞎他们的眼睛。过了一些时间，哥哥浮出大洋水面，向四周查看一番，除了水什么也看不到。弟弟也浮上来看，但在通向水面的途中一不小心睁开了眼睛，咸海水一下子弄瞎了他的眼睛。待他浮出水面时，就什么也看不见了，于是，他又重新潜入海底。哥哥一个人留在水面上，开始承担起一个任务，即在大水中创造一个可居住的大地。起初，他造出一些小红蚂蚁，红蚂蚁以其微小的身体聚集在水中形成固体物，那就是最初的陆地。当时因为太阳和月亮都还没有造出来，世界一片黑暗。泰帕克马又造出一些黑色的鸟，它们长着扁平的嘴。这些鸟在黑暗中迷失了方向，不知该在何方降落。泰帕克马随后用了三种泥土——红土、黄土和黑土，造出一个扁圆形的物体，拿在手中，然后抛向空中。它粘在空中并开始发出微光，就这样变成了月亮。泰帕克马还不满足于这个发着微光的苍白的球体，他用更多的泥土又造出一个更大的扁圆体，把它抛向天空的另外一端，它就粘在那里成为太阳，用它的光束照亮一切。此后，泰帕克马用一堆浅色的泥土，捏成一团再部分地分开，造出一个男人。随后，他从这个男人身上取下一根肋骨造出一个女人。这个由男人肋骨造成的女人被称为辛雅克扫（Sinyaxau）或者第一个女人（"辛雅"意为女人，"克扫"意为第一）。从造物主造的第一个男人和第一个女人开始，人类得以繁衍开来。②

① 参见迪克松（R. B. Dixon）：《迈杜人的神话》（*Maidu Myths*），见《美国博物学博物馆公报》（*Bulletin Amer. Museum of Natural History*），第17卷，1902年，第39页，第41—42页。——译注
② 参见沃特曼（T. T. Waterman）：《迪埃格诺印第安人的宗教习俗》（*The Religious Practises of the Diegueno Indians*），1910年，第338—339页。——译注

亚利桑那州的霍皮（Hopi）印第安人或莫魁（Moqui）印第安人也有类似的信念：世界初始时，除了到处是水以外，什么都没有。有两位神灵出现，显然都是女神，名字都叫胡汝英·乌提（Huruing Wuhti），她们住在大洋中的房子里，一位住在东方，另一位住在西方。两位女神通过努力在大海的中央造出一块大地。太阳每天从新造出的大地上方经过，却在大地的表面上看不到任何生命体存活。于是，太阳设法让两位女神注意到世界上的这个致命缺陷，两位女神就相应地谋求对策。住在东方的女神以彩虹为桥跨过大海来到西方访问她的姐妹。两人碰头后，决定造一只小鸟。东方的女神就用泥造出一只鹪鹩。她们一起向这只鹪鹩发出咒语，这只泥造的鹪鹩就立刻获得了生命。随后，她们派这只鹪鹩飞渡世界，寻找这个世界的表面上是否有地方存在生命。但是，鹪鹩飞回来报告说，根本没有生命存在。后来，两位女神以同样方式造了很多种类的鸟和兽，派它们到大地上居住。最后，两位女神决定造人。于是，东方的女神用泥土造出第一个女人，然后又造出第一个男人。泥造的男人和女人被赐予生命，就如同在他们之前的鸟兽被赐予生命一样。[1]

亚利桑那州的另外一支部落皮马（Pima）印第安人中流传的神话说，造物主把泥巴拿在手里，把自己身上的汗水掺和进去，揉成团块，然后向它吹气，泥块活起来，会动了，变成一个男人和一个女人。[2]路易斯安那州的一位纳切斯（Natchez）印第安人祭司讲给杜·布拉兹的故事说，"造物神揉了一些泥土，就像陶工用于制陶的那样，用泥土造成一个小人，随后检查这个小人，发现他全身完好，就用气吹向这个作品，于是小人活了起来，长大，行动，走路，觉得自己是一个形状完美的男人"。关于第一个女人被造的故事模式如何，这位祭司直接坦白说，他也不清楚。关于造两性的差异问题，这个部落的古老传说只字未提。然而，按照他本人的看法，造男人和造女人的方式是一样的。[3]

墨西哥的米却肯人（the Michaocans）说，大神图卡帕查（Tucapacha）最先用泥土造男人和女人，但当这对男女到河水中洗浴时，他们的泥身吸入了太多的水，身上的泥块碎裂了。为了弥补这个缺陷，造物主重新开始创造工作，用

① 参见沃特（H. R. Voth）：《霍皮人的传说》（The Traditions of the Hopi），1905 年，第 1 页以下。——译注

② 参见班克罗夫特（H. H. Bancroft）：《太平洋地区的土著种族》（The Native Races of the Pacific States），第 3 卷，1875—1876 年，第 78 页。——译注

③ 参见杜·布拉兹（Le Page du Pratz）：《路易斯安那州的历史》（The History of Lousiana），1774 年，第 330 页。——译注

灰烬制造出男人和女人，但这次的结果还是令人失望。造物主没有放弃，他又用金属造了男人和女人。他的坚持不懈获得了回报。新造的男人和女人不怕水浸了，他们在河水中洗浴，身体不再碎裂。他们两人结合以后，就成为人类的祖先。①在西班牙人征服秘鲁后的大约半个世纪②，有一位西班牙牧师在库斯科③听到的秘鲁印第安人传说是这样的：一场大洪水淹没了人类，只有一个男人和一个女人逃生。正是在提阿华纳科（Tiahuanaco），人类之种重新繁衍。在距离库斯科大约 70 里格④的提阿华纳科，"造物主生产出人和民族。就在那个地区，他用泥土造出每个民族，然后给每个民族绘制出可以穿的衣服。给需要长头发的人造出头发，给需要剪头发的人剪去头发。赐给每个民族要讲的语言、要唱的歌以及他们需要种植的种子和食物。在完成创造并绘制各民族泥人穿的衣服的工作之后，造物主又赐予每个人生命和灵魂，包括所有男人和女人，并派他们下凡。这样，每个民族的人都来到他吩咐他们去的地方"⑤。巴拉圭的伦瓜（Lengua）印第安人相信，造物主的外形就像一只甲壳虫，住在大地的一个洞里。他从他的地下住处扔出一些泥土，造成男人和女人。起初这个男人和这个女人是连在一起的，"就像连体双胞胎"，他们就是以这样非常不便的形体被送到世界上的。在那里，他们以非常不利的身体状况遇到了强大的竞争者，那是甲壳虫造物主先于他们而造出的一个生命力旺盛的物种。为了谋生，这对男女向甲壳虫造物主发出请求，要求将他们的身体分开。造物主答应了他们的请求，分开他们的身体并给予他们繁衍后代的能力。于是，他们就成了人类的始祖。不过，甲壳虫造物主在完成创世工作之后，就不再对这个世界有什么积极的行动和兴趣了。⑥伦瓜印第安人的这个神话让我们想起了柏拉图《会饮篇》中阿里斯托芬讲述的奇异故事，人类一开始时的状态就是一对男女连为一体，有两个头颅、四只手臂和四条腿，直到大神

---

① 参见德·赫雷拉（A. De Herrera）：《美洲被统称为西印度群岛的广阔大陆及诸岛通史》（*The General History of the Vast Continent and Islands of America*），第 3 卷，史蒂文斯（J. Stevens）译，1725—1726 年，第 254 页。——译注

② 从公元 15 世纪后期到 16 世纪上半叶，西班牙殖民者踏上美洲大陆，逐步毁灭了当地的印第安文明，并将自己的宗教和文化带到了这一地区。——译注

③ 库斯科，曾是印加帝国的首都。——译注

④ 里格（leagues），长度单位，1 里格约相当于 3 英里。——译注

⑤ 克里斯托瓦尔·德·莫利纳（Christoval de Molina）：《印加人的寓言和仪式》（*The Fables and Rites of the Yncas*），见马卡姆（C. R. Markham）编选并翻译的《印加人的叙事、仪式和法律》（*The Narratives, Rites and Laws of the Yncas*），1873 年，第 4 页。——译注

⑥ 参见格鲁伯（W. B. Grubb）：《一个未知之地的一个未知民族》（*An Unknown People in an Unknown Land*），1911 年，第 114—115 页。——译注

宙斯从中间劈开了连体人，才有了两种性别的出现。①

值得注意的是，在以上这些故事中，造我们人类最初的父母所用的泥土，据说是红色的。这种颜色也许是用来解释血液的红色。虽然《创世记》中耶和华文献的作者没有提到上帝造亚当所用之土的颜色，但我们还是可以不算冒昧地推测那土是红色的，因为希伯来语指人的词是 "adam"（亚当），指土地的词是 "adamah"，而指红色的词是 "adom"。因此，根据这种自然的、几乎是必然的因果关联，我们可以得出结论说，我们人类的这对初祖是用红土造出来的。如果我们对这个问题还存有疑问，那么，下面的观察就可以打消这种疑问：直到今日，巴勒斯坦的土地仍是深红棕色的。正如一位注意到这个事实的作家所写："当泥土被新翻过时，不论是由于耕种还是挖掘，亚当和造他所用的土之间的关系，在这种颜色上尤其看得分明。"大自然本身确实就这样奇妙地成了圣书文字精确性的见证。

---

① 柏拉图《会饮篇》中由阿里斯托芬讲述的这个故事的主题是"爱欲"的起源。故事说早期的连体人类在性别上可以分为男男、女女、男女的组合，行动迅速，具有可以挑战诸神的力量，宙斯因此将人类一分为二。可是原本同体的人们因为同体时的性别而在分体后仍保有对同伴的感情，所以后来人们之间也就具有同性或异性之爱。——译注

# 第二章　人的堕落

## 1.《创世记》的叙述

耶和华文献的作者以简洁而微妙的笔法为我们描绘出了我们的祖先在幸福园地——伊甸园中的美妙生活，那园地是上帝为他们造的家园。那里的每一棵树都赏心悦目，而且永远无限地生长；那里的动物与人和谐相处，彼此也相安无事；那里的男人和女人不知羞耻，因为他们还不知道什么是罪恶。那是一个天真无邪的时代。①但这个美好时代并不长久，阳光很快就被阴云遮住。从叙述者对造夏娃以及把她引荐给亚当的描述开始，就立即进入了关于他们堕落的悲伤故事。他们失去了原有的天真，被逐出了伊甸园，到尘世中辛苦地劳作，死亡降临到他们及其后代身上。在伊甸园的中央生长着可识善恶的知识树。上帝禁止他们吃那树上的果子，并告诉人说："你吃那果子的日子必定死。"然而蛇非常狡猾，女人则软弱而轻信：蛇说服女人吃了那致命的果子，女人还把果子给了她的丈夫，丈夫也吃了。他们一尝到那果子的滋味，眼睛就打开了，知道自己赤身裸体，并且感到了羞耻和困惑，他们用无花果树叶子遮蔽身体。那种天真无邪的时代就此一去不返。在那个伤心的日子里，当中午的热度逐渐消退时，园中的阴影加大加长，上帝一如既往地在凉快的夜晚散步于园中。亚当和夏娃听到上帝的脚步声，也许是他脚下落叶的声音（如果伊甸园的树叶能落的话），他们躲藏到树的背后，羞于让上帝看见他们的裸体。但是，上帝把他们从灌木丛中叫了出来，从他们的局促不安中意识到他们违背了自己的命令，偷吃了知识树上的果子。他勃然大怒，诅咒那条蛇，让它用肚皮走路，去吃土，毕生成为人类的敌人；他诅咒大地，让它长出荆棘和蒺藜来；他诅咒女人，让她增加怀孕生育之苦，并接受丈夫的管辖；他诅咒男人，让他汗流满面、终身劳苦才能糊口，最终还要回归于尘土，因为那是他的由来之处。上帝用这么多的诅咒释放了自己的愤怒，之后，这位易怒的并且还是好心的神变得

---

① 见《创世记》第 2 章第 8—25 节。——译注

温和起来，他给两位罪人制作了皮衣——代替他们遮体用的无花果树叶子。这一对怕羞的罪人穿上新皮衣就躲进了树丛中。那时恰逢夕阳西下，使那失乐园的阴影更加浓重。

在这段记述中，一切都取决于那棵可识善恶的知识树。可以说知识树占据着这个大悲剧舞台的中心，那男人、那女人和会说话的蛇都围绕着它而行动。但是，如果我们细看，就会发现，在园地中央还有第二棵树，它紧挨着知识树而存在。那是非常引人注目的树，因为它不是别的而是生命树，它的果实会使所有吃它的人获得永生。然而，在整个堕落故事中，这棵奇妙的树却没有发挥什么作用。它的果实挂满枝头，随时可以摘取。与识善恶树不同，没有神圣禁令对它设置障碍，甚至也没人想到要尝尝那香甜的果子，以获得永生。在叙述中，角色们的目光全都转向了那棵知识树，他们好像根本没有看到生命树。只有当伊甸园中的景象即将结束时，上帝才意识到这棵被忽略的奇异的树独自立在那里，带着无限的生命可能性，位于园地的正中央。上帝担心已经吃了知识树果实而和自己一样能识善恶的亚当再去吃第二棵树的果子，从而也会和他一样获得永生，就把亚当赶出伊甸园，并派天使守护队和能够四面转动发出火焰的剑，把守住通往生命树的道路。从此以后，再没人能吃到那神奇的果子而获得永生。就这样，在观看伊甸园中的动人悲剧时，我们的注意力全都集中到了那棵知识树上，而在终场时的场景大转换之际，伊甸园的光辉永久地消退了，取而代之的是俗世的日光。我们对那乐园的最后一瞥，看到的是在守护天使之剑的可怕寒光映照之下的孤零零的生命树。

看来有一种普遍的观点认为，关于伊甸园中两棵树的记述有一些混乱之处。在原初的故事中，那棵生命树的角色并不像在现有的叙述中那样，它不是消极的和单纯的景观。有些人相应地认为，最初有两种不同的堕落故事，其中一个故事里只有知识树，另一个故事里则只有生命树。后来的某位改编者将两个故事生硬地组合成了一个故事。他几乎原封不动地保留了其中的一种叙事，而又几乎让人难以觉察地删去了另一种叙事。[1]可能的确如此，不过，问题的解决或许还有另外的方向。整个关于人类堕落的故事之要旨是试图解说人为什么必死，说明死亡怎样来到世上。的确，这其中并没有说人当初被造出来就是不死的，是由于违抗神意才失去了永生，但也没说人被造出就是必死的。它给予我们的理

---

① 参见斯金纳（J. Skinner）:《〈创世记〉考证与诠释》（*Critical and Exegetical Commentary on Genesis*），Edinburgh，1910年，第52页以下，第94页。——译注

解是，不死和必死的可能性同样对人敞开着大门。结果究竟如何，还取决于人的选择。因为生命树的位置是人够得着的，其果子也没有禁止人吃。人只要一伸手，摘下果子吃了，就可以获得永生。实际上，人的造物主即使没有鼓励人去吃生命树的果子，也是无保留地允许人去吃的。神明确地对人说，你可以随便吃这个园子里任何一棵树上的果子，只有一个例外，那就是知识树上的果子你不能吃。[1]这样看来，上帝在伊甸园种植了生命树，又没有禁止对其果子的食用，这显然是要将永生留给人去选择，或者至少是给人机会。但人却偏偏选择吃了另一棵树的果子，那正是上帝警告他不要去碰的，否则就会承受立即死亡的痛苦。人因此失去了不死的机会。这就表明那禁果之树实际上就是死亡之树，而不是什么知识树。且不说什么服从或违抗神意的问题，只要尝一下那死亡的果子，就足以令食者死了。事情的结果完全与上帝当初对人的警告相吻合："你不可吃，因为你吃的日子必定死。"[2]我们可以相应地推测，在这个故事的原始形态中有两棵树，一棵生命树，一棵死亡树。两棵树都对人开放：吃其中一棵树的果子获得不死，吃另一棵树的果子则要死。上帝出于对被造者的好心，劝人去吃生命树的果子，警告人不要吃死亡树的果子。而那个人却被蛇所误导，错吃了不该吃的树上的果子，永远丧失了慈悲的造物主为他设计好的永生。

上述这个假设至少有益于恢复两棵树之间的平衡并且使整个叙述变得清晰、简洁和连贯。这个假设还可以使我们免于盲目推测两个原始的、不同的故事被一个笨手笨脚的改编者粗枝大叶地组合在了一起。然而，另一个更深层的考虑进一步支持了这个假设，它使上帝的性格变得和蔼可亲得多，使上帝免除了忌妒和小心眼的嫌疑，更不用说恶意和怯懦了。后者在《创世记》的叙事展开中一直像个黑色污点那样损害着上帝的名誉。理由很清楚，按照《创世记》的叙述，上帝对人拥有知识和永生怀恨在心，他要把这些美好的东西留给他自己，生怕人获得其中一个或者两个都获得，就变得和他一样了。这一点是他无论如何也无法忍受的。于是，上帝禁止人吃知识树的果子，而一旦人违抗了命令，上帝就立即把他赶出伊甸园，关闭希望，防止他再吃另一棵树上的果子而获得永生。在这里，上帝的动机是自私的，行为也是卑鄙的。除此之外，不论是上帝的动机还是行为，都同他以前的所作所为无法吻合。先前的上帝对人并不吝惜什么，他用神力为那个人的快乐和舒适做了一切：为他建造了一个美丽的花园，让鸟兽做他

---

[1] 见《创世记》第 2 章第 16 节以下。——译注
[2] 见《创世记》第 2 章第 17 节。——译注

的玩伴，还造出一个女人来做他的妻子。总之可以肯定，假设上帝要对人行善并把永生的权利恩赐给人，假设上帝的仁慈意向只是被蛇的诡计所阻挠，那么，整个情节就不仅更加吻合叙述的要旨，而且也大大吻合上帝之善良仁慈。[1]

但我们还是要问，为什么蛇要有意骗人呢？它出于什么动机要剥夺上帝为人类预设的永生特权呢？莫非蛇的主动干预只是因为好管闲事吗？或者在这背后还有什么深藏的企图吗？对于这些疑问，《创世记》的叙述中并没有给出答案。事实上，蛇并没有从作恶中得到什么好处，恰恰相反，它也输了。上帝诅咒它永远只能用肚皮爬着走路，并且永远要吃尘土。不过，它的行为也许并不全像表面看来那样毫无目的并且充满恶意。叙述者曾经告诉我们，蛇要比大地上的任何其他动物都更狡猾。难道它真是要通过损人不利己的方式来显示它的精明睿智吗？我们可以猜想，在最初的故事中，它将从我们人类那里剥夺来的神赐的永生据为己有并以此来证明自己的名声。实际上，当它引诱我们最初的两位先祖去吃死亡树上的果子时，它自己却吃了生命树上的果子并由此获得了永生。这个猜测也许不会像表面看上去那么过分。在我马上要讲到的野蛮人的不少死亡起源的故事中，我们看到蛇都要设计智胜人类或者恫吓人类，以确保它们自己获得永生，虽然这对它们来说是邪恶的。许多野蛮人相信，通过一年一度的蜕皮，蛇和其他类似动物就可以返老还童，以此获得永生。闪米特人[2]或许也拥有这样的信念。根据古代腓尼基[3]作家桑楚尼亚松的说法，蛇是所有动物中最为长寿的一种，因为它能自己蜕皮，返老还童。[4]不过，假若腓尼基人拥有这样的关于蛇长寿及其原因的信念，那么作为他们邻居和同源民族的希伯来人也就会有同样的信念。看来希伯来人确实相信老鹰通过换羽毛而获得青春。[5]既然如此，为什么不会相信蛇通过蜕皮获得青春呢？事实上，关于蛇通过窃取神意注定赐给我们人类的生命之草，从而从人类那里骗走了永生能力的观念，早就出现在

---

① 弗雷泽在这里分离出了《旧约》中的人类失去长生机会的神话母题，他还会举出世界各地的人类丧失不死性的神话主题。这样的主题是普遍存在于世界各文化与文明的创世与造人神话中的。有的具有独立相类的性质，有的则表现出影响与传播的特征。——译注

② 也被译为“塞姆人”，是阿拉伯半岛上的游牧民族。《圣经·旧约》中记载，挪亚的儿子们成为人类各族的祖先，其中闪成为这一游牧民族的祖先。闪米特人包括阿拉伯人和犹太人。——译注

③ 腓尼基人，也是闪米特人的一支，他们在公元前8世纪前就生活在地中海东岸，后来一度凭借航海与商业贸易成为整个地中海的控制者。——译注

④ 参见桑楚尼亚松（Sanchuniathon）的观点。引自尤西比乌斯（Eusebius）：《福音的准备》（*Praeparatio Evangelii*），第1卷，第10页。——译注

⑤《旧约·诗篇》第103篇第5节“以致你如鹰返老还童”，参见特里斯特拉姆（H. B. Tristram）：《〈圣经〉博物志》（*The Natural History of the Bible*），1898年，第172页以下。——译注

著名的巴比伦史诗《吉尔伽美什》中了。那部史诗是闪米特种族最为古老的文学丰碑之一，也远比希伯来人的《创世记》要古老得多。在那部作品中，我们读到：已经加入神籍的人祖乌特那庇什提牟告诉英雄吉尔伽美什，有一棵具有神奇的返老还童功能的生命之草，它的名字是"老人变少年"；吉尔伽美什得到那棵草并说要吃掉那草，恢复自己已逝的青春；在他做到这一点之前，有一条蛇趁他在清泉中洗浴之际，从他那里偷走了那棵魔力之草；还有，被剥夺了永生希望的吉尔伽美什坐下来号啕大哭。[①] 这里确实没有直接讲述蛇吃下不死草获得永生，但是，这种省略却可以简单地归因于文本的含混与残缺状态。即使史诗作者对此保持了沉默，真的没有写，我们也可以依据这个故事的其他类似版本来相当有把握地补足这一空白部分，我将在下文中引用到那些类似版本。这些类似的叙述还进一步暗示出——虽然还不能证明，在被耶和华文献的作者损坏和篡改了的原始故事中，蛇是上帝派出的信使，神让它给人类带去关于永生的好消息，但这个狡猾的生灵却私自颠倒了消息的内容，以便给自己的种属带来永生，毁灭了人类的永生希望。语言天赋使蛇有能力充当神与人之间的使者，但这种天赋却被它用于这样的邪恶目的。[②]

总结以上讨论，如果我们能够通过对许多民族中的同类故事进行比较而作出判断，那么，人类堕落的原始故事真相就可以大致被归纳如下：仁慈的造物主用泥土造出第一个男人和第一个女人，向他们口鼻吹气并通过这种简单方式赐予他们生命力。此后便将这幸福的一对安排在一个地上乐园之中。那里无须照料也无须辛苦劳作，他们能以美妙花园中的甜果为生；那里的鸟兽在他们俩周围欢蹦乱跳，无忧无虑，安宁吉祥。作为至高无上的慈悲，神为我们最初的父母准备好了伟大的礼物——永生，但神决定让人成为他们自己命运的仲裁人，留给他们选择接受或拒绝神赐恩惠的余地。为了这个目的，他在园地中央种植了两棵奇妙的树，而所结的果实却截然不同，其中一棵树的果子使吃的人死亡，另一棵树的果子给吃的人以永生。做完这些，神派蛇作为使者去男人和女人那里，传达他的意思："不要吃死亡树的果子，因为你吃它的日子你就要死去；要吃生命树的果子，永生不死。"可是那条蛇却比大地上的任何动物都更加精明，它在

---

① 参见延森（P. Jensen）：《亚述—巴比伦的神话与史诗》（*Assyrisch-Babylonische Mythen und Epen*），Berlin，1900 年，第 251 页以下；哈珀（R. F. Harper）：《亚述和巴比伦的文献》（*Assyrian and Babylonian Literature*），New York，1901 年，第 361 页以下；翁格纳德（A. Ungnad）和格雷斯曼（H. Gressmann）：《吉尔伽美什史诗》（*Das Gilgamesch-Epos*），Göttingen，1911 年，第 62 页以下。——译注

② 蛇这一生物形象，在史前文化中往往具有再生与性的象征意义。——译注

路上想到要改变所传达的消息，于是，当它来到地上乐园发现只有那女人独自在那里时，就对她说："神说了，不要吃生命树的果子，因为你吃它的日子必定要死亡；要吃死亡树上的果子，你将永生不死。"那愚蠢的女人相信了蛇的话，吃了那致命的果子，还把它给了丈夫，丈夫也吃了，而狡猾的蛇却自己吃了生命树的果子。正因如此，从那时起，人是必死的，而蛇是不死的，蛇每年一度蜕皮，从而恢复青春。假如那蛇没有篡改神给人的好消息，没有欺骗我们人类的第一位母亲，那么能够永生不死的就是我们而不是蛇；同样，我们也会像蛇一样每年一度蜕皮，从而永久地保持青春。

这样的情形或者某种类似情形，是比较了如下一些故事之后推测出来的故事的原始形式。这些故事可以比较方便地归入到两个标题之下，那就是"篡改消息的故事"和"蜕皮的故事"。

## 2. 篡改消息的故事

和许多其他野蛮人一样，纳马夸人（the Namaquas）或霍屯督人[①]把月相和永生不死联系在一起，月亏与月圆的表面现象被他们理解为一种可变的分合交替、衰老与生长永久循环的真实过程，甚至月出月落也被他们解释为月亮的出生与死亡。[②]他们说，起初的时候，月神希望送给人类一个永生不死的消息，有一只野兔承担了信使任务。月神叫野兔去对人说："如同我能死而复生一样，你们也能死而复生。"野兔受命来到人的面前，不知是由于遗忘还是恶意，它篡改了月神要传达的消息，说："如同我死了不能复生一样，你们死了也不得复生。"随后野兔回到月神那里，月神问它对人说了些什么。野兔如实告诉月神。月神闻知野兔私自篡改了消息，勃然大怒，将一支木棍扔向野兔，木棍打裂了野兔的嘴唇。正因如此，野兔至今长着三瓣嘴唇。野兔挨打后逃跑了，至今仍跑个不停。不过，也有人说，野兔在逃走之前用爪子抓了月神的脸，所以月亮至今还带着被抓的疤痕，在晴朗的月夜，每个人都能看见那个伤痕。[③]纳马夸人如今仍对野兔剥夺人类永生一事愤愤不平，部落中的老人常说："我们依然因野兔而

---

① 霍屯督人（the Hottentot），是主要生活在非洲南部的游牧族群。——译注

② 参见安德森（C. J. Andersson）：《恩加米湖》（*Lake Ngami*），London，1856 年，第 328 页注释。——译注

③ 参见亚历山大（J. E. Alexander）：《非洲腹地发现之旅》（*Expedition of Discovery into the Interior of Africa*），第 1 卷，1838 年，第 169 页；安德森（C. J. Anderson）：《恩加米湖》（*Lake Ngami*），1856 年，第 328 页以下；布利克（W. H. I. Bleek）：《南非的列那狐》（*Reynard the Fox in South Africa*），1864 年，第 71—73 页。——译注

愤怒，因为是它给我们带来如此的坏消息。我们不愿吃它的肉。"所以，部落中的少年从长大成人的时候起，就禁止他吃野兔的肉，甚至也不能接近烹制过野兔的火堆。如果哪个男人打破了这条禁规，那么，将他赶出村落也不是什么稀罕事。不过，如果交出一定的罚金，他会被允许重新回到村里来。

布须曼人①讲了一个与此类似的故事，在细节上略有差异。按照他们的说法，月神先前曾对人说："如同我能死而复生一样，你们也能死而复生。当你们死时，不要全然死去，而要再站起来。"然而，有个人不相信这永生不死的美好恩赐，也不愿保持缄默。当他母亲死时，他号啕大哭，谁也不能让他相信她母亲还能复生。针对这个痛苦的问题，他与月神发生了激烈的争论。月神说："你的母亲在睡觉。"他却说："我母亲死了。"他俩就这样争辩不休，直到最后月神终于忍耐不住了，用拳头打了那人的脸，撕裂了他的嘴唇。她还一边打一边发出诅咒，说："让他的嘴唇永远就是这样，哪怕他变成一只野兔也是如此。因为他将成为一只野兔。他会逃跑，还要折回来。猎狗要追逐他，一旦捉住他就会把他撕成碎片。他将彻底死去，而且所有人也会在死亡时彻底死去。因为当我劝他不要哀哭他的母亲时，他不听从我的话，他母亲本来是会复生的。他对我说，不，我母亲不会复生。他因此应该彻底变成一只野兔，其他所有人也应该彻底死去，因为我对他说人们应该像我一样在死后复生，但他却不听从我的劝导。"就这样，只是由于他的怀疑，一场应得的惩罚从天上降到怀疑者头上，他变成了一只野兔，而且从那以后永远是一只野兔。不过，他的大腿上还长着人肉，正因如此，布须曼人在打到野兔后，不吃兔子的大腿肉，而是把它割掉，因为那是人肉。而且，布须曼人至今仍说："就是因为那只野兔的缘故，月神才会诅咒我们，让我们彻底死去。如果不是他反对月神，我们在死的时候就会重新复生。他不愿相信月神告诉他的事情，偏偏要和月神对着干。"②在布须曼人的这个故事异文中，野兔并不是神派给人的动物信使，而是人类中的怀疑分子，因为他怀疑永生不死的教义，就自己变成了野兔，还牵连整个人类也陷入必死的命运。这个布须曼故事应该是比霍屯督人的异文更加古老的形式，故事中的野兔就是野兔，不是别的什么。

英属东非的南迪人（the Nandi）讲了一个故事，把死亡的起源归因于一只狗

---

① 布须曼人（the Bushmen）也被称为桑人（San），是著名的现存土著部落，生活在南部非洲与东非地区，曾是人类学家重要的田野研究对象。——译注

② 布利克（W. H. I. Bleek）和劳埃德（L. C. Lloyd）：《布须曼人的民俗样本》（*Specimens of Bushman Folklore*），1911 年，第 57—65 页。——译注

的坏脾气，是它给人类带来不死的恩典，但是，由于人们没有把它当成一位尊贵的使者来接待，它便在一怒之下改变了使命，使人类陷入悲惨的命运，而且从那以后无法摆脱。那个故事是这样的：当第一批人住在大地上时，有一天来了一只狗，它对人们说："所有人都要像月神那样死亡，但不能像月神那样复活生命，除非你们从你们的葫芦里给我一些奶喝，从你们的麦秆中给我一些啤酒喝。如果你们能做到这一点，我将安排你们在死的时候到河水中去，并在死后第三日复活。"不过，人们嘲笑这只狗，用一个小便桶给它喝了一些奶和啤酒。由于没让它和人用同样的容器饮用，那狗感到恼火，虽然它还是放下架子屈尊地从便桶里喝了奶和啤酒，却愤然离去并说道："所有人都要死，只有月神自己能复生。"正因如此，人死后就离开了这个世界，而月神离开之后过三天又会回来。假如当初人们用葫芦给这只狗喝奶并用麦秆给它喝啤酒，那么，我们都能像月亮那样死后三天又回来。[①]这个故事并没有提到是谁派这只狗给人类送去永生不死的消息，但从狗信使提到月神这个细节来看，并且同霍屯督人的同类故事进行比较，我们可以有理由推测，是月神派这只狗去传达消息。这只坏脾气的动物误用了它的机会去为自己索取某种特殊利益，而这种利益完全是它的非分之想。

在这些故事中，传达重要消息的是某个信使，而传信的关键问题是信使本人的粗心或恶意。然而，在有些关于死亡起源的叙事中，被派去送信的是两个信使，而引起死亡降临的原因是其中一个负责传送永生福音的信使的拖延或失误，霍屯督人有一个关于死亡起源的故事就属于这一类型。他们说，从前有个时候，月神派一只昆虫给人传达消息："去人那里，对他们说，如同我死而复活一样，你们也要死而复活。"这只昆虫就带着这个消息上路了。当它独自爬行时，有一只野兔跳着跟在它身后，截住它问道："你有什么差事啊？"昆虫回答说："月神派我去对人说，如同我死而复活一样，你们也要死而复活。"野兔说："看你这爬行的样子，还是叫我去吧。"于是，野兔拿来这个消息就跑，把昆虫抛在身后，让它慢慢爬行。当来到人那里时，野兔篡改了它主动要求传达的那个消息，说："如同我死，死而毁灭，你们也以同样的方式死，死而终结一切。"随后野兔跑回到月神那里，把它对人说的话告诉月神。月神非常生气，大声责备那兔子说："你怎么胆敢对人说我没说过的话呢？"月神还拿起一根棍子打裂了野兔

① 参见霍利斯（A. C. Hollis）：《南迪人》（The Nandi），1909 年，第 98 页。——译注

的鼻子，正因如此，野兔的鼻子至今仍然是裂开的。①

居住在罗得西亚南部一部分地区和卡拉哈里沙漠的英属贝专纳保护领地②的塔蒂（Tati）布须曼人或马萨尔瓦人（the Masarwa）讲了一个同样的故事，不过细节上略有差异。他们说，古时候人们讲过这个故事。月神要送信给初期的人类种族：如同它自己能够死而复活一样，人也要效仿月神，死而复活。于是月神叫来一只乌龟，对它说："你去人那里，把我的如下消息传给他们：就像我死而复活一样，他们死了也要活过来。"乌龟领命上路，它爬得太慢，生怕忘了这个消息，就一遍遍地背诵着月神的话。月神对它的迟缓和忘性都非常担心，于是就叫来一只野兔，对它说："你是快捷的奔跑者，把我这个消息带给那边的人们吧：就像我死而复活一样，他们死了也要活过来。"野兔遵命飞奔上路，但在匆忙之中半道上忘了消息，它又不愿让月神知道，就用下面的话对人们传达说："我死而复活，你们死了就永远死了。"这就是野兔传达给人的消息。与此同时，那乌龟想起了真实消息，它第二次出发。它对自己说："这一次我不会忘记了。"它来到人所在的地方，传达了真实的消息。人们听了，对那只野兔感到愤怒，它已经跑出一段距离了，正在和兔群一起吃草。人们之中的一员跑出来，举起一块石头向那野兔打去，那石头正好打在野兔的嘴上，砸裂了它的上嘴唇，从那以后至今，野兔的嘴都是裂开的。故事到此结束。③

黄金海岸的黑人也讲过两位信使的故事。在他们的叙事中，两位信使一个是绵羊，另一个是山羊。下面的故事是土著在阿克罗庞（Akropong）对一位瑞士传教士讲的：起初的时候，只有天和地存在，大地上还没有人类。一场大雨后从天上向地上垂下来一根大链条，链条上面还挂着七个人，这些是神造的人，他们通过那链条降到地上来。他们点燃了火，用火来烧烤食物吃。过了不久，神又从天上派一只山羊来到这七个人这里，向他们传达如下消息："有一种东西叫做死亡，它在某一天会杀掉你们中间的几个人。你们虽然会死，却不会彻底死去，你们还会回到我这里的天上。"山羊领命上路，快到人的住处时，它看到一丛灌木，在它眼里好像是一顿美味。于是，山羊在那里徘徊不前，开始大吃起来。神看到山羊逗留在半路上，又派出一只绵羊去传达同样的消息。绵羊出发上路，来到人们这里，却没有按照神的意思传达消息，它篡改了口信的内容，

① 参见布利克（W. H. I. Bleek）：《南非的列那狐》，第 69 页以下。——译注
② 英属贝专纳保护领地 1966 年独立为博茨瓦纳。——译注
③ 参见多南（S. S. Dornan）的文章，见《皇家人类学研究所杂志》（Journal of the Royal Anthropological Institute），第 47 卷，1917 年，第 80 页。——译注

说："你们一旦死了，就永久死去，根本无处可去。"随后山羊也到达了，它说："神说了，你们会死，这是真的，但那不是你们的终结，因为你们还要回到我这里。" 人们不信它的话，回答说："不，山羊，神并没有对你说那样的话啊！绵羊先传达给我们的话，我们才要遵奉。" ①

在阿散蒂人（the Ashantee）的一个故事异文中，两位信使也是山羊和绵羊。篡改关于永生消息的动物，有时说是山羊，有时又被说成是绵羊。阿散蒂人说，很久以前，人类是快乐的，因为神住在他们中间，还面对面地和人说话，但这样的好日子并没有持续多久。在一个不幸的日子里，碰巧有一些妇女用棒槌在石臼中捣制土豆酱，神站在旁边看她们工作。由于某些原因她们对神的出现感到厌烦，并冒昧地叫神离开。神并没有为了取悦她们而快速离去，她们居然用棒槌击打了神。极度愤怒之下，神全然离开了世界，让它受偶像的引导。以后每到这一天，人们都要说："噢！要不是那老女人，我们该是多么幸福啊。"不过，神的本性还是很善良的，即使在离去以后，他还是派来一只山羊给大地上的人们传达善意的消息："有一种东西被称作死亡，它会杀死你们中的一些人。但即使你们死了，也不会永久死去，你们将来到天国里我的面前。"这只山羊就带着这吉祥的消息上了路。可是，在到达人们的村落之前，它在路边看到一些有诱惑力的灌木丛，就停下来吃草。神从天上向下望去，看到传信的山羊半途耽搁的情况，就又派出一只绵羊，让它带上同样吉祥的好消息给人类送去，不要耽搁。结果这只绵羊没能正确地传达神的意思，它说的完全离了谱："神给你们捎话说，你们会死，一死就彻底完蛋了。"那只山羊吃完了草，来到人们这里，它带来的消息是："神给你们捎话说，你们肯定会死，但那不是你们的终结，因为你们还要回到神那里去。" 可是，人们回答山羊说："不，山羊，神并没有对你说那样的话啊！我们相信绵羊捎给我们的话才是神要告诉我们的真话。"这个不幸的误解就成了死亡来到人间的开始。不过，在这个故事的另外一个阿散蒂异文中，山羊与绵羊所扮演的角色刚好颠倒了过来。是绵羊从神那里给人类带来永生的福音，但山羊超过了它，给人类先带来了死亡。人类以他们的天真热情地接受了死亡，可他们根本不知道死亡是什么。就这样，他们从此以后就必死无疑了。②

---

① 参见克里斯塔勒（J. G. Christaller）的文章，见《非洲语言杂志》（*Zs. für Afrikanische Sprachen*），第 1 卷，1887—1888 年，第 55 页。——译注

② 参见佩雷戈（E. Perregaux）:《在阿散蒂人之中》（*Chez les Achanti*），1906 年，第 198—199 页。——译注

在这个故事的所有这些异文中，消息都是由神送给人的。可是，在西非多哥兰的另一个异文中，消息则是由人送给神的。他们说，从前有个时期，人们派一只狗去告诉神：当他们死的时候，他们要复活生命。那只狗带着消息上路了。但在半路上，狗感到饥饿，就进了一间屋子，看到里面有个男人在煮魔药。狗就坐下来自忖："他在煮食物。"与此同时，有一只青蛙要到神那里去说："当人死的时候，他们宁肯不要复活生命。"没人让青蛙传达那样的消息，那完全出于它自己的爱管闲事和鲁莽。不管怎么说，它做了冒失的事。那只狗依然充满希望地坐在那里，看那魔汤的烹制，看到那个男人匆忙走出门，仍然自己推想着："如果我有什么东西可吃的话，我会很快赶上那只青蛙。"然而，还是青蛙先到了，它对神说："当人死的时候，他们宁肯不要复活生命。"随后狗也赶到了，它对神说："当人们死的时候，他们希望重新复活生命。"神被两者的话闹糊涂了，就对狗说："我真是无法理解这两个消息。因为我先听的是青蛙的话，所以我就以此为准了，我不会按照你说的去做。"从此以后，人死就不能复活了。假如那只青蛙只管它自己的事，而不去乱管别人的事，那么直到今天，人死了也会复活过来。每当雨季开始雷声轰鸣的时候，就是青蛙复活生命之际。它们在撒哈拉吹来的热风呼啸的旱季中一直处于死亡状态。于是，当雨水降落，雷声响起，你便可以听到青蛙们在沼泽中大合唱般的叫声。[1]我们就这样看到，青蛙如何通过篡改消息给自己带来好的结果，它从人类那里剥夺了永生不死的权利，为自己获得了这种福分。

在此类故事中，死亡的起源被归因于两位信使中一位的愚蠢盲动或故意欺骗。不过，按照这个故事在非洲班图部落[2]中广泛流传的另一种异文，引起死亡的原因，不是信使的失误，而是神自己的优柔寡断。该神先决定给人类以永生，随后又改变主意，让人必死无疑。对人类而言非常不幸的是，第二位信使——就是携带死亡消息的那一位，超过了携带永生消息的第一位信使。在这个类型的故事中，变色龙充当了永生信使，而蜥蜴充当了死亡信使。比如，祖鲁人[3]说，起初的时候，老老神（the Old Old One）安库伦库鲁派变色龙去给人类送信说："去啊，变色龙，去说呀，不要让人死亡。"变色龙出发上路，但它爬得非常慢，

---

① 参见缪勒（Fr. Müller）的文章，见《人》（Anthropos），第2卷，1907年，第203页。——译注
② 班图部落是非洲人数最多的族群，其各个部落主要生活在赤道非洲和南部非洲地域。——译注
③ 祖鲁人，生活在南部非洲的族群。——译注

而且在半路上停下来，吃一种灌木上的紫色浆果或桑葚。不过，还有些人说，它很快就睡着了。就在这时，那老老神想出了更好的主意，在变色龙之后派出一只蜥蜴，要带给人类完全不同的消息。他对蜥蜴说："蜥蜴啊，你到了那里，就说，让人死吧。"于是这蜥蜴就出发了。它超过了变色龙，率先到达人们中间，带来死亡的消息，说："让人死吧。"随后它就返回派遣它的老老神那里。在它离去之后，变色龙带着永生的喜讯也终于来到人们中间。它叫喊着说："神说了，不要叫人死。"但人们却回答说："哦！我们已经听了蜥蜴的话。它对我们说：'神说了，让人死吧。'我们不能再听你的话。按照蜥蜴的话，人会死的。"于是，从那时起直到今天，人都是要死的。正因如此，祖鲁人憎恨蜥蜴，不论什么时候碰到蜥蜴，他们都要杀死它并且说："这就是那个丑陋的家伙，在当初跑来说人要死的那个家伙。"不过，其他人也仇恨乃至杀死变色龙。他们这样说："那就是那个小东西，它耽误了告诉人们人不该死的消息。假如它能及时告诉我们，我们也就不会死了，我们的祖先也就能活到如今了，大地上也就不会有疾病了。所有这些都是因为变色龙耽误的啊。"[1]

其他班图部落，比如贝专纳人（the Bechuanas）[2]、巴苏陀人（the Basutos）[3]、巴龙加人（the Baronga）[4]和恩戈尼人（the Ngoni）[5]，显然还有英属东非的瓦萨尼亚人（the Wa-Sania）[6]，都讲过形式几乎相同的同一个故事。甚至在不属于班图部落的豪萨人（the Hausas）中，也可以听到稍有差异的此类故事。[7]直到今天，巴龙加人和恩戈尼人还仇恨变色龙，因为它的拖延导致死亡降临世界。所以，当

---

[1] 参见卡拉韦（H. Callaway）：《阿马祖鲁人的宗教体系》（*The Religious System of the Amazulu*），1868 年，第 1 卷，第 3 页以下，第 2 卷，第 138 页；格劳特（L. Grout）：《祖鲁人之地》（*Zululand*），Philadelphia，无出版时间，第 148 页以下；莱斯利（D. Leslie）：《在祖鲁人和阿马通加人之中》（*Among the Zulus and Amatongas*），1875 年，第 209 页。——译注

[2] 参见查普曼（J. Chapman）：《南非腹地之旅》（*Travels in the Interior of S. Africa*），第 1 卷，1868 年，第 47 页。——译注

[3] 参见卡萨利斯（E. Casalis）：《巴苏陀人》（*The Basutos*），1861 年，第 242 页；雅各泰特（E. Jacottet）：《巴苏陀人的知识宝库》（*The Treasury of Ba-suto Lore*），1908 年，第 46 页以下。——译注

[4] 参见朱诺德（H. A. Junod）：《南非一个部落的生活》（*The Life of a S. African Tribe*），第 2 卷，1912—1913 年，第 328—329 页。——译注

[5] 参见埃姆斯利（W. A. Elmslie）：《在野蛮的恩加米人之中》（*Among the Wild Ngami*），1899 年，第 70 页。——译注

[6] 参见巴雷特（W. E. R. Barrett）的文章，见《皇家人类学研究所杂志》（*JRAI*），第 41 卷，1911 年，第 37 页。——译注

[7] 参见克里斯塔勒（J. G. Christaller）的文章，见《非洲语言杂志》（*Zs. für Afrikanische Sprachen*），第 1 卷，1887—1888 年，第 61 页。——译注

他们碰到一只变色龙缓慢地爬树时，就戏弄它，直到它张开嘴，然后将一撮烟草放在它的舌头上，兴奋地看着那家伙因痛苦而翻滚，从橘黄色变成绿色，在极度痛苦中死去——又从绿色变成黑色。这样，他们就为变色龙对人类犯下致命错误的事报了仇。

这样的信念在非洲广泛传播：神在当初是要赐给人类永生不死的，但这个仁慈的计划由于神委托传信的使者的错误而被误传了。

### 3. 蜕皮的故事

有许多蛮族相信，某些动物，尤其是蛇，由于拥有周期性蜕皮的能力，能够返老还童，永生不死。他们以这样的信仰讲述了一种故事，用来解释这些生物如何获得永生之福，而人类又是如何失去这一福分。

例如，东非的瓦菲帕人（the Wafipa）和瓦本德人（the Wabende）的故事说，名叫勒匝（Leza）的神有一天来到地面上向所有生物说："你们谁希望不死呢？"非常不幸的是，那时人类和其他生物都在睡觉，只有蛇醒着，它回答神说："我希望。"这样一来，人和其他动物都要死，唯独蛇不死，除非被杀。它每年都要改变外皮，由此恢复它的青春和活力。[1]英属北婆罗洲的杜松人（the Dusuns）以类似的方式说，当初造物主完成了所有的创造之后，就发问说："有谁能蜕皮呢？如果有谁能蜕皮，就会永生不死。"唯独蛇听到了这问话，回答说："我能。"由于这个缘故，至今蛇还是不死的，除非被杀。杜松人没有听到造物主的问话，否则他们也会蜕掉自己的表皮，这样人们就不会死了。[2]与此类似，中央西里伯斯岛上的托佐托拉查人（the Todjo-Toradjas）说，从前有个时候，神召来所有人和动物，要确定他们的命运。在神提供的所有命运之中，有这样一种即"我们能蜕掉衰老的皮"。不幸的是，人类在这个紧要关头却是由一位老太婆来做代表的，她根本没听到神提出的这个试探性的建议。然而，有动物听到并响应了神的建议，蜕去旧皮，比如蛇和虾，从而获得了好运。[3]还有，西太平洋俾斯麦群岛的瓦托岛（Vuatom）上的土著说，大神托克诺克诺勉支（To Konokomiange）

---

① 参见勒沙普图瓦大人（Mgr. Lechaptois）：《在坦噶尼喀湖畔》（*Aux rives du Tanganika*），Algiers，1913 年，第 195 页。——译注

② 参见艾弗·埃文斯（Ivor H. N. Evans）的文章，见《皇家人类学研究所杂志》（*JRAI*），第 43 卷，1913 年，第 478 页。——译注

③ 参见阿德里亚尼（N. Adriani）和克鲁伊特（A. C. Kruijt）：《西里伯斯岛中部说巴雷埃语的托拉查人》（*De Bare' e-sprekende Toradja's van Midden-Celebes*），第 2 卷，1912—1914 年，第 83 页。——译注

命令两个男孩去取火，并且允诺他们说，如果他们取来火，就永远不会死了。但是，如果他们拒绝了，他们的肉体就会死去，他们的影子或灵魂却能够存活下来。这两个男孩没有听从神的命令，于是神诅咒他们说："什么！你们还想活吗？现在你们要死了，只有灵魂活下来。不过，鬣蜥蜴（Goniocephalus）、蜥蜴（Varanus- indicus）和蛇（Enygrus），它们应该活着，它们能蜕皮，它们将永远活下去。"两个男孩听到这话，痛哭起来，悔恨自己的愚蠢行为即没去为托克诺克诺勉支取火。[1]

英属圭亚那的阿拉瓦克人（the Arawaks）说，在很久以前，造物主降到大地上来，看看他所创造的人类活得怎样。但人类太邪恶了，他们居然试图杀死神。于是乎，造物主剥夺了人的永生，把这个福分赐给了能够蜕皮的动物，诸如蛇、蜥蜴和甲虫。奥利诺科河（the Orinoco）流域的印第安部落塔马纳奇人（the Tamanachiers）讲了与此稍有不同的故事。他们说，造物主在和他们居住了一段时间以后，坐船跨越了他来时经过的那个辽阔的海面，到达彼岸。就在他用力离开水岸的时候，他高声向人们呼喊道："你们要换你们的皮啊。"这话的意思是"你们要像蛇和甲虫那样返老还童"，但非常不幸的是，有一个老妇人听到这话，叫道："噢！"她的语调很奇怪，即使不是讥讽的话，也是充满了怀疑。这声音惹恼了造物主，他立刻改变了主意，说："你们要死。"从此以后，我们人类就必死无疑了。

苏门答腊西边的尼亚斯岛（Nias）岛民说，起初，大地被造好之际，上天送下来某个生物来完成最后的创造工作。他本该斋戒，但由于忍受不了饥饿的痛苦，就吃了一些香蕉。他选吃这种食物非常不幸，因为只有他吃了河蟹，人类才能像河蟹那样蜕掉皮壳，由此获得返老还童的本领，从而永生不死。既然他吃的是香蕉，那么死亡就通过香蕉来到了人类中间。[2]尼亚斯岛岛民的另一个故事异文添加了一个情节："是蛇先吃了蟹。根据尼亚斯岛岛民的看法，蟹能够蜕皮而不死。因此，蛇也能不死，只是蜕皮而已。"[3]

在最后这个异文中，蛇的不死被归因于享用了蟹，而蟹通过蜕皮返老还童，永生不死。在萨摩亚人[4]的死亡起源故事中，可以看到对介壳类水生动物可以永

---

[1] 参见梅耶（O. Meyer）的文章，见《人》（*Anthropos*），第 5 卷，1910 年，第 724 页。——译注

[2] 参见松德曼（H. Sundermann）：《尼亚斯岛及其使命》（*Die Insel Nias*），Barmen，1905 年，第 68 页。——译注

[3] 参见费尔（A. Fehr）：《尼亚斯岛民的生与死》（*Der Niasser im Leben und Sterben*），Barmen，1901 年，第 8 页。——译注

[4] 指主要生活在太平洋中部萨摩亚群岛中的族群，上世纪 60 年代已经建立了独立的国家。——译注

生的类似信仰。他们说，诸神开会决定给人类怎样的结局。其中一个提案是，人应该像介壳类水生动物那样蜕皮，这样就能返老还童。有一位叫帕塞的神反对这个提案，他认为介壳类水生动物应该蜕皮，而人应该死。正当提案在讨论之中的时候，一场阵雨不幸打断了讨论，诸神忙着寻找躲雨的地方，帕塞的提案就在无意中被执行了。从此，介壳类水生动物依旧蜕皮，而人却不能。

因此，有不少人相信，只要有周期性换皮的简单过程，就能获得永生的福分，而我们人类曾经也有可能获得这个福分，只是由于某种不幸的机缘，这福分就转移到了蛇、蟹、蜥蜴和甲虫之类的低等动物身上。然而，还有另外的观点认为，人类在某个时代确实拥有这个无价的福分，只是由于某个老妇人的愚蠢行为才失去了它。例如，班克斯群岛和新赫布里底群岛上的美拉尼西亚人说，起初，人类是永远不死的，随着生命的进展，他们像蛇和蟹那样地蜕皮，就能返老还童。过了一段时间，有位女人衰老了，到溪水中去换皮。按照某些人的看法，她就是神话传说中的英雄卡特（Qat）的母亲。另一些人则认为，她是乌塔－玛拉玛（Ul-ta-marama），要为整个世界换皮。她将旧皮扔到水里，看着它漂流下去，挂在一根棍子上。随后她回到家里，那里有她的孩子。但孩子拒绝承认她，哭喊着说，他们的妈妈是一个老女人，不像这个年轻的陌生女子。为了抚慰她的孩子，她又找回那张旧皮，重新换到自己身上。从那时起，人类就停止了换皮并且有了死亡。[①]类似的死亡起源故事还流行于肖特兰群岛[②]，而且是由新几内亚东北部的巴布亚人（Papuan）部落——凯伊人（the Kai）来讲述的。凯伊人说，起初的时候，人是不死的，能够返老还童。当他们的旧的棕色皮肤变得有皱纹和难看的时候，他们就跳入水中，蜕掉老皮，换上新的、年轻的白色皮肤。在那时，有一个老祖母，她带着孙子一起生活。有一天，老祖母厌倦了自己的年迈，就跳入河中洗澡，蜕掉了枯萎的老皮，然后干干净净地以一身光滑的新皮肤回到村里。变了形貌的她爬上梯子，进入屋里。她的孙子看到她时，无法认出她，就大哭着跑开了，他无法相信她就是他的奶奶。不管她怎样劝说和安抚孙子，都无济于事。最后她只好又跑到河边去，从水中捞起她那又老又丑的旧皮，重新套在身上，以原来的苍老面貌回到家里。孙子很高兴看到奶奶归来，但她却对孙子说："蝗虫蜕其皮，而你们人类从此以后就会死。"果然如

---

① 参见科德林顿（R. H. Codrington）：《美拉尼西亚人》（*The Melanesians*），1891 年，第 265 页。——译注

② 参见里比（C. Ribbe）：《在萨洛默岛食人族中生活的两年》（*Zwei Jahre unter den Kannibalen des Salomo-Inseln*），1903 年，第 148 页。——译注

此，人类从那时起就要面对死神了。①阿德默勒勒蒂群岛（the Admiralty Islands）的土著也讲过同样的故事，只是情节上有细微的差异。他们说，从前有个时候，有一个老妇人，非常虚弱。她的两个儿子出去钓鱼时，她自己去洗浴，蜕掉了身上皱褶的旧皮，恢复到很久以前的年轻模样。她的两个儿子钓鱼归来看到她的样子，感到惊讶。一个儿子说："这是我们的妈妈。"另一个则说："她也许是你妈，但她应该是我妻子。"他们的母亲听到这些话，就问他们说："你们两个说什么呢？"两个孩子回答："我们没说什么呀！我们只说你是我们的母亲。"母亲生气地说："你们撒谎，我听见你们两个说的了。如果按照我的方式，我们就会长成老男人和老女人，然后我们应该蜕掉老皮，重新成为青年男女，但你们却按照你们的方式，那样我们就应该长成老男人和老女人，然后就应该死去。"这样说着，她又拿来她的旧皮，重新套上，又变成了老妇人。我们作为她的后代，也就这样先长大而后走向衰老。但是，假如当初不是那两个傻小子捣乱，我们生命的日子就不会有尽头，我们就能够永久地活下去。②

比班克斯群岛更远一些，中央西里伯斯岛的山地部落托库拉威人（the To Koolawi）也讲过几乎同样的故事。根据发现这个故事的荷兰传教士报道说，这个流传广泛的故事的西里伯斯异文是这样的：在远古的时候，人类和蛇、虾一样具有蜕皮的能力，这样就能重返少年。有位老妇人，她有一个孙子。有一次，她去水中洗浴，顺便蜕下身上的旧皮，把它挂在一棵树上。她恢复了青春容貌，回到家里。可是，她的孙子已经认不出她了，不愿和她在一起，只是不断地说："你不是我奶奶，我奶奶很老了，你却这么年轻。"于是，老妇人回到水边，重新套上她的旧皮。从那以后，人类就失去了自我更新和返老还童的能力，所以必须死。③

有些民族的人们认为，在世界的早期，人类能够周期性地蜕皮，所以是不死的，也有些人把这种不死的高贵能力归因于月亮的感应，也就是说，人类能够连续不断地交替变化，即长大与衰老、生与死，与月相的变化相对应，没有尽头。从这种观点来看，虽然死亡在某种意义上也确实发生，但随后很快就又复

---

① 参见凯泽（C. Keysser）：《来自凯伊人的生活》（*Aus dem Leben der Kaileute*），见诺伊豪斯（R. Neuhauss）：《德属新几内亚》（*Deutsch Neu-Guinea*），第 3 卷，1911 年，第 161 页以下。——译注

② 参见迈耶（J. Meier）的文章，见《人》（*Anthropos*），第 3 卷，1908 年，第 193 页。——译注

③ 参见阿德里亚尼（N. Adriani）和克鲁伊特（A. C. Kruijt）：《西里伯斯岛中部说巴雷埃语的托拉查人》（*De Bare' e-sprekende Toradja's van Midden-Celebes*），第 2 卷，1912—1914 年，第 83 页。——译注

活。一般而言，似乎是在死后的三天之后复活，因为三天正是从残月消失到新月复出的时间。门特拉人（the Mentras 或 the Mantras）——马来半岛丛林中的一个胆小的蛮族部落——说：世界伊始，人是不死的，只是随着月亮的残缺而变瘦，又随着月亮的圆满而变胖。这样一来，人口不受限制，终于发展到了警戒的极限。第一个人的儿子把这种状况告诉了父亲，并且问父亲怎么办。第一个人心地善良，他说："顺其自然吧。"但是，他的弟弟却对现状抱着马尔萨斯式的观点，他说："不，就让人像香蕉一样死去吧，把他们的后代留下。"问题的争议被传到地下世界的冥王那里，他决定采纳死亡。从此以后，人不再像月亮那样死而复活了，而是像香蕉那样死去。①西太平洋的加罗林群岛（the Caroline Islands）上的土著说，在早先时候，人们不知道死亡，因为那只是一种短暂的睡眠。人在残月的最后一天死亡，而在新月复出的那一天复活，就好像他们从一场修身养性的睡眠中又醒了过来一样。但是，有一个恶灵暗中使了坏，让人在死亡的睡眠中不能再醒过来。澳大利亚东南部的沃乔巴卢克人（the Wotjobaluk）说，当初所有动物都是男人和女人。当他们中间有人死去时，月亮就会说："你再站起来。"于是死人就复活了。可是，有一次，有一个老人说了一句"还是把死留给他们吧"，从那以后，除了月亮自己，就没人能够复生了。月亮至今还是延续她死而复活的变化节奏。②澳大利亚中部地区两个部落的翁马杰拉人（the Un-matjera）和凯蒂什人（the Kaitish）说，他们从前习惯于将死者要么埋在树洞，要么埋在地下，通常过三天后死者就会重新站起来。凯蒂什人还讲述了这种幸运状况是如何结束的，那全是因为一个麻鹬图腾部落的人的错误所致。那个人发现小袋鼠图腾部落的某些人在埋葬他们部落的一个成员。出于某种原因，这个麻鹬图腾部落的人突然暴怒，把那具尸体踢到了海中。当然，从此以后，死者就再也不能复生了。我们今天也没人能像当初所有人那样，在死后三天重新站起来。③尽管这个有关死亡起源的故事根本没提到月亮，但根据前面讲到的同类故事，我们还是可以推知，死者要在坟墓里逗留的三天，就是月亮在人们看不见的

---

① 参见赫维（D. F. A. Hervey）：《门特拉人的传说》（*The Mentra Traditions*），见《皇家亚洲学会海峡分会杂志》（*Journal of the Straits Branch of the Royal Asiatic Society*），第 10 卷，1882 年，第 190 页；斯基特（W. W. Skeat）和布莱格登（C. O. Blagden）：《马来半岛的异教种族》（*Pagan Races of the Malay Peninsula*），第 2 卷，London，1906 年，第 337 页以下。——译注

② 参见豪伊特（A. W. Howitt）：《澳大利亚东南部的土著部落》（*Native Tribes of South-East Australia*），London，1904 年，第 428 页以下。——译注

③ 参见斯宾塞（Baldwin Spencer）和吉伦（F. J. Gillen）：《澳大利亚中部的北方部落》（*Northern Tribes of Central Australia*），London，1904 年，第 513 页以下。——译注

日子里"躲进月亮洞穴中"的三天。斐济人（the Fijians）也把人类的永生可能与月相联系起来，虽然他们并未实际享有过永生。他们说，两位老神即月亮和田鼠曾讨论过人类的结局。月亮说："让他们像我一样，消失一段时间然后再复生。"田鼠却说："让人和鼠一样死吧。"结果还是田鼠的话应验了。[1]

刚果的乌波托人（the Upotos）讲述了人类如何失去永生的福分，而月亮如何获得了它。有一天，他们称作利班咋（Libanza）的神派人去叫月亮上的人和大地上的人。月亮上的人很快来到神的面前，神为了他们的快捷而回报他们，对月亮说："因为你在我呼叫你的时候就能来到我面前，你将永远不会死。你们在每个月里只死两天，那只是一种休息，你们随后将以更大的气势归来。"而当大地上的人最后也来到利班咋神面前时，神很生气，对他们说："因为你们没有在我叫你们的时候立刻来到我这里，所以你们要死；除非来到我这里，否则死了就不能复生。"[2]

东交趾支那[3]的巴拿人（the Bahnars）对最初人类永生性的解说，不是用月相，也不是用蜕皮的习俗，而是明显归因为某种树的复生能力。他们说，起初，每当人死时，就被埋在一棵名叫龙布罗的树脚下，过一些时候，死者总能从死亡状态重新活过来。复生的人不是像婴儿那样，而是像成年的男人和女人那样。这样，大地上的人繁衍得很快。所有人聚合起来构成一个大城镇，由我们的第一对父母统治着。到后来，人口实在太多了，到了这样一种极限状态——就连一只蜥蜴也无法正常出行而又不被人踩住尾巴。蜥蜴对这种人满为患、拥挤不堪的状况很恼火，这个狡猾的家伙给那些挖掘坟墓的人提了一个阴险的建议："为什么要在龙布罗树脚下埋葬死人啊？把他们埋在龙昆树下吧。这样他们就不会复生了。让他们彻底死去，就此终结吧。"蜥蜴的这个建议被采纳了，从那天起，人就不能复生了。[4]

在最后这个故事里，如同许多非洲故事那样，给人类带来死亡的媒介是一只蜥蜴。我们可以猜想：将招人厌恶的行为归罪于一只蜥蜴的理由就在于，这种小动物和蛇一样能够周期性地蜕皮。原始人会从这种现象中推测这种动物能够

---

① 参见托马斯·威廉斯（Thomas Williams）：《斐济和斐济人》（*Fiji and the Fijians*），第 1 卷，1860 年，第 205 页。——译注

② 参见林德曼（M. Lindeman）：《乌波托人》（*Les Upotos*），1906 年，第 23 页以下。——译注

③ 交趾支那（Cochin China），中南半岛南端，现为越南的一部分。——译注

④ 参见古尔拉赫（Guerlach）：《野蛮的巴拿人的风俗和迷信》（*Moeurs et Supersitions des sauvages Ba-hnars*），见《天主教传教团》（*Les Missions Catholiques*），第 19 卷，1887 年，第 479 页。——译注

返老还童，活到永远，就像他们推测蛇具有此类本领一样。这样，所有讲述一只蜥蜴或一条蛇如何成为人类永生之罪魁祸首的神话，也许都和一种古老的观念相联系，那就是在人与能够蜕皮的动物之间的一种妒忌与复仇的观念，更具体地说，就是在人与蜥蜴或蛇之间的妒忌与复仇的观念。我们还可以这样认为，在所有此类情况下，人们要讲述一个人与他的动物对手竞争长生不老的拥有权的故事。在这场竞争之中，不论是出于失误还是出于诡计，胜利总是属于动物一方，它因此而成为永生的，而人则由此注定了必死。①

### 4. 篡改消息的故事与蜕皮故事的组合

在某些死亡起源的故事中，篡改消息的事件和蜕皮的事件结合在了一起。东非的加拉人（the Gallas）就这样把人的必死与蛇的永生归因于某一只鸟的失误或恶意，是它歪曲了神传达给人的永生消息。这只对我们人类犯下弥天大错的鸟是一只黑色的或深蓝色的鸟，它的两只翅膀各有一块白斑，头上长着冠。它落在树的顶端，发出一种类似羊叫的奇怪哀嚎声。于是，加拉人称之为哈拉瓦卡，意即"神羊"，并且用下面的故事来解说它的极度痛苦。从前有个时候，神派那只鸟去对人说他们不会死，当他们衰老和虚弱时，就能蜕去表皮，从而返老还童。为了确定这个消息，神赐予这只鸟一个冠，作为它的神圣使命的标记。于是，这只鸟出发了，去给人类传达永生福分的消息。但它还没走多远，就落了下来，因为看到一条蛇在路上吞吃腐肉。这鸟对那腐肉馋涎欲滴，就对蛇说："给我一点肉和血吧，我将告诉你神的消息。"那蛇一边满不在乎地回答说"我不想听"，一边继续它的美餐。但那鸟非要蛇听神的消息，蛇只好不情愿地听了。鸟说："那消息是这样的：当人衰老时就会死，但你衰老时要蜕去表皮，返老还童。"从那以后，人老了就会死亡，而蛇却能蜕去旧皮，返老还童。不过，因为这个公然篡改消息的过失，神惩罚那只恶作剧的鸟，让它患上一种痛苦的不治之症，一直被折磨到今天。这就是它总要在树顶上哀嚎的原因。②此外，居住在新不列颠的加泽尔半岛海岸的美拉尼西亚人说，善神托卡比那那（To Kambinana）喜爱人类，希望能让人类不死。他召来他的兄弟托考弗弗（To Korvuvu），对他说："你去人类那里，给他们带去不死的奥秘，让他们每年蜕皮一次。这样他们

---

① 在史前时代和现存土著部落的人们存留的观念中，不仅具有蜕皮再生能力的生物与人类生命相关联，青蛙、熊等的冬眠和苏醒的现象，繁殖力旺盛的生物如鱼，包括女性的生理周期等都被视为同生死是密切相关的。——译注

② 参见艾里斯·维尔纳（Alice A. Werner）的文章，见《人》（Man），第13卷，1913年，第90页以下。——译注

就能免于死亡了，因为他们的生命可以不断地更新。不过，你还要告诉蛇，它们从那时以后就是必死的。"然而，谁也没想到，托考弗弗对他承担的任务掉以轻心，居然命令人去死，却把永生不死的秘密泄露给了蛇。从那时起，所有的人都是必死的，而蛇却能每年蜕皮，永生不死。[1]安南地区也流传着一个类似的死亡起源故事。他们说，玉皇从天上派遣一位信使到人间，告诉人说，你们老了就要换上新皮，永久活下去，而蛇老的时候，一定要死去。那个信使从天而降，来到大地之上，正确无误地说了如下的话："人老了应该换上新皮，永久活下去，蛇老了就要死去，并被放进棺材里。"事情到此还很顺利。可不幸的是，恰好有几条同窝的蛇听到了口信，它们知道了即将降临到同类身上的宿命，于是它们愤怒起来，就对那位信使说："你必须把话再说一遍，而且要反着说。否则我们就咬你！"蛇的威胁吓坏了信使，他只好重新说出口信，却这样调换了词句："蛇老了就要换上新皮，永久活下去，人老了就要死去，并被放进棺材里。"从此以后，所有生物都要面对死亡——除了蛇，它能在衰老之际蜕其旧皮，于是永生不死。[2]

## 5. 结论

综上所述，根据与月亮或能蜕皮的动物的类比，原始的哲人[3]推论出，在创世之初，或者有一位仁慈的神把永久的返老还童的能力赐给了人类，或者人类本来就享有这种能力。后来，由于某桩罪过、某个偶然事件或者某次疏忽的错误，人类才无法永久享有这种能力。那些将永生不死的信仰归结为蛇、蜥蜴、甲壳虫或其他动物的蜕皮能力的人们，自然要把这些动物视为自己仇视的对头，因为是它们剥夺了神赐的或大自然赋予人类的这笔珍贵遗产。于是，他们讲述故事来解释这样一些低等动物怎样从他们那里夺去那无价的至宝。这一类型的故事在世界范围内广泛传播，在闪米特人中听到此类故事当然不足为奇。《创世记》第三章中的人类堕落的故事似乎是这类蛮族神话的缩写本。明眼人很容易看出，

① 参见克莱因提钦（P. A. Kleintitschen）：《加泽尔半岛的沿海居民》(*Die Küstenbewohner der Gazellehalbinsel, Hiltrup bei Münster*)，无出版时间，第334页。——译注

② 参见朗德（A. Landes）的文章，见《法属交趾支那：远足与踏勘》(*Cochinchine française, Excursions et Reconnaissances*)，第25期，1886年，第108页以下。——译注

③ "原始的哲人"，此类说法同泰勒是相近的。这一时期的人类学家们大多承认以"原始人"解释世界的行为与结论，但认为是低级而非科学的。这同进化论的兴起不无关系，而从"原始"材料中寻找科学的解释就往往成为当时学者们努力的方向。后来这种将"人"及其思维的研究按照时间演进而划分高低的立场在人文社会科学界不断受到挑战。——译注

它与原始神话十分近似，世界上许多地方的蛮族至今仍在讲述着类似的神话。其中主要的、几乎是唯一的省略，就是叙述者不提生命树的果子被蛇所吃以及蛇由此获得的永生。解说这个空缺其实也不困难。贯穿整个希伯来创世观的理性主义风格，对相应的巴比伦传说中的许多奇异特征给予了剥离改造，当然也不会对如下的障碍视而不见，那就是关于蛇的永生不死这样的观点。于是，圣书故事的修订者就在最终定本的时刻将那个事件从传说之中全然删掉，从而移除了信仰的道路上的这块绊脚石。修订者所留下的这个分裂的鸿沟并没有逃过注释者的眼睛，他们徒劳地寻找着生命树应该在叙述中发挥作用的那个缺失的部分。如果我对这个故事的解释是正确的，那么这个任务就在数千年之后，留给了比较研究的方法——补足这个古老画面的残缺之处，按照它们当初具有的原始粗俗风格来恢复被希伯来艺术家的巧手减弱或抹掉的那种欢快而野蛮的色彩。

# 第三章　该隐的标记

在《创世记》中，我们读到，该隐在谋杀了弟弟亚伯①之后，被神逐出社会，成为大地上的逃亡者和流浪者。由于害怕凡遇到他的人必杀他，所以他向上帝抗议，为什么给他如此悲惨的命运。上帝怜悯他，就给该隐"立一个记号，免得人遇到他就杀他"。②那么上帝给这第一个杀人犯立的是什么记号呢？或者说，上帝为他指定的符号是什么呢？

对这个问题，只有通过回忆杀人者遵从的某种古老习俗，我们才最有可能得到答案。虽然我们不能指望确认那究竟是什么记号或符号，但与这种由杀人者奉行的习俗在世界其他地方的情况进行比较，至少可以帮助我们理解其基本含义。罗伯逊·史密斯认为，那个疑问中的记号是部落的记号，是部落的每个成员都戴在身上的一种标记，它能够表明这个人所归属的集体，意指该集体将对杀他的人实施报复，从而使他得到保护。③确实，在那些依然保留着部落制度的民族中，这样的标记是很常见的。比如，今天的贝都因人④的一个主要部落标记是一种特殊形式的发饰。在世界的许多地方，特别是在非洲，身体某些部位的一种模式化的文身或切口就构成了部落标记，⑤这样的标记将发挥对部落成员的保护作用，即可能像罗伯逊·史密斯所推测的那样。不过从另一方面来看，我们还应该想到恰恰相反的情况，即在一个敌对的部落，这样的标记容

---

①这是《圣经》中著名的兄弟相残的故事：亚当与夏娃有两个儿子，长子该隐，幼子亚伯。身为农人的该隐向耶和华献祭的是农产，不蒙悦纳，而其弟亚伯却作为牧人献祭给耶和华头生的羊与油脂，受到赞许。该隐因妒生恨杀死了亚伯，最终被神惩罚。新的解释将这一故事作为农耕民族与游牧民族之间冲突的现实反映。——译注

②见《创世记》第4章第8—15节。——译注

③参见罗伯逊·史密斯（W. Robertson Smith）：《阿拉伯半岛早期亲属关系和婚姻》（*Kinship and Marriage in Early Arabia*），1903年，第251页。——译注

④贝都因人（Bedouins，亦作 Beduin），是对以游牧方式生活的阿拉伯人的一个族群的称呼。——译注

⑤参见弗雷泽（J. G. Frazer）：《图腾制与外婚制》（*Totemism and Exogamy*），1910年，第1卷，第28页以下；第4卷，第197页以下。——译注

易暴露身份，从而增加危险。但是，即使我们承认部落标记具有保护作用，把这样的解释应用到该隐那里，仍然不能有效地解决疑问。这样的看法太一般了。一个部落的每一个成员都受到这种标记的保护，无论他是不是杀人者。该叙事的整个倾向就在于显示上帝立的那个标记不是给部落里的每个成员，而是专门给杀人者的。这样看来，我们不得不寻求另外一种方式的解说。

从《创世记》的叙述本身可以知道，该隐被认为最易遭受的危险就是，作为逃犯，凡遇到他的人必杀他。叙述者还写到上帝问他："你做了什么事呢？你兄弟的血，有声音从地下向我哀告。地开了口，从你手里接受你兄弟的血，现在你必从这地受诅咒：你种地，地不再给你效力。你必须流离飘荡在地上。"这里，非常清楚的是，认为被他杀害的兄弟的血，对于杀人者的身体构成一种危险。那血感染了土地，使土地不再为耕种效力。就这样，杀人者被认为毒化了生命的来源，因而要冒这样的风险——为自己，也许还要为他人，供应食物。从这一点可以知道，国家应当回避并驱逐杀人者，因为他的出现对国家形成持续的威胁。他就是灾祸之根，被有毒的气氛笼罩，感染了能够传播死亡的恶疾，他的每一次接触都使大地变得干枯。我们由此可以理解雅典法的某些规则。一个被放逐的杀人犯，当他不在却发生了对他的第二次指控时，就允许他回到阿提卡为自己进行申诉。但他不能把脚踏上土地，只能从海上的一艘船上说话，那船也不得抛锚，不得从船上伸出跳板。①法官要避免与犯人的一切接触，因为审判举行的场所就设在岸边。很显然，这些法律条文的意图就是要彻底隔离杀人者，不让他接触阿提卡的土地，甚至连抛锚和伸出跳板这样的间接接触也不行。由于同样的原因，如果这样一个人在出海时不幸被漂流到他曾犯下罪过的国度，他就被允许在海岸边扎营，等一艘船来接走他。但他的双脚必须始终放在海水中②，以免他身体的毒性沾染或灌注到土地之中。

雅典法对杀人者所规定的这种隔离措施，在新几内亚最东南端的多布岛（Dobu）上的蛮族中还可以找到对应的情况，他们仍对杀人者实行强制的隔离。有一位曾在该岛上居住了17年之久的传教士写道："可以和妻子的亲属方打仗，但不许吃被杀者。一个杀死了姻亲的人，此后永远不能吃来自他妻子村庄的食物和水果，唯有他的妻子为他做饭吃。假如他妻子的火熄灭了，不许她在村里

---

① 参见德摩斯梯尼（Demosthenes）：《演讲集》（*Orat.*），第 23 卷，第 77—78 页；亚里士多德（Aristotle）：《雅典政制》（*Constitution of Athens*），57；保萨尼阿斯：《希腊志》，第 1 卷，第 28 章，第 11 页。——译注

② 参见柏拉图（Plato）：《法律篇》（*Laws*），886 C—D。——译注

的房子里拿出火把。触犯了这条禁忌就要受到惩罚：让她的丈夫死于血中毒！杀死一位血亲将使杀人者承受更加严厉的禁忌。当酋长嘎嘎努莫尔杀死他的表兄弟时，人们不许他再回到自己的村子。他只能给自己另建一个村子。他必须拥有自己独自使用的葫芦、刮铲，还有水瓶与杯子以及一套特殊的炊具。他必须到别处去采摘他饮用的椰子和食用的水果。他用的火要尽可能长久地燃烧下去，假如他的火熄灭了，那就只能用摩擦法生火，不得用其他火种来点燃它。如果这个酋长打破了禁忌，那么他死去的兄弟的血将毒化他的血，乃至让他身体肿胀，最后非常可怕地死去。"①

在多布岛的这些例子中，被害死者的血对杀人者具有一种身体的毒性。假如他冒险踏入被害者的村子，或者甚至间接地与该村子有所接触，都不免会中毒。因此，对他的隔离是为了他自己的利益而采取的预防措施，而不是为了他要回避的共同体的利益。很可能，雅典法中关于杀人者的规则也应该按照同样的方式来解释。然而，更可能的是，那种危险被确信是相互的。换言之，无论是杀人者还是他接触的人，都要遭受由接触传染而引起的血毒症的折磨。杀人者会使他人感染上致命的病毒，这种观念在英属东非的阿基库尤人（the Akikuyu）中也确实流行。他们认为，如果杀人者来到村里而且睡了觉，还和一家人在屋里吃了饭，与他共餐的人就会传染一种危险的毒素，如果没有被巫医及时被除，毒素就可能要他们的命。那个杀人者睡过的被子沾染了毒素，会感染任何一个再在上面睡觉的人。于是，要找来一位巫医，请他给小屋和屋内的人消毒。②

与此相似，摩洛哥的摩尔人（the Moors）认为，杀人者的余生"在某种程度上是不洁净的。毒素从他的指甲下面渗出来，任何人如果喝了他洗过手的水，就会患上重病。他猎杀的动物之肉不可吃，与他在一起吃的任何食物也是如此。如果他来到一个地方，人们正在打井，那井水就会立刻干涸。在希艾纳（Hiaina），有人告诉我，不准杀人者进入菜园或果园，不准他进入打谷场、粮仓或羊群里。还有一种常见的规则，虽然不是普遍的——不准他在祭祀宴会上用自己的手献上祭品。在某些部落，尤其是讲伯伯尔语的部落，有一种类似的禁规，针对的是杀死狗的人，因为狗是不洁动物。所有从血管中流出的血都是不洁的，都萦

① 参见布罗米洛（W. E. Bromilow）的文章，见《澳大拉西亚科学促进会第 12 次会议报告》（*Report of the 12th Meeting of the Australasian Association for the Advancement of Science*），1910 年，第 478 页。——译注

② 参见霍布莱（C. W. Hobley）的文章，见《皇家人类学研究所杂志》（*JRAI*），第 40 卷，1910年，第 431 页。——译注

绕着鬼魂（jnun）"①。

　　然而，在《圣经》关于杀死亚伯的凶手的叙述中，被杀者的血并不是唯一被人格化的无生命物。如果说那血被表现为能够大声叫喊，那么大地则被表现为张开大口接受牺牲者的血。对于这样的人格化的大地，埃斯库罗斯②也曾提供过相应的说法，他说到大地喝了被杀死的阿伽门农③的血。④不过，在《创世记》中，关于大地人格化特征的表现又进了一步，因为叙述者告诉我们，杀人者被"从这地受诅咒"，而且当他耕种的时候，那地不会为他效力，他必须流离飘荡在大地上。显然，这个情节蕴含的意义在于，被血污染的地，被罪行冒犯的地，拒绝接受由杀人者播下的种子，不给它生长和结穗的机会。不仅如此，还要把他从开垦过的土地中驱逐出去，这些土地曾给他食粮，把他赶到不毛的荒野里，使他成为在那里游荡的无家可归的流浪汉。对于《旧约》来说，那种作为人格化生物的土地的观念，是并不陌生的，那种土地要对居住在其上的人的罪过进行反抗，而且要唾弃之。在《利未记》⑤中，我们就读到，由于人的邪恶行为之污损，"大地将她的居民吐出去"。同篇中还警告以色列人要遵奉上帝的法令和判决，"当你们污损它时，那土地也会吐出你们，就像它吐出在你们之前的民族"。

　　古希腊人显然也有类似的观念，即人血的流出具有污染土地的效果，尤其是亲族的血。希腊的传说讲述了弑母者阿尔克迈翁⑥被自己所杀死的母亲厄里费勒（Eriphyle）的鬼魂追逐，在世上无休止地四处流浪，直到最后，他来到德尔斐⑦神庙领受神谕，那里的女祭司告诉他，厄里费勒的复仇的鬼魂停止追逐他的唯一的土地，就是被他母亲的血污染了以后，从海水中露出来的最新的土地。⑧或

---

　　① 韦斯特马克（E. Westermarck）：《摩尔人的神圣观》（*The Moorish Conception of Holiness*），1916 年，第 130—131 页。——译注

　　② 埃斯库罗斯（Aeschylus，公元前 6 世纪到前 5 世纪），古希腊著名悲剧诗人，代表作有《被缚的普罗米修斯》《阿伽门农》等。——译注

　　③ 阿伽门农，古希腊迈锡尼王，以给弟弟夺回被拐走的弟媳海伦为名，率希腊联军攻陷并焚毁了特洛伊，得胜回家后被妻子及其奸夫所杀。他的形象主要出现在荷马史诗中。——译注

　　④ 参见埃斯库罗斯：《阿伽门农》（*Agamemnon*），第 987 行以下。——译注

　　⑤《摩西五经》的第三本，主要是记录祭司的事宜及向全民的教训。——译注

　　⑥ 阿尔克迈翁（Alcmaeon），希腊神话中的英雄，七将攻忒拜的参加者。他认为自己的母亲厄里费勒应为自己父亲之死承担责任，在胜利归来后将母亲杀死，因此受到复仇女神的追究。——译注

　　⑦ 德尔斐（Delphi），古希腊城市，因为有阿波罗神庙而著称。——译注

　　⑧ 参见修昔底德（Thucydides）：《伯罗奔尼撒战争史》，第 2 卷，第 102 页；阿波罗多洛斯（Apollodorus）：《书库》（*Bib.*），第 3 卷，第 7 章，第 5 页。——译注

者如修昔底德①所说："除非他找到一个国家并在那里安居下来，否则他将永远无法摆脱他的恐惧，而那个国家是在他杀死母亲的时候还没有被太阳光照耀过的，也就是说，那块地方当时尚未形成干燥的土地。因为所有的土地都被他污染了。"按照神谕指示的方向，阿尔克迈翁在阿谢洛奥斯河河口找到了一个不毛的小岛厄奇那颠，该岛是在他犯下弑母罪行以后才由河水冲刷岸边的土地而形成的。他就在那里安了家。②根据这个传说的另一种说法，这个凶手在索菲斯（Psophis）山谷的一个荒凉的高地上找到了自己的安歇之处，这个山谷位于阴冷的阿卡迪亚山之中。但即便在那里，土地也拒绝为弑母者提供食粮。他只好也像该隐那样，被迫重新开始他的疲惫不堪的流浪。③

在上塞内加尔（Upper Senegal）的一些部落中，流行着或者直到最近还曾流行过一种观念，即土地是一位有生命力的神，人血的流出会污损和冒犯这位神灵，必须通过献祭、仪式或后来的礼仪性的耕种来安抚被冒犯的神灵。甚至在发生了并没有丧命而只是流了血这样的伤害时，也要向神赎罪。例如，在博博人（the Bobos）的拉罗（Laro）地区，"杀人凶手要向酋长献上两只山羊、一只狗和一只鸡。酋长将这些供奉在立于地面上的一块木板上，献祭于土地神。对受害者一家则什么也不给。随后，所有村民，包括酋长在内，都要参加分享献祭物品的宴会，只有杀人者和受害者的家人除外。如果仅仅是一般的攻击和伤害，没有造成流血，那就无须进行补偿赎罪活动。然而，一旦流出血来，土地神就不高兴看到这种场面，于是就必须通过献祭来安抚她。犯过失的人要向酋长交上一只羊和一千只子安贝。酋长将羊献祭于土地神，将子安贝分给村里的老人。那只羊在献祭给神以后，也由村中的长老们分享。但是，那受伤害的一家却在整个献祭活动中被全然忘记，毫无所获。这也是合乎逻辑的，因为赎罪的目的不是为了补偿受害一方而惩罚犯过失者，而是为了平息土地，一位伟大的令人敬畏的神，她不喜欢看到那种流血场面。在这些场合，对于受伤的一方来说，当然也就得不到什么了。大地女神享用了献祭给她的山羊的魂灵，也就平息了。这样也就满足了献祭的意义。因为在博博人中，如同在其他黑人部落

---

① 修昔底德（Thucydides），生于公元前5世纪，古希腊著名历史学家，著有《伯罗奔尼撒战争史》。——译注

② 参见阿波罗多洛斯（Apollodorus）：《书库》（Bib.），第3卷，第7章，第5页；参见希罗多德（Herodotus）：《历史》，第2卷，第10页。——译注

③ 参见阿波罗多洛斯（Apollodorus）：《书库》（Bib.），第3卷，第7章，第5页。——译注

中一样，大地被尊奉为一位伟大的正义女神"①。

在上塞内加尔的另一个部落努努马人（the Nounoumas）中，关于流血的习俗与信仰也很相似。杀人者被驱逐出去达三年之久，还要交很重的罚金——子安贝和牛，这当然也不是给他的血腥罪过的受害者一家，而是为了平息因为看到血腥而被冒犯的地母神和其他地方神。那公牛或牛群由一位祭司来献祭给愤怒的地母，这位祭司的名字叫地母之主。那些牛肉与子安贝一起，由村里的长老们分享，受害者一家却什么也得不到，或者顶多也就是分享一份牛肉和钱。如果发生争执乃至流了血却没有伤害生命，那么，攻击的一方就要付出一头公牛、一只绵羊和一只山羊，还有四只鸡。所有这些牺牲都是献祭给看到流血场面的地方神灵们的，目的是平息他们的愤怒。那公牛由代表所有村落长老的地母之主来献祭，那绵羊是献祭给河神的，鸡则是献祭给岩石神和森林神的。至于那只山羊，则由村落的酋长献祭给他自己的迷恋对象。如果不提供这些赎罪的牺牲，人们确信，愤怒的诸神就会杀死犯罪人和他的全家。②

上述事实表明，杀人者的标记主要是有意而为，这不是为了保护他，而是为了保护被他碰到的人，不然的话，由于接触到他的污染，这些人自己会被污损，而且激怒杀人者所冒犯的神灵，或者也会被追逐杀人者的鬼魂所侵害。简而言之，那标记是一种危险的符号，警示人们远离，就像在以色列人中给麻风病患者用的特殊装束一样。③

然而，也有另一些事实倾向于表明：如同该隐的故事中显示的那样，杀人者的标记只是为了杀人者自身的利益而设。进而言之，那标记要为他防御的真正危险，不是他的受害人的亲属的怨气，而是他的受害人的神灵的愤怒。这里的情形和前面提到的雅典习俗一样，我们似乎接触到了阿提卡的迷信基础。柏拉图告诉我们，根据一种非常古老的希腊信仰，刚被杀的人的鬼魂会对杀人者产生愤怒，给他造成麻烦。当鬼魂看到杀人者随便出入于鬼魂熟悉的老地方时，便会勃然大怒。所以，杀人者有必要离开他的国度一年，直到鬼魂的愤怒平息下来为止。在没有举行献祭仪式和洁净礼仪之前，他也不能回到他的国家。假如受害者是外邦人，那么杀人者既要避免接触自己本土的土地，也要避免接触受

①陶克西尔（L. Tauxier）：《苏丹黑人》（*Le Noir du Soudan*），Paris，1912 年，第 73 页。——译注
②参见陶克西尔：《苏丹黑人》，Paris，1912 年，第 176—178 页。——译注
③见《利未记》第 13 章第 45 节。——译注

害人的土地。在流放的旅程中，他要遵循一条指定的路线①，这显然是为了不让他后面紧跟着愤怒的鬼魂，在国内四处游荡。

此外，阿基库尤人（the Akikuyu）也相信，杀人者带有一种危险的污染（thahu），能够通过接触传染给其他人。从为此举行的一个赎罪仪式可以看出，这种污染与受害人的鬼魂有关。村里的长老们要在那神圣的无花果树旁献祭一头猪，那种无花果树在部落的宗教礼仪中起着非常重要的作用。他们当场享用动物身上肉多的部分，而将脂肪、肠子和部分骨头留给鬼魂。人们认为鬼魂会在当天夜里来到这里，像一只野猫那样吞食这些祭品，它可能吃不饱，但它还是会忍住，不会再回到村里来干扰居民。②值得注意的是，阿基库尤人的杀人者，只有在杀死自己氏族的人时才会引发正式的污染（thahu），如果杀的是其他氏族或其他部落的人，就不会引发正式的污染。

在英属东非的埃尔贡山（Mount Elgon）地区的巴格舒人（the Bagesu）中，如果某人犯了杀人罪，而他的受害人属于同一个氏族或村子，那么即使他能与死者的亲属讲和，他也必须离开村子，到别的地方去找一个新家。不仅如此，他还要杀死一只山羊，将它胃里的东西涂抹在自己的胸膛上，将剩下的羊尸挂在被害人家的屋顶上，"以便平息那鬼魂"。③在这个部落里，战斗中杀了人的武士也要举行非常相似的赎罪仪式。我们可以有把握地假定，这个仪式的目的就是平息该武士的受害者之魂。那武士回到他的村子，但第一晚他不能歇在自家屋里，而必须租住到某个朋友的屋里。在那天晚上，他要杀死一只山羊或绵羊，将羊胃里的东西存放在一口锅里，涂抹在自己的头上、胸前和手臂上。假如他有孩子，他们要和他一样涂抹。为自己和孩子做好这样的防卫以后，武士才壮着胆子走向自己家的房子，用那些东西涂抹每个门柱，将其余的抛掷在房顶上，也许是为了取悦要来这里栖息的鬼魂。一整天，那杀人者都不得用沾过血的手触碰食物，而是用两根特意削制的筷子往嘴里送食物。第二天，他得以回到自己的家中，并恢复他的日常生活。④这些限制规则并不用于他的妻子，她还可以去对死者表示哀悼，并参加他的葬礼。这样一种悲伤的表现会有效地平息死者鬼魂的情感，使他不再伤害她的丈夫。

① 参见柏拉图（Plato）：《法律篇》（Law），865 D—866 A。——译注

② 参见霍布莱（C. W. Hobley）的文章，见《皇家人类学研究所杂志》（Journal of the Royal Anthropological Institute），第 40 卷，1910 年，第 438—439 页。——译注

③ 参见罗斯科（J. Roscoe）：《北部班图人》（The Northern Bantu），1915 年，第 171 页。——译注

④ 参见罗斯科：《北部班图人》，1915 年，第 170 页。——译注

在英属东非另一个部落——尼罗河流域的卡维龙多人（the Kavirondo）中，杀人者要同本村的人分离开来，和一个老妇人一起住在一个小棚屋里。由那老妇人照顾他，给他做饭，还要喂他，因为他自己不得用手接触食物。这种隔离要延续三天。到了第四天，一个本身也是杀人者或曾在某次战斗中杀过敌人的男人来到这里，把杀人者引到一条河边，让他彻底洗浴。然后男人杀死一只山羊，煮熟羊肉，用四根棍子每根插上一块肉，将四块肉依次递给那杀人者吃。随后，男人又给四根棍子插上四个米团，也必须让杀人者吃下去。最后，男人将山羊皮割成条状，用一条围住杀人者的脖子，再给杀人者的每个手腕上缠上一条。这个仪式就这样由他们两人在河边完成。仪式结束后，杀人者就可以回家了。据说，在这个仪式完毕以前，那鬼魂不会从死者那里离去，还要追逐杀人凶手。①

在上刚果的博洛基人（the Boloki）那里，如果被杀者是邻村人，杀人者就不会害怕他杀的人的鬼魂。因为博洛基人的鬼魂能够游走的范围非常有限，杀人者在那样的场合没有太多顾忌。但是，如果杀的是同村人，情况就要复杂得多，因为杀人者知道自己就在鬼魂的攻击范围之内，对鬼魂报复的担惊受怕会使他感到沉重的精神压力。不幸的是，还没有一种可以举行的仪式使他减轻恐惧。但正因为没有这样的仪式，他才要参加受害者的哀悼活动，好像他是死者的兄弟似的，他不修边幅，剃光头，斋戒，流着鳄鱼泪悲痛哀悼。②这样的一些悲伤的表征，纯朴的欧洲人会看成是真诚的悔过和良心的发现，其实只不过是蒙骗鬼魂的人为表演而已。

此外，在北美洲的奥马哈（Omaha）印第安人中，一个被受害者亲属饶了命的杀人者要在一定时期内遵守一系列的严格规定。这个时期从两年到四年不等。在此期间，他必须光脚走路，不能吃热食，不能高声说话，不能四处乱看。他必须用长袍裹住身体，即使是炎热的天气里，也要在脖颈处系紧。他也不得让长袍松开或飘起来。他不得让手臂随意活动，而要保持它们贴住自己的身体。他不得梳头，也不能让头发随风飘动。没人可以和他一起吃饭，只允许他的一位好友和他住在小棚屋里。当部落外出打猎时，他不得不在距离他人四分之一英里以外的地方搭起帐篷，"免得他的受害者的鬼魂掀起大风，给人们造成伤

---

① 参见罗斯科：《北部班图人》，1915 年，第 279—280 页。——译注
② 参见威克斯（J. H. Weeks）：《在刚果的食人族中》（Among the Congo Cannibals），1913 年，第 268 页。——译注

害"。①这里宣称的将杀人者逐出营地的理由，或许可以给在原始民族中实行的针对杀人者的所有类似限制提供一个理解的线索。将这样一个人隔离在社会之外，并不是由于某种道德上的厌恶，而是纯粹出于审慎的动机，也就是要解决对危险的鬼魂的单纯恐惧心理，因为人们确信那鬼魂在追逐并缠扰着杀人者。

在新几内亚东北海岸的雅宾人（the Yabim）中，被杀者的亲属如果接受了调解而不再为死者复仇，就一定要由杀人者的亲属给他们前额上抹上白垩标记，"不然的话，鬼魂就要找他们的麻烦，夺走他们的猪或者让他们掉牙，因为他们不能为死者报仇"。②在这种风俗中，要被标记的人不是凶手而是死者亲属，不过其原因还是一样的，被害者的鬼魂自然地把怒火转移到他的那些无情的亲属身上，因为他们根本就不血债血还。但是，正当他要向他们发起突然的攻击以便击落他们的牙齿、夺走他们的猪或者用其他方式来表达自己的不快时，一旦看到他们黑色或咖啡色的额头有白色标记，就停止了行动。这标记就是完全偿还了血债的收据！这也就是他的亲属提供的证明：他们已经获得了杀人者一方的补偿，虽然不是流血的补偿，却是金钱的补偿。有了这样一种补偿，他就满足了，将来也不会给他的家人带来任何骚扰。这同样的标记也可以为了同样的目的而用于杀人者的额头，证明他已经付出了现金或者是任何在当地相当于现金的东西。既然他已经做了这样的行动，那鬼魂也就不会再向他索要什么了。该隐的标记就是这样一种标记吗？那是不是证明他已经偿还了血债呢？那是一种付出现金的收据吗？

也许就是如此，但还需要考虑另一种可能。从我刚才讲到的理论层面上来看，既然只有对于同一个部落或共同体的成员才赔付杀人的补偿，那么该隐的标记显然只有当他的受害人是和他同属一个部落或共同体时，才能印在杀人者的身上。然而，被杀敌人的鬼魂的可怕程度显然不亚于被杀朋友的鬼魂，而且，如果你不能给他的亲属一笔赔偿金来安抚这些鬼魂，你又能对他们做什么呢？为了保护战士免遭被他们提前送出这个世界的人的精魂之害，人们已经采取了许多办法。这些预防措施中的一种就是给杀人者以某种伪装，让鬼魂认不出他。

① 参见欧文·多尔西（J. Owen Dorsey）：《奥马哈社会学》（Omaha Sociology），见《美国人种学管理局第三个年度报告》[Third Annual Report of the Bureau of（American）Ethnology]，1884 年，第 369 页。——译注

② 参见哈根（R. Hagen）：《在巴布亚人中》（Unter den Papuas），Wiesbaden，1899 年，第 254 页；察恩（H. Zahn）：《雅宾人》（Die Jabim），见诺伊豪斯（R. Neuhauss）《德属新几内亚》（Deutsch Neu-Guinea），第 3 卷，1911 年，第 318 页。——译注

另一种办法是使杀人者变得非常可怕或非常具有侵犯性，以使鬼魂不再找他的麻烦。①这些动机中的某一个或许能够解释下面的风俗，这是我从大量类似的事例之中挑选出来的。

在刚果自由邦的班图民族中，有一支叫做巴亚卡人（the Ba-Yaka），他们认为，在战斗中被杀死的人，会派幽灵去找杀他的人复仇。然而，杀人者头发上戴上鹦鹉的红色尾羽，并把前额涂成红色，就能逃脱死魂灵的报复。②非洲东南部的聪加人（the Thonga）相信，一个人在战斗中杀了敌人，他就暴露在死者鬼魂的巨大威胁之中。鬼魂会追逐他，甚至将他逼疯。为了保护自己免遭鬼魂攻击，杀人者必须在几天内保持禁忌状态，在此期间，他不得回家见妻子，必须穿旧衣服，用特殊的勺子和特殊的盘子吃东西。在早先的时候，还流行文身的习惯，在杀人者的两眉之间刺青，在切口中涂进草药，使皮肤长出小脓疱，这样一皱眉时就使他的面相如同一只水牛。③在巴苏陀人（the Basutos）中，"在战斗中杀死敌人的战士们要实施净化礼仪，酋长要给他们洗浴，在全军面前献祭一头公牛，还要用公牛的胆囊来给他们举行涂油礼仪。这样可以防止被杀敌人的鬼魂再追逐他们"。④

在英属东非的卡维龙多人的班图部落中，如果有人在战斗中杀死一个敌人，他在回家之际就要剃光头，他的朋友用通常含有母牛粪的草药擦拭他的身体，以防止被他杀死的人的鬼魂来骚扰。⑤在卡维龙多人的尼罗河部落中，"如果战士在战斗中杀了人，他就从村落里被隔离出来，在一个独立的小棚屋里住上四天。有一位老妇人为他做饭，还要像喂养婴儿那样喂他，因为要禁止他的手接触食物。在第五天，由另一个人领他到河边，给他洗浴，为他杀死并烹煮一只白色山羊，用羊肉喂他吃，将羊皮撕成条状，挂在他的腰间，围在他的头上，让他再回到他的临时住处过一晚上。次日，再带他去河边洗浴，然后给他杀死一只白色的

---

① 参见弗雷泽（J. G. Frazer）和加斯特（T. H. Gaster）：《新金枝》（*The New Golden Bough*），New York，1964年，第168节。——译注

② 参见托尔代（E. Torday）和乔伊斯（T. A. Joyce）的文章，见《皇家人类学研究所杂志》（*Journal of the Royal Anthropological Institute*），第36卷，1906年，第50—51页。——译注

③ 参见朱诺德（H. A. Junod）：《南非一个部落的生活》（*The Life of a South African Tribe*），第1卷，1912—1913年，第453—454页。——译注

④ 参见波特神父（Father Porte）的文章，见《天主教传教团》（*Les missions catholiques*），第28卷，1896年，第371页。——译注

⑤ 参见约翰斯顿（H. Johnston）：《乌干达受保护国》（*The Uganda Protectorate*），第2卷，1902年，第743—744页；霍布莱（C. W. Hobley）：《东部乌干达》（*Eastern Uganda*），1902年，第20页。——译注

鸡，把鸡肉煮熟，再让他把肉吃了。随后宣布他已经洁净了，可以回家了。有时碰巧有某个战士在战斗中刺伤了另一人，后者因为伤势严重而在后来死去。当死亡发生时，有亲属来到那杀人的战士这里，告诉他死讯，他就立即被社会隔离出来，直到以上描述的仪式活动宣告完成。人们说，为了平息被杀者的鬼魂，有必要举行这种净化仪式。除非仪式圆满结束，否则那鬼魂就一直追着那战士，不会善罢甘休。假如战士拒绝完成仪式，那鬼魂就会发问：'你为什么不完成仪式，让我离开呢？' 如果那个人依然拒绝完成仪式，鬼魂就会抓住他的脖子，掐死他"①。

我们已经看到，在卡维龙多人的尼罗河部落中，由杀人者举行一种非常类似的仪式，为的是防止受害人鬼魂的侵扰。如果没有仪式，那鬼魂将追逐杀人者。由于这两种情况下的仪式极为相似，再加上明确表示出的仪式动机，这就最清楚地揭示了杀人者——不论他是一位战士还是一个凶手——举行净化仪式的根本目的，就是要使杀人者摆脱死者鬼魂的追逐。不然的话，那将是他的失败原因。将山羊皮的条子围在他的头上和腰上，其目的也许是伪装他，使鬼魂认不出来。即使我们的权威不提到被害者的鬼魂，我们还是有把握地推测出，由犯了血腥之罪的战士举行的净化仪式，或者是为他们举行的同类仪式，目的就在于平息、驱赶或欺骗那些愤怒的鬼魂。例如，在英属中非的恩戈尼人（the Ngoni）中，当一支凯旋的军队接近王室的村落时，就在一条河的岸边停下来，所有杀死过敌人的战士要用白泥涂抹自己的身体和手臂，不过，那些只是胁从杀人而没有最先将矛头刺进敌人身体的人，则只需涂白他们的右臂就可以了。在那天晚上，杀人者们和牲口一起睡在露天的畜栏里，不得冒险接近他们自己的家园。次日一大早，他们在河水中洗掉身上的白泥。有一位巫医过来给他们一种有法力的饮料，再给他们的身体涂上一层新鲜的泥土。这一程序要在接下来的六天里不断重复进行，直到他们的净化彻底完成。那时就剃光他们的头，宣告他们已经洁净，可以自由地回自己的家了。②在博拉纳加拉人（the Borana Gallas）那里，当一队战士回到村里时，杀死过敌人的胜利者要由妇女用掺和着油脂和黄油的涂料擦洗身体，他们的脸要被涂成红白相间的颜色。③马赛人（Masai）的战士如果

① 罗斯科（J. Roscoe）：《北部班图人》（*The Northern Bantu*），1915 年，第 289 页。——译注

② 参见弗雷瑟（D. Fraser）：《赢得一个原始民族》（*Winning a Primitive People*），1914 年，第 39—40 页。——译注

③ 参见保利奇克（P. Paulitschke）：《非洲东北部民族志》（*Ethnographie Nord-est-Africas*），1893 年，第 258 页。——译注

在战斗中杀死了野蛮人，要把他们的右半身涂成红色，左半身涂成白色。[1]同样，如果一个南迪人杀了另一部落的人，也要把半身涂成红色，另外半身涂成白色。杀人后的四天，他都被看成是不洁的，也不得回家。他必须在河边搭建一个住处，住在那里。他不得和妻子或亲爱的人有联系。他只能吃粥、牛排和山羊肉。在这四天结束之时，他必须通过饮用由瑟格特（segetet）树制成的强泻剂来使自己恢复洁净，还要喝下掺了阉牛血的山羊奶。[2]东非的瓦戈戈人（the Wagogo）在战斗中杀死了敌人，要在自己的右眼上涂上一个红色圆圈，在左眼上涂一个黑色圆圈。

英属哥伦比亚的汤普森印第安人有这样一种习俗，即杀死敌人的男人要涂黑自己的面孔。如果忽略了这种预防措施，人们相信死者的鬼魂就会弄瞎杀人者。如果一位皮马（Pima）印第安人杀死了一个他们世袭的敌人阿帕切人（the Apaches），就要经过一场严格的隔离和净化，一共要延续十六天。在整个净化期间，他都不得接触肉和盐，他也不得看闪烁的火苗，不得和他人说话。他要独自住在树林中，由一个老妇人给他带来很少量的食物。几乎在这全部时间里，他的头上都要涂抹着泥膏，他不得用手碰这泥膏。有一支廷内（Tinneh）印第安人，由于曾在科珀河（the Copper River）屠杀了无助的爱斯基摩人群落，所以认为他们自己是不洁的，因此，在随后的很长时间里实行一系列奇特的、相应的严格戒律。那些实际沾染了杀戮血腥的人，被严格禁止为他们自己或他人做饭。他们只能用自己的盘子吃饭，只能用自己的烟斗抽烟；他们不得吃煮熟的肉，只能吃生肉或在火上烤干、在太阳下晒干的肉。每次用餐之前，他们要用红赭石涂抹面孔，从鼻子到下颚，穿过面颊直至耳根处。[3]

在俄勒冈州和华盛顿州的奇努克（Chinook）印第安人中，杀了人的男子要用油脂和木炭将自己的脸涂黑，要在头上、腰上、踝上和膝上戴雪松树皮环。五天以后，将脸上的黑色洗掉，换上红色。在这五天里，他不得睡觉，甚至不得躺下。他不得看小孩，不得看人吃饭。在他的净化仪式结束时，他将自己头上的树皮环挂在一棵树上，人们认为那棵树随后就枯萎了。[4]在朗顿湾（Langton Bay）的爱斯基摩人中，杀死一个印第安人和杀死一只鲸鱼被看成是同样光荣

---

① 参见霍利斯（A. C. Hollis）：《马赛人》（*The Masai*），1905 年，第 353 页。——译注

② 参见霍利斯：《南迪人》（*The Nandi*），1909 年，第 74 页。——译注

③ 参见赫恩（S. Hearne）：《从哈得孙湾威尔堡的普林斯到北海之旅》（*Journey from Prince of Wale's Fort in Hudson Bay to the Northern Ocean*），1795 年，第 204—206 页。——译注

④ 参见博厄斯（F. Boas）：《奇努克原文》（*Chinook Texts*），1894 年，第 258 页。——译注

的成就。一位杀死印第安人的勇士，要从鼻子到耳朵进行文身；一位杀死鲸鱼的勇士，要从嘴巴到耳朵进行文身。两类勇士都要脱离工作五天，一整年里只吃固定的食物，尤其是，他们不得吃动物的头和肠子。[①]澳大利亚中部的一支阿龙塔人（Arunta）在从杀死一名仇敌的复仇之旅归来时，害怕死者的鬼魂报复。当地人相信鬼魂会化作一只小鸟来追逐杀人者，并且发出悲伤的叫声。在他们回家后的数日内，不会讲到他们的行动，并要不断用木炭粉把身体涂抹成黑色，还要用绿色的树枝来装饰前额和鼻子，最后，他们用亮色来涂抹身体和脸，这时他们总算可以随意谈论他们的复仇行动了。但在晚上休息时，还必须保持清醒，以便听那冤魂鸟的悲伤叫声，他们幻想着可以从中听到被他们杀死的人的声音。[②]

　　在斐济，任何在战斗中用棍棒打死了敌人的人，都要被圣化或遵守禁忌。由部落首领用姜黄根将他从头到脚涂抹成红色。还要为杀人者搭建一个小屋，随后的三个晚上他需要住在里面。在这期间，他不能躺下，只能坐着睡觉。在这三个晚上过完以前，他不得换外衣，不能去掉姜黄根的涂色，也不得进入其中有女人的任何屋子。[③]这些规则的目的就是为了保护斐济战士免遭死者鬼魂的侵害。这一目的即使没有得到明确证实，也可以从斐济人的另外一种习俗得到强烈的暗示。该习俗是这样的：这些野蛮人在埋葬了一个活人（他们经常这样做）之后，要在黄昏时用竹竿、法螺和诸如此类的器物制造出巨大的喧嚣声，为的是吓走死者的鬼魂，不然的话，他就会回到他过去的家。为了使他家的房子对他不再有吸引力，人们干脆拆散它，再用某种东西盖住它，只要这种东西被他们看成是最令人厌恶的。[④]与此类似，北美洲的印第安人在将敌人折磨致死之后，带着可怕的呼喊飞跑着穿越村子，敲击着棚屋里的家具、墙壁及屋顶，以便驱

　　① 参见斯蒂芬森（V. Stefánsson）：《我在爱斯基摩人中的生活》（My Life among the Eskimos），1913 年，第 367 页。——译注

　　② 参见斯宾塞（B. Spencer）和吉伦（F. Gillen）：《澳大利亚中部的土著部落》（The Native Tribes of Central Australia），1899 年，第 493—495 页；斯宾塞（B. Spencer）和吉伦（F. Gillen）：《澳大利亚中部的北方部落》，1904 年，第 563—568 页。——译注

　　③ 参见威廉斯（T. Williams）：《斐济和斐济人》（Fiji and the Fijians），第 1 卷，1860 年，第 55—56 页。——译注

　　④ 参见约翰·杰克逊（John Jackson）引自埃斯金纳（J. E. Erskine）：《西太平洋诸岛航海日志》（Journal of a Cruise among the Islands of the Western Pacific），1853 年，第 477 页。——译注

走那被害者的愤怒鬼魂。①在新几内亚和俾斯麦群岛（the Bismarck Archipelago）的许多地方，至今也还流行着类似的风俗。②

　　这样看来，该隐的标记可能就是伪装杀人者的方式，或者是使他的外表看上去令人厌恶或非常可怕，让被他杀死者的鬼魂不能认出他，或者至少能够放过他。我在其他场合曾经推测，一般的哀悼习俗起源于一种伪装，目的是保护仍然活着的亲属免遭新鬼的攻击。③不论是否真的如此，下面这一点是确定的，即活着的人有时的确要用伪装自己的办法来逃避死者的注意。在印度群岛的帝汶岛的西部特区，在某人的尸体放入棺材以前，他的妻子们站在旁边为他哭泣，村里的密友也必须出场，"所有人都披头散发，让死者之魂尼图（nitu）无法认出他们"。④还有，非洲西南部的赫雷罗人（the Herero）将要死去时，他要对一个他不喜欢的人说："你怎么会来呢？我不希望在这里看到你。"在说这话的同时，他将左手的手指捏在一起，使拇指尖从指缝中伸出来。"被说到的那个人，现在知道对方已经决定在死后带他走（okutuaerera）。那也就意味着他必须死。然而，在许多场合，他能躲开死亡这种可怕的危险。为此，他要尽快离开将死之人的所在地，去寻找一个onganga（意思是医生、巫师），给自己脱去衣服，洗浴，并重新涂抹油脂，然后穿上另外的衣服。现在，他对死者发出的死亡威胁已经相当坦然了。因为他说：'现在，我们的父亲不认识我'（Nambano tate ke ndyi i）。他没有理由再害怕死者了。"⑤

　　我们可以按同样的方式认为，当该隐被上帝赐予标记时，他的内心十分平静，相信被他杀死的兄弟的鬼魂不再认识他、麻烦他了。至于神圣的上帝为了保护而加在第一个杀人者身上的标记究竟是什么，我们已经无从知晓，顶多只

---

① 参见沙勒瓦（Charlevoix）：《新法兰西史》（Histoire de la Nouvelle France），第 6 卷，1744 年，第 77 页，第 122—123 页；拉菲托（J. F. Lafitau）：《美洲野蛮人的风俗》（Moeurs des sauvages amériquains），第 2 卷，1724 年，第 279 页。——译注

② 参见吉斯（R. E. Guise）的文章，见《人类学研究所杂志》（Journal of the Anthropological Institute），第 28 卷，1899 年，第 213—214 页；罗森贝格（H. von Rosenberg）：《马来群岛》（Der Malayische Archipel），1878 年，第 461 页；哈根（R. Hagen）：《在巴布亚人中》（Unter den Papuas），第 266 页；布朗（G. Brown）：《美拉尼西亚人和波利尼西亚人》（Melanesians and Polynesians），1910 年，第 142 页，第 145 页。——译注

③ 参见弗雷泽（J. G. Frazer）的文章，见《皇家人类学研究所杂志》（JRAI），第 15 卷，1886 年，第 73 页。——译注

④ 参见里德尔（J. G. F. Riedel）的文章，见《德国地理学学刊》（Deutsche Geographische Blätter），第 10 卷，第 286 页。——译注

⑤ 参见维埃（G. Viehe）的文章，见《（南非）民俗学杂志》[（South African）Folk-lore Journal]，第 1 卷，1879 年，第 51—52 页。——译注

能推测出一个大概。如果可以依据现存原始人的类似习俗来判断，那么上帝也许用红色、黑色和白色的颜料来装饰该隐，或许用的是这些颜色的一种有趣的混合色。比如，上帝可以像斐济人那样，把该隐涂成红色；或者像恩戈尼人那样，把他涂成全白色；或者像阿龙塔人那样，把他涂成全黑色；或者像马赛人和南迪人那样，将他的身体涂成一半红一半白。还有一种可能，假如上帝将他的艺术工作限制在该隐的面部，那么他会像瓦戈戈人那样，在该隐的右眼上涂一个红圆圈，在左眼上涂一个黑圆圈。或者，上帝会像廷内印第安人那样，要用柔和的朱红色涂抹该隐的面孔，从鼻子到下颚，从嘴巴到耳根处。上帝也可以按皮马人的方式，给该隐头上涂抹泥膏。或许，上帝会学着尼罗河流域的卡维龙多人的样子，用母牛粪涂抹该隐全身。还有，上帝也可以像爱斯基摩人那样，给该隐文身，从鼻子到耳朵；或者如同聪加人那样，在杀人者该隐的两眉之间刺青，让皮肤长出小脓疱，使他的面相如同一头皱着眉头的水牛。经过这样的装饰，第一位铁匠先生——该隐这个名字的意思是铁匠①——就可以在大地的荒野中流浪了，丝毫不用畏惧他的受害者之鬼魂能够认出他或骚扰他。

　　对该隐的标记的这种解释非常有利于解除圣书叙事的荒谬性，因为按通常的解说，上帝给该隐戴上标记是为了让他不受人们的攻击，可这样的解说显然忘记了根本没人攻击他，因为那时的大地上只有那个凶手自己和他的父母。由此可以推断，第一位杀人者畏惧的不是活人，而是死鬼。这样，我们就能避免如下的不敬之举——把一种严重的记忆错误强加给上帝，这样的错误与神的无所不知是完全无法吻合的。因而，在此，比较的方法再次证明了它本身是一个强有力的神的辩护者（advocatus Dei）。

---

① 另有一说，该隐作为人类始祖亚当与夏娃的长子，其名字意为"得到"。参见布朗（F. Brown）、德赖弗（S. R. Driver）和布里格斯（Ch. A. Briggs）：《希伯来语和英语〈旧约〉辞典》（*Hebrew and English Lexicon of the Old Testament*），1906 年，第 883 页。——译注

# 第四章 大洪水[①]

## 1. 导论

当皇家人类学研究院委员会邀请我作一个年度赫胥黎[②]讲座时，我很荣幸地接受了邀请，并且认为自己能和这样一位人物联系在一起，是极大的荣耀。不论作为思想家，还是作为个人，他都值得我由衷地崇敬，他在面对伟大生命问题时的态度，也使我深有同感。他自己的著作已足以使人们对他的记忆常青不衰了，不过，我们的科学如能年复一年地给他的墓上献上花圈，那就更合适了，追随他的人会感到无上的荣耀。

为了找到一个合适的讲座主题，我想起赫胥黎在他的晚年投入了大量的空闲时间，去检验记录在《创世记》中的有关世界初始时期的那些传说。与此相应，我想我应该恰当地用其中的一个传说作为我发言的主题，我选择的就是人们熟悉的那个大洪水故事。赫胥黎本人在一篇旁征博引的文章中讨论过这个故事，该文章带有他清晰而尖锐的文风的全部魅力。他的目的在于揭示大洪水故事同地质学的基本原理是相矛盾的，必须把它当做一个寓言来加以摒弃。故事讲到那场洪水淹没了全世界，淹死了几乎所有的人和动物。我并不打算强化他的观点，也不打算对他的结论提出批评。理由很简单，我不是一位地质学家，让我在这方面发表见解有点强人所难。我已经从另外一个方面，即从传说的方面切入了这个主题。人们早就知道了大洪水传说，那场几乎淹没了全人类的洪水的传说，在全世界范围内流传甚广。我尝试要做的工作，是收集和比较这些传说，然后从比较中探索出某些结论。简而言之，我对这些故事的探讨是一种比较民间传说的研究，我的目的是揭示这一类叙事的来源以及它们是如何广泛

---

[①] 1916年11月，弗雷泽曾把本章关于巴比伦、巴勒斯坦和希腊洪水故事的部分作为赫胥黎年度讲演稿提交给英国皇家人类学学会。——译注

[②] 托马斯·赫胥黎（Thomas Henry Huxley，1825—1895），英国著名博物学家，达尔文进化论最杰出的代表。他在牛津大学同大主教的论战使他获得"达尔文坚定追随者"的称号。严复将其部分著作翻译到中国，即为《天演论》。——译注

分布到全球的。至于其真与伪的判断，则不是我主要关注的，虽然在考虑到故事起源时当然不能忽视真伪问题。这样限定探讨的范围并非什么独创，而是早有先例，尤其近年来更为常见。在研究中，我充分利用了这些先驱者的劳动成果，其中有些学者以惊人的博学与深思切入到这个主题。我特别要感激的是德国地理学家、人类学家——已故的里夏德·安德烈①博士。他论述洪水传说的著述就像他的所有著述一样，是一种博学深思的典范，在表达上则清晰而精练。

这样的传说之所以值得研究，除了它讲述的那一场毁灭全人类的浩劫本身的意义之外，还因为它含有一个普遍性的问题，这正是当前人类学学者激烈讨论的问题。这个问题就是，我们应该如何解释世界各地相距遥远的、拥有不同信仰与习俗的人种之间大量的惊人相似之处？这些相似是由于习俗和信仰在不同民族间的传播而产生的，还是由于直接的接触或中介民族的作用而产生的呢？或者，是因为人类心灵在类似条件下的相似运作机制而在不同民族中独立催生的呢？在此，如果让我就这个争议颇多的问题发表见解，我就会立刻说，如果以两种相互排斥的观点之间的对立形式提出问题，那么，这个问题在我看来就很荒谬。根据我能作出的判断，所有的经验和所有的可能性都支持这样的结论：即两方面的原因都起到了广泛的作用，都强有力地催生了我们在人类不同种族之间已经察觉到的习俗和信仰方面的相似性。换句话说，这些相似性有许多应该用民族之间的文化传播来解释，并多少补充一些观点上的修饰，还有许多的相似性应该用人类心灵活动应对类似的环境条件时独立产生的观点来解释。倘若真是如此——我认为这是唯一合理而可能的观点——那么在试图解说不同种族的习俗与信仰之间可察觉的相似性的任何特殊案例时，诉诸一种普遍原则——传播论或是独立发生说，都将是无效的。每个案例都需要经过对事实的公正的审查，再根据实际情况作出判断，看其证据究竟适合于哪一种原则，或是恰好介于二者之间，便可结合两种原则来作解释。

认可传播论与独立发生说的两种原则在特定的限度以内都是真实有效的，这个总的结论在洪水传说的具体研究之中得到了证实，因为大洪水的传说在地球上广泛地分布在相距遥远的不同地区的不同民族之中，这一点是确定无疑的。既然证明这样的情形是有可能的，那就同样能够证明，许多此类传说之间无疑存在着相似性，其产生的原因，部分是民族之间的直接传播，部分是世界不同地

---

① 里夏德·安德烈（Richard Andree，1835—1912），德国地理学家和民族志学者，是比较民族学的代表人物。——译注

区完全独立产生的经验本身的相似性，这些经验或者是对大洪水的经验，或者是对那些表明发生过大洪水的现象的经验。于是，对这些传说的研究，抛开会引导我们关注其历史可信度的任何结论，将是一种有用的探索。前提是让时常爆发出来的争论的热度得以冷却，让两种原则的极端的信徒都被说服，真理不是全然在这边，也不全然在那边，而是介于两者之间。

### 2. 巴比伦的大洪水故事

在文献记载的所有大洪水传说中，最古老的一个是巴比伦的或者不如说是苏美尔的传说。因为我们现在了解到，像巴比伦这样古老的洪水故事异文，也还是巴比伦人从他们的更古老的前辈即苏美尔人那里拿过来的。在巴比伦尼亚居住的闪米特人正是从苏美尔人那里汲取了文明的主要元素。①

自古代时期以来，巴比伦的大洪水传说就已经为西方学者所知晓。它被本土的巴比伦历史学家贝若索斯（Berosus）记录下来。他在公元前 3 世纪上半叶时写下一部自己国家的历史。贝若索斯用希腊文写作，可惜他的书没有流传到我们手里，只是一些片段被后来的希腊历史学家们保留了下来。所幸，这些片段中恰好有他记述的洪水故事，其文字如下：

> 大洪水发生在巴比伦的第十位国王西苏特拉斯（Xisuthrus）统治期间。克洛诺斯神在梦中向他显现并警告说，一场大洪水将在达休斯月（Daesius）十五日那天毁灭所有人。达休斯月是马其顿历法中的八月。因此，神希望他能写下一部从开天辟地开始的世界历史，并把它埋在西巴尔（Sippar），以便保存下来。②西巴尔是太阳之城。除此之外，他还要修造一只大船，把自己的亲人和朋友带上船，并在船中储备食物和淡水，还要把活的物种带上船，包括飞禽和走兽。他把这一切准备就绪，就起程航行。他向神发问："我是否应该航行呢？"那神回答说："对于诸神，你首先应该向他们祈祷一切美好的事物。"他听从神意，建造了大船，长达五弗隆③，宽至两弗隆。他集合起所有的生灵，将它们储藏到船舱里，还把他的孩子和朋友都送到船里。当洪水来临又迅速退去的

① 苏美尔人在公元前 4000 年前就开始生活在两河流域南部，创造了令人瞩目的文明。在西方的东方学中，对于古巴比伦的认识较早，但苏美尔因为缺少文献记载而一直不为人所知。直到 19 世纪后期，在考古发现的基础上，更为古老的苏美尔文明才浮出水面，到弗雷泽的时代已经获得了关于苏美尔的初步认识。——译注

② 参见莫里斯·贾斯特罗（Morris Jastrow）：《巴比伦和亚述的宗教》（*The Religion of Babylonia and Assyria*），1898 年，第 10 页。——译注

③ 弗隆（furlong），长度单位，一弗隆相当于 201.17 米。——译注

时候，西苏特拉斯放飞了一些鸟儿。由于这些鸟儿既找不到食物又找不到可降落的地方，它们又飞回到船上。几天以后，西苏特拉斯又放飞了鸟儿，它们又飞了回来，脚爪上粘了些泥土。待到他第三次放飞鸟儿，它们没有再返回船上。西苏特拉斯觉得陆地已经浮出水面，于是他打开了大船的几个层面，向外观看，看到了岸，就把船朝一座山峰开去，并携妻子和女儿以及驾船者一同上了岸。他祭拜大地，筑起一个祭坛。当他向诸神献上牺牲时，他和同他一道下船的人都消失不见。那些留在船上的人看到他和同伴没有回来，就走下船去寻找他们，呼叫着他的名字。但是，在哪里都找不到西苏特拉斯。不过有一个声音从天上传下来，使他们敬畏天神。他本人因为虔诚而被召到天神世界去了，还有他的妻子、女儿及驾船人，也都获得了这种荣耀。他命令其余的人去巴比伦，取出埋在那里的圣书，散发到男人当中去。除此之外，他还告诉他们，他们脚下的土地是亚美尼亚。他们在听到这些教诲时，便向诸神献上牺牲，启程到巴比伦去。当年大船着陆时所停靠的亚美尼亚山，尚有一部分船体至今保留下来，[1]还有人从船上采下一些沥青，将它们用作护身符。当他们走到巴比伦时，便在西巴尔挖出那部神圣史书，并建起许多城市，修复神庙，使巴比伦重新变得人丁兴旺。

希腊历史学家大马士革的尼古拉曾是奥古斯都[2]皇帝与希律王[3]的同时代人及朋友。根据他的说法，在亚美尼亚的敏雅斯（Minyas）之上，有一座大山叫巴瑞斯（Baris）。这个故事说，有许多人在洪水来临之际躲到这座山上避难，并因此获救。他们也说，确实有一个人漂浮在方舟上来山顶登陆，那船骨的遗迹保存了很长时间。犹太人的立法者摩西记录的，也许就是这个人。[4]不论大马士革的尼古拉从巴比伦或希伯来传说中得来的这个信息是否可信，其中提到了摩西，这似乎表明他熟悉《创世记》中的叙述。他很容易从他的庇护人希律王那里了解《创世记》的说法。

许多世纪以来，西方学者只是通过贝若索斯留下来的希腊著述残片来了解巴比伦的大洪水传说。这种状况一直延续到近代，直到早已失传的亚述文书中的巴比伦原版故事重见天日之时，在亚述首都尼尼微进行的这场发掘工作乃是19

---

① 参见詹姆斯·布赖斯（James Bryce）：《外高加索和阿勒山》（*Transcaucasia and Ararat*），1896年，第280页。——译注

② 奥古斯都（Augustus，公元前63—公元14年），罗马第一任皇帝。——译注

③ 希律王（Herod，公元前73年—前4年），犹太之王，以残忍闻名。——译注

④ 参见约瑟夫斯（Josephus）：《上古犹太史》（*Antiquit. Jud.*），第1卷，第3页，第6页；《希腊历史片段》（*Fragmenta Historicorum Graecorum*），缪勒（C. Müller）编，第2卷，第415页，第76片。——译注

世纪的一大荣耀，它在古代史研究方面开辟了一个新时代。这一发掘过程提供了非常幸运的机会，让英国的探索者发现了亚述巴尼拔①这位伟大国王的图书馆的大量遗物。这位国王的在位时间为公元前 668 年至前 626 年，正值亚述帝国辉煌的日落之期。亚述巴尼拔将他的大军之恐怖带到了尼罗河畔，用巨大的建筑来装饰他的都城，在城墙之内聚集大量的文书，它们来自或远或近的地方，包括历史的、科学的、文法的和宗教的书籍，为的是启蒙他的人民。②该文书中有一大部分来自巴比伦原版，是用楔形文字刻在软泥制的泥版上的，后来经过烧制变硬，储存在图书馆中。该图书馆设在宫殿的上层，而宫殿则是该城市最后被劫的部分，它毁于一场大火。从上面摔下来的泥版文书都成了碎片，其中有一些居然被燃烧的废墟之火烧裂并烤焦。在后来的时代里，图书馆的废墟被道斯特维（Dousterswivel）之流的古董商人们彻底搜索过。他们要寻找的不是学识的珍宝，而是黄金宝物。他们的举动给文物带来了进一步的破坏，使泥版文书的珍贵记载再度破损残缺。最后的破坏来自每年春季渗入地下的雨水，带有化学物质的雨水侵蚀着泥版，充斥着每个裂缝和空洞，使已经碎裂的泥版变得更加不堪。不过，经过大英博物馆的乔治·史密斯（George Smith）对这些成堆的碎片做的艰苦细致的拼合工作，居然能够重构出如今已非常有名的史诗《吉尔伽美什》。它刻写在十二块泥版组成的篇章中，其中的第十一篇包含着巴比伦的洪水故事。史密斯先生在 1872 年 12 月 3 日的《圣经》考古学会上宣布了这一伟大的发现。③

亨利·罗林逊（Henry Rawlinson）爵士曾作出一个机敏的推测，史诗《吉尔伽美什》的十二篇章对应着天上的黄道十二宫，史诗的展开遵循着太阳一年十二个月的行程。这个观点又从洪水传说在全诗中被安排在第十一篇的情况得到某种程度的证明。因为巴比伦历法中的 11 月正值雨季高峰，该月份是献给暴风雨之神拉曼（Ramman）的，其名字的意思是"雨灾之月"。④果真如此的话，洪水故事作为史诗中的一段插话或一种枝蔓，与全诗中其他部分缺乏有机的联系。

---

① 亚述巴尼拔（Asharbanipal），亚述的末代国王，在位时攻占埃兰，征服叙利亚和腓尼基。——译注

② 参见莫里斯·贾斯特罗（Morris Jastrow）:《巴比伦和亚述的宗教》(*The Religion of Babylonia and Assyria*)，1898 年，第 43 页。——译注

③ 参见乔治·史密斯（George Smith）:《阿拉米语版的〈创世记〉》(*The Chaldean Account of Genesis*)，1880 年，第 1 页以下。——译注

④ 参见施拉德尔（E. Schrader）:《楔形文字与〈旧约〉》(*The Cuneiform Inscriptions and the Old Testament*)，怀特豪斯（O. C. Whitehouse）译，第 1 卷，1885 年，第 47 页；莫里斯·贾斯特罗（Morris Jastrow）:《巴比伦和亚述的宗教》(*The Religion of Babylonia and Assyria*)，1898 年，第 463 页，第 484 页，第 510 页。——译注

它是这样被引入诗中的：

史诗主人公吉尔伽美什失去了亲密的朋友恩启都，他因为朋友的死而陷入悲伤境地，既忧伤过去，又担心未来。他决定去寻找遥远的先祖乌特那庇什提牟，即乌马拉·图图之子①，向他询问必死的人类如何才能获得永生。他认为乌特那庇什提牟一定知道这个秘密，因为神让他变得和诸神一样，住在某个极远的不死仙境。吉尔伽美什必须经历艰辛而危险的旅程才能见到他。于是他穿过了蝎男人和蝎女人把守的高山，那是日落之山；他越过一条黑暗而可怕的通道，那里不曾有一个凡人越过；他又渡过了一个广阔的海洋，并从一座窄桥跨越了死亡之水。最终来到乌特那庇什提牟面前。但是，当他向他的伟大先祖询问人如何获得永生时，得到的却是令人沮丧的回答。圣人告诉他永生不属于人。回答他的这位先祖曾经也是凡人，现在已经获得了永生。吉尔伽美什对他的答话感到困惑不解，便询问他是如何躲过了必死的命运。就是在回答这个指定的问题时，乌特那庇什提牟讲出了大洪水故事。该故事如下②：

乌特那庇什提牟对吉尔伽美什说：

"吉尔伽美什啊，让我来给你揭开隐秘。

并且诉说诸神的天机！

什尔巴克，这是个你也知道的市镇，

它的位置就在幼发拉底河滨，

那是个古老的市镇，诸神都在那里存身。

是他们让诸大神泛起洪水，

其中曾有：阿努——他们的父神；

勇敢的恩利尔，他们的谏诤人；

尼努尔塔，他们的代表；

恩努基，他们的领航人；

尼尼基克，就是那个埃阿，智慧之主，也和他们坐在一起。

他对着芦舍喊出他们的话语：

'芦舍啊，芦舍！墙壁啊，墙壁！

芦舍啊，你听着！墙壁啊，你考虑！

什尔巴克人，乌马拉·图图之子啊，

赶快毁掉房屋，把船只制造，

---

① 参见《吉尔伽美什》，赵乐甡译，辽宁人民出版社1981年版，第84页。——译注

② 下引《吉尔伽美什》参照赵乐甡的译文，神名及细节有改动。——译注

清点你应拿的东西，去把命逃！

忘掉那些财宝，讨你的活命，

将一切活物的物种运进船中。

你们应该制造的那只船，

既定的尺寸，不容变通。

它的宽度必须和深度一致，

你必须把它放入海中。'

我听明白了，就对我的主神埃阿说：

'我的主神啊，你所指令，

我唯命是从。

可我怎么回答那市镇、人们和长老诸公？'

埃阿开口讲起话来，

他跟我——他的仆从说明：

'你可以这样对他们讲清——

我知道恩利尔对我心怀不善，

我不能再住在你们的市镇之中，

而且也不能在恩利尔的领地里露面，

我要到深海中去，和我的主神埃阿一起。'"

　　乌特那庇什提牟就这样听从埃阿神的指示，采集来木材和造船所需的其他一切材料，在第五天里造好船身骨架。他把船造成平底式方舟型，船上建有一间一百二十肘高的房间，分成六层，在每一层内造有九间屋子。他在其中拴上灭火塞，在船体外部涂上沥青，船体内部也涂上沥青。他还把油储存在船上，宰了一群牛和羊。在罐子里装满葡萄酒、芝麻酒和油。他给役夫们喝的，简直像河水在淌。他摆开宴会有如新年之宴。当船准备就绪时，他又把他所有的银器放进船里，把他所有的金器放进船里，还把他所有的有生命的物种都放进船里。他还把全家以及亲属全带上船，把田里的牲畜和野兽以及所有的工匠带上船。太阳神舍马什给出规定的时辰，他说："在黄昏时黑暗之主将降下大雨。那时你们就走进船舱，关闭舱门。"这个时刻到来了，黑暗之主降下大雨。

我瞧了瞧天象

天阴沉异常。

我便进入船内，将舱门关上。

将船里装的连同船身，

整个交给船上的舵手普兹尔·阿木尔——那位水手去执掌。

当早晨阳光出现的时候，

天边乌云涌起。

暴风雨之神拉曼在云中响起霹雳，

风雨使者穆加提和鲁伽在前面先行，

他们像信徒那样越过高山和平原。

伊尔拉伽尔砍倒船桅，

神使尼尼布来到，他使风暴吹起来。

阿奴恩那奇举起火来，

光辉所及，整个大地被照亮。

拉曼的旋风直上九霄云天，

所有的光明又重归黑暗。

暴风雨肆虐了一整天，

大水涨到了高山上。彼此之间，对面不见。

人们不能再相互照应。

诸神在天上也害怕洪水，

纷纷后退，登上阿努的高天。

诸神像狗一样蹲伏下来，

在墙边畏缩发抖。

伊什妲尔女神竟像世俗女人那样哭喊。

这声音美妙的诸神之女王拔高嗓音说：

"瞧，过去的岁月都付诸黏土一片，

都是我在诸神集会上说的话招来的灾难。

我为什么在诸神集会上说出招来邪恶的语言？

我为什么竟惹出这场毁灭我的人类的祸患？

虽然我才是人类的真正生育者，

却叫他们像鱼卵一般在海里漂满。"

阿奴恩那奇的诸神和她一同啼哭，

痛心的诸神坐下来啼哭，

他们的嘴唇挤在一起。

整整六天六夜，

风和洪水一涌而来，台风过处土地荒芜。

到了第七天洪水和风暴终于停息，

这番战斗活像是沙场争逐。

海平静了，暴风雨住了，洪水退了。

我向海看去，已然宁静如故，

而所有的人却已葬身水中，复归于黏土。

取代耕地的是一片沼泽，横在我眼前。

我打开窗户，光线便照到我的脸。

我划船而下，坐着哭泣，

我泪流满面，

向世界看去，所见全是海水。

十二（天）之后，出现一块陆地，

船就停在了尼什尔山。

船在尼什尔山搁浅不能动弹。

第一天第二天船在尼什尔山搁浅，不能动弹，

第三天第四天船在尼什尔山搁浅，不能动弹，

第五天第六天船在尼什尔山搁浅，不能动弹。

到了第七天，

我解开一只鸽子放了出去。

鸽子飞去，又盘旋飞还，

它飞了回来，因为找不到落脚点。

我又解开一只燕子放了出去，

燕子飞去，又盘旋飞还，

它飞了回来，因为找不到落脚点。

我又解开一只乌鸦放了出去，

乌鸦飞走了，看到大水已退，

它觅食、盘旋、嘎嘎地叫，没有回转。

我迎着四方的风将禽鸟统统放走，献上牺牲。

我在山顶将神酒浇奠。

我在那里放上七只，又七只酒盏，

将芦苇、杉树和香木天宁卡放置在台上面。

诸神闻到它的香味，

诸神嗅到他们所喜爱的香味，

诸神便像苍蝇一般，聚集在敬献牺牲的施主身边。

这时大女神来到这里，

取了珍贵的珍宝，那是阿努为了讨她欢心而制，

她说："要像挂在我脖子上的珠宝一样，不要把这些神忘记，

决不要忘却，要把这些日子牢记在心里。

诸神啊，请到牺牲这儿来吧，

唯有恩利尔不许来，

因为他不加考虑就把洪水泛起，

而且要将我的人类灭绝无遗。"

这当儿恩利尔已来到那里，

恩利尔见了船，十分生气。

他对伊吉吉①诸神满腔怒火地说：

"怎么，是谁得救了？不能有一个人从洪灾生还！"

尼奴尔塔开口对勇武的恩利尔说：

"除了埃阿还有谁能做到此事？

因为只有埃阿洞察一切。"

埃阿开口对勇武的恩利尔说：

"诸神的领袖，勇武的你，

为何不加考虑就将洪水泛起？

有罪者可以治他的罪，无耻的可以叫他受辱，

不能害其命，绝其迹，宽容饶恕才是正理。

要减少人类，与其泛起洪水莫如让狮子逞凶；

要减少人类，与其泛起洪水莫如让豹子来吞噬；

要将土地荒芜，与其泛起洪水莫如让饥荒降临；

要杀害人类，与其泛起洪水莫如让瘟疫神降临。

揭开大神们秘密的不是我，

若有人给阿特拉哈什斯②托梦，他就会懂得诸神的秘密。"

于是，恩利尔要作出决定，他走进船里。

牵着我的手，让我上了船，

让我的妻子上了船，坐在我的身边。

他转向我们，他站在我们中间，

他赐福给我们，说道：

"乌特那庇什提牟直到今天仅仅是个凡人，

① 伊吉吉（Igigi），是以上诸神的总称。——译注

② 阿特拉哈什斯（Atrakhasis），贤者，指乌特那庇什提牟。——译注

从现在起他和他的妻子，就位同我们诸神。
就让他在那遥远的土地，诸河的河口存身。"
于是他就把我领来，让我在这遥远的土地，
诸河的河口存身。

以上就是插进《吉尔伽美什》史诗之中的冗长的洪水故事。不论从哪方面看，它和史诗作品整体原本没有关联。该故事另一种异文的残片被保存在一块破损的泥版上。它和《吉尔伽美什》史诗的泥版一起被发现于尼尼微的亚述巴尼拔图书馆的废墟中。它包含了一段对话，据推测是在洪水之前发生在埃阿神和巴比伦的挪亚之间的对话。后者在该泥版中被称作阿特拉哈什斯，我们已经看到，这一名字恰好也出现在《吉尔伽美什》史诗中，虽然该作品别的地方不叫他阿特拉哈什斯，而叫乌特那庇什提牟。阿特拉哈什斯这个名字据说是巴比伦的原名，在贝若索斯的希腊文版的巴比伦洪水传说中，它被表述为国王西苏特拉斯。在这个残片上的故事中，埃阿神命令阿特拉哈什斯说："走进船舱关上舱门。带上你的粮食、物品和财产，你的（妻子？），你的家人，你的亲属，你的工匠，田地里的牲畜，还有地里的野兽，像吃草一样越多越好。"主人公回答说，他以前从来没造过船。他请求给他一个造船的示意图，画在地上，使他可以遵照图样所示将船造成并下水。①

如此看来，这个洪水传说的巴比伦异文的年代只从公元前 7 世纪的亚述巴尼拔的时代算起，因而可以认为比希伯来的故事异文及其抄本产生得晚。然而，令人信服的证据出自一块残破的泥版，发现于阿布－哈巴（Abu-Habbah），即古代城市西巴尔的所在地。这是由土耳其政府组织的考古发掘，它充分表明巴比伦传说年代要古老得多。该泥版上有洪水故事的非常残损的记述，并且有确切的日期。故事结尾处有一个题记或标注，记录了该泥版写于阿米扎杜伽王（King Ammizaduga）11 年 11 月（巴比伦月份）28 日。那一年是公元前 1966 年。不幸的是，这块泥版太破了，读不出太多的内容。不过，阿特拉哈什斯的名字出现在其中，同时还提到大雨和大船，需要拯救之人进了船里。②

由宾夕法尼亚大学组织的在尼普尔城的发掘，使另一个非常古老的洪水传说

① 参见延森（P. Jensen）：《亚述—巴比伦的神话和史诗》（Assyrisch-Babylonische Mythen und Epen），第 255 页，第 257 页；耶雷米亚斯（A. Jeremias）：《从古代东方看〈旧约〉》（Das Alte Testament im Lichte des alten Orients），第 233 页。——译注

② 参见金（L. W. King）：《巴比伦的宗教和神话》（Babylonian Religion and Mythology），第 124—126 页；延森（P. Jensen）：《亚述—巴比伦的神话和史诗》（Assyrisch-Babylonische Mythen und Epen），第 289 页，第 291 页。——译注

重见天日。它被刻写在一小块没有烧制的泥版上。根据书写风格及泥版被发现的位置，其发现者希尔普瑞特（H. V. Hilprecht）教授将其年代定为不晚于公元前2100年。在这个故事残片中，有一位神宣称他要发一场洪水，立即清除所有人类。他还告诫某人建造一只大船，要带有坚固的船顶，他可以躲在里面逃命，还要带进去陆地上的走兽与空中的飞禽。①

　　洪水故事的所有这些异文均是用巴比伦尼亚和亚述的闪族语言记录的，但是，由美国考古发掘队在尼普尔城发现并于最近译读出来的另一个异文片段则是用苏美尔语书写的，也就是说，那是一种非闪族语的古代语言。苏美尔人先于闪米特人出现在巴比伦尼亚，在幼发拉底河盆地建立了文明体系，我们通常称之为巴比伦人。②发现苏美尔洪水故事异文的那个尼普尔城，是该国最神圣也许还是最古老的宗教中心。该城的守护神恩利尔是巴比伦万神殿的主神。③记述了洪水传说的那块泥版，根据文字字形来判断，是在著名的巴比伦国王汉谟拉比④时代前后写下的，也就是公元前2100年。不过，这个故事本身却要古老得多，因为在公元前3000年结束时，即在该泥版被刻写时，苏美尔人作为一个独立的民族已几乎不复存在，而是已经被吸收到闪米特人的人口之中，他们古老的方言已经是一种死语言，只有闪米特人的祭司和书记员们依然研究和抄写着用该语言留下的古老文献与神圣文本。⑤于是，发现一部苏美尔的洪水传说抄本就引发了如下假说：传说本身的年代要早于闪米特人占领幼发拉底河谷的时期，闪米特人在迁移至这个地区之后向苏美尔的先人们借取了这个故事。有趣的是观察到这样一个现象：苏美尔人的洪水故事异文构成了另一个造人描述的续篇，虽

---

　　① 参见翁格纳德（A. Ungnad）和格雷斯曼（H. Gressmann）：《吉尔伽美什史诗》（*Das Gil-gamesch-Epos*），第6页，第73页；罗杰斯（R. W. Rogers）：《楔形文字与〈旧约〉的相似之处》（*Cuneiform Parallels to the Old Testament*），第108页以下；贾斯特罗（M. Jastrow）：《希伯来和巴比伦的传说》（*Hebrew and Babylonian Traditions*），第342页以下。——译注

　　② 参见金（L. W. King）：《近来的巴比伦研究及其与希伯来研究的关系》（*Recent Babylonian Research and its Relation to Hebrew Studies*），见《教会评论季刊》（*Church Quarterly Review*），1916年，第162期，第271页以下。——译注

　　③ 确切地说，这些都应该是巴比伦人继承自苏美尔万神殿的内容。两河流域下游南部地区后来被合称为巴比伦尼亚，此地最初文明的统治者应该是苏美尔人。古巴比伦是曾受苏美尔人统治的说塞姆语的民族取代苏美尔人统治而建立的国家。——译注

　　④ 汉谟拉比，是巴比伦第一王朝的第六代国王（公元前1792—前1750年在位），在位期间南征北战，征服了美索不达米亚地区（两河流域），并颁布了《汉谟拉比法典》，该法典是世界上最早的一部较完备的成文法典。——译注

　　⑤ 参见基特尔（R. Kittel）：《以色列民族史》（*Geschichte des Volkes Israel*），第1卷，1912年，第77页；金（L. W. King）：《巴比伦史》（*A History of Babylon*），1915年，第111页，第320页。——译注

然该描述只留下一些残片。其中讲到，诸神先造人，后造动物。这样看来，苏美尔人的描述与《创世记》中的希伯来故事相吻合，二者都将人类的创造与大洪水作为世界历史早期的关联事件彼此紧密联系在一起。另外，苏美尔的叙事在表现造人先于造动物时，也与耶和华文献的叙述吻合，与祭司文献相反。

刻写着苏美尔人的"创世记"的这个泥版文书，只有下半部分被译读出来，不过有足够的残损文字告诉我们洪水故事的主要梗概。我们从中了解到，祖古都或祖苏都（Ziudsuddu），曾是一位国王恩基神的祭司。恩基是苏美尔的神，其闪米特神的对应者是埃阿（Ea）。①祖苏都每天都尽心尽力地侍奉神明，谦恭地拜倒在神的面前，不断在神庙中举行仪式。为了回报他的虔诚，恩基向他泄露了天机：在诸神会议上通过了由恩利尔神提议的一项决定——用一场暴风雨来毁灭人类。在这位圣人及时获得这个警告之前，他的神界朋友让他站在一堵墙旁边："站在墙边我的左侧，我要向墙说出给你的话。"这些话显然与闪米特人传说中埃阿开始告诫乌特那庇什提牟的奇怪措辞有关。"芦舍啊，芦舍！墙壁啊，墙壁！芦舍啊，你听着！墙壁啊，你考虑！"这对应的一段话都表明，那位友善的神不能把神界的决议直接泄露给一个凡人，于是就采取了这个变通之计：让祖苏都先站在芦苇墙的一边，然后自己在墙的这边发出耳语。这样，既能让这位虔诚的善人获知那致命的秘密，又可以让他的神圣庇护者日后能申明他并没有泄露诸神会议的秘密。这个妙计让我们想起那个著名的故事。国王弥达斯（Midas）因在音乐比赛中判阿波罗失败，被阿波罗诅咒长出一对驴耳朵。他用帽子遮住驴耳，却被他的理发师知道了。后者憋不住这个秘密，就在地上挖个洞，对着洞耳语，泄露了秘密，接着把洞填平。结果那地方长出一棵芦苇，随风沙沙作响，把国王的不幸传给全世界。②在苏美尔人的泥版上，或许描述造船和祖苏都登船的那部分已经丢失了，剩下的部分一开始就让我们进入了洪水之中。暴风和骤雨被描述为同时降临，文本接下去写道："七天七夜，暴风雨袭击着大地。当大船被风暴吹得在大水上漂走之时，太阳神露出了面孔，发光照亮天地。"当阳光照进船里时，祖苏都拜倒在太阳神面前并献上一只公牛和一只绵羊。下面是一段残缺，我们随后读到祖苏都又拜倒在阿努和恩利尔二神面前。这时，恩

① 参见金（L. W. King）：《巴比伦的宗教和神话》（*Babylonian Religion and Mythology*），第14页。——译注

② 参见奥维德（Ovid）：《变形记》（*Metamorphoses*），第11卷，第174页以下；伯恩哈特·施密特（Bernhard Schmidt）：《希腊的童话、传说和民歌》（*Griechische Märchen, Sagen und Volkslieder*），1877年，第70页以下。——译注

利尔对人类的暴怒已经消退，他对祖苏都的祈祷回复了如下的话："我赐予他像一位神那样的生命。""我为他造一个像神那样永久的灵魂。"这话意味着洪水传说的主人公，苏美尔的挪亚，即便没有神性的话，也获得了永生的命运。不仅如此，他还获得"人类种子的保存者"这个雅号。诸神让他住在一座山上，也许就是迪尔蒙（Dilmun）山，原文中的那个山名已经无法确定，因为该传说的结尾也缺失了。

从主要特征来看，苏美尔的洪水传说异文与保留在《吉尔伽美什》史诗中的更长也更详细的洪水异文相吻合。二者之中都有一位大神（恩利尔或贝尔）决定用大雨淹没大地的方式毁灭人类，也都有另一位神（恩基或埃阿）对一个凡人发出了灾难降临的警告。那人接受劝告，在一只船中获救。二者都说洪水持续了七天，水退之际主人公都献上牺牲，并且最终被升为神籍。唯一的实质性差别在于主人公的名字，他在苏美尔人的异文中叫祖苏都，在闪米特人的异文中叫乌特那庇什提牟或阿特拉哈什斯。苏美尔语的名称祖苏都近似于西苏特拉斯，后者是贝若索斯赋予那位洪水中获救的主人公之名。如果这两个名字之间真有关联，我们就有充分的理由钦佩巴比伦历史学家在遵从最古老的文献来源方面的忠实程度。

由于结合了创世与洪水的记述,这块非常有趣的泥版之发现就引出了这样一种高度的可能性：我们在《创世记》中看到的早期世界历史的叙述并不是闪米特人的独创，而是他们从古老的文明民族那里借来的。该民族在公元前数千年之前就有了文明，而野蛮的闪米特人，走出阿拉伯荒漠，占据了幼发拉底河下游河谷的肥沃土地。这些原始的贝都因人的后代逐渐向早期文明学会了艺术和文明习惯，正像北方蛮族因他们在罗马帝国的定居而获得丰富的文化一样。

### 3. 希伯来的大洪水故事

古代希伯来的大洪水传说被记载在《创世记》之中。[①]《圣经》研究者们如今已达成共识，认为《创世记》原初由两个不同的部分与不连贯的叙述构成，两种叙述被组合到一起，形成了一个单独的、由不同部分组成的故事外貌。[②]不过，

---

① 见《创世记》第 6 章第 5 节至第 9 章第 17 节。——译注

② 参见罗伯逊·史密斯（W. Robertson Smith）：《犹太教堂中的〈旧约〉》（*The Old Testament in the Jewish Church*），1892 年，第 329 页以下；考奇（E. Kautsch）和佐钦（A. Socin）：《〈创世记〉与原始文字的外在差异》（*Die Genesis, mit äusserer Unterscheidung der Quellenschriften*），1891 年，第 11 页以下；考奇（E. Kautsch）：《旧约圣书：翻译和辑录》（*Die heilige Schrift des Alten Testaments übersetzt und herausgegeben*），1894 年，第 6 页以下。——译注

改编者的组合工作实在太粗疏了，以至于使叙述中留下了明显的重复和互相矛盾之处，就连粗心的读者也会注意到这些毛病。

在这两种被人为地组合到一起的传说异文中，一种是来自被研究者们称为"祭司文献"或"法典"（通常用祭司一词的头一个字母"P"来代表）的叙事，另一种来自研究者们称为"耶和华（Jehovistic 或 Jahwistic）文献"（通常用第一个字母"J"来表示）的叙事，其特点就是用"雅赫威"（Jahweh 或 Yahweh）这个名称来称呼神耶和华。两种文献在叙事特点和风格上有明显差异，二者分属不同的时代。其中耶和华文献的叙事可能是更古老的一种，而祭司文献则被今日学界普遍认为是组合构成了《旧约》前六书的四种主要文献中最晚出的一种。耶和华文献被看做是成书于公元前 9 世纪或前 8 世纪的希伯来君主时代的朱迪亚[①]地区。祭司文献则成书于公元前 586 年之后的某个时期，那时耶路撒冷被巴比伦国王尼布甲尼撒[②]占领，大批犹太人被他抓去做了囚徒。两种文献都有历史形式，区别在于耶和华文献的作者显示出对他描述的男男女女的性格与冒险事迹的真切兴趣，而祭司文献的作者只在一种意图之下看待他写的人物，把他们看成传达伟大天命计划的工具，这个计划就是给以色列人传达一种关于上帝与宗教及社会制度的知识，那正是体现神的仁慈意愿的知识，选民（指以色列人）应该依照这一套知识来规范他们的生活。换句话说，祭司文献作者笔下的历史是神圣的而不是世俗的，是传教用的而不是平民用的。他有一种先入为主的观念，把以色列看成一个教会，而不是一个民族。因此，当他以相当长的篇幅详述神明要垂顾的那些族长和先知们时，就对整整一代普通人一带而过，甚至很少提及他们的姓名，好像他们只是将一个宗教时代与另一个宗教时代联系起来的环节，只是用来贯穿一大串瑰丽的启示珠宝的线绳。他对过去的态度充分显示了他生活的那个时代氛围的影响。以色列的伟大时代已经结束，它的独立已不复存在，随之而去的还有物质的繁荣与荣耀的希望。大卫王和所罗门王的卓越统治时代留在世人心目中的美好梦想，即使在国家已经败亡之后，在异族统治下的黑暗现实之中，依然会延续一段时间。那梦想就好像早晨的云彩，在很久以前就消失在这个民族阴云密布的夜晚之中了。由于通往平凡的野心的所有道路都被阻断，民族性格之中不可抑制的理想主义此时在另外一个方向为自己

---

① 朱迪亚（Judea，或写作 Judaea），或译犹迪亚，古巴勒斯坦的南部地区，包括今天的巴勒斯坦南部地区和约旦的西南部地区。——译注

② 尼布甲尼撒（Nebuchadnezzar，公元前 630—前 562），古巴比伦国王，曾攻占并焚毁耶路撒冷，将大批犹太人掳到巴比伦，在位时兴建了巴比伦塔和空中花园。——译注

找到了喷发口，其梦想又有了不同的方式。假如说大地已经关闭，那么天堂却依然开放。就好像雅各在伯特利①，前后方都是敌人，他做梦梦见一架梯子从天上云端伸到地上，有上帝的使者从梯子上走下来，守护并安慰那些孤独的朝圣者。简而言之，以色列的领袖们试图以精神的方式来补偿他们的民族在现实中遭受的家破人亡之辱，办法就是提高该民族在精神上的优越地位。为了这个目的，他们建构或完善了一系列宗教仪式体系，以便能够预知并全神贯注到神恩之上。他们还将锡安打造为圣域，使它成为上帝之国在地上的欢乐与中心。带着这样的目标和雄心，公共生活的情调越来越具有传教色彩，其兴趣也变得修道化了，其主导影响也祭司化了。国王被大祭司取代，后者甚至继承了国君的紫袍子和金王冠。②这样一场改换门庭的革命用大祭司的统治替换了耶路撒冷的世俗统治，就如同将恺撒大帝统治下的罗马帝国转换为中世纪教皇统治下的罗马。

正是这一思想运动，使这种传教化倾向十分强烈的宗教渴望反映在祭司文献之中，我们甚至可以说是弥漫并结晶到了这一文献的编撰之中。该运动的理智和道德局限也相应地反映到该文献作者的局限之中。他的真正兴趣只在于宗教的繁文缛节这一方面，也就是典礼和仪式的细节，传教者的道具和服装的细节，诸如此类，让他倾注了真正的心血。而宗教的更深层面对他而言却是一部实际上封存了的书：对于其道德的和精神的方面，他似乎视而不见。他从没有深入到深刻的问题上，比如永生和罪恶的起源等问题，而这些问题才是激励着历代探索精神的问题。由于他对仪式细节的极大关注和对世俗事物的毫不关心，由于他对编年和系谱以及日期和人物的偏好，一句话，即由于他偏爱的是历史的枯骨，而不是历史的血肉，所以，这样的祭司历史学家就像中世纪那些僧侣编年史家一样，在向外观照伟大的世界时，只能透过教堂窗户的彩色玻璃或隐居小屋的狭窄孔洞。他的理智的视野过于褊狭，他看待事件时戴着有色镜。这样一来，其他所有人都看不到的东西被他看到了，那荒野之中的拜神圣帐的光辉，就好像透过一个粉色窗户的紫光或是某种灿烂的外凸窗的华丽玻璃，隐约涌现在他热切的想象之中。甚至是那些给物质世界带来改变的缓慢过程和突发灾难，也只是神所恩赐的征兆或奇迹，用来预示宗教分化的一个新时代的来临。对他来说，创世的工作乃是为安息日制度准备的一个宏大的序曲。③天空的拱顶本身，

① 伯特利（Bethel），意为上帝殿或天之门，见《创世记》第28章。——译注

② 参见罗伯逊·史密斯（W. Robertson Smith）：《犹太教堂中的〈旧约〉》（*The Old Testament in the Jewish Church*），1892年，第445页。——译注

③ 见《创世记》第2章第1节以下。——译注

闪烁着耀眼的光辉，也只是上帝用手指在上面指示出宗教节日确切季节的一个巨大的传教日历牌！而那场几乎淹没了全人类的大洪水，则是上帝用来同那些悲惨的幸存者立约的一个机会。至于彩虹，在阴暗的云彩中闪烁着晕光，那只不过是附加在立约之上的神圣印记，用来保证其真实的和不可更改的特性。[①]

由于祭司历史学家既是律师又是传教者，他用了很大的努力去证明，神与人之间的友好关系是建立在严格的法律基础上的，其有效性由一系列的契约来保证，双方都要通过全套的适当程序来缔结这些契约。他在阐述这些契约的时候从来都详尽无遗，在回顾以色列的契约清单的冗长系列时也不厌其烦。这个以枯燥无味的条款为研究对象的腐儒，这个严格的仪式主义者，从来也不放松他常态的严谨心理，只有当他如数家珍般罗列这个令人高兴的契约与转让财产的主题时，才会变得松弛和温和。人们公认他的历史叙述杰作乃是他对一次谈判的记录，那是在鳏居的亚伯拉罕同赫人的儿子们之间进行的谈判，为的是获得一块坟地，以便埋葬其妻子撒拉。[②]这场交易的悲悼性质并没有降低叙述者的职业热情。他描绘的那幅图景，结合了高超艺术家的技巧与老练律师[③]的精明。虽然经历了那么久的历史时间，整个场景依然活现在我们面前。这位作者的眼前大概浮现出了类似的场景，正如在东方国家仍然能够亲眼目睹的那样，比如，当两位有教养的阿拉伯酋长就某个商业问题巧妙地展开商讨时，他们就会一丝不苟地遵循东方国家外交时的种种郑重的形式和礼节。不过，这样的图画在这位祭司艺术家的"画廊"里实际上并不多见，他很少顾及风景，他的画面总是涂抹出来的，毫无个性可言，也没有生命和色彩。就拿他最用心描绘的摩西的图像来说，也只不过是一个木偶般的人物，一心只想着传播他的布道饰品。[④]

耶和华文献的作者留给我们的希伯来族长时期的图景就完全不同了。在轮廓的清晰、技法的微妙与细致、色调的温暖等方面，它们都是文学中难以超越或许也无与伦比的典范。最简捷的几笔就产生出最优化的效果，因为每一笔都出自大师之手，他本能地知道应该表现什么和放弃什么。于是，当他的全部注意力都集中到前景中的人物形象时，这些人物就带着生活的真实和质感活现于画布之上。他还同时设计出一种灵巧的、几乎让人无法察觉的技巧指示出人物背

---

① 见《创世记》第9章第13节，上帝把虹当做立约的记号。——译注

② 见《创世记》第23章——译注

③ 律师（conveyancer），特指办理财产转让手续的律师。——译注

④ 参见罗伯逊·史密斯（W. Robertson Smith）：《犹太教堂中的〈旧约〉》（*The Old Testament in the Jewish Church*），1892年，第409页。——译注

后的风景，就这样完成一幅和谐的图画，会给人们的记忆留下不可磨灭的印象。比如说，雅各和拉结在井边的场景，羊群在正午的炎热中聚集在井边等待饮水，作者笔下这场景之生动，有如拉斐尔①的彩绘油画一般。②

除了对人类生活的栩栩如生的描绘之外，他还用一种迷人的天真与古朴来描写神。他把我们带回到那个古老的时代，那时在神与人之间还没有裂开这样可怕的鸿沟。在他的笔下，我们看到，上帝如何像小孩子捏泥娃娃一样用泥土造出第一个人；他如何漫步在伊甸园凉爽的夜晚，叫出躲在树丛后害羞的亚当和夏娃；他如何用造出的皮衣取代我们第一对父母遮体用的无花果树叶；当挪亚走进方舟之后，他如何在他后面关上门；他如何从焚烧的牺牲物闻到香味；他如何从天上下来查看巴别塔③，因为要是从天上看的话，他的视力有所不及；他如何在帐幕的门前与亚伯拉罕谈话，那是一天中正炎热的时候，橡树婆娑的枝叶为他们遮阴。简而言之，这位快乐的作者的全部作品都渗透着诗意，带有远古时代的某种新鲜和芬芳，这种品质赋予它一种不可名状的永恒魅力。

在《创世记》中有关大洪水的合成叙事之中，由耶和华文献和祭司文献各自提供的独立成分，还是可以辨识的。这种区别体现在语词运用上和取材上。首先来看语言上的差异，最明显的一点就在于，从希伯来的原文来看，神的称谓在两种文献中是固定的：在耶和华文献中叫做耶和华（Jehovah，即雅赫威）；在祭司文献中叫做埃洛希姆（Elohim）。在英译本中，两个名字分别译为“主”和“神”。在用“主”这个称呼来表示希伯来语的“耶和华”（雅赫威）时，英译者遵循的是犹太人的实际用法。犹太人在大声朗读圣书时只要看到耶和华之名写在或印在书中的地方，就统一用“我主”（Adonai）或“主”（Lord）来替代神的名字。于是，英文版圣书的读者就可以推测出一个普遍原则，凡是英文版中用“主”这个称呼指称神的地方，那就是希伯来原本中写着或印着神名耶和华的地方。但是，在对大洪水的叙述及整个《创世记》中，祭司文献的作者却避免使用耶和华之名，而是用“埃洛希姆”这个词来替换他。该词在希伯来语中通常指“神”。他这样做的理由在于，按照他的看法，耶和华的神名是上帝第一次揭示给摩西的，因此就不能在世界的初始时期就用在上帝身上。另一方面，耶和华文献的作者却没有关于显示神名耶和华的这样一套理论，所以他从创世以下

----

① 拉斐尔（Raphael，1483—1520），意大利文艺复兴时期的画家和建筑师，主要作品有梵蒂冈宫中的壁画《圣礼的辩论》和《雅典学派》等。——译注

② 见《创世记》第 29 章——译注

③ 见《创世记》第 11 章。——译注

就毫无顾忌地把这个名字用在神身上。

除了两种文献中的这个主要差别之外，还有一些在英译本中没有出现的词语差别。比如，一系列用于"男性和女性"的词出现在耶和华文献中，到了祭司文献中则换用了另一套语词，还有，在英文本中被译成"摧毁"的词，在两种文献中是不同的词汇，英译者用"die"（死）和"dried"（干的）来翻译的词，也是如此。①

在耶和华文献和祭司文献的叙事中，还有更明显的素材方面的差别。由于这样的差别在某些场合构成了明显的矛盾，因此，证明它们来源于不同出处也就顺理成章了。例如，在耶和华文献中，洁净动物与不洁动物判然有别。获准进入方舟的洁净动物数量是每种七只，而不洁动物的数量则是每种一对。另一方面，祭司文献的作者没有在动物中作出这样的区分，而是让它们以完全平等的关系进入方舟，即每种动物都公平地限制为一公一母。对这样的叙事差异的解释是，在祭司文献作者的眼中，对动物首次作出洁与不洁的区分，也是上帝启示给摩西才开始的，因此不能让摩西的先辈挪亚就有这样的区分。与此相对的是，耶和华文献的作者也不接受这样的理论困扰，而是天真地认为动物的洁与不洁之区分是人类一开始就熟悉的，就好像是依赖于某种自然的划分，其明显的程度是尽人皆知的。

两种文献的作者之间的另一个重大分歧是关于洪水持续的时间。在耶和华文献的叙述中，大雨持续了 40 天 40 夜，此后挪亚在方舟中待了三周，直到大水退去他可以登陆时。由此估算，洪水持续的时间是 61 天。另一方面，在祭司文献的叙述中，大水退去之前有 150 天，洪水总共持续了 12 月零 10 天。由于希伯来的月份以月亮为周期，12 个月就是 354 天，再加上 10 天就是一个太阳年的 364 天。②因为祭司文献的作者确认洪水持续的时间大约为一年，我们可以有把握地推断，在他生活的那个时代里，犹太人已经能够通过观测太阳来纠正太阴历的误差。

此外，在洪水发生的原因方面，两位作者也有不同看法，耶和华文献的作者

①参见斯金纳校长（Principal J. Skinner）：《〈创世记〉考证与注释》（*Critical and Exegetical Commentary on Genesis*），第 148 页；贡克尔（H. Gunkel）：《〈创世记〉译释》（*Genesis übersetzt und erklärt*），1910 年，第 138 页。——译注

②参见德赖弗（S. R. Driver）：《创世记》（*The Book of Genesis*），第 85 页；斯金纳校长（Principal J. Skinner）：《〈创世记〉考证与注释》（*Critical and Exegetical Commentary on Genesis*），第 167 页；贡克尔（H. Gunkel）：《〈创世记〉译释》（*Genesis übersetzt und erklärt*），1910 年，第 146 页。——译注

只说是由于下雨①，而祭司文献的作者则说有地下之水涌出，也有天上之雨倾盆而下②。

最后，耶和华文献的作者叙述了挪亚从大洪水之灾中逃生以后感谢神恩，他建了一个祭坛并给神献上牺牲，可祭司文献的作者既没提到祭坛，也没提及牺牲。显然，从他信奉的《利未记》律法的立场来看，除了在耶路撒冷就不会有合法的祭坛，像挪亚这样的非神职人员来行使献祭牺牲的行为也是不正当的，神不会接受，这也是对教士权利的一种粗暴冒犯，他连做梦也不敢想将此罪过归到可敬的族长挪亚身上。

这样，耶和华文献与祭司文献两种叙述之间的对比，强烈地证明了校勘家们的观点，即二者最初是互不相干的，且耶和华文献相对更为古老。耶和华文献的作者显然不懂唯一圣地的律法。该律法禁止在耶路撒冷以外的任何地方举行献祭。由于该律法是在公元前 621 年由约西亚③王首次明确颁布实施的，可以推测耶和华文献必定在那个年代之前写作完成，也许要在那以前很久的时候。同样道理，祭司文献则在那之后写成，也许是之后相当长一段时间，因为该文献的作者清楚地意识到唯一圣地的律法，不会让挪亚犯下违背该律法的错误。由此可知，耶和华文献的作者表现出他自己所处时代的宗教制度与措辞上古朴简洁的特征，那是世上最早的历史时期；祭司文献的作者则显示了一个较晚时期的反思，那时已经产生出一种明确的宗教进化观念，而且已经把它严格地应用到了历史之中。

将希伯来人与巴比伦人对洪水的解释作粗略的比较就能使我们相信，这两种叙述不是独立的，其中的一种叙述必然源于另一种，或者说二者同出一源。两种叙述之间的相似之点，无论在数量之多方面还是在细节的雷同方面，都说明不会是偶然巧合。在两种叙述中，都是由神灵一方决定用大洪水来毁灭人类，也都有一位神向一个人事先透露了消息，而且还指导人建造一个巨大容器，依靠它来拯救人和每一个物种。在巴比伦祭司贝若索斯讲述的故事中，从洪水中得救的主人公是巴比伦的第十任国王，希伯来故事中的挪亚则是亚当以来的第十代传人，这或许不是出于巧合。在两种叙述中，那位幸运的主人公都遵照神的警示建造了一只拥有多层舱的大船，并用沥青来防水，将自己的家人和所有种类的动物物种带进船中；两种叙述也都讲到由巨量的降雨导致洪水泛滥，一直

---

① 见《创世记》第 7 章第 12 节。——译注
② 见《创世记》第 7 章第 11 节。——译注
③ 约西亚（Josiah），《圣经》中的故事人物，公元前 7 世纪的犹大王。——译注

持续了若干个日子；两种叙述都说所有人类都被淹没了，除了主人公和他的家人。在两种叙述中，都有主人公放出鸟去探查洪水是否退去的情节，或是乌鸦，或是鸽子，那鸟都因无法找到落脚之地而先返回到大船上来，后来又都飞出去而不再归来，大船也都最终在一座山上靠岸；两种叙述都讲到主人公为感谢救命之恩，在山顶上向神献祭；也都讲到神闻到了献祭香味，从而平息了怒气。

从整体分别来看，巴比伦洪水故事和希伯来洪水故事的普遍相似之处竟如此之多。不过，如果我们考虑到希伯来故事的独立因素，那就可以看出，耶和华文献的叙事要比祭司文献的叙事更接近巴比伦神话。比如，在耶和华文献的叙事和巴比伦神话的叙事中都对数字七给予了特别关注。在耶和华文献中，挪亚对即将来临的洪水有一个七天的警示期，他将洁净的动物每种带上七对进入方舟，他每隔七天派出一只鸽子从方舟出发去探查水情。在巴比伦神话中，洪水在最高位上持续了七天，主人公在山上献祭时用了七件器皿。还有，耶和华文献的叙事和巴比伦神话的叙事都特别提到，当主人公和他的家人及动物进入方舟之后，船的大门就被关闭了。同样，在两者之中都出现了从船上放出乌鸦或鸽子的生动插话，出现了献祭以及神闻到香味的细节，两位神也都因此而息怒。另一方面，在某些特殊之处，《创世记》中的祭司文献比耶和华文献更接近巴比伦神话叙事。比如，在建造大船时，二者都给出了精确的方案，二者也都讲到大船有多层船舱，每一层船舱又划分出多间舱室。还有，祭司文献和巴比伦神话叙事都说大船用沥青来防水，大船都停靠在山上，二者也都说到主人公从方舟中得到神的赐福。

但是，如果希伯来叙事与巴比伦叙事彼此密切相关的话，应该如何解释这种关系呢？巴比伦叙事不可能出自希伯来叙事，因为它至少要比希伯来叙事早七到十二个世纪。再者，"正如齐默恩（Zimmern）评论的那样，《圣经》叙事的实质在于预设了像巴比伦尼亚这样的国家可能遭受过洪水的灭顶之灾。这样就不必怀疑该故事'源于巴比伦并传播到巴勒斯坦'"[①]。不过，假如希伯来人是从巴比伦那里得来的大洪水故事，那么他们是在何时得来的，又是怎样得来的呢？我们对此一无所知，问题的答案只有靠猜测。某些具有声望的学者认为，犹太人是在"巴比伦之囚"时期第一次得知这些巴比伦传说的，因此《圣经》叙事不会早于公元前6世纪。[②]如果我们只拥有祭司文献记录的希伯来洪水传说异文，

---

① 德赖弗（S. R. Driver）：《创世记》（*The Book of Genesis*），第 107 页。——译注

② 豪普特（P. Haupt）和德利奇（Fr. Delitsch）的观点，见施拉德尔（E. Schrader）：《楔形文字与〈旧约〉》（*The Cuneiform Inscriptions and the Old Testament*），第 1 卷，第 55 页。——译注

那么这个观点就还可靠，因为祭司法典可能是在"巴比伦之囚"期间或之后编撰的，其作者完全有可能获得有关巴比伦传说的知识，或是通过口传或是通过巴比伦的文献。其时间或许在他们亡国后的流浪期，或许在他们返回巴勒斯坦之后。有理由认为，由征服带来的两国之间的密切关系会导致巴比伦文献在巴勒斯坦地区的传播以及犹太文献在巴比伦的传播。从这一观点来看，祭司文献的叙事在某些要点上背离耶和华文献而接近巴比伦叙事，就可以理解为祭司作者们直接借用巴比伦材料的结果。这样的要点就是一些细节，比如方舟的建造，特别是有关给船体涂上沥青的描述，沥青正是巴比伦尼亚的特色产品。①不过《创世记》中的耶和华文献有大量证据表明，希伯来人早在"巴比伦之囚"以前就熟悉大洪水的故事，他们知道的形式也与巴比伦的相似。耶和华文献的年代始自公元前 9 世纪，不会晚于公元前 8 世纪。

因此可以假设，在巴勒斯坦的希伯来人很早就熟悉巴比伦的洪水传说。尽管如此，我们还要发问：他们怎样、在何时知道的呢？对这个问题已有两种解答。一种解答认为，希伯来人在大约公元前 2000 年时自巴比伦迁居巴勒斯坦，就已经带去了巴比伦传说；另外一种解答是，希伯来人在巴勒斯坦定居下来之后，从当地的迦南人那里得知这些故事，而迦南人则通过巴比伦文献得知这些故事，其时间是在公元前 2000 年的某个时候。这两种解答之中究竟哪一种是真实的呢？我们目前尚无法确定。

在后来的时代里，犹太人的幻想力改变了这个洪水故事，给它添加了许多新的、常常是过分的细节，为的是满足一种堕落颓废时代的好奇与趣味。因为《创世记》原本的高贵与简洁已不能满足其需求了。在给这个古代传说添加的这些冗赘部分之中，我们读到人在洪水到来以前的时代如何平易地生活，一次耕种就可以收获足够吃 40 年的粮食。通过魔法之术，他们还可调动太阳和月亮为他们服务。婴儿在母亲腹中不用怀胎九月，只用几天就够了。孩子一生下来就能走路和说话，甚至能同魔鬼抗衡。正是这种闲适、奢侈的生活把人们引向了歧途，诱使他们犯下那些罪过，尤其是淫乱和贪婪之罪。神被这些罪孽激怒，下决心用大洪水除去这些罪人。不过，神出于慈悲给了他们相应的警告。挪亚受到神的指点，劝说他们改变自己的行为方式，并告诫说神要用洪水来惩罚他们的邪恶。上帝定的这一预警期不少于 120 年，即使在这一时段的结尾，上帝还是给了人类另外一周的宽限期，其间有很奇怪的天象，太阳每天早晨从西边升起，

---

① 参见希罗多德（Herodotus）：《历史》，第 1 卷，第 179 页。——译注

傍晚从东方落下。但是，一切都无法使邪恶的人类悔改，他们看到虔敬的挪亚建造方舟时只会轻蔑地嘲笑他。挪亚从一部圣书中学会如何建造方舟，那书是天使拉吉尔（Raziel）交给亚当的，其中包含了世俗的与神圣的全部知识。书是用蓝宝石制成的，挪亚将它装在一个金质的宝盒里带上了方舟。那宝盒在方舟里起区分昼夜的计时器的作用。当时洪水淹没了世界，不论太阳还是月亮都暗淡无光。天上的阳性之水遇到了来自地下的阴性之水，导致了洪水发生，天上之水通过上帝开的天洞落下来。那时上帝将金牛宫七星座中的两颗星移开，就划破了天。上帝为了止住从天洞中漏出的雨水，又从大熊星座中取了两颗星来堵住洞，这就是至今大熊星座还在随着金牛星座运转的原因：她希望要回自己的孩子。但是，如果不等到最后审判日之后，她就永远不能要回那两个孩子。

当方舟造好时，挪亚继续将各种动物集合到船上。动物成群结队而来，数量太多，挪亚无法将它们都带上船，于是就坐在方舟的门口作出选择：那些躺在门口的动物就被带入船中，那些站着的动物就不让进。即使在实施了这样严格的自然挑选原则之后，进入船上的各种爬行动物仍有 365 只，鸟类有 32 只。对哺乳动物没做什么记录，至少没留下其数量的记载。许多哺乳动物就像我们今天可以看到的那样混杂在乘客之中。在洪水之前，不洁的动物在数量上大大超过洁净的动物。在洪水之后，这个比例被颠倒过来，因为带入方舟的洁净动物是每种七对，而不洁动物每种只有两对。有一种动物即巨型野牛，因为个头太大，方舟中没有空间容纳它，挪亚就把它拴在方舟的外面，让它跟在船的后面走。巴珊王，那位名叫噩（Og）的巨人，也由于个头巨大无法进入方舟，就坐在方舟的顶上，就这样得以死里逃生。与挪亚一同上方舟的是他的妻子拿玛（Naamah）即以挪士（Enash）的女儿以及三个儿子和三个儿媳。还有奇怪的一对也在方舟上找到避难之所，他们就是虚假（Falsehood）和不幸（Misfortune）。首先是虚假独自出现在方舟的门前，但被拒绝登船，因为除了已婚的对偶，均不准入内。于是他走开了，遇到了不幸，就诱使她加入到自己一边，这一对就获准进入了方舟。当所有的生命均已登船时，洪水开始淹没世界，有 70 万罪人聚集在方舟旁边，乞求着、祷告着要求上船。挪亚严厉拒绝这些罪人上船，他们竟敢冲向方舟的大门，几乎要冲破那门了，那一群负责守护方舟的野兽击倒了他们，还吞吃了其中的一些人，而那些逃离野兽之口的罪人全都被埋葬在铺天盖地而来的洪水之中。方舟在大水上漂荡了整整一年时光，随着汹涌的波涛而起伏摇摆，里面的所有东西都像锅里的豆子那样摇荡不停。狮子咆哮，公牛怒吼，野狼狂嚎，其余的动物也都按它们自己的方式乱叫。不过这些还不算要紧，挪亚在方舟上要对付的最大的困难是食物供给问题。在很久以后，他的儿子闪向亚伯拉罕的仆从以利以谢（Eliezer）透露说，他父亲当时为了给方舟上的生物喂食而遇到了大麻烦，因为白天活动的动物要在白天喂，夜间活动的动物要在夜间喂，巨人噩则需要从方舟顶上的一个洞中取食。狮子虽然整个时间里都在发烧，因而变得相对较少咆哮，但它处在非常暴躁的状态，稍有刺激就可能要冲出去。有一次，挪亚没给它足够的晚餐吃，这位兽中王用爪子给了他一击，使挪亚从此变成了跛子，因此也无法再当祭司。在塔姆兹（Tammuz）月的第十天，挪亚从方舟派出乌鸦去探查水情。谁知那乌鸦发现一具漂在水面上的尸体，就落下来吞吃尸肉，因此忘记了它的使命，没回去报告水情。一周之后，挪亚又派出一只鸽子，经过三次飞行，那鸽子终于从耶路撒冷的橄榄树山上带回一片橄榄叶子，因为圣地并没有被洪水毁坏。当挪亚走下方舟之时，他流着泪看到洪灾给大地造成的满目疮痍。他的儿子闪为父亲的获救而献上祭品，因为挪亚本人仍处在被那只狮子击伤的窘境之中，无法亲自主持祭祀。[1]

从另外一种晚出的记载中，我们看到一些很有趣的细节，如方舟的内部安置和乘客们的分布情况。兽群和牛群被放在船舱的底层，中间层由禽鸟类占据，而散步用的甲板则留给挪亚和他的一家人。不过，男人和女人还是被严格分隔开来，挪亚本人和儿子们位于方舟的东端，他的妻子和儿媳们则在方舟的西端。在他们之间作为隔离物的是亚当的尸身，那是从一处水淹的墓地中抢救出来的。这种记载根据的是一种阿拉伯手稿，它是在西奈山的圣凯瑟琳修道院的图书馆中被发现的。根据这种记载，我们还能看到方舟的具体尺寸以及乘客们登上船的具体月份、星期与日期。其作者可能是一位阿拉伯的基督徒，他大约生活在伊斯兰教的征服时期，而手稿的日期要稍晚一些。[2]

### 4. 古希腊的大洪水故事

在古希腊的文献中，我们也看到关于一场毁灭性大洪水的传说，人类的绝大部分都在这场洪灾中丧生。按照神话作家阿波罗多洛斯[3]的讲述，该故事是这样

---

[1] 参见金兹伯格（L. Ginzberg）：《犹太人的传说》（*The Legends of the Jews*），第1卷，1909年，第151—167页。——译注

[2] 参见《西奈研究》（*Studia Sinaitica*），第8卷，《阿拉伯的次经》（*Apocrypha Arabica*），1901年，第23—30页。——译注

[3] 阿波罗多洛斯（Apollodorus），公元前2世纪古希腊雅典的学者，著有《书库》，保存了大量古希腊神话。周作人曾翻译为《希腊神话》出版。但也有研究者称此部文献仅署名为阿波罗多洛斯，实际上并非他所著。——译注

的："丢卡利翁（Deucalion）是普罗米修斯的儿子，他作为国王在佛提亚（Phthia）周围建立了统治，娶皮拉（Pyrrha）为妻，她是厄庇墨透斯（Epimetheus）和潘多拉（Pandora）的女儿，潘多拉则是由神造出的第一个女人。当宙斯决定毁灭青铜时代的人类时，丢卡利翁听从普罗米修斯的劝告建造了一个方柜或方舟，带着他的妻子进了方舟，还把他需要的东西也装了进去。宙斯从天空降下大暴雨，淹没了希腊的大部分地区，除了少数蜂拥到高山顶上的人之外，所有人都被淹死了。随后，色萨利①的群山开裂，在伊斯瑟玛（Isthmus）和伯罗奔尼撒以外的世界全被淹没。但是，丢卡利翁乘方舟漂流在海面上九天九夜，停靠在帕耳那索斯山（Parnassus）的顶峰旁。雨停之后，他从那里走下船，向逃生之神宙斯献上祭品。宙斯给他派来神使赫尔墨斯，让他选择他想要的东西。他就选择了人。依照宙斯的吩咐，他和妻子捡了一些石头从自己的头上扔出去。于是，丢卡利翁扔出的石头变成男人，妻子皮拉扔出的石头变成女人。这就是希腊语中'人'被称作'Laoi'的原因，其词根为'laas'（石头）。"②

　　这一希腊传说的形成不会早于公元前 2 世纪中期，但其内容之由来却要古老得多。因为公元前 5 世纪的希腊历史学家赫拉尼科斯（Hellanicus）就讲过这个故事。他说，丢卡利翁的方舟没有漂向帕耳那索斯山，而是色萨利的奥斯里斯山（Othrys）。③另一种说法来自权威的诗人品达，他写作的时候也在公元前 5 世纪，略早于赫拉尼科斯。诗人提到丢卡利翁和皮拉从帕耳那索斯山下来，用石头重新创造了人类。④根据某些人的说法，他们在洪水之后建立的第一座城市是奥普斯（Opus），它位于群山与埃维亚岛海湾之间的洛克里平原上。但有报道说丢卡利翁曾住在奥普斯的港口西纳斯（Cynus），离洛克里平原有几英里远。直到我们这个世纪的初年，那里还有人向旅游者指示丢卡利翁之妻皮拉的墓。据说，她丈夫的骨灰被安放在雅典。⑤根据亚里士多德在公元前 4 世纪的说法，丢卡利翁时代的那场洪灾"在古希腊人心目中留下了极深的印象，那是在多多纳和埃奇罗斯河（the river Achelous）附近的国度，那条河在许多地方改过道。在那时，当地居住着塞利人（the Selli）和被称作希腊人（Graikoi）的人，如今用的名字是 Hellenes（希腊人）"⑥。有些人认为，多多纳的宙斯神殿就是由丢卡利翁

① 色萨利（Thessaly），希腊东部的一个地区。——译注
② 阿波罗多洛斯（Apollodorus）：《书库》（*Bib.*），第 1 卷，第 7 章，第 2 页。——译注
③ 参见《注疏家论品达》（*Scholiast on Pindar*），第 9 卷，第 64 页。——译注
④ 参见品达（Pindar）：《奥林匹亚竞技胜利者颂》（*Ol.*），第 9 卷，第 64 页。——译注
⑤ 参见斯特拉波（Strabo）：《地理学》，第 9 卷，第 4 章，第 2 页。——译注
⑥ 亚里士多德（Aristotele）：《天象论》（*Motenol.*），第 1 卷，第 14 章。——译注

和皮拉修建的，他们住在那个国家的莫洛西亚人（the Molossians）中间。①在公元前 4 世纪，柏拉图也提到过发生在丢卡利翁和皮拉时代的那场洪水，但他没有加以描述，而是说到埃及祭司嘲笑希腊人只相信有过一次洪水，其实却有过许多次。在公元前 265 年写定的编年史表中，派洛斯岛的编年史家把丢卡利翁洪水的年代定在他写作时代之前 1265 年。按照这种推算，洪水是在公元前 1530 年发生的。

希腊许多地方的人都声称自己与丢卡利翁及大洪水有过特殊的关联。在这些声言者之中，如同人们所期待的那样，就有雅典人。他们以自己辉煌的古代为荣，那时他们曾住在阿提卡（Attica），在说起丢卡利翁和洪水的事件时，他们不想让自己被冷落在一旁。他们用一个简单的权宜之策，把丢卡利翁兼并到自己的城邦来。他们宣称，当乌云在帕耳那索斯聚集、大雨在雷考（Lycorea）倾盆而降之时，丢卡利翁正在那里为王，他便逃生到雅典，刚来到就建起一座雨神宙斯神殿，向神献上感恩的祭品，以答谢自己的获救。②这个简短形式的传说并未提到一只船。这似乎给我们留下了推测的余地——英雄是徒步逃离洪水的。依照情理，他被说成是古老的奥林匹亚宙斯神殿的创建者，他死后也葬于这个城市。直到公元 2 世纪时，雅典的地方导游还会带着爱国的自豪之情向来客指示这位古希腊的挪亚之墓，它就在后建的、更加威严的奥林匹亚宙斯神殿旁。该神殿废墟的巨大石柱耸立在现代城市之上，显得孤独而宏伟，至今仍然能够从远处就吸引人们的目光。它充当着古希腊昔日荣耀的无言见证，那也是雄辩的见证。③

雅典导游要展示的这一切，当然不是为了纪念那场巨大的洪灾。在被壮丽的奥林匹亚宙斯神殿遮阴的这一大片地方，他们领着好奇的游客来到一个叫做奥林匹亚大地的较小的地方，指点着地面上的一个大裂缝。他们向游客断言，那裂缝就是大洪水的发源处。他们每年都会向裂缝下面抛出涂上蜂蜜的麦饼，④这些麦饼似乎就是那种魂灵饼，是专门给那些丧生于大洪水的冤魂们吃的。我们知道，在雅典每年都有一个向他们致敬的纪念仪式或安灵追悼仪式。人们称之为水生节（the Festival of the water-bearing），慈善的人们在该节庆中要抛

① 参见普鲁塔克（Plutarch）：《皮拉斯》（Pyrrhus），1；奥维德（Ovid）：《变形记》，第 1 卷，第 125—415 行。——译注

② 参见《帕罗斯碑》（Marmor Parium），见缪勒（K. Müller）编《希腊历史片段》（Fragmenta Historicorum Graecorum），第 1 卷，1868—1883 年，第 542 页。——译注

③ 参见保萨尼阿斯（Pausanias）：《希腊志》，第 1 卷，第 18 章，第 8 页；斯特拉波（Strabo）：《地理学》，第 9 卷，第 4 章，第 2 页。——译注

④ 参见保萨尼阿斯（Pausanias）：《希腊志》，第 1 卷，第 18 章，第 7 页。——译注

出麦饼，还要向地面的裂缝中倒水，让处在地下冥界的魂灵们既解渴又充饥。

以同样的方式纪念大洪水的另一个地方是幼发拉底河河畔的耶拉波利斯（Hi-erapolis）。在那里，直到公元 2 世纪，人们还以古老的方式崇拜着闪米特人的古代诸神，这种方式就是给神加上一种显而易见的伪装，就像征服者亚历山大大帝将希腊文明带入东方那样，为古老的神像穿上新装。当地神灵之中的主神就是伟大的叙利亚女神阿斯塔忒（Astarte）。她的希腊崇拜者们把她叫做赫拉（Hera）。吕西安①给我们留下了对其神庙和其中举行的奇异的仪式的很有价值的描述。②他告诉我们，按通常的说法，该神庙是丢卡利翁在大洪水时代建造的，这就给了吕西安一个机会去讲述古希腊的大洪水故事。他记述的故事如下：现今的人类种族已经不是第一种人类了，此前最初的人类全都灭绝了，我们是在丢卡利翁的时代以后繁衍出来的第二人种。据说大洪水以前的那批人类极其邪恶，无法无天。他们从不信守诺言，对陌生人从不友好，对哀求者毫无怜悯之心。正因如此，巨大的灾祸就降临到他们头上。地下的深泉裂开了口，暴雨倾盆而下，河水溢出，海水冲上陆地，直到大地之上除了一片汪洋之外什么也不存在，所有人全部淹死了。唯有丢卡利翁一个人活下来，因为他谨慎而虔诚。他的死里逃生使第一代人类与第二代之间有了联系。他获救的方式如下：他有一只大方舟，他带着妻子和孩子进了方舟，还有猪、马、狮子、蛇以及种种陆地动物都成双成对地进了方舟。他接受了全部动物，它们也没有对他造成伤害。在上帝的帮助下，他们之间建立了伟大的友谊。在洪水肆虐大地的全过程中，他们都在一只船上相安无事。吕西安说，这就是丢卡利翁时的希腊洪水故事。不过他又接着说，耶拉波利斯的人们讲了一桩怪事。他们说，在他们那里的地面上裂开了一个大口，所有洪水都从那裂口中流下。当这神奇的景象发生时，丢卡利翁在那大裂口旁边修建了一座祭坛和一座神圣的赫拉神庙。吕西安还说："我见过那个裂口，那是在神庙下方一个很小的裂口。究竟它是不是原来很大，在时光的推移中逐渐变小了呢？我不知道。不过我看到的确实很小。为了纪念这一传说，他们举行如下的仪式：每年两次从海洋中取水到这座神庙。取水的人不光是祭司，还有叙利亚人和阿拉伯人，还有幼发拉底河流域以外的许多人，他们也都到大海边去取水。人们将水放进那裂口，尽管裂口不大，但还是能够吸收大量的水。他们做这些时，还说他们遵循的这种风俗是丢卡利翁在神庙中创立的，为

---

① 吕西安（Lucian，120—180），也译作琉善，古希腊作家和无神论者，著有《神的对话》和《冥间的对话》等。——译注

② 参见吕西安（Lucian）：《论叙利亚的女神》（De deâ Syriâ），5。——译注

的是同时纪念那场洪灾和神的慈悲。"①在该神庙的北门口，竖立着两个高高的圆柱，或许是方尖碑，每个都有 360 英尺高。一年中有两次，有一个男人要爬到其中一个方尖碑的顶端，在那上面待上七天。至于他为什么要去那里，为什么待在高处，说法不一。多数人认为，在那么高的高度上，他已接近了天上的诸神，诸神足以清楚地听到他代表整个叙利亚发出的祷告声；也有人认为，他爬上方尖碑的顶端是要指示人们如何爬上山顶和大树顶端，以便逃避丢卡利翁时的洪灾。

这个希腊洪水传说的晚期异文，酷似巴比伦异文。普鲁塔克还提供了一个更为接近的特质，他说，丢卡利翁从方舟放出鸽子，以便根据鸽子返回或飞走的情况来判断暴风雨在持续还是停止了。②希腊大洪水传说的这个形式即便不是因袭，也无疑受到闪米特人传说的影响，不论这种细节和形式上的影响是来自以色列还是来自巴比伦。

一个自称与大洪水有关的小亚细亚城市是弗里吉亚（Phrygia）的阿帕米·西伯托（Apamea Cibotos）。西伯托作为该城市的姓，在希腊文中就是"箱子"或"方舟"的意思。在塞维鲁（Severus）、马克里努斯（Macrinus）和老菲力浦（Philip the Elder）统治期内，该城铸造的钱币上可以看到有关故事的图案。漂浮于水面之上的方舟中有两个人，其形象呈现的是腰部以上的半身像。在方舟之外还有两个人形，一男一女，站立着。方舟的顶上立着两只鸟，据说其中一只是乌鸦，另一只是鸽子，鸽子口中衔着橄榄枝。就好像是为了确认洪水传说而解除所有疑点，方舟上还刻着 "Noe" 字样，那是希腊文"挪亚"的写法。毫无疑问，两组男女形象是两次表示挪亚和他的妻子，第一次在方舟之上，随后又在方舟之外。这些钱币类型确凿地证明，公元 3 世纪的阿帕米人（the people of Apamea）熟悉关于挪亚大洪水的希伯来传说，而且根据的是《创世记》中叙述的故事形式。他们很容易从犹太人伙伴那里了解此类传说。早在公元前 1 世纪，此地就聚集了相当数量而且非常富有的犹太人，以至于仅在某个场合，他们就可以奉献出不少于一百镑重的黄金，并将其送往圣城耶路撒冷作为捐赠。有一点，学者们仍在争辩，那就是：阿帕米的洪水传说是纯粹源于犹太人还是融进了当地关于大洪水的古老传说呢？

虽然与丢卡利翁的名字相联系的大洪水是人们最熟悉也最有名的，但那并不是唯一记录下来的希腊传说。实际上，学者们辨认出三次这样的大水灾，它们

---

① 吕西安（Lucian）：《论叙利亚的女神》（De deâ Syriâ），第 12 页以下。——译注
② 参见普鲁塔克（Plutarch）：De sollertiâ animalium，13。——译注

在不同的时代降临世界。据说，第一次在俄古革斯（Ogyges）①时期，第二次在丢卡利翁时期，第三次在达尔达诺斯（Dardanus）②时期。③俄古革斯的另一种拼法是"Ogygus"（俄古古斯），据说，他在维奥蒂亚④建立并统治着忒拜。⑤按照博学的瓦罗⑥的看法，维奥蒂亚是希腊最古老的城市，建立于所有最早的洪水之前的太古时代。⑦俄古古斯与维奥蒂亚之间的联系，维奥蒂亚与忒拜城之间的特殊关联，均可以由"俄古癸亚"⑧这个名称获得进一步证明。该名称既可以用于指地方、城市，也可以指该城的一个城门。瓦罗告诉我们，维奥蒂亚的忒拜建于2100年以前，早于他写作的那个时代，那大约是公元前36年。按照他的看法，大洪水发生于俄古革斯生前，后于他建立忒拜城。我们推测瓦罗的观点是说，大洪水发生在公元前2136年或稍后。根据教会历史学家尤西比乌斯⑨的说法，俄古革斯时的大洪水大约发生于挪亚洪水之后2200年，先于丢卡利翁时的类似大洪水250年。看来早期基督教徒有一个荣耀的出发点，宣称因为洪水记录在他们的圣书之中，所以那是在比世俗之书中记录的任何洪水的发生时间都更值得尊敬的一个遥远的太古时期发生的。基督教的编年史家朱利叶斯·阿弗里卡纳斯（Julius Africanus）将俄古革斯时代从挪亚时代推迟到摩西时代。7世纪初塞维勒（Seville）博学的主教伊西多尔（Isidore）以挪亚时代的大洪水作为他的洪水年表的开头，而时间表上的第二次和第三次大洪水被分别确认为俄古革斯时的洪水和丢卡利翁时的洪水。根据他的看法，俄古革斯是以色列族长雅各的同时代人，而丢卡利翁则生活在摩西的时代。据我所知，在诸多作者之中，这位大主教是第一个援引埋在远山上的海贝化石来见证挪亚传说的真实性的人。

假如俄古革斯原初是一位维奥蒂亚的英雄，而不是阿提卡的英雄——看来这是可能的——那么，在他那个时代的洪水故事就应该由考派克湖的规则变迁来

---

① 俄古革斯，希腊神话人物，波俄提亚地方远古居民的国王。——译注
② 达尔达诺斯，宙斯和厄勒克特拉的儿子，达尔达尼亚人的始祖。——译注
③ 参见诺努斯（Nonnus）：《狄奥尼西卡》（Dionysiaca），第3卷，第202—219页；《注疏家论柏拉图》（Scholiast on Plato）的《蒂迈欧篇》（Timaeus），22A。——译注
④ 维奥蒂亚（Boeotia），也译为贝奥提亚，古希腊城邦。——译注
⑤ 参见保萨尼阿斯：《希腊志》，第9章，第5页。——译注
⑥ 瓦罗（Varro，公元前116—前27），古罗马学者、讽刺作家，有涉及各学科的著作620多卷，现仅存较完整的《论农业》《论拉丁语》和《梅尼普斯讽刺诗》的残篇。——译注
⑦ 参见瓦罗（Varro）：《论农业》（De re rusticâ），第3卷，第1页。——译注
⑧ 俄古癸亚岛（Ogygian）是大海的中心，《奥德修纪》的主人公曾在该岛上逗留。——译注
⑨ 尤西比乌斯（Eusebius，260?—340），基督教教会史学家，罗马皇帝迫害基督教时下狱，著有《基督教教会史》《君士坦丁传》《编年史》等。——译注

加以说明。那个湖先前曾占据维奥蒂亚中央的大部分地区。①由于没有地面上的出海口，该湖的排水完全依靠地下的通道或孔道，这些孔道是随岁月的推移在湖水中的石灰岩上冲刷出来的。正是这些地下孔道的阻塞或畅通调节着湖水水面的升降。也许其他湖都不会像考派克湖那样具有规则的、明显的一年一度的变化。在冬季，它是一个遍布芦苇的水塘，是数以千计的野生禽鸟的栖息之地。在夏季，它又是一片或多或少布满沼泽的湿地平原，那里，既有牛羊在放牧，又有庄稼在耕种和收割。但在所有时间里，湖水都要依据冬季降雨量以及地下孔道的受阻或畅通情况来升高或降低，在正常的水位上下波动。如同我们在该湖边上被淹没的城市的古代作家的著作中读到的一样，有一位现代旅游者也讲到，村民们在洪水到来之前被迫逃离，在水下还有看得到的葡萄园和农田。②一次这样的洪水，比从前更加浩大也更具破坏力，也许就这样同俄古革斯的名字联系在了一起。

这种用考派克湖非同寻常的泛滥来解说俄古革斯大洪水的理论，在某种程度上得到阿卡迪亚的一个类似情况的支持。我们已经了解到，在古希腊传说中，第三次大洪水与达尔达诺斯的名字联系在一起。根据一种记载，达尔达诺斯先是在阿卡迪亚做国王，但被一次大洪水驱逐出了该国。那次洪水淹没了低地，使其在很长时间里不宜耕种，那里的居民退避到山上，在一段时间里只能靠在山上获取的食物勉强生存。不过，到了最后，他们意识到大水留下的土地已不足以养活全部人口，于是决定离开。一部分人与达尔达诺斯的儿子迪马斯（Dimas）继续留在该国，奉他为国王，其余的人在达尔达诺斯本人的领导下迁移到萨莫色雷斯岛（Samothrace）。根据一则希腊传说，即罗马人瓦罗接受的传说，达尔达诺斯的出生地在北部阿卡迪亚的斐纽斯（Pheneus）。那个地方非常重要，因为假如我们排除了考派克湖地区，那么，没有一个希腊谷地能像斐纽斯山谷那样自古就是洪灾泛滥的场所，而且具有如此广阔的范围和如此持久的时间。③这两个地区的自然条件也大体相似，二者都是石灰岩地域中的盆地，没有地面上的排水通道，都从周围的山区接受大量的雨水，都靠地下的通道排水，那些通道

① 参见梅耶（E. Meyer）：《古代史》（*Gesch. d. Alterthums*），第 2 卷，第 194 页。——译注

② 参见斯特拉波（Strabo）：《地理学》，第 9 卷，第 2 章，第 16—18 页；保萨尼阿斯：《希腊志》，第 9 卷，第 24 章，第 1 页以下；参见菲利普森（A. Philippson）的文章，见《柏林地理学杂志》（*Zs. für Erdkunde zu Berlin*），第 29 卷，1894 年，第 1—90 页。——译注

③ 参见诺伊曼（C. Neumann）和帕尔奇（J. Partsch）：《希腊自然地理学》（*Physikalische Geographie von Griechenland*），1885 年，第 252 页。——译注

或出于水流的冲刷，或是由因地震而开裂的巨石中的口子而形成。当这些出口被淤塞或彻底堵死时，经过一段时间，原先的平原就会没入水下，从而变为湖泊。但是，这些基本的类似之处与两地的某些显著差别是结合在一起的。考派克谷地是一片相当平坦的地域，略高于海平面，周围是低矮的峭壁和缓坡；斐纽斯谷地则是一处狭窄的坡地山谷，四面被陡峭而逶迤的群山包围，山坡上密布着黑松林，那高耸的顶峰一年中有数月覆盖着皑皑白雪，拉东（Ladon）河水通过一条地下通道流经这个山谷。拉东河是希腊所有河流中最美丽而富于浪漫气息的河流。弥尔顿①生动地描述了"长满百合花的沙质拉东河岸"，甚至平实的保萨尼阿斯②也盛赞在希腊境内外都没有任何一条河流能与拉东河媲美。这勾起了我对希腊的回忆，记忆中没有任何时光比在希腊的日子更令我愉悦的了。在那些天里，我沿河寻流，从它在那漂亮的湖中的源头开始，首先是它在大山远侧一边的源泉，然后它流入深厚林地的山峡，流经那里后，水流开始湍急，轰鸣着、翻腾着滚过岩石，涌动着一片片绿白相间的水沫，汇入神圣的阿尔福斯河（Alpheus）。现在拉东河在斐纽斯峡谷形成的地下水道时不时地被地震阻塞，其结果就是河水断流。1895 年，我还在拉东河源泉之地时，从一位农夫那里了解到，这里在三年前曾发生了一次强震，结果河水断流了三个小时，池塘底部的裂缝暴露了出来，在干涸的湖底能看到鱼。三个小时后，泉眼始而复流，水量甚少，三天之后，随着一声巨响，水柱喷涌而出。类似的断流在古代与现代都有记载或报道。每次裂缝阻塞形成之后，斐纽斯峡谷就会重新充盈湖水，变为一个又阔又深的大湖，这多少都可归因于地下水路通道的彻底封死。根据普林尼③的说法，截至他的时代，峡谷内的状况已经发生了五次变化，从湿润到干燥，再从干燥到湿润，这些都是由地震引起的。④在普鲁塔克的时代，洪流是如此之大，以至于整个峡谷都处于水位之下。虔信的民众将这归结为阿波罗对赫拉克勒斯⑤的迟来的愤怒，因为赫拉克勒斯从德尔菲（Delphi）盗走了神作出预言的三足鼎，并将其带回了斐纽斯，这是发生在 1000 多年前的事情。⑥可是，在

---

① 约翰·弥尔顿（John Milton，1608—1674），英国诗人、政论家，著有《失乐园》等。——译注

② 保萨尼阿斯（Pausanias），生活在公元 2 世纪罗马时代的希腊地理学家。——译注

③ 普林尼（Pliny），这里指老普林尼，公元 1 世纪古罗马作家，著有《博物志》。——译注

④ 参见普林尼（Pliny）：《博物志》（*Nat. Hist*），第 31 卷，54。——译注

⑤ 赫拉克勒斯（Hercules），古希腊神话中著名的英雄、大力士，宙斯之子，死后成为神。——译注

⑥ 普鲁塔克（Plutarch）：*De serâ numinis vindictâ*，12。——译注

同一个世纪，水位再次下降，希腊的旅行者保萨尼阿斯见证了峡谷的谷底成为干涸的土地，以前存在湖泊的事实仅仅作为一个传说而为人所知。①

在这样一个在潮湿与干燥、在海蓝色的大湖与广阔的黄色玉米田之间多次交替的谷地，不可能轻易对大洪水的传说置若罔闻。相反，所有事情结合起来恰恰证明了其存在的可能性。因此，达尔达诺斯的故事——一个斐纽斯本地的故事就通过一次大洪水传播开去，这次大洪水淹没了低地，席卷了土地，将人们赶到群山的高坡之上。这故事很可能建立在确切事实的基础上。保萨尼阿斯报道的洪水也可能同样是真实的，在湖的北端，斐纽斯古城在水位上升的过程中被洪水淹没。②

据说移民达尔达诺斯从阿卡迪亚高地的家里开始，开通了自己前往萨莫色雷斯岛之路。根据一种说法，他在一只木筏上向那里漂去。③可是传说的一种异文说，他不是在阿卡迪亚而是在萨莫色雷斯岛遇上了大洪水。他在一个充气皮囊上躲过一劫，而且在水面上漂流，直到埃达（Ida）山才登陆，在那里，他建起了达尔达尼亚或特洛伊④。⑤确实，萨莫色雷斯岛的土著固守他们自己的古代传说，他们坚信他们的大洪水要早于地球上其他任何民族的。他们说，在他们的岛上，由于海水上升，淹没了大片肥沃的土地，幸存者撤到了山顶。这些高山为萨莫色雷斯岛赋予了在爱琴海北部诸岛中最引人注目的一种风貌，在天气晴朗时，从特洛伊可以清楚地看到山顶。⑥在人们撤退时，海水仍然追逐着他们，他们把物品投入海中进行祈祷，许愿获救后在全岛建立救赎的地标，修建祭坛，在其上献祭牺牲并长此以往。大洪水过后许多世纪，渔民们偶然还会在网中拖出刻写着字母的石柱，其中有些石柱上的文字讲述了城市被淹没在深海之中。萨莫色雷斯人之所以断言存在这次大洪水的泛滥，其理由是很明显的。据他们讲，灾难发生并不是由于降雨量过大，而是由于此前隔离黑海与地中海的屏障的毁坏，引起海平面突然异常地上升。那时，那些屏障断裂后，大量的水涌过堤坝，

① 参见保萨尼阿斯：《希腊志》，第8卷，第14章，第1—3页。——译注

② 参见保萨尼阿斯：《希腊志》，第8卷，第14章，第1页。——译注

③ 参见《注疏家论柏拉图》（Scholiast on Plato）：《蒂迈欧篇》（Timaeus），22A。——译注

④ 特洛伊（Troy），位于小亚细亚，地中海东岸，是希腊殖民城市。荷马史诗《伊利昂纪》使之闻名于世。德国考古学家谢里曼最早发现了该城遗址。——译注

⑤ 参见吕柯普隆（Lycophron）：《卡珊德拉》（Cassandra），第72页以下以及策策斯（Tzetzes）的注疏；《注疏家论〈伊利昂纪〉》（Scholiast on Illiad），20.215。——译注

⑥ 参见史密斯（W. Smith）编《希腊与罗马地理学词典》（Dictionary of Greek and Roman Geography），第2卷，第901页，词条"Samothrace"。——译注

在对面的土地上冲开一条通道，形成了海峡，就是今天为人所知的博斯普鲁斯（Bosphorus）海峡与达达尼尔（Dardanelles）海峡，通过它们，黑海之水就流入了地中海。巨大的水流第一次冲过大坝的新缺口时，冲刷了亚洲海岸的大部分，自然也有萨莫色雷斯的沃土。①

如今，这个萨莫色雷斯的传说在某种程度上已经为现代地质学证实。赫胥黎说："在并不遥远的时间段里，小亚细亚是同欧洲相连的，在今天博斯普鲁斯海峡的位置有一道几百英尺高的屏障，它像大坝一样拦住了黑海的水，在东欧与中亚西部广大的范围内形成了一个巨大的水库，其边缘的最低部分很可能也在海平面 200 英尺以上，沿着今天奥比（Obi）盆地南部的分水线，水流注入北冰洋。在这个盆地中，欧洲最大的河流如多瑙河（the Danube）与伏尔加河（the Volga），还有亚洲的大河，如奥克苏斯河（the Oxus）与加克萨特斯河（the Jaxartes，今叙利亚河），都带着其支流的水，注入这里。此外，巴尔喀什湖（Balkash）溢出的湖水也注入这里，使水量更多；还有蒙古（Mongolia）的内陆湖也可能加入了这一行列。当时，咸海（Sea of Aral）的海平面要比今天高出 60 英尺，黑海（Black）、里海（Caspian）与咸海并不是分割的，它们组成了一个巨大的黑海—咸海（Ponto-Aralian）内陆地中海。它必定延伸至港湾和峡湾，其走势是沿着多瑙河低谷、伏尔加河（现在发现，在此过程中，里海贝壳最远被冲到了卡玛河）、乌拉尔河，还有其他支流——看起来，当它满溢之时就折向北，途经今天的奥比盆地。"②这个巨大的水库或内陆海，受到一座高高的天然大坝的限制和拦阻，将小亚细亚与巴尔干半岛（Balkan Peninsula）连接了起来。显然，这一屏障从更新世③时代就已经存在；人们相信达达尼尔海峡的侵蚀影响发生于更新世末期或更新世之后，被阻塞的水流最终在这里找到了通往地中海的水道。④可是，现在人们已经确知，在更新世时代，欧洲已经有了定居的人类，也有一些人认为，人类在欧洲定居是在上新世（the Pliocene）或中新世（the Miocene）。因此，东欧的居民很可能保存着巨大内陆湖黑海—咸海以及内陆海部分干涸的传说记忆。这些现象是将其与地中海分离的天然大坝的决口造成的，换句话说，是由博斯普鲁斯海峡与达达尼尔海峡的开口造成的。果真如此的话，萨莫色雷

① 参见狄奥多洛斯（Diodorus Siculus）：《历史丛书》，第 47 卷。——译注

② 赫胥黎（T. H. Huxley）：《雅利安人的问题》（*The Aryan question*），见《文选》（*Collected Essays*），第 7 卷，1906 年，第 300 页以下。——译注

③ 更新世（the Pleistocene），地理学名词，距今约 260 万年至 1 万年。——译注

④ 参见赫胥黎（T. H. Huxley）：《哈斯萨德拉的历险》（*Hasisadra's Adventure*），见《文选》（*Collected Essays*），第 4 卷，1911 年，第 275—276 页。——译注

斯人的传说就可能确实包含着大量关于灾变原因的历史真相。

另一方面，地质学看起来并未增加对大灾难传说本身的支持。因为证据倾向于表明达达尼尔海峡并非在短时间内形成水流通路，就像一座大坝的崩毁是在水压与地震的双重作用下迅速发生的那样，而是相反，海峡的形成是一个逐步的、缓慢的侵蚀过程，这可能持续几个世纪或数千年，因为海峡"有明显的原生的厚达40英尺的更新世岩层，这很明显，当今的通道已经被自然力切割很久了"[1]。因此，黑海—里海的水位几乎不可能突然灾难性地降至地中海的水位，也就很难同亚洲与欧洲沿岸的洪水泛滥同时发生，更可能的情况是，其影响是十分缓慢与渐进的，以至于在一代之内发生的变化总量，即使对于普通的观察者或切近的观察者来说，如果不配备精密的仪器，也是难以察觉的。所以，与其假设萨莫色雷斯人保留了一种广泛的洪水泛滥事实记忆的传说是达达尼尔海峡决口的结果，不如采取另一种猜想更为合理，这就是这个大洪水的故事只是早期某个哲学家的猜想，他正确地推测到了海峡的起因，却没有看到这个自然雕琢过程的缓慢。事实上，公元前287年，杰出的自然哲学家斯特拉脱（Strato）继狄奥弗拉斯图（Theophrastus）之后成为逍遥（Peripatetic）学派的领袖，他就确实持有这种建立在纯理论基础上的观点，他并没有将其当做一个从古代流传下来的传说，而是当做通过他自己对黑海自然特征的观察而得出的符合实际的结论。他指出，每年河流裹挟着大量泥沙进入黑海（the Euxine），他推断，若没有博斯普鲁斯海峡的出口，海床将很快被淤塞，进而，他推测，此前的时代，同一条河流从博斯普鲁斯海峡夺路而出，让自己汇聚的水先注入普罗庞提斯海（Propontis，即马尔马拉海），然后通过达达尼尔海峡进入地中海。同样，他也认为地中海曾经也是一个古老的内陆海（inland sea），它与大西洋的结合点受拦蓄之水的影响，为自己打开了一条通往直布罗陀（Gibraltar）海峡的通路。据此，我们可以得出结论，萨莫色雷斯人宣称的大洪水的原因，源于精妙的冥想而不是古代传说。

我们有理由认为，与丢卡利翁和皮拉的名字联系在一起的希腊大洪水故事，与其说是对某个真实事件的回忆，不如说是根据对某些自然事实的观察而作出的推论。我们已经看到，在某个叙事中，色萨利的群山据说是丢卡利翁时代的大洪水形成的，在另一个叙事中，载着丢卡利翁的方舟，据说漂流到色萨利的奥斯力斯山峰（Mount Othrys）。这些似乎都暗示色萨利是这一传说的起源地。在

---

① 赫胥黎（T. H. Huxley）：《哈斯萨德拉的历险》（*Hasisadra's Adventure*），见《文选》（*Collected Essays*），第4卷，1911年，第281页。——译注

古人的视野里，这种推测是非常有力的，古人认为原因在于这已经给国家的自然特征定了型。所以，希罗多德①讲的一个传说认为，在古代，色萨利是一个大湖或内陆海，四面被奥萨（Ossa）、贝利昂（Pelion）、奥林匹斯（Olympus）、品都斯（Pindus）和奥斯力斯诸高耸的山峰围绕，这样就没有出口可以使郁积的河水流泻而出。后来，按色萨利人的说法，海神波塞冬②引发地震，形成了出口，使湖水可以流出大山，通过劈开狭窄的特姆佩（Tempe）峡谷，佩纽斯（Peneus）河自此注入了色萨利平原。这位虔诚的历史学家在这一地方传说的真相中暗示了他的信仰，他说："无论是谁，只要他相信波塞冬震动大地，由地震引起的裂缝就是神的工艺，这人就会说，当看到佩纽斯峡谷的时候，就会确信这正是波塞冬所为。因为我认为，大山的开裂，确实是一次地震的结果。"③历史之父的这个观点基本上被后来的古代作者接受，尽管他们其中的一位将峡谷的形成与湖水的流泻归因于大英雄赫拉克勒斯，可在那些为了人类的福祉而劳作的善行之中，大规模的水利建设是这些作者们一致的考量。更多谨慎或思辨的作者倾向于将峡谷的起源归因于一次简单的地震，而对那些可能在行动中引起巨大混乱的神明或英雄就没有再表达出任何论点。

可是，流行的见解大多用神或英雄起作用的理论来解释这个问题，我们对此不必感到奇怪，因为事实上特姆佩峡谷的自然特征非常适于通过对一种强大的原始力量的感受来强化人们心中的一种宗教敬畏观念，这种原始力量的大规模运作与人类微不足道的劳作形成了巨大的反差。一位清晨从西边下到山谷的旅人，或许可以看见，在他之上的远方，奥林匹斯山峰顶的白雪映照着初升的旭日，发出万道金光，但当他寻路下行时，峰顶消失于视线之外，他的两侧是巨大而威严耸立的峭壁，它们散发出一种惊人的宏伟壮观的气息，两侧峭壁在有的地方相互如此接近，以至于看起来就要合为一体，仅留下一条行走的小路，河水从它们脚下流过，人们仰头看时只有头上的一线蓝天。奥林匹斯山侧的悬崖确实是希腊最富魅力和引人注目的风景，旅人若放眼望去，它们延续不绝，小路在河的南面或右岸也是逶迤远去。雨季来临，悬崖还会呈现出另一种引人入胜的美景——瀑布，瀑布沿崖壁流下，聚成平滑稳定的溪流。壮美的景色在通

---

①希罗多德（Herodotus），公元前5世纪的希腊作家，被称为"历史之父"，著有《历史》。——译注

②波塞冬，古希腊神话中的海神，同其兄弟宙斯、哈迪斯分管大海、天地与冥界。他的威力是用三尖叉掀起地震与海啸，深为以航海为生的古希腊人所畏服，在古希腊各城邦多有崇拜。——译注

③希罗多德（Herodotus）：《历史》，第7卷，第129页。——译注

道的中间达至极点，这里，一个巨大的峭壁直入云端，其威严的顶峰宛如一座古罗马城堡遗迹的冠冕，但是，这种景观的雄壮却也被茂盛与蓊郁的植被中和，显得更加温婉和柔美。在峡谷的某些部分，峭壁陡然向后倾斜，在山根留下了小块长满芳草的平地，峭壁脚下是厚厚的万年青植物——月桂树、桃金娘、野橄榄、野草莓、羊荆——它们点缀在野藤蔓与常青藤之间，夹竹桃深红色的花朵与金链花及素馨金黄的花朵纷繁杂陈，空气中弥漫着大量芳香植物与花朵的迷人香气。即便在最窄处，河岸也笼罩在延续不断的法国梧桐的浓荫里，它们将根部伸展到河床之内，将枝叶深深低垂，直到溪面，它们浓密厚实的枝叶仿佛一道屏障，阳光几乎很难穿透。巨大的峭壁陡立，就在其上面的凹进处与缝隙中生长着矮橡树和灌木，立足点随处可见，繁盛的青葱植物与裸露的石灰岩表面形成鲜明的对比。在山壁中断之处，不时可以看到远处的景致：大橡树与黑色的冷杉林遍布于陡峭的山坡之上。如果旅行者在炎热的夏季刚刚经历辛苦的旅程，从满是尘土、湿热的色萨利平原进入这里的峡谷，对照起来，色萨利那里没有一棵树能够遮挡强烈的南方阳光，没有一丝微风能够轻拂他的额角，使他感到凉爽，而这里植物的柔美葱郁以及头顶之上的拱形阴凉，还有多样的山丘与低谷消除了沿途风景的灰暗乏味，一切都是那么沁人心脾，那么引人入胜。[1]难怪人们的冥想很早就开始考虑这个美丽而宏伟的峡谷的形成原因了。原始宗教与科学都把它归因于某次原始的大灾变，即火山能量的突然大爆发，而不是归因于它的真正原因，即水流逐渐的、长期的侵蚀。[2]

因此，我们可以得出可信的结论：据说由丢卡利翁时代的大洪水造成的色萨利山的裂口，正是特姆佩峡谷。确实，如果不是太轻率的话，我们可以作进一步的猜测，大洪水故事本身就是想解释这一幽深而狭窄的峡谷的来源。因为一旦人们想象一个被周围色萨利群山环绕的大湖，湖水蓄积于内，无法外泄，他们自然也会想到，一旦屏障开裂，必然会发生巨大的洪灾。当水流得到释放，一股巨大的洪流会通过新开通的水闸倾泻而出，席卷下面的低地，所到之处皆是毁灭与蹂躏！在这一猜测中，如果有真相的话，丢卡利翁的大洪水的色萨利故事与达尔达诺斯的萨莫色雷斯的大洪水故事一定有共同的基点，即它们都是根

---

① 参见多德韦尔（E. Dodwell）：《希腊人文游和地形游》（*Classical and Topographical Tour through Greece*），第 2 卷，1819 年，第 109 页以下；布尔西安（C. Bursian）：《希腊地理学》（*Geographie von Griechenland*），第 1 卷，1862—1872 年，第 58 页以下。——译注

② 参见赫胥黎（T. H. Huxley）：《哈斯萨德拉的历险》（*Hasisadra's Adventure*），见《文选》（*Collected Essays*），第 4 卷，1911 年，第 281 页以下。——译注

据自然地理学的事实作的推断：它们都不包含对实际发生事件的回忆。简而言之，它们都是爱德华·泰勒①爵士所谓的观察的神话而不是历史的传说。②

## 5. 古印度的大洪水故事

作为印度最古老的文学典范的吠陀圣歌，产生于公元前 1500 年至前 1000 年间，在此期间，雅利安人仍占领着旁遮普③，并未东进至恒河④谷。在吠陀圣歌中，并没有洪水传说的记载，但在后来的梵语文献中，却反复出现一则洪水故事，这则故事大体情节相似，只是有一些细节上的变动。我们只需引述这个故事最古老的异文就足矣，它被记载于《百道梵书》，这是一部重要的关于祭奠仪式的散文著作，一般认为它成书于佛教兴起前不久，因此应不晚于公元前 6 世纪。后来雅利安人占领了恒河谷上游及印度河谷，但他们很可能并未受到西亚和古希腊文明的影响。可以肯定的是：数世纪之后，在公元前 326 年，随着亚历山大大帝的率兵入侵，希腊思想和艺术给他们带来了极大的影响。⑤据《百道梵书》记载，这则洪水故事如下：

> 有一天早上，像往常一样，他们为摩奴⑥端来洗手的水。摩奴在洗手时捉到了一条鱼，鱼忽然开口对他说话："好好照料我，我将保佑你。"摩奴问道："为何要保佑我？"鱼答道："一场将毁灭所有生灵的大洪水就要来了，我将救你脱离苦难。""要我怎样来照料你呢？"鱼答道："我年纪尚幼，面临被大鱼吞食的巨大威胁。请你先将我养在一个陶钵里，等长大些再挖一个沟，将我移到里面，最后放入大海，这样我方可免于伤害。"在摩奴的精心照料下，鱼儿很快长成 ghasha（一条大鱼），成为所有鱼中最强大的。它对摩奴道："数年之后，洪水将至，你要造一条船，我将图报。水发时速入舟，我必救你。"摩奴如言作讫，果如斯。待水发，摩奴登舟，将舟系于鱼鳍，鱼将其拖至北山，那里后来被称为"摩奴登陆处"。鱼请摩奴系舟于树，将随水漂游。他如言，发现大水卷

---

① 爱德华·泰勒（Edward B. Tylor，1832—1917），英国人类学家，被称为人类学的先驱，著有《原始文化》等。——译注

② 参见爱德华·泰勒（Edward B. Tylor）：《人类早期史研究》（*Researches into the Early History of Mankind*），1878 年，第 306 页以下。——译注

③ 旁遮普，印度西部的一个邦。——译注

④ 恒河，印度北部的一条河流，发源于喜马拉雅山，流经印度和孟加拉。——译注

⑤ 参见《印度帝国地名词典：印度帝国》（*The Imperial Gazetteer of India, The Indian Empire*），1909 年，第 1 卷，第 402 页以下；第 2 卷，第 206 页以下，第 229 页以下。——译注

⑥ 摩奴，印度神话中的人类祖先，古印度《摩奴法典》的制定者。——译注

去所有生物，唯己身存。

为求子嗣，摩奴潜心修行，并虔诚祈祷。他将黄油、牛奶、乳清和凝乳投入大水中，向神祭祀，次年从祭品中出现一女。密多罗[①]和伐楼那[②]遇见了她，问她："你是谁？"答曰："摩奴之女。""快说你是我们的女儿。"二神命令道。"不，我乃摩奴之女，他是我的生父。"二神渴望享有她，但她不置可否，径自从他们身边走过。她来到摩奴面前。摩奴问道："你是谁？"答曰："我是你的女儿。""你怎么会是我的女儿呢？""你曾在大水中献上黄油、牛奶、乳清和凝乳，向神祭祀。借助那些祭品你赋予了我生命，我即是神之恩赐。请在祭祀的时候将我作为祭品献给神吧，这样你将子嗣众多，牛羊成群。凭借着我，无论你祈祷什么，一切都将如愿以偿。"在她的协助下，摩奴继续潜心修行并虔诚祷告。他们一起繁衍出他们的子孙，即摩奴族。此外，凭借着她的帮助，摩奴的所有祈求都得以如愿。[③]

## 6. 现代印度的大洪水故事

在居于印度中部的比尔人（the Bhils）中流传着下面这则洪水故事。很久以前，有一个虔诚的人（dhobi）常到河边洗衣，有条鱼警示他说：一场大洪水即将到来。这条鱼告诉他，由于他和妹妹时常仁慈地喂养自己，故而特来相告，并敦促其准备一个大箱子，以备逃生之用。洗衣者依其所言，备好箱子，并将妹妹和一只公鸡带入其中。洪水过后，罗摩[④]派信使前去陆地探听消息。信使听到公鸡的啼叫，由此发现了大箱子，将它带到罗摩面前。罗摩问洗衣者道："你是谁？又如何逃过劫难？"洗衣者向罗摩讲述了事情的始末。罗摩命他依次面向北、东和西三个方向，并起誓箱子里的女人是他的妹妹。他皆一一照办。然后罗摩命他面向南方，此时他突然否认了之前的言论，声称那个女人是自己的妻子。接下来罗摩向他询问泄密之人。当得知一切皆是那条鱼所为时，罗摩立即割下了它的舌头，以示惩戒。从此之后，鱼就永远失去了舌头。接下来，罗摩命洗衣者在这个

---

① 密多罗，印度神话中的契约神，后与伐楼那成为偶神"密多罗—伐楼那"。——译注
② 伐楼那，印度教的宇宙神、天神。——译注
③《百道梵书》（Satapatha Brâhmana），埃格林（Eggeling）译，第 1 卷，1882 年，第 216—219 页；乌泽纳（H. Usener）：《大洪水传说》（Die Sintflutsagen），第 26—27 页。这个洪水传说的另一个异文见《摩诃婆罗多》（The Mahabharata），穆尔（J. Muir）：《梵语原文文本》（Original Sanskrit Texts），1890 年，第 199—201 页。——译注
④ 罗摩，印度教神名，最高神毗湿奴。——译注

荒芜的世界重新繁衍人类。他同妹妹结为夫妇，并生下七男七女。[①]第一个孩子从罗摩那里得到一匹马，但是，由于不会骑马，他将这匹马放归平原，并来到森林里砍伐树木，成为一名樵夫。从此以后，他的后裔即比尔人，世代为樵夫。在上述比尔人的故事中，鱼向它的人类施恩者警示洪水到来这一情节同梵语的洪水故事十分类似，因此很难将它们区分为两个独立的故事。也许有人会质疑：是比尔人从雅利安入侵者那里引入了这则故事，还是相反，即雅利安人在入侵过程中并未从土著居民那里得知这则故事？为了支持后一种观点，我们也许可以指出：这则洪水故事并未在最古老的梵语文学中出现，而仅仅出现在雅利安人入侵印度后所作的书籍中。

卡马尔人（the Kamars）位于印度中央邦，是一个分布于赖布尔地区及邻邦的说达罗毗荼语的小部落。他们流传着这样一则洪水故事：起初天神创造了一男一女，他们在晚年生下一双儿女。但是，有只豺惹怒了天神，为了将其溺死，天神使洪水漫世。这对老夫妇得到消息后，将子女关在一块中空的木板中，并在里面备好足够的食物，可使他们存活到洪水退去之时。洪水持续了 12 年之久，这对老夫妇和地上的其他一切生物皆葬身于洪水之中，无一幸免，唯有那块木板在水面漂流。12 年之后，天神创造了两只小鸟，并命其前去查看那只豺是否已被溺死。它们看到除了在水面上漂浮的木板外，世界空无一物。它们栖息于木板之上，很快听到从里面传来一丝微弱的声音，那是两个孩子在低声交谈，他们剩下的食物仅够维持三天的时间了。于是两只小鸟飞回，将情况向天神作了汇报。天神让洪水退去，将两个孩子从木板中救出，并倾听他们讲述自己的经历。天神将二人抚养长大，使其成婚，并给他们生养的每个孩子赐予不同种姓的名称，世上所有生灵才得以繁衍。[②]这则故事中的那两只小鸟使人想起《圣经》传说中的乌鸦和鸽子。《圣经》中的洪水传说可能是通过传教活动才传给卡马尔人的。

此外，阿萨姆邦的阿纳尔人（the Anals）也说，很久以前，洪水漫世，只有一男一女得以幸存。他们跑到莱恩山（the Leng Hill）的最高峰，爬到一棵树上，并藏身于树枝间。这棵树位于一个大池塘边，池水像乌鸦的眼睛一样清澈。他

---

① 参见卢亚德（C. Luard）：《马尔瓦的丛林部落》（*The Jungle Tribes of Malwa*），见《印度中部行署民族志调查专论之二》（*Monograph II of the ethnographical survey of the Central India Agency*），Lucknow，1909 年，第 17 页。——译注

② 参见拉塞尔（R. V. Russell）：《印度中央邦的部落和种姓》（*The Tribes and Castes of the Central Provinces of India*），1916 年，第 3 卷，第 326—327 页。——译注

们在夜晚栖息于树上，清晨醒来却惊奇地发现自己变成了一对老虎。看到世界如此悲惨的景象，创世主帕仙（Pathian）从山顶的一个山洞中召来一对男女，并派他们在这个荒芜的世界重新繁衍人类。然而，他们刚刚走出山洞，就看到那对巨大的老虎。他们惊恐万分地向创世主说道："父神啊，你派遣我们去繁衍人类，但恐怕我们不能实现你的意旨，因为整个世界被大水淹没，唯一的栖息之地又被两只凶猛的野兽占领，它们虎视眈眈，要吞食我们。请赐给我们力量吧，我们要杀死这两只猛兽。"于是，他们杀掉了那对老虎，幸福地生活在一起。他们子女众多，人类从此重新得以繁衍生息。[1]

### 7. 东亚的大洪水故事

据缅甸克伦人的说法，古时候，大地被水淹没，有一对兄弟坐在木筏上得以幸存。大水持续上涨，直到二人最终抵达天堂。此时弟弟发现一棵芒果树从茫茫天穹垂挂下来，他镇定自若地爬到树上，并品尝了树上的果实。然而，就在这时，洪水突然退去，留下他一个人孤零零地悬挂在树上。故事的叙述就此戛然而止，留给我们巨大的想象空间，猜测他如何摆脱困境。[2]上缅甸的景颇人（the Chingpaws）或辛颇人（the Singphos）有一则大洪水的传说：洪水来到时，刨袍南张（PawPaw Nan-chaung）和他的妹妹昌赫蔻（Chang-hko）在一条大船中得救。他们带了九只公鸡和九根针。暴风雨过后，他们每天将一只公鸡和一根针扔出船外，看洪水是否退去。直到第九天，他们才听到鸡的叫声和针落在岩石上的声响。不久，兄妹俩离开船，到处流浪。后来他们碰到两个住在岩洞中的精灵（nats），一男一女。他们邀请兄妹俩住下，让他们做些打扫住所、耕种土地、伐木和汲水的工作。不久妹妹生下一个婴儿。每当父母出去干活时，婴儿就由女精灵看护。那女精灵是个巫婆，每当婴儿大声啼哭时，她就威胁要将其带到九条路的交叉路口，并砍成碎片，但可怜的婴儿听不懂这个恶毒的威胁，继续放声啼哭。有一天，当孩子又在啼哭时，巫婆在狂怒之下攫住它，将其带到九条路的交叉路口，砍成了碎片。她将它的血泼掉，把碎尸撒得到处都是。此外，她还将一部分碎尸带回岩洞，制作成开胃咖喱，并在婴儿的摇篮里放了一段木头。晚上，孩子的母亲干完活回家后找不到孩子，于是向巫婆询问它的去

① 参见莎士比亚（J. Shakespear）:《卢谢库基人的宗族》（*The Lushei Kuki Clans*），1912年，第95页。——译注

② 参见克罗斯牧师（Rev. E. B. Cross）:《论克伦人》（*On the Karens*），见《美国东方学会杂志》（*Journal of the American Oriental Society*），第4卷，第2期，1854年，第304页。——译注

向。巫婆答道："它睡着了，吃你的米饭吧。"于是母亲坐下来开始吃米饭和咖喱。饭后，她来到婴儿的摇篮前，看到里面除了那段木头之外，空无一物，于是她再次向巫婆询问孩子的去向。巫婆恶毒地回答说："你已经将它吃了。"女人跑出屋去，在交叉路口大声号哭，呼唤大神。大神出现，对她说："我不能将你孩子的碎片收拢拼合。不过，我可以让你成为人类所有民族的母亲。"大神说完，从一条路上突然跳出了掸人，从另外的各条路上分别跳出了汉人、缅甸人、孟加拉人等各个民族。这位痛失爱子的母亲将他们都称为自己的孩子，因为他们全都来自她那惨遭杀害的孩子被撒播在各处的身体碎片。①

越南交趾支那的一个原始部落巴拿人（the Bahnars）说，从前，鸢与蟹争吵起来。鸢猛啄蟹的甲壳，在上面啄出了一个洞，这个洞直到今天依然清晰可见。蟹为了报仇，使大海和河流猛涨起来，一直涨到天上，所有生物都被淹死，只有一对兄妹躲在一个巨大的箱子里得以幸存。他们将每种动物都带了一对放进箱子里，然后紧紧关上箱盖，在水面漂浮了七天七夜。后来哥哥听到一只公鸡在外面叫，那是神来让我们的祖先知道洪水已经退去，他们可以从箱子里走出来了。于是哥哥首先放出所有鸟，然后放出所有野兽，最后他和妹妹一起来到干地上。他们不知道靠什么维持生活，因为他们储存在箱里的谷物已经吃完了。不过，有一只黑蚂蚁为他们送来了两粒谷种，哥哥将谷粒种下，第二天早晨就收获了很多粮食。这样，兄妹俩就又得救了。②

马来西亚柔佛州的一个原始土著部落贝努亚–亚坤人（the Benua-Jakun）说，我们脚下的大地并不是实心的，而是一块覆盖在茫茫大水之上的外壳。在远古的时候，大神皮尔曼（Pirman）打破了这块外壳，世界就被大洪水淹没了。但皮尔曼创造了一男一女，将他们放在一条用普莱（pulai）木制成的船上，这条船被完全封闭，没有出口。两人在船中漂浮颠簸了一段时间后，船终于停了下来。两人从船侧一点点地打开一条通道，来到干燥的陆地。他们注视着这个世界，它从四面八方一直延伸到地平线处。起初，整个世界只有黑暗，既没有早晨也没有夜晚，因为太阳还未被创造出来。当有了光线时，他们看见了七个杜鹃花灌

① 参见斯科特（J. G. Scott）和哈迪曼（P. Hardiman）：《上缅甸和掸邦公报地名词典》（*Gazeteer of Upper Burma and the Shan States*），Rangoon，1900—1901 年，第 1 部分，第 1 卷，第 417 页以下；参见吉霍德斯（C. Gilhodes）的文章，见《人》（*Anthropos*），第 3 卷，1908 年，第 683—686 页。——译注

② 参见古尔拉赫（Guerlach）的文章，见《天主教传教团》（*Les missions catholiques*），第 xix 卷，Lyons，1887 年，第 479 页；参见巴斯蒂安（A. Bastian）的文章，见《德国柏林地理学会杂志》（*Zs. D. Gesell. für Erdkunde zu Berlin*），第 1 卷，1866 年，第 42 页。——译注

木丛和七块草地。他们说道："哎呀！我们的处境多么悲惨啊，既没有儿子也没有孙子。"但不久后女人的两条小腿都怀孕了，从她的右腿中生出一个男孩，左腿中生下一个女孩。这就是从同一个子宫生下来的后代不能结婚的原因。所有人类都是这第一对男女的两个孩子的后裔。①

大洪水传说在土著民族倮倮②的传统传说（the traditional lore）中占据着重要地位。倮倮居住在云南及中国西南地区的其他省份，在那里，他们成功地保持了民族独立。他们的文明十分发达，甚至发明了一套源于象形文字的书写模式。这样，他们的传说、歌曲、族谱和宗教仪式就被记载下来，得以代代相传。③倮倮信奉天上的族长，他们认为这些族长曾经生活在陆地上，活到 660 岁甚至990 岁的高龄，比玛士撒拉④的寿命还要长。每个家庭都由同姓的人组成，供奉某个特定的族长。其中最著名的是一位叫做铁古兹（Tse-gu-dzih）的圣人，他充满了神性的特质。相传是他打开了灾难之匣，里面装着死亡之种，从而给世界带来了死亡和大洪水，灾难从此降临人世。人类性情邪恶，铁古兹派信使来到地面，向他们索要一些肉和血液，但都遭到拒绝，只有一个叫做笃慕（Du-mu）的人满足了信使的请求。于是盛怒的铁古兹锁上雨水之门，大水一直漫延到天上。但是，笃慕遵从圣谕，和四个儿子坐在一段中空的马醉木（Pieris）中得以幸存。和他们一起逃生的还有水獭、野鸭和七鳃鳗。这四个儿子的后裔形成了有文字的文明民族，如汉人和倮倮，而世界上其他蒙昧民族均是洪水过后笃慕为重新繁衍人类而制作的木人的后代。⑤直到今天，倮倮仍在一年中固定的日子及所有人生重大活动时祭拜祖宗牌位，牌位的木料与其祖先在洪水中借以逃生的树木相同。几乎所有倮倮的传说都以其始祖笃慕或那场大洪水开始。谈到这则洪水传说的起源，需要指出的是，倮倮每六天有一个安息日，在安息日里禁止耕田，有些地方禁止妇女缝纫和洗衣。倮倮有关族长和洪水的传说似乎表现

---

① 参见斯基特（W. W. Skeat）和布莱格登（C. O. Blagden）:《马来半岛上的异教种族》（*Pagan Races of the Malay Peninsula*），第 2 卷，1906 年，第 355—357 页。——译注

② 倮倮（the Lolos），或称卢卢、佬佬、僚僚，是彝族的旧称。——译注

③ 参见巴伯（E. C. Baber）:《中国及其自然的和社会的某些方面》（*China, in some of its Physical and Social Aspects*），见《皇家地理学会学报》（*Proceedings of the Royal Geographical Society*），新系列，1883 年卷，第 335 页；亨利（A. Henry）:《中国西部的倮倮和其他部落》（*The Lolos, and other Tribes of Western China*），见《人类学研究所杂志》（*JAI*），第 33 卷，1903 年，第 96 页，第 98 页以下。——译注

④ 玛士撒拉，《圣经》人物，以诺之子，活到 969 岁。——译注

⑤ 参见亨利（A. Henry）的文章，见《皇家人类学研究所杂志》（*JRAI*），第 33 卷，1903 年，第 103 页，第 105—106 页。——译注

出基督教的影响。也许亨利先生将其归因于景教传教士是正确的，因为早在 13 世纪云南地区就建立了景教教堂，当时马可·波罗曾游历中国。此外，据说早在公元 635 年景教徒阿罗本就曾来到中国。[1]

堪察达尔人[2]有一个传说讲，在世界之初，整个大地被大水淹没。幸存者坐在由树干捆扎而成的大木筏上，在上面装载了财产和食物，顺水漂流。他们将用皮带捆绑的石头投入水中，而不是直接抛锚，这样可以避免被卷入大海。最终，洪水退去，他们一行在高高的山顶上搁浅。[3]

在一本汉语百科全书中记载着下面这段话："东鞑靼[4]。——在沿着东海向 Che-lu 旅行的途中，并没有在这个国家看到小溪和池塘，尽管该国境内山脉和山谷纵横交错。然而在离海水很远的沙滩上发现了贝壳和蟹壳。在该国居民蒙古人的传说中，早在远古时代，一场大洪水洗劫了该地区，当洪水退去的时候，洪水席卷过的地区均被沙子覆盖。"[5]

## 8. 印度群岛的大洪水故事

苏门答腊岛巴塔克人（the Bataks）说，当大地日益变得陈旧与肮脏时，创世主德巴塔（Debata）就使洪水漫世，决意毁掉世间的一切生物。唯有一对夫妇站在最高的山顶上避难，得以幸存。眼看洪水已漫过他们的膝盖，就在此时，创世主突然为自己毁灭人类的决定懊悔不已，于是他捡起一块泥土，将其捏成形，并用绳子拴好，放在持续上涨的水面上，这对夫妇站到上面得以存活。随着这对夫妇子孙后代的繁衍，那块泥土的面积也随之扩大，直到变成我们今天赖以生活的地球。[6]

苏门答腊西部的恩加诺岛的土著也有一个大洪水故事。他们说，很久以前，潮水暴涨，将海岛淹没，岛上生物全部遇难，只有一个女人偶然得以幸存：当她顺水漂流时，头发被一棵带刺的树缠住，因此得以紧紧抱住这棵树，逃过劫

---

① 参见亨利（A. Henry）：《中国西部的倮倮和其他部落》（*The Lolos, and other Tribes of Western China*），见《人类学研究所杂志》（*JAI*），第 33 卷，1903 年，第 103 页，第 105 页以下。——译注

② 堪察达尔人（the Kamchadales），即堪察加人。——译注

③ 参见施特勒（G. W. Steller）：《堪察加地区素描》（*Beschreibung von dem Lande Kamtschatka*），1774 年，第 273 页。——译注

④ 鞑靼（Tartary），指中世纪时受蒙古人统治的自东欧至亚洲的广大地区。——译注

⑤ 爱德华·泰勒（Edward B. Tylor）：《人类早期史研究》（*Researches into the Early History of Mankind*），1878 年，第 328 页以下。——译注

⑥ 参见冯·布伦纳（J. von Brenner）：《造访苏门答腊的食人族》（*Besuch bei den Kannibelen Sumatras*），1894 年，第 218 页。——译注

难。洪水退去后,她从树上走下来,悲伤地看到世间已空无一物,唯己身子存。阵阵饥饿袭来,她在岛上不停地徘徊,想寻找一些食物,但没找到可以充饥的任何东西。于是,她失望地回到岸边,打算抓一些鱼。其时,海上尸体遍布,或漂浮于水面,或在海岸翻滚。她看到了一条鱼,但当她试图抓捕时,那条鱼迅速躲到一具尸体后面。女人不肯放弃,捡起一颗石子,敏捷地击打着那具尸体。不料,鱼儿从藏身之处一跃而出,匆匆朝大海深处游去。女人紧随其后,可是,刚刚追了几步就突然惊奇地看到一个活着的男人出现在她面前。女人原本以为自己是唯一的幸存者,于是惊讶地询问对方何以出现在此。男人回答道,不知何人敲打自己的尸体,故而复活。女人猛然想到自己捕鱼时的情景,于是他们决定尝试用同样的方法来拯救其他死者。他们用石头不停地敲打那些尸体,遇难的男男女女陆续苏醒,被洪水席卷的小岛又恢复了往日的生机。①

婆罗洲沙捞越邦的伊班人(the Ibans)或沿海迪雅克人(the Sea Dyaks)津津乐道于其祖先如何在一场大洪水中逃生并发明取火的故事。故事是这样的:很久以前,一些迪雅克妇女一起去采集嫩竹笋,以便准备饭食。就在采集完毕,在丛林中穿行的时候,她们看到一棵巨大的树倒在地上,于是坐在上面开始削竹笋。她们惊讶地发现每削一刀,就从树干中渗出一滴滴的血液。就在此时,走来几个男人,他们立即发现那所谓的树其实是一条蛰伏的大蟒蛇,于是以迅雷不及掩耳之势将它杀死、切碎,并将蛇肉带回家食用。就在他们忙着烹煮蛇肉的时候,从煎锅处传来奇怪的声响,同时大雨倾盆而下,无休无止,直到所有的山脉都被淹没,整个世界陷入一片汪洋大海之中,唯最高的那座山峰子存。这一切皆因邪恶的人们杀掉并烹食了那条蟒蛇。人类与动物都在这场洪水中遇难,只有一个女人、一条狗、一只老鼠以及为数不多的小生灵逃往最高的山顶上,得以幸存。正当女人在倾盆大雨中苦苦寻觅安身之所时,她发现那条狗已经在一株随风摇曳的攀缘植物下面安顿下来,并不停地以身体摩擦树干来取暖。她由此得到启发,将这株攀缘植物与一块木头拼命摩擦,取得了火苗。这是洪水过后人类首次发现钻木取火的奥秘。由于没有伴侣,女人整日与火钻为伴,并通过它的帮助产下一子,取名新邦-依邦(Simpang-impang)。正如他的名字昭示的那样,他仅仅是个半人,即只有一只胳膊、一只眼睛、一只耳朵、半个脸颊以及半个的身体和鼻子。对于这些生理缺陷,他的那些动物玩伴十分厌恶。然而,

---

① 参见赫尔弗里希(O. L. Helfrich)的文章,见 *Bijdragen Taal, Lnad-en Volkenkunde van Nederlandsch Indië*,第 71 卷,1916 年,第 543 页以下。——译注

事情因他与风之精灵之间的一个协议而发生了转折。风之精灵曾窃走新邦－依邦晾晒的大米，并拒绝支付任何赔偿金，但经过一番唇枪舌剑，他终于被说服，同意对新邦－依邦作出赔偿，为他提供缺失的身体部件，新邦－依邦高兴地接受了这一提议。从此以后，人类拥有了正常数量的四肢。①

迪雅克人的另一个故事异文说，在洪水来临时，有一个叫特罗的人将一个用来舂米的木质的臼制成小船，并携带妻子、一条狗、一头猪、一只家禽、一只猫和其他活着的生物一起坐船逃生。这艘船载着他们安然度过风暴，当洪水退去的时候，他们走下船来。摆在特罗面前的难题就是如何重新繁衍濒临灭绝的人类，他最终决定借助于一夫多妻制来解决这个难题。为了求偶，他利用一切手头的石子、木料等装扮自己。他很快建立起一个庞大的兴旺之家，成为众多迪雅克部落的祖先。②

西里伯斯岛中部讲巴雷埃语的托拉查人（the Bare' e-speaking Toradjas）说，洪水淹没了世上最高的山，只有一座名为瓦乌姆·佩巴托（Wawom Pebato）山的山顶幸免。为了证明故事的真实性，他们会将在海拔高达2000英尺的山顶上发现的贝壳指给你看。在这场洪水中，世间生灵无一幸免，唯有一位孕妇和一只怀孕的老鼠逃过劫难。他们栖身于一个猪槽里顺水漂流，并用长把勺代替桨来划"船"，最终洪水退去，陆地又重新变得适合居住。登陆后，那位孕妇四处寻找稻谷来种植，她突然发现从一棵被连根拔起的树上垂下一束稻谷，在她站立的地方随风摇曳。在那只老鼠的帮助下，她爬到树上，将那束稻谷采集下来，这样就又可以种植稻子了。老鼠与孕妇约定，作为报酬，粮食收获后，它拥有优先享用的权利，这就是老鼠每年都会成群结队来到田间收取成熟稻谷的原因，但愿它们不会将田地洗劫一空。那位孕妇最终产下一子，出于对子嗣的渴望，她与其结为夫妇，并生下一对儿女，他们即是现存人类的祖先。③

帝汶岛西南方向有一个名为罗提（Rotti）的小岛，岛民们声称，古时候该小

---

① 参见林·罗思（H. Ling Roth）：《沙捞越和英属婆罗洲北部的土著》（*The Natives of Sarawak and British North Borneo*），第1卷，1896年，第301页以下；霍瑟（C. Hose）和麦克杜格尔（W. McDougall）：《婆罗洲的异教部落》（*The Pagan Tribes of Borneo*），第2卷，1912年，第144—147页。——译注

② 参见林·罗思（H. Ling Roth）：《沙捞越和英属婆罗洲北部的土著》（*The Natives of Sarawak and British North Borneo*），第1卷，1896年，第300页。——译注

③ 参见阿德里亚尼（N. Adriani）和克鲁伊特（A. C. Kruijt）：《西里伯斯岛中部说巴雷埃语的托拉查人》（*De Bare' e-sprekende Toradja's van Midden-Celebes*），1912—1914年，第1卷，第20页，第247页；第2卷，第258页；第3卷，第386页。——译注

岛曾遭洪水洗劫，人类与动物无一幸免，所有植被均倒伏于地，没有一片干燥的陆地可供落脚，甚至连高山也被淹没，只有位于毕尔巴（Bilba）的一座名为拉基莫拉（Lakimola）的山峰依然顽强地屹立于巨浪之中。有一对夫妇和他们的孩子在峰顶避难。数月之后，洪水依然不断地逼近峰顶，他们异常恐惧，于是乞求海水退回原位。大海回答道："如果你们能送给我一只动物，它的毛发多得数也数不清，我就答应你们的请求。"男人朝洪水中陆续扔进一头猪、一只山羊、一条狗和一只母鸡，但均未能令大海满意。最后，他扔进一只猫，大海数不清它的毛发，于是羞愧地退去。就在此时，一只鹨出现了，它在水上撒下一些干土。男人携妻儿走下山峰，开始寻找新的家园。天帝命那只鹨给男人带去各种各样的种子，如玉米、粟、大米、豆子、南瓜子、芝麻等，这样他就可以种植这些种子，从而养活自己的家人。正因如此，罗提岛民每年在收割结束时都要在村子的空地上摆上一捆稻谷，献给拉基莫拉山。[①]每个人都会献上米饭、槟榔、椰子、烟叶、香蕉和面包果，载歌载舞表达他们的感激之情，并祈求来年获得丰收，人们丰衣足食。

孟加拉湾的安达曼岛土著居民中流传着一则相关的洪水传说，尽管严格说来该地区并不属于印度群岛。相传，在人类产生后不久，他们日益变得叛逆，并无视造物主在造人之初给他们下达的一系列命令。盛怒之下，造物主使洪水漫世，整个世界，除了他居住的萨达勒（Saddle）山峰外，都陷入一片汪洋之中。所有生物都被洪水吞没，唯有两男两女在灾难来临时碰巧待在一艘独木舟上得以幸存。最终洪水退去，他们登上陆地，但悲伤地发现自己处于十分凄惨的境地，因为其他所有生物都已被淹没。不过，仁慈的造物主普鲁加又为他们重新造出飞禽走兽，供其享用。但是，由于洪水已将所有炉火浇灭，他们面临着取火的难题。这时，他们的一个遇难朋友的亡灵及时伸出了援助之手。看到他们陷入如此困境，他化作一只翠鸟飞往天堂。在那里，造物主正坐在火种旁小憩。小鸟轻轻衔起一块燃烧的木头，打算带回地面送给他的朋友们，但匆忙之中将其掉落在威严的造物主身上。造物主被这一轻侮的行为激怒了，他于刺痛中举起那块燃烧的木头向小鸟扔去。木头嗖的一声从天空掠过，恰好坠落在那四人处，当时他们正瑟瑟发抖地坐在地面上呻吟。就这样，人类在洪水过后恢复了火的使用。那四人的身体渐渐暖和过来，开始仔细回忆发生的事情。他们低声

---

① 参见弗兰基达伊（J. Franggidaej）的文章，见 *Bijdragen Taal, Land- en Volkenkunde van Nederlandsch Indië*，第 63 卷，1905 年，第 427 页以下。——译注

抱怨造物主将其他的人类毁灭，甚至密谋要杀害他。造物主及时制止了他们这种亵渎神灵的行为，并坦白地警告他们，最好打消这一念头，因为自己的身体坚如磐石，他们的箭连自己的皮毛都伤害不了，如果他们胆敢冒犯自己，他将要取其子女的性命来偿还。这个可怕的威胁奏效了：他们终于认命了。平静下来的造物主和蔼地向他们解释说，人类之所以遭受这场劫难，完全是他们咎由自取，因为他们不听从造物主的命令，如果再犯此类错误，他们将受到严厉的惩罚。这是造物主最后一次出现在人类面前，并与其面对面地交谈。从此以后，安达曼岛的人再也没见过他，但他们一直满怀敬畏地遵循着他的旨意。[1]

## 9. 澳大利亚的大洪水故事

维多利亚州吉普斯兰地区的澳大利亚土著库尔奈人（the Kurnai）说，很久以前，洪水漫世，所有黑人全部遇难，只有一个男人和两三个女人躲在艾伯特港（Port Albert）附近的一个泥岛上逃过劫难，他们的四周均被茫茫大水环绕。这时，一只鹈鹕（当地人称为 Bunjil Borun）驾着一叶扁舟经过，它十分同情他们的遭遇，决意助其脱离困境。其中一个女人异常美丽，鹈鹕不禁对她一见钟情。每当她试图登舟时，都会被制止："你现在还不能上去，下次吧。"就这样，鹈鹕挨个儿将其他人都渡运到陆地上，将那个女人留在最后。然而，由于害怕与鹈鹕单独相处，女人在它返回之前趁机逃走，向岸边游去。临行前，她用自己的负鼠地毯包裹好一截木头，伪装成她的样子，并放在火堆旁。鹈鹕返回后叫道："上船吧。"但"女人"竟纹丝不动。它勃然大怒，飞脚朝"女人"踹去，却被木头碰得生疼。见那妇人胆敢如此放肆无礼地戏弄自己，它恼羞成怒，将自己身体的一半涂成白色，好与其丈夫决斗。它进入复仇前的狂热准备之中，仅将自己黑色身体的一半涂成白色。另一只鹈鹕看到这个半黑半白的怪物，深感诧异，于是它喙将对方啄死。这就是现在的鹈鹕都是半黑半白的由来，现在的鹈鹕都呈半黑半白色，而在洪水之前它们都是浑身黑色。[2]

维多利亚州泰尔斯湖（Lake Tyers）畔的土著居民这样讲述大洪水的由来：

---

① 参见曼（E. H. Man）：《论安达曼群岛上的土著居民》（*On the Aboriginal Inhabitants of the Andaman Islands*），London，无出版时间，第 98—99 页；参见坦普尔（R. C. Temple）的文章，见《印度 1901 年人口普查》（*Census of India 1901*），第 3 卷：《安达曼人和尼科巴群岛》（*The Andaman and Nicobar Islands*），第 63 页。——译注

② 参见豪伊特（A. W. Howitt）的文章，见《布拉夫·史密斯的维多利亚的土著》（*R. Brough Smyth's Aborigines of Victoria*），第 1 卷，1878 年，第 477 页以下；豪伊特（A. W. Howitt）：《澳大利亚东南部的土著部落》（*Native Tribes of S. E. Australia*），1904 年，第 486 页。——译注

很久以前，世上所有的水都被一只巨大无比的青蛙吞下，所有人都没有一滴水，生活非常不便，鱼儿更是备受其苦，它们用身体不停地拍打着干燥的地面，几乎喘不过气来。所有动物都聚在一起商讨对策，最终一致认为唯一可行的办法是逗青蛙发笑，让它把水吐出来。于是他们来到巨蛙面前，又蹦又跳，打打闹闹。这些都足以令任何一个人笑破肚皮，但青蛙却对此无动于衷，脸上没有一丝笑容，它安静地蹲坐在那里，瞪大眼睛惊奇地望着他们，脸颊鼓鼓的，像法官一样严肃。最终，一条鳗鱼以尾巴支撑身体，垂直站立起来，然后边扭边舞，将身体拧成最滑稽的姿势。青蛙的面部表情渐渐松弛下来，终于忍不住大笑不止。它笑得眼泪都流了出来，同时水从它的嘴里汹涌而出，然而，事情的发展令大家始料未及，青蛙吐出的水汇成汪洋大海，许多人都被淹死了。事实上，如果不是那只鹈鹕恰巧驾舟经过并施以援手的话，人类恐怕早已惨遭灭绝。[1]

## 10. 新几内亚和美拉尼西亚的大洪水故事

在英属新几内亚的卡巴迪（Kabadi）地区，土著们有一个传说：很久以前，一个叫罗赫洛（Lohero）的人和他的弟弟与邻人生气，于是将一块人骨扔进一条小溪。很快大水涌来，将所有的低地淹没。人们被赶到山上，并一步步逼至最高的峰顶。当洪水退去，一些人回到低地，其余人则留在山顶，建起房屋和农场。[2]新几内亚北海岸柏林港的瓦尔曼人（the Valmans）说，一天，有位大善人的妻子看到一条大鱼游进了港湾，于是跑去告诉丈夫。但刚开始他看不到那条鱼，于是妻子取笑他，让他藏在香蕉树后面，这样就可以透过树叶窥视那条鱼。当终于看到那条大鱼时，大善人惊恐万分。他嘱咐自己的一个儿子和两个女儿不要捕食这条鱼。可是，其他人带着弓箭和绳子抓住这条鱼，并拖到岸上。大善人劝大家不要吃这条鱼，他们不听，把鱼分吃了。大善人忙将每种动物各赶一对儿到树上，然后与家人一起爬上了椰子树。人们将大鱼分吃完毕后，洪水突然从地下迅猛而至，所有人和动物皆被淹死。当水位升至最高的树顶时，洪水突然退去，大善人一家从树上下来，开始重建家园。[3]

---

① 参见豪伊特（A. W. Howitt）的文章，见《布拉夫·史密斯的维多利亚的土著》（*R. Brough Smyth's Aborigines of Victoria*），第 1 卷，1878 年，第 429 页；卡尔（E. M. Carr）：《澳大利亚的种族》（*The Australian Race*），第 3 卷，1886—1887 年，第 547 页。——译注

② 参见湛约翰（J. Chalmers）和吉尔（W. W. Gill）：《在新几内亚的工作和历险》（*Work and Adventure in New Guinea*），1885 年，第 164 页。——译注

③ 参见施莱尔马赫（P. Schleiermacher）的文章，见《球》（*Globus*），第 78 卷，1900 年，第 6 页。——译注

据报告称，荷属新几内亚曼布拉诺（Mamberano）河畔的居民讲述了一则因河水上涨引发的大洪水故事。这场洪水淹没了瓦内萨山（Mount Vanessa），只有一对夫妇带着一头猪、一只食火鸡、一只袋鼠和一只鸽子幸存。这对夫妇成为现存人类的祖先，而那些飞禽走兽成为现存物种的祖先。遇难者的尸骸至今仍遍布于瓦内萨山顶。[①]

斐济人（the Fijians）有一个大洪水（当地人称为 Walavu-levu）的传说。有些人认为那场洪水是局部的，而其他人则认为是普遍的。这场灾难的由来如下：大神恩登盖（Ndengei）养着一只名为图鲁卡瓦（Turukawa）的大鸟，它负责每天早晨按时唤醒大神。有一天，大神的两个孙子不知是出于无意还是早有预谋，用弓箭将那只大鸟射死，并将尸体掩埋，企图隐藏他们的罪行。大神睡过了头，他对大鸟的消失极为恼火，于是派信使乌托（Uto）四处寻找。起初信使报告说找不到大鸟的任何踪影，但再次搜寻时发现了两个孙儿杀害大鸟的蛛丝马迹。为了躲避盛怒的祖父，两个淘气鬼逃到山上，而且是同一伙匠人一起逃亡的。这些匠人欣然同意筑起一个围桩，该围桩固若金汤，将令大神及其追兵无计可施。他们履行了诺言，因为整整三个月，大神及其随从的围攻计划均告失败。不能通过常规战争攻下堡垒，大神无可奈何地解散了他的军队，开始策划更有把握的复仇行动。只见他一声令下，顿时乌云密布，大雨倾盆而下，城镇、丘陵及山脉相继被淹没。很长一段时间，逃亡的一干人等安稳地待在城镇的高处，对持续上涨的洪水无动于衷，然而，当大水拍打着他们住所的木质墙壁汹涌而至以至于冲进堡垒时，他们顿时惊慌失措，慌忙向一位天神求救。接下来发生的事情，说法不一。有人说，那位天神让他们乘坐柚子皮制作的浮舟逃生；有人说，天神派了两艘小船去救他们或教他们亲自制作小船；也有人说，匠神罗克罗（Rokoro）及其随侍洛克拉（Rokola）乘坐两艘巨大的双体船前来拯救落难的人们，将落水者救起并安置到船上，直至洪水退去；而另一种说法认为，他们乘坐大钵逃生。尽管有一些细微的差别，但这些说法有一个相似之处，即地面的高处均被洪水淹没，部分人乘坐某种容器逃过劫难，最终洪水退去，他们在姆本哈岛（Mbengha）登陆，共八人幸存。有两个部落在洪水中灭绝，其中一个全部由妇女构成，而另一个部落的成员都长着尾巴，与狗尾类似。由于外族人进入，姆本哈岛岛民声称自己位于所有斐济人的最上层，

---

① 参见莫什考斯基（M. Moszkowski）的文章，见《民族学杂志》（Zs. für Ethnologie），第43卷，1911年，第340页以下。——译注

他们的首领通常在斐济历史上占据着举足轻重的地位，他们自诩为只顺从于天神的子民。据说过去斐济岛民为防备洪水，总是备有很多大独木舟，但现在这一习俗已被废除。①

新赫布里底群岛的美拉尼西亚人说，大豪侠卡特（Qat）在一场洪水中神秘地消失了。他们会将卡特最后一次起程的地方指给你看，那是位于高阿岛（Gaua）中央的一个宽阔的大湖，在卡特的时代，这个湖是一片茂密的热带雨林。卡特砍下其中的几棵大树，打算为自己造一艘船。每当他聚精会神地在树荫下工作时，他的兄弟们总会百般嘲讽："你怎样才能穿越茂密的森林，将这艘大船弄到海上呢？"卡特总是回答道："再等等看吧。"当船终于完工时，他将妻子、兄弟及岛上所有生灵甚至包括最小的蚂蚁都请到船上，并将船盖盖上。就在此时，电闪雷鸣，大雨倾盆而至，世界被一层水雾笼罩。岛上的洼地被洪水填满，茫茫大水汇聚在高阿岛大瀑布处，朝着大海奔腾而去。那艘船在湍流中颠簸而行，朝着大海驶去，最终在人们的视野中消失。当地人声称卡特带走了所有好东西，然后销声匿迹。直到今天，他们仍然期盼着他的凯旋。②

## 11. 波利尼西亚与密克罗尼西亚的大洪水故事

在太平洋上广泛分布着众多的小岛屿，它们统称为波利尼西亚和密克罗尼西亚。当地的土著群落流传着淹没了许多人的大洪水传说。我们得知，"最重要的事实是：尽管有一些细节上的微小变动，不同部族的居民中盛行的传说却惊人的一致。其中一个部族的传说认为，在远古时代，主神塔罗阿（Taaroa）（按照他们的神话，也就是创世主）对人类违背其圣意的行为十分不满，于是将世界打翻至大海中。在大地下沉的过程中，有一些泥点（aurus）抛射出去，漂浮于水面，形成了今天的岛群。艾麦欧（Eimeo）的居民保存的记忆认为，洪水过后有一个男人在提阿塔普阿（Tiataepua）附近登陆，为纪念其天神，在岛上设起一个祭坛或会堂（marae）"③。

———————————

① 参见威廉斯（T. Williams）：《斐济和斐济人》（*Fiji and the Fijians*），1860年，第252页；黑尔（H. Hale）：《美国探险队：民族志和语文学》（*U. S. Exploring Expedition: Ethnography and Philology*），1846年，第55页；威尔克斯（C. Wilkes）：《美国探险队纪事》（*Narrative of U. S. Exploring Expedition*），第3卷，1851年，第82页以下。——译注

② 参见科德林顿（R. H. Codrington）：《美拉尼西亚人》（*The Melanesians*），1891年，第166页以下。——译注

③ 埃利斯（W. Ellis）：《波利尼西亚研究》（*Polynesian Researches*），第1卷，1832—1836年，第386—387页。——译注

塔希提岛的洪水传说如下：整座岛屿被洪水淹没，所有人、猪、鸡和狗无一幸免，树丛与石头均被狂风卷走。它们都被毁灭了，海水漫过陆地，只有一对夫妇幸免于难。大难来临时，妻子带上她的小鸡、小狗和小猫，丈夫带上小猪（这些均是过去当地人所知道的全部物种）。丈夫提议到巍峨的奥罗菲纳（Orofena）山上避难，但妻子认为洪水将漫过奥罗菲纳山，她建议到奥·皮托黑托（O Pitohito）山上避难，因此二人来到奥·皮托黑托山上。果然不出妻子所料，奥罗菲纳山最终被洪水淹没，只有奥·皮托黑托山依然屹立于一片汪洋之中。他们在山上守望了十天十夜，洪水开始退去，在茫茫大水中，山顶开始若隐若现。当洪水全部退去之时，大地一片死气沉沉，荒无人烟，洞穴和石缝里塞满了腐烂的鱼，风也渐渐停息。当一切归于平静时，"树雨"突然夹杂着乱石从天而降，这些树原是被狂风连根拔起并席卷上天的。二人四下观望，妻子说道："虽然我们侥幸逃过洪水，但随时都有可能被砸伤或砸死，我们该到哪里躲避呢？"于是他们挖了一个坑，里面铺上稻草，并用石头与泥土盖好，然后小心翼翼地钻了进去。他们坐在坑中，心惊胆战地听着石头从头顶呼啸而过。不久，"树雨"逐渐减弱，起初是偶尔掠过，然后零星坠落，最后完全停息。妻子说道："快上去看看石头是否还在坠落。"可丈夫答道："我才不去呢，否则会被砸死的。"他又等候了一天一夜，第二天早上，他说："风完全停息了，也不再往下掉石头和树木了，听不到任何声响了。"于是他们走了出去，看到石头和树木堆积成山，虽然土地与岩石尚存，但灌木丛均被毁灭。他们走下山来，惊讶地发现大地一片狼藉：没有房屋，没有椰树，没有棕榈树，也没有面包树、木槿和草地，总之一切尽毁。二人定居下来，不久生下一对儿女，他们整日为孩子无食物可吃而愁眉不展。很快，妻子又生下一个孩子，但食物仍然匮乏。后来面包树结出果子及椰子和各种其他的食物，仅仅三天就遍地都是食物了。岛上渐渐地重新变得熙熙攘攘、人声鼎沸，因为凭借这对夫妇，人类重又得以繁衍生息。[1]

赖阿特阿岛（Raiatea）是塔希提背风群岛（the Leeward Island）中的一个岛屿，该岛上的传说认为，塔它（Taata）的后裔遍布世界之后不久，海神卢阿哈图（Ruahatu）正在大海深处的珊瑚丛中安眠，却于睡梦中被一位渔夫粗暴地惊醒。他正划着小船向前行驶，也许是出于无意，也许是无视神灵的存在，他将钩子放进清澈水底盘枝错节的珊瑚丛中，并与海神的头发绞缠在一起。他两手

---

[1] 参见埃利斯（W. Ellis）：《波利尼西亚研究》（*Polynesian Researches*），第 1 卷，1832—1836 年，第 387—389 页。——译注

交替拼命地将钩子拖出水面。然而，由于美梦被惊扰，海神愤怒地冲上水面怒骂渔夫的大不敬行为，并威胁说作为报复，他将毁灭陆地。渔夫惊恐万分地拜倒在海神面前，对自己的罪孽深表忏悔，并乞求得到宽恕，请海神收回成命或者至少让他本人可以逃命。海神对他的忏悔大为感动，于是命他携妻儿前去位于赖阿特阿岛东部暗礁中的图阿玛拉玛（Toamarama）小岛避难。他承诺，当四周都遭到毁灭时，那里是安全的。渔夫火速赶回家，带妻儿来到那座泻湖中的小岛上。据说一同前往的还有与他同住一个屋檐下的一位朋友、一条狗、一头猪和一对鸡。因此，共有四人逃难，他们仅仅随身携带着被驯养的动物。他们于天黑前抵达目的地。太阳一下山，海水就开始暴涨，附近海岸的居民纷纷离开居所，向山上逃去。大水持续上涨了一夜，第二天早上，在浩瀚的海面上只有那些山顶隐约可见，然而它们最终也被淹没，所有居民全部遇难。后来洪水退去，渔夫与同伴一起离去，在陆地上重建家园，从而成为现存居民的祖先。[①]

该族的这些祖先在大洪水中赖以逃难的那个珊瑚岛，最高不会高于海平面两英尺，因此很难理解他们是如何逃过洪水劫难的，因为海拔达上千英尺的山脉均遭洪水淹没。然而，这丝毫不会动摇当地人的信仰。他们通常不会讨论这些疑点，而是得意地将在山顶上偶然发现的珊瑚、贝壳和其他海生物质指给你看，由此证实他们的故事是真的。他们坚持认为，这些物质肯定是岛屿被洪水淹没时沉淀下来的。[②]

如我们即将看到的那样，在这些塔希提传说中，有一点很重要，即洪水都被归因于海水上涨，而不是大雨，甚至对大雨只字未提。关于这一点，多亏牧师威廉·埃利斯记录了这些传说，他作了如下评论："我时常与北部和南部的人们讨论这个问题，但未能发现任何关于天堂之窗开启或暴雨降临之类的描述。在鲁阿哈图（Ruahatu）、塔希提的图阿玛拉玛（Toamarama）小岛以及夏威夷的卡黑纳里海（the Kai of Kahinarii）的传说中，洪水都是由海水上涨引起的。在每个叙事中，洪水漫世与生灵被毁皆因天神被激怒。"[③]

埃利斯于 1822 年来到夏威夷宣讲挪亚洪水的问题，当地人向他讲述了一则

---

[①] 参见埃利斯（W. Ellis）：《波利尼西亚研究》（*Polynesian Researches*），第 1 卷，1832—1836 年，第 389—391 页。——译注

[②] 参见埃利斯（W. Ellis）：《波利尼西亚研究》（*Polynesian Researches*），第 1 卷，1832—1836 年，第 391 页。——译注

[③] 参见埃利斯（W. Ellis）：《波利尼西亚研究》（*Polynesian Researches*），第 1 卷，1832—1836 年，第 392 页以下。——译注

流传下来的类似的洪水传说。"他们说，祖辈告诉他们，整个大陆曾一度被海水淹没，只有两个人躲在穆纳凯阿（Mouna-kea）山顶得以幸存，但他们声称，从未听说过船或挪亚方舟，他们习惯于称之为 Kai a Kahinarii（意为卡黑纳里海）。"[1]

新西兰的毛利人有一则很长的洪水传说。他们说，曾有大量的部落在地面繁衍生息，然而罪恶盛行，部落间整日争吵不休、战争频仍。人们不再尊崇创世主塔那（Tane），其教义也遭公然摒弃。有两位智慧的先知名为帕拉温瓦米阿（Para-whenua-mea）和图普努阿乌塔（Tupu-nui-a-uta），正是他们传授了天地分离的真理，但人们却嘲笑他们是假老师，并且顽固地认为，天地在创世之初就是现在这个样子，丝毫没有改变。不过，他们毫不气馁，继续坚持不懈地布道，直到有一天这些部落诅咒他们说："你们可以把你们说的历史中的话当饭吃，你们可以把那个历史的话头当饭吃。"两位先知十分痛心，当人们说出"吃话头"这样恶毒的话时，他们生气了。他们举起石斧，砍下一些树来，将其拖至托辛加（Tohinga）河的源头，并用藤蔓和绳子捆扎好，制成一条巨大的木筏。此外，他们还在木筏上建了一所房子，里面放了很多食物、蕨根、甘薯和狗。一切安置妥当后，他们开始念咒语，祈求大雨能够使人们意识到创世主塔那的存在及其巨大力量以及生命与安宁的必要性。而后，二人与两男一女登上木筏，他们的名字分别是提乌（Tiu）、莱提（Reti）和外普纳华（Wai-puna-hau），船上还有其他一些妇女。提乌成了船上的祭司，诵读着祈雨咒词。大雨下了四五天，然后祭司开始念咒语让雨停息，于是雨停了，但洪水仍在上涨，第二天水位已经到达他们的居所，第三天木筏被大水托起，沿着托辛加河（Tohinga）顺流而下。木筏在茫茫水面上颠簸而行，七个月后提乌对同伴说："我们不能坐以待毙，我们必须登陆了。"在第八个月他又说道："大海水位已下降，洪水已开始退去。"两位先知问道："你是如何得知的？"答曰："通过我的权杖得知。"原来他在甲板的一端设有一个祭坛，在那里施法，并密切注视权杖，他能看懂上面的信号。他再次对同伴说道："数月以来的狂风已经减退，并于本月停息，大海风平浪静。"第八个月开始木筏不再颠簸摇晃，但现在它突然重新摇晃起来，祭司知道大海水位已下降，他们快要靠岸了，于是对同伴说："本月我们将在干燥的陆地上靠岸，因为我的权杖显示海水水位已下降。"于是他们一起反复诵读咒语，并施法向天神塔那祈福，最终他们一行人在哈外基（Hawaiki）的干燥陆地上登陆。他们原本以为能找到幸存的人类，世界将恢复如初，然而事实远非如此。他们

---

[1] 埃利斯（W. Ellis）：《波利尼西亚研究》（*Polynesian Researches*），第 4 卷，1832—1836 年，第 441 页。——译注

看到地面或者裂开一道道缝隙，或者被洪水掀翻，到处一片狼藉，没有任何生命的迹象。在这场洪水劫难中，地面上所有部落皆惨遭灭绝，只有他们得以幸存。他们登陆后的第一件事便是施法和诵读咒语。他们向塔那、上帝（Rangi）、若华神（Rehua）和其他所有神灵祈祷，向他们供奉海藻，并向每位天神献上有祭司两个拇指那么长的海藻。他们在不同的地方为每位天神设了一个圣坛，并诵读咒文祈祷。这些圣坛或是一片草丛、一丛灌木、一棵树或一株亚麻，这些地方是天神的圣地，如果部落成员靠近的话，他们胃中的食物将把他们胀死，只有主祭司才可以接近这些圣地。如果凡夫俗子来到这里然后在村中煮饭的话，他们做的饭会使人致死。因为他们亵渎圣所的罪行受到诅咒，故而作为惩罚，吃者将付出生命的代价。每当这些幸存者试图作法破除这些禁忌时，他们都会在其中一个圣坛上摩擦取火，并由祭司点燃一捆捆的干草，然后将每捆燃烧的干草放在祭坛上为天神专属的区域旁，接着祭司向天神献上海藻，以感谢他将人们从洪水中拯救出来，而后借助木筏让他们得以幸存。①

在密克罗尼西亚，正如在波利尼西亚一样，都有洪水故事被记载下来。帛琉群岛的岛民们说②，过去曾有个人来到天上，那里的天神们都有闪闪发光的眼睛，那正是天上耀眼的星星，他们每晚都会用那一双双亮晶晶的眼睛俯视大地。有个狡猾的家伙偷走了其中的一只眼睛并带回家。从此以后，所有岛民的财物在那只眼睛下都一览无余。但是，天神们对此十分恼火，他们来到人间，打算寻回失窃的眼睛并严惩窃贼。他们化身为凡人，挨家挨户地乞讨并借宿。可是，吝啬的人们却不肯施舍给他们哪怕是一口饭或一口汤。只有一位老妇人在自己的农舍里友好地招待了他们，拿出自己最好的食物和饮料款待他们。因此，他们离开时敦促老妇人造一艘竹筏，并于下一个满月出现时躺在上面睡觉。老妇人如其所言行事。满月出现时，一场可怕的暴雨倾盆而至，海水水位持续上涨，小岛被淹没，山脉被劈开，人们的住所也惨遭毁灭。人们惊慌失措地四处躲藏，但最终在劫难逃。只有那艘竹筏被大水托起，那位善良的老妪躺在上面沉睡，并顺水漂流，直到她的头发被阿穆利姆伊（Armlimui）山顶上的一根大树枝缠住，于是她倒在了那里。当洪水退去，大水顺着山坡徐徐降下，天神们来到人间寻找他们竭力庇佑的那位善良的老妪，却发现她已经死去。于是，他们从天堂唤来一位女神，进入老妪的躯体，使她苏醒过来。天神们赐给她五个孩子，然后

① 参见怀特（J. White）：《毛利人的古代史》（*The Ancient History of the Maori*），第 1 卷，1887—1889 年，第 172—178 页。——译注

② 参见森佩尔（K. Semper）：《帛琉群岛》（*Die Palau-Inseln*），1873 年，第 195 页以下。——译注

返回天堂，那位使老妇人起死回生的女神也返回天上的住所。但是，圣父与这位凡间女子生育的五个孩子在帛琉群岛上繁衍生息，成为现存居民的祖先。

## 12. 南美洲的大洪水故事

当巴西（与后来的里约热内卢毗邻）印第安人被发现时，他们有一则关于世界性洪水的传说。在那场洪水中，只有一对兄弟和他们的妻子幸免于难。其中一个说法是，这些幸存者爬到高高的树上逃过劫难，[①]而另一些说法则认为，他们是乘独木舟逃生的。

法国人安德烈·德裕[②]曾于16世纪中期在巴西境内游历。根据他的报告，弗里奥角（Cape Frio）周围的印第安人讲的故事是这样的：这对兄弟分别叫做塔门多纳勒（Tamendonare）和阿里孔特（Ariconte），是巫医索梅（Sommay）之子。塔门多纳勒已娶妻生子，是一位称职的好丈夫和好父亲；而阿里孔特却不具备这些品质，他整天热衷于战争，并且野心勃勃，渴望征服邻邦甚至他那正直的亲兄弟。有一次，他从战场上带回一截儿死敌的胳膊，得意扬扬地向他那敦厚谦和的兄长炫耀："你真是一个胆小鬼，从今以后你的老婆孩子都归我所有啦，因为你根本就没有力量保护他们。"善良的兄长对此感到十分痛心，他反唇相讥道："如果你真像自己标榜的那样勇敢的话，为什么不把所有敌人的尸体都弄回来呢？"遭到如此奚落，阿里孔特生气地将那截儿敌人的胳膊扔到哥哥家的大门口。就在此时，他们居住的村庄突然被甩到天上，只有兄弟俩仍留在地面。塔门多纳勒又惊又气，使劲跺着地面，大水从地下喷涌而出，持续上涨，转眼间吞没了山顶，直冲云霄，最终淹没了整个大地。兄弟俩见大事不妙，迅速爬上最高的山峰，然后同妻子一起爬到山顶的树上。塔门多纳勒拖着众妻中的一位爬到一棵品多纳（Pindona）树上。那位法国旅行家发现，这种树有两个品种，其中一个种类的树叶和果实都比别的更大一些。阿里孔特携妻子爬到一棵格尼帕（Geniper）树上。他们一行人在大树枝间栖身，阿里孔特从树上摘下一个果子递给妻子，命令道："掰下一块儿，扔下去。"妻子如言照办，果子"扑通"一声掉入水中，他们据此断定水位还很高，此时还不能回到山谷。印第安人相信，在这场洪水中所有人类均被淹死，只有这两对夫妇幸存，由他们分别繁衍出两个不同的民族，即通纳塞阿勒人（the Tonnasseares）和通奈兹霍亚南人（the Tonnaitz Hoyanans），前者姓

---

[①] 参见莱留斯 [J. Lerius（Lery）]：《巴西航海志》（*Historia Navigationis in Brasiliam*），1586年，第238（220）页。——译注

[②] 安德烈·德裕（André Thevet，1516—1590），法国牧师和探险家。——译注

Tupinambo，后者姓 Tominu，两个民族之间世代结怨、战争不断。通奈兹霍亚南人极力颂扬自己，认为比邻人高出一等：“我们是塔门多纳勒的后裔，而你们只是阿里孔特的后裔。”这暗示塔门多纳勒是比阿里孔特更优秀的人。[1]

耶稣会士西蒙·德·瓦斯康塞洛斯（Simon de Vasconcellos）记录了这个传说的另一个略有不同的异文。在这个异文中，只有一个家庭幸免于难，而且并未出现那个糟糕的弟弟。故事情节大致如下：很久以前有一位睿智的巫医叫做塔门多纳勒，他得到天神图皮的神谕，称一场洪水即将席卷人世，届时所有的树木和高山都将被淹没，唯有一座高峰巍然挺立于茫茫大水之中，在山顶有一棵棕榈树，其果实类似椰果，洪水来临时他须携家人到那棵树上避难。塔门多纳勒闻言，火速携妻儿赶往那座山峰，当他们刚刚安置下来时，大雨倾盆而至，水位不断上涨，直到整个大地被淹没。渐渐地水花开始溅到峰顶上，一家人迅速爬上棕榈树，栖息于树枝间，以果实为食。当洪水退去，一家人走下山来，在荒芜的大地上重新繁衍了人类。[2]

巴西最南端的南里奥格兰德州（Rio Grande do Sul）境内有一支印第安部族称为卡因冈人（the Caingangs）或科罗亚多人（the Coroados）。他们有一个传说讲道，大洪水漫过了他们先祖居住的整个大地，只有一座叫做塞拉多马尔（Serra do Mar）的沿海山峰依然屹立于大水之上。三支印第安部族，即卡因冈人、卡尤鲁克雷人（the Cayurucres）和卡默人（the Cames）的成员口衔火把朝山顶蜂拥而去，但在半途中，卡尤鲁克雷人和卡默人十分疲倦，不幸沉入水底遇难。他们的灵魂飘荡到山上，居住在山中心。卡因冈人及少数库鲁顿人（the Curutons）竭尽全力到达目的地，并在那里暂住下来，其中一些人待在地面，一些人待在树枝上。数天后，大水仍没有退去，他们没有食物可吃。正当他们绝望地等死时，传来一种水鸟（saracuras）的欢叫声，只见它们衔着一篮篮的泥土向他们飞来。水鸟将泥土撒到水里，于是水位缓缓下降。人们要求水鸟加快速度，于是它们请来鸭子帮忙，很快所有人都有地方落脚了，而树上的人则变成了猴子。当洪水退去时，卡因冈人走下山去，在山脚下定居。遇难者的灵魂企图挖洞逃离

---

[1] 参见安德烈·德裕（André Thevet）：《通用宇宙志》（*La Cosmographie Universelle*），第 2 卷，1575 年，第 914 页以下（错标为第 947 页以下）。——译注

[2] 参见卡尔·特肖尔（Carl Teschauer, S. J.）：《巴西的神话和古代民间传说》（*Mythen und alte Volkssagen aus Brasilien*），见《人》（*Anthropos*），第 1 卷，1906 年，第 738 页；维德—新维德的马克西米连王子（Maximillian Prinz zu Wied-Neuwied）：《1815—1817 年的巴西之旅》（*Reise nach Brasilien in den Jahren 1815 bis 1817*），第 2 卷，1820—1821 年，第 59 页提到西蒙·德·瓦斯康塞洛斯的引言。——译注

他们的被困之地，在行进中，他们点起一堆火来，其中一个卡尤鲁克雷人用灰烬做成美洲豹、貘、大食蚁兽、蜜蜂及很多其他种类的动物，并给予它们生命，告诉它们应以什么为食。一个卡默人也照此法造出上述动物的天敌——美洲狮、毒蛇和黄蜂。[①]

　　印第安人的一个部族卡拉亚人（the Carayas）居住在巴西境内的阿拉瓜亚河（the Araguaya River）谷地，这条河与托坎廷斯河（the Tocantins River）一起构成亚马孙河南部大支流中最东面的支流。据说，卡拉亚人在风俗和习惯乃至体质特征等诸多方面均与邻邦不同，其语言也与巴西的其他印第安语种没有丝毫联系。[②]他们的洪水故事如下：很久以前，一群卡拉亚人在围猎野兽，他们将其赶进兽穴中，然后依次挖出来杀死。他们先后挖出了一头鹿、一只貘及一头白鹿。继续往下挖时，有一只人脚突然出现在他们面前，于是他们惊恐万分地请来一位巫师，他熟知森林里的所有走兽。巫师设法将那个人弄了出来，他叫做阿纳提瓦（Anatiua），身材矮小但腹部肥胖。只见他唱道："我即是阿纳提瓦，快拿烟草给我抽吧。"卡拉亚人听不懂他的话，他们在森林里跑来跑去，给他带来各种鲜花和水果，但均遭到拒绝。当他用手指着其中一个抽烟的人时，他们终于明白了他的意图，拿来了烟草。阿纳提瓦接过烟草，高兴地抽了起来，最后昏倒在地。卡拉亚人将他抬进独木舟，运回村里。他苏醒后又唱又跳，使那些卡拉亚人惊恐万分，于是，他们秘密逃走了。他对此十分生气，化身为一条巨大的比拉鱼（piranha）在后面紧追不舍，并随身携带着很多盛满水的葫芦。他先是高声呼喊，命令那些卡拉亚人止步，并且在遭到拒绝后生气地击碎了一个葫芦，大水顿时涌了出来，可那些逃亡者仍对此无动于衷，继续狂奔。于是他挨个击碎了剩下的葫芦，水位持续上升，整个大地陷入一片汪洋之中，只有塔皮拉佩（Tapirape）河口的一条山脉露出水面，那些逃亡者爬到其中的两座山峰上避难。阿纳提瓦将所有鱼召集到一起，命它们将那些人拉下水。雅虎鱼（jahu）、橙斑马鲛（pintado）和细鳞鲳鱼（pacu）按他的吩咐行事，均无功而返。最终，碧库多鱼（bicudo，一种嘴巴长似鸟喙的鱼）从后面爬上山，然后将人们从峰顶扯下，他们当年落水的地方形成一个大泻湖。只有少数人幸运地留在峰顶，在

---

　　① 参见特肖尔（C. Teschauer）的文章，见《人》（*Anthropos*），第 9 卷，1914 年，第 32 页以下。——译注

　　② 参见埃伦赖希（P. Ehrenreich）：《巴西民族学论集》（*Beträge zur Völkerkunde Brasiliens*），1891年，第 3 页，第 9 页。——译注

洪水退去时走下山去。①

这则故事的记载人评论道："正如安德烈（Andree）指出的那样，尽管像阿拉瓜亚河这样的地方一般会定期地洪水频发，但并没有产生洪水故事。不过，当地的条件非常有利于创作这种洪水故事。当我们在无边的低矮河岸间长时间穿行时，突然看到在塔皮拉佩河畔有一座巍峨的锥形山拔地而起，高耸入云，这时，我们就很容易理解饱受洪水之苦的卡拉亚人何以会讲述此类洪水故事了。也许洪水偶尔会达到罕见的高度，这时那些山脉就成为周边居民唯一的逃生之所。"他又补充道："同其他南美洲洪水传说相同，该故事中的洪水并不是由降雨引起的，而是由盛满水的容器破裂所致。"②

此外，普鲁斯河畔的帕马里人（the Pamarys）、阿贝德里人（the Abederys）和卡陶施人（the Kataushys）讲道：从前，人们听到从大地上方及深处传来隆隆的声音，太阳和月亮都变成了红、蓝、黄三色，野兽们毫无惧色地混入人群。一个月后，他们听到一声咆哮，并看到黑暗从地面渐渐向天空漫延，同时雷声轰隆，大雨倾盆，大地日夜不分，一团漆黑。有的人迷了路，有的人莫名其妙地死去，一切皆处于一片可怕的混沌之中。水位升得很高，整个大地都被洪水吞没，只有最高的那些树梢仍处于水面之上。人们纷纷爬到树上避难，他们栖息于树枝间，饥寒交迫，周围一团漆黑，骤雨下个不停。最终只有乌阿苏（Uassu）和妻子得以幸存。洪水过后，二人走下树，竟看不到一具完整的尸体，映入眼帘的是一座白森森的骨山。后来他们生育了很多孩子，他们彼此鼓励道："来吧，来吧，让我们把房舍盖到河边上吧。这样河水上涨时我们就可以随之一起上升了。"然而，当看到干涸坚硬的土地时，他们就不再顾及此事了。不过，直到今天，帕马里人依然把房屋建在河边。③

厄瓜多尔的希瓦罗人（the Jibaros）的一支穆拉托人（the Muratos）有他们自己的洪水故事：从前，有一位穆拉托印第安人在帕斯塔萨（Pastaza）河的一个泻湖上捕鱼，这时一条小鳄鱼吞掉了他的鱼饵，于是这个年轻的渔人就杀死了它。那条鳄鱼的妈妈，也许是整个鳄鱼群的母亲，对此十分生气，她用尾巴拍打着

---

① 参见埃伦赖希（P. Ehrenreich）：《巴西民族学论集》（*Beträge zur Völkerkunde Brasiliens*），1891年，第40页以下。——译注

② 埃伦赖希（P. Ehrenreich）：《巴西民族学论集》（*Beträge zur Völkerkunde Brasiliens*），1891年，第41页。——译注

③ 参见特肖尔（C. Teschauer）的文章，见《人》（*Anthropos*），第1卷，1906年，第739页。——译注

湖水，直到洪水溢出，将周边地区全部淹没。所有人均被淹死，唯有一人幸存。他爬到一株棕榈树上，在上面待了很多天。一直以来周围都一团漆黑，如黑夜一般。他时不时地扔下一颗棕榈果，以试探水的深度，然而每次果子都"扑通"一声落入水中。最后，终于有一天，扔下的果子"砰"的一声掉到地上，并且没有泼溅声，他知道洪水已然退去，于是爬下树来，建起房屋，并开始着手耕田。他没有配偶，于是割下身体的一部分，种进田里，大地由此受孕，从中跳出一个女人来，成为他的妻子。①

智利的阿劳坎人（the Araucanians）有一个传说认为，在大洪水中，只有少数人得救。这些幸存者在一座名为泰格泰格（Thegtheg，意思是"打雷"或"闪电"）的大山上避难，山上有三个山顶，可以浮出水面。那位西班牙历史学家说："由此推断，这次洪水是火山喷发的结果，还伴随着地震，所以可能与挪亚洪水非常不同。一旦发生强震，这些人们就落荒而逃到这些山顶上，他们想象它们的模样都差不多，因而理所当然地设想它们能够浮在水面上，理由是他们担心地震后海水会卷土重来，淹没世界。当此之时，每个人都带上足够的食物以及防止头被太阳晒伤的木盘，因为一旦水位升高，泰格泰格山就会被提升得离太阳很近。一旦有人对他们说，要达到这个目的，泥盘远比木盘更合适，他们通常会回答说，他们的祖先从来就是这么做的。"②

英属圭亚那的阿科卡沃伊人（the Ackawois）有一个细节更丰富的大洪水故事。据说，开天辟地之时，大神马克奈马（Makonaima）创造出各种飞禽走兽，并派其子西固（Sigu）来统治它们。此外，他还施法让地下长出一棵大树来，每个树枝上都结有一个不同种类的果子，香蕉、芭蕉、木薯、玉米及各类谷物密密麻麻地压满枝头，甚至连树根也被一簇簇的甘薯围绕。简言之，现存所有植物均来自那棵奇妙的大树。为了使这棵树的果子遍布世界各地，西固将树砍下，取其碎片和种子撒播到各地。所有飞禽走兽都参与到这项浩大的工程中来，唯独又懒又淘气的棕猴选择袖手旁观。为了防止猴子捣乱，西固派它带着透孔的篮子到小溪边拎水，这样或许能够消耗掉它的旺盛精力。随着大树倒下，西固惊讶地发现树桩原来是中空的，里面盛满了水，各类淡水鱼苗儿在水中游来游去。仁慈的西固决定打通地面上所有的江河和湖泊，这样每种鱼苗都可以在所

① 参见里维特博士（Dr. Rivet）：《希瓦罗印第安人》（*Les Indiens Jibaros*），见《人类学》（*L'-Anthropologie*），第 19 卷，1908 年，第 236 页以下。——译注

② 伊格纳提乌斯·莫利纳（J. Ignatius Molina）：《智利的地理史、自然史和民政史》（*The Geographical, Natural, and Civil History of Chili*），第 2 卷，1809 年，第 93 页。——译注

有水域中自由地游弋。然而，这一善举在实行的过程中却困难重重，由于这个树桩与大地深处的水源相连，大水开始汨汨溢出。西固迅速将一个编织细密的篮子扣在树桩上，成功地止住了水。但这一切都因那只棕猴的出现而功亏一篑，棕猴对自己徒劳无功的工作渐渐感到厌烦，于是偷偷返回。看到篮子倒扣在树桩上，棕猴猜想下面也许藏着好吃的东西，于是小心翼翼地将篮子掀开并朝下窥视，洪水喷涌而出，将棕猴冲到一旁，并淹没大地。西固将动物们召集到一起，带领它们逃往这个国家的最高处，那里长着一棵高高的棕榈树。他命令鸟类和爬行动物到树上去，至于那些非两栖的非爬行动物则被关进一个山洞里。西固将狭窄的洞口蜡封好，然后给洞内的动物一根长长的荆棘，这样它们就可以随时刺穿蜡层，判断大水是否退去。安置好这些无助的动物之后，西固率其他生灵爬到那棵棕榈树上，安坐于树枝间。暴雨很快就倾盆而下，世间一团漆黑，他们都饥寒交迫，但咬紧牙关挺了下来，唯独猴子痛苦难耐，大声号叫，因此直到今天它的嗓子一直是肿的。同时，西固时不时地扔下一些棕榈果，通过溅起的水花来判断水的深度。随着洪水渐渐退去，果子落水与水花溅起的间隔越来越长，最后西固终于听到果子"砰"的一声落在柔软的地上。他断定洪水已然退去，于是准备携动物们走下树去。喇叭鸟慌慌张张地冲在最前面，却不小心掉进蚁穴，一群饥饿的蚂蚁密密麻麻地爬在它的腿上噬咬着，直至露出白骨，正因如此，直到今天喇叭鸟仍旧长着一对纺锤形状的小腿。其他动物见此惨状都吓呆了，它们从中吸取教训，小心翼翼地走下树去。西固用两块木板摩擦生火，然而当第一丝火星冒出时，西固却恰巧看着别处，一只丛林火鸡错把它当成了萤火虫，于是将它吞了下去，飞走了。火星灼伤了火鸡的食道，因此，直到今天火鸡的喉部仍然长着红色的垂肉。当时恰巧有一条鳄鱼在场，虽然它并未伤害任何人，但由于某种原因它是一个不受欢迎的角色，于是大家纷纷指责它盗取并吞食了火星。为了将火星从鳄鱼的颌部取出，西固撕下鳄鱼的舌头，因此，鳄鱼直到今天仍没有舌头来说话。[1]

英属圭亚那的阿拉瓦克人（the Arawaks）相信，自创世以来，世界曾两次遭到毁灭，一次是火灾，一次是洪灾，这两次灾难均是由于伟大的"居高者"阿依奥蒙孔迪（Aiomun Kondi）不满人类的恶行而降下的。但人们曾提前得到神谕，在沙洲深处建了一座地下房屋，该房屋有木质屋顶和巨大的木质支柱，房屋上面铺着一层泥土及一层厚厚的沙制涂层。人们小心翼翼地将一切易燃物品

---

[1] 参见布雷特牧师（Rev. W. H. Brett）：《圭亚那的印第安人部落》（*The Indian Tribes of Guiana*），1868 年，第 378—384 页。——译注

搬离，然后来到该地下住所。他们安静地待在那里，从地上传来火舌掠过地面的咆哮声。后来，当洪水来临时，智者马莱莱瓦纳（Marerewana）提前得到警示，携家人登舟逃难。他唯恐小船漂到海里或漂离其祖先的住所，就用一根长长的灌木缆绳将小船系到一棵大树上。这样，当洪水退去后，他发现自己还停留在离原住所不远的地方。[①]

英属圭亚那的马库西人（the Macusis）说，起初善神马库奈马（Makunaima，意为"夜间工作者"）创造了天地。他离开天上的住所来到人间，然后爬到一棵高树上，用石斧削下树皮，碎片飘落到树下的河水之中，化为各种动物。接下来他造了一个男人，当这个男人从熟睡中醒来时，发现一个女人站在他身旁。后来由于恶灵当道，善神马库奈马使洪水漫世，只有那个男人乘小舟幸存。男人派出一只老鼠去查看洪水是否退去，老鼠衔回一个玉米棒子。当洪水退去之后，这个男人用往身后扔石子的方式重新繁衍了人类，就像希腊神丢卡利翁和皮拉那样。[②]在这个故事中，创造女人、恶灵出现以及派老鼠前去查看水深等情节均与《圣经》故事中的情节类似，这可能与传教士的影响有关，至少与欧洲的影响有关。此外，该故事中用往身后扔石头这一方式繁衍人类的情节与希腊神丢卡利翁和皮拉的故事的相关情节完全吻合，这让人很难将二者视为两个完全独立的故事。

奥里诺科（the Orinoco）的印第安人也流传着一个大洪水的传说。关于这个问题，洪堡评述说："如果没有想起一个事实，我就不可能离开恩卡马拉达（En-camarada）群山的第一脉，吉里神父（Father Gili）也不是不知道这个事实，而且我在奥里诺科的传教区逗留期间，也经常听说它。这些地区的土著保留着一种信仰，即在大洪水发生时，他们的先祖被迫乘独木舟逃离无处不在的洪水，海浪击打着恩卡马拉达山的岩石。这种信仰不仅孤立地存在于塔马拉克人（the Tam-anaques）这一个民族间，还构成了一个历史传说体系的一部分。在大瀑布附近的迈普雷人（the Maypures）中，在流入考拉河（the Caura）的埃勒法托河（Rio Erevato）流域生活的印第安人中，在奥里诺科河上游的几乎所有部落中，都能发现这种传说体系的蛛丝马迹。如果有人问塔马拉克人，人类怎样逃过这次大难（墨西哥人称之为'水灾时代'），他们就说，有一男一女在塔马纳卡（Tamanacu）山上获救，这座山位于阿西韦卢河（the Asiveru）岸边，他们把毛里提亚棕榈

---

① 参见里韦特（Rivet）的文章，见《人类学》（L'Anthropologie），第19卷，1908年，第235页以下。——译注

② 参见里夏德·朔姆堡（Richard Schomburgh）：《1847—1848年的英属圭亚那之旅》（Reisen in British-Guiana, 1847-1848），第2卷，第319页，第320页。——译注

（the Mauritia palm）果从头顶向后抛，就从果核中蹦出了男人和女人，这些人又重新遍布大地。"①当他们因为这场毁灭人类的洪水而满怀悲伤地下山时，听到了一个声音告诉他们该怎样做，于是，他们就听从了指示。男人们抛出的果实变成了男人，女人们抛出的果实变成了女人。②

　　居于厄瓜多尔古都基多（Quito）的印第安部族卡纳里人（the Cañaris）说，有一对兄弟在大洪水时逃到了瓦卡依纳（Huaca-yñan）山上。这座山能随洪水的上涨而不断上升，因此兄弟二人安然无恙。当洪水退去时，他们储存的食物也已耗尽，于是他们走下山去，盖了一间小房子并安顿下来。他们整日在山上及山谷中觅食，靠野草与树根勉强维持生活，时常饥肠辘辘，疲惫不堪。有一天，他们疲惫地回到家中，惊奇地看到已有人为他们备好了食物和吉开（chicha）酒，也不知是谁带来或者为他们准备的，连续十天天天如此，哥儿俩经过商量，决定一窥那个神秘的雪中送炭者的庐山真面目。于是，哥哥偷偷藏了起来，他发现两只金刚鹦鹉飞进屋子，它们穿着卡纳里人的服饰，长着女人的美丽面庞。它们一进屋就着手准备饭食。哥哥从藏身之处走出来，但鸟儿一看到他就生气地飞走了，结果当天兄弟俩没有任何东西可吃。弟弟回家后，没有像往常那样看到食物，于是向哥哥询问，他们对此都很生气。次日，弟弟在家守候，但直到第三天傍晚时，那两只金刚鹦鹉才再次现身，兄弟俩一直耐着性子静候它们准备好饭食，然后以迅雷不及掩耳之势将门关上。两只小鸟被困，十分懊恼。他们抓住了那只稍小的鸟，而那只稍大的鸟则趁机逃走。于是兄弟俩娶那只金刚鹦鹉为妻，生下六个儿女，再度繁衍了卡纳里人。夫妻三人居住的瓦卡依纳山被印第安人奉为圣地，此外他们还将金刚鹦鹉奉为圣物，逢年过节都要使用其羽毛。③

　　秘鲁利马城东部安第斯山区瓦罗奇里（Huarochiri）省的印第安人说，从前整个世界几乎惨遭毁灭。其发生过程如下：有一个印第安人要将他的美洲驼拉到一片丰美的牧场上，可是，那只畜生却极不情愿，它低声呜咽着，脸上呈现出悲伤的表情。主人训斥道："蠢蛋，你为何如此悲伤，还拒绝进食？难道嫌这

---

　　① 洪堡（A. De Humboldt）：《新大陆赤道地区航程》（*Voyage aux régions equinoxiales du Nouveau Continent*），第 1 卷，1814 年，第 238 页。——译注

　　② 参见里夏德·朔姆堡（Richard Schomburg）：《1847—1848 年的英属圭亚那之旅》（*Reisen in British Guiana，1847—1848*），第 2 卷，1847—1848 年，第 320 页。——译注

　　③ 参见克里斯托弗·德·莫利纳（Christoval de Molina）：《印加人的寓言和仪式》（*The Fables and Rites of the Yncas*），见马卡姆（C. R. Markham）编选并翻译的《印加人的仪式和法律》（*The Rites and Laws of the Yncas*），1873 年，第 8 页以下。——译注

里的食物不够丰美吗？”美洲驼答道：“主人，我不会无缘无故悲伤的。五天后海水将暴涨，淹没整个大地，毁灭地上的一切生物。”主人问它有何办法可以避难，美洲驼吩咐他备好五天的食物，并跟随它前往位于圣达米安（San Damian）教区与圣格诺尼莫·德苏尔克（San Geronimo de Surco）教区之间的威尔卡柯托山（Villca-coto）上。主人悉数照办，背着食物、领着美洲驼出发了。爬到山顶时，他发现那里已经聚集了很多动物。他刚抵达目的地，海水就开始上涨，洪水吞没了所有山脉，只有威尔卡柯托山顶依然屹立。即使在那里，依然有巨浪时时扫过，因此动物们只好挤在狭窄的空间里，有些都无法落脚。狐狸不小心将尾巴蘸进水里，因此直到今天它的尾尖儿依然呈黑色。第五日傍晚大水开始退去，海水退回到原水位。可是，世上所有人类全部遇难，唯有那个男人幸存，他繁衍了世界上所有的民族。①

秘鲁印加人（the Incas）也有一个洪水传说。他们说，世上所有的高山均被淹没，所有生灵全部丧生，只有一男一女躲在一个箱子里，顺水漂流，得以幸存。当洪水退去，风将箱子吹到离库斯科（Cuzco）约 70 里格的蒂亚瓦纳科（Tiahuanacu）。②

西班牙历史学家赫雷拉（Herrera）讲述了秘鲁的大洪水传说：“古印第安人声称，该传说是从他们祖先那里流传下来的。多年前，这个国家人口众多，然而一场大洪水暴发了，海水涌出海岸，席卷大地，所有人都遇难了。居于肖夏（Xauxa）山谷的瓜卡人（the Guancas）以及科劳（Collao）省奇基托河（Chiquito）流域的居民补充道：还有一些人待在山洞中，他们后来再殖了人类。其他山民则坚称所有人均于洪水中丧生，只有六人乘舟逃生，他们繁衍了这个国家的人们。由此可以确定，这里可能曾发生过大洪水，因为在这一点上这几个省份的居民都看法一致。”③

---

① 参见弗朗西斯科·德·阿维拉（Francesco de Avila）：《纪事》（*Narrative*），见马卡姆（C. R. Markham）编选并翻译的《印加人的仪式和法律》（*The Rites and Laws of the Yncas*），第 132 页以下。——译注

② 参见克里斯托瓦尔·德·莫利纳（Christoval de Molina）：《印加人的寓言和仪式》（*The Fables and Rites of the Yncas*），见马卡姆（C. R. Markham）编选并翻译的《印加人的仪式和法律》（*The Rites and Laws of the Yncas*），第 4 页以下；加尔西拉索·德·拉维加（Garcilasso de la Vega）：《印加人王室编年史第一部分》（*First Part of the Royal Chronicles of the Yncas*），马卡姆（Markham）译，1869—1871 年，第 1 卷，第 71 页；德阿考斯塔（J. De Acosta）：《印度群岛的自然史和道德史》（*Natural and Moral History of the Indies*），第 1 卷，1880 年，第 70 页以下。——译注

③ 安东尼奥·德·赫雷拉（Antonio de Herrera）：《美洲被统称为西印度群岛的广阔大陆及诸岛通史》（*The General History of the vast Continent and Islands of America commonly called the West Indies*），约翰·史蒂文斯上尉（Capt. John Stevens）译，第 4 卷，1740 年，第 283 页。——译注

奇里瓜诺人（the Chiriguanos）曾是玻利维亚东南部一支强大的部族。他们讲了这样一个大洪水故事：阿瓜拉屯帕（Aguara-Tunpa）是一个威力无比但十分恶毒的精灵，他向创世主、唯一的真神屯帕特（Tunpaete）宣战。人们不知他的动机何在，但认为那完全是出于恶意或蓄意挑衅。为惹恼真神，阿瓜拉屯帕于秋初或秋末时在所有大草原上放火，大火烧光了印第安人赖以生存的所有动植物，他们当时就像今天一样还未开始种植玉米等谷物。由于食物匮乏，那些印第安人几乎被饿死。然而，他们撤离了火势蔓延的地区，来到河边。由于大地浓烟四起，他们转而以鱼为食。眼看人类即将逃出他的魔爪，阿瓜拉屯帕转而采用另一个手段来实现其罪恶企图。他使暴雨倾盆而下，企图将整个奇里瓜诺部落淹没。他的阴谋险些得逞，但奇里瓜诺人最终打败了他。由于事先得到真主屯帕特的启示，他们找到一片宽大的马黛茶树叶，在上面放上同母所生的一男一女两个小孩，这艘小"方舟"载着它珍贵的小居民在水面漂流。瓢泼大雨一直下个不停，水位持续上升，整个大地都被淹没，所有奇里瓜诺人全部遇难，唯有那两个小孩幸存。最后大雨终于停止，洪水退去，留下大片恶臭的烂泥。小孩离开了他们的"方舟"，因为如果继续停留的话，将饥寒交迫而死。当然，鱼类等水生生物并没有在洪水中丧生，相反，它们长得更加健壮了，完全可以充当那两个小孩的美餐。但是，他们如何才能烹食抓到的鱼呢？地上所有的火都被洪水浇灭了。有一只巨大的蟾蜍前来帮助他们。洪水席卷大地之前，它口衔一些炭藏身于洞中，在洞中它一直不停地对着炭吹气照明。当大地重新变得干燥起来时，它口衔那些炭离开山洞，径直来到那两个小孩面前，将炭赠给他们。这样，他们就能烤鱼吃了，也能烘暖瑟瑟发抖的身体了。孩子们渐渐长大成人，他们结合之后繁衍了奇里瓜诺族人。[①]

南美洲最南端的火地岛居民讲了一个奇妙难解的大洪水故事。他们说，太阳掉进大海中，大水暴涨，整个大地都被淹没，唯有一座高山依然挺立于水面之上，几个人跑到山顶避难。[②]

### 13. 中美洲和墨西哥的大洪水故事

巴拿马周围的印第安人"对挪亚洪水有些看法，他们声称，当洪水来临时，

---

① 参见伯纳迪·德·尼诺（Bernadino de Nino）：*miscionero franciscano, Etnografía Chiriguana*，La Paz，Bolivia，1912 年，第 131—133 页。——译注

② 参见布里奇斯（T. Bridges）的文章，见《巴黎人类学协会会刊》（*Bulletins de la Société d'Anthropologie de Paris*），第三系列，第 7 卷，1884 年，第 181 页。——译注

有一个人带着妻子和孩子们逃进一只独木舟，正是因为他，人类才得以在地球上延续"①。尼加拉瓜（Nicaragua）的印第安人相信，自人类被造以来，地球曾毁于一场洪水，之后，诸神又重新创造了人、动物和其他所有生物。②

意大利历史学家克拉韦格若（Clavigero）说："墨西哥人和其他所有文明民族一样，关于创世、关于世界性的洪水、关于语言变乱和各民族散居都有一个清晰的传说，虽然可能受到无稽之谈的侵蚀，但实际上，所有这些事件在他们栩栩如生的讲述中都有所体现。墨西哥人认为，当人类被突如其来的大灾难袭击时，只有一个名叫考克考斯（Coxcox）或泰奥帕卡利（Teoipacali）的男人和一个名叫考其奎特扎尔（Xochiquetzal）的女人死里逃生，他们待在一只树皮扎的小船里，躲过一劫。之后，他们漂流到一座山上，他们叫它高华堪（Colhuacan）山。在那里，他们生育了许许多多孩子，可惜这些孩子一出生就是哑巴。后来，有一只鸽子从一棵高耸的树上飞下来，向哑巴孩子们传授语言。但是，由于学到的语言互不相同，人类无法相互理解。特拉斯卡兰人（the Tlascalans）声称，那些在灾难中得救的人后来变成了猿，在那以后，才渐渐地恢复了言语和理性能力。"③

墨西哥的米却肯（Michoacan）省也保留了一个洪水传说。当地人说，当洪水开始上涨的时候，有一个名叫泰兹皮（Tezpi）的人，带着他的妻子和孩子，钻进一只硕大的容器里，同时随身带着形形色色的动物和各种各样的种子，为的是在灾后重建家园。大水减退的时候，泰兹皮放出一只兀鹰，这只鸟飞了出去，找到一些可以吞吃的尸体，就没有再飞回来。接着，泰兹皮又放出了其他几只鸟，它们也没有飞回来。最后放飞的是一只蜂雀，它返回的时候嘴里叼着一根绿色的树枝。④在这则故事里，报信的鸟儿让人很自然地回想起在挪亚传说中的

---

② 参见奥维多·巴尔德斯（G. F. De Oviedo y Valdés）：《尼加拉瓜史》（Histoire de Nicaragua），1840 年，第 21 页以下。——译注

① 德·赫雷拉（A. De Herrera）：《美洲被统称为西印度群岛的广阔大陆及诸岛通史》（The General History of the Vast Continent and Islands of America），第 2 卷，史蒂文斯（J. Stevens）译，第 414 页。——译注

② 参见奥维多·巴尔德斯（G. F. De Oviedo y Valdés）：《尼加拉瓜史》（Histoire de Nicaragua），1840 年，第 21 页以下。——译注

③ 克拉韦格若（F. S. Clavigero）：《墨西哥史》（The History of Mexico），第 1 卷，卡伦（C. Cullen）译，1807 年，第 244 页；参见班克洛夫特（H. H. Bancroft）：《太平洋地区的土著种族》（The Native Races of the Pacific），第 3 卷，1875—1876 年，第 66 页。——译注

④ 参见德·赫雷拉（A. De Herrera）：《美洲被统称为西印度群岛的广阔大陆及诸岛通史》（The General History of the Vast Continent and Islands of America），第 3 卷，史蒂文斯（J. Stevens）译，第 254 页以下；班克洛夫特（H. H. Bancroft）：《太平洋地区的土著种族》（The Native Races of the Pacific），第 3 卷，1875—1876 年，第 66 页以下。——译注

120 | 《旧约》中的民间传说——宗教、神话和律法的比较研究

乌鸦和鸽子。可能印第安人从传教士的口中听到过挪亚传说。

惠乔尔印第安人（the Huichol Indians）居住在靠近西墨西哥的圣卡塔琳娜州（Santa Catarina）的山区，他们也有一则有关洪水的传说。他们说，有一个惠乔尔印第安人，为了开垦出一片可供种植的平地，便在森林里砍伐树木。每天早上令他感到的懊恼的事情都会出现——前一天他砍伐的树木到了第二天会重新长出，而且与砍伐前一般高。这使他非常生气，同时，他也为自己的劳而无功感到疲惫不堪。到了第五天，他决定再试一次，就守在树木的根部想看个究竟。不一会儿，从平地的中间地段冒出一位老妇人，手里拿着一根木棍。她不是别人，正是伟大的祖母——土地女神纳卡维（Nakawee），掌管着从黑暗的地下长出的每一件鲜绿之物。但是，这个惠乔尔印第安人并不认识她。土地女神用木棍依次指向南方、北方、西方和东方，上面和下面，随即所有被年轻人砍下的树木立刻站立起来。这时候，年轻人才明白为什么任凭自己怎么拼命努力，但空地上依然长满树木的原因。于是他愤怒地冲着老妇人喊道："是你一直阻碍我的工作吗？""是的，"老妇人答道，"因为我希望和你谈谈。"接着她告诉年轻人他的工作全部归于徒劳。她说："一场大洪水即将来临。不到五天的时间，严酷的狂风，如同红番椒一般尖利，会让你咳嗽不停。你必须用无花果树做一口箱子，箱子要和你一样大，用坚硬的顶盖盖好。你要带上不同颜色的玉米谷物各五个，各种颜色的大豆各五个；带上火种和五个压扁的花梗，不让它熄灭；另外，你需要随身带一只黑色的母狗。"年轻人遵照老妇人的话做了。到了第五天，他已准备好木箱，将嘱咐要带的东西全部放了进去，然后他带着黑色的母狗钻进箱子。老妇人加了盖子，将木箱的缝隙用胶封好，告诉年轻人警惕木箱出现缝隙。在确保木箱既不透水也不透风而且万无一失之后，老妇人坐到箱子盖上，肩头安放着一只金刚鹦鹉。在接下来的五年里，木箱一直漂浮在水面上。第一年，它漂到南方，第二年漂到北方，第三年漂到西方，第四年漂到东方。到了第五年，它随着洪水渐渐上涨，世界各地都被大水淹没。接下来的一年，洪水开始减退，木箱搁浅在靠近圣卡塔琳娜州的一座山上，如今在那里依然可以看见它。箱子停在山上，年轻人除下盖子，看到世界依旧被水覆盖，但金刚鹦鹉和鹦鹉们已经满怀希望地开始工作起来。它们用喙在山上啄洞，直到山洞形成山谷，所有的大水随着山谷一泻而光，形成五个大海。接着，陆地开始变干，树木小草生长出来，老妇人化作一阵风消失了。年轻人重新开始清理田园的工作，这项工作曾一度被洪水打断。他和母狗生活在山洞里，他清晨出去劳作，晚上返回家中，母狗则一直待在家里。每天晚上回来时，年轻人都会发现有烘焙好的糕点摆在桌上，好像在迎接他归来。年轻人感到好奇，想知道是谁做了这些糕点。五天过去了，年轻人故意装作出去劳动的样子，将自己藏在离山洞不远的灌木丛中，往家里观望着。他看见母狗脱下自己的狗皮，将它悬挂起来，然后变成女人的样子跪在地上，将玉米磨碎做成糕点。年轻人从女人身后悄悄走过去，抓着她脱下的狗皮将它丢进火里。"你烧了我的袍子！"女人大叫着，开始像一只狗一样发出哀鸣。年轻人拿来一盆水掺入她准备的粉末和好后，用剩下的水给她洗了洗头，她感到焕然一新，从此便保持着女人的样貌了。两个人组成家庭，生儿育女。儿子和女儿又结了婚。从此地球上的人类得以繁衍，并在山洞里生活。[1]

科拉印第安人（the Cora Indians）名义上是基督教部落，他们的边界在西面与惠乔尔人相邻。他们讲过一个类似的大洪水故事。故事里发生了同样的事件：有一个女人警告一个樵夫说，一场洪水即将来临。洪水之后，这个樵夫与一只母狗生活，狗变成人的妻子。不过，在科拉人的传说异文中，男人被要求进入一只大船里，随身带着一只啄木鸟、一只矶鹞、一只鹦鹉，还有一只母狗。午夜，洪水来临，男人上了船。当洪水平息的时候，他在船上待了五天，派矶鹞外出查看能否在地面上行走。鸟飞回来大叫着："哎——喂——喂！"男人从鸟的叫声中明白地面依然是湿的。他又等待了五天，派啄木鸟去试试树木是否牢固和干燥。啄木鸟将它的嘴深深地啄进树木中，头左右摆动，可惜树木被水冲刷得很柔软，它的嘴差点拔不出来了，最后它用力一拽，失去平衡栽倒在地。啄木鸟飞回船上叫道："苦——伊，苦——伊！"男人明白了它的意思，又等了五天。这回他派出那只有斑点的矶鹞。这一次，泥土很干，矶鹞在地面上蹦蹦跳跳，它的腿也没陷进去。矶鹞回到船上，报告说一切都好了。于是，男人大胆地从船中走出，开始小心翼翼地踱步，直到看见土地又干又平地呈现在眼前。[2]

科拉印第安人讲的另一个洪水故事的异文片段说，洪水中的幸存者似乎都是在独木舟中逃生的。大洪水减退时，神派兀鹰飞出独木舟去视察一下大地是否足够干燥。但兀鹰没有回来，因为它正专心品尝在洪水中溺死的人的尸体。神

---

[1] 参见拉姆霍尔兹（C. Lumholtz）：《未知的墨西哥》（*Unknown Mexico*），第 2 卷，1903 年，第 22 页以下。——译注

[2] 参见拉姆霍尔兹（C. Lumholtz）：《未知的墨西哥》（*Unknown Mexico*），第 1 卷，1903 年，第 193 页以下；普罗伊斯（K. T. Preuss）：《纳亚里特州探险记》（*Die Nayarit-Expedition*），第 1 卷：《科拉印第安人的宗教》（*Die Religion der Cora-Indianer*），1912 年，第 277 页以下。——译注

很生气，惩罚了兀鹰，让它变成黑色而不是以前的白色，只有翅膀尖上留有一丁点儿白，从而让人明白兀鹰在洪水发生前是什么颜色。接下来，神命令斑鸠出去看看大地是否已经变干。斑鸠回来报告说大地干了，但河流开始泛滥，于是神要求所有兽类去将河水喝干。所有的兽类和鸟群开始喝水，只有哭泣鸽（Paloma Llorona）没去。因此，它仍然每天要在晚上喝水，因为它羞于在白天喝水时被人看见，它一整天都在哭泣和哀号。①在科拉人的这些传说中，关于鸟儿尤其是关于兀鹰和乌鸦的插话，很明显地反映出基督教传教的影响。

## 14. 北美洲的大洪水故事

亚利桑那西南部的帕帕戈人（the Papagos）说，大神在造人之前便先造了大地和所有生物。接着，大神降临大地，在地上挖掘，找到了一些制陶的黏土。他将这些黏土带回天上，从那里让它们落入挖好的洞中，转瞬间便从洞里跳出了英雄蒙特祖玛（Montezuma），在他的帮助下，印第安部落依次出现。最后诞生的是野生阿帕切人（the Apaches），他们一经创造出来便逃走了。世界初创的那几天是快乐的、和平的。那时的太阳离地球比现在要近得多，天气冷暖适中，没必要穿衣服。人类和动物一起交谈，一种共同的语言成为纽带，让他们结下兄弟情谊。但是，一场毁灭性的大灾难彻底结束了那些黄金岁月。洪水暴发，吞噬了一切血肉之躯和呼吸着的生命，唯有蒙特祖玛和他的朋友丛林狼得以逃脱。因为在大水泛滥之前，丛林狼预言即将发生洪灾，而蒙特祖玛接受警告，为自己做了一条船，将它放置在圣罗莎（Santa Rosa）山顶，严阵以待。丛林狼也为自己准备了"方舟"，它在靠近河岸的藤蔓上咬了一个洞钻了进去，又用树脂将洞封住。所以，当大水涨起来的时候，蒙特祖玛和丛林狼借助船和藤蔓漂浮在水面上，从而保全了性命。当洪水退去，这个唯一的人和这只仅存的动物在干沙滩上相遇了。蒙特祖玛因为很想知道还剩下多少土地，便派丛林狼去探查。丛林狼回来报告说，往西、往南和往东都是海，而往北走却没看见海洋，它往前旅行一直到筋疲力尽。与此同时，在蒙特祖玛的帮助下，大神重新向大地提供了人和动物。②

与帕帕戈人相邻的部落皮马人（the Pimas）说，地球和人类是由某个奇奥沃

---

① 参见普罗伊斯（K. T. Preuss）：《纳亚里特州探险记》（Die Nayarit-Expedition），第1卷：《科拉印第安人的宗教》（Die Religion der Cora-Indianer），1912年，第201页。——译注

② 参见班克洛夫特（H. H. Bancroft）：《太平洋地区的土著种族》（The Native Races of the Pacific States），第3卷，1875—1876年，第75页以下。——译注

特马赫可（Chiowotmahke，即大地预言家）造出来的。创造者有一个儿子名叫斯宰乌可哈（Szeukha），当大地勃勃生长的时候，他住在奇拉（Gila）山谷。当时，在同一座山谷中还住着一位伟大的预言家，他的名字早已被人们忘记。有一天晚上，正在熟睡的预言家被一阵敲门声惊醒。他打开房门，发现门外站着一只老鹰。老鹰对他说："起来，快看一看，一场大洪水近在眼前。"预言家哈哈笑了起来，对老鹰的话不屑一顾。他用袍子裹住自己，继续睡觉。过了一会儿，老鹰又一次出现，再度警告他，但他仍不予理睬。忍气吞声的老鹰第三次警告预言家说，奇拉山谷中所有的一切即将被大水淹没，但这个愚蠢的人依然对这一警告充耳不闻。就在这个晚上，洪水喷涌而至。第二天早上，四处不见一个活着的生物，除了一个人，如果他可以算是一个真正的人的话——斯宰乌可哈，创造者的儿子，他漂浮在一只树脂或树胶球状物上，从而保全了性命。当洪水的水位下降时，他在盐河（the Salt River）河口附近上岸，在山中的一处洞穴里居住下来，这处洞穴直到今天仍在那里，还有斯宰乌可哈居住时使用的工具。不知什么原因，斯宰乌可哈很生那只大老鹰的气，虽然这只鸟曾多次警告预言家，劝他从洪水中逃生。斯宰乌可哈于是借助绳梯的帮助，爬上海边的悬崖，老鹰栖居在那里，他想在鹰巢里找到那家伙并宰了它。在鹰巢的里里外外，他发现大批大批四肢不全和正在腐烂的尸体，显然是老鹰把它们作为食品衔到鹰巢里的。斯宰乌可哈使这些肉身起死回生，送他们重新布满大地。[1]

在加利福尼亚靠近圣胡安·卡皮斯特拉诺（St. Juan Capistrano）的阿卡柴门（Acagchemen）印第安人"以前对一场全球大洪水并非一无所知，但他们怎样以及从哪里得知的这种一模一样的知识，我可能永远不得而知。他们的一些歌曲提到过大洪水；他们有传说认为，在遥远的年代，海水暴涨，翻涌而来，覆盖了平原，冲填了山谷，直到将山川淹没。因而，几乎所有人种和动物都遭到灭顶之灾，只有少数人躲到了水流无法企及的高山上"。

加利福尼亚南部的卢伊塞诺（Luiseño）印第安人也说，洪水冲垮了所有的高山，淹没了绝大多数的人。只有一小部分人生存下来，他们在靠近邦索尔（Bonsall）的一个小土墩上找到一处避难所，这个地方被西班牙人称作莫拉（Mora），而印第安人则叫它卡图他（Katuta）。当这片土地的其他部分全被大水淹没的时候，只有这个小土墩保留了下来。幸存者一直待在那里，直到洪水退去。直到今天，人

---

① 参见班克洛夫特（H. H. Bancroft）：《太平洋地区的土著种族》（*The Native Races of the Pacific States*），第3卷，1875—1876年，第78页以下。——译注

们还可以看到在这座小山丘上堆放着海贝壳、海藻、灰烬和石头，这些遗迹表明这个地方曾是印第安人烧火做饭的地方，贝壳是他们吃剩的海贝，灰烬和石头是生火地点的残存。讲述这个传说的作者补充说："靠近泰尔·玛（Del Mar）的山上和海岸沿线的一些地方，有许多这样的海贝堆积物，沙滩上也发现这些东西，大量地堆在一块。" 卢伊塞诺人至今吟唱一首《洪水之歌》，其中还提到了卡图他小土墩。[1]

居住在加利福尼亚史密斯河（Smith River）流域部落里的一名印第安妇女对大洪水作了如下描述。有一次，下了一场特大的暴雨。暴雨持续了很长一段时间，水位不断上涨，直到所有山谷都被淹没。印第安人退避到高地上。最后，所有人都被大水冲走淹死，除了一对情侣，他们逃到最高的山顶得以保全性命。他们靠吃鱼生存，把鱼夹在胳膊下捂熟。他们没有火，因为所有东西都泡在水里湿透了，所以他们找不到任何可以打出火的用具。最终大水退去，这对孤独的情侣产下后代，也就是现在所有的印第安人。印第安人死后，他们的灵魂变成鹿、麋、熊、蛇、昆虫等，这样，地球上一直有人和各种各样的动物在生活。

根据路易斯安那州早期的法国历史学家杜·布拉兹的说法，密西西比河下游的一个印第安部落纳切斯人（the Natchez）曾流传着一个大洪水传说。他告诉我们，他曾就这个话题询问过虔诚地照管着寺庙里的长明圣火的守护人。守护人回答他说："古话告诉所有的褐色人种，几乎所有的人都在一场大水中丧生，只有少数几人跑到高山上得以自救。这少数人使人类能够在地球上延续下来，关于这一问题，他知道的也无非就是这些。"[2]杜·布拉兹补充道："当其他的民族告诉我同样的事情时，我确信所有土著关于这一事件的想法是相同的，他们没有保存下来挪亚方舟的任何记忆，这一点倒并不令我吃惊，因为希腊人穷尽了所有的智能才仅仅了解了一些情况，而我们自己呢？如果不是《圣经》，恐怕知道的还不及他们（土著）呢。"在另外的地方，他更完整地报告了这个传说："他们说，一场大暴雨降临大地，雨没完没了地下，经过一段时间，雨水将万物覆盖，只留下一座十分高耸的山峰，一些人在那里保全了性命。大地上所有的火种都熄灭了，一只名叫考尤伊-尤伊（Coüy-oüy）的小鸟，全身褐色（那正是在路易斯安那州被叫做'红衣主教'的那种鸟），从天堂带来火种。我由此明白了，

---

① 参见康斯坦斯·戈达德·杜波依斯（Constance Goddard du Bois）：《南加利福尼亚州卢伊塞诺印第安人的宗教》（*The Religion of the Luiseno Indians of Southern California*），1908年。——译注

② 杜·布拉兹（Le Page du Pratz）：《路易斯安那州的历史》（*Histoire de la Lousiane*），第3卷，1758年，第27页以下。——译注

他们几乎已经忘记了所有有关洪水的历史。"

曼丹印第安人（the Mandan Indians）有一个关于大洪水的传说讲，人类丧生，只有一个人乘独木舟逃到了西部大山上。因此，曼丹人每年都要举行某些庆祝仪式，纪念洪水退去，他们称作弥－尼－偌－卡－哈－沙（Mee-nee-ro-ka-ha-sha），意思是"大水的退却或平息"。典礼举行的时间取决于河岸柳树的叶子什么时候完全长开，因为根据他们的传说，"鸟带回家的嫩枝是一根柳树枝，而且枝上长满了叶子"。带来柳树枝的鸟是哀鸽或斑鸠，这些鸟时常在他们搭建的小木棚旁边吃食，没有一个印第安人会毁灭或伤害它们，甚至连家犬也被训练得不去打扰这些鸟。在曼丹村庄有一处木制的建筑被小心地保留下来，代表着唯一的人在躲避洪水时所倚仗的独木舟。画家卡特林说："在曼丹村庄的中央是一处开放的圆形场地，它的直径有150英尺，始终保持洁净，就像一处公共操场，用来举办他们所有的宴会、游行等活动。围绕着这处场地，坐落着他们的棚屋，这些棚屋一个个尽量挨得很近，只要他们能承受，每一扇门都朝向公共场地的中心。在这个操场的正中间，地面被踩踏得像坚硬的路面，有一个护栏式建筑（有点像一个竖立的大桶），用木板搭建并且用箍圈住，边缘有八九英尺高，这是他们积年累月地虔诚保护和保存下来的，没有任何污点和剐痕，人们称它为'大独木舟'。毫无疑问，它象征着他们的洪水历史传说的一部分。这也非常明显地表明了他们以这样那样的方式从这种盛大的仪式的这个特征以及大量其他特征中接受的东西，而且要让这些东西生动地铭刻在整个民族的心里，极力让它长久不衰。从它处于村落正中央的位置来看，这个迷信物就是整个民族的凝聚点。在每年节庆和宗教活动的各种场合，人们都向它祈祷。"

卡特林亲眼目睹了纪念洪水的年度庆典。在仪式上，由一个哑剧演员扮演第一个或唯一逃离洪水的人（Nu-mohk-muck-a-nah）。他穿的白色狼皮长袍垂在他的肩上，头戴一张由两块渡鸦皮缝制的极好的面具，左手拿着一支硕大的烟管。他从大草原进入村落，直接走向举行巫术或秘仪的小屋。这间终年紧闭的小屋，只在履行宗教仪式的时候才会开启，而此人就拥有开启的方法。整整一天，这位戴面具的人走遍整个村落，经过每一处棚屋都停下来大声哭泣，直到棚屋主人走出来询问来者何人，为何而哭。戴面具的人的回答和那场悲伤的灾难、那次地球上的洪水泛滥有关。他说他是那场全球灾难的唯一幸存者；他坐在一只大独木舟上，在西边的一座高山上登陆，他目前就住在那里；他来打开巫术小屋，这间屋子需要每个棚屋主人呈上一件带有刀边的工具作为礼物，这件礼物是给洪水的祭品；而且他说："如果不这么做，就会出现另一场洪水，而且没有一个人会活下来，虽然正是用这样的工具才建造了大独木舟。"这位戴面具的人在一天内走访了村里每户人家而且从每户人家里收到短柄斧头、小刀或其他带刀边的工具。晚上，他将这些工具贮藏在巫术小屋里，这些工具将一直保留在那里，直到仪式最后一天的下午。接着，作为最后一项典礼，这些工具将在30英尺高的堤岸上当着全村人的面被丢进河水的深处。"在那里，它们将永远不会被寻找回来，它们毫无疑问是献祭给了河。"在曼丹人春天盛会奉献的典礼当中，有一种公牛舞，由男人们来跳，他们装扮成野牛是为了在特定的季节里获得大量的野牛。还有，壮年男子要在巫术小屋里自愿经历一系列酷刑的痛苦折磨，为的是讨好大神。但这些古怪而恐怖的仪式与纪念大洪水的联系究竟有多紧密，我们的权威们在叙述时似乎并没有提及。①

曼丹人的这一节日名为奥克依帕（O-Kee-Pa），是一项"年度宗教仪式，这些愚昧而迷信的人们不仅把他们的生活乐趣，而且把他们的生存，都归因于对它的奉行不悖。因为他们唯一的历史即这些传说引导他们相信：仪式的这种独特形式可以为他们产生食物源即水牛；如果每年忘了举行仪式并把祭品投入水中，那么传说中说的那场灾难就会再次降临到他们头上，这场降临的灾难曾经摧毁了人类，只有一个人活了下来，他乘独木舟在西面的高山上了岸。然而，这一传说并非曼丹部落独有，在我走访的北美洲、南美洲和中美洲的120个不同部落里，没有一个部落没有给我讲过有关这样一场灾难的清晰或含糊的传说，其中有一人、三人或八人从大水中逃生，来到高山的顶端，其中的一些在落基山脉（the Rocky Mountains）、委内瑞拉平原和南美洲的潘帕德尔萨克拉门托（Pampa del Secramento）居住的部落，每年都要前往想象中的顶峰朝圣，因为在那里，大洪水以前的物种在独木舟中或在其他地方得以逃生。另外，他们还在本部落的巫医（掌管秘仪的人）的引导下，将他们的祷告和祭品承奉给大神，以确保他们免于类似的大灾难"②。

切罗基印第安人（the Cherokee Indians）有一个传说认为，原先的一场大洪水淹没了所有的陆地和人类，只有一个家庭幸存下来。在灾难即将来临之前，由

①参见乔治·卡特林（George Catlin）：《关于美洲印第安人的礼仪、风俗和状况的书信和札记》（*Letters and Notes on the Manners, Customs, and Condition of the North American Indians*），第1卷，1844年，第155页以下，第22封信。——译注

②乔治·卡特林（George Catlin）：《曼丹人的奥克依帕宗教仪式以及其他习俗》（*O Kee-Pa, a Religious Ceremony; and other Customs of the Mandans*），1867年，第1页以下。——译注

一只狗透露给它的主人。因为这只聪明的动物之前每天都要去河岸，它站在那里注视着河水可怜地咆哮着，当主人训斥它并命令它回家时，这只狗开口说话了。它警告男主人危险就在眼前。狗说："你必须造一条船，在船上装上所有能支撑你活命的东西。因为一场大洪水就要降临，它会淹没整个陆地。"在结束自己的预言之前，这只动物最后告知他的主人，解救的办法需要将它即狗本身扔进水中，为了进一步证实自己的话，狗让主人查看它脖子的后部。主人这么做了，充分确认了狗的后颈毛皮都光秃了，露出了肉和骨头。于是这个男人相信了，并且按照这只忠诚的家犬的指示，拯救了自己和家人。最后，他们使地球上的人类得以一代接一代地降生。[1]

有关大洪水的故事在印第安人的一个大部族阿尔衮琴人（Algonquin）中广为流传，这些故事的许多细节都很相似。例如，据居住在德拉瓦尔海湾（Delaware Bay）周边的一个阿尔衮琴部落德拉瓦尔人（the Delawares）讲述，一场大洪水淹没了整个大地，只有少数几个人侥幸逃脱。他们爬到一只老海龟的背上，以此为避难所。这只老海龟年龄很大，背上长满苔藓，像是河流的堤岸。当他们在满目荒凉的水中漂浮的时候，一只潜鸟从他们身边飞过，他们恳求潜鸟潜入水中将陆地从深水中带上来。这只鸟便一头扎进水里，可是一直找不到水底。接着，它飞了很远才用喙叼来一小块土地。由这只潜鸟做向导，老海龟游向那个地方，发现了一些干土地。人们便在这片土地上居住下来，繁衍后代。[2]

加拿大的一支印第安部落蒙塔格奈人（the Montagnais），也属于阿尔衮琴大部族。[3]他们对一位早期耶稣会传教士说，在大洪水之后，曾有一个他们称为麦西欧（Messou）的威力无比的神重建了被摧毁的世界。据说，有一天，麦西欧外出打猎，他带着狼而不是猎狗。这些狼进了一片湖泊，被困在了那里。麦西欧四处寻找狼群的踪迹，后来有一只鸟告诉他，它曾看见丢失的狼群在湖水中央。于是麦西欧蹚水去救狼群，可就在这时，湖水泛滥开来，覆盖了地面，淹没了世界。令麦西欧十分吃惊的是，被他派去寻找一块泥土来重造世界的渡鸦，却没能找到一块泥土。接下来，麦西欧又派一只水獭去寻找。这只水獭跳进深

---

[1] 参见斯库克拉夫特（H. R. Schoolcraft）：《关于易洛魁人的札记》（*Notes on the Iroquois*），1847年，第358页。——译注

[2] 参见布林顿（D. G. Brinton）：《莱纳佩人及其传说》（*The Lenape and their Legends*），1885年，第134页。——译注

[3] 参见霍奇（F. W. Hodge）：《墨西哥北部美洲印第安人手册》（*Handbook of American Indians North of Mexico*），第1卷，1907—1910年，第933页。——译注

水中，也是一无所获地回来了。最后，麦西欧派遣了一只麝鼠。这一次，麝鼠带回了一星点儿土壤，借用这点土壤，麦西欧重新使大地焕然一新，这就是现在我们居住的地球。他往树干上射箭，箭全变成了树枝；他报复了那些将他的狼群扣留在湖心的家伙；他与麝鼠结婚，生了许多孩子，繁衍了地球上的人类。①

　　这个传说没有提到人，从动物在其中起的作用来看，我们可以设想，大洪水发生在世界的早期，那时地球上还没有人类。但是，两个世纪以后，另一位天主教传教士告诉我们，哈得孙湾地区（Hudson Bay Territory）的蒙塔格奈人有一则关于大洪水的传说。当时的洪水淹没了地球，有四个人和一些动物、鸟逃到一个漂浮的岛上。还有一位天主教传教士详细地讲了蒙塔格奈人的传说：上帝对巨人们很不满，便命令一个人建造了一只巨大的独木舟。当这个人将独木舟建造完毕，刚刚上船，大水便暴涨起来，独木舟漂浮在水面，举目望去，瞧不见一寸陆地。四周全是广袤的深水，看不见别的东西，人很郁闷，便丢了一只水獭到洪水中，这只动物潜到水底带回来一把土。人将土或泥放在手心，往上吹了一口气，手心之物立即生长起来。于是，人将它放在水面，保护着它以免它沉下去。直到这小块地长成一座小岛屿，人便想知道这座岛是否可以支撑住他。因此，他放了一只驯鹿在岛上，可是这只动物很快便在岛上环行一周又返回到他身边，于是他便下结论认为岛还不够大。然后，他又继续向岛吹气，直到岛上出现高山、湖泊和河流。接着，他上了岛。②这同一位传教士还讲了加拿大阿尔衮琴部族的另一个部落克里人（the Crees）流传的洪水故事，但克里人的这个故事显然带有基督教影响的痕迹。因为在这个传说中，人从独木舟里放出来的，先是一只渡鸦，接着是一只树林鸽。由于渡鸦没有返回，作为对它不忠的惩罚，这只鸟由白色变成了黑色；鸽子飞了回来，爪子上沾满泥巴，人以此推断，土地已经变干了，他这才上了岸。

　　阿尔衮琴人真正古老的洪水传说，大概最早是由麦肯齐（H. E. Mackenize）先生完整记录下来的。这位先生与阿尔衮琴部族的一个强大分支索尔特奥克斯印第安人（the Salteaux Indians）或奇帕瓦印第安人（the Chippeway Indians）一起度过了他早年的大部分时光。大约在19世纪中叶，他曾将这个传说告知了当时驻扎在贝尔湖（the Bear Lake）附近的诺曼堡（Fort Norman）的英国皇家海军上尉胡珀（W. H. Hooper）。这则传说大致如下：

---

　　① 参见《耶稣会士的报告》（*Relations des Jesuites*），1643 年，第 13 页。——译注

　　②参见法罗大人（Mgr. Faraud）的文章，见《传教编年史》（*Annales de la Propagation de la Foi*），第 36 卷，1864 年，第 388 页以下。——译注

很久以前有一支印第安人，在他们当中有一位大巫医，名叫维斯·凯·塔查合（Wis-kay-tchach）。他们还有一匹狼和两只狼崽，它们与人类关系亲密。维斯·凯·塔查合把老狼称为兄弟，把两只狼崽叫做侄子，他把所有动物都看做亲戚。冬天里，所有人都开始挨饿受冻。于是，为了寻找食物，老狼宣布准备带着狼崽离群单过。维斯·凯·塔查合表示愿意与它们一起结伴外出，于是他们就一起出发了。不久，他们来到了麋鹿途经的小路上。老狼和巫医维斯（我们这样简称他）停下来抽烟，狼崽前去追赶麋鹿。过了一段时间，没有一只狼返回，维斯便和老狼前去寻找它们，很快他们在雪地上瞧见血迹，由此他们明白麋鹿已经被杀了。不一会儿，他们追上了两只狼崽，却没看见麋鹿的尸首，因为狼崽已经把它吃得一干二净了。它们请维斯生火，当他这样做的时候，他发现整只麋鹿又被复原出来，而且早已被分割好了——狼崽将猎物分成了四份，其中一只狼崽给自己留了舌头，另一只给自己留了"魔芙"（上嘴唇），这些都是动物身上最好吃的部位。维斯抱怨起来，于是狼崽便把这些小块分给了他。当他们狼吞虎咽地吃完所有肉之后，一只狼崽说，它要做骨髓油，也就是将骨头敲成小块，放到锅里煮，很快这一资源也被消耗光了。他们又一次变得饥肠辘辘，于是他们同意再次分组。这一次，老狼和一只狼崽出发了，留下维斯和另一只狼崽一起打猎。

　　这个故事在此离开了老狼，而是追随维斯和他的侄子即其中一只狼崽的命运。这只狼崽杀死了一些小鹿并将它们放在胃里带回家，到家后又把它们吐出来。最后，它告诉叔叔，它再也抓不到什么动物了。于是维斯一夜未眠，不停地弄巫术或施魔法。第二天早上，维斯命令他的侄子出去捕猎，警告它在每一个山谷和洼地处要特别当心，在冒险弹跳之前要先丢掷一根枝条，否则不幸将会降临它的头上。狼崽出发了，但为了追赶一只小鹿，它忘记遵循叔叔的告诫，在试图跳过一处洼地时，它一头栽进了河里，被河里的猞猁杀死并吃光了肉。水猞猁是什么样的野兽？连故事的叙述者也不清楚。先不管它，反正这只狼崽被这些野兽杀死并吃光了。维斯一直等待侄子归来，过了很长时间，维斯外出寻找狼崽。他来到出事地点，也就是狼崽弹跳的地方，维斯猜想八成这只动物忘了他的警告，掉进了溪水里。这时，他看见一只翠鸟栖息在树上，正凝视着水面。维斯便问是什么让翠鸟看得如此聚精会神。翠鸟回答说，它在看维斯侄子也就是狼崽的皮，现在正被当做门垫，铺在水猞猁们的家里。这些凶猛的动物并不满足于杀害并吃掉维斯的侄子，还把它的皮用于这种卑鄙的目的，以此造成侮辱性的伤害。维斯感激这只鸟提供了信息，维斯让鸟到身边来，给它梳了梳头，将一圈环状毛围在它的脖子上。可是，还没等他完成这项工作，鸟就飞走了，也就是因为这样，直到今天，翠鸟的头背后只有一部分环状毛。在翠鸟飞走之前，它给了维斯一些暗示，水獭猁们经常上岸躺在沙滩上，如果维斯想报复它们的话，他必须将自己变成一块它们从旁经过的木墩，另外他务必极为当心，要死死地抓住木墩，让自己不被水中的青蛙和蛇拉下水，这些动物都会被水獭猁派遣出来。得到翠鸟的告诫后，维斯返回小帐篷，施了些魔法，他还准备了所有需要的东西，包括一艘巨大的独木舟，上面载有所有不会游泳的动物。

在天将破晓之前，维斯完成了准备工作，并将上述所有动物装上了那艘巨大的独木舟。然后，维斯悄悄地划桨，来到水獭猁们住处的附近，将独木舟停靠在海岬的背后，他上了岸，将自己变成一块树墩，静静等待着。如前所料，水獭猁们出现了。先是爬出一只黑色的，它躺在沙滩上，紧接着一只灰色的也同样躺在那里，最后出现的是白色的，就是它杀死了狼崽，它把头探出水面，窥见了树墩，心生疑惑，它大声向兄弟们喊叫说，它从没看见过这块树墩。兄弟们心不在焉地说，树墩肯定早就在那儿了，可这只小心翼翼的白獭猁，仍然满腹狐疑，它派青蛙和蛇去拉树墩，维斯与它们进行了一场严酷的斗争，以使自己的身体垂直不倒，他成功了。那只白獭猁打消了疑虑，也倒下来躺在沙滩上休息。维斯静候了一会儿，重新变回原来的模样，他抓起长矛缓缓地爬向白獭猁。翠鸟曾警告过他，一定要攻击那动物的影子，要不然他就会受到阻碍，但此时维斯报仇心切，早已忘记了训诫，他直接向敌人的身体刺过去，但错失时机，这生物拔腿冲向水面。不过，维斯还有一次机会，他对准獭猁的影子重重地刺伤了这只野兽。然而，这头畜生还是挣扎着逃进了河里，其他的水獭猁也尾随其后。河水立即沸腾般涨起来，维斯拼命地跑向独木舟。河水不停地往上涨，淹没了陆地、树木和山头。独木舟漂浮在水面上，维斯和那些不会游泳的动物待在船上，又忙着将那些水性较差、只能游很短时间便挣扎求助的动物从周围拉上船。

但是，在施魔法来救急时，维斯忽视了灾后重建世界的一个必备条件——他没有泥土，甚至连一小撮也没有，而这是从水泽中建造新陆地的核心要素。维斯现在需要获取泥土。他在一只潜鸟的腿上绑了一根绳子，命令潜鸟入水试探并努力往水下去，即使有生命危险也要这么做。维斯对潜鸟说："即使你被淹死了，也没关系——我可以易如反掌地将你救活。"受到这一保证的鼓舞，这只鸟像一块石头一样潜入水中，那根绳子飞速地运转起来，当它停止不动的时候，维斯将绳子往上拽，在绳子的最尽头，是那只咽了气的潜鸟，维斯及时地救活了它，潜鸟报告说它没发现水底。于是维斯又派了一只水獭去完成同一件差事，但结果不比潜鸟强多少。接着，维斯又试着让一只海狸去做。同样，海狸在淹死又被救活后汇报说，它已经看到了树梢，但怎么都沉不下去。最终，维斯在一只老鼠身上捆了一块石头放下水，老鼠和石头一同往下沉，直到绳子松了下来。维斯拉起绳子，在最尽头发现了老鼠的尸首，爪子上抓了一小把泥，维斯终于得到了他想要的。他将老鼠救活，将泥土晒干，接着不断地往上吹气。泥土不断隆起并向四周扩张。维斯觉得土地足够大时，就放了一匹狼去开荒，狼很快返回，称陆地上的世界太小。于是维斯继续吹气，持续了好长一段时间，又让一只乌鸦去探探，乌鸦没有回来，维斯推断，世界已经够大了，他这才和动物们离开独木舟上了岸。[1]

在安大略（Ontario）东南部的奥吉布瓦人（the Ojibways）中记录下来的同一个故事的另一个异文，更加简略，而且略有不同。它说，奈奈波周（Nenebojo）和他的兄弟一起在森林中生活。每天他出去打猎，他的兄弟待在家里。有一天晚上，奈奈波周返回家中发现兄弟不在家里，于是他便跑出去寻找，可怎么也找不到。第二天早上，他又开始搜寻兄弟的身影。他在沿湖边行走时，只看到一只翠鸟停在垂在水边的树枝上，这只鸟一直聚精会神地注视着下方的水面。"你在看什么呢？"奈奈波周问。翠鸟佯装没听见。接着奈奈波周又说："如果你告诉我你在看什么的话，我会让你变得好看。我会给你画上羽毛。"翠鸟愉快地答应了。奈奈波周给它画羽毛的当儿，翠鸟说："我在注视奈奈波周的兄弟，他被水怪（water spirits）杀了，皮被剥下来做了门板。"奈奈波周便问："水怪们在哪里上岸晒太阳？"翠鸟回答："它们总在有干沙的那处海湾晒太阳。"

听罢翠鸟的话，奈奈波周离开了。他决定去翠鸟指的那片阳光海滩，伺机杀掉那些海怪。他首先仔细思量，如何乔装打扮才能靠近他们而不被注意。他自言自语道："我将变成一根腐朽的老木桩。"说完就变成了——这种变形是通过奈奈波周一直随身携带的一根长木杖来实现的。狮子们[2]从水中上岸晒太阳，其中一头狮子注意到这根木桩，便对伙伴说："我以前怎么没见过这根老木桩，这

---

[1] 参见皇家海军上尉胡珀（Lieut. W. H. Hooper, R. N.）：《在楚克奇人帐篷中的十个月》（*Ten Months among the Tents of the Tuski*），1853 年，第 285—292 页。——译注

[2] 原文为"the lions"，可能指海狮，下同。——译注

该不会是奈奈波周吧。"那个伙伴回答说："没错，我以前确实见过这根木桩。"接着，第三只狮子也走上来瞧了瞧，辨认一番，他剥下一块木桩皮，瞥见里面已经腐烂了，于是狮子们放松了警惕，躺下睡觉。等它们睡熟了，奈奈波周用手中的木杖攻击它们的脑袋。正在进攻的时候，湖水涨了起来。奈奈波周赶紧跑开，但湖水的波浪紧追不舍。他跑着跑着遇到一只啄木鸟，啄木鸟给他指明了一条通往山顶的路，那里长着一棵高大的松树。奈奈波周爬上松树，开始造救生筏，他刚一完成，水就漫到了他的脖子，他将仅存的几只动物放上木筏，和它们一道在水中漂了起来。

他们在水中漂移了一段时间，奈奈波周说："我想这水不会自行退去，我最好再造一片陆地。"于是，他派一只水獭俯冲进水里，从底部带些土上来。可水獭回来时，一无所获。接着，他又派一只海狸去完成同样的使命，结果海狸也是空手而归。再后来，奈奈波周派麝鼠从水里带着土上来。麝鼠返回水面的时候，两爪紧紧地攥着，打开爪子，奈奈波周找到了一些沙砾，同时在麝鼠的嘴巴里也发现了一些沙子。于是，他把所有颗粒放在一起晾干，然后用平时呼唤动物的号角将沙砾吹进湖水中。沙砾在湖中形成了一座岛屿。奈奈波周让小岛不断变大，又让一只乌鸦去试试岛有多大，但它一去不回。奈奈波周决定让鸟类中飞得最快的老鹰前去探路。过了一会儿，老鹰飞了回来。主人问它是否看见了乌鸦，老鹰回答说，它瞧见乌鸦在湖岸上吃尸首。奈奈波周便说："好吧，既然如此，乌鸦将永远找不到可吃的食物，除非它自己去偷窃。"过了一段时间，奈奈波周放出驯鹿去测量岛的尺寸，这只动物很快返回并且说，岛还不够大。因此，奈奈波周又把一些沙子吹进湖中，他就这样建造了大地。[①]

游猎于落基山脉东部坡地以及山脚下的牧场之上的另一支阿尔衮琴部落黑脚印第安人（The Blackfoot Indians），也讲了一个类似的原始大洪水故事。他们说："太初之时，所有陆地都覆盖着水，有一个老者和所有动物漂浮在一只大筏上。一天，老者让海狸下水带一些泥上来。海狸去了，过了很长时间也没能到达水的底部。接着潜鸟又尝试着去做，还有水獭，可它们都嫌水太深。最后，麝鼠钻进了水里，它最终上来的时候几乎断了气，大家把它拉上大筏，发现它的一只爪子里抓了一小把泥。有了这把泥，老者造了世界，随后又造了人。"[②]

---

① 参见保罗·雷丁（Paul Radin）：《安大略东南部奥吉布瓦人的一些神话和故事》（*Some Myths and Tales of the Ojibwa of South-eastern Ontario*），1914 年，第 19—21 页。——译注

② 格林内尔（G. B. Grinnell）：《黑脚人的棚屋故事》（*Blackfoot Lodge Tales*），1893 年，第 272 页。——译注

类似的故事在加拿大西北部的印第安部落中似乎也广泛流传。它们并不限于阿尔衮琴部族的各个部落，而是也出现在他们的北邻廷内人（the Tinnehs）或德内人（the Dénés）之中，他们属于北美洲所有印第安语族中分布最广泛的阿塔巴斯坎（Athapascan）大家族，分布范围大体上从北极海岸远至墨西哥，从太平洋扩展到哈得孙湾，从里奥科罗拉多（Rio Colorado）到里奥格兰德（Rio Grande）河口。①例如，阿尔衮琴人的一个部落克里人（the Crees）说，太初之时生活着一位老巫师，名叫维萨凯特查克（Wissaketchak），他会用魔法做出令人惊奇的事情。有一只海底怪兽非常憎恶这位老人，一心想除掉他。一天，老巫师划着独木舟在海里航行，怪兽就用尾巴猛击海水，顿时波涛汹涌，吞噬了大地。然而，维萨凯特查克建造了一只大筏，在筏上聚集着成对的所有飞禽走兽。这样，他不仅救了自己而且拯救了其他动物，可海里的那只怪兽仍旧挥舞着巨大的尾巴搅动海水，水面持续上升，大水覆盖了大地，甚至淹没了最高的山头，四周看不见一块干土。于是，维萨凯特查克派潜水鸭潜入水底，带回沉没的泥土。可惜潜水鸭未能潜入底部就被淹死了。接着，维萨凯特查克派一只麝鼠下水。这只动物在水里呆了很长一段时间才返回，喉咙里塞满了黏泥。维萨凯特查克将黏泥取出，压成圆盘状，将它放进水里漂浮着，它像鸟巢，像麝鼠们在冰上为自己搭建的安乐窝。渐渐的，小圆盘膨胀起来，变成了一座小山丘。接着维萨凯特查克往上面吹气，他不停地吹，山丘不断地膨胀、增大。在日光曝晒下，它变成了一个固状物。等到它长大并坚固后，维萨凯特查克派一些动物登陆，最后他本人也上了岛，陆地由此造成，这就是我们今天居住的世界。②廷内人的两个部落多格里布印第安人（the Dogrib Indians）和斯拉夫印第安人（the Slave Indians）也讲了一个类似的故事，不同的是他们给那位在大洪水中逃生的人起名为特查佩韦（Tchapewi）。他们说，他与所有不同种类的动物漂浮在一只木筏上，他让所有水陆两栖动物，包括水獭和海狸，一个接一个潜入水中寻找泥土，但没有哪个动物能将泥土带回。只有一只最后下水的麝鼠，在上来时，爪子里抓了一小把泥。凭借这把泥，特查佩韦往它上面吹气直到它长成我们今天所见的大地。因此，特查佩韦让所有动物像以前一样生活在上面，并且让大地靠在牢牢的基础之上，让它牢固而结实。

----

　　① 参见霍奇（F. W. Hodge）：《墨西哥北部美洲印第安人手册》（*Handbook of American Indians North of Mexico*），第 1 卷，1907—1910 年，第 108 页。——译注
　　② 参见霍奇（F. W. Hodge）：《墨西哥北部美洲印第安人手册》（*Handbook of American Indians North of Mexico*），第 1 卷，1907—1910 年，第 359 页。——译注

廷内人的另一个部落兔皮印第安人（the Hareskin Indians）说，有一个昆严（Kunyan，意即智者）曾经决心建造一只大筏。他的姐妹即他的妻子问他为什么这么做，他说："如果真如我所料的那样发生一场大洪水，我们就可以在这只筏上避难。"他把这一计划告诉其他人，大家都笑话他说："如果真有洪水来了，我们就在树上避难。"不管别人怎么说，智者还是用树藤做的绳子将许多圆木捆在一起，做成了大筏。突然之间，洪水暴发，这巨大的洪水，是人们始料未及的。大水喷涌而出，滔滔不绝地冲向每个角落。人们纷纷爬上树，但大水紧随其后，不断上涨，所有人都被淹死了。智者在那只结实的木筏上安全地漂浮着。当他这么漂浮的时候，他考虑到未来，沿途中，他将所有食草动物、鸟类甚至遇到的食肉动物各取一对，集中到船上。他对那些动物说："上我的船，因为很快就没有土地了。"果然，大地消失在水里，很长时间也没人想要去寻找它。第一个俯冲进深水的是麝鼠，但它没能潜到水底，当它再次在水面上出现的时候，已经奄奄一息。麝鼠说："没有大地。"它第二次潜入水中，当它重新露面时，它说："我闻到了土地的味道，可我够不着它。"接下来轮到海狸了，它俯冲下去，在水里待了很久。最后，它露出水面，翻着肚皮漂了起来，已经没了呼吸和意识，但它的爪子里抓了一小撮泥。智者将泥放在水上，往泥上吹气，并且说："我希望再出现一个大地。"同时他不断往这一小把泥上吹气。瞧！泥土开始长大了。智者放了一只小鸟在泥上，这块泥又长大了一些。他不停地吹，泥块不断地长。接着，他将一只狐狸放到这块由泥土形成的漂移岛上。狐狸环绕着小岛跑了起来。一整天，狐狸一圈一圈地跑，小岛一点一点地扩大。狐狸跑了六圈，等到它又环行开始跑第七圈的时候，陆地完全形成了，和洪水来临之前一般大。随后，智者召集所有动物登上了这片干的陆地。他和妻子、儿子一起上岛并且说："为了我们自己，大地必须繁衍人类。"繁衍人类不成问题，只是有一个难题依旧困扰着智者，那就是洪水依旧，如何让它退去呢？鸬鹚看到了这一困难，主动上前救援。它吞咽了整个洪水，然后像一块圆木一样直愣愣地躺倒在岸边，它的腹部鼓到一个惊人的尺寸。这一结果超出了智者提议的想法，有点过犹不及了。因为如果说此前水太多，那么现在又太少了。正在为难的时刻，智者召来千鸟。他说："那只鸬鹚正躺在那里的太阳地里，它的肚子里全是水，把水弄出来。"于是，狡猾的千鸟来到毫不设防的鸬鹚身边，用怜悯的口吻说："我的奶奶肯定是肚子痛吧。"它将手轻轻地放在鸬鹚不舒服的部位，做出要抚摸的样子，但它突然伸出爪子剖开了鸬鹚膨胀的肚子。它的爪子划出了一道裂痕！一阵阵汩汩的流水声传来，水从鸬鹚的肚子里冒着泡沫流淌出来，河流和湖泊形成了，这个世界再一次变得适合人类居住。①

有些廷内印第安人断言，这场洪水是由9月份的一场暴雪引起的。只有一位老人预知这场灾难并向同伴们发出警告，但终归徒然，他们说："我们会逃到山上。"但全被淹死了。老人早已制造了一只独木舟。洪水来临时，他乘上独木舟，并从水中解救了他遇到的许多动物。由于无法长期忍受这样的生活方式，他让海狸、水獭、麝鼠和北极鸭潜入水中寻找被淹的土地。只有北极鸭返回时，爪子里抓了一点儿黏泥。老人将黏泥撒在水面上，通过吹气让它不断长大，等到第六天，他让动物先上岸。之后，这片场地长成了岛屿大小，他也上了岸。另一些廷内人说，这个老人先是派出一只乌鸦，这只乌鸦狼吞虎咽地吞吃漂浮的尸首，填饱肚子后再没回来。接着，他派了一只斑鸠，这只鸟儿围绕新造的世界飞行两次后返回，第三次，它在夜晚返回，非常疲惫，嘴里衔着一根发了芽的冷杉枝。②这个故事异文明显受到基督教教义的影响。

萨尔西人（the Sarcees）是属于廷内人大部族的另一个印第安部落，他们曾是一个强大的民族，如今人口却锐减到几百人。他们的保留地是一块丰美的牧场，与加拿大太平洋铁路稍南的阿尔伯塔黑脚印第安人的保留地相邻。他们也有一个关于大洪水的传说，其主要的情节与奥吉布瓦人、克里人以及加拿大的另一些部落的故事相一致。他们说，当世界被洪水淹没时，只有一对男女活了下来，他们得以活命靠的是一只木筏，筏上老早就聚集了各式各样的动物和鸟类。男人派一只海狸潜入水底。海狸这么做了，并带上来一些泥土。男人将泥土放在手掌中，造了一个崭新的世界。起先，世界很小，只有少数鸟类可以环绕而行，可它持续地越长越大。叙述者说："一开始，我们的父亲在岛上安了家，这才有了男人，接着有了女人，有了动物，有了鸟类。我们的父亲接着又创造了河流、山岳、树木和所有我们现今能看到的一切。"当故事讲完时，那个讲这个故事的白人对萨尔西人说，他们的故事与奥日贝人的传说非常相似，只不过在奥日贝人的传说中，从水中捞出泥来的是麝鼠而不是海狸。这个评论引起了蹲坐在帐篷中的五六个部落成员的赞同，他们异口同声地喊道："是啊！是啊！

---

① 参见佩蒂托特（E. Petitot）：《加拿大西北部印第安人的传说》（*Traditions Indiennes du Canada Nord-Ouest*），1886年，第146—149页。——译注

② 参见佩蒂托特（E. Petitot）：《德内人专论》（*Monographie des Déne-Dindijé*），1876年，第74页。——译注

这个人骗不了你。是麝鼠！是一只麝鼠！"[1]

特林吉特人[2]或特林基特人（the Thlinkeets）是阿拉斯加重要的一支印第安人部落。在他们的宗教和神话中，夜露（Yehl）或乌鸦扮演着举足轻重的角色。他不仅是乌鸦家族的先祖，而且是男人的创造者，他让植物生长，让太阳、月亮和星星各就各位。但他有一个十恶不赦的舅舅，谋杀了夜露的十个哥哥，这些人或者被溺死，或者按另一些人的说法，被舅舅打倒在船上，用刀子割下了脑袋。这些残暴的犯罪行为皆由舅舅的嫉妒之情引起，因为他有一位年轻的妻子，他对她宠爱有加，可是依照特林吉特人的法律，一旦他离别人世，他姐姐的儿子也就是他的外甥将可以继承他的位置，娶他的妻子。当夜露长大成人后，那位温柔亲切的舅舅便力图除掉他，就像除掉他那十位兄长一样。但他的全部计划都落了空，因为夜露不是一个普通孩子，他妈妈吞吃了在退潮时发现的一块圆形鹅卵石才怀上了他，又用另一块石头使这个孩子变得刀枪不入。所以，当他的舅舅试着用惯用方法割夜露的头时，没有给夜露留下任何痕迹。但是，失败并未让这个邪恶的老人灰心，他准备用另外的方法除掉这个正直善良的外甥。狂怒之下，他喊道："让洪水降临吧。"洪水果真来了，淹没了所有山脉。但是，夜露佩戴了可以随意穿上或脱去的翅膀和羽毛。他展翅飞上天，用自己的喙挂在天上，在那里待了十天，水位不断升高，甚至拍打到他的翅膀。当洪水下沉的时刻，他像一支箭似的冲入海底，软软地落在海藻上。在危急时刻，一只潜鸟搭救他上了岸。特林吉特人传说的这个异文没有说，在洪水期间，人类发生了什么事情。[3]

特林吉特人的另一个传说讲述了乌鸦（Raven）怎样以另一种方式引发了大洪水。他曾让一个女人在地下掌管涨潮和退潮。有一次，他想了解海中的万物情况如何，便让女人将水涨起来，为的是他可以脚不沾水地去那里。但是，他小心翼翼地叮嘱女人，让她慢慢地将海洋提起，以便当洪水来临之际人们可以

---

[1] 参见威尔逊牧师（Rev. E. F. Wilson）：《关于萨尔西印第安人的报告》（*Report on the Sarcee Indians*），见于加拿大西北部落委员会第四份报告（Fourth Report of the Committee on the North-Western Tribes of Canada），见《英国科学促进会第 58 次报告》（*Report of the Fifty-eighth Meeting of the British Association for the Advancement of Science*），1888 年 9 月在巴斯举办，London，1889 年，第 244 页。——译注

[2] 特林吉特人（the Tlingits），阿拉斯加南部和英属哥伦比亚北部沿海地区以航海为业的美洲印第安人。——译注

[3] 参见奥雷尔·克劳瑟（Aurel Krause）：《特林吉特印第安人》（*Die Tlinkit-Indianer*），1885 年，第 253—257 页。——译注

有时间将必需品装上独木舟然后上船。于是海洋逐渐地涨高，坐在独木舟里的人们漂在海面上。他们看到水面一点点涨起，到了山脉的边缘，熊和其他野兽在还没被淹没的山顶上行走。许多熊游向独木舟，希望爬上来。那些足够机敏的人随身带着狗，他们庆幸地看到这些高贵的动物赶跑了围在独木舟旁的熊。有些人在山顶上下了船，围着四周建起围墙，作为水坝抵挡海水，并将他们的独木舟系在围墙内。他们没有随身带上足够的柴火，因为独木舟上没有足够的空间。那是一个十分焦急而危险的时刻，幸存者们可以看见树被水流连根拔起，然后被湍流冲走，巨大的章鱼和其他奇奇怪怪的生命也被湍急的潮水冲着走。直到大水平息，人们才伴随着退落的潮汐降到山脉边，但所有树木都被冲走了，这里已经没有柴火供他们抵御寒冷了。乌鸦从海底返回后，发现鱼都搁浅在山脉和小溪流上，他对鱼说："待在那里变成石头。"于是鱼变成了石头。如果他看见人们下山，就会用类似的口吻说："原地变成石头。"于是人们都变成了石头。在以这种方式把所有人类全部毁灭之后，乌鸦又用树叶重新创造了他们。由于他用树叶创造了新一代人，所以人们知道，他肯定将所有在洪水中幸存下来的男人和女人变成了石头。正因如此，今天有许多人在落叶缤纷的秋天撒手人寰，当鲜花褪色、绿叶凋零的时候，我们也会像它们那样逝去。[①]

特林吉特人（俄国人称之为 Kolosh）的另一个关于世界性大洪水的故事异文说，在洪水暴发期间，人们靠一只浮在水上的大舟保全了性命。当洪水下沉时，这条船撞上了一块岩石，被劈成了两半。按他们的观点，这就是不同语言产生的原因，特林吉特人代表一半人口，当时他们被关在大船上，而所有待在大地上的人代表另一半。[②]最后这个传说可能有基督教的来源，因为它展示为一种挪亚方舟和巴比伦塔的混合体。

夏洛特皇后群岛（Queen Charlotte Islands）上的海达（Haida）印第安人说，很久很久以前，发生了一场大洪水，所有人和动物都遭到灭绝，只剩下一只乌鸦。这只生物可不是一只普通的鸟，而是——正如印第安人的老故事中的所有动物一样——在很大程度上具有人类的属性。例如，他的羽衣可以随心所欲地

①参见约翰·斯旺顿（John R. Swanton）:《特林吉特人的神话和文本》(*Tlingit Myths and Texts*)，1909 年，第 16 页以下，第 18 页，第 418 页。——译注

②参见霍姆伯格（H. Holmberg）的文章，见《芬兰科学学会学报》(*Acta Societatis Scientiarum Fennicae*)，第 4 卷，1856 年，第 345 页以下；保利（T. De Pauly）:《对俄罗斯民族的民族志描述》(*Description ethnographique des peoples de la Russie*)，1862 年，见《美洲俄罗斯人》(*Peoples de l' Amérique Russe*)，14；尼布拉克（A. P. Niblack）:《阿拉斯加南部和英属北哥伦比亚的沿海印第安人》(*The Coast Indians of Southern Alaska and Northern British Columbia*)，1890 年，第 378 页以下。——译注

穿上或脱下，就像一件外衣。这个故事的一个异文甚至说，他是一位没有丈夫的妇女所生，而且这个女人为他做了许多弓和箭。他长大成人后，便用这些弓箭射杀鸟类，他的母亲用鸟的羽毛为他缝制了一件披肩或毛毯。被射杀的鸟类有小雪鸥，头和脖子都是黑色的，有大雪鸥，头和脖子的颜色为黑红相间，还有墨西哥啄木鸟。他由此得名为内基斯特拉斯（Ne-kil-stlas）。当洪水平息后，内基斯特拉斯向四周望去，居然找不到一个伙伴或配偶，因此他变得很孤独。最后，他从海滨带回一只海扇（Cardium Nuttalli）并与它结了婚，虽然如此，他还是不改初衷地渴望找到伙伴。不久，他从贝壳里听见了非常微弱的啼哭声，像是一个新生儿的声音，声音越来越响，最后他看见了一名幼小的女婴。女婴不断地长大，最后与黑乌鸦结为夫妻。由于这一结合，产生了所有印第安人，人群遍布当地。[①]

英属哥伦比亚的汤普森印第安人（the Thompson Indians）说，曾经发生过一场大洪水，除了部分高山的山顶，整个地区都被淹没了。这些印第安人认为——尽管他们不是十分确定——洪水是由三个名叫邱阿丘尔（Qoaqlqal）的兄弟引发的。在那样的日子里，三兄弟在当地四处游走，用魔法改变事物，直到把他们自己也变成了石头。即便如此，除了一只土狼和三个男人，所有人都在大洪水中丧生了。土狼之所以得救是因为他把自己变成了一块木头漂浮在水上，而三个男人得以逃命是因为他们搭乘的独木舟被冲向恩促克斯基（Nzukeski）山。到了那儿以后，这三个男人连同他们搭乘的独木舟一起变成了石头，直到今天，人们还可以看到他们以石头的形状端坐在那里。至于土狼，当洪水退却时，它像一块木头那样搁浅在海岸上，这时它才恢复原貌，四下张望起来，它发现自己来到了汤普森河流域。它把一些树当做自己的妻子，并与这些树生下了现今的印第安人。在洪水暴发之前，山间既没有湖泊也没有小溪，因此那里也没有鱼。当灾难性的洪水退去后，山谷间留下了湖泊，小溪从湖泊中奔流入海。正因如此，我们现在才可以在山间发现湖泊，在湖里找到鱼。[②]从而，汤普森河印第安人创作的洪水故事似乎是要解释山间湖泊的形成，原始哲人利用这场大洪水解释说，正是由于洪水退去，在山谷之中留下湖泊，好似潮汐退去时在其后的海滨岩石空洞里留下水池一样。

---

① 参见道森（G. M. Dawson）：《1878年夏洛特皇后群岛报告》（*Report on the Queen Charlotte Islands, 1878*），Montreal，1880年，第149B页以下。——译注

② 参见詹姆斯·泰特（James Teit）：《英属哥伦比亚汤普森河印第安人的传说》（*Traditions of the Thompson River Indians of British Columbia*），1898年，第19页，第20页。——译注

在华盛顿州的印第安人部落里，似乎也流传过大洪水的传说。例如，普吉特湾（Puget Sound）的特瓦纳人（the Twanas）说，很久以前，人很邪恶，老天降下一场洪水惩罚他们。洪水来势凶猛，淹没了所有陆地，只剩下一座山峰。人们纷纷逃进各自的独木舟驶往国土上的最高山脉——奥林匹克山的峰顶——随着水势越涨越高，人们用长长的绳索将自己的独木舟系在最高耸的树上，但洪水还是涨了上来。有些独木舟在系绳断了之后被水冲到了西部，那些幸存者的后代至今仍在独木舟里生活，他们使用的语言类似于特瓦纳语。他们说，这也是这支部落人数稀少的原因，在他们的语言里，这座山有一个名字，意思是"扣件"，因为他们当时曾将独木舟系在那里，他们也谈到曾经派一只鸽子去查看死者。[①]

斯波坎人（the Spokanas）、内兹佩尔塞人（Nez Perces）、卡尤塞人（Cayuses）曾经和雅基马人（the Yakimas）一起定居在华盛顿州的东部。当最早一批传教士来到这些民族中间时，他们发现，这些印第安人也有他们自己的大洪水传说，说有一个男人和他的妻子在一只竹筏上活了下来。这三支部落，每一支都与弗拉塞德人（the Flathead）的部落一样，有各自的亚拉腊山（Ararat），在那里，各自的幸存者找到了避难所。[②]

华盛顿州的印第安人也讲过大洪水故事，他们曾居住在哥伦比亚河下游，说奇努克人（the Chinook）的卡特拉美特（the Kathlamet）方言。[③]他们的故事在某个方面类似于阿尔衮琴人（the Algonquin）的传说。他们说，有一只冠蓝鸦劝一位少女嫁给一只美洲豹，这只美洲豹不仅是捕猎麋鹿的能手，还是它所在城镇的首领。于是少女急忙赶往美洲豹所在的城镇，到那之后错嫁给了一只海獭而不是美洲豹。当她的丈夫海獭捕鱼回家时，少女走出家门，来到海湾迎接它。海獭让少女帮忙拿一下它刚刚捕到的鳟鱼，少女此时才发现那些根本不是鳟鱼，而是一些柳树枝。少女对这一发现感到厌恶之极，她逃离丈夫，最后找到美洲豹，嫁给了它。其实她早该这么做。海獭遭到爱妻的离弃，伤心至极，整整哭了五天五夜，最后，所有陆地都被它的泪水淹没，房屋倒塌，动物们跑向独木舟。由

---

① 参见迈伦·伊尔斯牧师（Rev. Myron Eels）：《西北部落的大洪水传说》（*Traditions of the Deluge among the Tribes of the North-West*），见《美国古董研究者》（*The American Antiquarian*），第 1 卷，1878—1879 年，第 70 页。——译注

② 参见迈伦·伊尔斯牧师（Rev. Myron Eels）：《西北部落的大洪水传说》（*Traditions of the Deluge among the Tribes of the North-West*），见《美国古董研究者》（*The American Antiquarian*），第 1 卷，1878—1879 年，第 71 页。——译注

③ 参见弗朗兹·博厄斯（Franz Boas）：《美洲印第安人语言手册》（*Handbook of American Indian Languages*），第 1 卷，1911 年，第 563 页。——译注

泪水泛滥成灾的洪水越涨越高，几乎快要接近天空了，大家想起从深水中找泥土的往事，于是急忙冲着冠蓝鸦喊道："快下水，冠蓝鸦！"于是冠蓝鸦扎了一个猛子，俯冲进水里，但它没能再往深处冲，因为它的尾巴仍然保持伸出水面的姿势，紧接着所有动物都尝试着往深水中俯冲，但都没找到水底便游了回来。接下来轮到麝鼠了，它命令大家："把所有独木舟拴在一块儿。"于是，大家动手拴牢独木舟并往上铺木板。麝鼠随即丢掉它的毛毯，唱起歌来，歌罢五次，毫不费力地俯冲下水，不见了踪影。它在水下待了很长时间，最后，它把尾巴露出水面。夏季来了，洪水退了下去，独木舟也随着洪水的退去降到了干燥的地面，所有动物都跳出独木舟着陆。但是，当它们这么做的时候，都用尾巴敲击船舷的上缘，将自己的尾巴摔断变短，正因如此，现如今的灰熊和黑熊，只有短而粗的尾巴。然而，水獭、水貂、麝鼠和美洲豹却返回独木舟，捡回它们摔掉的尾巴，将它们重新安回自己的短尾巴上，所以，直到现在，这些动物还拖着长长的尾巴，虽然它们在大洪水时期一度摔断变短过。这则故事没有涉及人类种族，也没有交代他们如何从灾难中逃脱，但这个故事显然属于故事的初级类型，其中还没有对人与兽进行明确区分，并且认为低级动物和人一样可以思考、说话和行动，以实际的平等关系与人类共同生活。在卡特拉美特的这个故事中，这种共同特性不仅潜在地表现为女孩先嫁给海獭，接着嫁给美洲豹，而且体现为附带地把海獭描述为一个大腹便便的男人，[1]因而在描述动物如何从灾难中逃生的同时，叙述者大概认为已经充分地解释了人类的幸存。

在北美洲，大洪水传说并不限于这些印第安人部落，也出现在爱斯基摩人及其亲族格陵兰人（the Greenlanders）当中。在阿拉斯加的奥罗维克纳拉克（Oro-wiknarak），雅克布森（Jacobsen）船长就曾听说，爱斯基摩人有一个大洪水传说。据说，当时洪水伴随地震同时发生，大水迅速漫过陆地，只有极少数人坐着皮制独木舟逃离险境来到最高的山上。另外，阿拉斯加诺顿湾的爱斯基摩人说，在最初几天里，除了一座位于中央地段异常高耸的山之外，所有陆地都被洪水淹没，大水由海中泛滥而来，覆盖了每一寸土地，只剩下这座山的山峰。一小部分动物逃到山上得救，一部分人坐着小船漂浮在水上，靠每天捕鱼为生，直到大水退去。大水退去后，山脉重新显露出来，人们从独木舟中走上高地，跟随逐渐退去的洪水来到海岸。那些逃到山上的动物也走下山来，依靠它们的本

---

[1] 参见弗朗兹·博厄斯（Franz Boas）：《卡特拉美特原文》（*Kathlamet Texts*），1901年，第20页。——译注

性，继续在大地上居住。①

此外，特其格里特爱斯基摩人（the Tchiglit Eskimo）居住在北冰洋海岸，西边是巴罗角（Point Barrow），东面是巴瑟斯特角（Cape Bathurst）。他们说，当时洪水瞬间淹没了地面，在狂风的推动下，吞噬了人们的住处，爱斯基摩人将几艘船拴在一块儿，以形成一只巨筏，人们坐在上面漂流在大洪水上，在系扎的帐篷底下抱成一团取暖。然而冷风呼啸，人们瑟瑟发抖地注视着波浪席卷着被连根拔起的树木从身边漂过。最后，有位名叫安－奥得吉姆（An-odjium，意即"鹰之子"）的术士，将他的弓投进大海，喊道："够了，风平息吧！"接着，他又将耳环取下投进大海。这足以让洪水退去。②

中部爱斯基摩人（the Central Eskimo）说，很久很久以前，海洋突然间不停地上涨，直到泛滥成灾，淹没了所有陆地，甚至漫过山顶，冰块也漂浮在水上。洪水退去后，大量冰块搁浅下来，甚至在山顶形成冰帽。许许多多的海贝、鱼、海豹被撇在高山上晒成了干。今天，我们在山顶上还能找到它们的外壳和骨头。许多爱斯基摩人都淹死了，另一批人却在洪水上涨的时候逃进小船，活了下来。③

关于格陵兰人，他们的历史学家克朗兹（Crantz）告诉我们："几乎所有异教民族都知道挪亚的大洪水，最早一批传教士曾在格陵兰人那里发现了美妙平实的传说，即世界一度遭倾覆，人类全部溺死，唯有一人尚存，另外有些人变成了燃烧的精灵。这名唯一剩下的男子劫后余生，他用木杖敲击土地，从中跳出一名女子，两人结合繁衍后代，这世上才又有了人类。他们说，在人迹罕至的地方，有许多贝壳和鱼类的遗骸，这可以证实，洪灾曾降临世界。的确，在一座高山上发现了鲸鱼的骨骸。"④曾与因努伊特人（the Innuits）或爱斯基摩人一起生活过的旅行家霍尔（C. F. Hall）得到的类似证据可以进一步支持这一传说。他告诉我们："他们有一个洪水传说，他们认为洪水是由一次不同寻常的大潮汐引起的。有一次，我与土库里托（Tookoolito）谈及她的人民，她说：'因努伊特人都认为大地曾被洪水淹没。'当我问她为什么他们这么认为时，她回答说：

①参见纳尔逊（E. W. Nelson）的文章，见《美国人种学管理局第 18 个年度报告》（*Eighteenth Annual Report of the Bureau of American Ethnology*），第 1 部分，1899 年，第 452 页。——译注

②参见佩蒂托特（E. Petitot）：《加拿大西北部印第安人的传说》（*Traditions Indiennes du Canada Nord-Ouest*），1886 年，第 6 页以下。——译注

③参见弗朗兹·博厄斯（Franz Boas）：《中部爱斯基摩人》（*The Central Eskimo*），见《美国人种学管理局第 6 个年度报告》（*Sixth Annual Report of the Bureau of Ethnology*），1888 年，第 637 页以下。——译注

④克朗兹（D. Crantz）：《格陵兰史》（*History of Greenland*），第 1 卷，1767 年，第 204 页以下。——译注

'难道你在远山上见到被丢在那里的不是蛤蚌之类本应在海里的东西，而是小石子吗？'"[1]

## 15. 非洲的大洪水故事

令人奇怪的是，关于一场世界性洪水的传说在世界的许多角落广为传播，在非洲却几乎难觅踪影。实际上，我们甚至可以怀疑，在那片广袤的大陆上，是否有过一个真正本土的洪水传说被记录下来。甚至这样的传说迹象都很罕见，在古埃及的文献中还不曾发现。我们听说，几内亚的北部有"一则大洪水的传说，这场洪水曾遍布全球，然而，它结合了如此多的奇异的和充满想象力的内容，几乎不能把它与《圣经》中记载的事件看做一回事"[2]。报道它的传教士并没有给出细节，我们无法判断这个传说在多大程度上是本民族的，又在多大程度上是从欧洲借鉴过来的。另一名传教士曾在下刚果（Lower Congo）的本土传说中遇到过有关大洪水的资料。"他们说，太阳和月亮曾经相遇，太阳往月亮脸上涂了一些泥巴，遮住了一些光亮，所以月亮的一部分经常布满阴影。这次相会引发了一场洪水，古人们把搅粥（luku）棒放在背上，而且变成了猴子。现在的人类是一个崭新的生物物种。另一个说法是，当洪水来临之时，男人们变成了猴子，女人们变成了蜥蜴，猴子的尾巴是男人的枪。故事说到这里，我们也许会认为，在他们看来，这种变形是在最近的时代才发生的。可是刚果土著根本没有关于枪传入这个地区的传说，也没有任何关于那时用长矛、盾牌、弓箭、刀枪进行打猎和战斗的传说。"[3]据说，南非的一个巴苏陀人（Basuto）部落巴佩迪人（the Bapedi）有一个传说说起一场曾摧毁所有人类的大洪水。[4]经验丰富的传教士罗伯特·莫法特博士（Dr. Robert Moffat）对南非民族的洪水传说的调查可谓一无所获，有一个土著声称从先祖那里得来了一个传说，后来发现他是从一位名叫施梅伦（Schmelen）的传教士那里听说的。莫法特博士补充说："这种类型的故事最初来自某个传教区或某个神职的旅行家，在这个过程中，异教观念的混入

---

[1] 霍尔（C. F. Hall）：《与爱斯基摩人一起生活》（*Life with the Esquimaux*），第 2 卷，1864 年，第 318 页。——译注

[2] 威尔逊牧师（Rev. J. L. Wilson）：《西非》（*Western Africa*），1856 年，第 229 页以下。——译注

[3] 约翰·威克斯（John H. Weeks）：《在原始的巴刚果人之中》（*Among the Primitive Bakongo*），1914 年，第 286 页。——译注

[4] 参见梅伦斯基（A. Merensky）：《论认识南非》（*Beiträge zur Kenntniss süd-Afrikas*），1875 年，第 124 页。——译注

和变形，使这些故事看起来完全像是本土的传说。"①利文斯通博士（Dr. Livingstone）记下了一则有关安古拉（Angola）迪洛洛湖（Lake of Dilolo）的传说，这则传说讲述一个村里的居民、家禽和狗全都遭遇了灭顶之灾。随后利文斯通博士评论说："这可能是有关大洪水的模糊传说，而且显然是我在这个国家听到的唯一传说。"②我的朋友约翰·罗斯科教士（Rev. John Roscoe）也是一名经验丰富的传教士，他花了25年的时间与中非尤其是乌干达保护国的一些民族进行亲密交往。他告诉我，在他熟悉的这些部落中，没有发现任何一个有关洪水的本土传说。

尽管东非土著中的德国作者曾发现了一些大洪水传说，但这些故事完全是《圣经》故事的翻版，渗透着基督教或者也许是伊斯兰教对这些未开化地区的影响。马赛人（the Masai）中的一位德国官员记录了这样一则传说。故事是这样的：

图姆贝尼奥特（Tumbainot）是一位正直的人，得到神的宠爱。他的妻子奈潘德（Naipande）给他生了三个儿子：奥绍摩（Oshomo）、巴提马洛（Bartimaro）和巴马奥（Barmao）。图姆贝尼奥特的哥哥棱格日尼（Lengerini）去世了，按马赛人的习俗，图姆贝尼奥特娶了寡妇也就是他的嫂子那哈芭·劳昆加（Nahaba-Logunja），这个名字源于她额头高而窄的头型，那是马赛美女的标志。她为第二个丈夫也生下了三个儿子。但由于家庭不和，起因就是有一天晚上她拒绝递给她丈夫一杯牛奶，她便离开丈夫的家而另建新家。她在家园周边围上带有荆棘的灌木丛，以抵御野兽的攻击。在那些日子里，世界上人口众多，但男人们并不善良，相反，他们充满罪恶而且不听从神的指令。不过，人们虽然邪恶，却克制着自己，不去做杀人的事情。可是最终，一个不幸的日子降临，有一位名叫纳木比加（Nambija）的男子在另一位名叫苏阿该（Suage）的人头上狠狠地一击。目睹此情此景，神忍无可忍，他决定摧毁整个人类种族。只有虔诚的图姆贝尼奥特受到神的眷顾，神嘱咐图姆贝尼奥特打造一只木船，带着两位妻子、六个儿子以及他们的妻子坐进船中，另外，还要在每种动物中选一些带上船。图姆贝尼奥特遵照吩咐将贮备品装上船之后，神便开始降雨，倾盆大雨下个不停，洪水暴发了。除了待在木船上的人和动物，其他的全都被洪水吞噬了。木船漂浮在水面上，此时的图姆贝尼奥特渴望大雨停歇，因为船上的供给已经开始出

① 罗伯特·莫法特（Robert Moffat）：《南非传教工作纪实》（*Missionary Labours and Scenes in Southern Africa*），1842年，第126页以下。——译注

② 大卫·利文斯通（David Livingstone）：《在南非的传教之旅和研究》（*Missionary Travels and Researches in South Africa*），1857年，第327页。——译注

现紧缺。最终雨停了，图姆贝尼奥特急于了解洪水的情况，便让一只鸽子从船上飞出去探探情况。到了晚上，鸽子飞了回来，显得异常疲惫。于是图姆贝尼奥特知道洪水水位势必还很高，以致鸽子飞了一天也找不到地方停歇。几天后，他又让一只兀鹰飞出木船去探水位。但这么做之前，他在兀鹰尾巴的羽毛上系了一支箭，算着如果兀鹰叼东西吃的时候，那么身后的箭就会同样着地，兀鹰在地面上拖拽食物时，箭也会刺着某物，然后快速地刺穿那个物体，在兀鹰的身后消失。事实证明了他的预想，傍晚兀鹰返回木船，身后的箭和尾巴上的羽毛都不见了。图姆贝尼奥特由此推断，这只鸟肯定落在了腐臭的尸首上，洪水势必已经减退。当大水全部消失后，木船停靠在大平原上，人和动物上了岸。图姆贝尼奥特走出救生船，看见了四道彩虹，分别占据天空的四个方位，图姆贝尼奥特将它们视为神息怒的标志。[①]

同一个地区的一名德国传教士记录了这个洪水故事的另一个异文。他是在姆库维（Mkulwe）传教区听说的，这里处于塞西（Saisi）或姆巴（Momba）河畔，距离这条河流进的伦克瓦（Rukwa）湖 20 英里。他的报告人声称这则故事是从祖父那里听来的，并且坚决断定这则故事是当地纯正的古老传说，绝非从外国人那里借鉴而来。他的陈述被另一位诚实的土著证实，与他的伙伴在阐述上有所不同的仅仅是这位土著讲到非洲挪亚放出去的是两只飞禽而不是一只。故事是这样的——

很久以前，洪水淹没了河流。神对两个人说："到船上去。带上所有植物的种子和雄性、雌性的动物。"两个人这样做了。洪水越涨越高，漫过山脉，船在水中漂浮。其他所有动物和人都死了。大水干涸后，有一个人说："让我们看看，大水可能还没有全部干掉。"他派出一只鸽子，它又飞回船上。他等了等又派出一只老鹰，但它没有返回，因为洪水完全消失了。两人从船中走出，同时也从船上带出动物和种子。[②]

## 16. 洪水故事的地理传播

以上对大洪水传说的全面考察足以证明，无论我们称它为传奇故事也好，称它为神话故事也罢，这一类型的故事已经在全世界广为传播。在我们探寻这些

---

① 参见默克（M. Merker）：《马赛人》（*Die Masai*），1904 年，第 265—267 页。——译注

② 参见阿洛伊斯·汉贝格尔（Alois Hamberger）：《德属东非姆库维的宗教传统和习俗》[*Religiöse Überlieferungen und Gebräuche der Landschaft Mkulwe（Deutsch-Ost-Africa）*]，见《人》（*Anthropos*），第 4 卷，1909 年，第 304 页。——译注

传说彼此之间的关系以及产生它们的某种或者种种因素之前，有必要简要地概述一下发现大洪水传说的那些地区。先从亚洲说起，我们在巴比伦、巴勒斯坦、叙利亚、佛里几亚、古代与现代的印度、缅甸、交趾支那、马来半岛和堪察加都发现了它们的实例。因此，大致来说，这些传说盛行于南亚，而在东亚、中亚和北亚却显然难觅踪迹。值得一提的是，据我所知，东亚伟大的文明民族即汉族和大和族在其卷帙浩繁的古文献中没有保留一则我们讨论的这种本土的大洪水传说，也就是关于一场据说毁灭了整个或大多数人类的全球性洪水的传说。

在欧洲，本土的洪水传说远远少于亚洲。但是，它们发生在古希腊，并且在威尔士（Wales）①有关于洪水传说的报道。另外，这类传说还存在于立陶宛人、特兰西瓦尼亚（Tansylvania）的吉普赛人、东俄罗斯的沃古尔人（the Voguls）当中。冰岛有关巨人血流成灾的故事与普遍的类型却大相径庭。

在非洲，包括埃及，有关洪水的本土传说显然很缺乏。事实上，这片土地上至今没有报道过一则有关洪水传说的清晰事例。

在印度群岛，我们找到了一些大洪水传说。它们流传在苏门答腊、婆罗洲、西里伯斯诸大岛以及尼亚斯②、恩加诺③、塞兰（Ceram）、洛梯（Rotti）和弗洛勒斯（Flores）诸小岛。菲律宾群岛和"福摩萨"④的土著部落和孟加拉海湾孤立的安达曼群岛上的岛民也讲述同样类型的洪水故事。

在新几内亚和澳大利亚广袤的岛屿或大陆上，我们遇到了一些有关大洪水的故事，同样类型的传说也出现于一些诸如美拉尼西亚小岛的边缘地区，而美拉尼西亚小岛正如一道圆形的弧，从北到东环绕着新几内亚与澳大利亚。

往东我们进入太平洋。在这里，我们发现大洪水传说在波利尼西亚人当中广为流传。他们居住分散，从北部的夏威夷到南部的新西兰，占据了海洋中的大部分小岛屿。帛琉（Pelew）群岛的密克罗尼西亚人曾记录了一则大洪水传说。

在美洲，洪水传说广泛分布于南美、中美和北美。从南部的火地岛（Tierra del Fuego）到北部的阿拉斯加，从东到西的大陆上都有这些传说。它们不仅出现在印第安人部落中，也分布于从西面的阿拉斯加到东面的格陵兰的爱斯基摩人当中。

我们接下来不得不问：这样一种普遍传播的传说，它们之间有怎样的关系

---

① 大不列颠之一部分，在英格兰的西部。——译注
② 尼亚斯岛（Nias），印尼岛屿，在印度洋。——译注
③ 恩加诺岛（Engano，又作 Enggano），印尼岛屿，在印度洋。——译注
④ 福摩萨（Formosa），16世纪葡萄牙殖民者对台湾岛的称呼。——译注

呢？它们是有发生学的联系还是彼此不同且独立发生的呢？换句话说，它们是全都发端于同一个源头还是从世界各地独立起源的呢？从前，在《圣经》传说的影响下，无论在哪里发现了大洪水传说，研究者们都愿意认为这些洪水就是类似于挪亚的洪水，并且假设说，这些传说是关于那场大灾难的多少有些变形和虚构的异文，而《创世记》中保存的才是唯一真实而可靠的记录。这样的观点几乎难以为继了。即使承认在难以计数的年代里经过代际和不同地域之间的口头传播必然会有各种讹变，但我们仍然发现，很难在这些五花八门、古怪有趣、充满童趣或荒诞不经的大洪水故事中辨认出单一神圣原本的人类副本。况且，现代研究已经证明，《创世记》中假定的神圣原本根本不是原本，而是相对较晚的一个副本，是对更早的巴比伦或者不如说苏美尔异文的复制。这个结论又大大地增加了我们辨别的难度。大概没有一个基督教护教者会把这个具有浓厚的多神教色彩的巴比伦故事看做上帝对人的最初启示。一旦这种神灵感召理论不能用于原本，那它也就很难用来解释副本。

因此，在摒弃了与已知事实相矛盾的启示论或感召论之后，我们仍然必须查明，巴比伦或苏美尔的这一理所当然远为古老的大洪水传说是否就是其他所有洪水传说的唯一源头。问题是，我们很难给出一个肯定的回答，因为要想证明这样的事情是不可能的，而且我们得出的结论还必须考虑到人言人殊的各种可能性。毫无疑问，我们有可能把所有这些故事分解为各种元素，再对这些元素进行分门别类，统计各种异文中共同具有的元素的数量，根据任何一个叙事中发现的共同元素的总数来推测它是原本还是派生的异文的可能性。实际上，我的一位前辈在这个研究领域已经作过这种探讨①，但我不打算重复他的计算过程，具有统计学或数学禀赋的读者，可以查阅那位前辈的著作，或者根据上文提供的数据自己再计算一遍。这里，我只想阐述一下我自己的一般结论，留待读者参照我提供的证据去加以证实、纠正或反驳。姑且不说希伯来的洪水传说无疑脱胎于巴比伦的传说，而且现代的例证也表明了后来传教的或者总之是基督教的明显影响痕迹，我认为，我们没有明确的理由把所有洪水传说都溯源到巴比伦的洪水传说，并且把它当做它们的原本。有些著名学者确实已经认为，古希腊和古印度的传说均脱胎于古巴比伦的传说，他们可能是对的，但在我看来，这三者之间的相似之处并不足以保证我们有权假设它们有同一个起源。在古代后期，希腊人无疑熟知了巴比伦和希伯来的大洪水异文，但是，希腊人自己关于大洪水的传说远早于首次为西

---

① 参见温特尼茨（M. Winternitz）：《大洪水传说》（*Die Flutsagen*），第312—333页。——译注

方学者打开东方知识宝库的亚历山大东征。况且，最早形式的希腊传说没有表现出任何从亚洲资源中借鉴的明显特征。比方说，在距离巴比伦最近的丢卡利翁传说当中，只有丢卡利翁和他的妻子从洪水中获救，当洪水退去后，他俩不得不奇迹般地用石头再造人类。它根本没有提到也许已经在水中淹死的动物再造问题。这一传说与巴比伦和希伯来的传说截然不同，因为后两者都通过在方舟上安置足够的人和动物来保证洪水之后人与动物的正常繁殖。

同样，比较古印度与巴比伦的洪水异文，也会发现两者之间存在很大的不同。在古印度的所有异文中具有神奇力量的鱼，在巴比伦的异文中却没有明显的对应物。有些学者巧妙地争辩说，印度传说中那个化身为鸟、警告摩奴（Manu）洪水即将来临的神，就是埃阿（Ea）的复制品，因为埃阿似乎明显是一位水神，被设想和表现为半人半鱼的形象。[①]倘若人们在这两个传说之间假定的相似关系能够得到证实，那么当然就可以在两者之间形成一种牢固的纽带。另一方面，在这个印度故事最古老的形式即《百道梵书》中，摩奴被描述为洪水之后唯一的幸存者，而且在灾难过后，有一位女人从摩奴的奶油、酸奶、乳浆和凝乳这些祭品中被创造出来，为的是能够帮助摩奴繁衍人类。只是到了后来的异文中，才讲到摩奴将许多动植物带在身边，一起上船。但即使在这些异文中，虽然交代了有一位智者出现在船上，他的周围站着一群被他从水中救出来的兄弟，但根本没提他如何解救妻子和孩子的事情。这一遗漏在无意中表明，这位哲人不仅缺乏家庭情感，而且缺乏常人的深谋远虑，这就与他在巴比伦故事中的对应人物的远见卓识形成了有力的反差——在类似的困苦环境中，他至少有在狂暴的水上漂流的家人相伴左右，以获得慰藉。显然，这个幸存的男人知道，一旦洪水退去，他就可以在家人的帮助下，通过普通的自然过程繁衍人类的后代。如果要发现闪米特人入世的审慎和印度人理想的苦行之间的对比，这两个故事之间的这种奇妙差异难道不是可以让人浮想联翩吗？

而且，总体来说，没有任何证据可以证明古印度和古希腊的洪水传说脱胎于相应的巴比伦传说。我们想起，据我们所知，巴比伦人虽然与埃及人直接交往了几个世纪，但他们从未成功地将自己的洪水故事传给埃及人。所以，他们没能把它传给直到亚历山大大帝时才有少量交往的更遥远的希腊人和印度人，我们也没什么可大惊小怪的。在后来的岁月里，通过基督教文献的中介，这个巴比伦的传说的确被传到了世界各地，并且在珊瑚群岛的棕榈树下、在印第安人

---

① 参见贾斯特罗（M. Jastrow）：《巴比伦和亚述的宗教》（*Religion of Babylonia and Assyria*），第136页以下。——译注

的棚屋里、在北极的冰雪中，以故事的形式找到了回音。但是，姑且不说基督教或伊斯兰教的中介作用，这个传说本身似乎极少越出它的本土和相邻的闪米特地区的界限。

在我们已经回顾过的这些洪水传说中，如果要寻找一个有共同来源因而从单一的中心传播出来的证据，那么，我们不会忽略一个明显的标志——北美洲的阿尔衮琴人的故事的派生和分布。在这些分布如此广泛的世系的不同部落中记录的许多洪水传说彼此竟如此相似，以至于我们只能将它们视为同一个传说的变异。至于在最初故事中各种动物潜水捞泥的情节是出自本土还是依据对（从白人传给这些印第安人的）挪亚故事中的鸟的回忆，或许可以讨论。

进一步说，根据洪堡①的观点，奥里诺科河（the Orinoco）印第安人的洪水传说具有普遍的相似性。根据威廉·埃利斯（William Ellis）的观点，波利尼西亚人的传说也普遍存在一种类似的相似性。也许这两个地区的传说是从当地的中心传播而来的，换句话说，它们是同一个起源的变异。

然而，即使我们考虑到所有这些从当地的中心传播的情况，似乎仍然存在着有些洪水传说独立起源的可能性。

### 17. 大洪水故事的起源

我们仍然要问:洪水传说是怎么产生的？人类为什么会如此普遍地相信大地上曾有一个时期全都被汪洋大水淹没，或者所有住着人的地方都被淹没，几乎所有人种都被灭绝了呢？对此问题的老答案是：这样的洪荒之灾确实发生过，《创世记》对此有完整而真实的记录。我们在世界各地广泛分布的许多大洪水传说中看到的，是对那场浩劫的不完整的、混杂的和扭曲的记忆。人们喜欢用海洋贝壳和海洋生物化石作为支持这种观点的证据，它们被认为是挪亚时期大洪水退去时留在荒野和山顶之上，后来变干了。德尔图良（Tertullian）就曾经引证在山上发现的海贝来说明大地曾被水淹没，虽然他没有直接联系《创世记》中记载的那场洪水。1517 年，为了维修维罗纳②城而挖掘出大量奇特的化石。那次发现引起许多推测，其中当然以挪亚和方舟的说法最为流行。不过，这些说法并非没有遭到质疑，有一位冷静的意大利博物学家弗拉卡斯托洛（Fracastoro）斗胆指出了这些流行假说中的难点。"他注意到，那场洪水过于短暂，主要是河川之水。如果它把贝壳运到了很远之外的地方，那就一定会把它们留在地表，而

---

① 洪堡（Humboldt，1769—1859），德国自然科学家、自然地理学家。——译注
② 维罗纳（Verona），意大利东北部城市。——译注

不会将它们埋在深山之内。假如人类的激情没有被这场争论挑起来的话，他清楚地展示出来的证据本来是可以一劳永逸地结束这场争论的。"①到17世纪末叶，在意大利、德国、法国和英格兰召集起来的一支神学家队伍进入了地质学的领域，他们强化了劝导的力量，使原有的混乱更加混乱。"从那以后，那些不承认所有海生有机物遗迹都是摩西时代洪水之证据的人，就被扣上对整部圣书不信任的帽子。自从弗拉卡斯托洛的时代以来，100多年过去了，人们仅仅写下来一个教条即有机物的化石只是大自然的游戏，在理论认识方面却毫无进展。为了打破那个假说即有机物化石是被挪亚时的大水埋进岩石层中的，又耗费了一个半世纪的时光。在科学的任何分支中，从来没有一个理论谬误能够比这一个更严重地阻碍对事实的准确观察和系统分类了。在最近的时期，我们应把我们的迅速进展主要归功于下述贡献：按照有机物的不同成分及其规律性的层位分布，仔细地确定了矿物体的先后顺序。不过那些依然主张旧的洪水说的人还是坚持他们的体系，将所有分层都混为一体，把所有现象都归为一个原因和一个短暂时期，不认为它们是由多种不同的原因经历漫长的时代接续过程形成的。他们只用他们希望的那种眼光去看这些现象，有时曲解了事实，有时又从正确的数据资料中得出了错误的推论。简而言之，从17世纪末到18世纪末，地质学进展的大略，就是新学说对教条观点的持续不断的激烈斗争的历史。那种教条观点经过多少代人的盲目信仰而得到普遍认可，还被认为以《圣经》的权威为依据。"②

这种打上查尔斯·莱尔爵士（Sir Charles Ryell）烙印的错误极难消亡。在不足一个世纪以前，当威廉·巴克兰（William Buckland）被委任为牛津大学地质学讲师时，他在给大学作的就职演讲中还向听众保证："有足够的、无可争议的理由证明一个重大事实，即一场普世性的大洪水在不很遥远的时代中确实发生过。即使我们并没有在《圣经》或其他权威那里听到过这件事，地质学自身也必然会借助这类灾变来解说洪水浩劫的现象。"③就在我们这个时代里，还有另一位著名的地质学家写下并发表了这样的观点："我长久地思索过，《创世记》第七章、第八章中的叙事只能理解为是当时的实况报告或目击者日志，后来被《创世记》作者整编到他的作品之中。水涨水落的日期、泛滥达到高潮时水漫山顶

---

① 查尔斯·莱尔爵士（Sir Charles Lyell）：《地质学原理》（*The Principles of Geology*），第 1 卷，1875 年，第 31 页。——译注

② 查尔斯·莱尔爵士（Sir Charles Lyell）：《地质学原理》（*The Principles of Geology*），第 1 卷，1875 年，第 37 页以下。——译注

③ 索拉斯（W. J. Sollas）：《地球的年龄》（*The Age of the Earth*），1905 年，第 244 页。——译注

的测量记录还有其他许多细节以及整个叙述的语调，似乎都需要这样的假说才好理解。历来的解释遇到的所有困难也由于这个假说而得以消解。"①但是，如果《创世记》中的洪水故事是当时的一位目击者的日志，那么又该如何解释它包含的明显矛盾（如洪水持续的时间、获准进入方舟的动物之数量）呢？这样一种理论非但不能解决困扰这段叙述的难题，反倒会使它们更加难解。除此之外，还会催生出一个类似的假说，它对叙述者的诚信和严谨会造成不公正的损害。

晚近时期，在德国还出现了流行一时的关于洪水故事的另一种解释，我们对此不用花费太多时间。这种观点认为，洪水故事其实与水和方舟都不相干，它是关于日月星辰的神话或是三者合一的神话。发出如此惊人之论的学者们，在抛弃流行的"陆地说"解释时是一致的，但在提出他们高深的"天体说"解释时却彼此无法统一。他们中有人认为方舟便是太阳，也有人认为方舟是月亮，那造船填缝用的松脂则是月食的比喻表达。关于造方舟的那三段故事，我们必须理解为月的盈亏现象。最近的"月亮说"的信奉者试图在更高的层面上调解所有矛盾，让人类旅客登上月球，却把动物留在诸星星之上，让它们好自为之。如果对这些学者的奇谈怪论还要去认真对待，那就是抬举他们了。我在此提及他们仅仅是为了打趣，以便让他们来排遣这样严肃而冗长的讨论引起的枯燥乏味。

不过，当我们将这些奇想打回到适合它们的冷宫之后，关于洪水传说的起源问题却依旧摆在我们面前，它们到底是真的还是假的呢？此类故事如此一而再、再而三地描述的洪水，到底发生过没有呢？现在，着眼于那些讲到洪水淹没整个大地乃至淹过最高山峰并且淹死了全部人类与动物的叙述，我们可以有把握地说它们是假的。因为如果现代地质学的最好的验证是可信的，那么自有人类以来，地球上并没有发生过这样的浩劫。或者，如某些哲学家推测的那样，早在人类出现之前，我们这个星球的表面由海洋整个覆盖着，不过那是另外的问题。比如，莱布尼茨②就设想地球"原初曾是一个燃烧着的发光体，自成形以来就经历着逐渐冷却的过程。当它的外壳冷却下来，达到足够的程度，使雾气可以凝结时，便落下来，形成一个世界性的海洋，甚至连最高的山峰也都被覆盖，使全地表都是海水"③。这种关于原始大洋的类似观点认为，原初星球融解的物

---

① 约翰·威廉·道森（John William Dawson）：《地球和人的故事》（*The Story of the Earth and Man*），1880年，第290页注释。——译注

② 莱布尼茨（Gottfried Wilhelm Leibniz，1646—1716），德国哲学家、数学家。——译注

③ 查尔斯·莱尔爵士（Sir Charles Lyell）：《地质学原理》（*The Principles of Geology*），第1卷，1875年，第39页。——译注

质逐渐推动热度，其水汽凝结成一个原始海洋，它必然来自关于星系起源的一个著名假说即"星云说"，该假说由康德首先提出，后来又由拉普拉斯（Laplace）加以发展。拉马克（Lamarck）也"深受老一代博物学家中流行的如下信念的影响：即在有生物生存之后很久，整个地球曾被原始大洋包围"[①]。不过，即使原始人可能产生这样的推测，这种推测还是明显不同于洪水故事。因为后者认为绝大部分人类都遭毁灭，这也就预先假定了人类在地球上的生存，因而不可能指比更新世（the Pleistocene）更早的时期。

不过，尽管这些大灾难的故事几乎可以肯定出于虚构，但在神话的表壳之下，此类故事有许多还是包含着真实的内核。这不仅可能，而且实际上也大致如此。那就是说，它们可能包含着对某些特定地方确实发生过的洪水的回忆，只是在经过通俗传说的媒介作用之后被扩展为世界性的洪灾了。关于为害又广又远的大洪水之例证，过去确有不少记载。经历过这类灾难的人们，其后世子孙如果没有留下对此类灾难的记忆，那才是咄咄怪事。这样的灾难性洪水的例子，不必远求，邻国荷兰就一再遭受其害。在 13 世纪，"弗利岛（the Vlie）沿线的低地就经常受到威胁，最终沉到了波涛之中。北海（the German Ocean）涌入内陆的弗莱佛（Flevo）湖中。兴风作浪的祖亚德海（Zuyder Zee）淹没了数千个弗里西亚（Frisian）的村庄及其所有人口，还在同源的民族之间划出一道鸿沟，这才得以形成一个海。这次巨大的洪灾切断了这个国家的政治联系和地理完整性。荷兰人就这样被危险的海水与他们东部的同胞分割开来，正如同样凶险的海水将他们与他们在不列颠的盎格鲁——撒克逊同胞分割开来一样"。此外，在 16 世纪早期，一场来自北方的风暴飞速驱使海水倒灌到西兰岛（Zealand）的海岸低地，水流汹涌，无法通过多佛尔（Dover）海峡排泄出去。南部贝弗兰（Beveland）的大堤决口了，海水冲上陆地，淹没数百个村庄。一部分国土被割离开省区，沉入海底。南部贝弗兰成了一个岛，将它从大陆分隔开的那一片水域从那以后就被称作"陆沉"。

在以上场合以及其他一些场合，把荷兰的大部分都淹到水下的洪灾，不是因为大雨，而是因为海水上升。值得注意的是，在不少洪水传说中，发洪水的原因也同样不是降雨，而是海水的侵袭。有些海岛的原住民都把海水升高确认为发洪水的原因，如尼亚斯岛、恩加诺岛、罗地岛[②]、台湾岛、塔希提岛、夏威夷

---

[①] 查尔斯·莱尔爵士（Sir Charles Lyell）：《地质学原理》（*The Principles of Geology*），第 2 卷，1875 年，第 256 页。——译注

[②] 罗地岛（Rotti，又作 Roti），印尼岛屿。——译注

岛、拉坎嘎岛（Rakaanga）及帛琉群岛，还有美国西海岸自南部的火地岛（Tierra del Fuego）至北部的阿拉斯加之间居住的印第安人部落以及北冰洋沿岸的爱斯基摩人。这样的故事如此深广而久远地普遍出现在太平洋的沿岸和岛屿上，实在意味深长，因为这个大洋正是地震海啸时常发生的地区，被海水淹没的也正是那些讲述着由海水升高而引发洪水的故事的海岸和岛屿。我们难道就不能把这些故事中的至少某些部分追溯到实际的洪水，作为故事发生的原因吗？所有可能性看来都有利于在这两方面建立起因果关系，而不是偶然的巧合关系。

在海岸地带发生的地震常常伴随着海啸或者继之以海啸，所以，当地人在感到震动时的第一反应自然就是躲到高处，以逃过可怕的水流冲击。我们已经知道，智利的阿劳坎印第安人（the Araucanian Indians）就有一个大洪水传说，而且生怕这场灾难再度降临，每当感到地震的剧烈震动时，他们就逃到一座山上避难。另外，斐济人也有一个类似的大洪水传说，他们时常准备好独木舟，以备水灾再度来临时免遭灭顶厄运。综观以上这些事实，我们大概可以认为美国杰出的人种学家霍雷肖·黑尔（Haratio Hale）对斐济人的洪水故事的解释是合理的和可行的。在评论斐济人从前准备独木方舟以防洪水再来的说法时，他写道："这种说法（我们从他人那里听到了同样的说辞）会促使我们发问：在该群岛的实际历史中是否并未发生过足以产生这个传说及相关习俗的灾变？1837年11月7日这天，由智利的一场地震的震波引发的大海浪，自东向西越过太平洋，连远在小笠原群岛（the Bonin Islands）的人都感觉到了。根据贾维斯先生（Mr. Jarvis）在他的《历史》第21页的记载，在桑威奇群岛（the Sandwich Islands），海水漫上夏威夷东海岸，涨到高出最高水位标记20英尺，淹没了较低的岛屿，冲走了几个村庄，淹死了许多生命。类似的水灾在这些岛屿上已经发生过多次。假如我们推测（这不是没有可能）在过去的三四千年的时段中，有一次两倍于这次高度的巨型海浪越洋而来，席卷斐济群岛，那就肯定会将维提岛（Vitileve）以东的整个冲积平原淹没，那正是岛上人口最稠密的地区。多数人无疑会遭遇灭顶之灾，少数人乘独木方舟幸免于难。由于和这个地区相邻的姆本加（Mbengga）本身就是一个多山的岛，自然会成为许多人的逃生之处。"[1]

这种解释显然也适用于在太平洋岛屿上记述的其他大洪水传说，因为所有这些岛屿可能遭受过同样的地震海啸的侵袭。至少，就我们目前所知，暂且接受

---

① 霍雷肖·黑尔（Horatio Hale）：《美国探险队：民族志和语文学》（*United States Exploring Expedition, Ethnography and Philology*），1846年，第55页。——译注

这位知名的美国人种学家的观点，要比接受那位知名的德国人种学家的解释更稳妥一些。后者将所有这些波利尼西亚人的传说都解释为有关太阳、月亮和星辰的神话。

如果某些由于海水升高而引起的大洪水传说可以如此落实到历史的基础上，那就没有理由怀疑某些由大雨引起的大洪水传说同样有现实的基础。在本地，我们这些生活在英格兰国家的平原地区之人，就很熟悉由这个原因引发的当地洪水。例如，几年前，诺福克郡（Norfolk）的大部分地区，包括诺里奇市（Norwich）在内，都曾被一次突如其来的大暴雨淹没在水中。几年前，法国巴黎的低洼区域也由于同样的原因被淹。这不只在市民之中，而且在这座美丽城市的世界各地的友人中引起了焦虑和恐慌。不难理解的是，在无知的和没文化的人群中，其知识水平很难超出他们的眼界范围，由口头传播的这样一场大灾难的记忆，会在几代人的时间中发展成一场普世性洪水的传说，以这样或那样的方式从浩劫中侥幸逃生的只是个别人。即便是一个纯粹地方性的洪水传说，讲到许多人被淹死，从原住民传到一个欧洲居民或游客那里，他会用自幼就熟悉的挪亚洪水的模式来诠释它，就会下意识地把它夸大为庞大的规模。

有人提议用这样的方式来解释巴比伦和希伯来的大洪水传说，其原因就是：幼发拉底河和底格里斯河下游河谷年年都因为大雨及亚美尼亚山上的融雪造成泛滥。解释者告诉我们："该故事的基础就是一年一度在巴比伦尼亚持续数月的暴风雨季节之景象，在此期间，幼发拉底河流域整个地区都会被淹没，大雨和风暴造成的灾害非常严重。后来修成了调节这两条河的运河，于是转害为利，带来令人惊奇的肥沃土壤，成就了巴比伦尼亚的美名。希伯来的洪水故事让人回忆起一个特别具有破坏性的季节，它给人留下了很深的印象。把该故事同在亚述巴尼拔（Ashurbanapal）图书馆泥版文书上的类似故事[1]相比较，可以证明有关该故事具有地方背景的观点。"[2]

根据这一假说，大洪水是由于不同寻常的降雨和融雪造成的，它只不过是寻常现象的一种非常情况。河谷地区广泛的受灾面积使洪水深深地留在幸存者及其后裔们的记忆之中，难以忘却。要支持这个观点，还可以举出在巴比伦和最早的希伯来传说中唯一提到的洪水原因即大雨这一证据。

这种观点还可以由当地因为同样的自然因素导致的每年都易遭受的危险泛滥

---

① 指巴比伦《吉尔伽美什》史诗第十一块泥版上记载的洪水故事。——译注

② 贾斯特罗（M. Jastrow）：《希伯来和巴比伦的传说》（*Hebrew and Babylonian Traditions*），1914年，第37页以下。——译注

来证明。当乌鲁克（Erech）古城的第一位发掘者洛夫图斯（Loftus）于1894年5月5日到达巴格达时，他发现全体居民都陷于一种极度的忧虑和恐慌之中。由于库尔德群山（the Kurdish mountains）上积雪的迅速融化以及幼发拉底河水通过塞格拉维亚运河（the Seglawiyya canal）的大量流注，当年春季底格里斯河升至前所未有的高度——22英尺半，超过往年的最高水位约5英尺，也高过1831年的大水。那年的大水冲倒城墙，一夜之间毁掉了七千多间房屋，与此同时，城中还流行着可怕的瘟疫。在英国特遣队到达的前几天，巴格达的土耳其帕夏[①]召集全体人民，协力抗击这场灾害，筑起一道高大坚固的堤坝，把整个城墙围起来，再用芦苇席子罩在堤坝外层，使土凝固在一起。这就有效地防止了大水侵袭城市，虽然水已渗透细沙层，地下室中积水有几英尺深。在城外，大水达到距堤岸顶端不到2英尺的高度。河岸边上的房屋多数年久失修，却独自面对汹涌的洪水冲击。那是一个十分危急的时刻。人们日夜坚守，注视着大堤。假如大坝或任何一块坝基有溃决，整个巴格达城定会被冲毁。幸运的是，压力终于减弱，洪水渐渐退去。城乡周围若干里的地方都被水淹了，要走出堤外是不可能的，除非靠划船。人们造船只为摆渡，跨越大水以达成相互的交流。一时间，城市变成一个巨大的内海之中的孤岛。过了整整一个月之后，城中的人才能勉强骑着马走出城墙。随着夏季的来临，由积水蒸发而引起的疟疾流行，严重到如此程度：七万人口之中有不下一万二千人死于热病。

如果亚美尼亚山脉上的融雪造成的洪水直到现今的时代依然能够如此威胁着河岸边的城市，那么就有理由认为它在古代的时候同样如此。巴比伦传说讲到的这样一场大水毁灭了舒里帕克城[②]一事，由此也能得到很好的证明。该城的最终命运是确实毁于大火而非大水，但这与如下的推测还是能够吻合的：它在早先时候曾毁于一场洪水，后来又被重建起来。

从总体来看，似乎有理由相信，有些洪水传说或者说许多洪水传说，只不过是确实发生过的洪水的夸张的记述而已，不管发洪水的实际原因是大暴雨、地震海啸还是其他原因。因此，所有这样的传说都是半传说加上半神话。就它们保留了实际发生过的洪水记忆而言，它们具有传说性质；就它们描述从没实际发生过的普世性大洪水而言，它们又具有神话性质。不过，在对洪水传说的总体观照之中，我们发现有些故事纯粹是神话性质的，那就是讲述从未发生过的大洪水的

---

① 帕夏（pasha），本义为首脑，指伊斯兰教国家的高级官宦。——译注
② 舒里帕克城（Shurippak），也称舒鲁帕克，前述乌特纳庇什提牟的故乡，苏美尔人曾建立的城市。今天在两河流域的遗址是一个称为法拉（Fara）的土丘。——译注

故事。例如，希腊萨莫色雷斯岛和色萨利的大洪水故事。古希腊人将它们同达尔达诺斯与丢卡利翁的名字联系起来。萨莫色雷斯岛的故事或许只是对黑海及其出海口博斯普鲁斯海峡及达达尼尔海峡的地势的一种错误推论。色萨利的故事也许只是对环山的色萨利盆地及其出海口特姆佩峡谷（the gorge of Tempe）的地势的一种错误推论。所以，这样的故事不具有传说性质，而是具有纯粹的神话性质。它们描述从来不曾发生过的灾难，它们是神话式故事的实例，我们可以和爱德华·泰勒爵士（Sir Edward Tylor）一起称之为"观察的神话"，因为它们是由对大自然的真实观察而联想出来的，只不过对其观察的解释是错的。①

另一类洪水传说也属于这种观察的神话，我们在前文中已举例。这类大洪水故事的依据是，对在山上或离海很远的地方发现的海洋生物化石的观察。如我们所见，蒙古人、西里伯斯岛上讲巴雷埃语的民族、塔希提岛民、爱斯基摩人和格陵兰人都讲过这种故事。此类故事基于一种错误的假设：海洋先前一定曾经升起来，高于那些如今发现了海洋生物化石的地方。它们是一种不正确的推论或称观察的神话，不过倘若它们假定先前的这些高地曾被淹到海平面之下，那就是正确的推测或科学的见解了。

这样看来，尽管有理由相信遍布世界各地的众多洪水传说以实际发生过的水灾记忆为基础，但并没有充分的理由认为任何这样的传说至多早于数千年以前。无论在哪里，只要这样的传说描述了必定属于多少有些遥远的地质时期的地球外形的巨大变化，那么，它们体现的也许就不是当时目击者的记录，而是很久以后的思想家们的推测。与我们这个星球的伟大自然特性相比，人类只是一种昔日之物，他们的记忆也只是昨夜之梦而已。

---

① 参见泰勒（E. B. Taylor）：《人类早期史研究》（*Researches into the Early History of Mankind*），1878 年，第 306 页以下。——译注

# 第五章　巴别塔

在困扰人类早期史研究的问题当中，语言的出现是最令人着迷同时又是最困难的问题之一。《创世记》前面数章体现了作者们对人类起源的种种粗略的思索，但这些作者没有对一个关键问题作出任何提示，那就是人类何以获得所有天赋中最重要也是将人与动物区别开来的能力，即具有清晰音节的说话能力。相反，他们假定，这种珍贵的能力是人类与生俱来的，而且，如果我们拿伊甸园中那条会说话的蛇作为例子，这种能力与动物并无二致。尽管如此，不同族群之间语言的多样性自然还是引起了古希伯来人的注意，他们用如下的故事来解释这一现象。

在世界初始时，所有人都说同一种语言。他们作为游牧民族坐着一个巨型的大篷车从东方来到了示拿地（Shinar）或巴比伦尼亚大平原，并在这里定居下来。他们用泥浆黏合砖头建造房屋，因为在这个冲积而成的松软的平原上，石块非常稀有。他们不满足于仅仅为自己建造一座居住的城市，他们设想用同样的材料建一座塔，塔的顶部可以够到天堂，如此一来，他们就可以扬名天下，并且可以避免所有人在整个地面上失散开来。到那时候，如果有人出城游荡，走失在广阔无垠的大平原上，他就可以回头向西看，能在很远的地方看到明亮的夜空中黑乎乎的塔影，或者他可以向东看，看到塔顶上最后一抹夕阳的余晖。这样他就能够分辨自己的方向，然后利用这个路标走上回家的路。他们的计划很好，可惜没有充分估量到全能上帝的嫉妒和力量。他们竭尽全力地开始建造，上帝从天堂走下来看了看这座城市和人们正在以如此神速修建的高塔，目之所及让他非常不悦，因为他说："看哪，他们成为一样的人民，都说一样的语言，如今既做起这事来，以后他们所要做的事就没有不成的了。"[①]显然，上帝对此非常恐惧，一旦巴别塔修建完成，上抵天堂，人们将蜂拥而至进入他的宝地，这简直无法想象。因此，他决心将这个伟大工程扼死在萌芽状态。他对自己或他的天堂随从说："我们下去，在那里变乱他们的口音，使他们的言语彼此不通。"[②]

① 见《创世记》第 11 章第 6 节。——译注
② 见《创世记》第 11 章第 7 节。——译注

天使下到凡间，依计而行，扰乱了他们的语言，并将人群在地面上驱散。就这样，人们离开了正在建设的城市和通天高塔，这个地方的名字叫做 Babel（巴别），意思就是混乱，因为上帝在这里混乱了全世界的语言。

后来的犹太传说为这个朴素的叙事素材渲染了大量栩栩如生的细节。从这些细节中，我们得知，建造通天塔的计划恰恰就是对上帝的反叛，尽管反叛者们的目标并不一致。有些人希望攀登天堂，并向全能的上帝本人挑战，或者建立自己的崇拜以代替对他的崇拜；还有一些人有更为现实的目标，他们想用弓箭和长矛将天堂的穹顶刺穿。通天塔修建了很多很多年，修建得如此之高，以至于一个砖匠背着灰浆桶爬到塔顶要用整整一年的时间，如果他失足掉下去摔断了脖子，没人为他哀悼，但每个人都会为掉下去的砖块悲伤，因为要把它们重新送上去，又要花整整一年的时间。他们对修建工作如此卖力，以至于妇女们甚至都不愿为了带孩子而耽误制砖，她们把婴儿用一条床单系在身上，然后若无其事地继续制砖。夜以继日，修塔的工作不曾有丝毫懈怠。他们甚至在令人眩晕的高处向天空射箭，如果落回的箭被鲜血染红，他们就欢呼："我们已经杀死了所有住在天上的生灵！"最后，忍耐了许久的上帝失去耐心，他找来了环绕他宝座的七十个天使，让他们全部下到人间去搅乱人类的语言。这些天使依计而行。人间的误解频繁发生，令人痛苦不堪。比如，一个人要灰浆，他的同伴却递给他砖块，因此，这个人盛怒之下就用砖头向同伴的头上砸去，杀死了他。如此的毁灭比比皆是，其余的人也因为他们图谋反叛的念头受到上帝的惩罚。至于那个未完成的巴别塔，一部分沉入了地面之下，其余部分被大火焚毁，只有三分之一至今尚存。那个地方依然不曾失去特有的魔力，凡是经过它的人都会忘了自己知道的一切。①

这个传说发生的地方应该是在 Babylon（巴比伦），因为 Babel（巴别）就是这个城市名称的希伯来语形式。公认的词源认为这个词来自希伯来语动词 "balal"（阿拉米语的 "balbel"）即 "弄乱"，这是错误的；其真实的意思，正如在碑铭上所写的那样，似乎是 "上帝之门"（Bāb-il 或 Bāb-ilu）。那些注疏者可能是对的，他们将这个故事归因于这座大城市给闪米特游牧者的简单头脑留下的深刻印象。刚刚告别沙漠的荒凉和寂静的闪米特人，在纵横交错的街道和熙熙攘攘的市场面前不知所措，人群中五彩斑斓的色彩让他们头晕目眩，人群中不同语言的喧

---

① 参见路易斯·金兹伯格（Louis Ginzberg）：《犹太人的传说》（*The Legends of the Jews*），第 1 卷，1909 年，第 179 页以下。——译注

器让他们瞠目结舌。眼前的高大建筑连绵不绝，尤其是那高大无比的神庙之塔，层层叠叠，金光灿灿的玻璃砖塔顶直穿云霄，他们在这样的景象面前受到前所未有的震撼。难怪这些住惯了帐篷的人们会忍不住想象，能够迂回曲折地爬上如此高大的建筑物顶端的人，一定非常接近上帝。

当时的两个巨型庙宇的模型，至今还可以在巴比伦看到，也许就是其中的一个引发了巴别塔的传说。其中的一个坐落于巴比伦城的废墟之中，仍被称为巴别，另一个位于河对岸的博尔西帕（Borsippa），在西南方向的八九英里之外，被称为比尔斯－尼姆拉得（Birs-Nimrud）。城中那座的古名是依－萨格里（E-sagil），它是献给太阳神马杜克（Marduk）的；坐落于博尔西帕那座的古名是依－兹达（E-zida），它是献给尼伯（Nebo）神的。关于这二者中哪一个是巴别塔的真正起源，学者们尚不能达成共识。当地的和犹太人的传说都认为博尔西帕的比尔斯－尼姆拉得的遗迹就是传说中的塔。在现场发现的一块石碑上的铭文告诉我们，当时开始在博尔西帕修建这个宏伟神塔的巴比伦国王没能完成这个工程，他死的时候塔尚未封顶。也许正是这个未曾完成的宏伟神塔引发了人们关于巴别塔的联想。

尽管如此，在古巴比伦还有很多此类的宏伟神塔，而那个悬而未决的传说倒是可以安插在它们任何一个身上。比如，在乌鲁（Uru）即迦勒底人的乌尔（the Ur of the Chaldees）就残存着这样一个塔，据说亚伯拉罕就是从这里进入伽南的。这个地方现在通行的名称是目卡亚（Mukayyar）或目扎亚（Mugeyer），坐落在巴比伦东南方大约 135 公里处，在幼发拉底河右岸。一连串的矮土堆连成一个椭圆，标记出古城的遗址。周围的土地非常平坦，因此经常遭受幼发拉底河每年洪水的洗礼，从每年的 3 月直到 6 月或 7 月，废墟堆积在沼泽中央，只有乘船才能靠近。椰枣树和棕榈树林生长在河岸两边，伴随河流连绵不断一直向远方延伸，直到河流汇入波斯湾的海水之中。在遗址的北端有一个塔的遗迹，大概高达 70 英尺。这是一个矩形建筑，分为两层，较高的边朝向东北和西南，每个边长约 200 英尺，短的只有 133 英尺。在所有类似的巴比伦建筑中，其中一个角总是正对北方。底下的一层，高 27 英尺，由结实的石块支撑，上面的一层从下层边缘缩进大约 30 — 47 英尺，高 14 英尺。顶上铺着大约 5 英尺厚的石块。楼梯在西北角。一条一直通到土垛的隧道证明，由烧制的砖块建成的整个建筑位于中心，外面包了厚厚的一层用其他东西烧制的一种浅红色砖块，中间夹着芦苇。建筑整体厚度大约 10 英尺，外面是一层烧制的用于雕刻的砖块。在建筑的四角发现了雕刻的柱子，每个柱子都在一个壁龛中，壁龛由每一层少一块砖而形成。

后来的发掘似乎表明，这些柱子上的雕刻是巴比伦神庙和宫殿的建造者或修缮者依次在该建筑的四个角上留下的。

从其中一个雕刻中，我们发现这个城市的名字叫乌尔，这个神庙是献给巴比伦的月神斯恩（Sin）的。我们进一步了解到，乌鲁克（Ur-uk，他的名字应该拼成 Urengur）国王修建了这座神塔，他没能修完，最后由他的儿子敦吉（Dungi）国王完成。乌尔国王的统治大约是在公元前 2700 年或公元前 2300 年。无论采用哪个时段，神庙的修建都要比公认的亚伯拉罕出生的时间早数百年。这座非同寻常的建筑，凭借其无与伦比的高度君临大平原，至今仍巍然屹立，在它的身边，幼发拉底河蜿蜒流向海边。如果亚伯拉罕真的如希伯来传说讲述的那样要从乌尔进入伽南，那么神塔就应该是他从小就已经非常熟悉的了。他出发寻找福地的时候最后一次深情回望，家乡的棕榈林在视线中逐渐远去，这里应该是他的目光最后停留的地方。也许在他的后代看来，这高大的塔身、海市蜃楼般的光辉和穿越时间迷雾的巨大跨度，能够当做宏伟的通天之塔，古时候世界上的众多民族就是从这里开始了他们的流浪之旅。

《创世记》的作者们根本没有谈到人类在语言大混乱之前共同使用的自然语言，这种语言应该就是人类的始祖亚当和夏娃互相交流时使用的语言，他们在亚当的花园里与大蛇、与天神交谈使用的应该也是这种语言。后人理所当然地认为希伯来语就是人类最初的语言，教会的神父们毫无疑问地接受了这个事实。到了现代，当语文学仍然处于初创时期时，把希伯来语当做本源语来推导出人类一切语言形式的艰苦努力当然注定会胎死腹中。在这个天真的假说方面，基督教学者与其他宗教的饱学之士并不存在分歧，因为这些学者也把他们圣书中的语言看做既是我们第一代祖先的又是神灵的用语。现代真正戳穿这个虚假泡沫的第一人是莱布尼茨，他指出："如果有充分的理由认为希伯来语是人类的原始语言，那么，我们就同样有理由接受戈罗比乌斯①的观点，他在 1580 年就在安特卫普出版的一本著作中证明，天堂里使用的语言是荷兰语。"②还有一位学者证明亚当使用的语言是巴斯克语；还有一些学者根据基督教的经文，将语言的多样性强加给天堂，他们认为，亚当和夏娃说的是波斯语，大蛇说的是阿拉伯语，

---

① 戈罗比乌斯（Goropius Becapnus，1518—1572），一位比利时的医生和学者，他的真名是 Van Gorp，莱布尼茨对他有很高评价并常引述他的观点。——译注

② 麦克斯·缪勒（F. Max Müller）：《语言科学演讲录》（*Lectures on the Science of Language*），第 1 卷，1871 年，第 149 页。——译注

和蔼可亲的天使长加百利在与人类始祖交流时使用的则是土耳其语；还有一位古怪的学者严肃地提出，万能的造物主用瑞典语向亚当发话，而亚当则用丹麦语来回复他的创造者，大蛇与夏娃交流用的是法语。①我们可以怀疑，所有这些语文学理论都受到提出这些理论的语文学家的民族偏见和反感的扭曲。

在非洲某些部落中流传的传说与巴别塔的传说有诸多相似之处。例如，赞比西河流域的一些土著显然是维多利亚瀑布的近邻，"他们有一个传说似乎与建造巴别塔有关，结尾是粗笨的建筑工人从脚手架上摔下来，摔碎了脑袋"②。利文斯通博士简单提到的这个故事，在瑞士传教士那里有更完整的记载。赞比西河上游的一个部落阿罗依人（the A-Louyi）说，他们的太阳神尼亚比（Nyambe）从前住在人间，但他后来通过一张蜘蛛网去了天堂。他在高处发布神谕说："崇拜我！"但人们却说："来啊，我们杀死尼亚比！"听了他们渎神的威胁，天神就消失了，看起来好像他瞬间从天上掉下去了。因此人们就说："来吧，我们来造一根桅杆登上天堂。"他们竖起了一根桅杆，又在上面接上更多的桅杆，然后爬了上去。但是，当他们已经爬到很高的时候，桅杆忽然断了，桅杆上的所有人都掉下来摔死了。③这就是这些人的结局。刚果的班巴拉人（the Bambala）说："万贡戈人（the Wangongo）有一次想知道月亮到底是什么，就决定去寻找答案。他们在地上栽了一根高杆，一个人爬上去，然后在顶端续上第二根高杆，然后在这上面续第三根，照此接续。当他们的'巴别塔'到达了一个相当的高度时，村里所有人都带着杆爬上去了，这时高杆突然倒塌，让所有人都牺牲在他们无知的好奇之中。从那以后，再也没人想探索月亮到底是什么了。"④东非姆库维的土著（the natives of Mkulwe）也讲了一个类似的故事。据他们的说法，有一天人们互相商量道："我们来做一根高杆，用它来登上月亮！"于是他们竖起了一棵大树，然后在其顶端接上另一棵树，上面再接上一棵树，就这样一直接下去，一直到树倒了，上面的人都摔死了。但另一些人说："我们不能放弃这个任务。"他们又把树接在一起，直到有一天，树又倒了，人都摔死了，他们才放弃了爬到

---

① 麦克斯·缪勒（F. Max Müller）：《语言科学演讲录》（*Lectures on the Science of Language*），第 1 卷，1871 年，第 149 页。——译注

② 大卫·利文斯通（David Livingstone）：《在南非的传教之旅和研究》（*Missionary Travels and Researches in South Africa*），1857 年，第 528 页。——译注

③ 参见约考泰特（E. Jacotet）：《赞比西河上游语言研究》（*Études sur les langues du Haute Zambesi*），第 3 卷，1901 年，第 118 页。——译注

④ 托尔代（E. Torday）：《在非洲野地的露营和跋涉》（*Camp and Tramp in African Wilds*），第 3 卷，1913 年，第 242—243 页。——译注

月亮上去的念头。①阿散蒂人（the Ashantees）的传说认为，从前神就住在人们中间，他被一个妇女的当众侮辱激怒，乘龙离开，回到天上的宫殿。人们因为他的离开而闷闷不乐，决定把他找回来。他们把所有能找到的杆子都首尾相连地接在一起，就这样修起了通天之"塔"。就在马上就要到达天上的时候，他们惊慌地发现杆子不够了，正在危急关头，一个"聪明人"站了出来，他说："这很简单，把最下面的杆子拿出来接在上面，如果还不够就继续从下面拿，一直到我们找到上帝为止。"他的建议被采纳了，但当他们真正付诸实施时，"塔"轰然倒塌，接下来发生的不用说也能猜到。也有人说，这次倒塌是因为白蚁把最下面的杆子蛀蚀掉了。无论发生什么，人与天的交流最终没能完成，而且人类再也没能登上天堂。②

墨西哥的乔卢拉（Cholula）金字塔是全美洲最庞大的土著人作品，这里有一个与《圣经》的巴别塔故事相似的故事。现代游客仍以充满崇敬的眼光打量这个庞大的建筑，它坐落于漂亮的现代城市普埃布拉（Puebla）跟前，在维拉克鲁斯（Vera Cruz）通往首都的途中。乔卢拉金字塔与埃及金字塔外形相似，大小也与它不相上下，垂直高度将近200英尺，底座周长是大金字塔的两倍。它的形状是墨西哥神庙（teocallis）普通的式样，就像一个被削去了顶端的金字塔，四面分别面向四个主要方向，分为四级。现在，它原来的轮廓被时光和风沙侵蚀，表面被茂盛的树木和灌木覆盖，因此，看上去更像是自然形成而不是人力堆起来的山。这个建筑是用砖块排列并用灰浆黏合而成的，砖块在阳光下暴晒而成，黏合剂是灰泥浆，里面混合着小石块、陶瓷、黑曜石的刀子和武器等的碎片。石块中间是泥土的夹层。塔的平坦顶部面积超过一英亩，俯临着广阔地域，视野从肥沃的山谷一直延伸到周围环绕的巨大火山，这些火山低处被茂密的森林覆盖，顶部是裸露的贫瘠斑岩，最顶点常年被白雪覆盖。

西班牙历史学家杜然（Duran）在1579年记录了关于建造这个巨大纪念碑的传说。他说："起初太阳和光都还没被创造出来，世界处在一片黑暗阴沉之中，没有任何东西被创造出来，四周非常平坦，既没有山峦也没有溪流，到处汪洋一片。当太阳和光被创造并在东方刚刚出现的时候，一些人也在那里出现了，那是一些笨拙的巨人，他们占据着陆地。为了看到日出和日落，他们分成两队去

---

① 参见汉伯格（A. Hamberger）的文章，见《人》（*Anthropos*），第4卷，1909年，第304页。——译注

② 参见佩雷戈（E. Perregaux）：《在阿散蒂人之中》（*Chez les Ashanti*），1906年，第200页。——译注

寻找太阳，一队朝西，一队朝东。他们一直往前走，直到遇到了海才停下来。这时他们决心回到出发的地方，于是他们就回到了那个叫做易兹塔库林·依纳米尼亚（Iztacculin Ineminian）的地方。他们不知道如何才能找到太阳，又被太阳迷人的光芒和美丽吸引，于是决定建造一个足以通天的塔。在寻找材料来建塔时，他们找到了一种黏土和一种沥青，于是开始用这些材料夜以继日地建造通天塔。就在他们尽其所能将塔修到了最高的时候，据说那时已经基本能够到天了，高处的神愤怒了，他对天堂的居民们说：'你们难道没看到那些尘世上的人修建了一座高大体面的塔要爬到这里来吗？他们手舞足蹈好像就要和太阳的光芒和美丽同在了！这怎么行呢？赶快去挫败他们的计划吧，决不能让这些泥土做成的人和我们混在一起！'顷刻之间，天堂居民们就朝世界的四个方向四散而去，他们用雷电打翻了人类建造的高塔。从此以后，那些被吓坏了的巨人们就在世界上充满恐惧地散开了，并且散到大地的不同方向。"①

在这个传说中，《圣经》影响的痕迹不仅表现在建造者们被驱散到世间，而且体现在造塔的材料是黏土和沥青，因为据说巴别塔也是由这些材料造成的，而墨西哥人好像从来没有将沥青用于这种用途，而且在乔卢拉附近也没有发现类似的材料。"在被征服之后不久，这个国家似乎已经有了变乱语言的记载，这很可能是从传教士那里学到的，但似乎与乔卢拉的巴别塔传说没什么联系。至少在洪堡复制的墨西哥移民时期的格梅利书版（the Gemelli table）中就出现了类似的内容，其中说，树上的鸟儿飞下来把语言带给站在底下的人们。"根据这种可疑的相似性，泰勒正确地认为乔卢拉的传说"是假的，或者至少是部分地经过后人加工或篡改的"②。

对缅甸克伦人（the Karens）的一个传说，大概也可以作如是观。这个部落具有特别的天赋，喜欢借用基督教传说并为之披上颇具当地色彩的外衣。这个部落的盖寇人（the Gaikho）分支讲的巴别塔故事版本是这样的："盖寇人将他们的族谱追溯到亚当，从亚当以来的三十代人都在修建巴别塔，他们说，他们在那时与红克伦人分开了……在潘丹曼（Pan-dan-man）的时代，人们决定要修建一座通天宝塔。他们修塔的地方就在红克伦邦境内，这些人仍然认为他们与巴别塔有关。当宝塔修建了一半的时候，上帝下到人间，打乱了人们的语言，使他们互相不能理解，于是人们就四散开来，太马来（Than-mau-rai）就是盖寇人

---

① 杜然（Diego Duran）：*Historia de las Indias de Nueva-Espana y Islas de Tierra Firme*，第 1 卷，1867 年，第 6 页以下。——译注

② 泰勒（E. B. Taylor）：《阿纳瓦克》（*Anahuac*），第 277 页。——译注

之王，他带领着八个首领朝西走去，在四塘（the Sitang）山谷定居下来。"

在阿萨姆邦的藏缅部落之一米基尔人（the Mikirs）中，也重新出现了《圣经》型的巴别塔和语言混乱的故事。他们说，很久以前拉姆（Ram）的后代们都是些能量无边的人，他们对于仅仅掌握地球渐渐不满，生出征服天堂的野心。于是，他们开始建造一个通天塔。这塔越修越高，直到后来天神和魔鬼都感到畏惧，他们害怕这些巨人们会代替他们成为天堂的主宰，就像他们现在主宰俗世一样。于是，他们就扰乱了人类的语言，并把人们向世界的四个方向驱散。因此，人类才开始使用不同的语言。我们在这里又看到了相同的故事，只是在不同的海岛之间形式上有一点小小的变化。他们认为，有 130 个人的罗赫（the Lohi）家族或部落，其首领是一个目库（Muikiu），他对臣民们说："我们来建造一座像天堂一样高的房子吧。"于是他们就开始建造。就在建筑快要接近天堂的时候，迦梨①派来一个叫婆阿维（Po Awi）的人前来阻止他们继续修建。他对首领目库说："谁让你们修建这样一个高塔？"目库答道："我是这里的首领，是我说服大家一起修建一座与天比高的建筑的。如果我有这样的办法，我们的房子就能和天堂一样高。但现在既然你反对，我们的房子就低一点吧。"说着他拿起水洒在人们身上，于是人们的语言就混乱了，他们理解不了彼此的意思，就四下散开了。因此，现在每个地方都有自己特殊的语言。②几乎可以毫无疑问地断定，这个传说完全是传教士故事的翻版。

也有人不参照巴别塔的故事或结构来解释人类语言多样性的问题。例如，希腊人的一个传说认为，人类曾在和平中生活了很多年，既没有城邦也没有法律，说着同样的语言，同样被宙斯统治。最终，赫尔墨斯将人类分成不同的民族并教给他们不同的语言。这种现象首先引起人类的不满，接着激怒了宙斯。他们推翻了现有国王的统治，并将权力交给阿尔戈斯人（the Argive）的英雄福洛纽斯（Phoroneus），他成为人类的第一个王。③英属东非的瓦沙尼亚人（the Wa-Sania）认为，从前世界上所有部落都用同一种语言，经过一次严重的饥荒，很多人都疯了并向不同的地方游荡，叽里咕噜地说着奇怪的语言，这样就产生了不同的语言。还有一种关于语言多样性的解释来自阿萨姆邦的一个山地部落——卡奇查纳加人（the Kachcha Nagas）。他们认为，在创世之初，所有人都属于一个种

---

① 迦梨（Kali），印度教女神，形象可怖，既能造福生灵，也能毁灭生灵。——译注

② 参见约瑟夫·迈尔（Josef Meier）：《海军部海岛居民的神话和传说》（*Mythen und Sagen der Admiralitätsinsulaner*），见《人》（*Anthropos*），第 2 卷，1907 年，第 933 页以下。——译注

③ 参见希吉努斯（Hyginus）：《故事集》（*Fab.*），143。——译注

族，不过他们很快就不可避免地分裂为不同的民族。当时的人间之王有一个女儿，叫做斯陀耶拉（Sitoyle）。她有异常敏捷的双脚，喜欢远离家园，在丛林中终日游荡。她的父母无比焦急，生怕她被什么野兽吃掉。终于有一天，她父亲想出一个办法把她留在家里。他找来一个装满亚麻子的篮子，将篮子推倒在地上，命令女儿将亚麻子一个个捡回篮子里，并数清数目。他想这活儿够女儿忙一天的了，便放心地离开了。但是，日落之前他女儿就将所有亚麻子数清并装到了篮子里，而且更敏捷地溜进了丛林。等她的父母回来时，他们又寻不到女儿的踪迹了。找了很多天之后，他们遇到了一条正在树荫下狼吞虎咽的大蟒蛇。国王把所有人聚集到一起，用长矛和剑攻击这条大蟒蛇。但就在他们进攻的时候，他们发现彼此的外貌都变了，而且开始说不同的话。于是，那些说一样的话的人聚集到了一起，和其他人逐渐分开，形成了独立的分支，这些人就是如今世界上不同民族的祖先。[1]但是，公主变成了什么样，她是安然无恙地回到了父母身边还是被大蟒蛇消化了，故事没有提及。

阿萨姆邦的另一个山地民族——曼尼普尔的库基人（the Kukis of Manipur）这样解释他们部落中的语言多样性：从前，有一个首领的三个孙子在同一间屋里玩，这时他们的父亲让他们去捉老鼠，正当他们捉老鼠的时候，忽然语言发生了变化，然后就不能互相理解了，这样老鼠就逃掉了。老大说的是拉姆扬语（Lamyang）；老二说的是赛都语（Thado）；老三说的是维非语（Waiphie），但别人都以为他说的是曼尼普尔语。不管怎么说，这三个人就成了三个不同部落的祖先。[2]澳大利亚南部因康特湾（the Encounter Bay）的部落将语言的出现归因于一个脾气暴躁的老妇人，她已经死了很久了。她的名字叫乌茹莉（Wurruri），她面东而居，总是带着一根大手杖来打散别人睡觉时围着取暖的火堆。等她死的时候，人们都为摆脱了她而欢呼雀跃，他们向四方传递这个好消息。男女老少依次集合起来，不是为了哀悼，而是欢呼她的死亡，并举办食人宴来庆祝。拉明杰里人（the Raminjerar）最先开始动手撕扯尸体，先吃上面的肉，还没等他们吃完，就已经不能说原来的语言了；其他的东方部落来得稍晚，他们吃了内脏和肠子，他们说话的区别就稍小一些；最后到来的是北方部落，他们只能吃剩

---

① 参见索皮特（C. A. Soppitt）：《北卡查尔山中的卡奇查纳加人简述》[*A Short Account of the Kachcha Nâga（Empêo）Tribe in the North Cachar Hill*]，Shillong，1885 年，第 15—16 页。——译注

② 参见麦卡洛（W. McCulloch）：《曼尼普尔谷地和山区部落记述》（*Account of the Valley of Munnipore and of the Hill Tribes*），Calcutta，1859 年，第 56 页。——译注

下的肠子了，他们的语言同拉明杰里人差别就更大了。①

加利福尼亚的迈杜印第安人（the Maidu Indians）说，直到某个时间之前，人们说的都是同样的语言。但有一次人们在举行篝火晚会，一切都已安排就绪，就在夜里，忽然所有人都说起了不同的语言，只有每对夫妇之间还说相同的语言。当天夜里，造物主（他们称之为创世者）现身到一个叫库克索（Kuksu）的人面前，告诉他发生了什么，并指示他第二天出现了语言混乱之后该怎么办。这样准备就绪之后，库克索将人们召集到一起，因为只有他能说所有语言。他分别用他们各自的语言教给他们万事万物的名称，教会他们如何打猎、如何烹饪，并且为他们制定了法律以及岁时年节的庆祝时间。然后，他用不同的名字称呼不同的部落，将他们派到不同的方向去，告诉他们所在的地方，并让他们在那里定居。②我们已经看到，阿拉斯加的特林吉特人用一场大洪水来解释语言多样性的产生，这故事可能是他们从基督教传教士或商人讲的故事中借来的。危地马拉（Guatemala）的基切人③说，很久以前，在世界出现之初，人们都住在一起，只说一种语言，他们既不会用木材也不会用石头，除了天地的核心——造物主之外，一无所知。时光推移，这个部落不停地繁衍，他们离开自己的老家来到一个叫图兰的地方。按基切人的说法，就在那里，不同部落的语言开始分化，语言的多样性就出现了，人们再也不能理解彼此的语言，所以就四散开来，在世界的不同地区寻找新的家园。④

最后这些试图解释语言多样性的故事都没有提到巴别塔的传说，因此，除了特林吉特人的故事以外，都可以看做人类心灵的独立创作，是为了解答那个难题作出的努力，尽管它们似乎并没有取得什么成果。

---

① 参见梅耶（H. E. A. Meyer）的文章，见《澳大利亚南部的土著部落》（*The Native Tribes of South Australia*），Adelaide，1879 年，第 204 页。——译注

② 参见狄克逊（R. B. Dixon）的文章，见《美国博物学博物馆学刊》（*Bulletin of the American Museum of Natural History*），17/ii，1902 年，第 44 页以下。——译注

③ 基切人（the Quichés），南美印第安人的一大分支，说盖丘亚族人语。——译注

④ 参见布拉瑟尔·德·布尔伯格（Brasseur de Bourbourg）：*Popul Vuh, le livre sacré et les mythes de l' antiquité américaine*，1861 年，第 211—217 页。——译注

# 第二部

# 族长的时代

# 第一章　亚伯拉罕①的盟约

《创世记》的作者们用通天塔以及人们由那个中心散居的故事结束了世界早期人类的历史。现在他们缩小了讲述的范围，集中讲述希伯来人，这种历史采取了一系列传记的形式。在传记中，他们不是以模糊的轮廓，而是以一系列记载人类祖先个人奇遇的色彩斑斓的"图片"展示了民族的命运。这些族长的生涯有谱系上的统一性，不仅如此，而且共同的职业和血缘也把以色列人的这些祖先联系在了一起。所有这些人都是游牧人，他们带着牛羊游历于各地，寻找新鲜的牧草。他们还没有安顿下来过上单调的农业生活，他们不像农民那样在他们的父辈和祖辈辛勤劳作的土地上年复一年地重复同样单调的生活。简而言之，《创世记》的作者们描述的是游牧时代的画面，这些画面不仅轮廓清晰，而且色彩明亮、栩栩如生，纵然时光流逝，也丝毫不曾黯淡。所有这一切，即使在现代生活多变的情况下，读者依然为它们妙不可言的魅力所倾倒。在这个"绘画长廊"里，所有的"画"都衬托于宁静安逸的自然风景之中，而占据首位的就是亚伯拉罕崇高的"画像"。据说，在离开出生地巴比伦尼亚（Babylonia）之后，亚伯拉罕移居伽南。在那里，他亲自接受上帝的承诺，保证人类未来的壮丽与辉煌。据说，为了证实他的诺言，上帝屈尊与人类祖先开始商议签署一项常规盟约。庆祝所有合法的仪式在当时的人类中成为惯例。对这项交易的叙述使我们饶有兴趣地看到原始社会盟约者采用的方式，目的是为了创造一种双方都应履行的职责。

在《创世记》中，我们常读到上帝命令亚伯拉罕说："给我一头三岁的小母牛，一只三岁的小母羊，一只三岁的小公羊，一只斑鸠，一只小鸽子。"于是亚伯拉罕就拿来了小母牛、小母羊和小公羊，把它们切成两半，两半对好，上下放置。但是，他没分割鸟儿。当捕食的鸟儿飞来落在畜体上时，亚伯拉罕把它们赶跑了。太阳西下，亚伯拉罕陷入沉睡，一片可怕的大黑暗降临在他的身上。

---

①《旧约》中亚伯拉罕是犹太民族的祖先，是挪亚在大洪水后散播到各地的族人，也是上帝亲自挑选的代理人。上帝命其杀子献祭以考验其虔诚，他通过了考验，成为虔敬上帝的楷模。——译注

随着太阳落山，天黑了，只见烟雾缭绕的火炉与燃烧的火把穿过供品。上帝宣布了他与亚伯拉罕的盟约。①

在这个叙述中，日落时降临在亚伯拉罕身上的无边的黑暗所带来的恐惧是上帝到来的征兆。上帝在黑暗里，穿行于供品中，如同烟雾缭绕的火炉和燃烧的火炬。这样一来，神只是遵守古希伯来法律要求的确认盟约的合法性仪式。我们从《耶利米书》中得知，把小牛切成两半再从中间穿过是缔约双方的习俗。②在这样的场合见到的这种常规仪式源自一个表示签订盟约的希伯来短语的强烈暗示，此短语的字面意思是"切约"。③这种推论通过类比希腊的语言和例行仪式得到证实，因为希腊人也使用类似的短语并举行类似的仪式。例如，他们把"宣誓"叫做"切誓"④，用"切约"代替"订约"⑤。正如希伯来语和拉丁语的相应短语⑥一样，这些表达法无疑源于那种习俗，即献祭供品并把供品切成块，以便加强誓约的严肃性。例如，我们听说，当阿伽门农准备带领希腊人进攻特洛伊时，预言家卡尔卡斯（Calchas）带了一头公野猪去集市，把它砍成两半，一半放在西面，一半放在东面。然后每个人都拔出他们的剑握在手中，走过砍成两半的公野猪，将他们的剑刃涂上血。这样，他们就誓与特洛伊王普里阿摩斯（Priam）为敌。⑦但有时候，也许更普遍的是，在希腊人的仪式中，人们不是走过切开的供品，而是站在供品上进行宣誓，例如，当雅典最高法院⑧进行审判时，原告就站在一堆特别的人在特别的日子宰杀来献祭的公野猪、公羊和公牛上进行宣誓。此外，当许多求婚者向美丽的海伦⑨求婚时，她的父亲廷达瑞俄斯（Tyndareus）担心那些

---

① 见《创世记》第 15 章第 9—21 节。——译注

② 见《耶利米书》第 34 章第 18 节。——译注

③ 例如，《创世纪》第 21 章第 27 节、第 32 节，第 26 章第 28 节；《出埃及记》第 23 章第 32 节，第 34 章第 10 节；《申命记》第 5 章第 2 节，第 7 章第 2 节；《约书亚记》第 9 章第 6 节，第 24 章第 25 节；《士师记》第 2 章第 2 节；《撒母耳记上》第 18 章第 3 节；《撒母耳记下》第 5 章第 3 节；《列王纪上》第 5 章第 12 节；《尼希米记》第 9 章第 8 节；《诗篇》第 105 章第 9 节；《以赛亚书》第 28 章第 15 节；《以西结书》第 17 章第 13 节；《何西阿书》第 12 章第 1 节。——译注

④ 希腊语的拉丁字母转写形式是"horkia temnein"。参见《伊利昂纪》，2.124；《奥德修纪》，24.483；希罗多德《历史》，7.132。——译注

⑤ 欧里庇得斯（Euripides）：《海伦》（Helen），1235；spondas temnein。——译注

⑥ 拉丁语是"foedus ferire/ictum"。参见李维（Livy）：《罗马史》，第 1 卷，第 24 页。——译注

⑦ 参见狄克提斯（Dictys Cretensis）：Bellum Troianum，1.15。——译注

⑧ 最高法院（the Areopagus），原指阿勒奥珀格斯山，因为古代雅典的最高法院在此山上，它遂成为雅典最高法院的代名词。——译注

⑨ 古希腊神话中的美女。作为阿伽门农兄弟墨涅拉俄斯妻子的她，因为被特洛伊王子帕里斯拐走，引发了旷日持久、长达十年的希腊联军与特洛伊城之间的战争。——译注

被拒绝的求婚者报复，就要求他们发誓保护她和她选中的人，不管这个人是谁。为了保证誓言的庄严性，他献祭了一匹马，把它切开，然后让求婚者站在牺牲品上发誓。还有，在奥林匹亚议事室里有一幅被称作"誓言之神"——宙斯的画像。在奥林匹克竞赛开始前，有一种惯例是，运动员及其父亲、兄弟、教练员都必须在切开的公野猪肉上宣誓：一旦有犯规行为，他们就会有负罪感。在麦西尼亚州（Messenia），有个地方叫"公猪墓"，之所以这么称呼，据说是因为赫拉克勒斯（Hercules）曾在那里站在公猪肉上与涅琉斯（Neleus）的儿子们交换了誓言。

中世纪前的古代野蛮部落也实行类似的发誓或讲和仪式。例如，在签约并发誓守约时，莫洛西亚人（the Molossians）常把一些牛砍成小块。然而，我们并不知道这些牛肉在仪式中具体有什么作用。在西徐亚人（the Scythians）中，如果有人觉得自己被别人冤枉了，想设法对付他们却又势单力薄，他就以下面的方式求助于他的朋友们：他用一头牛祭祀，把肉切开煮好，把冒着热气的兽皮铺在地上，然后他坐在上面，双臂置于背后，好像被捆绑似的。对西徐亚人而言，这是一种最迫切的祈祷仪式。当一个人这样坐在兽皮上时，身边放着煮好的牛肉片，他的亲戚朋友或任何一个来帮他的人，每人将拿一片牛肉，并把右脚放在兽皮上，允诺提供支援，包括马或步兵以及所有一切能找到的东西，这些都免费用来帮助祈祷者对付仇恨他的敌人。一些人答应带五个人来，一些人答应带十个，还有一些人带更多，最穷的就亲自为他效力。通过这种方式，有时将会聚成一支强大的军队。如此征集的军队被认为是令人畏惧的，因为这里的每个人都受他的誓言的约束，支持他的同伴。在今天的藏族法院，"当宣布重大的誓言时，当然这种情况很少见，宣誓的人就把神圣的经书放在头上，坐在冒着热气的牛皮上吃牛心。这项仪式的开支由起诉方负担"①。

非洲和印度的野蛮部落和解时仍在举行类似的仪式。例如，英属东非的卡维龙多人（the Kavirondo）在战后和解时，被打败的一方拿出一条狗砍成两半，双方代表各自拿着狗的前半身和后半身，然后他们对着手中的半条狗发誓保持和平与友谊。②同一个地区的另一个部落南迪人（the Nandi）用类似的仪式缔结和约。他们把一条狗切成两半，分别由代表交战双方的男人拿着。第三个男人说：

①奥斯丁·沃德尔（L. Austine Waddell）：《西藏的佛教》（*The Buddhism of Tibet*），1895 年，第569 页注释。——译注

②参见约翰斯顿（H. Johnston）：《乌干达受保护国》（*The Uganda Protectorate*），第 2 卷，1904年，第 752 页以下。——译注

"愿破坏和平的人像这条狗一样被杀死。"①在英属东非埃尔贡（Elgon）山区的一个班图（Bantu）部落巴格苏人（the Bagesu）中，当两个曾经交战的氏族希望讲和时，氏族的代表们就拿出一条狗，一个人抓着头，另一个人抓着后腿，第三个人用一把大刀一下子将狗砍断，然后他们把狗的尸体丢在丛林中。从那以后，两个氏族的人就自由地融合在一起，再不用担心有麻烦或危险了。②

在同一地区的瓦查加人（the Wachaga）部落中，当两个地区下定决心缔结严肃的同盟与和约时，他们要举行如下的仪式来批准条约：两个地区的士兵聚集在一起，在一块敞开的空地上坐成一个圈，然后用一根长绳把人们围起来，再在某一方把绳子的两端系在一起，这样，双方士兵们的身体就被围在绳子内。但在系紧绳结之前，绳子绕着这个圈移动三次或七次。一只小山羊和绳子一起被带过来。最后在打结的那一方，绳子绕过那只被两个人尽量拉直的羊的身体。这样一来，绳子和羊成了平行线，绳子在羊上方。两个没割包皮的，因此也就没有子嗣的男子带着绳子和羊围绕坐着的士兵转。这个细节意义重大，因为这两个男子象征着无生育能力或无后而终，这在瓦查加人看来是最大的诅咒，通常也被认为是神灵所为。在绝大多数条约中，他们都用这个可怕的咒语来诅咒那些发假誓的人，相反，却为遵守誓言的人祈求多子多福。在我们讨论的这个仪式中，使用没割包皮的年轻人，不仅是要象征发假誓者的命运，而且要通过交感巫术影响他的命运。出于同样的原因，诅咒和祈福都由老人吟诵，因为他们过了生儿育女的阶段。诵词大致如下："如果在签订盟约之后，没有事先告诉你而做了伤害你的事或设计反对你，我就如这绳子和羊一样被砍成两半。"合唱："阿门。""就像那男孩没有子孙就死去。"合唱："阿门。""我所有的牲口都被毁灭。"合唱："阿门。""但是如果我不做那样的事，如果我对你忠诚，我将过得很好。"合唱："阿门。""愿我们的孩子们像蜜蜂一样多。"合唱："阿门。"如此反复循环。当盟约双方代表发誓时，绳子和羊一下子被切成两半，羊身上喷出的鲜血溅到代表们身上。然后老人们用通用的程式向盟约双方公正传达了他们的诅咒和祈福。之后，羊肉被过了生儿育女阶段的老人吃掉，绳子被分割成两截，每方各认真地保留其中的一段。如果爆发了流行病而负责解释神意的占卜家又认为这是因为受害地区的居民有意无意地破坏了和约所致，那么，就要向这根绳子赎罪，或者如本地短语所说，让它"冷静"。因为人们相信，盟约双方

① 霍利斯（A. C. Hollis）：《南迪人》（The Nandi），1909年，第84页。——译注
② 参见罗斯科（J. Roscoe）：《北部班图人》（The Northern Bantu），1915年，第170页以下。——译注

给绳子赋予了魔力，绳子可以参与报复违约行为。补偿的办法就是献祭羊，并把它的血和粪便涂在绳子上，同时说这样的话："那些人在不知情的情况下犯了错。绳子，我今天向你赎罪，你不能再伤害他们。赎罪！赎罪！赎罪！"违背忠诚而获罪的人由一个会巫术的人为他们赎罪。他把乌龟血、石獾血、羚羊血与一种特殊的香草混合一起，同时说合适的话，使之成为魔力的混合物，把这样的东西撒在他们身上来为他们赎罪。①

南美洲的一些部落在和解时也举行这种仪式，只是略有不同。例如，当巴罗隆人（the Barolong）部落的首领希望与另一个跑来向他寻求保护的首领签订盟约时，他拿出一头大牛的肚子，在中间穿一个孔。这两个首领必须一个接着另一个爬过这个孔。目的在于通过这个仪式明确表示他们的部落从此以后结为一个部落。②同样，贝专纳人（the Bechuanas）"在互相签订公共盟约或协议时，两个首领 tshwaragana moshwang，也就是要杀一只动物，盟约双方抓住其肚子里的一些东西。他们的手放在一起，相握，用这只献祭动物肚子里的东西盖住。这是这个国家的公共协议中最庄重的仪式。当我在绍雄（Shoshong）时，那里不止一次举行过这种仪式。在这种情况下，首领和他的人民把自己置身于塞克霍姆（Sekhome）的保护之下"③。

阿萨姆邦的一些山地部落在和解时也举行同样的仪式。例如，那加人（the Nagas）"有许多发誓方法，但最普遍和最神圣的方式是发誓双方拿着一只狗或鸟，一方抓着它的头，另一方抓着它的尾巴或脚，然后用刀（dâo）把这只狗或鸟一下子砍成两半。这象征着发假誓者的命运"④。根据另一种权威的说法，那加人有这样一种发誓仪式："当他们发誓保持和约或答应遵守某个誓言时，他们把一支枪管或矛杆放在牙齿之间。通过这种仪式来表明，如果没有遵守誓言，他们将会被枪或矛打倒。另一个简单但同样应遵守誓言的仪式是，双方拿着铁矛的两端，然后把它砍成两半，每一方拿一半。不过，据说最神圣的誓言是双方

① 参见劳姆（J. Raum）的文章，见《宗教学档案》（Archiv für Religionswisssenschaft），第 10 卷，1907 年，第 285—288 页。——译注

② 参见莫法特（R. Moffat）：《南非传教工作纪实》（Missionary Labours and Scenes in Southern Africa），1842 年，第 278 页。——译注

③ 麦肯齐（J. Mackenzie）：《奥兰河北十年》（Ten Years North of the Orange River），1871 年，第 393 页；参见威洛比（W. C. Willoughby）的文章，见《人类学研究所杂志》（JAI），第 35 卷，1905 年，第 306 页。——译注

④ 参见伍德索普（R. G. Woodthorpe）的文章，见《人类学研究所杂志》（JAI），第 11 卷，1882 年，第 11 页。——译注

拿着一只鸡，一方扯着脑袋，另一方扯着腿，用这种方式把它分开，这表明背叛协议的人将会遭到同鸡一样的下场"①阿萨姆邦的其他那加人部落解决争端的方式稍有不同，"诉讼双方的代表各拿着一个放有一只活猫的藤篮的一端。根据一个信号，第三个人把这只猫砍成两半。双方用他们的刀（daos）砍猫的尸体，然后小心翼翼地把猫血涂抹在他们的武器上。在我观看这种仪式的场合，有人告诉我这种仪式是缔结和约或签订协议的一种方式。因此，杀猫这一行为约束盟约双方"②。在阿萨姆邦的卢谢库基人（the Lushei Kuki）的氏族中，"首领之间缔结友好誓言是一件很严肃的事情。一只 mithian（一种特种的野牛）被绑在柱子上。发誓双方右手各拿一支矛，从牛背后猛刺，以取它的血。他们反复这样做，大概是为了让血流满地。这样，他们将成为好朋友。然后，杀死这只动物，取点血涂在发誓者的脚和额头上。为了使这誓言更具约束力，他们双方都要吃一小片这只动物的生肝"③。

我们现在要问,这只牺牲品在签订盟约或发誓中有什么意义？盟约或誓言双方杀死一只动物，把它切成碎片，站在这些碎片上或者从它们中间通过，把一些血涂在他们的身上，为什么他们要采取这种方式来确认盟约或誓言呢？这暗示了两种不同的理论：一个也许可以叫做报应理论，另一个也许可以叫做圣礼或净化理论。我们首先思考一下报应理论。根据这个理论，杀死或切割牺牲品象征一种报应，这报应将会降临到破坏盟约或违背誓言的人身上，他，就像动物一样，将会暴毙而亡。这表面上当然印证了一些人对举行此类仪式的阐释。因此，瓦查加人说："我就像这绳和羚羊一样被切成两半。"把狗切成两半的南迪人说："打破和约的人将会像这狗一样被杀死。"④

埃翁人（the Awome）也用这种伴随着诅咒的类似仪式来强化缔约的严肃性。埃翁人是尼日尔（Niger）三角洲上的一个民族，欧洲人更熟悉他们的另一个名字新卡拉巴尔人（New Calabars）。当两个城镇或亚部落疲于战斗时，他们将去位于索姆布雷洛（Sombreiro）河东部海岸附近的古老的克（Ke）村。那儿有一

① 巴特勒（J. Butler）：《在阿萨姆邦的周游和历险》（*Travels and Adventures in the Province of Assam*），第 1 卷，1853 年，第 154 页。——译注

② 霍德森（T. C. Hodson）：《曼尼普尔的那加人部落》（*The Nāga Tribes of Manipur*），1911 年，第 111 页。——译注

③ 莎士比亚（J. Schakespear）：《卢谢库基人的宗族》（*The Lushei Kuki*），1912 年，第 56 页。——译注

④ 莎士比亚（J. Schakespear）：《卢谢库基人的宗族》（*The Lushei Kuki*），1912 年，第 395 页，第 396 页。——译注

个叫克尼欧普索（Ke-ni Opu-So）的崇拜物或物神（ju-ju）。在这种场合下，牧师被请来参加并主持好战双方缔结和约的确认仪式。于是，他驾着装饰着新鲜棕榈叶的独木舟前来，安排从前的敌对双方在指定日子会面并对盟约宣誓。当这一天来临时，人们聚集在一起。克村的当地居民也来了，带来他们必要的供品，包括一只羊、一块黑色或深蓝色的布、火药、草或草籽。面对这些供品，原来的敌对双方发誓建立和平与友谊。此前牧师先说："今天我们克村人给你们镇带来和平。从现在起，你们任何一方都不能有破坏它的恶念。"说完这些话，他把羊拉到面前，把它砍成两半，并说道："如果其中一个城镇再发生战争，他们将会像这羊一样被砍碎。"然后，他举起那块黑布说道："就像这块布是黑的一样，违反盟约的城镇将会陷入黑暗之中。"之后，他点燃火药，说道："就像这火药被燃烧一样，大火将烧毁违反盟约的城镇。那个城镇将被草覆盖。"由于克村的人们扮演着和平缔结者的角色并提供服务，卡拉巴尔人的古老法律中禁止任何城镇在克村作战，违反者将会受到部落所有其他成员的一致打击并遭受被驱逐出境的惩罚。①在卡拉巴尔人的这些仪式中，把一只羊砍成两半的报应动机毫不含糊地表达了出来，而且它也得到其他象征性仪式中伴随的咒语的证实。

那加人（the Nagas）的类似仪式也提供了相同的解释，而且这种解释也得到这种宣誓形式的变化的证实，这些变化最后被解释为指将会降临到发假誓者身上的报应。这种报应理论也得到了从古典文化时期收集来的证据的支持。例如，当罗马人（the Romans）和阿尔班人（the Albans）签订条约（据李维②所言，此条约是有记载的最古老的条约）时，罗马人的代表们向朱庇特（Jupiter）祈祷说："如果罗马人蓄意违背盟约，朱庇特，在那天，您将会像我今天惩罚野猪一样惩罚他们。"这样说着，他就用电石刀杀了那只猪，作为对它的惩罚。③再者，我们在荷马史诗中读到，希腊人和特洛伊人休战时，杀了小羊羔。当它们被放在地上苟延残喘时，阿伽门农倒出一杯祭酒。在他这样做的同时，希腊人和特洛伊人都祈祷说，不论他们中的哪一方违背誓言，他们的脑髓都将被打出来甚至像这酒一样被倒在地上。④

---

① 参见 1916 年 7 月 21 日，弗雷泽与尼日利亚南部地区长官塔尔博特（P. A. Talbot）的通信。——译注

② 李维（Titus Livius，公元前 59—公元 17），古罗马历史学家，著有《罗马史》。——译注

③ 参见李维：《罗马史》，第 1 卷，第 24 页。——译注

④ 参见《伊利昂纪》，第 3 卷，第 292 页以下。——译注

在这种场合，用牺牲品作为报应的意图非常清楚地出现在亚述①的碑文中。它非常清楚地记载了一个表示忠诚的严肃誓言。这是由比特-阿古斯(Bit- Agusi)的王子马提-伊鲁（Mati'-ilu）向亚述国王亚述尼拉里（Ashur-nirari）宣誓效忠的誓言。其中一部分碑文这样写道："这只公山羊从羊群中拿出来，不是作为牺牲品，不是给英勇善战者（易士塔尔女神），也不是为了爱好和平者（易士塔尔女神），不是为疾病，也不是为杀戮。马提-伊鲁只是用它来发誓向亚述国王亚述尼拉里表示忠诚。如果马提-伊鲁背叛了他的誓言，就正如这只公山羊从羊群中被赶出，再也不能返回羊群，再也不能做领头羊。马提-伊鲁将会和他的儿子、他的女儿、他的领地的人民一起被赶出他的领地，他再也不能回到他的领地，再也不能做这领地的王。这个头不是公山羊的头，它是马提-伊鲁的头，是他的孩子们的头，是他的贵族们的头，是他的领地的人民的头。如果马提-伊鲁打破了他的誓言，如同这公羊头被砍掉一样，马提-伊鲁的头也会被砍掉。这只右脚不是羊的右脚，它恰恰是马提-伊鲁的右手，是他儿子们的右手、他的贵族们的右手、他的领地的人民的右手，如果马提-伊鲁（破坏这盟约），正如（这羊的）右脚被砍掉，他的右手，他儿子们的右手、他的贵族们的右手、他的领地上的人民的右手，都会被砍掉。"碑文在此有一个很长的空缺。我们可以猜测，在缺失的部分中，牺牲品的肢解将有更进一步的描绘。当每一条腿都被砍掉的时候，献祭者宣布如果他们背叛了他们的君主亚述尼拉里，这不是被切割的羊的腿，而是马提-伊鲁的手足，是他的儿子们、他的女儿们、他的贵族们和他领地上的人民的手足。②

在当前一些未开化民族的仪式中，我们也遇到了类似的献祭并伴随着类似的咒语和说明。例如，在尼亚斯岛（Nias）上，为了确认庄严的誓约或盟约，一个人将割断一只乳猪的喉咙。与此同时，他宣布，如果他发伪誓或打破他的誓约，类似的死亡就会降临到他的头上。③在帝汶岛（Timor）可以见到一种普遍的宣誓形式：证人一手拿一只鸟，一手拿一把剑，并说道："上帝啊！您在天堂，也在

---

① 亚述（Assyria），古代西亚奴隶制国家，公元前三千纪中叶兴起，以残暴好战著称，建立帝国后，曾是西亚的霸主，几经兴衰，最终亚述帝国于公元前 7 世纪灭亡。——译注

② 参见派泽（F. Peiser）的文章，见《前亚细洲—埃及学会通报》（*Mitteilungen der Vorderasiatisch-Aegyptischen Gesellschaft*），1898 年，第 229 页以下。——译注

③ 参见尼乌文惠森（J. T. Nieuwenhuisen）和罗森贝格（H. C. B. Rosenberg）的文章，见 *Verhaendingen van het Bataviaaasch Genootschap van Kunsten en Wetenschappen*，第 30 卷，1863 年，第 105 页。——译注

地上，看着我吧！如果我作了伪证以至于伤害了我的人民，我将遭到惩罚，今天我发誓，如果我没说实话，我的脑袋将会像这鸟的脑袋一样被砍掉。"说完，他就在一大块木头上把鸟的脑袋砍掉。[①]在集合起来缔结和约或签订一项庄严的盟约时，苏门答腊岛（Sumatra）的巴塔克人（the Bataks）的首领们要带来一头猪或牛，这些首领围着它站着，每个人手里拿一支矛，然后敲锣打鼓。最年长的或最受尊敬的首领用刀割断这只动物的喉咙，然后这动物的尸体被剖开，那仍然跳动的心脏被拿出来。当场有几个首领就把心脏切成几份，因此每个首领拿一小块放在铁叉上，在火上烘烤，并把它举起来说道："如果我打破誓言，我将会像在我面前流血的动物一样被杀死，我将会被吃掉，如同它的心脏现在被吃掉一样。"说完，他就吞下这一小块心脏。当所有首领们都举行完仪式后，仍冒着热气的畜体被在场的人分割，成为他们的盛宴。[②]

此外，在居住于阿萨姆邦（Assam）和缅甸（Burma）边界山上的钦人（the Chins）中，当两个部落缔结友好誓约时，他们聚到一起并牵出一头被驯服的野牛。每个村庄的术士把酒倒在它上面并在心里向各自的神灵默念着，让他们注意在鲜血上订立的盟约。每方的首领各拿出一支矛，分别站在野牛的两侧，同时把矛刺入牛的心脏。如果用枪而不是用矛，两个首领就同时朝这动物的脑袋或心脏开枪。当野牛倒下后，就割断它的喉咙，把血装在碗里，然后割掉它的尾巴，把它浸在血里。这样，双方的首领和长者就用这带血的尾巴把血涂抹到对方的脸上。同时，术士喃喃而语："违反誓言的一方就会像这动物一样死掉，会被埋在村外。他的灵魂永不得安息，他的家庭成员也会死去，所有厄运都会降临他的村庄。"[③]

在过去，当缅甸的克伦人（the Karens）想与敌人缔结和约时，双方代表会面要履行如下程序：把从剑、矛、火枪枪管、石头上锉下的锉屑与为此宰杀的狗、生猪和鸡的血混在一杯水里。这些血、水和锉屑的混合物被称为"缔约之水"。然后，被屠宰的狗的脑壳被砍成两半。一方代表拿着狗的下颚，用一根绳把它挂在自己的脖子上；另一方的代表也以类似的方式将狗的头颅包括上颚挂

---

① 参见威格斯（H. D. Wiggers）的文章，见 *Tijdschrift voor Indische Taal-, Land en Volkenkunde*，第 36 卷，1893 年，第 279 页。——译注

② 参见容洪（F. Junghuhn）：《苏门答腊岛上的巴塔人地区》（*Die Battaländer auf Sumatra*），第 2 卷，1847 年，第 142 页。——译注

③ 凯里（B. S. Carey）和塔克（H. N. Tuck）：《钦人之丘》（*The Chin Hills*），第 1 卷，1896 年，第 195 页；休斯（W. G. Hughes）：《若开山区的大片山丘》（*The Hill Tracts of Arakan*），Rangoon，1881 年，第 44 页。——译注

在自己的脖子上。此后，代表们庄严地许诺他们的人民因此会彼此和平地生活。为了证实他们的诺言，他们喝下"缔约之水"。喝完后，他们说道："既然我们缔结了和约，如果任何人破坏协议，如果他不真正实施，而是继续作战并翻出旧怨，矛将刺入他的胸膛，火枪将射入他的内脏，剑将刺进他的头，狗会贪婪地吃掉他，生猪会贪婪地吃掉他，石头会砸死他。"①这里有剑、有矛、有火枪、有石头，还有被杀掉的狗和猪，这些被认为有助于强化对违誓者的报应，他们都喝过了"缔约之水"。

在这些例子中，伴随仪式的话明白无误地表明，人们认为献祭物具有报复的功效：动物的屠宰象征对发伪誓者的屠宰。或者不如说是一种模拟巫术，旨在使应得的死亡降临到违约者头上。

但是，献祭的这种报应功能是否足以解释希伯来和希腊的仪式的显著特征，似乎还有疑问，因为这种仪式还包括穿过被屠宰动物的肉块或站在肉块之上。于是，罗伯逊·史密斯对这种仪式提出了一种解释，我们可以称为"圣礼说"或"净化说"。他认为，"这些参与者站在肉块之间，象征着他们被带入祭品的神秘生命之中"②。为了证实这个观点，他指出，在其他场合也使用相同的仪式，这些场合似乎不能用惩罚或报应的观念来解释，但至少有些可以被解释为仪式性净化的方式。例如，在维奥蒂亚，有一种公共净化的形式是把一只狗切成两半，再从中间穿过。在对马其顿人的军队进行净化时也实行了一种类似的仪式：一只狗被切成两半，头和前半部分放在右边，后半部分和内脏放在左边，军队在中间行进。③这种仪式结束时，军队常常分成两部分并进行虚拟的战斗。此外，据说珀琉斯④在掠夺伊俄卡斯（Iolcus）时，杀害了王后阿斯提黛米亚（Astydamia），把她切成小块，让军队从肉块中间进入城市。⑤这种仪式可能被认为是通过用人作为牺牲品来强化严肃程度的一种净化形式。高加索地区的阿尔巴尼亚人（the Albanians）在月神庙中举行的仪式，可以证实这种解释。他们时常用矛刺杀一个被用作牺牲品的奴隶，然后把尸体运到某个特定的地方。作为一种净化仪式，

① 参见梅森（F. Mason）的文章，见《皇家亚洲学会杂志》（*JRAS*），Bengal，新系列，第 37 卷，1868 年，第 160 页以下。——译注

② 罗伯逊·史密斯（W. Robertson Smith）：《闪米特人的宗教》（*Religion of the Semites*），1927 年，第 481 页。——译注

③ 参见普鲁塔克（Plutarch）：*Quaest. Rom.*，111。——译注

④ 珀琉斯（Peleus），古希腊神话英雄，宙斯之孙，阿喀琉斯之父。正是在他的婚礼上引发了金苹果事件，成为特洛伊战争的导火索。——译注

⑤ 参见阿波罗多洛斯（Appollodorus）：《书库》（*Bib.*），第 3 卷，13.7。——译注

人们都踩在他身上。①南非巴苏陀人（the Basutos）的净化仪式就是这样：他们杀死一只动物，深深地刺透它的身体，然后让被净化的人通过这只畜体上的洞。②我们已经看到，南非的巴罗隆人（the Barolong）在签订盟约时也举行类似的仪式：盟约者强迫自己通过被屠宰的动物肚子上的洞。总之，南非的这些习俗暗示出，从牺牲动物的肉块中间穿过是穿过畜体本身的一种替代。

摩押③的阿拉伯人（the Arabs）的习俗有力地证实了对这种仪式的"净化论"解释，或者说"保护论"解释更好。在公共灾难如干旱或瘟疫时期，这些阿拉伯人仍然举行类似的仪式。他们解释说，这些仪式旨在使人们摆脱困扰或威胁他们的灾祸。例如，如果一个部落遭受霍乱的危害，族长就会站在营区的中间，大声叫："救赎你们自己！哦！人们！救赎你们自己。"因此，每个家庭都拿出一只羊献祭，把它分成两半并挂在帐篷下或门前的两根柱子上，然后，家中的所有成员从牺牲品的两半之间走过。太小而不能走路的孩子由父母抱着走。通常，他们都要多次从流血的两块羊肉中间走过，因为他们认为这样能够驱逐可能危害其部落的不幸或魔鬼。类似做法也被用于干旱的季节，那时牧草枯萎，牛羊因为缺水而死掉。这种祭品被认为是为人类和动物赎身。阿拉伯人说："这是为我们和我们的兽群赎身。"当有人问这种仪式如何产生有益的影响时，他们说，牺牲品聚集起来对抗灾难、瘟疫、干旱或别的任何东西，它们被想象成狂风刮过平原，席卷万物，直到它们遇到如狮子般拦在道路上的牺牲品为止。可怕的战斗接着发生了，这疾病或干旱被击败，狼狈撤退，而胜利的牺牲品为大地所拥有。④当然这里没有报应的观念：人们既不会在象征的意义上也不会在巫术的意义上认为这只羊的死就意味着从羊肉中间走过的人的死。相反，人们相信，这样做可以保护他们免遭以不同方式威胁他们生存的不幸，以此挽救他们的生命。

居住在阿萨姆邦（Assam）和缅甸边界山区的钦人（the Chins）在类似的情况下也有非常相似的习俗，而且解释也相似。在这些人中，"当一个人发现他被一种使人发怒的神灵如霍乱神灵跟踪时，通常的做法是把一条狗砍成两半但不割断内脏，把前半部分放在道路的一边，把后半部分放在另一边。然后用它的

---

① 参见斯特拉波（Strabo）：《地理学》，第 11 卷，第 4 章，第 7 页。——译注
② 参见卡萨利斯（E. Casalis）：《巴苏陀人》（*Les Bassoutos*），1860 年，第 270 页以下。——译注
③ 摩押（Moab），死海东部的古王国，位于今天约旦境内的西南。——译注
④ 参见若桑（A. Jaussen）：《摩押地区阿拉伯人的习俗》（*Coutumes des Arabes au pays de Moab*），1908 年，第 361—363 页。——译注

肠子把路两侧的两半狗连起来，这将安抚并告诫神灵，让神灵不要再跟踪他"①。所以，钦人把霍乱严格地人格化为一种危险神灵，以至于霍乱在瘟疫时期出现在仰光（Rangoon）时，钦人无论到哪儿，都拿上他们的剑，以驱走魔鬼。他们白天还躲在丛林里，以使魔鬼无法发现他们。②西伯利亚东北部的科里亚克人（the Koryaks）也用同样的方式来避免流行病或瘟疫：他们杀一条狗，把它的内脏缠绕在两根柱子上，然后从下面穿过。③毫无疑问，他们也想通过这种方式让疾病远离他们。他们认为，疾病之灵在狗的内脏中会遇到难以克服的阻碍。再者，刚刚分娩的妇女常被认为是不洁的，会遭受恶毒的超自然物的攻击，因而在特兰西瓦尼亚（Transylvania）地区的吉卜赛人中，当妇女刚分娩后从床上起来时，如果生的是男孩，她就必须从被切成两半的公鸡中间走过，如果生的是女孩，她就必须从被切成两半的母鸡中间走过。然后，公鸡被男人吃掉，母鸡被女人吃掉。④

在所有这些情况下，从切割成块的动物中间通过，显然具有保护意图而非报应意图。这些牺牲品的肉和血无论如何都被认为给恶神设置了障碍，阻止他们追随并伤害那些通过窄道的人。因此，这类仪式在广义上被称为净化，因为它们净化或营救遭受恶毒影响的受难者！

回到我们的起点，我们也许会问，古希伯来人通过穿越献祭肉块中间来缔约的方式是否有报应或净化的意图呢？换句话说，它是诅咒发假誓者死亡的象征，还是一种净化盟约者的巫术，使其免遭罪恶的影响并保证缔约双方免遭某种危险呢？我引证的从献祭肉块中间通过的其他仪式实例，似乎支持我们对希伯来人的仪式作净化的或保护的解释。因为那些实例中没有一种仪式要求报应的解释，有些还明确地排斥这种解释。另一方面，有些实例只能用净化或保护的假说来解释。事实上，某些实行这种仪式的民族如阿拉伯人和钦人还明确说出了这种解释。当然，解释古代希伯来人仪式的任何尝试，都应该强调把它与现代阿拉伯人的仪式作类比。因为这两种风俗在形式上是相同的，实践或已实践的

---

① 凯里（B. S. Carey）和塔克（H. N. Tuck）：《钦人之丘》（*The Chin Hills*），第 1 卷，1896 年，第 200 页；里德（H. W. Read）：《哈卡钦人习俗手册》（*Handbook of Haka Chin Customs*），Rangoon，1917 年，第 40 页。——译注

② 参见凯里（B. S. Carey）和塔克（H. N. Tuck）：《钦人之丘》（*The Chin Hills*），第 1 卷，1896 年，第 198 页。——译注

③ 参见克拉申宁尼柯夫（S. Krascheninnikow）：《堪察加地区素描》（*Beschreibung des Landes Kamtachatka*），Lemgo，1766 年，第 277 页以下。——译注

④ 参见冯·维斯洛基（H. von Wislocki）：《论流浪的吉卜赛人》（*Vom wandernden Zigeunervolke*），1890 年，第 92 页。——译注

双方都是闪米特家族的成员，他们都说具有亲缘关系的闪米特语，定居在同一个国家。既然摩押的阿拉伯人依然奉行古老的风俗，而摩押国又构成了以色列国土的一部分，而且亚伯拉罕从前逗留并用类似的方式与上帝缔约的地方，正是以色列，因此，我们似乎可以必然地推论说，古希伯来人和现代阿拉伯人的仪式都共同源于闪米特仪式，净化或保护的意图仍然清晰地印刻在摩押的阿拉伯人的头脑之中。

还要问一个问题，这种行为的净化或保护功效何在？人们为什么认为从献祭肉块中间通过就能免除危险呢？罗伯逊·史密斯给出的回答，我们可以称之为对这种习俗作的圣礼的解释。他认为，那些站在献祭动物上或通过献祭肉块的人们被认为借此与动物联结起来，而且由一条共同的血缘纽带彼此也联合起来。实际上，他认为这种盟约只是广泛流行的所谓血盟的一种变体。在此，盟约者通过实际混合他们的一点血，人为地在他们之间制造了一条血亲纽带。①根据这种假设，两种盟约形式在物质上的区别在于：一种被换成动物的血，另一种则是盟约者自身的血。对于这种理论还有许多说法。首先，如我们所见，南非的事例清楚地证明这一结论：经过切割的献祭肉块仅仅是经过动物畜体的置换。这个结论被钦人举行的仪式证实。在那里，钦人把作为牺牲品的狗砍成两半，不是绝对地割开，而是通过一串动物内脏把前半身和后半身连接起来，人们从内脏下面经过。同样，或许不那么明显，科里亚克人也这样做。保留一串内脏以连接牺牲品的两半似乎清楚地表达了这样一种企图：把被杀动物这个理论上的整体与现实的方便统一起来，即为了便于让人们通过畜体，就把它砍开。然而，仿佛把人们放在动物体内又是什么意思呢？如果不是为了把人们设想的动物具有的特质传递给真的进入动物体内并在身体上与动物合二为一的人身上，那又可能是什么呢？

这确实是这种仪式的基础观念。巴塔哥尼亚印第安人 (the Patagonian Indians) 举行的类似仪式可以表明这一点。在这些民族中，"当有孩子出生时，就杀死一头母牛或一匹母马，把胃拿出来切开，趁着暖和就把小孩放在里面。动物其余的部位被部落人员饱餐……上述出生仪式的变体也更原始。如果有男孩出生，他的部落捉一匹母马或雄马驹——如果他的父亲很富有或是他们部落中的大人物，就用大母马，否则就用雄马驹。用一副套绳套着动物的脚，用两根绳绕在颈部，

---

① 参见罗伯逊·史密斯（W. Robertson Smith）：《闪米特人的宗教》(*Religion of the Semites*)，1927 年，第 480 页。——译注

再用两根绕在身体上。部落人员分散在套绳的各个端点并抓住绳头，这动物因此不会摔倒。然后孩子的父亲上前，从脖子处砍开母马或雄马驹，心脏等被拿出来。紧接着把孩子放在胸腔里，目的是保持动物的生命直至孩子被放入其中。通过这种方式，他们相信它们能保证孩子将来成为优秀的骑手"①。这种风俗及其解释都是意义重大的。印第安人认为，如果你希望孩子成为一名骑手，最可能的方法就是在他出生时把他放在活母马或雄马驹的身体中，使他和马具有同类性。把他包围在动物的血和肉中，他将在肉体上与它成为一体，他将获取半人半马（Centaur，人马座）的猎手座，半人半马的人身是真正与他的马融为一体的。简而言之，把孩子放在母马或雄马驹的身体里，恰恰是想通过交感巫术②赋予人类马的特性。

正如罗伯逊·史密斯指出的那样③，我们能够基于同样的原理来解释西徐亚人（the Scythians）踩在被屠宰的牛的兽皮上缔约的形式。所有把右脚踩在兽皮上的人因此与动物以及其他人成为一体。因而，所有人被一种共同的血缘联系起来，这保证他们彼此忠诚，因为把一只脚放在兽皮上可能是把整个人包起来放在里面的一种简略形式。正如在耶拉波利斯（Hierapolis）的叙利亚女神的圣所，崇拜者跪在他献祭的羊皮上，把羊头或羊蹄挂在自己的脑袋和胳膊上，装扮成羊，祈祷神接受他的祭祀品——一只羊。④

罗伯逊·史密斯对西徐亚人风俗的这种解释，得到非洲类似风俗的明确证实。东非的瓦查加人（the Wachaga）有一种习俗，即青少年在割了包皮后须接受为期两年的所谓战争洗礼。他们和他们的父亲以及所有成年男子聚集在一个首领的村落，杀两头牛和两头羊，几个人拿着一张牛皮接着它们的血。青少年脱光衣服，站成长长的几排，绕着装满血的牛皮行走四圈，然后他们站成一排。一位老人在他们的前臂上割一下，然后每个男孩踏上带血的兽皮，让他们自己手臂上的血滴在上面，并用手捧起混合的血，吞下它，还把它抹在自己的衣裳上。然后，他们屈膝跪绕在首领身边。在一阵演说过后，每个人都从他的父亲那儿得到一个作战用的名字。如果他的父亲死了，他就从一个代他父亲执行仪

① 普里查德（H. H. Pritchard）：《穿越巴塔哥尼亚的腹地》（*Through the Heart of Patagonia*），1902 年，第 96 页。——译注

② 参见弗雷泽的另一部大著《金枝》。——译注

③ 参见罗伯逊·史密斯（W. Robertson Smith）：《闪米特人的宗教》（*Religion of the Semites*），1927 年，第 402 页。——译注

④ 参见吕西安（Lucian）：《论叙利亚的女神》（*De deâ Syriâ*），§55。——译注

式的老人那儿得到名字。接着，首领大声斥责他们，宣布他们不再是小孩，而是士兵，并教导他们新的职责。他给他们所有人每人一块普通盾甲，作为他们的保护物，这表明他们所有人都属于同一个组织。[1]在此，青少年们在同一组织中并肩作战。他们是通过双重的血盟联系在一起的，即他们自己的血和作为牺牲品的动物的血在牛皮上混为一体，未来将成为勇士的每个人一起喝牛皮上的血。没有比这更好的例子能更清楚地证明罗伯逊·史密斯的如下观点的正确性了，即在西徐亚人的仪式中，牛皮的功用同样是用共同的血缘纽带把士兵们联合起来。

我们对亚伯拉罕盟约的讨论也许有助于照亮迦南[2]历史上的一个暗点。在发掘巴勒斯坦的基色[3]时，斯图尔德·麦卡利斯特教授发现了一个非同寻常的埋葬场所。那是一个简单的圆柱形墓室，大约20英尺深，15英尺宽，是从岩石上开凿出来的，可以从墓室顶部的洞口进入。这墓室原来显然是个蓄水池，在变成坟墓前，它是用来蓄水的。在室内的地面上发现了15个人的骨骼，或者说至少14个半人的骨骼，因为有一个人的尸体只发现了上半部分，下半部分有待寻找。那半个人的骨骼是一个年约14岁女孩的，她被从中间砍断，"在第八根胸腔椎骨和肋骨的前端处被分割开。虽然骨头被软组织连接，但能很明显地看出其切面"。14具其他骨骼都是男性的，其中有两个未成年人，大概分别是18岁和19岁，其他的都是成年人。他们都是中等身材，具有强健的体魄。尸体的位置表明，他们不是从屋顶的洞中投进来的，而是由跟着他们入洞的人放置的。在骨头间发现了大量的木炭，这表明在墓室里曾举行过丧礼的宴会、祭祀或其他严肃的仪式。有一些精美的铜制武器——矛头、斧子、小刀——和这些尸体放在一起，这也许可以证明这次埋葬发生在以色列人来临之前，因此，这些人属于巴勒斯坦的希伯来人之前的某个人种。他们骨骼的形状是：宽大的头盖骨、拱形的鼻梁，还有其他一些解剖学上的特征，由此判断，这些男人是某个人种的典型样本，而这个人种与现在巴勒斯坦的阿拉伯人种不无相似。[4]如果这些古人和现在这个国

---

① 参见默克（M. Merker）：《瓦查加人的法律关系和习俗》（*Rechtsverhältnisse und Sitten der Wadschagga*），1902年，第16页。——译注

② 迦南（Canaanite），作为一个地区是指古代约旦河与地中海之间的区域，即今天的巴勒斯坦、黎巴嫩、叙利亚的地区。古代迦南人是西闪米特人，但在《圣经》中则是希伯来人的敌人。迦南在《圣经》中是乐土，是应许之地，是流着奶和蜜之地，希腊人称迦南为腓尼基。——译注

③ 基色（Gezer），位于犹大的山地之间，是约书亚攻取的迦南人的城镇之一，一度属于埃及。——译注

④ 参见斯图尔德·麦卡利斯特（R. A. Stewart Macalister）：《基色发掘报告》（*Reports on the Excavation of Gezer*），无出版时间，第66—73页，第103页以下。——译注

家的居民的身体上的相似性能够充分证明他们是同一种族的人，我们或许就可以得出结论说：两者都属于希伯来人入侵并意欲占有巴勒斯坦时发现的迦南人。尽管他们受到奴役，却从来没有灭绝，因为根据权威的鉴定意见，巴勒斯坦的现代农民（Fellaheen）或者说阿拉伯语的农民都是异教徒部落的子孙。在以色列人入侵前，他们就一直居住在那儿，依附那儿的土地。虽然他们多次被席卷这片土地的连续不断的征服浪潮淹没，但他们从来没被摧毁。①如果是那样，我们就有理由猜想，从基色发现的那个女孩的半个骨骼起，我们就有了人牲祭祀的风俗。从希伯来预言家和早期经典历史的叙述中，我们了解到，这种风俗在迦南人的宗教中起着重要作用。众多婴儿骨骼的发现强化了这个假设。在基色发现的那些婴儿骨骼，埋在寺庙地面下的大坛子里。人们一般认为，这些遗物证实了这样一种习俗：即牺牲头生子，以示对地方神的敬意。在巴勒斯坦塔纳赫（Taanach）的圆形石制祭坛周围，也发现了类似的埋葬婴儿的习俗，而且也可以这样来解释。

但是，即使在基色的蓄水池里发现的女孩骨骼确实是人牲祭祀的遗迹，我们仍然要问，为什么她被砍开或锯开？亚伯拉罕的盟约与我们考察过的类似仪式的类比表明：把祭品一分为二可能是为了促使公众的净化，也可能是为了确认盟约。或者更明确地说，我们可以猜测，那个女孩被砍成两半，让人们从中间通过，以避免当时存在或有威胁性的某种邪恶势力，或者通过这种方式巩固某项庄严的和约。我们将首先考虑净化的或保护的解释。

我们已经看到，当珀琉斯攻占伊俄卡斯时，据说他捉来国王的妻子，把她砍成两半，然后让他的军队从她尸体的两半中间走进城市。这个传说不可能是纯粹的虚构，它可能很好地体现了对从前的征服者进入被征服城市时奉行的一种野蛮风俗的追忆。我们知道，早期人类非常害怕陌生人的巫术。不管是当他允许陌生人进入他们的国家时还是当他们自己进入其他部落的领地时，为了让自己防御这种巫术，他们都会借助于一系列仪式。同样，害怕敌对的巫术将会导致征服者采取非凡的防备措施，以保护他和他的军队免遭敌人的诡计。这一切发生在他们敢进入他们用武力征服的城市之前。这种非凡的防备措施也许包括抓来一名战俘，把他或她砍成两半，然后使他的军队单列前进，从切割的尸体中间进入城市。对这种仪式的圣礼的解释观点认为，通过切割肉块的目的在于

---

① 参见威尔逊（C. T. Wilson）：《圣地的农村生活》（*Peasant Life in the Holy Land*），1906 年，第 3 页。——译注

形成征服者和被征服者之间的血盟，由此保证胜利者免遭战败者的任何敌对的攻击。这种观点可以解释珀琉斯处罚被俘的伊俄卡斯王后的传说：这是一种促使侵略者和被侵略者结合的庄重方式。如果我们接受这样的解释，那么似乎也就可以由此推断说，这种仪式的净化或保护功能与它的盟约功能实际上是吻合的：通过不言自明地与敌人达成血盟，入侵者会净化或保护他们自己免遭敌人的恶毒影响。

也许，闪米特人的类似习俗可以解释基色少女被割断骨骼的原因。从现场发现的人类遗骸来判断，这座城市在不同时期曾被不同种族占领。在最早时期，它是短小的、健壮的、长着长圆形脑袋的人的地盘，这种人不属于闪米特人种，并且他们还没有与任何已知的地中海人种有联系。如果这座城市被后来拥有它的迦南人征服，这些野蛮的征服者可能举行了入境典礼：他们把俘虏来的王后或其他妇女置于死地，把她砍成两半，让他们的军队从尸体碎片中间进入城市。但在那种情况下，我们怎么解释丢失的尸体的下半部分呢？我们不必认为，正如发现者暗示的那样，它或者被烧掉，或者被食人族的盛宴吞掉。它可能被埋在另外的地方，也许在城市的另一个地方，目的是扩大牺牲品对两地之间领域的巫术影响，以使征服者所在的整个城市具有安全感，同时对敌人的攻击形成难以突破的防线。据说，古代缅甸有一个国王就以类似的方式把卖国贼的尸体砍成四块，并把它们埋在城市的四个角落，由此使他的首都坚不可摧。卖国贼的兄弟带军队来围攻城堡，结果徒劳，他的所有攻击都是白费心机。直到那个被杀害者的遗孀告诉他，只要她死去的丈夫保卫这座城市，他就不能攻占这座城市。于是，这个围攻者就设法挖出他兄弟被肢解的腐尸。后来，他毫无阻力地攻占了这座城市。同样，在阿萨姆邦的卢沙伊人（the Lushais）中，如果有女人难产，为了帮她生产，她的朋友就拿来一只家禽，杀了它，把它的尸体等分为两半，然后把有头的那一半用七根藤捆住，放在村庄地势高的一端，而鸡的另一半用五根藤捆住，放在村庄地势低的一端。此外再给这妇女喝点水。这种仪式被称为阿特－普母妃那（arte-pumphelna），意即"用家禽打开肚子"，因为这样做可以使遭受折磨的妇女顺产。虽然没有提及这种仪式如何才能产生这种有利的影响，但我们可以推测，人们认为把这只家禽的两半放在村庄的两端，可以保证中间的领域免遭那些阻止孩子出生的邪魔尤其是恶魔的入侵。

这种基色女孩作为牺牲品的净化或保护意图的理论，或许可以由同一个地方的另一发现得到证实。后来挖掘到了一个大约 17 岁男孩的半身骨骼，像蓄水池里的女孩一样，他在肋骨和盆骨之间被砍断。而且，像那女孩一样，只发现了男孩的上半身，下半身不见了。和他在一起的还有两个男人完整的骨骼平躺着，他们的上面和周围有许多陶制器皿。这些遗物在建筑物的地基下被发现，虽然不是垂直的下方。因此，斯图尔特·麦卡利斯特教授合理地推测说，那些骨骼是人类牺牲品的遗留物。根据一种普遍的习俗，把这些人杀掉并埋在建筑物底部，是为了强化并加固建筑物，或者为了以此来对抗敌人。在许多地方发生的事例充分表明了这一风俗，所以再详述它就是多此一举了。我将引证一个目击者给出的唯一实例，因为它清楚地表明了导致这种习俗制度的思路。在 70 至 80年以前的一段时间，有一个逃亡的英国海员约翰·杰克逊（John Jackson）在异教的未开化部落斐济人中独自生活了大约两年，他留给我们一段朴实而有价值的亲身经历的描述。当他和斐济人生活在一起时，恰好遇到当地首领或国王的房子在重修。在工地附近，杰克逊看到男人们被带到并活埋在房柱底下的洞里。当地人试图转移他的注意力，但为了不被哄骗，他跑近一个洞口，看到一个男人站在里面，他的胳膊环抱着柱子，头依然露出地面。他问斐济人为什么要在柱子下埋活人，他们回答说，如果没人坐在下面持续支撑柱子，这房子就不能长久。当他进一步追问人死后怎么支撑柱子时，斐济人回答说，如果男人牺牲他们自己的生命努力使柱子保持稳定，这种牺牲的美德就会诱导神在他死后继续支撑房屋！

这种思路或许可以解释在基色的房基下发现的两个男性骨骼的情形。在被发现时，他们中的一个的骨瘦如柴的手放在碗里，好像在帮自己寻找食物以增强力气来完成支撑墙壁的艰难任务。但是，要理解在同一地方的男孩的半截骨骼和在蓄水池里的女孩的半身骨骼就不那么容易了。如果目的确实是加固地基，很显然应该用结实的男人来担当这么劳苦的职责，为什么用半个男孩或半个女孩呢？没有脚的未婚男子或女子怎么能稳固地支撑墙壁呢？因此，我们很难令人满意地接受这些人被杀并被劈开就是为了被当做地基祭品的理论。

至此，我们对基色的这些神秘祭品的净化或保护理论已谈得够多了，现在让我们回到盟约理论，试想它是不是与这些事实更加吻合。这个理论是说，男孩和女孩被杀害并被切成两半，不是作为一种净化形式或保护现场的方式，而是作为盟约的确认仪式。缔约双方从切开的尸体中间经过，如同古希伯来人签订盟约时从宰割的羊肉块中间经过一样。这个观点也许可以被如下的类比证实。我们已经看到，为了用庄重的仪式在两个地区之间签订盟约和结成同盟，东非的瓦查加人（the Wachaga）一下子把羊羔和绳子砍成两半，同时祈祷说，如果他们违背盟约，他们将会像羊羔和绳子一样被砍成两半。不过，他们还有另一种结盟的方式，据说在远古时代是被认可的。他们找来一个男孩和一个女孩，带他们绕着聚集的盟约者走三至七圈，同时念叨着对违约者的严肃诅咒或对守约者的认真祈祷。然后，那男孩和女孩都被从身子中间砍断，四部分被埋在两个地区的边界。签约双方代表绕着坟墓走，然后各自回到他们的家中。据说这个观点暗示着诅咒发伪誓的人将会被切成两半，就像那年轻的祭品一样，也像他们一样，没有后代就夭折。据说，我们要理解这种诅咒的全部深度和意义，就必须知道瓦查加人的宗教是由对祖先神的崇拜构成的。因此，一个人没有子嗣就死了，就没有人为他提供祭品以保证他能在阴间受欢迎并得到持续的赡养。一个无后代的人必定在遥远的异国他乡过着孤独的生活，没人因为他饥饿而给他牛肉，也没人因为他干渴而供他啤酒，因为牛肉、啤酒和羊肉都是亡灵渴望从他们活着的亲人那里得到的东西。

如果对瓦查加人的仪式和闪米特人的仪式的比较能够成立，那么，我们就比较容易理解为什么在基色牺牲品被砍成两半，为什么他们是男孩和女孩而不是成年男人和女人。我们只需推测，他们被杀并被砍成两半是为了缔结一项严肃的盟约。缔约双方从尸体碎片中间通过，每一方都拿半个男孩或半个女孩回家，是为了保证双方对对方的绝对忠诚，正如在瓦查加人中，双方各自拿切断的半根绳回家以示对对方的忠诚一样。在基色，我们也看到一个男孩或一个女孩的上半身。若在巴勒斯坦进一步挖掘，也许会挖出同一具尸体的下半身，它们此前被运走并被带至盟约的另一方的家中，这也并非完全不可能。更进一步说，我们现在明白为什么选男孩和女孩而不是成年男人和女人充当牺牲品。如果瓦查加人的类似情况是真实的，其动机也是一种暗示性诅咒。如果他们任何一方违背誓言，他们将会无子而终，就像那个被砍成碎片让他们从中间通过的男孩子一样。当我们记起闪米特人对子孙的热情渴望时，我们就能够理解这类诅咒的严重性，就能估计到连接同盟双方缔约的力量有多强。

最后还要指出，无论被砍成两半的是羊羔还是人，对瓦查加人签订盟约仪式的类比分析有力地支持我们对希伯来人在类似场合举行的仪式的报应论解释。因为在瓦查加人的两个例子中，我们都倾向于认为把祭品切成两半象征着发伪誓者的命运。不过，我们仍可以用罗伯逊·史密斯提出的观点来解释从祭品碎片中间通过这一行为的意义，即这是把人认同于祭品的方式，以便给他们赋予祭品所具有的特质。他还认为，这些特质可以传给所有与动物交往的人，交往的方式可以是通过动物的尸体，还可以用其他方式，比如把动物的血抹在自己身上或者披着动物的皮。在缔结盟约时，把盟约者认同于祭品的动机显然是要通过交感巫术来确保：如果盟约双方中有任何人发了伪誓，他们将会得到与祭品同样的命运。正是在立约者和祭品之间创造的这种交感巫术才为盟约赋予了约束力并为它的实行提供了最佳保障。

因此，如果我对亚伯拉罕盟约的分析是对的，那么，这种仪式就是由两个不同却相关的因素构成的，即首先把祭品一分为二，其次让立约者从这些肉块中间通过。其中前一个因素要用报应论来解释，后一个因素要用圣仪论来解释。这两个理论相互补充，共同为这个仪式提供一个完整的解释。

# 第二章　雅各的继承权或末子继嗣制

## 1. 以色列人的末子继嗣制遗迹

关于族长雅各的传说，要比涉及他的父辈以撒和祖辈亚伯拉罕的传说更加完备，它们在民间传说（folk-lore）即对古代信仰和习俗的回忆中也相应的更加丰富。以色列民族赖以得名并取得血统的那些先祖式的英雄，自然会成为各种追忆与幻想的汇聚目标。[1]

不过，正如《创世记》为我们描述的那样，对现代读者来说，这位伟大先祖的性格并无太大的吸引力和乐趣，而且与他的祖父亚伯拉罕的平和与威严、父亲以撒的沉思与虔诚相比，他也显得略逊一筹。如果说亚伯拉罕是闪米特族长的典型，勇敢而殷勤好客，尊贵而谦和，那么，雅各则是闪米特商人的代表，灵活机敏，足智多谋，眼中闪烁着欲望之火，达到目的的手段不是靠力量而是靠计谋，为了以智取胜或超越竞争者，不会太顾忌方式方法的选择。在最初关于这位家长生活事件的记载中，贪婪与狡猾的这种不大美妙的结合就自动显现出来，那就是他为了骗取哥哥以扫的继承权和父亲的祝福而设下的诡计。因为以扫与雅各是双生兄弟，哥哥以扫已经获得继嗣的名分，按正当的法则，理应得到他父亲的福分并接受父辈的遗产。雅各用来取代哥哥的手段，就是一种欺诈性的行为：他利用以扫的饥饿，从以扫那里用一碗汤就买走了继承权。然后，他又穿上哥哥的服装，模拟成哥哥那皮肤多毛的样子，在目盲的老父亲面前假扮成以扫，就用这样的方式攫取了本应恩赐给他的孪生哥哥的福分。在这些记述之中的第二桩事，弟弟雅各对他年迈而颤抖的父亲实施的诡计并非出于他自己的设计，而是出于他母亲利百加的教唆。根据她欺骗丈夫的技巧，可以推测她少女时的名字可能是 Sharp[2]。当然，雅各本人也是颇愿参与这个骗局的，这就

---

① 雅各（Jacob），以色列三大祖先之一，《旧约·创世记》中有关于他的诸多记载。因他曾与天使角力，故被赐名以色列，其后人也就成为以色列人。——译注

② 有"狡诈"、"不择手段"之意。——译注

表明，蒙骗他的父亲需要的不是善意，而是机敏。

在道德进化的某一阶段，这样的欺诈行为，除非在那些直接受害人中间，似乎不至于招致他人的指责。那些不偏不倚的观察者们实际上倾向于赞许这样的行为表现，即高超的智谋与机巧战胜了单纯的诚实与鲁钝。不过，另一个时代到来了，公众舆论转向了诚实的鲁钝者一方，反对智巧机敏者的伪诈。因为经验证明，每一次欺诈，不论显示了怎样值得称羡的机敏与预见，都会对个人与社会整体造成直接的损害，瓦解人们彼此合作所依赖的相互信任的纽带。一旦人们普遍认识到这方面的真相，历史学家便开始用道德标准来评判过去人的行为，当事人及其同时代人做梦都不会想到这样的标准会用到他们的行为上。假如过往英雄人物的所作所为比该标准要低很多，那么慈悲的批评家就试图通过寻找正当理由或原因来填补这个鸿沟，而不是直接承认道德进步在自己与英雄之间已然造成了这种鸿沟。按照批评家自己的道德判断，英雄们的行为本来是要受到谴责的。这个粉饰道德污点的过程，如果是受到一颗慈悲善心的激发，而不是由一颗维持空洞悖论的虚荣心所引发，那么，它对粉饰者来说就是可尊敬的，对他人而言也是无害的。与此不同的相反行为是，给那些本来最清白的人物抹黑。这种常见的恶劣行为，不仅会以陷害的方式伤害无辜者，而且以降低道德水准的方式使公众受到错误的打击，因为它剥夺了我们难得的美德范式，对美德范式的预期而言，多少抽象的道德哲学论文也比不上赞赏并热爱善能够更好地感动心灵。

近年来，捍卫雅各道德品格的任务由一位同胞与同名者——约瑟夫·雅各布斯（Joseph Jacobs）先生承担起来。他撰写文章要为这位祖先除去污点，其方式是揭示一种古代法，根据该法律，作为次子的雅各真正有权继承父业。《圣经》叙事中的那个诡计，在他看来只不过是史家对他不理解的事件加的一个评注。[①]这种直率的辩白是否有效，我不敢冒昧地断言。但正如他的辩白中认为的那样，这样一种古代法的遗产继承条文曾广泛流行于许多民族之中，这一点是可以肯定的，看来也没有理由不被遥远时代的以色列祖先们采纳。该种法律或习俗作为幼子权利或末子继嗣制而闻名于世。它恰恰与长子继嗣制形成对照，因为它赋予最小的儿子以继承权，而非长子。我在本章中将用例证说明这习俗，并探索它的起源。

---

① 参见约瑟夫·雅各布斯（Joseph Jacobs）：《〈创世记〉中的幼子权利》（*Junior-Right in Genesis*），见《〈圣经〉考古学研究》（*Studies in Biblical Archaeology*），1894 年，第 46—63 页。——译注

让我们从在《旧约》中可以找到的另一个幼子权利或末子继嗣制的遗迹入手。在前一个例子中，如果说雅各取代了他的哥哥，那么他做的只不过是父亲以撒在他之前就已经做过的事。因为以撒自己也是一个小儿子，他取代哥哥以实玛利获得他们父亲亚伯拉罕的继承权。假如这是一个规则，雅各在对付他的父亲与哥哥时都遵循了这个原则（如果可以称为原则的话），而且，看来他以后还要遵循它来对付他的儿孙们。圣书中说，他爱儿子约瑟更甚于爱大儿子，"因为约瑟是他老年得子"。他用如此明显的方式表露他的偏爱，乃至激起了约瑟的哥哥们的嫉妒，他们合谋反对他。根据这个叙述，还有一点可以确认，那就是，约瑟并不是最小的儿子，他只是较小的儿子中的一个，因为便雅悯是在他之后出生的。但是，我们可以推测，在原初的叙事中，约瑟就是最小的儿子。他父亲给予他无限的爱怜，那件多种颜色的外套（彩衣），或者说那件长袖子的外衣足以把他和哥哥们区分开来，还有在结局时他比哥哥们更加优越的地位，这一切都说明他是受宠的末子。此外，雅各最小的儿子便雅悯这个名字，意思是"右手的儿子"[1]，这个称号标志着他就是法定继承人。这可以从雅各祝福他的两个孙子——约瑟的儿子时的特殊方式中暗示出来：他将右手放在小孙子（以法莲）头上，将左手放在长孙子（玛拿西）头上，这显然是更看重小的，尽管他们的父亲约瑟已经有所防备，他将两个儿子带到他们爷爷面前时为他们安排的位置刚好可以让爷爷自然地将右手放在大儿子头上，左手放在小儿子头上。在这种情况下，老人不得不从胸前伸出交叉的手，用右手按在约瑟次子以法莲的头上，用左手按在约瑟长子玛拿西的头上。这样看来，为雅各辩白的人会说出如下的真相：他毕其一生都是在长幼之间偏爱幼者。他并非仅凭那一条适合他自己私利的原则来行事。

不过，还可以援引有利于他的其他证据，换言之，这些证据可以证明以色列曾有幼子权利或末子继嗣制的古俗。在《创世记》中，我们读到，犹大有一个儿媳叫他玛，生了双生子，名叫法勒斯和谢拉。[2]虽然法勒斯是先出生的，但有一个奇特的细节讲到婴儿降生的情形，其意图似乎要证明法勒斯是双生兄弟中的幼者，就像雅各一样，而不是像通常那样把他当成长子。要证明法勒斯是幼子的动机为何呢？在叙述的表层没有说明这一点，不过，当我们记起法勒斯是

---

① 布朗（F. Brown）、德赖弗（S. R. Driver）和布里格斯（Ch. A. Briggs）：《希伯来语和英语〈旧约〉辞典》（*Hebrew and English Lexicon of the Old Testament*），1906 年，第 122 页。——译注

② 见《创世记》第 38 章第 29—30 节。——译注

大卫王①的直接祖先，而大卫自己是他父亲的幼子，情况就明了了。撒母耳有意从众兄弟中推举他继承王位。叙述者在《创世记》中看似不必要地描述那双生子诞生的细节，如若不是偶然，就是另有意图吧。那就是证明大卫王不仅自己是幼子，而且他也是犹大的双生孙子中幼子的后代。轮到大卫传位时，也把王位传给他的一个幼子所罗门，而将长子亚多尼亚有意搁置在一边，他才是渴望继承的人。所有这些事实放在一起看，就可以提出一个假说，即在以色列的长子继嗣习俗之前，有一种更古老的末子继嗣习俗，也就是以最小的儿子为父亲的法定继承人。如果我们考察一下世界其他地方流行的幼子权利或末子继嗣的类似习俗，这个假说就会得到进一步强化。

### 2. 欧洲的末子继嗣制

曾经实行而且仍在实行末子继嗣制的国家之一是英格兰。用"幼子继承习俗"②这个名称指称的这种古俗一直沿用到很晚的时代，至今仍是这个国家许多地方的土地法。指代这种习俗的英语名称来自爱德华三世时期的一次审判中的地方用语。该王朝第一年的年鉴中有一个报告使用了这个词。报告说，在诺丁汉有两种土地保有权，分别称为"幼子继承习俗"（Borough English）和"长子继承习俗"（Borough French）。在"幼子继承习俗"的保有权下，所有不动产都传给最小的儿子；在"长子继承习俗"的保有权下，所有不动产都传给长子，如同在一般法律中那样。据说，晚至1713年，诺丁汉仍被划分为幼子继承制区和长子继承制区，而继承的习俗也继续维持各自的制度。甚至到了当今时代，同类的习俗依然可在邻近的地方看到。③

"幼子继承习俗"或末子继嗣制在英格兰的分布情况大致如下：这个习俗沿整个沃什湾（Wash）至索伦特海峡（Solent）邻邦的"撒克逊海岸"（Saxon Shore）一线展开，包括整个东南部地区。更准确地说，在肯特郡、萨塞克斯郡和萨里郡以及围绕着古代伦敦的领地圈，最为流行。在埃塞克斯郡和东盎格鲁王国一带，略有流行。在萨塞克斯郡，这种习俗在副本保有土地方面是如此盛行，以至于经常被称为该地区的习惯法。在刘易斯④，这种习俗实际上几乎是普遍性的。

①以色列犹太人著名的君主，文武双全，被以色列人推崇，最终登上王位，一统以色列。其子所罗门也因以智慧和财富统治以色列而闻名，二人在位时间约在公元前10世纪左右。——译注
②末子继嗣习俗（Borough English），指英国一些地区实行的只有末子才能继承土地的习俗，已经于1922年废止。——译注
③参见埃尔顿（Ch. Elton）：《英国史的起源》（*Origins of English History*），第184页。——译注
④刘易斯（Rape of Lewes），英国英格兰东南部城市，东苏塞克斯郡首府。——译注

在汉普郡，仅有不多的几例，但再往西，萨默塞特郡的大部分延伸的平原区域都实行末子继嗣制。在中部各县，这种习俗相对少见，其可见的比率大约在每县两三个领地。不过，在五个讲丹麦语的乡镇中有四个即德比、斯坦福、莱斯特和诺丁汉，还有其他一些重要的乡镇，如斯塔福德和格洛斯特，出现了这种习俗。再往亨伯河（Humber）与默西河（Mersey）之间的分界线以北，人们就不知道这种习俗了。

然而，奉行这种习俗的不只是这个国家中的撒克逊人部分，它也存在于凯尔特人地区，诸如康沃尔、德文和威尔士。威尔士的古代法规定："当兄弟们分享他们的祖产时，最小的儿子拥有主要的宅院（tyddyn），所有的建筑物和 8 英亩土地，还有斧头、烧水锅和犁铲，因为一位父亲不能将这三件东西传给别人，只能给他的末子。即使它们被抵押，却永远不得被没收。"不过，威尔士人的法则只应用于包含至少一间住房的地产，如果要分其他财产，末子不能要求分外的特权。①在苏格兰，没有证据可以显示末子继嗣制的流行。不过，在设得兰群岛上却实行这样的习俗，每当财产要分配时，最小的孩子——不论男女，应该获得住房。

在英国古法中，末子继嗣制似乎总是和奴隶保有权相联系。关于这个问题，已故的梅特兰（F. W. Maitland）教授来信对我说："关于末子继嗣制的流布，我在 13 世纪的英语文献中看到许多例证。无论是否正确，它总是被看做奴隶保有权的一种证据，尽管不是确凿的证据。显然，这种理论认为，在严格意义上并不存在奴隶不动产意义上的遗产，但该习俗却要求主人接受一个已死的佃户家庭作为新的佃户。在这里，选择末子似乎没什么不自然：奴隶佃户没什么遗产可以传递，孩子长大成人后就送出去了，父亲去世时最可能留在身边的就是幼子。有些在儿子之间均分遗产的习俗，让末子获得家宅、astre 或炉床，我并不是说已经证明了末子继嗣制的奴性起源，不过，在 13 世纪，末子的继承权肯定被视为具有奴性。为此，我可以给你举出大量例证。例如，它与 merchetum② 发生了关联，它们通常被一起提及：'你是我的农奴，因为我已征税于你，你为你女儿的婚礼花费大方，你是你父亲的末子，继承了他的不动产。'"③

值得注意的是，在英格兰，末子继承的权利不限于男性。即使没有几百个，也有许多小地区，把继承权扩展到女性，即最小的女儿、最小的妹妹或姑姨，都

---

① 参见埃尔顿（Ch. Elton）：《英国史的起源》（Origins of English History），第 186 页。——译注
② 或者写作 marchet，英国古代法律用语，指封建时代佃户嫁女儿时向领主缴纳的款项。——译注
③ 参见梅特兰（F. W. Maitland）1887 年 11 月 1 日给弗雷泽的信。——译注

有优先于其他女性继承人的继承权。

法国的一些地区也实行末子继嗣制或最幼者继承遗产的习俗。例如，"在布列塔尼（Brittany）的科努瓦耶（Cornouailles）县的一些地区，末子享有独特的权益，恰好是长子权益的对应。那位最后出生的，不论是儿子还是女儿，将继承被叫做 quevaise 的所有不动产，把他或她的兄弟或姐妹排除在外"。这个权益在法国法律中就是著名的 maineté。①虽然此习俗存在于布列塔尼的几个广阔的领地，我们却不能估计它在那个地区最初流行的情况。因为当此习俗在该省被封建的法官编写为法典之时，当地的贵族们却对此不平常的继承方式不屑一顾。我们还知道，17 世纪还保留这种习俗的地区已经日渐稀少，那时依然实行这种风俗的地方有罗昂公爵领地（the Duchy of Rohan）、法拉克雷（Pallacrec）骑士团辖区、瑞雷（Rellec）和贝该尔（Begare）的修道院辖区。在布列塔尼，如同在英格兰一样，末子继嗣制是奴隶保有权的一个附属条件。而且，在布列塔尼也像在英格兰的许多地方一样，如果一个人没有留下儿子，遗产就要留给小女儿。而且，该习俗还以 Maineté 和 Madelstad 的名义存在于皮卡第、阿图瓦、埃诺尔（Hainault）、蓬蒂耶和维维耶以及阿拉斯、杜埃、亚眠、里尔和卡塞尔（Cassel）周边的一些地区，还有邻近圣奥梅的地方。在所有这些地区，末子继承的权利范围是从继承全部遗产到优先继承房屋中的家具。在布拉班特的格里姆伯格(Grimbergthe in Brabant)，人们也遵循同样的继承法则。

在荷兰的弗利斯兰的许多地方，也流行类似习俗。其中最著名的是 Jus Theelacticum，也就是救济用地或分配用地的习俗，流行于弗利斯兰东部的诺顿，距离埃姆斯（Ems）海口不远之处。那个地区的"分派用地"一直沿用到 19 世纪，在一个复杂的规则体系的运作之下，保有着可供布施分配的土地。该体系的初衷就是防止对地产作无益的细分。一份继承来的配给土地是不得瓜分的，在父亲死亡时，它要完整地传给幼子，当幼子死亡时，它无疑成为整个共同体的财产。

末子继嗣制的其他例子可以来自现在已由民法代替了的地方习俗，这些习俗流行于威斯特伐利亚（Westphalia）以及莱茵河各省区遵循"撒克逊法"的那些地区，还有明登（Minden）附近的黑尔福德区，当地人认为自己属于纯正的撒克逊种族。我们了解到，这种习俗非常顽强地保存在农民中，"直到晚近的时候，仍然没有大的孩子要求他的合法财产继承份额：孩子们默认末子继承规则，即使什么也没有给他们留下，他们也从不奢望依据法定的遗产权益去提出要求。甚

①参见保罗·瓦奥莱特（Paul Viollet）：《法国民法史》（*Historie du Droit Civile Francais*），1893年，第 842 页。——译注

至当农夫死去而没有留下通常的遗嘱时，孩子们仍然会顺从地将不可分割的遗产交给末子"①。在西里西亚（Silesia）以及符腾堡（Würtemberg）的部分地区，也形成了一种类似的习俗。在那里，现代继承法也不能打断那传承悠久的末子特权，他们的权益受到一种秘密的财产约定的保护，或者由地方意见的力量所保护。还有，在奥登林山（Odenwald）的森林以及康斯坦茨湖以北的人口稀少地区，有一种叫做 Hofgüter②的遗产，也是不能分割的，要传给末子，或是在没有儿子的情况下传给大女儿。我们还得知，在瑞士的格里松地区、法国的阿尔萨斯（Alsace）、德国的施瓦本地区以及其他属于德国或部分属于德国的地区找到了许多其他例子。在那些地方，这一类古老习俗依然存在并影响着农民们的情感，尽管在法律上已失去约束力。

在丹麦、挪威或瑞典似乎还没有发现末子继嗣制的证据，但在博恩霍尔姆岛上（曾经是王国），一块在丹麦之角上延伸出的附属地，末子仍享有特权。在吕贝克共和国的领地内，也有关于此类习俗的记载。

在俄罗斯的南部和西部正在形成这样的习俗：打破旧有的组合家庭，给孩子组建他们自己的家。据说，在这样的情况下，末子被认为是家庭住宅的最合格继承人。在这一主题上，我要感谢著名的波兰人种学家扎布利卡女士，她为我提供了如下信息："长子或幼子的权利，早在雅罗斯拉夫大帝时代的第一部俄罗斯法典《罗斯法典》（*Russkaya Pravda*）中就是俄罗斯农民的著名习俗。甚至到了今天，它仍是广泛流行在农民中的习惯法，这就使追溯这一遗产法之起源成为可能。'幼子权利'不是一种特殊恩惠，而是一种自然结果，因为长子们通常离开父亲也离开他们自己的家园，而次子或末子却'永不离开父亲之根'。如果小儿子除此之外还继承了父亲家里的其他财产，胜过他的哥哥们，那么他也要继承某些义务：照顾年迈体衰的父母亲，通常还要照顾尚未出嫁的姐妹。如果长子在父亲死前没有同他分开，而房屋又传给了幼子，那么幼子就有义务帮助兄长们建立新家。"不仅如此，扎布利卡女士还告诉我说："没有哪些阶层像俄罗斯的农民那样保有着幼子权利了。在农民中，这种权利只限于房屋，或者是房屋和一块个人的土地，不是公共土地。"③

以上我们探讨了欧洲的雅利安民族中流行的末子继嗣制。现在转到不属于雅利安人种的欧洲民族，我们看到，"在匈牙利，有地方法规定末子应该继承父亲

---

① 埃尔顿（Ch. Elton）：《英国史的起源》（*Origins of English History*），第 196 页以下。——译注
② 德语，意思是"庭院遗产"。——译注
③ 参见扎布利卡（Czaplicka）1916 年 7 月 25 日给弗雷泽的信。——译注

的房舍,但需对此一特权的共同继承人给予适当的补偿。在北楚德人(the Northern Tchuds)中,虽然一家之长可以将他的权利分给长子或末子,甚至给一个他非常喜欢的陌生人,但是,在他去世时,他居住的房屋必须传给末子"。

### 3. 末子继嗣制的起源问题

以上讨论了欧洲境内的末子继嗣制或幼子优先权的分布情况。我们现在要问的是:一种如今让我们惊讶的习俗,是那样的奇怪,实际上也不公平,它是如何发生的呢? 对于这个问题,已经有过一些思索。从引用权威的见解开始,我们的考察或许更为合适。这个见解就是博学而睿智的威廉·布莱克斯通爵士(Sir William Blacktone)在对英国法的著名评注中表达的观点。在讲到市镇或有权向议会输送成员的地区的财产保有权限时,他反对服务于骑士制的军用财产权,将它视为撒克逊特权的遗留物,保持它的是那样一些人,他们既不让国王没收它,又不得强行交换它,"只留给更尊贵的——如人们所称,但同时也是更难以负担的——骑士服务专用财产"。按照他的看法,撒克逊特权"还可以解释各种各样的习俗,影响到由古代租地法保有的许多这样的不动产,其中最主要和最著名的就是所谓'幼子继承法',这样命名是为了同诺曼人的习俗相区别。它已引起格兰维尔(Glanvil)和利特尔顿①的注意。那就是,幼子而不是长子,在父亲死时继承其租地不动产。对此,利特尔顿给出了如下原因:因为幼子年纪较小,不能像兄长们那样照料自己。另有某些著作的作者给出的原因显得更加奇特,即财产的主人有权在佃户之妻过门的新婚之夜与她同房。这样一来,不动产不传给长子而传给末子,因为佃户更可以确定末子是自己的后代。不过,我无法知道这个习俗是否流行于英格兰,尽管它确实在苏格兰流行过(其名称叫做mercheta 或 marcheta)。后来,马尔科姆三世废止了它。也许,除了以上两种解释,还会找到更加理性的解释,只需参考一下鞑靼人②的习俗(虽然远了一些)。据杜哈德神父(Father Duhalde)的说法,他们中间也流行这种末子继承的风俗。该民族完全由牧羊人组成,家中的长子一旦长大,能够引领游牧生活,就从父亲那里迁移出去,带上一定数量的畜群,去寻找一块新的游牧场。因此,小儿子继续留在父亲身边,也就自然成为父亲之家的继承人,要继承房舍和留下的其他物品。这样一来,我们发现,在许多北方民族中流行的正是那样一种习俗:所

---

① 利特尔顿(Littleton,1407—1481),英国法学家。——译注
② 鞑靼人(the Tartars),操突厥语的民族。——译注

有儿子们除了一个之外，都要从父亲那里迁移出去，那个留下的就成为父亲的继承人。如此看来，这样的习俗不论流行在哪里，都可能是我们不列颠和德意志的祖先的游牧生活状态的遗留物，那也是恺撒和塔西佗①描述过的生活方式"②。

我并没有看到布莱克斯通提到的杜哈德神父的论断，但他的话得到了一位现代历史学家的证实，他告诉我们："在突厥人（the Turks）和蒙古人的古代法中，有一个更富特色的性质，它足以照亮他们的历史，那就是一种风俗，需要用另一种术语，我们可称之为'反向收养'（inverse adoption）。突厥人的习俗规定了一种奇特方式的继承，以某种方式附着于他的本土的永久性继承人就是最小的儿子。蒙古人把他称作 Ot-dzékine，突厥人叫他 Tékine，意即'守家人'。中国的编年史家和西方旅行者都曾提到过的不动田产，就是要归他所有。他的兄长们在财产划分中获得了动产，其中最重要的称作 mal 或资本，就是羊群和牛群。"此外，我还发现在中国西南部的一些蒙古人种部落以及缅甸与印度交界处，都有末子继嗣的习俗流行。考察一下它们的社会状况，就可以弄清摆在我们面前的问题。在开始这个考察之际，我要指出，如果布莱克斯通的理论是正确的，那么我们期待的结果却相反——所有这些部落都不是游牧部落，而是农业部落，他们赖以为生的全部食物都完全来自耕种土地。

### 4. 南亚的末子继嗣制

我们从卢谢人（the Lushais）开始，这是居住在阿萨姆邦（Assam）山区广阔地域中的一个部落。他们是身材短小、肌肉发达的强悍民族，长着宽阔的、几乎无毛发的脸，颧骨突出，鼻子短平，眼睛呈小杏仁状，肤色介于黄色与棕色之间，他们的蒙古人种来源因此而确凿无疑。他们的身体相貌显示的证据又从他们的语言上得到确证，他们的语言属于汉藏语系藏缅语族。他们是农业民族，以大米为固定食物。不过，从他们的耕作方式来看，他们被迫处于流动迁徙之中，很少在一个区域居住多年。他们的农耕系统在写印度题材的英语作家那里通常叫做 jhuming 或 jooming。他们在一片森林或灌木丛中砍伐木材或竹子，等到木材或竹子放干了，就烧掉它们，以灰烬为肥料，再将获得灰肥的土地表层轻微锄过。当天上聚集的乌云告诉农夫们旱季将过去、雨季将要来临时，每个

---

① 塔西陀，生活于公元 1 世纪的古罗马帝国时代，曾任执政官，是雄辩家、历史学家，著有《编年史》等。——译注

② 威廉·布莱克斯通爵士（Sir William Blackstone）：《英格兰法律评论》（*Commentaries on the Laws of England*），第 2 卷，1829 年，第 81—84 页。——译注

人都用一只篮子背上种子出发了，手中拿着长柄宽刃的刀。如此装备之下，全家下地播种，用长刀在地里挖出浅坑，每个坑中放入几颗种子。主要的作物是大米，不过也种玉米、小米、药玉米、豌豆、黄豆、烟草和棉花。这一耕种方式是非常浪费的，因为很少有两种以上的作物可以连续几年从同一块土地中收获，那土地随后即处于休耕状态，直到再度长满杂草和灌木。如果开垦的是一片竹子地，那就要经过三四年才适合重新耕种；如果开垦的是森林地，那就需要经过七到十年的时间才能重新开始伐树的过程。据说，森林地比灌木地能生产更好的作物，但开垦和除草的工作也要繁重许多。按这样的方式，一个大山谷中可以利用的所有可耕地都依次被用尽了，所以必须迁往他处。选择新的居住地是一件颇费思量的事情。先要派出一个由长老组成的代表团，睡在新土地上，从雄鸡的鸣叫中获取征兆，雄鸡是为此目的特意带去的。如果雄鸡在破晓之前奋力啼叫一个小时，那块地就被认可了。一个村子要在那里占据四到五年。在古时候，新建的村子要距离老村子有两到三天的路程。村民们必须携带他们所有的物质财富，从一个地方辗转到另一个地方。这样经常的、繁重的搬迁活动，自然地阻碍了人们增加财物，从而有效地抑制了财富与生产的增长。在这样一种游耕体制下，农民对土地不需要占有权，即便是酋长也不要求拥有土地和森林。在这个地区的大多数山地部落中，这样的游耕体制很常见。一位酋长只向他的部落成员保持他的权威，决定他们要到何处游耕，到何处临时定居。在某些未开化的部落，开垦和耕种土地的工作习惯上大多由奴隶们去做。这些奴隶是部落成员在袭击中俘获的，而抓获奴隶的主要目的就是要把自身从艰苦劳动中解放出来。

卢谢人的村庄一般坐落在山脊顶端并延伸到山坡陡峭的一边，它们很大，常常包括数以百计的房屋。但是，由于英国政府带到这个国家的生命与财产安全条例的作用，在巨大的加强型村庄中聚集人口的需求也就相应停止了，所以村庄的规模也就相应缩小了，人们越来越四散到小村子中，甚至到远离村落的孤立的丛林小屋中。卢谢人的村庄的另一个突出特征是叫做 zawbbuk 的单身小屋。未婚男子与过了青春期的青年在那种小屋里过夜，因为不允许他们睡在父母亲的屋里。外来的旅行者也往往住在这些小屋里。一个大村子里有许多这样的小屋。在阿萨姆邦的山地部落中，这样的习俗很常见。

卢谢人的每一个村庄都是一个独立的政治单位，由它自己的首领统治。"酋长的每个儿子在长到结婚年龄时，由父亲出钱为他找一个妻子，并从父亲的村里获得一定数量的家庭，再送往属于他自己的村子。从那以后，他像一个独立的酋长那样实施统治，他的成败取决于他个人的治理才能。他不必以物质回报父亲，但当他父亲与邻村的酋长发生争执时，父亲希望他给予援助。不过，有时候父亲们活得很久，儿子们也就自然会忘却他们应承担的这份下属义务。末子一直留在父亲的村子里，他继承的不光是该村子，还有所有的财产。"[1]由此看来，卢谢人的这种习俗有力地证实了布莱克斯通对末子继嗣制的理论解释。因为可以看出，末子之所以继承，仅仅是由于他们留在父亲的家中，而他所有的哥哥们都已离去并到外地建立自己的新家了。如果这一观点还需进一步证实，那就可以举出现在发生在这个部落的一种变化为证据。据最近的阿萨姆邦人口普查报告，我们看到，卢谢人"村庄规模的缩小对末子继承父亲的村庄与财产的习俗产生了重要影响。这种继承体制的理由就是长子们在结婚时建立了自己的村子。为了让他们能够做到这一点，一些村长或乌帕斯（Upas），还有一些普通村民也被请出来陪伴这位年轻的村长，以便形成他的新村子的核心。当所有年长的儿子都按这种方式建立了基业时，末子继承父亲的村子和财产也就顺理成章了，他还承担着供养母亲的责任。但是，如果村长的家庭没有缩小的趋势，而村庄的平均规模却缩小了一半，就没有足够的房屋供每一个儿子居住了。实际上，在某些情况下，没有一个儿子能够去建立一个独立的村子。很清楚的是，在这种情况下，继承权就转到了长子那里。当地人已经接受了这个变化"[2]。

如此看来，在这些人中，末子继嗣制其实正在转变成长子继嗣制，因为导致采用末子继嗣制的社会因素已不复存在。的确，迄今只讲到了村长家里的继承规则。不过，实际上，普通人也采纳了私有财产继承的同样规则。按照某种解释，"财产在儿子们中间分配，不过，小儿子获得最大的一份，其余的由哥哥们平分"。按后来的一种说法，"普遍的规则是末子继承，不过偶尔也会有长子要求分享的"。这种习俗在普通人家庭中流行的原因，也许与村长家一样。我们已经看到，当村长的儿子被派出去建立另一个村子时，他要带去一定数量的普通村民，作为他的侍从和新家庭中的成员。我们有理由认为，在所有这些实例中，开拓新家园的人来自普通家庭中的较大的儿子们，而小儿子们仍留在旧家中的父亲身边，继承家庭的财产。

在阿萨姆邦的另一个蒙古人种部落安加米人（the Angamis）中，我们看到的末子继嗣习俗表现为一种有限的形式。"在男人活着时，他的儿子们在结婚时

---

[1] 莎士比亚（J. Schakespear）：《卢谢库基人的宗族》（*The Lushei Kuki Clans*），第43页。——译注
[2] 《1911年印度人口统计》（*Census of India, 1911*），第3卷，第138页。——译注

便获取一份他的地产。然而，如果男人死去时留下几个未结婚的儿子，他们每人得到相等的一份。若儿子们结了婚，他们就离开父亲的房屋，建造自己的房子。"因此，我们再次看到，末子继承父亲的房子只取决于他碰巧在他的众哥哥们结婚并建立独立的新家之后仍留在家里。假如当父亲死去时，或许有几个未结婚的儿子留在家中，那么末子相对于他的哥哥们就无甚优先继承权了。

值得关注的是，作为阿萨姆邦最大的那加人①部落，安加米人并不像同一地区的大多数山地部落那样，他们不迁移，也不用原始的、浪费的方式耕种土地。也就是说，他们不去开垦森林和灌木地，耕作上几年再让土地抛荒，回复原初的荒野自然状态。相反，安加米人以巨大的劳动力和技巧在山坡上的永久的可灌溉梯田中耕种作物。这些梯田由人工修筑的水渠灌溉，水渠绕山而行，以舒缓的坡度绵延甚远。他们巨大的坚固村庄也是永久性的，因为安加米人顽强执著地依附于他们的家园，不愿改变它们。

在阿萨姆邦的曼尼普尔（Manipur），主要的种族梅泰人（the Meitheis）是讲藏缅语的蒙古人种。虽然在血缘和语言上接近于他们周围的野蛮山地部落，但他们却发展出更高级别的社会文化，在一大片野蛮的原始人中形成了一个相对文明和有高度社会组织的非凡的"绿洲"。他们居住在固定的村庄中，主要依靠在永久性田地中耕种的大米为生。他们就这样跨越了周期性迁移的阶段。在他们的邻近部落中，这样的迁移是由于可耕地的耗竭而引起的。至于说到梅泰人的财产继承法，我们听到了如下说法："在探明私人财产继承法则方面，曼尼普尔的编年史不能给我们太多帮助。由于新的政治和社会思想的压力，在目前阶段，该邦的经济处于变革之中。土地被认为由该邦的统治阶层掌控，至于动产，一般的习惯是由父亲在生前传给儿子们。如果父亲去世时末子仍住在祖屋之内，他一般就成为继承人。假如他搬走了，不和他父亲住在一起，财产就会在众儿子之间平分。结婚当然是儿子离开祖屋的原因，也是为他们自己谋得一份遗产的理由。对于女儿们来说，也是如此。"就这样，在阿萨姆邦的梅泰人中，如同在安加米人中一样，末子的继承权只取决于在他的哥哥们结婚并到别处定居之后他最后依然留在父亲家的偶然事件。如果他像哥哥们那样结了婚并建立了自己的家室，他就没有优先的继承权了，他只能和哥哥们一起平分财产。还有，我在阿萨姆邦看到如同在英格兰的情况，即末子继嗣制在人口流动停止并且定居

---

① 那加人，印度东北部山区有血缘关系的部落集团。"那加"是印度内地人对山区人的称呼。——译注

到由耕地围绕的永久性村庄时，只能以有限的形式残存下来，这时的耕地已经固定下来并且代代相传了。

在上缅甸北部地区居住的一个蒙古人种克钦人（the Kachins），自称景颇人（the Chingpaws）或辛颇人（the Singphos）。他们古老的定居地在伊洛瓦底江（the Irrawaddy River）的源头之处，后来向东扩散分布到中国的云南省，向西拓展到印度的阿萨姆邦。景颇人或辛颇人这个名称，是他们自己加上的，意思就是"男人"。缅甸人叫他们克钦人（the Kachins）或喀健人（the Kakhyens）。他们是野蛮的山地民族，分散为一些微小的社群或部落，每个部落有自己的酋长。在英国占领该国以前，他们对爱和平的缅甸人和掸人的袭击是非常可怕的。他们也耕种土地，实际上还是耕作专家。他们的耕地通常深入山谷之中，他们的村庄却高高地位于山坡顶上。有记载说，克钦人具有鞑靼人的血统，对此不应有太多疑问。他们的传说指示的第一家园在戈壁沙漠以南的某个地方，他们的运动方向则总是朝南。不过，即使在掸人和缅甸人的影响显然不十分严重的广阔地域，也可看出其文化中流行的多元性复杂特征，这似乎暗示着一种融合，那是克钦人和他们排挤的当地土著人种的融合。

正如通常所说，克钦人的继承法结合了长子继嗣制与末子继嗣制的原则。有记载说，"祖传的财产在长子和末子之间划分。尽管每个孩子都可以插足其间，但长子和末子还是尽可能多地留给他们自己。由长子继承名号与地产，末子则带走所有私人动产，去给自己寻找一个定居处"[1]。确实有几个写到克钦人的作者都反复提到了这种说法。按这种说法，是长子留在家中拥有祖传的不动产，而末子带上个人财物迁出去，另谋生路。这种情形与这一地区同属蒙古人种的部落中通常发生的情况恰好相反。因此，我们可以怀疑，这个 1828 年最先由纽维尔（J. B. Neufvill）上尉提出的说法是基于某种误解。无论如何，采取多种方法了解克钦人习俗的乔治·司各特爵士已对他们的继承法作出了不同的解释。他说："就像在泰人（the Tai）中那样，在克钦人中也有一种不断分解的倾向，他们所处环境的山地特征使群体的细分越臻细小。这种分化在过去时代里也无疑同迁移的必要性有关。由于人口膨胀，山地耕种的浪费，迁移也就发生了。它成了一种习俗，在村长死去时，由末子继承财产，兄长们带着部下搬迁出去，以便重新集结建立新的定居点。如果他们成功地建立了新家园，那就要按创建者

---

[1] 鲁滨孙（W. Robinson）：《阿萨姆邦描述》（*A Descriptive Account of Assam*），1841 年，第 378 页。——译注

之名命名为独立的部落。末子继嗣制的肯特郡法无疑是对盎格鲁部落中的类似习俗的一种追忆。"[1]

乔治·司各特爵士在另外的场合给我们提供了一种关于不同所有权体制的有教益的解释。那是相应地流行在山地和谷地的集体所有权与个人所有权，所有权之差别取决于在山地和谷地实施的游耕的或永久性的农耕体制。他说："至于'统雅'（taungya）或山地耕作，并不承认什么个人财产。土地被视为属于以杜瓦（Duwa，即村长）为代表的全公社。那种耕作模式不允许对小块土地的持续使用。在耕地位于山谷之中并且耕种雨季水稻的地方，情况就不同了。允许个人拥有土地，但要受到如下限制，即土地不得分割给外人。杜瓦每年从每家收取一两篮子稻米，作为他在理论上拥有所有土地的一种象征。由家庭传承的土地是一个整体，土地的使用也是公共的，利于全家的成员。那些离开家庭的人就失去了所有的参与权。当家庭自愿解体时，分家并没有固定的法则可依，但末子必须得到便雅悯的那一份额和祖传的家园。"[2]

上述解说似乎对实行游耕制的高地和实行永久性耕种的低地作了明显的区分。同样是种稻子，在山丘上是在旱季，在山谷里则是在雨季。旱季体制与游耕的巧合，雨季体制与永久性耕种的巧合，其实并非出于偶然。因为当旱季体制与土地的临时使用相对应时，雨季体制则对应土地的永久性使用。比如，在爪哇，那里的水稻耕种已经发展到极高的程度，靠的是人工灌溉。有些土地有史以来就每年生产两种作物。在克钦人中十分重要的一点是，在临时耕作制下使用的土地是公有的，在永久耕作制下使用的土地则由个人占有。同样，我们在卢谢人中也看到了这种情形，实行游耕体制的人们没有作为私有财产的土地。理由很明确：永久地占有土地在实质上就是私人拥有，实质上已不是公有和部落所有。在人类历史上，狩猎者和放牧者的游动生活方式以及游耕的农民都要先于农夫的定居生活。后者建立在更为先进的耕作体制之上。看来根据同样的原则可知，个人拥有土地要晚于公共的或部落拥有土地。直到土地开始进入永久性的耕作体制，才能由法律来确认其归属。简而言之，共有的土地早于私有的土地。土地从公有制向私有制的转变与耕作方式的重大改进有关，它就如同一切经济变革那样，有力地推动着社会的普遍发展。

----

① 乔治·斯科特（J. George Scott）和哈迪曼（J. P. Hardiman）：《上缅甸和掸邦地名词典》（*Gazeteer of Upper Burma and the Shan States*），第 1 部分，第 1 卷，第 373 页。——译注
② 乔治·斯科特（J. George Scott）和哈迪曼（J. P. Hardiman）：《上缅甸和掸邦地名词典》（*Gazeteer of Upper Burma and the Shan States*），第 1 部分，第 1 卷，第 416 页。——译注

中国的克钦人像他们的缅甸同胞一样也实行游耕和永久性耕作两种模式。从一座高山顶上向下望去，他们的家园从两边延伸下去，就好像丘陵的海洋，一眼望不到边。其峰顶和山坡绝大部分被森林覆盖，唯有一些被开辟的地方标记着村庄的所在。或是在山间的开口处显出一条河水，淌过远在下方的狭长山谷。村庄总是选址在一条长流不断的山涧附近，一般位于阴凉的幽谷，或是以其蜿蜒的篱笆伸展到舒缓的山坡上，占地大约方圆一英里。房屋通常是朝东的，均按同样的样式建造。盖房用的材料通常是竹子，房子长度一般在150至200英尺之间，宽约40至50英尺。这样的公共大屋的第一间房子留作接待客人之用，其余房间为几个家庭的公寓。这些家庭彼此之间由血缘或姻亲关系联系在一起，由此构成家园共同体。伸出的屋檐由立柱支撑着，形成一个走廊，男男女女白天在那里工作或闲坐休息，晚上则让水牛、骡子、马驹、猪和家禽栖居。

房屋附近有小围篱，那里种着开白花的罂粟、大蕉和靛蓝植物。水稻和玉米则合种在邻近的山坡和小丘上，那是一片精心修筑的梯田，其外观看上去好像露天剧场。水渠被修筑在接近最高的地方，以便能够浇灌梯田并在下面的山谷处再加入循环。有时将水引入大竹管，通向水稻田或远处的房屋。每年要在山坡上通过砍伐与焚烧林木来开垦新耕地。在每个村庄附近可以看到废弃的小路，那是先前开荒用过的，沿着路边还有小的水渠。开垦土地用的是粗陋的锄头，但在耕种梯田的时候用的则是木犁。对于这些蒙昧的农夫来说，过多的雨水是比干旱更为可怕的恶魔。不过，土地的自然丰产逐渐超额回报了他们的劳动，产出丰富的农作物，如大米、玉米、棉花和烟草，全都是优良的品质。在村庄附近是果园，那里种植的是桃树、石榴树和番石榴树。森林里则有大量的栗子树、李子树、樱桃树和各种野生的灌木。在较高的山坡上，橡树与桦树十分茂盛，还有大片的地面被肉桂丛林和桂皮林覆盖，所产的油通常作为肉桂油出售。为了开垦新的耕地，每年要砍伐数以千计的树木，其树干与树枝就在它们倒下的地方被焚烧。

从身体特征上可以清楚地判断，这些中国的克钦人具有蒙古人种的血缘。不过，他们中又可划分为两种类型，其中更为普通的类型是：拥有短而圆的脸形，低前额，突出的颧骨，宽鼻子，厚而突出的嘴唇，宽而方的下巴，微呈斜角的眼睛，双眼分开很宽。面孔的丑陋只能由其十分幽默的表情得到补偿。他们的头发和眼睛都是深棕色的，一种由暗黄色组合而成的颜色。另一种类型表现出精巧一些的特征，令人想起锡金①的卡查里人（the Kachairs）和雷布查人（the

---

① 锡金（Sikhim），古称哲孟雄，是印度的一个邦。原名锡金王国，1975年被印度吞并。——译注

Lepchas）的女性化面容。其非常突出的特征是呈斜角的眼睛，脸孔稍长，是相当紧凑的椭圆形，尖下巴，鹰钩鼻，颧骨突出。这样的面孔在某些情况下几乎要被当做欧洲人。这种类型表明了与掸人或缅甸人血统的融合。克钦人的体形相当矮小，四肢细小，但形状还好，只是腿有些不相称的短。虽然他们的肌肉不发达，却也匀称和灵活。他们从山上带下来木柴和枞木板，这些东西给普通欧洲人的搬运造成很大麻烦。年轻的姑娘像小鹿一样在山路间跳跃，她们披散的黑发在身后随风飘荡。

这些山民迄今仍普遍盛行族长管理制。每个氏族都由一位世袭的酋长管理，有几位副手协助他，他们的职位也是世袭的。但奇怪的是，副手们的职位应该严格地由家中的长子一人来接管。"酋长职位则传给末子，或者是在没有儿子的情况下传给还活着的最小的弟弟。土地也依照这样的继承法来传承，末子在所有的情况下都继承祖产，而长子则外出开荒，重建自己的家园。"[1]在克钦人中，如同在卢谢人中一样，末子继嗣制似乎是建立在一种习俗之上的，那就是将大儿子们派出去自谋天下，末子则留在父母的旧家之中。

约翰·安德森博士发现，在中国的掸人（the Shans）中流行着一种以类似习俗为基础的类似的继承法则。掸人在云南省与克钦人比邻而居。安德森告诉我们，掸人的酋长由一个头人委员会辅佐，在整个群体中行使族长的权力，并裁决所有的案件，包括民事争端与犯罪行为。他这样记述：酋长（tsawbwa）"是所有土地的名义上的拥有者，但每个家庭也都拥有一定的份额，他们在其中耕种，给酋长交付一些收成，作为什一税。这些让渡办法很少变化，而土地则可以传承，由末子来继承。如果农田的规模太小，兄长们要另谋耕地，或者改为经商。这样，掸人很愿意移居，到肥沃的土地上去定居，比如去英属的缅甸"[2]。中国的大部分掸人从事农业生产，作为农民，他们可与比利时人相比，寸土必耕，主要的作物是稻子，播种在小方块形的田地里，由低矮的土堤围住，有灌溉用的水渠连通。在旱季里，邻近的河水被引出，流入无数的管道之中，以便使每一小块地都能得到灌溉。在5月初的时候，整个山谷从这头到那头，展现出一大片的水稻田盛景，在阳光下闪闪发亮，而那时的河床都几乎要裸露出来了，因为

---

[1] 约翰·安德森（John Anderson）：《从曼德勒到腾越州》（*Mandalay to Momien*），1876年，第127页。——译注

[2] 约翰·安德森（John Anderson）：《从曼德勒到腾越州》（*Mandalay to Momien*），1876年，第302页。——译注

大量的河水都被抽去浇地了。[1]

掸人更愿被称为泰人（the Tai），他们是整个中南半岛（the Indo-Chinese peninsula）上数量最多而且分布最广的人种，从阿萨姆邦一直延展到中国的广西，从曼谷直到云南的内地。暹罗（Siam）是现今唯一独立的掸人行政区。他们在身体特征和语言方面都与汉人十分接近。实际上，在语法结构和词汇方面，汉语与掸语是姐妹语言，同缅甸语和藏语则相去甚远，不过它们还是属于同一个语系，也就是如今语言学家说的汉藏语系。虽然他们居住的大部分地方是山区，掸人却不以山地居民自居，他们更愿坚守在山谷间平缓的冲积土地或宽阔的河谷，这些地形都位于大山之间。不论在哪里，他们都是勤勉精心的土地耕种者，凡是稍大一些的平地都布满了灌溉用水渠，面积小的土地则用水坝引河水入渠，使坡地也得到灌溉，或是用竹轮水车引水至高地上，这也应用于河岸较高的地方。虽然为了灌溉颇费周折，却有足够的平地来补充这些花费与麻烦。然而，当小块土地不能从平坦的地方获取时，年轻人有时也到远离村庄的山丘地区开发利用灌木地。这样的灌木地不会匮乏，但无法用来耕种稻米，只能用作果园或香蕉园。[2]看到在相对如此发达的掸人这样的民族中间仍残存着末子继嗣制的古老习俗，真是有趣的事。

有报告说，居住在印度阿萨姆邦与缅甸交界处的山地中的钦人，也实行末子继嗣制。他们的种族亲缘关系目前尚不能确知，但他们显然属于蒙古人种大家族，说藏缅语方言。大部分钦人目前仍处在较野蛮的状态，与所有的近邻为敌。他们分化为无数的小氏族，彼此之间经常互相攻击，或是攻击邻邦的缅甸村庄。他们的食物来源主要靠农耕，种植大米、小米、豌豆、黄豆、芝麻和烟草。不过，他们的家园不是特别适宜耕种，因为山坡地上长满了丛林和矮树，并且被峡谷分割为碎片。尽管这样，这些小碎片般的邻近村落的土地，仍然要被开垦出来，用来耕种。他们奇特的婚姻法与遗产法中有这样的习俗，即男人有权优先娶他的表妹为妻，还有这样的条文：小儿子是钦人家庭的继承人，他要留在家里，照顾父母和姐妹们。[3]不过，在哈卡钦人（the Haka Chins）中，这种末子

---

① 参见约翰·安德森（John Anderson）：《从曼德勒到腾越州》（*Mandalay to Momien*），1876年，第299页以下。——译注

② 参见莱斯利·米尔恩夫人（Mrs. Leslie Milne）：《在本地的掸人》（*Shans at Home*），1910年，第98页。——译注

③ 参见乔治·斯科特（J. George Scott）和哈迪曼（J. P. Hardiman）：《上缅甸和掸邦地名词典》（*Gazeteer of Upper Burma and the Shan States*），第2部分，第2卷，第302页以下。——译注

继嗣习俗似乎已荡然无存或者正在转变为长子继嗣制。只有两个家族或氏族——肯罗特人（the Kenlawt）和克拉色松人（the Klarseowung），仍然让最小的儿子继承家业，除非他自己主动放弃，或者他曾和父亲发生争吵，或者他是一个麻风病人或精神病人。先前，在所有哈卡人的氏族中，末子应该继承产业是一条不变的法则。后来有一位叫莱恩农（Lyen Non）的桑提（Sangte）人，把他的房舍传给了大儿子，没给小儿子。从那时起，继承方式的变革就被氏族之中的大多数人接受了。"至于哈卡人地区的田产（lai ram），有三分之二的家庭传给长子，有三分之一的传给末子。"①

缅甸边界的若开山脉②中的一支山地部落卡米人（the Kamees 或 the Hkamies）实行的继承法则是这样的——如果某个男人死后留下两个或两个以上的儿子，那么财产按下列原则划分：有两个儿子的话就平分；有两个以上儿子的话，就给长子和末子每人两份，其他儿子每人一份。③这个继承法则显然是长子继嗣制原则与末子继嗣制原则的一种调和。长子和末子对介于他们之间的其他兄弟都有优先权，两人优先的程度却相同。也许这种调和标志着从末子继嗣制向长子继嗣制的转变。

中国云南省内的一个重要而且分布广泛的土著种族倮倮（the Lolos）据说也流行末子继嗣制。倮倮属于蒙古人种大家族，讲的语言属于藏缅语中的一个分支。据一位英国旅行者的记述，"由长子继承财产和权利的情况是少见的，一般是由末子来继承，长子排在他之后"④。

以上讨论了主要的财产继承人为末子的一些蒙古人种部落。现在我们要考察两个以最小的女儿为主要继承人的部落，它们是阿萨姆邦的卡西人（the Khasis）和加罗人（the Garos）。卡西人的起源和种族关系问题，目前还有待探讨。他们讲的语言肯定不同于他们周围所有部落，不属于蒙古语族，显然与印度支那的孟高棉（Mon-Kmer）语有关。该语言在现今学界被认为构成了庞大的南方大语族（a great Austric family of languages）中的一支。南方大语族的覆盖范围西起马达加斯

---

① 黑德（W. R. Head）：《哈卡钦人习俗手册》（*Hand Book on the Haka Chin Customs*），1917 年，第 20 页以下。——译注

② 若开山脉（Arakan），又称阿拉干山脉，位于缅甸西部。——译注

③ 参见格温·休斯（W. Gwynne Hughes）：《若开山脉的山地》（*The Hill Tracts of Arakan*），1881 年，第 27 页。——译注

④ 科尔伯恩·巴伯（E. Colborne Baber）：《中国腹地游记和研究》（*Travels and Researches in the Interior of China*），见《皇家地理学会论文补编》（*Royal Geographical Society，Supplementary Paper*），第 1 卷，1886 年，第 70 页。——译注

加，东至复活节岛，南起新西兰，北至旁遮普。不过，卡西人使用一种非蒙古族的语言，这不能证明他们属于非蒙古人种。因为当一种语言还没有被书写文字固定下来时，讲该语言的人很容易失去它，并用另一种从占支配地位的种族借来的语言取代它，只要他们开始与该种族有了实际的接触。这样一种从一种语言到另一种语言的既容易又快速的变更情况，在现代缅甸的部落之中有一些记录在案并且富有指导性的实例。这些部落成员讲着多种语言和方言。卡西人的外貌特征与性格似乎暗示着他们的蒙古人种来源。实际上，按威廉·亨特爵士（Sir William Hunter）的看法，他们的蒙古人种相貌是确凿无疑的。他们是身材矮小而肌肉发达的民族，小腿肚子健壮，宽而高的颧骨，扁平鼻子，少胡须，黑色直发，黑色或棕色眼球，眼皮呈斜状。虽然不完全像汉人和其他蒙古人种，却是一种复合型，肤色按地域不同而在浅黄、棕色至深棕色之间变化。在性情方面，他们轻松开朗，脾气好，能被笑话陶醉。这样的性格特点有助于判断他们属于蒙古人种，而不是南方的热带人种。他们只不过在语言上与后者同源而已。

这样看来，卡西人在生活态度和一般文化水平上并没有明显地区别于东南亚的那些实行末子继嗣制的蒙古人种部落。他们居住在固定的村庄中，很少迁移，主要以农业为生，是勤劳的种植者，虽然他们的耕作方式略显原始。如同这一地区的大多数山地部落一样，他们靠开垦森林来获取新的耕地，砍伐树木，焚烧落木。他们较为稳定的食物是大米和干鱼。

卡西人社会体制的基础是母系制，即只能通过妇女单传的那种习俗。每个氏族都宣称自己源出于同一女祖先，而不是一个共同的男祖先。每个男人都要从他的母亲、祖母等等来推算他的世系，而不是从父亲、祖父等等来推算。至于血统、遗产等，也是只能通过女性来继承，不通过男人。由最小的女儿充当继承人，不是大女儿。如果小女儿在母亲生年之内就先去世了，接替她充当继承人的是次一个小女儿，依此类推。假如没有女儿的话，一位妇女的财产要传给她的姐妹的最小的女儿，这个女儿的财产也要由她本人最小的女儿来继承。在母亲死时，其他的女儿也有权分享她的财产，但最小的女儿获得最大的份额，包括家庭的珠宝首饰和房屋，还有财物的较大部分。不过，在没有得到姐姐们一致同意的情况下，她也无权处置家庭的房子。另一方面，姐姐们还要自己花费财力为她维修住房。至于土地的产权，只归属于最小的女儿一人。但是，众姐姐们有权从土地的收获中得到供养。几乎没有例外的是，祖母，她的女儿，还有女儿们的女儿，一起住在同一个房子里，或是住在同一院内相互连通的房屋里。在她一生的时间里，祖母一直是该房屋的头人。在这样的女性家庭中，一个男人什么也不是。如果他是一个儿子或兄弟，他显然就是无足轻重的，因为当他结婚时，他要离家去和妻子一家住在一起。如果他是家中某个妇女的丈夫，那么他也同样无足轻重，不属于该家庭的成员，也无权继承一份家产，他只是被看做一个生育者。他通过自己的努力挣来的任何财产都会在他死时归于妻子，妻子之后就是她的孩子们，最小的女儿通常得到最大的一份。只要他还活着，他就是他妻子家庭中的一个外人。他死后，甚至连他的骨灰都不得在家庭的墓地中安放在妻子的骨灰旁边。

在未开化的诸民族之中，追溯家世和传承财产只通过妇女而不通过男人的风俗是很普遍的。这种习俗起源于以母系的确定性与父系的不确定性为基础的那种社会形态，这种社会为两性关系提供了极大的自由。但那是一个难解的大问题，讨论该问题会把我们引到太远的地方。在当今时代的卡西人中，不论其来源多么久远，这种习俗显然与一种规则相联系，那就是让所有的女儿住在家中，让所有的儿子出去和妻子一家住在一起。在这样一种规则制约下，只有女性才是家庭的终身成员，因此，房屋及屋内的财物自然应该归她们所有，而不是归男人们所有，他们只有在成婚时才离开或进入家庭，因而也就只能在家室之内度过他们的一部分生命时光。同样的理由也一样可以应用在地产方面。如果土地在自己家附近，儿子们结婚时住到了他们妻子的家庭所在的遥远村庄去，情况的变化使他们无法继承土地。在这样的情况下，很容易理解为什么是女儿们而不是儿子们继承家庭财产，不论是动产还是不动产。

不过，如果女儿们优先于儿子们作为继承人的权利可以这样理解，那么为什么是最小的女儿优先于她的姐姐们作为继承者，这个问题还有待解答。卡西人自己的解释是，最小的女儿之所以拥有特权地位，是因为她必须承担宗教义务。用卡西人的话来说，她掌握着宗教，也就是说，她应当举行家庭的仪式，祭拜家庭的祖先。由此可知，承担着如此重要的家庭职责的最小女儿，理所当然地要接受最大份额的家产。依据同样的理由，如果她改变了宗教信仰或者由于冒犯了禁忌而犯下渎神罪过，她就失去了继承权，由次一个小女儿来接替她，权当她已经死了。当地人对最小女儿在继承人优先地位方面的解释不能令人满意。因为我们还是要问：为什么最小的女儿注定要比姐姐们更适合承担崇拜祖先的义务呢？对这个疑问，看来不会有现成的答案。在其他部落中，让末子优先继承的原因是，他在哥哥们离开家庭外出谋生以后，依然留在家中，侍奉父母亲。这个理由看起来不能应用在卡西人的末女这里。在卡西人的部落中所有的女儿其实都终其一生留在父母的家中，而且也就在那里获得她们的丈夫。可是，我们还会自然地期望将末女继承权的理由同末子继承权的理由相类比。与此相应，一种理论解释了一种情况却不能解释另一种情况，我们就很难认为它是正确的。

阿萨姆邦还有一个部落遵循母系制和幼女继嗣制的习俗，那就是加罗人（the Garos）。他们住在林木茂盛但不很高的山丘上，这些山丘也依部落的名字而命名。他们无疑属于蒙古人种，因为他们身材不高，四肢粗壮，活泼好动，有汉人的明显面部特征。他们讲的语言属于汉藏语系的藏缅语族。实际上，他们有一个非常独特的"故事讲述他们从西藏移居的历程，他们如何到达喜马拉雅山脚下的平地上，如何向东流浪在布拉马普特拉河谷（the Brahmaputra valley），随后又如何原途折返，直至来到他们如今居住的这块介于河流与山丘之间的平原上。在发起最后一次迁徙来到构成该部落家园的山区之前，他们已在那平原上居住了一段时间"①。过去曾经覆盖着加罗山的巨大原始森林，如今已被砍伐殆尽，为的是开辟耕地，大森林的地盘如今被竹子和小树取代。由大量降雨培育出的大片丛林几乎覆盖了整个山区，只剩下已被开垦还未耕种的小块地方。加罗人实质上是农民，耕种土地是他们毕生工作的开始与终结，他们为此付出了所有能量。他们的耕种方式很粗陋。一块地，一般是在山坡上，被选中后要在旱季砍平其丛林，寒冷的旱季从 12 月延续至次年 2 月。被伐的丛林或竹子——因为山上多数丛林就是竹子——就地堆积在那里，直到 3 月底时被就地焚烧。在 4 月和 5 月的第一场雨降临之后，就开始进行庄稼的播种。那土地是不用翻松的，更少用犁去耕，只不过用一根尖头棒在地里挖小坑，每个小坑里撒上几粒稻谷种，而小米则简单地播撒在焚烧过的丛林灰土中。这样开垦过的土地要耕种上两年时间，然后就弃置不用了，至少要休耕七年。村庄通常都建在山谷中或山坡的凹处，那里只要有充足的流水就行。村庄的四周全是丛林，延伸得似乎没有尽头。房屋建在木桩之上，屋子很长，一般在 100 英尺以上，没有窗户，里面黑暗而阴沉。家庭的共用房间占据整个建筑的大部分。未婚女性睡在房间的地面上，屋里另外留有隔开的一部分空间给已婚女性和她们的丈夫，家长和他的妻子有他们自己的一间卧室。单身汉不睡在父母亲的房里，在外面有另外建起的房舍，专门安置村里的所有未婚男人。在这个单身屋中还要接待外来客人，村中的长老们也在此开会。给未婚男性建这种单身房舍是阿萨姆邦的那加人部落的惯例，在卡西人高地住民中没有发现这种情况。

在加罗人中，如同在卡西人中一样，依然流行母系制，妻子是一家之长，所

_____

① 普莱费尔（A. Playfair）：《加罗人》（The Garos），1909 年，第 8 页。——译注

有家庭财产通过她来传承。部落被划分成许多家庭群或"母邦",称之为machongs。一个"母邦"之内的所有成员都认为彼此来自一个共同的女祖先。一个家庭的所有孩子都属于其母亲的"母邦",不属于父亲,因为父亲的家很少得到承认。遗产传承也要按同样的程序,限制在女性世系一边。没有男人拥有财产,除非是他靠自己努力挣来的东西。不论在什么样的情况下,男人都不能继承遗产。"遗产法可以简略地表述如下:'母邦'内的财产不得离开'母邦'。女人的孩子都属于她的母邦,因此首先要明白她的儿子应遵循'母邦'的规则,他必须同一个外族的女人结婚,他的孩子要具有他母亲的族属。这样,如果他继承了母亲的财产,在下一代时这财产就不属于他母亲的'母邦'了。因此女儿必须继承财产,女儿的女儿也依次继承。如果没有女儿,那就由氏族成员们指定族内的另外一位女性来继承。"①然而,虽然从法律角度看,家庭的土地与财产属于女性,但实际上她的丈夫在她有生之年内完全使用这两者,尽管他不能带走它们,但他的使用权不成问题。例如,严格地说,一个村庄的土地属于村庄头人的妻子,不过他总是被认为和说成是土地所有者。尽管他只是通过他的妻子才获得这个权利,人们在涉及土地权的时候不用考虑他的妻子,唯有在诉讼一类场合出于方便才提到他的妻子的名字。如此看来,女性实际上只是财产代际传承的媒介,主要的受益人还是男性。

至此,我们了解了加罗人中女儿相对于儿子的法律优先权,但是,还没有说到最小的女儿优先于所有其他女儿的优先权问题。事实上,普莱费尔少校虽然给我们提供了记述该部落的专论,却对这种优先权没有留下什么提示。我们从中或许可以推论,末子继嗣制在如今的加罗人中是已经作废或行将作废的制度。不过,至少到 18 世纪末期,它依然存在于该部落之中。因为有一个英国人在1788 年访问并研究了加罗人,而且记载了他们的习俗。在描述了他目睹的一次加罗人的婚礼之后,他接着写道:"通过参加这场婚礼,我发现了这些加罗人婚礼仪式的细节。新娘郎格莉是村长奥达西(Oodassy)的女儿,只有 7 岁;新郎布格伦,23 岁,是一个普通加罗人的儿子。我在现场观察到,这个在年龄和地位上都不相称的婚姻对于布格伦来说是很幸运的,因为他将继承村长的职位(Booneahship)和地产。在所有加罗人中,最小的女儿总是继承人。即使郎格莉家中还有在她之前出生的孩子,他们在村长去世时也得不到任何东西。更为奇特的是,假如布格伦死了,郎格莉就要同他的一位兄弟结婚,假如他所有的兄弟

---

① 普莱费尔(A. Playfair):《加罗人》(*The Garos*),1909 年,第 71 页以下。——译注

都死了，她就要和他父亲成婚。如果这位父亲日后显得过于衰老，那她就休掉他，再选择另外一个男人。"①

因此，我们已经发现，在中国西南部和相邻的缅甸与印度阿萨姆邦的一些部落都有实行末子继嗣制的习俗。除了可疑的例外——卡西人，所有这些部落均属于蒙古人种。人们确信他们的发源地在中国的西北部，介于长江与黄河的源头之间。就是从那一地区，他们向四处分布开来。他们的迁移路线沿河谷地带展开，先后走过了亲敦江、伊洛瓦底江和萨尔温江，进入缅甸，又沿布拉马普特拉河进入阿萨姆邦。已经有人考证，这些蒙古人种曾经历了三次连续的迁移浪潮，其中最后一次就是克钦人（the Kachins）或辛颇人（the Singphos）的迁移。他们正在行程之中时，受阻于英国征服上缅甸。布拉马普特拉河和伊洛瓦底江这两条大河的河谷实际上成了这些吃苦耐劳的北方入侵者进入富饶南方的通道。他们从他们在中亚的寒冷而阴沉的老家倾巢而出，就这样经过长途跋涉来到温暖的南方山地。正是凭借这条天然的高速路，他们才得以从两侧迂回，跨越喜马拉雅山给直接从北面进入印度的入侵者设置了几乎难以逾越的障碍。不过，他们在南下的行程中，其团队似乎没有走出阿萨姆邦崎岖不平、林木茂盛、雨水丰润的山区。他们到此似乎停止了脚步，滞留下来一直到今天，就像一支伟大的军队的先头部队从劲风吹面的山顶上和险峻的高原的边上向下张望，下面是湿热的山谷和闷热的平原，覆盖着绿丝绒般的植被，一直延伸到数千英尺之外，直至融入天际或同远方的苍翠山峦相连接。印度的酷热也许在南面充当了更好的盾牌，比那边不尚武的住民的虚弱无力的臂膀更为有效地挡住了北方入侵者。他们可以在这些群山的橡树、栗树和冷杉林中自由地呼吸，但他们害怕下面深谷之中的仙人掌、葛藤和羊齿植物丛，不敢贸然前行。

无论如何，末子继嗣的习俗或者是最年幼的孩子优先继承权，不论是儿子还是女儿，并没有限制在这一地区的蒙古人种部落中。例如，在若开山脉与吉大港（Chittagong）之间的山区，有一个小部落名叫姆鲁人（the Mrus），在他们那里，"如果男人有儿子和女儿，当大孩子们结了婚时，他就和他最年幼的孩子一起住，这个孩子在父亲去世时继承所有家产"②。姆鲁人是身材高大、强壮有力、

---

① 约翰·埃利奥特（John Eliot）：《对加罗山丘居民的观察》（*Observations on the Inhabitants of the Garrow Hills*），见《亚洲研究》（*Asiatick Researches*），第3卷，1807年，第27页以下。——译注

② 参见莱温（T. H. Lewin）：《印度东南部的野蛮种族》（*Wild Races of South-eastern India*），1870年，第234页以下。——译注

深肤色的人种，面部特征看不出蒙古人种的痕迹。他们种稻米、喝牛奶、吃牛肉和其他动物的肉。在性格上，他们平和、胆怯而且天真质朴。发生争执的时候，他们祈求神灵来加以调节，而不是诉诸武力。在他们之中，一个年轻男人要服侍妻子三年，待在她父亲家里。不过，如果他富有的话，也可以交付 200 或 300 卢比的钱来抵偿三年的服侍。

另外，末子继嗣制习俗还流行于荷人（the Hos）或拉尔卡科尔人（the Larka Kols 或 the Lurka Coles）之中。他们居住在孟加拉西南部的辛伯宏（Singbhum）地区。荷人属于深肤色的印度原住民族。在身体特征上与达罗毗荼人①近似，虽然他们使用的语言完全不同，被认为是大南方语系的一个分支，阿萨姆邦的卡西人的语言也属于这一语系。科尔人（the Kols 或 Coles）所属的种族习惯上称为柯莱亚人（Kolarians），不过现在一般根据其部落名称叫做蒙达人（the Mundas）。荷人或拉尔卡科尔人是一个纯粹的农业民族，其生产技术发展到使用带铁尖的木犁。他们原初的家园是现在居住地以北的孤立大高原——焦达那格浦尔（Chota Nagpur）高原，那里至今仍住着与他们同宗同源的蒙达人。荷人承认他们与蒙达人的亲属关系，还保留了一个传说讲述他们从焦达那格浦尔高原迁徙出来的历程。据住在焦达那格浦尔的一个更原始的部落奥朗人（the Oraons）的说法，是他们入侵那个高原，赶跑了荷人，使其沿着向南的方向寻找新的家园。但令人难以置信的是，像奥朗人这样一个技术低劣又不尚武的民族，怎么会让荷人轻易让出地盘呢？不管迁徙的原因是什么，荷人如今栖息的这个山区地方要比焦达那格浦尔高原富有浪漫气息的山峰和山谷更为荒凉和险峻，而他们的祖先竟在很久前放弃了原来较好的环境。他们如今的领地叫做科汉（Kolhan）或科勒汉（Kolehan），那里到处起伏不平，随处都会碰到高低不平的碎石堆。不管从哪个方向看去，都是 3000 英尺高的山峰景观。这个地区最肥沃、人口稠密而开垦较好的部分是围绕着柴巴萨（Chaibasa）军营的低地。向西延伸出一个丘陵区，茂密的丛林散布在一些野果众多的山谷里。最西南端的地方耸立着一组高峻而林木茂盛的群山，被人们称作"七百座山丘的萨兰达"（Saranda of the Seven Hundred Hills）。那里仅有的几个贫穷荒凉的小村中，有一些可怜的村民，栖居在深深的峡谷里，他们根本无法同那些潜行在厚密丛林中的老虎抗争。荷人作为与世隔绝的高原住民，比他们在低地的同胞要更加野蛮和狂暴。他们的农业也更为原始，他们在小村子周边的森林或灌木丛中开垦出小块土地。虽然

---

① 达罗毗荼人（Dravidians），指印欧人种的雅利安人来到印度之前当地的原始居民。——译注

那肥沃的黑土壤在起初时也能使作物获得丰收，但很快就被荷人粗陋的耕作方式耗尽了地力。于是在三四年之内他们就要重新开垦荒地，在广阔的荒野之中另建他们的小屋。有饥荒时，这些土地资源不能给他们产出粮食，这些野蛮的高原住民通常就去袭击他们的邻人，把能掠夺到的东西带回他们的山寨。住在更加开阔和肥沃的北部区域的同胞们的情况要好一些，那里的村庄常常精巧地坐落在山坡上，俯视着平缓的水稻梯田和起伏的高地。非常古老而高贵的罗望子树成为该地的标志，夹杂着芒果树和面包树，还有竹林，给一片令人愉悦的风景增添了动人的特征。房屋建造得宽敞而坚固，带有草屋顶和整洁的走廊，每个房子都占据着自己的一块地，并有附属建筑，合起来形成一个方形，中央是一个巨大的鸽子窝。村落的草地上覆盖着草皮和巨大的罗望子树的树荫，还有巨大的石板，那下面长眠着本村的始祖们。那地方在庄严的大树树荫之下，每当一天的劳作和闷热结束时，长老们喜欢聚在一起，坐在石板上享受闲聊和吸烟的乐趣。也就在那个地方，他们将在未来的某个时候与他们的先祖们一起长眠在大石板之下。

每一个荷人村庄都由一个叫做蒙达（Munda）的头人掌管。一组村庄，大约由六至十二个村子构成，由一位叫做曼基（Mankie）的酋长当总首领。十分奇特的是，酋长地位继承规则与私人财产的继承规则不同。酋长的继承实行长子继嗣制，而财产的继承则实行末子继嗣制。这个差别是由威廉·丹巴博士（Dr. Willian Dunbar）看出来的，他告诉我们："科尔人关于财产继承的习俗很独特。我第一次弄清楚它是在一位酋长那里，人们称酋长为曼基。他统辖的村庄位于柴巴萨地方军营附近。虽然他掌管了相当数量的村子，也被认为是一位在他的阶层中有权势的人物，但我惊讶地看到他的房屋又小又破，他的弟弟却住在当地最大的房子里，那房子原先属于已去世的酋长，即他的父亲。经过询问，我才知道，在父亲去世之际，一律由最小的儿子一个人接受财产的最大份额。这样一来，新酋长虽然继任父亲之职，成为当地的族长，却必须把所有财物和牲畜交给他弟弟。"尽管丹巴博士没有意识到，在荷人或拉尔卡科尔人（鲁卡·科尔人）中，同样的私人财产继承法则早在许多年以前就被陆军中尉蒂克尔（Tickell）用下面的话记录下来："最小的男性是父亲财产的法定继承人，当父亲去世时他的借口是因为小而难以自立，这是相对于他的哥哥们而言。哥哥们在父亲生前就得到帮助，到外面去谋生了。"造成这两种继承法则不同的原因，也许不用远求，因为当酋长去世时，他的私人财产的享有权留给最小的儿子，或许是足够安全的，即使他是未成年人，也不要紧，而审慎的态度将会决定他的公共权力的实施应当交给更富有经验的长子。

此外，也有报告说，印度中部一个野蛮的土著种族比尔人（the Bhils）也实行有限形式的末子继嗣制。他们是身材矮小、肤色发黑的人种，瘦而有力，通常极为迟钝，耐久力却出奇的好。他们的名字据说来源于达罗毗荼人语言中的"弓"这个词，那是该部落特有的武器。他们自己原初的语言失落了，不过它或是属于蒙达（柯莱亚）语族，或是属于达罗毗荼语族。起初，他们作为狩猎者流浪于家乡的群山密林之中。然而，现在他们已放弃了乱杀猎物和乱砍林木的生活方式，那样的行为导致了毁灭性的大破坏。如今，他们中的很多人住在开阔地带，已转变为农民和土地劳动者，其中一些人是佃户，但很少有自己的村庄。例如，在印度中部的伯尔瓦尼（Barwani）地区，据说他们很少受到文明的影响，过着一种最原始的生活。他们没有固定的村落可住，一些小屋群被当成他们的村子，但稍有警报，他们就弃之而去。如果有警报说一个白人正在到来，那全体居民就会吓得落荒而逃。即使在可以称作村庄的地方，小屋建造得也互相远隔，因为每个人都害怕邻居的奸诈以及他们对自己妻子的不轨图谋。比尔人是一个杰出的森林民族，他们知道如何以最短的路线翻山越岭，能行进在最恶劣的路径中，能攀上最陡峭的山岩而不打滑，也不以为苦。在古代梵语著作中，比尔人被称作 Venaputra，意思是"森林之子"，或是 Pal Indra，意为"穿越之王"，这些名称很好地表现了他们的特征。他们的家园位于深山，到达那里只有经过羊肠小道（pāl）。在过去，没有他们的许可，谁也无法通过这些崎岖小道。对于旅行者，他们总要强收买路钱。即使在如今，当地人在路途中也善于维护他们自认为是正当的那些事情。作为狩猎者，比尔人胆大心细。他们知道老虎、豹子和熊出没的所有地方，他们能巧妙地追踪它们，然后杀死它们。只配备短剑的一队比尔人能攻击豹子，把它砍成碎块。

在印度中部沿纳巴达（Narbada）峡谷的马尔瓦（Malwa）西部和温迪亚－萨特普拉（Vindhyan-Satpura）山脉一带居住的比尔人中，部落的习俗决定着继承权。家产中的一半归于最小的儿子，他必须支付父亲葬礼宴会的所有开销。该宴会通常在父亲去世后第十二天举行。他还要供养他的姐妹们。另一半财产在其他儿子们之间平分。但是，如果所有的儿子都住在一起，那就由大家共享这份财产，不过此种情况很少见。在这里，我们又一次看到，末子在继承财产方面的优先权明显取决于他能够独自留在父亲的家里，直到父亲去世之时。如果所有的儿子都同父亲住在一起，直到父亲去世，末子就不能享受他的特权了，他只能和哥哥们一样平分遗产。

此外，巴达加人（the Badagas）也以有限的形式流行着末子继嗣制。他们是农业民族，与务农的科达人（Kodas）以及纯粹游牧的托达人（the Todas）一起居住在印度南部的尼赫里（Neilgherry）山区。关于这一主题，里弗斯（Rivers）博士有如下报告："布里克斯（Breeks）曾说，托达人的风俗是把房屋传给末子。看来这个说法是明显错误的，托达人中根本没有这种风俗。然而，这是巴达加人的一种风俗。我在他们中间听说，由于一个家庭中的大儿子们长大、结婚，就离开了父母的住处，自己另建了房子，这个事实是末子继承的原因。与父母住在一起是末子的责任，只要他们活一天，末子就要侍奉他们一天。他们去世后，他继续住在旧家之中，成为这个家的拥有者。"[1]

在马来人的地区，很少有关于末子继嗣制痕迹的报道。在马来半岛的林茂（Rembau）州，所有的祖先财产都要给予女性。如果家里有几个女儿，母亲的房子通常由最小的女儿继承，作为报偿，她要承担起供养老母亲的责任。印度尼西亚苏门答腊的巴塔克人（the Bataks）是一个住在定居村庄中的农业民族。在他们之中，当一个男人死去并留下几个儿子或兄弟时，习俗规定由他们划分财产，给予长子和末子较大的份额，其余人要少一些，一般的比例大概是二比一。在格鲁吉亚（Georgia）的外高加索省，一部未发表却书写成文的法典的条款有这样的规定，亲王或贵族去世时，其末子应该获得父亲的房屋以及附属的建筑物和花园。如果那里有一座教堂之塔，末子也要获得它，不过要将那塔进行估价，他要把塔所值的一部分钱支付给他的哥哥们。如果是一个农民去世了，他的房舍和牧场由他的长子来继承，他的粮仓则归末子所有。

## 5. 东北亚的末子继嗣制

我们至此发现存在末子继嗣习俗的各个民族，除了比尔人之外，全都是农业民族。但是，这种习俗在某种程度上也流行于一些处于狩猎和游牧的社会阶段的部落之中。例如，在西伯利亚东北部的一个蒙古人种部落——尤卡吉尔人（the Yukaghirs）中，就有报告说存在这种情况。尤卡吉尔人的维生手段部分靠渔猎，部分靠蓄养驯鹿，气候的极度严酷排除了从事农耕的可能性。那里是整个西伯利亚最寒冷的地方，实际上也是地球上最冷的地方之一。"在河流沿岸以狩猎和捕鱼为生的尤卡吉尔人非常贫穷，他们的生活方式如此原始，他们几乎全然没有关于家中财物的私有观念，更不用说粮食生产了。不论从狩猎和捕鱼活动中得到什么，都要由猎者或渔者交给妇女。女性之中最年长者负

---

[1] 里弗斯（W. H. D. Rivers）：《托达人》（The Todas），1906年，第559页以下。——译注

责分配食物……关于衣物和狩猎工具的个人拥有权在某种程度上得到认可，比如枪、弓箭等等，家庭的每个成员都有他的衣服，猎人则有他的枪。……私有财产的原则也适用于妇女的饰品以及像针线、剪刀、顶针这样的家庭用品，这里还应包括吸烟用具——烟斗、火柴、烟袋、火绒及独木舟。但是，船只、渔网、房舍和其他家庭用具则是整个家庭的共用财产。……至于家庭财产的继承，一般应用的是偏重未成年者的原则。当兄长们从家庭之中分离出去或是父母去世之后，兄长们到妻子的父母家住了，这样，家庭财产就留给最小的儿子来掌管。只要父亲不在了，他就变成父亲枪支的新主人。与此同时，母亲所有的衣服和首饰则变成最小女儿的财产。如前所述，末子不会离开自己父母的家去和岳父一家一块生活，他只为后者服务一段时间，以报答他的新娘，随后新娘就来和新郎的父母一起生活。尤卡吉尔人解释未成年者权益的继承习俗时是这样说的，最小的孩子比其他孩子更爱自己的父母，也比他们更依恋父母。"[1]

除了尤卡吉尔人对幼者继承权给出的这种情感方面的原因，我们还可以认为在他们之中，如同在前文考察过的其他部落中一样，优先继承权实际上以把末子留家中的习俗为基础。他的兄长们结婚并离开自己父母之屋，住到妻子的父母家中了。但是，我们注意到，在观察到的那个部落中依靠蓄养驯鹿为生的分支中，"儿子们结婚以后不离开父亲的房屋，而是留在家里，分享着共有财产。众兄弟们留在一起生活，一方面由于血亲关系，另一方面也由于驯鹿的缺乏，分家就变得不现实了"[2]。一旦面对这种情形，末子继承的确定性问题就值得怀疑了。对于末子继嗣制的真实起源，不会有比观察同一个小部落之内的细微差别更容易弄清楚的了。因为尤卡吉尔人总数不过几百人，而末子只有在部落中的一个分支里才能继承全部财产。该分支就是让末子单独留在父亲家中的那一支。部落的另一个分支则让所有儿子都留在父亲家中，这样末子就没有特殊的优先权，而是在父亲去世时同所有其他儿子一样分享财产。另一方面，在这些蓄养驯鹿的尤卡吉尔人中，已婚的女儿会离开父母家去公婆家生活。因此，她在父母去世时得不到家庭财产。她母亲的个人财物，诸如衣服、首饰和生活工具等，在母亲去世时传给未婚的女儿们。如此看来，这些蓄养驯鹿的尤卡吉尔人的社

---

[1] 沃尔德马·乔基尔森（Waldemar Jochelson）：《尤卡吉尔人和尤卡吉尔人化的通古斯人》（*The Yukaghir and the Yukaghirized Tungus*），1910 年，第 107—109 页。——译注

[2] 沃尔德马·乔基尔森（Waldemar Jochelson）：《尤卡吉尔人和尤卡吉尔人化的通古斯人》（*The Yukaghir and the Yukaghirized Tungus*），1910 年，第 109 页。——译注

会状况在某种意义上恰恰同卡西人的情况相反。在尤卡吉尔人中，儿子们终身都留在父母家中，继承双亲的财产，女儿们则在结婚后离开父母家，得不到财产。在卡西人中，是女儿们留在父母家中终其一生，继承父母的财产，儿子们在结婚之际离开父母家，不得继承家产。不论哪种情形，都是留在家中的孩子自然而然地继承财产，不论是儿子还是女儿。

居住在亚洲最东北角的蓄养驯鹿的楚克奇人（the Chukchee），把擦火板看得非常重要。它是一种刻成人形的木板，造型粗陋，用途是通过摩擦来点火。这种擦火板是被人格化的，被奉为神圣。人们相信它保护着驯鹿群，并实际看守着驯鹿。许多家庭拥有几块擦火板，其中有些比较新，另外的则是由祖辈传下来的。在所有的场合，最老的擦火板作为珍贵的传家宝，要同房屋及屋内的财物一起传给继承人，他要么是长子，要么是末子。究竟是长子还是末子充当主要继承人，要看是谁最后还留在家里。有报告说，"当长兄离开家时，房屋就给予他的弟弟，弟弟就成为主要继承人"[1]。

西伯利亚东北部的科里亚克人（the Koryaks）对他们的擦火板有类似的迷信般的崇敬，视之为家庭之火的神灵、家中炉灶的守护者。他们还确信它具有法术功能，可以保护驯鹿群，还能帮助人击中并杀死海洋哺乳动物。"在沿海群落以及在蓄养驯鹿的科里亚克人中，神圣的擦火板同家庭的福祉相连。因此，不能把它拿到外人的房间去。如果是两家人在冬季合并，而且住在一个房屋里，以避免给两个房屋供应燃料的局面，那么每一家都要携带自己的护家宝物进入同一个房屋，不必担心这样做会减弱宝物的效力。神圣的擦火板通常传给小儿子或者小女儿——条件是她丈夫和岳父母家住在一起，而且兄长们结婚后建立了自己的新家室，或是蓄养着独立的畜群。"我们在此又一次看到末子继嗣制的决定因素就在于，兄长们离家以后只有最小的孩子单独留在父母家中。可见，继承权的有无不在于性别，因为继承人可以是最小的儿子，也可以是最小的女儿，只要他（她）刚好最后留在家中。

### 6. 非洲的末子继嗣制

在非洲的游牧部落中，末子继嗣制习俗似乎非常罕见。博戈人（the Bogos）以有限的形式实行末子继嗣制。他们是一个靠放养牛群生存的部落，也有少量的农耕活动。他们居住在阿比西尼亚（Abyssinia）山向北部伸出的地带。他们的

---

[1] 沃尔德马·博戈拉斯（Waldemar Bogoras）:《楚克奇人，1904—1909》(*The Chukchee, 1904-1909*)，第359页。——译注

家园缺少木材和流水，却拥有温和宜人的气候。他们的牛群几乎整年都在山中漫游，以寻找新鲜的草场。人口中有大约三分之一要跟随牛群四处迁移，住在用棕榈席子搭建的帐篷中，这样的帐篷可以在转移时放在牛背上运走。剩下的人口住在相对固定的村庄里，村里的茅屋用稻草搭建而成，必要时他们可以烧掉这些住所，在一夜之间带着畜群撒营离去。他们不用留恋土地，土地到处都有。博戈人实行长子继嗣制，头生子是家庭的首领，家主地位也通过头生子代代相传。实际上，一个大家庭的头生子被视为具有某种神性，是不可侵犯的，他就是没有王权的王。当一个男人去世时，他的家产被瓜分，头生子获得最大的份额，包括价值高的白母牛和家具以及屋内的其他家庭用品。但是，空房子却要留给最小的儿子。在白尼罗河流域游牧的努埃尔人（the Nures）中，当国王去世时，要由最小的儿子继位。在英属东非的苏克人（the Suk）中，长子继承父亲的大部分财产，末子则继承母亲的大部分财产。苏克人看来起初是纯粹的农耕民族，随着时代的推移而划分成了两部分：一部分农耕，另一部分放牧。上面提到的继承法则在部落的两个部分中都适用。在同一地区的另一个部落图尔卡纳人（the Turkanas）中，也是如此。

末子继嗣制或幼小者权益的习俗，在尼日利亚南部一个定居的农业民族伊博人（the Ibos）中也可以看到。不过，非常奇怪的是，在他们之中，这种习俗只适用于由女性传承的财产，却不能应用于由男性传承的财产。而且，即使在这种有限的形式中，该习俗也是一个例外，而不是普遍的情况。

## 7. 末子继嗣制的起源

综观我们在亚洲和非洲的各个部落中看到的末子继嗣制的情形，可以得出结论，该习俗可以流行于农业社会，也可以流行于游牧社会。事实上，已知的实行末子继嗣制的当今民族，大多数主要以农耕为生。不过，许多民族采用的游耕方式是非常浪费的，需要有远大于人口份额的土地。当一个家庭中的儿子们长大成人时，他们相继离开父母的住所去森林和灌木丛中开垦新的耕地，只有最小的儿子留在家中与父母一起生活，他也就自然成为侍奉和守护日益衰老的双亲的唯一人选。这看来就是对末子继嗣制的最简单、最可能的解释，至少就它同末子特权的关联而言是这样。俄罗斯农民当今的习俗可以进一步证实这种解释。在这些农民当中，不仅至今保留了这种习俗，还保留了它的原因。此外，它还可以从下列观察中再度得到确证：父母的房子是最容易传给末子的遗产的一部分，即使他任何别的东西也没得到，这房子也是他应得的。如果最小的儿子是在双亲去世时唯一留在家里的孩子，那么这种继承法则就是自然而公平的。

也许，像卡西人和加罗人那样依然遵循母系习俗的部落由最小的女儿继承家业的原因，也可以用同样的原理来解释。最小的女儿自然最后结婚，实际上，有些民族，包括加罗人在内，禁止小女儿先于姐姐成婚。因此，她自然而然地留在家中与父母同住时间最长，成为他们生活的焦点和安慰，也成为他们死后的继承人。卡西人的风俗似乎是，连已婚的女儿们也留在家中，即留在父母的老宅或相邻的房屋里，她们因为要照顾她们的家庭而花费大量时间和精力，只剩下相对较少的闲暇时间去照顾父母。因此，在这样的情形中，把继承权优先给予最小的女儿，看起来并非不自然。

如布莱克斯通很久以前就看出的那样，在游牧民族中，末子继嗣制是更容易理解的事情。供养一个游牧人群体需要广阔的领域，牧人留给儿子们开阔的空间。他们长大成人后，就去外面的世界独自谋生，带上他们的畜群走向远方，最小的儿子则一直留守家中，照料并保护日渐衰老的双亲，在适当的时机继承他们的财产。在贝都因人（the Bedouins）中，父子关系便是这样一种很容易导致父亲偏向末子的情况。关于这个主题，熟悉贝都因人生活方式的专家伯克哈特写了如下说明："在沙漠之中，父母与孩子们之间的日常争执构成了贝都因人性格中最坏的特征。儿子长大成人后，能够凭自己的双手获得自己需要的东西，他的自豪足以使他不会向父亲伸手索要牛羊，尽管他会认为父亲理应给他提供一些。另一方面，父亲发现儿子对自己举止傲慢，也会感到痛心。这样就会在家庭中产生裂痕，一般来说越裂越大，以至无法复合。男孩一旦有了权利，就要摆脱父亲的权威控制。只要还待在父亲的帐篷里，就总要做出一些违抗和冒犯的举动。一旦有朝一日自己成了一个帐篷的主人（获取那顶帐篷是他不懈努力的目标），他就不再听从劝告，除了自己的意志以外不会听从任何命令。一个尚未成年的男孩，要用如下方式表示他对父亲的尊敬：从来不敢和父亲吃同一个碗里的饭，甚至也不敢先于父亲吃饭。假如有人说：'看那个男孩啊，他敢当着父亲的面吃饭。'那就会被当做引起公愤的事情。最小的男孩，在长到四五岁的时候，通常由父母邀请在身边吃饭，甚至在同一个碗里吃饭。"[1]在此，我们又一次看到，父子关系的转折就发生在儿子离开父亲的住处去另建自己的住处之时，这同上述例证中的其他情况是一样的。贝都因人的那种独立的傲慢精神，是在

---

① 约翰·刘易斯·伯克哈特（John Lewis Burckhardt）：《关于贝都因人和瓦哈比人的札记》（*Notes on the Bedouins and Wahabys*），第 2 卷，1831 年，第 354 页。——译注

他停止和父母同住一个帐篷之际便向父亲表达出来的。这很容易伤害父亲的感情，使他在分配财产时，绕过那个骄傲不逊的大儿子，那个已经离他而去的家伙，将所有财富留给依然留在自己帐篷之中的、恭顺听话的小儿子。的确，在伊斯兰教律法的影响下，如今的阿拉伯人在儿子们之间平分财产。但在古代，在伊斯兰教兴起之前，他们通常受制于那种自然的冲动，不让长子继承家业，而让幼子来继承。

如此看来，不论在游牧的社会阶段还是在农耕的社会阶段，末子继嗣制产生与流行必需的条件是：广阔的领土和稀少的人口。当人口的增长或其他原因致使儿子们不再容易从旧家庭中分立出来时，儿子们向外界离散的情况就终止了，末子单独继承家产的权利就要被他的哥哥们争夺，因而遭到终止，甚至被长子继承权取而代之，正像如今在印度阿萨姆邦的卢谢人中发生的那样。尽管如此，由于习俗传承的巨大力量，旧的法则甚至在它赖以产生的生活条件已经消失的情况下仍然能够持续下来。因此，我们看到的情况是，末子继嗣制依然存在，或者是一直存在到晚近的时代。例如，在英格兰，它就和长子继嗣制一同存在于不少地区。在此又可以回到我们的起点，我们就可以理解，在古希伯来人中，末子继嗣制的痕迹为什么能够在人们普遍放弃它而接受长子继嗣制之后很久，还能残存下来。古希伯来人的这种习俗变革伴随着他们结束在沙漠中放牧的牧人生活，转化为巴勒斯坦的定居农民的历史过程。当末子继承的旧俗早已被世人遗忘的时候，后代的历史学家惊奇地发现小儿子排斥了哥哥们而独自继承家产的传说。为了能够对这种与他们自己时代的财产观念相反的继承情况作出解释，他们就把它们表述为出于各种偶然因素的例外情况，比如，诞生时的一个偶然事件，父亲的任意偏好，或者是小儿子的贪婪与狡诈。如此看来，雅各对他哥哥以扫并没有做错什么，他只是在证明自己应有的继承权——那是古代法律普遍赋予小儿子的权利，虽然在他自己的时代已经有了新的风俗，将继承权从末子转给了长子。

# 第三章　雅各、羊羔皮或新生

## 1. 福分转向

在上一章中，我们找到了某些理由认为，依照某种古代习俗，作为幼子的雅各可以优先继承其父以撒的财产。至于那种认为他夺取了哥哥以扫长子继承权的说法，不过是历史学家们试图解释幼子比长子优先享有继承权之现象的努力而已，因为对后代的历史学家来说，这一习俗早已废弃，变得几乎无法理解了。根据这个结论，我将在本章中具体分析所谓"雅各的诡计"，即传说中雅各与其母利百加共谋，向父亲以撒行诈，将本属于哥哥的继承权据为己有的花招。我猜想，这个故事反映了某种古老仪式的遗存，当后来长子继嗣制普遍取代了末子继嗣制时，人们偶尔会奉行这种仪式使弟弟替代哥哥成为父亲财产的继承者。一旦长子继嗣制即先出生者就是继承人的制度作为成规确立下来，任何背离行为都会被看做是对传统制度的背弃，因此需要举行某种特殊的仪式，其功用在于转变儿子们的长幼顺序，或是保护幼子免受因取代哥哥的继承者地位而可能遭受的危害。我们并不认为雅各为了从父亲那里得到继承权而在事实上举行了上述仪式，因为如果末子继嗣制在当时依然风行的话，雅各就是法定继承人，不需要通过任何特别的仪式来获得他本来就享有的权利。不过在后世，长子继嗣制取代了末子继嗣制，为雅各写传的作者或许认为有必要以某种仪式的形式来为其主人公财产继承权的获得正名，因为在该作者生活的时代，人们偶尔会运用这些仪式给幼子的优先继承权予以法律上的认可。再后来，雅各传记材料的编纂者对此仪式已经完全陌生，因此完全忽视了其法律意义，而是仅仅将它表现为雅各在母亲的教唆下，从哥哥手中夺走继承权的狡猾计谋。根据目前这个假设，正是在上述最后一个误解和讹传的阶段，才产生了我们今天见到的《创世记》的叙事。

在雅各的故事中，值得注意的有两点，首先是幼子取代长子取得了继承权，其次是继承权的变更是以怎样的方式完成的。雅各穿上哥哥的衣服冒充以扫，并在脖子和双手上套上羊羔皮来模仿以扫那浓重的毛发，而且这一切是出于母亲的教唆，母亲还亲自为他披上以扫的袍子和羊羔皮。这样，幼子雅各成功地从父亲那里得到了本应给予哥哥的福分，并因而当上了财产继承人。在这个故事中，可能保留着某种法定仪式的痕迹，这种仪式意在让幼子替代长子成为父亲财产的合法继承人。

### 2. 仪式中献祭的兽皮

东非某些部落的习俗与闪米特人的这些习俗有奇特的相似之处，也许可以用来作为佐证和说明。与闪米特诸民族相比，非洲部族的社会进化过程相对缓慢，故而那些习俗的原始意图活生生地保留了下来，而在其他地方，随着文明的发展，它们早已消失得无影无踪。这些部落居住在通常被我们称为非洲东部海角的地方，大概在阿比西尼亚和亚丁湾以南，乞力马扎罗山①与维多利亚湖②以北。他们既不属于西非的纯种黑人，也不属于南部非洲赤道与好望角之间的班图人。尽管其中诸如阿坎巴人（the Akamba）和阿基库尤人（the Akikuyu）等部落的确说班图语，而且大体上属于班图人的谱系，但是，即便是他们也绝非纯粹的班图人，因为在与其他人种部落通婚和接触的过程中，他们的血统已大为改变。总体来说，这一地区数量最多的是现代人类学家所谓的埃塞俄比亚人（Ethiopian），而加拉人（the Gallas）可能又是其中血统最纯正的一支。他们最西边的边界似乎是由乌干达保护国安科莱（Ankole）地区的游牧民族巴希马人（the Bahima）组成的，人们认为巴希马人与乌干达、乌尤罗（Unyoro）以及卡拉圭（Karagwe）的皇室有联姻关系。加拉人中最为人所知的两支是马赛人（the Masai）与南迪人（the Nandi），而且幸运的是，英国人类学家霍利斯（A. C. Hollis）先生撰有两本专门研究他们的著作。关于这些部族与加拉人的亲族关系问题，霍利斯先生写道："人们过去并未充分认识到加拉人在马赛人、南迪－隆布瓦人（the Nandi-Lumbwa）以及乌干达的巴希马人等其他种族的人种构成中起到了多么大的作用。加拉人祖先的影响大量体现在他们的外貌上和宗教、习俗中，并且部分地体现于许多部族的语言里。"③既然非洲的加拉人与其故乡——闪米特人的摇篮阿拉伯

---

① 乞力马扎罗山（Kilimanjaro），位于坦桑尼亚东北部，是非洲第一高山，素有"非洲屋脊"之称。——译注

② 维多利亚湖（the Victoria Nyanza），非洲最大的淡水湖，在肯尼亚、乌干达和坦桑尼亚的交界处。1860—1863年，英国探险家斯皮克和格兰特在此湖调查并以英国女王维多利亚（1819—1901）的名字命名此湖。——译注

③ 霍利斯（A. C. Hollis）：《南迪人》（The Nandi），第1页注释。——译注

之间只隔着狭窄的海峡，双方的交往必定从遥远的古代起就相当频繁。因此，闪米特人与埃塞俄比亚人的习俗之间存在相似之处也就不足为奇了。从锡安山[①]顶到乞力马扎罗顶峰的距离固然遥远，但有阿拉伯（Arabia）半岛和非洲海岸上的中转站，交往就容易了许多。不过，我这样说并非暗示闪米特人与埃塞俄比亚人之间的相似之处来自于共同的源头，或是相似的情境对双方分别发生了影响，我只是提出他们可能拥有共同祖先的假设，这也是一个不能轻易予以否定的可能性。

我已经提出了许多理由来证明自己将地处如此遥远的两个人种放在一起比较的正当性。现在，我将再列举一些事实，说明雅各欺骗父亲的故事背后隐藏的古代司法程序。

加拉人有无子的夫妇收养孩子的习俗，即使收养孩子的夫妇后来有了自己的亲生子，原先收养的孩子依然享有头生子的一切权利。为了将孩子从亲生父母手中移交到养父母那里，必须举行一定的仪式。人们将那个通常是三岁大小的孩子从生母身边带走，领入森林之中，生父在林中正式宣布放弃这个孩子，声称从今往后，他权当这个孩子已经死了。随后，人们宰杀一头公牛，将牛血抹在孩子额头上，将脂肪涂满他的脖子，再把牛皮盖在他手上。[②]此仪式与雅各的诡计之间的相似之处显而易见：二者都要把宰杀了的动物的皮或脂肪放于双手与脖子上。不过仪式的意义暂时还不明了，也许我们可以先考察一下东非诸部落在其他各种场合中盛行的类似仪式，并从中得到启示。

在这些部落当中，人们常常宰杀一只山羊或绵羊作为献祭品，剥下它的皮切成小条，系在需要从中得福的人的手腕或手指上。人们相信，这种羊皮小条会通过某种方式治疗或预防疾病，洗涤罪孽，或是赐予他们神秘的力量。[③]因此，阿坎巴人（the Akamba）在孩子出世时要宰杀一只山羊，从剥下的羊皮中切下三条，分别系在婴儿、母亲和父亲的手腕上。[④]在类似的场合，阿基库尤人则杀一只绵羊，从前腿上切下一条羊皮，把它做成手镯戴在婴儿的手腕上，以清除新

---

① 锡安山，所罗门在耶路撒冷中部的摩利亚山修建了神殿，神选择这殿、山和城市赐福。后来圣城耶路撒冷几乎与锡安山等同。——译注

② 参见保利奇克（P. Paulitschke）：《非洲东北部民族志》（Ethnogrphie Nordost-Africas），1892年，第193—194页。——译注

③ 参见邓达斯（C. Dundas）的文章，见《人类学研究所杂志》（JAI），第43卷，1913年，第528页。——译注

④ 参见邓达斯（C. Dundas）的文章，见《人类学研究所杂志》（JAI），第43卷，1913年，第546页。——译注

生儿身上的厄运与污秽（thahu）。①另外，阿基库尤人在一种他们称为"重生"（ko-chi-a-ru-o ke-ri）或"山羊产子"（ko-chi-a-re-i-ru-o m'bor-i）的奇特仪式上也沿袭类似习俗，这是每个基库尤人（Kikuyu）的孩子在举行割礼之前必须经历的仪式。孩子参加此仪式的年龄取决于他的父亲什么时候能供得起一只供仪式使用的山羊或绵羊，不过重生仪式通常在孩子十岁或更小一些的时候举行。若是孩子的父亲或母亲已经亡故，其他人须在这种场合替代他们的位置，这时，作为替代者的妇女会被孩子视为亲生母亲。人们要在下午宰杀一只山羊或绵羊，保留它的胃肠。仪式于晚上在室内正式举行，屋里只允许妇女在场。那个将要"重生"的孩子从肩膀到另一侧的腋下斜挎上羊皮环。地上铺一块大羊皮，母亲或承担母亲角色的妇女坐在上面，把孩子放于双膝之间。其他人将羊肠在她身上缠绕一圈之后，带到孩子面前。母亲如分娩般大叫，一个女人像剪脐带一样剪断羊肠，孩子则要模仿新生儿大哭。如果男孩从未经历过这种重生仪式，他就无权在父亲去世后处置其遗体，也不能搀扶年老体迈的父亲去野外等死。以前，重生仪式之后紧接着实施割礼，但现在二者分别举行。

这就是阿基库尤人奇特的重生习俗，那些在基督教感化之下抛弃了传统习俗的土著人曾向劳特利奇夫妇描述过它②，但他们对此话题仍讳莫如深，而且无论是苦劝还是贿赂都无法让英国人获准观看这种仪式。不过，从阿基库尤人给予仪式的"山羊产子"这一名称本身，我们已经可以明确地推断出其大概含义。其实，仪式的实质是母亲扮作产子的母羊，这就解释了要用羊皮与羊胃包裹住孩子以及要用羊肠缠绕母亲的原因。迄今为止，霍布莱先生的叙述最清楚地展现了母亲与动物同化的情形，尽管在他的笔下，母亲模仿的是绵羊而不是山羊。他告诉我们，此仪式的名称是 Ku-chiaruo ringi，直译过来就是"再生"。他进一步指出，阿基库尤人分为两支——基库尤人（the Kikuyu）和马赛人，他们的再生仪式在某些方面有所不同。马赛人的仪式是这样的："无论男女婴儿，在出生八天之后，其父都要宰杀一只公绵羊，把羊肉拿到孩子的母亲那里，由她与马赛人的邻人们一起吃掉。盛宴的最后，人们把羊的左前腿与肩部的皮切成条状系于母亲身上，从左手腕沿手臂一直系到肩部。她须将其在身上保留四天，之后

① 参见霍布莱（C. W. Hobley）的文章，见《人类学研究所杂志》（*JAI*），第 40 卷，1910 年，第 191 页。——译注

② 参见 W·S·劳特利奇（W. S. Routledge）和 K·劳特利奇（K. Routledge）：《与英属东非的一个史前民族阿基库尤人在一起》（*With a Prehistoric People, the Akikuyu of British East Africa*），1910 年，第 151—153 页。——译注

丢在床上，直到它消失不见。仪式的当天，母子都要剃头。这一切与婴儿出生当天的命名仪式毫无关系。"①这种仪式似乎意在使母亲与绵羊同化，表现在她要吃羊肉、披羊皮，而且之后羊皮还要留在她生孩子时睡的床上。值得注意的是，这种再生的模仿仪式与真正的生育活动只间隔短短的几天。

不过，在南部的基库尤人居住区，如果父母属于基库尤族，这种新生仪式就以如下方式进行："婴儿出生后第二天，要宰杀一只公绵羊，在罐子中煮一些羊脂，让母亲与婴儿喝下去。尽管无法证明这一步骤与再生仪式有关，但我们的叙述还是从这儿开始。当孩子到了三至六岁时，父亲要宰一只公绵羊，三天之后，人们把羊皮与羊胃系在孩子身上，男孩是用左腿的羊皮系到右肩，女孩则用右腿的羊皮系到左肩。孩子要将羊皮在身上保留三天，第四天，父亲会搬来与孩子的母亲同住。还有重要的一点，就是孩子在佩戴羊皮之前，要睡在母亲身旁，像新生儿那样哇哇大哭。只有举行了这个仪式之后，孩子才具备行割礼的资格。在割礼后几天，孩子回到母亲的房中睡觉，但父亲在此之前要杀一只绵羊，让孩子喝些羊血，而在仪式举行之时，父母须同房。"②

这种形式的仪式与劳特利奇夫妇描绘的重生仪式一样，都是在真正的生育发生几年之后举行的，二者的本质相同，就是母亲扮作产羊羔的绵羊。不过，我们必须注意，为了这种合法拟制的目的而使用的羊是不一样的，分歧就在于用公羊还是母羊。

在描述了阿基库尤人两个部族的两种重生仪式之后，霍布利先生接着又介绍了基库尤人与重生目的类似但名称不同的另一种仪式（Ku-chiaruo kungi，而不是 Ku-chiaruo ringi），这是一种收养仪式，据说与斯瓦希里语（the Skahili）的 ndugu Kuchanjiana 仪式类似。"如果一个人既无父母又无兄弟，他也许会尝试从某个富人及其家庭那里寻求保护。若富人同意他的要求，两人就分别宰杀一只公绵羊，长者们剥下两只羊右蹄与胸部的羊皮，切成小条，分别系在双方的手上，每个人系的都是对方带来的那只羊的羊皮。从此，两人就结成了父子关系，富人须在必要的时候出资为养子买个媳妇。"③从表面上看，这种仪式与重生似乎

①　参见霍布莱（C. W. Hobley）的文章，见《人类学研究所杂志》（*JAI*），第 40 卷，1910 年，第 440—441 页。——译注

②　参见霍布莱（C. W. Hobley）的文章，见《人类学研究所杂志》（*JAI*），第 40 卷，1910 年，第 441 页。——译注

③　参见霍布莱（C. W. Hobley）的文章，见《人类学研究所杂志》（*JAI*），第 40 卷，1910 年，第 441 页。——译注

没有关联，因为参与的双方都是男性，但如果从养父养子都扮作绵羊这个角度来看，它与重生仪式还是具有一定的相似之处。

另外，基库尤人在举行割礼之前也举行类似的仪式。在实施割礼的那天早晨，人们勒死一只公羊，剥掉它的皮，切成小条，在场的每个男性参与者都系一条，一头缠于右腕，另一头垂在手背上，然后在未固定的那端割个小口子，把食指插进去。①东非的另一个部族瓦桑巴人（the Washamba）也遵循类似的习俗。在割礼举行之前，他们向祖先的神灵献祭一只山羊，接着把羊皮切成条做成腕带，每个将接受割礼的男孩及其父母家人都戴上一个。在献祭山羊时，孩子的父亲向祖先祈祷道："我们来告诉您，今天，我们的儿子即将接受割礼，现在为您献上一只羊，请您慷慨仁慈地保佑他，千万不要发怒。"②这里，人们通过在身上系羊皮条的方式来使自己与献祭给祖先的山羊达到同一化。乞力马扎罗地区的瓦查加人（the Wachaga）的仪式则是这样进行的：在割礼仪式两个月后，男孩们与巫医都聚集到酋长家中，他们宰杀山羊，已接受割礼的男孩把羊皮切成细条，把右手中指插入皮条的缝中。同时，巫医用羊胃中的东西与水以及一些稀奇古怪的东西混在一起制成药，由酋长将其洒在男孩们的身上，也许是为了完成使男孩与动物达到同一化的神奇进程。第二天，每个男孩的父亲都要大宴亲友，他们在宴席上宰杀一只山羊，所有宾客都得到一块羊皮，并将其缠在右手的中指上。③可与之相提并论的是布沃拉那加拉人（the Bworana Gallas）的男孩成人仪式。这种仪式叫做 ada（前额），但用 jara（割礼）来解释。仪式举行之时，作为主角的男孩与父母以及年长的亲属共同聚集在专为仪式建造的小屋中，然后宰杀一头小公牛，让牛血一直流到地上，在场的每个人都用手指蘸点血，男人抹于前额而女人抹在脖子上。女人们还要把牛脂敷在身上，在脖子上系细牛皮条，一直保留到第二天。最后，用牛肉来办一场宴会。④

非洲某些部族在婚礼上也把献祭的兽皮用于类似的用途。例如，它是英属东

---

① 参见霍布莱（C. W. Hobley）的文章，见《人类学研究所杂志》（JAI），第 40 卷，1910 年，第 442 页。——译注

② 参见克拉塞克（A. Karašek）的文章，见《巴塞尔档案》（Baesler-Archiv），第 1 卷，1911 年，第 191 页。——译注

③ 参见默克（M. Merker）：《瓦查加人的法律关系和习俗》（Rechtsverhältnisse und Sitten der Wadschagga），1902 年，第 14 页以下。——译注

④ 参见拉文斯坦因（E. G. Ravenstein）的文章，见《皇家地理学会会刊》（Proc. Royal Geogr. Soc.），新系列，第 6 卷，1884 年，第 271 页。——译注

非埃尔贡山地区（the Elgon District）瓦万加人（the Wawanga）婚礼的必要组成部分。人们要宰杀一只公山羊，从腹部切下一长条羊皮，由新郎的父亲或其他年长的男性亲友将其在新娘头上系一圈，一端垂于她的胸前，同时说："现在，我把这条羊皮系在你头上，一旦你为了其他男人背叛我们，羊皮就会诅咒你，使你永远不孕。"[①]此外，英属东非班图族的瓦吉利亚马人（the Wa-giriama）在婚礼的当天，由新郎宰杀一只山羊，用它前额上的皮做成护身符送给新娘，新娘将其戴在左臂上，然后在场的人将羊肉吃光。[②]在上述例子中，羊皮都只用在新娘身上，但英属东非的南迪人也将其用于新郎。在婚礼那天，人们特别挑出一只强健的山羊，给它涂上油膏后勒死，接着剥掉它的皮，女人们烤制并吃掉羊肉，羊皮经过迅速加工被披在新娘身上，同时还要用皮子做成一枚指环和一个手镯，分别戴在新郎的右手中指和新娘的左腕上。[③]

另外，用献祭山羊的皮做成的指环，也用于人们结拜生死之交的场合。英属东非诸部族中共同流行这种风俗。例如，在瓦查加人中，"友谊是通过 Kiskong'o 仪式结成的，即把山羊头部的皮切一个口，做成指环，戴在中指上"[④]。同样，阿坎巴人往往吃掉献祭动物的肉，再用它的皮做成戒指彼此交换，来巩固双方缔结的友谊。[⑤]

当阿基库尤人离开自己居住的地区而正式加入其他地区时，要举行与之类似而且更为复杂的仪式。那个人与他即将加入的地区的代表要分别献上一只绵羊，如果他们足够富裕的话，则应各拿出一头牛。他们将这些牲畜杀掉，"从每只的腹部与腿部分别切下一条皮子，把两只动物流出的血收集到一片叶子上，内脏则放在另一片叶子上。长者们（ki-á-ma）在动物腹部和腿部的皮子上分别割两个口，做成腕套，一方带来的牲畜身上的皮做成的腕套要戴在另一方的右手腕上，反过来也一样。然后双方伸出手来，长者把叶子中的鲜血洒一点在他们手中，在所有人的见证之下，两人将手中的血混合在一起，并宣布从今往后，他

---

① 参见邓达斯（C. Dundas）的文章，见《人类学研究所杂志》（*JAI*），第 43 卷，1913 年，第 39 页。——译注

② 参见巴雷特（W. E. H. Barrett）的文章，见《人类学研究所杂志》（*JAI*），第 41 卷，1911 年，第 21 页。——译注

③ 参见霍利斯（A. C. Hollis）：《南迪人》（*The Nandi*），1909 年，第 63 页。——译注

④ 纽（C. New）：《东非的生活、闲逛和劳作》（*Life, Wanderings and Labours in Eastern Africa*），1873 年，第 458 页。——译注

⑤ 参见希尔德布兰特（J. M. Hildebrandt）的文章，见《民族学杂志》（*Zeitschrift für Ethnologie*），第 10 卷，1878 年，第 386 页。——译注

们血脉相通"①。这个例子给我们很大的启示，因为它清楚地表明，这种仪式的目的是让参与的双方血肉相连。据此，我们可以按同样的原则去解释用同一只动物为结盟仪式提供鲜血并把它的皮戴在手腕上的习俗。

英属东非埃尔贡火山地区的瓦万加人在种植粟米之前要进行一系列献祭活动。其中的一项是在酋长母亲的木屋前勒死一只黑色的公羊，然后将尸体拖入屋中，面向床头，放在床边。第二天，再把它拉出来并切碎，酋长率众妻妾子嗣每人在手指上系一个羊皮条。英属东非的一个混合民族恩贾穆斯人（the Njamus）用他们在旱季挖的沟渠灌溉作物。每当该开闸引水的时候，他们便闷死一只有特定颜色的绵羊，随后将其脂肪、粪便和血液撒到垄沟口与水渠中。开闸之后，他们便吃掉羊肉。在接下来的两天当中，执行献祭仪式的人——他必须出身于一个特定氏族，即伊尔马耶克人（the Il Mayek）——要一直把羊皮顶在头上。如果此后庄稼长势不好，人们就得再次求助于献祭。同一个司祭氏族（相当于以色列的利未人）的两个长者与其他氏族的两个长者一起，赶往地里。他们用一只与上次同色的绵羊做牺牲，吃掉它的肉，将剥下的羊皮切成条，每人在头上系一条并保留两天。随后，他们分别沿着灌溉工程朝不同方向走去，沿途在土地上撒下脂肪、蜜糖与粪便，直到最后在另一端相遇。

马赛人时常为了人畜的安康而向神灵献祭，在某些地区，这种仪式几乎每月进行一次。人们在牛栏旁用干柴点起一堆大火，并不时加入树叶、树皮和某种散发香味、产生高高浓烟柱的粉末。他们认为神灵在天上闻到香味后会感到欣喜与满足。然后，再牵来一只黑色的大公羊，将它用蜜酒洗过，撒上一种用特殊木材磨成的末儿。接着，人们将公羊闷死、剥皮、分割。在场的每个人都会分得一小块肉，须在灰烬中将其烤熟并吃掉。每人还会得到一条羊皮，并把羊皮做成戒指，自己留一个，其他的给家人。这些戒指被视为护身符，可使佩戴者免遭各种疾病的侵袭。男人们把戒指戴在右手中指上，妇女则将其系在自己脖子上那硕大的螺旋形铁制颈环上。

类似的献祭习俗也被运用到疾病治疗过程。比如，在瓦万加人中时常发生这样的情况：病人在处于精神错乱状态时，往往会大叫某个已故亲戚的名字，这时，瓦万加人认为病人此时正踏在鬼门关上，须立即采取有效措施来救治。人

①W·S·劳特里奇（W. S. Routledge）和K·劳特利奇（K. Routledge）：《与英属东非的一个史前民族阿基库尤人在一起》（With a Prehistoric People, the Akikuyu of British East Africa），1910年，第176—177页。——译注

们会花钱雇一个贫穷的老人来挖开那个亲戚的坟墓，将掘出的尸骨在红蚁窝上焚化，最后把骨灰收集到篮中，撒进河里。有时，从鬼那里夺魂的仪式会以稍稍不同的方式来进行。人们并不挖出尸骨，而是由病人的亲属将一根木棍钉入墓首，为更加保险起见，还顺着木棍浇下滚烫的开水。在如此安抚了鬼魂之后，他们杀一只黑色的公羊，把羊胃里的污物挤出来，涂在自己的胸膛上，并在右手腕系上羊皮小条。家族的家长还要在右手的食指系一条羊皮，患者本人则系在脖子上。在本例中，我们不能认为献祭黑色公羊是为了平息鬼魂的怒火，因为它的头上被钉入木棍，身上被浇上了开水；相反，应该设想献祭活动是出于萦绕心头的怀疑，担心上述强有力的措施仍不能完全让鬼魂息怒，于是，出于安全考虑，病人及其亲友把作为献祭物的公羊身上的皮作为护身符，来保护自己免受鬼魂的侵扰。瓦万加人还有一个习俗：被控犯了盗窃罪的人会与控告者一起来到一种特殊的树（Erythrina tomentosa）前，两人都把自己的矛插入树中。此后，犯错的一方，即真的盗窃者或错怪了好人的控告者就会生病。病因虽不明了，但我们可以推断大概是由于树灵的怒火，因为他不喜欢被矛刺，不过又明辨是非，就将怨气仅仅发泄到犯错的一方。什么都治不好那生病的人，除非把那棵树连根拔起，这是唯一对付树灵的办法。于是，患者的亲友们赶往树下，将树连根拔起，同时杀一只绵羊做牺牲并就着某种调好的药物当场吃掉它的肉。随后，每人在右腕上系一条羊皮，病人则把它系在脖子上，还要在胸前涂抹被宰杀绵羊的粪便。同样，这种献祭绵羊的仪式也不是为了让树灵息怒，而是意在保护病人及其亲友不受树灵怒火的伤害，因为他们曾以如此极端的方式来摧毁它。

除此之外，这些东非部落中还共同盛行着在赎罪仪式上穿戴献祭兽皮的风俗。例如，在瓦查加人（the Wachaga）中，如果丈夫殴打了妻子而妻子依然愿意回到他身边，丈夫就会切下一只羊耳，做成两枚戒指，每人戴一枚。在此之前，妻子既不给他做饭也不同他一起吃饭。[1]另外，像其他许多非洲部落一样，瓦查加人出于迷信，对铁匠怀有敬畏之心，认为他们被赐予了神秘力量而不同于常人，这种神奇诡异的魔力甚至传递给了他使用的工具，尤其是铁锤。因此，在身边有人的时候，铁匠必须十分注意看管好自己的锤子，不让它危害到别人。如果他不小心用铁锤指到了某人，人们相信此人就会面临生命危险，除非采取一定的庄重仪式来消除危害。于是，大家杀一只山羊，用羊皮做成两枚戒指，一

---

① 参见劳姆（J. Raum）的文章，见《宗教学档案》（*Archiv für Relifgionswissenschaft*），第14卷，1911年，第189页。——译注

枚戴在铁匠右手的中指上，另一枚戴在被诅咒者相应的手指上，同时有人大声诵读禳灾咒语。若是铁匠用钳子指到了某人或无意中把铁渣弄到了别人身上，也必须进行类似的补救仪式。①

英属东非埃尔贡火山地区的瓦万加人（the Wawanga）也举行同样的赎罪仪式。如果一个陌生人误入别人的小屋，而且他的皮斗篷掉在了地上或者他因为受伤把血流到了地上，小屋居住者中的一人就会得病，除非预先采取适当的防范措施。这时，肇事者必须牵来一只山羊，宰杀剥皮并把羊胸部与腹部的皮切成小条，羊皮小条要放在羊胃里的污物中搅一圈，然后屋里的每个人都在右手腕上系一条。若是在此之前屋里已有人生病，就要把羊皮小条系在他的脖子上，还要在他的胸膛上抹上一些羊粪。小屋的居住者们吃掉半只羊，另外半只由那个陌生人带回自己的村里吃。与其他许多蛮族人一样，瓦万加人还相信妇女生双胞胎是相当危险的事情，只有在进行了一系列涤罪仪式之后，她才可以离开住所，否则，什么可怕的事情都可能发生在她身上。仪式中的一项是抓一只鼹鼠，将木棍插入它的后颈，杀死它，然后切开它的肚皮，取出胃里的东西抹在母亲与双胞胎婴儿的胸前。再剥掉鼠皮，切成条，分别系在婴儿的右腕与母亲的脖子上。在戴了五天之后，母亲来到河边沐浴，并将鼠皮扔进河里。鼠肉则要埋在母亲居住的小屋门前的走廊下，同时须在那上面倒扣一个底部有小洞的罐子。②

最后，我们注意到，在这些东非部落的某种庄重的典礼上，献祭牲畜的皮也有类似的用途，此典礼每隔几年举行一次，这个漫长的时间间隔取决于将整个人口分为几个年龄段。比如，南迪人（the Nandi）分成七个年龄段，上述典礼每隔七年半举行一次。每次典礼，部落的管理权就从上一个年龄层的人转移到下一个年龄层的人手中。这个有大巫医参加的典礼以宰杀一头白色小公牛作为开始，小牛要由年轻的武士们专门购买。老人们先将肉吃掉，接着每个年轻人用牛皮做一个戒指，戴在右手的手指上。随后，两个年龄层之间的权力交接正式进行，老人们要脱掉身上作为武士象征的兽皮，穿上代表长者的皮毛长袍。③阿基库尤人（the Akikuyu）的类似典礼每十五年举行一回，每个人回家前都要把一

———————————

① 参见古特曼（B. Guttmann）的文章，见《民族学杂志》（Zs. f. Ethnol.），第 44 卷，1913 年，第 507 页以下。——译注

② 参见邓达斯（K. Dundas）的文章，见《人类学研究所杂志》（JAI），第 43 卷，1913 年，第 46—67 页及以下。——译注

③ 参见霍利斯（A. C. Hollis）：《南迪人》（The Nandi），1909 年，第 12 页以下。——译注

条从公山羊身上割下的羊皮系在手腕上。①

通过对上述习俗的考察，我们可以断定，人们佩戴献祭牲畜的皮是为了保护他免受实际的或可能遭受的伤害，兽皮起着护身符的作用。有些部落在订立契约时也举行相似的仪式，其含义亦与之类似，是订约者为防止违约采取的举措。同理，阿基库尤人在实施割礼前举行的奇特重生（即扮成由山羊所生）仪式也是意在使操作者免遭厄运。那么，这种特殊的方式是怎样起到预期效果的呢？我们推断，通过佩戴畜皮，佩戴者将自己化作献祭牲畜，也许邪恶力量将献祭牲畜当做了它将攻击的人，也许献祭动物的血、肉与皮被认为具有遏制灾难的神奇力量。总之，邪恶力量的危害会大大减弱。基库尤人的重生仪式即母子分别扮作母羊与新生羊羔的习俗，最明显地反映了人与动物的同一化。据此我们可以设想，在上述的每一例当中，将献祭之物的一块皮戴在身上的习俗，正相当于简化了的包裹于整张皮子之中以使自己与动物同一的仪式。

### 3. 新生

雅各窃取福分的古怪故事似乎讲述的是心怀叵测的妻子与诡计多端的儿子合谋，怎样欺骗并且背叛老糊涂的丈夫（父亲）。但是，如果我们假定叙述者没有理解他描述的行为的真正内涵，那么，该故事就会显露出值得尊敬的另一面。如果我的推测正确的话，雅各母子的行为恰恰正是一种合法拟制，也就是让雅各扮成山羊，作为母亲的头生子而非幼子再次出生。我们看到，在可能源于阿拉伯人的东非阿基库尤人（若其远祖不是闪米特人的话）那里，类似的"山羊产子"或"绵羊产子"活动在人们的社会与宗教活动中扮演着极其重要的角色。如果能够在其他民族中找到"重生"，也就是说如果其他民族中也存在为了让某人抛弃旧身份、获得新人格而装作从母体或动物那里再生的习俗，我们的假设就会得到更有力的支持。总之，在法律史的早期，一种合法拟制的新生常用来标志某人社会地位的改变，下文中的例子将进一步证明这个一般性的假设。

首先，这种拟制的新生自然而然地用在领养的场合，以便使养子取得母亲亲生子的身份。例如，西西里的历史学家狄奥多罗斯告诉我们，在古希腊神话中，赫拉克勒斯（Hercules）是宙斯的私生子，直到宙斯劝说赫拉将他像亲生子般收养，这位大力士才获得了神位。收养是以这样的方式进行的：赫拉躺在床上，把赫拉克勒斯裹入衣袍，贴住自己的身体，让他从袍下钻出，像刚刚出生的婴儿

---

① 参见霍布莱（C. W. Hobley）的文章，见《人类学研究所杂志》（*JAI*），第 41 卷，1911 年，第 419—420 页，第 421 页。——译注

一般滚到地上。这位历史学家还进一步提到，在他生活的时代，蛮族人在收养孩子时还遵循着同样的程序。[①]在中世纪，西班牙以及欧洲其他部分地区仍保留着类似的收养形式：养子被养父或养母藏在斗篷中，因此，收养的孩子就被称为"斗篷之子"。[②] "据《编年通史》(Cronica General) 的某些手稿记载，在穆达拉（Mudarra）接受洗礼被赐予爵位的那天，他的继母在长袍外套了一件极为宽大的衬衫，把一只袖子套在他头上，并把他带到国王面前，通过这种方式，她公开宣布承认穆达拉为自己的儿子与遗产继承人。"据说这一收养仪式在当时的西班牙是通常的形式，[③]而在某些南部斯拉夫人那里，它至今依旧盛行。在保加利亚的一些地方，养母把孩子塞进裙底，再从胸前开口处抱出来。对波斯尼亚的突厥人（the Bosnian Turks）来说，"收养儿子的程序是这样的：养母模仿生育的过程，帮助孩子钻过自己的紧身裤"[④]。在一般的突厥人那里，"收养孩子是普遍现象，养子要从收养者的衬衫中钻出来，这就解释了突厥语用'使某人钻过衬衫'这个习语来表达'收养'的原因"[⑤]。

在婆罗洲，"某些克莱曼丹人（the Klemantans），即马来西亚巴兰县（the Baram）的巴拉万人（Barawans）和莱拉克人（Lelaks），在收养孩子时举行一种奇特的象征仪式。当一对夫妇决定收养孩子时，他们提前好几个星期就要开始遵守在怀孕后期需要注意的一些禁忌。笼统地说，其中的许多禁忌可以描述为：如果不遵守它们，就会延缓分娩或造成生育困难。这些禁忌包括：不能把手伸进小洞中取东西；不能用木钉固定东西；进出房间时不能在门口逗留；等等。在收养当天，妻子要坐在房中，身上撑起一块布，以分娩的姿势斜靠在那里，孩子被推着从她的两腿间钻出来。如果被收养的孩子年龄尚幼，就把他放在养母胸前，让他吮吸乳房。然后，人们给孩子重新起名字。很难区分一个孩子究竟是父母亲生的还是收养的，这并不是人们有意要隐瞒收养的事实，而是因为养父母毫无保留地把养子当成自己亲生的孩子，在养母亲自哺育了孩子

① 参见狄奥多罗斯（Diodorus Siculus）：《历史丛书》，第 4 卷，第 2 页，第 39 页。——译注

② 参见霍瑟（C. Hose）和麦克杜格尔（W. McDougall）：《婆罗洲的异教部落》(The Pagan Tribes of Borneo)，第 1 卷，1912 年，第 78—79 页。——译注

③ 参见费利克斯·利布雷希特（Felix Liebrecht）：《论民俗学》(Zur Volkskunde)，1879 年，第 432 页。——译注

④ 施坦尼斯劳斯·齐斯车夫斯基（Stanislaus Ciszewski）：《南斯拉夫人人为的亲属关系》(Künstliche Verwandtschap bei den Südslaven)，1897 年，第 103 页。——译注

⑤ 德赫伯洛特（B. D'Herbelot）：《东方学目录》(Bibliotheque Orientale)，第 1 卷，1777—1779 年，第 156 页。——译注

的情况下更是如此"①。值得注意的是，在"重生"的过程中，养父母参与了一次合法拟制的新生，养父母遵循的规则，恰恰就是这些民族认为实际的父母为了有助于实际生育而遵循的那些规则。事实上，他们全身心地投入这场小型家庭戏剧，严肃认真地扮演自己的角色，以至于几乎混淆了佯装与现实，因此，对养子与亲生子一视同仁。装扮行为在这里达到了登峰造极的程度。

在中非的游牧民族巴希马人那里，"要是某人收养过世了的兄长的孩子，他会把孩子们一个个放在正妻的腿上，妻子一一拥抱他们，接受他们为自己的孩子。随后，丈夫用一根在挤奶时绑牛腿的带子捆在妻子腰上，就像接生婆在产妇分娩后捆住她一样。经过这个仪式，孩子们就被接纳为家庭的一部分，从此与他们共同生活"②。在这个仪式中，我们发现，无论是把孩子放在妻子腿上的举动还是用带子捆腰的行为，都模仿了实际的生育过程。

其次，佯装的新生还用于那些被误认为死去了的人身上。在他们缺席的情况下，人们曾为他们举行葬礼，抚慰他们的游魂，使其不再四处游荡，骚扰活人。一旦这些人突然生还，就会使家人感到非常尴尬，因为他们虽尚健在，但是，根据这种模仿巫术或装扮的原理，他们在理论上已经死了。在古希腊与古印度，由此产生的问题通过合法拟制的新生得以解决。归来的游子必须正儿八经地装作从一名妇女腹中再次生出才能"死而复生"，也才能与健在的乡亲自由地一起生活，而在此之前，古希腊人认为这样的人是不洁的，既不能同他们交往，也不许他们参加一切宗教活动，尤其要注意严格禁止他们接近祭祀复仇女神的圣坛。在恢复市民生活的权利之前，他们要从一位妇女的袍子中钻出，吮吸她的乳房，还要由保姆给他们净身，裹入褓褓之中。某些人认为，这一风俗源于一个叫阿里斯提纳斯（Aristinus）的人。③人们在他未归的情况下给他举行了葬礼，他回到家乡后，发现所有人都对自己避之不及，于是，他求助于德尔菲神庙④的神谕，阿波罗指点他举行新生仪式。不过另一些人则相当肯定地认为，新生仪式可以追溯到比阿里斯提纳斯更早的时代，是从遥远的古代流传下来的。在古印度，如果出现了类似情况，那个被认为过世了的人回归后的第一个夜晚要在装满了水油混合物的木盆中度过。当他踏入盆中时，他的父亲或血缘最近的亲属要念一

---

① 查尔斯·霍瑟（Charles Hose）和威廉·麦克道格尔（William McDougall）：《婆罗洲的异教部落》（*The Pagan Tribes of Borneo*），第 1 卷，1912 年，第 78 页以下。——译注

② 罗斯科（J. Roscoe）：《北部班图人》（*The Northern Bantu*），1915 年，第 114 页。——译注

③ 参见普鲁塔克（Plutarch）：*Quaest. Rom.*, 5。——译注

④ 古希腊神话中太阳神阿波罗昭示神谕的场所，位于雅典 150 公里之外的帕耳那索斯深山之中。今天已是联合国教科文组织评定的世界文化遗产。——译注

句咒语，标志着他成为子宫中的胎儿。他以胎儿的姿势攥紧拳头静静地坐在盆中，同时人们为他举行庆祝新生儿诞生的圣礼。第二天早晨，他爬出木盆，重新接受从小到大经历过的所有圣礼。值得一提的是，他还要再次娶妻或者庄重地与原来的妻子重结一次婚。①直到今天，这个古老的习俗在印度还没有完全消失。在古毛恩（Kumaon）地区，人们将那个被认为已经垂死的人抬出屋外，由他最近的亲属主持赎罪仪式。如果后来又活过来了，他就必须重新进行自出生以来经历过的所有仪式，如佩戴圣线、重新结婚或与先前的妻子再次结婚等等。②

不过在古印度，新生仪式还用于更为严肃、重大的目的。婆罗门的家长每半个月定期祭祀一次，他们相信自己以这种方式暂时变成了神。③为了完成从人到神、从肉体凡胎到不朽之身的转变，他必须经历重生。为此，人们把象征精子的水洒在他身上，然后让他装作胎儿把自己关进一间代表子宫的特殊小屋。他在袍子下系着一条皮带，外面披一块黑羚羊皮——皮带表示脐带，而袍子与黑羚羊皮分别代表内膜与外膜（即羊膜与绒毛膜）。他不能用指甲或小木棍搔痒，因为他是胎儿，如果胎儿这样做，就会生命不保。他可以在屋里走动，因为胎儿在子宫中常常活动。他像未出生的胎儿那样保持双手握拳的姿势。在洗澡时，可以拿掉黑羚羊皮，但不能脱掉袍子，因为婴儿出生时，身上带着羊膜，但没有绒毛膜。通过这种方式，他在原先的物质性肉体之外，又获得了一个新的神圣身体，具备了超人力量，被圣火光环笼罩。这样，"重生"让肉体焕发出新的生机，使人变成了神。④

由此可见，这种新生仪式适用于不同的目的，包括使被认为已死的人重获新生和让凡人晋升神界。在现代印度社会，新生仪式一直并且仍然偶尔作为赎罪仪式来弥补违反祖先习俗的罪行。这种用途的思路是非常明显的——通过新生

①参见卡兰（W. Caland）：《古印度丧葬习俗》（*Die altindischen Todten- und Bestattungsgebräuchen*），1896年，第89页。——译注

②参见里德（Reade）的文章，见《旁遮普札记和疑问》（*Punjab Notes & Queries*），第2卷，1885年，第74页，§452。——译注

③参见《百道梵书》（*Satapatha Brahmana*），第2卷，埃格林（Eggeling）译，第4页，第20页，第29页，第38页，第42页，第44页；参见休伯特（H. Hubert）和毛斯（M. Mauss）的文章，见《社会学年鉴》（*L' Année Sociologique*），第2卷，1897—1898年，第48页以下。——译注

④参见《百道梵书》（*Satapatha Brahmana*），第2卷，埃格林（Eggeling）译，第18—20页，第25—35页，第73页；参见西尔万·列维（Sylvain Lévi）的文章，见《〈梵书〉的学说和献祭》（*La doctrine du sacrifice dans les Brāhmana*），1898年，第102—107页；参见休伯特（H. Hubert）和毛斯（M. Mauss）的文章，见《社会学年鉴》（*L' Année Sociologique*），第2卷，1897—1898年，第48页以下。——译注

仪式，罪者变成了一个新人，不再为以前犯下的罪行负责。再生的过程同时也是净化的过程，抛弃了旧的一切，获得了全新本质。例如，在印度中央邦的蒙达人或柯莱亚人家族的一个土著部落科尔库人（the Korkus）中，普通过错可以由部族长老会加以惩罚，但"对于非常严重的罪行，诸如与低等种姓的人交媾，犯罪者就必须重生。人们把他放入一个巨大的土罐之中，封上口，当他再出来的时候，人们就说他从母亲子宫之中重生了；然后把他埋入沙里，出来时他就从大地那里获得新生；接着，再把他关进燃烧着的茅草房，他须从里面跑出来，跳进水里；最后，人们剃下他的一撮头发，并对他处以两个半卢比的罚款"[1]。在这种情况下，新生仪式的目的十分明确，就是通过使罪人完全转变成一个新人的方式，免除他原先犯下的一切罪行，因为怎么能让一个人为自己出生之前的他人犯下的过错负责呢？

如果要"再生"的罪人出身高贵，新生仪式会更为复杂，花销也将大大增加。在 18 世纪，"背运的拉哥巴王（Raghu-Nath-Raya 或 Ragoba）将两位婆罗门作为使者派往英格兰，他们去的时候走的是海路，最远到达了苏伊士，不过回来时取道波斯，这样就不得不跨越印度河。回到故乡之后，他们遭到了人们的唾弃，因为他们经过了那些'不洁净的部落'（Mlec'h'has）居住的地区，自然就难以遵循圣书制定的那些规则，而且他们还跨越了圣河。博学多识的婆罗门从四面八方被召集起来，一次又一次地讨论应如何处理这个问题。即使是拉哥巴王的威信与影响也难以挽救这两名使者，不过婆罗门[2]们最终裁决，他们可以'重生'并重新获得祭司的圣职。因为总的来说，他们品质纯良，而且去那些遥远的国度也是出于好心，完全是为了国家的利益。为了'重生'，首先要用纯金铸成中空的女人或母牛的塑像，象征大自然中的女性力量。即将'重生'的人要钻过塑像里的通道，从里面爬出来。由于用纯金铸造如此庞大的塑像造价太高，可以做一个女阴的圣像作为替代，让罪人钻过去。拉哥巴王让人铸造了一个纯金的巨大塑像，使自己的使者们得到了重生。在重新举行了授圣职仪式之后，他们再次被社会接受为忠诚的婆罗门"[3]。还有，"据记载，坦焦尔的长官（the Tanjore Nayaker）背叛了马都拉（Madura）并因此遭到了惩罚，他的婆罗门

---

[1] 拉塞尔（R. V. Russell）：《印度中央邦的部落和种姓》（*The Tribes and Castes of the Central Provinces of India*），1916 年，第 568 页。——译注

[2] 婆罗门，印度种姓制度中最高的阶层，是祭司贵族。——译注

[3] 威尔福德（F. Wilford）：《在高加索山上》（*On Mount Caucasus*），见《亚洲研究》（*Asiatick Researches*），第 6 卷，1801 年，第 537 页以下。——译注

谋士建议他最好进行重生仪式。因此，这个长官用青铜铸造了一头巨大的母牛，自己钻入牛腹中，他的婆罗门教导师的妻子作为保姆把他搂在怀中，放于膝上轻轻摇晃，拉到胸前爱抚，他像婴儿一般放声大哭"①。

在印度，拟制的新生还有一个用途，就是可以使出身于低种姓的人升入较高的种姓。比如说，特拉凡哥尔（Travancore）的土邦主属于印度四个种姓中地位最低的首罗陀种姓，但他们往往通过从大金母牛或大金莲花中"重生"的方式使自己升入最高种姓婆罗门。这种仪式名为"黄金子宫"（Hiranya Garbham）或"莲花子房"（Patma Garbha Danam）。土邦主要像新生儿那样从母牛或莲花雕像之中钻出来。詹姆斯·福布斯在特拉凡哥尔亲眼见证了土邦主从纯金母牛雕像中"重生"的情景，之后雕像就被砸碎，分给了婆罗门。1854 年 7 月，玛坦达·乌玛邦主（the Rajah Martanda Vurmah）举行重生仪式时用的雕像则是莲花形状的，估计约耗费 6000 英镑。在金莲内部，放置着由牛奶、凝乳、牛油、牛尿与牛粪混合而成的供品，这似乎说明，土邦主还是应从圣牛而非圣莲中得到重生。土邦主在金莲之中要停留一段时间，此时僧侣们则在外面为他的"重生"祈祷。②

从上例中我们可以推断，从此以后，土邦主们就转而举行另一种或许更为正宗的重生仪式，即从母牛体内"重生"。因此，在 1869 年，"土邦主宣布，第二年还要举行一个同样奇特的叫做 Ernjagherpum 的仪式。他要钻过一头金牛，之后这头金牛也会为僧侣们所有"③。我们还能读到如下记载："印度最南端特拉凡哥尔地区的土邦主刚刚举行了一系列'穿过金母牛'的仪式，这是他第二次也是最后一次参加这些昂贵的仪式，意在使自己摆脱首罗陀出身，与婆罗门平起平坐。第一种仪式叫做 Thulapurusha danam，梵语 Thula 指'天平'，purusha 指'人'，而 danam 是宗教意义上的'礼物'的意思。举行此仪式时，土邦主站在天平的一端，另一端放上同等重量的金币，这些金币在仪式完成后会分给婆罗门……第二种仪式叫做 Hirannya garbham——梵语 hirannya 指'黄金'而 garbham 指'子宫'，这就是'穿过金母牛'的仪式。首先要造一个黄金的母牛形的巨大容器，周长 8 英尺，高 10 英尺。然后往容器中注水直至半满，再混入牛身上的各种产物，由婆罗门对其念经咒。接着，土邦主登上装饰华丽的特制梯子，进

---

① 瑟斯顿（E. Thurston）：《南印度民族志札记》（*Ethnographic Notes in Southern India*），1906 年，第 271 页以下。——译注

② 参见福布斯（James Forbes）：《东方回忆录》（*Oriental Memoirs*），1813 年，第 378 页；马提尔（S. Mateer）：《仁爱之地》（*The Land of Charity*），1871 年，第 169—171 页。——译注

③ 利布雷希特（F. Liebrecht）：《论民俗学》（*Zur Volkskunde*），1879 年，第 379 页。——译注

入容器之中。人们盖上容器的盖子，土邦主把自己在里面的液体里浸五次，婆罗门在外面反复诵唱印度教的经文，这一阶段持续约十分钟。随后，土邦主从容器中出来，拜祭特拉凡哥尔诸先王的圣像。最后，僧侣中的长老为他戴上特拉凡哥尔的王冠，土邦主经过'穿过金母牛'的仪式而从此变得神圣。之前那个称重的仪式只是为了更为神圣和昂贵的'穿过金母牛'仪式作铺垫。这一系列奇特的仪式成本相当高，除了使用大量黄金外，还要大宴从四面八方聚集到特里凡德鲁姆（Trevandrum）来的庞大数量的婆罗门。但从遥远的古代起，特拉凡哥尔的土邦主就世世代代地举行这些仪式，若有半点缺省，就会被认为是背叛了传统，而背叛传统是印度教中的大忌。"[1]

如果只有能负担得起为这种仪式提供纯金牛像的人才可"重生"，那么很明显，实际上只有极小一部分富甲一方的人才可能享有"再生"之福。不过幸好，还可以用真正的母牛替代金母牛，这就使贫贱者也有了"再生"的可能，幸福大门因而为大众打开。其实，我们可以想见，从真母牛那里"再生"才是仪式的原始面貌，而用金母牛作为替代品不过是为了照顾土邦主及其他出身高贵者的自尊，因为他们或许认为，像普通人那样以粗鄙的方式从母牛身上"重生"会令他们颜面大失。所以，在印度某些地方，以真母牛为新生仪式手段的习俗肯定依然存在。在西北邦的喜马拉雅地区，"若星象表明某个小孩要大难临头或者他将来会犯下重罪，他就必须'从母牛嘴中再生'（gomukhaprasava）。要把孩子裹在红布里，绑于新筛子上，从母牛的两个后腿间塞过去，穿过前腿间，从牛嘴底下拉出来，然后再反方向进行一次，这象征着新生。在做完祈祷之后，父亲要像母牛嗅小牛一样嗅自己的儿子"[2]。尽管无法让小孩真的穿过活牛的身体，但把他在牛腿间来回拖拉代表了最相近的模仿，而且父亲也参与其中，像母牛那样嗅自己的孩子。与之类似，在印度南部，如果一个人由于某种重大原因被驱逐出自己所属的种姓，他必须从母牛腹下钻过好几次，才可恢复原先的社会地位。[3]尽管描述这一习俗的作者并未将其归入再生仪式的范畴，但根据上述证据，我们完全有理由断定，这正是一种再生仪式。在如下仪式中，我们也许可

---

[1]《北印度札记和疑问》（*Northern Indian Notes & Queries*），第 3 卷，1894 年，第 215 页，§465。——译注

[2] 阿特金森（E. T. Atkinson）：《印度西北各邦的喜马拉雅山区》（*The Himalayan Districts of the N. W. Provinces of India*），第 2 卷，1884 年，第 914 页。——译注

[3] 参见杜波依斯（J. A. Dubois）：《印度各民族的习俗、制度与仪式》（*Moeurs, Institutions et Cérémonies des peuples de l'Inde*），1825 年，第 1 卷，第 42 页。——译注

以看到对原初仪式的一种弱化：即把那个不幸的孩子放入篮中，摆在一头正处于哺乳期的母牛面前，让母牛舔他，"此后，孩子身上与生俱来的戾气就被去除干净了"①。

由母牛重生的仪式逐渐退化成了上述形式，如果不了解完整的仪式是怎样进行的，就很难猜测其真正内涵。同理，"山羊产子"仪式也可能经历了类似的退化过程，演变为像阿基库尤人那样在手上缠羊皮小条的简单形式。还有一个证据可以支持这个假设，就是阿基库尤人在通常情况下采用的是上述缠羊皮小条的简化形式，但在重大场合，他们仍会举行完整的新生仪式。因此，紧张繁忙的生活已无法负担冗长复杂的仪式，人们因而删繁就简，缩减或改变了新生仪式的形式，使它更简便易行，没有了不必要的拖沓，从而更加适应生活的节奏。这样的设想难道不是非常自然的吗？

## 4. 结论

现在，让我们回到我们的出发点。据我推测，雅各欺骗父亲以撒的故事中包含着对"山羊产子"这个古代合法的新生仪式的追忆。如果要使幼子取代依然健在的头生子获得遗产继承权，就必须或最好举行这样的仪式，正如直到今天，印度人若想升入较高种姓，或重新获得因不幸遭遇或错误行径而被剥夺了的原先的社会地位，也必须经历"母牛产子"的仪式。不过，就像在阿基库尤人中一样，在希伯来人中，这种奇特的仪式退化为另一种简单的习俗形式，即宰杀山羊并把羊皮披在或佩戴在被当做羊羔再生出来的那个人身上。如果我的推测能够成立，那么《圣经》叙述者正是以这种退化的形式记载并误解了这种古代的仪式。

---

① 麦克金托奇（A. Mackintosh）：《论拉姆西部落的起源和现状》（*Account of the Origin and Present Condition of the Tribe of Ramoosies*），Bombay，1833 年，第 124 页。——译注

# 第四章　雅各在伯特利

## 1. 雅各的梦

正如《圣经》的故事中所说，雅各①对以扫的背信弃义，自然使这两兄弟之间很生分。哥哥由于觉得自己受到不可容忍的伤害而备受煎熬，他的暴脾气也促使他要向剥夺了他的继承权的狡猾的弟弟复仇。因此，雅各过着担惊受怕的日子。在这场骗局中，他的母亲成了他的同谋，也和他一样担惊受怕，并且试图把他安置到一个安全的地方，直到他的性格暴躁却宽厚温和的哥哥平息怒火为止。于是，她想出了一个办法——把雅各送到她在哈兰的兄弟拉班那里去。她的心中油然升起了对河对岸遥远的家园的种种回忆，在那里，如花似玉的她被养育成以撒的新娘，这大概触动了她的铁石心肠和凡心。她如此清晰地记得那个金色的夜晚，她跳下骆驼，遇见了在那边田地里独自徘徊冥想的一个人，这个人后来成了她的丈夫！②那个男子气十足的形象，现在成了躺在床上什么都看不见的老糊涂。就在昨天晚上，她朝那口井望去，看见水中有一张布满皱纹的脸和灰白的头发——这是她从前的自我的一个幽灵和影子！唉，唉，时光如流水啊！如果她心爱的儿子能够从她的家乡带回一个年轻可爱的妻子，让她在这位年轻女子的身上看见自己已逝青春的形象，大概也可以为她的容颜老去带来些许慰藉。这种想法可能就出现在这位溺爱儿子的母亲的心头，虽然（如果我们相信《旧约》开头几卷的这位作者的话）她对他只字未提。③

所以，雅各走了。在迦南最南端的沙漠边缘，他从别示巴取道向北。他必须翻越朱迪亚荒凉的山地，沿着一条坎坷而令人疲惫不堪的人行道继续往北。在太阳落山的傍晚，他又困又乏地到达了一个地方，此时黑暗已经笼罩在他的身上，他决定在此过夜。这是一个荒无人烟的地方。他渐渐地爬升，然后站在了海拔大约 3000 英尺的高处。空气有些刺骨和凛冽。正在下落的影子使他断定，

---

①雅各是以扫的孪生弟弟，在成人后，曾以一碗红豆汤换得了以扫的长子名义，又与母亲合谋，骗得了长子继承权。——译注

②见《创世记》第 24 章。——译注

③见《创世记》第 27 章第 41—45 节。——译注

他周围都是布满石头和灰色岩石的荒地，其中有些堆成了柱子、巨石或石圈等怪异形状，一条小路离开一座光秃秃的小山伸向昏暗的天际，它的两边出现的是一连串的石阶。这位游子无心对这种单调的景观长时间注目而视。他躺在一圈大石头的中央，把自己的头枕在其中一块石头上，睡着了。这时，他做了一个梦。他梦见自己看见一架从地上通达上天的梯子，神的使者在上面，上去下来，神就站在他的身边并许诺把所有土地都赐予他和他的后代，但雅各惊恐地从睡梦中醒来并且说："这地方何等可畏！这不是别的，乃是神的殿，也是天的门。"[1]他静静地躺着，不寒而栗，直到晨曦冲破这个荒凉的景象，显露出布满石头和灰色岩石的荒地的同样险恶的景象，昨天晚上他的双眼曾注视着这些东西。然后，他起身拿起自己枕过的那块石头，在它上面浇油，并把这个地方称为伯特利，即神殿。虽然他受到昨晚情景的震慑，但我们可以设想，由于得到了神圣的许诺，他更加精神饱满地赶路。当他继续行程时，景物很快就开始披上了一种更加欢快的色彩，与他心中涌起的新希望相映成趣。他把便雅悯荒凉的高地抛在了身后，进入了以法莲富庶的低地。几个小时后，这条路通向一处美丽的幽谷，那里的山坡上有阶梯通达顶端，长满了无花果树和橄榄树，白色的岩石上覆盖着蕨类植物，点缀着粉红色和白色的仙客来和藏红花，啄木鸟、松鸦和小猫头鹰在树枝间欢叫，啪嗒啪嗒地跳着，各从其类。[2]就这样，他带着更加轻松的心情踏上了前往遥远国度的路途。

## 2. 梦中的众神

如考证家们所见，讲述雅各的梦的故事，可能是为了解释伯特利古老的神圣性。在希伯来人入侵并征服这块土地以前很久，它就受到迦南土著居民的崇敬。不过，有关神在梦中显现并向人类揭示他们意愿的信仰，在古代广为流传。因此，人们借助庙宇或者其他圣地，以便睡在那里并在夜晚的幻象中与更高的神灵交谈，因为他们自然而然地认为，这些神灵或被神化的亡灵在专门祭祀他们的地方最容易现身。例如，在阿提卡[3]的奥罗普斯（Oropus），有已故先知安菲阿剌俄斯[4]的一个圣所，求问者经常在此把山羊献祭给他和其他一些神祇，这些神

---

① 见《创世记》第 28 章第 17 节。——译注

② 参见特里斯特拉姆（H. B. Tristram）：《以色列之地》（*The Land of Israel*），1882 年，第 161 页。——译注

③ 阿提卡（Attica），古希腊中东部的一个地区。——译注

④ 安菲阿剌俄斯（Amphiaraus），希腊传说中阿耳戈船上的英雄和先知，曾任阿尔戈斯国王。——译注

祇的名字被刻在祭坛上。献祭之后，他们把山羊皮铺在地上并睡在上面，希望在梦中得到启示。①经常光顾神示所的是那些试图摆脱痛苦的病人，他们在如愿以偿之后，还要往神泉中投金币或银币来表达他们的感激之情。②李维③告诉我们，安菲阿剌俄斯的古代庙宇令人赏心悦目地坐落在泉水和小溪之间，现代对这些遗址的发现，证实了他的描述。这个地方在一个令人心旷神怡的小幽谷之中，既不宽也不深，在低矮的小山中生长着一些松树。一条小溪从这里蜿蜒而过，流进大海，两岸是水榆和欧洲夹竹桃，中间相距大约有 1 英里。在远处，埃维亚岛④蓝色的高山挡住了视线。幽谷的两边生长着树丛和灌木丛，夜莺在其间婉转啼鸣，谷底延展着绿草地，这里静谧、幽僻而且阳光和煦，所有这些都适合作为病人们的常去之地，这些病人聚在这里向医神求助。实际上，这个地方非常幽僻，即使在 5 月的清晨，太阳从希腊万里无云的天空中喷薄而出，随之在这个憋闷的幽谷中产生的热浪，很容易让北方人感到难以忍受，但对希腊人来说，这大概是很惬意的气候。事实上，神示所似乎只在夏季才开放，因为祭司从冬天结束到播种季节（始于 11 月昂星团降落的时候）每个月去神示所不能少于十天，在夏季的这几个月里，他每个月缺席不得超过三天。每个想要得到神示的病人，首先必须当着圣器保管人的面，向神示所的钱库付出不少于 9 欧布鲁斯（大约 1 先令）的纯银，然后圣器保管人才把他以及他的城市的名字载入一个公共记事簿里。如果祭司出场，其职责是为牺牲物祈祷并把它们的肉摆放在祭坛上；如果他不在，献祭人可以亲自举行这些祭礼。每个牺牲物的皮和前腿肉，是祭司的犒劳品。任何肉都不能拿出这个圣所。遵守这些规则的每个人都允许睡在这个圣所里，让他们在梦中接受神谕。在这种集体宿舍里，男女被祭坛分开就寝，男人在东边，女人在西边。

在埃皮达鲁斯（Epidaurus）附近的埃斯科拉庇俄斯⑤大圣所，请求这位神医的病人也使用类似的集体宿舍。这些圣所的一些遗迹，在现代已经被发掘出来，它们横跨广大的区域，共同构成古希腊文明最令人难忘的一部分遗址。它们位于一个被巍峨群山环抱的宽敞的漂亮峡谷之中，西北面是光秃秃的灰色岩石的尖峰，

---

① 参见保萨尼阿斯（Pausanias）：《希腊志》，第 1 卷，第 34 章，第 5 页。——译注
② 参见保萨尼阿斯：《希腊志》，第 1 卷，第 34 章，第 2—5 页。——译注
③ 李维（Livy），古罗马历史学家，著有 142 卷《罗马史》，记述罗马建城到公元前 9 年的历史，大部分已佚失。——译注
④ 埃维亚岛（Euboea，或作 Evvoia），一译优卑亚岛，是希腊仅次于克里特岛的第二大岛。——译注
⑤ 埃斯科拉庇俄斯（Aesculapius），罗马神话中的医神。——译注

南边和东边是柔和的轮廓和翠绿的斜坡。春天，这个峡谷的底部点缀着树丛和灌木丛，并被谷物染成绿色。这种景观的效果是静谧而庄严的，略带几分令人愉悦的寂寥，因为它远离城镇。一条荒凉、浪漫、布满树木的幽谷，下通古代埃皮达鲁斯的遗址，它悠然坐落在一个布满岩石的海角上，这个海角从一个长满柠檬树的平原伸进大海，而这个平原又背倚长满大树的高山。在埃皮达鲁斯的埃斯科拉庇俄斯圣所过了夜并通过梦中神谕得以痊愈的病人，通常要在刻字碑上记载这次治疗，这些刻字碑被立在圣所，作为神的复原能力以及信众的拯救信念的生动见证。在古代，这个圣地到处都有这样的刻字碑，其中一些在现代已经被发现。[①]这些铭文准确地表明了在某些方面与现代医院相一致的惯例。

例如，我们从中读到，有个男人，除了一个指头之外，其余指头全部麻痹，他来此哀求神灵。然而，当看见圣所里的刻字碑以及上面记录的神奇疗效时，他表示怀疑。不过，他还是在集体宿舍里睡着了而且做了一个梦。他梦见自己在庙里掷骰子，当他正在掷的时候，神出现了，一把抓住他的手，把他的手指一根一根地掰开，然后问他是否仍然不信圣所刻字碑上的铭文。这个男人说，他现在信了。神回答说："所以，由于你从前不信它们，此后你的名字就叫不信者。"第二天清晨，他把整个事情的经过都说了出去。雅典的独眼女子安布罗斯娅（Ambrosia）也曾来此求神治病。在走到圣所时，她看到刻字碑上的疗效，嘲笑其中有些简直不可信和不可能。她说："瘸子和盲人仅通过做一个梦就能够治好，这怎么可能？"她带着这种将信将疑的心态睡在集体宿舍里。入睡后，她看见一个幻象，仿佛神就站在她的身旁并许诺说，要恢复她的另一只眼的视力，条件是她应该向圣所奉献一头银猪，以纪念她愚钝的不信之举。在作出这个仁慈的许诺之后，他拨开她生病的眼睛，给它敷上香膏。第二天，她痊愈了。有一位塞萨利人潘达洛斯（Pandarus）也来到圣所，要求去掉刺在他额头上的一些红字。入睡后，他梦见神站在他身边，在他的额头上绑了一块围巾，要求他在离开集体宿舍时把这块围巾带走，献给神庙。翌日清晨，潘达洛斯起身，解开了自己头上的围巾，他定睛一看，发现这些令他丢脸的字母都从额头转移到了围巾上。所以，他就把这块围巾献祭给神庙，然后离去。在回家的路上，他在雅典稍事歇息，打发他的仆人埃切德鲁斯（Echedorus）带上钱去埃皮达鲁斯，这些钱是他给神庙的谢礼。埃切德鲁斯的额头上也被刺上了蒙羞的字母。到了圣

① 参见斯特拉波（Strabo）：《地理学》，第8卷，第6章，第15页；保萨尼阿斯（Pausanias）：《希腊志》，第2卷，第27章，第3页；这些刻字碑的选集，参见德林（G. Delling）编《古代奇迹文选》（*Antike Wundertexte*），Berlin，1960年，第20—24页。——译注

所，他没把钱捐给神的钱库，而是中饱私囊。他躺在集体宿舍里睡下，希望像他的主人那样，去掉自己前额上的印记。在他的梦中，神站在他身边问他，是否带了潘达洛斯给圣所捐赠的钱，这家伙不承认曾经从潘达洛斯那里接受过任何东西，但他发誓，如果神治好了他，他将请人给他画像并把它献给这位神灵。神要他拿上潘达洛斯的围巾并把它绑在自己的前额上。梦中，他走出集体宿舍，丢掉围巾，用泉水洗脸，看着水中的自己。所以，第二天早晨，这个无赖匆匆跑出集体宿舍，解开围巾，急切地寻找着，希望看见上面印着那些烙印。但上面并没有烙印，后来他来到泉水边，望见了自己在水中映出的脸，他看到自己的额头上除了原来的红字之外，还印上了潘达洛斯的那些红字。

在拉科尼亚①荒寂清冷的海滨，逶迤连绵的山脉以裸岩的形式伸进大海，这里有一座神谕的圣祠，在此有位女神在梦中向凡人揭示他们心中的欲望。关于这位女神是谁，有不同的说法。曾到过此地的希腊旅行家保萨尼阿斯认为，她是海洋女神伊诺②，但他承认，他无法看清庙里的这个形象，因为上面覆盖着许多色彩，可能是崇拜者为了感谢他们在睡梦中得到的启示而涂上去的。这个邻海的地区，伴随着海浪形成的庄严的摇篮曲，也许可以成为赞成伊诺是圣祠的女守护神的理由。但另一些人认为，圣祠的女神是以月亮的形式出现的帕西法厄（Pasiphae）。当夜幕降临时，这些人在神圣的集体宿舍就寝之前，可以指着天上那弯银月及其在光亮的水面上闪耀的映像来证明他们的观点。正因如此，斯巴达的最高行政长官似乎频频出入于这个僻静的地方，因为他们希望在熟睡中接受神意，据说，在斯巴达历史的一个重要关头，其中一位长官在此做了一个不祥的梦。③

和希腊一样，古代的意大利也有神谕之所。在此，忧心忡忡的凡夫俗子们在梦中寻求着神灵或被神化的人物的忠告和安慰。例如，预言家卡尔卡斯④在阿普利亚的神庙受到人们崇拜，想求问他的人，要献上一只黑色的公羊，并睡在羊皮上。⑤另一个古老而受人尊崇的意大利神示所在法努斯（Faunus），求问的方式

---

① 拉科尼亚（Laconia），古希腊南部的一个王国，位于伯罗奔尼撒半岛东南部，都城为巴格达。——译注

② 伊诺（Ino），希腊神话中卡德摩斯和哈耳摩尼亚的女儿，投入大海成为海神，曾在地中海沿岸许多城市受到崇拜。——译注

③ 参见保萨尼阿斯：《希腊志》，第3卷，第26章，第1页；普鲁塔克：《阿基斯传》，第9页；西塞罗：《论神性》（De divinatione），第1卷，第43章，第96页。——译注

④ 卡尔卡斯（Calchas），传说中的预言家，曾参加希腊人对特洛伊的远征。——译注

⑤ 参见斯特拉波（Strabo）：《地理学》，第6卷，第3章，第9页。——译注

也差不多。求问者献祭一只绵羊，把它的皮铺在地上，睡在上面，以便在梦中接受解答。如果这个神示所的位置在（如我们有理由相信的那样）提布尔（Tibur）的小瀑布旁边的圣树林中，那么，肃静的树木阴影和咆哮的瀑布水流，大概会激发朝圣者的宗教敬畏感，并且交织在他们的梦中。[1]这个圆形的小神示所孤悬在飞流直下的瀑布之上，正好是乡间的神灵向熟睡的信徒窃窃私语的地方。

### 3. 天梯

与希腊和意大利的那些景色优美的神谕地点判然有别的是，位于光秃秃的小山中的荒凉石洞，雅各曾在此入睡，看见了神的使者在从地上通往天界的梯子上上来下去。在世界的其他地方，我们也遇到了对这样一种被神灵或鬼魂使用的梯子的信仰。例如，当谈到西非的神灵时，金斯利（Kingsley）小姐告诉我们："在那里的几乎所有的本土传统系列中，你都会发现一些故事说，有一段时间，生活在天界的众神或神灵能与人直接交流。据说，这种交流总是被人类的某些过错阻断了。例如，费尔南多波岛上的人说，从前大地上没有困难或严重的干扰，因为有一架梯子，就像用来摘棕榈果的梯子那样，'只是很长，很长'，这架梯子从地上伸到天上，所以神灵可以通过它上来下去，亲自参与世俗的事务。可是，有一天，有一个跛足的孩子爬上了梯子，当他的母亲看见他时，他已经爬了很高，母亲就在后面追他。神担心孩子和女人会闯入天界，就推倒了梯子，从此就真正丢下人类不管了。"[2]

西里伯斯岛中部说巴雷埃语的托拉查人（the Bare' e-speaking Toradjas）说，古时候，所有人都生活在一起，天与地由一根巨藤相连。有一天，一位出身于天界的英俊小伙子，骑着一头白色的水牛出现在大地上，人们称之为太阳先生（Lasaeo）。他发现田里有一位正在劳作的姑娘，就爱上了这个姑娘，并娶她为妻，他们一块儿生活了一段时间。太阳先生教会人们耕地，给他们配备了水牛。可是，有一天，太阳先生的妻子给他生的那个孩子在家里偶然做错了事，由此冒犯了太阳先生。出于对人类的厌恶，他又通过巨藤回到了天界。他的妻子想爬上去追他，可他把巨藤砍断了，所以他和妻子都摔到地上变成了石头。现在，我们还可以从离温比（Wimbi）河不远的灰岩山上看出他们的形象。这座山的形

---

[1] 参见维吉尔：《埃涅阿斯纪》（*Aeneid*），第 8 章，第 81 页以下；奥维德（Ovid）：《岁时记》（*Fasti*），第 4 章，第 649 页以下。——译注

[2] 玛丽·金斯利（Mary Kinsley）：《西非之旅》（*Travels in West Africa*），1897 年，第 507 页。——译注

状像一圈绳子，由此产生了"藤山"这个名字。①此外，在托拉查人的故事中，我们听说了某种"升藤"，凡夫俗子能通过它从地上升到天上。它是缠绕着无花果树生长的一种多刺的攀缘植物，每年都绕着树干长出新的一圈。任何想利用它的人，都必须首先弄断其柔韧的纤维上的七根粗茎，这样就把"升藤"从熟睡中唤醒了。它抖动着身子，卷着一个槟榔子，问这个人想要什么。如果他请求被带上天，"升藤"就让他坐在它的刺上或上端，随身带上七个装满水的竹容器，作为压载物。当"升藤"升上天时，它左歪右斜，让上面的客人倒出一些水，然后"升藤"就恢复了平衡。到达天穹之后，"升藤"飞速通过天穹上的一个洞，用它的刺紧紧抓住天界，它耐心等待着，直到那位客人在上面把事情办完并准备返回大地。故事的主人公以这种方式去了天界，在那里实现了他的目的，无论这个目的是找回被偷的项链，是袭击或抢劫某个天界的村庄，还是请天界的铁匠让某人起死回生。②

苏门答腊的巴塔克人（the Bataks）说，从前在大地的中央有一块岩石，其顶部直达天庭。某些有特权的人物，如英雄或祭司，可以通过它爬上天。天上生长着一棵很大的无花果树（waringin），它的根部连接着这块岩石，这样就使芸芸众生爬上它，进入高高的天庭。可是，有一天，有一个人不顾一切砍倒了这棵树，或者可能砍断了它的根，因为他的从天界下凡的妻子又从那里返回了，留下他一人孤苦伶仃。③马达加斯加的贝齐米萨拉卡人（the Betsimisaraka）认为，死者的灵魂沿着一根银锚链攀爬升天，天界的神灵也可以通过它来到人间，完成他们的使命。

与这些想象的梯子不同，一些民族树起真梯，供神或神灵从天界下到地上。例如，在印度群岛（the Indian Archipelago）的帝汶海、巴伯尔（Babar）和勒提岛（the Leti Islands）的土著，把太阳当做主要的男神来崇拜，认为在每年雨季开始时，它使被看做女神的大地肥沃多产。为了这个仁慈的目的，这位神祇降落在一棵神圣的无花果树（waringin）上。为了让它能够降落到地上，人们在树

① 参见阿德里亚尼（N. Adriani）和克鲁伊特（A. C. Kruijt）：《西里伯斯岛中部说巴雷埃语的托拉查人》（*De Bare' e-sprekende Toradja' s van Midden-Celebes*），第 1 卷，1912—1914 年，第 23—24 页，第 273 页。——译注

② 参见阿德里亚尼（N. Adriani）和克鲁伊特（A. C. Kruijt）：《西里伯斯岛中部说巴雷埃语的托拉查人》（*De Bare' e-sprekende Toradja' s van Midden-Celebes*），第 3 卷，第 396 页以下，第 436 页以下，第 440 页。——译注

③ 参见克鲁伊特（A. C. Kruijt）：《印度群岛上的万物有灵论》（*Het Animisme in den Indischen Archipelage*），1906 年，第 494 页以下。——译注

下搭了一个七档梯，这些横档装饰有两只公鸡的雕刻形象，似乎要用公鸡尖锐嘹亮的声音通报日神的到来。①当西里伯斯岛中部的托拉查人在新房落成典礼上向神献祭时，他们树起两根植物秸秆，饰以七条白棉花带或树皮带，作为神的梯子，让诸神下来分享为他们提供的米、烟草、蒌叶和棕榈酒。②

此外，古代和现代的一些民族还想象亡灵通过梯子从地上升天，他们甚至在墓穴里放置微型的梯子，让亡灵能够由此爬进天堂的住所。因此，在世界最古老的文献之一金字塔经文（the Pyramid Texts）中，经常提到已故的埃及法老借以登天的梯子。在许多埃及的墓穴中，都发现了梯子，这大概是意在使幽灵爬出墓穴，甚至像古代法老那样升天。③尼泊尔的一个好战的部落曼嘉人（the Mangars）为他们的死者精心准备了能够借以爬上天庭的梯子。"在墓穴的每一边都竖着大约 3 英尺长的两段木头，其中一段被刻上九个阶梯或切口，形成让亡灵升天的梯子，每个参加葬礼的人都要在另一段木头上刻上一个切口，表明他来过这里。当死者的舅舅从墓穴里爬上来时，他向死者庄重地告别，并提醒他用为他准备好的梯子升天。"④但是，为了提防这个幽灵拒绝趁此机会上天，而是喜欢回到他熟悉的家中，送葬者们小心翼翼地用荆棘丛堵住他回家的路。

## 4. 圣石

虽然环境单调而荒凉，但在后来的时代，伯特利还是成为北部王国最受欢迎的圣所。耶罗波安（Jeroboam）使两只金牛犊成为以色列⑤的神，并在此首创了对其中一只金牛犊的崇拜，他建造了一个祭坛，设置了祭祀职位。在先知阿摩司⑥的时代，这个圣所处于国王的特殊庇护之下，并被认为是一个皇家圣所。膜

---

①参见韦克塞尔（P. te Wechel）的文章，见《民族志国际档案》（Internationales Archiv für Ethnographie），第 22 卷，1915 年，第 45 页以下。——译注

②参见阿德里亚尼（N. Adriani）和克鲁伊特（A. C. Kruijt）：《西里伯斯岛中部说巴雷埃语的托拉查人》（De Bare'e-sprekende Toradja's van Midden-Celebes），第 2 卷，1912—1914 年，第 163 页。——译注

③参见布雷德斯特德（J. H. Breasted）：《古埃及宗教与思想的发展》（Development of Religion and Thought in Ancient Egypt），1912 年，第 111 页以下；埃尔曼（A. Erman）：《埃及宗教》（Die Aegyptische Religion），1909 年，第 112 页，第 212 页以下。——译注

④里斯莱（H. H. Risley）：《孟加拉的部落和等级制》（The Tribes and Castes of Bengal），第 2 卷，1891 年，第 75 页。——译注

⑤雅各的别名，也指犹太民族。——译注

⑥阿摩司（Amos），《圣经》中记载的公元前 8 世纪的希伯来先知，见《旧约·阿摩司书》。——译注

拜者云集于此，祭坛不断增加，仪式也比较讲究，庙里征收的什一税①就能满足日用的开销。圣所周围有很多贵族和富人的夏宫和冬宫，而且也很豪华。自远古以来，这个自然荒凉且不招人喜爱的地方所萦绕的神圣气氛，已经渐渐给这里带来了一切奢华的景观和雅致，为了说明这一点，雅各和他的梦这个老故事，又被讲给那些膜拜者听。每当他们给祭司付上什一税时，他们就知道自己正在兑现这位祖先在很久以前立下的一个誓言，即当他躺在一圈石头里，从不安的睡眠中惊醒时，他发誓要将神给他的十分之一还给神。人们相信，立在主祭坛旁边的大型立石或立柱，无疑正是那个值得回忆的夜晚这位流浪者枕过疲倦的头的那块石头，翌日清晨，他把它竖起来，作为那场梦的纪念。因为这样的圣石或巨石是古代迦南人和希伯来人的圣所的常规特点，其中有许多已经被发掘者在其最初的地点发现了，他们让这些古代的"高地"在现时代呈现出来。甚至先知何西阿②似乎也认为，立石或立柱是祭拜耶和华圣所不可缺少的辅助物。只是在后来的时代，希伯来人的宗教进步精神才把这些质朴的石头纪念碑斥为粗鄙，下令毁坏它们，禁止树立它们。最初，人们似乎认为神就栖身于石头之中，正是他的令人敬畏的现身，才给石头赋予了神圣性，因此，雅各宣布，他在伯特利立的那块石头，应该就是神的殿。

神或其他威力无比的神灵寄居在石头之中，这种观念并非古代希伯来人独有，许多地方的许多民族都有这种观念。古代阿拉伯人就崇拜石头③，甚至在伊斯兰教的影响下，麦加的黑色石继续在其宗教的中心圣地的祈祷中占据重要地位。④如通常理解的那样，先知赛亚或后来以他的名义行世的作者，都指责喜欢偶像崇拜的希伯来人，因为他们崇拜干燥的石沟里被水侵蚀过的平滑砾石，在上面泼上奠酒并献上牺牲物。据说，古代所有希腊人都崇拜未开采的石头而不是偶像。在亚加亚⑤的帕拉（Pharae）的集市上，有30块方石，人们给每块立石都起了一

---

① 古代埃及、巴比伦、希伯来、希腊、罗马等地有一个惯例，即将人们个人财产或收入的十分之一上缴国王或祭司。公元6世纪欧洲基督教会利用《圣经》所说的十分之一农牧产品"属于上帝"的说法，向居民征收什一税。——译注

② 何西阿（Hosea），《圣经》中记载的公元前8世纪的希伯来先知，见《旧约·何西阿书》。——译注

③ 参见克莱门（Clement of Alexanderia）：《劝告希腊人》（Protrept），第4章，第1页。——译注

④ 参见泰勒（E. B. Tylor）：《原始文化》（Primitive Culture），第2卷，1873年，第166页。——译注

⑤ 亚加亚（Achaia，或者写作 Achaea），古希腊的一个地区，在伯罗奔尼撒半岛的北部，相当于现在的阿黑亚州。——译注

个神的名字。①维奥蒂亚的塞斯皮亚（Thespiae）的居民膜拜爱神甚于其他所有神灵，伟大的雕刻家利西波斯②和普拉克西特列斯③用青铜和大理石制作了这位爱神的壮丽的城市塑像。不过，在这些精致的希腊艺术作品旁边，人们还膜拜一尊糙石般的朴拙神像。色萨利的埃涅阿涅人（the Aenianes）崇拜一块石头，为它献上牺牲，并在它上面抹上牺牲动物的脂肪。

世界各地都有荒石崇拜，但可能没有哪里比美拉尼西亚更为系统。例如，在班克斯群岛和北部的新赫布里底群岛，接受供奉食物的神灵，几乎总是与摆放祭品的石头有关。其中有些石头自古以来就是某位神灵的圣石，而且有关抚慰这位神灵的恰当方法的知识，代代相传，现在传给了有幸拥有这块石头的某个人。"但任何人都可能为他自己找到激发他的想象力的石头或者对他来说非同寻常的其他东西，比如说，窝巢里的一条章鱼、一条鲨鱼、一条蛇、一条鳗，因此，他把这些与某位神灵联系在一起。他拿着钱，把它撕碎后撒在石头的周围，或者放在他看见宝物的地方，然后，他回家睡觉去了。他梦见有人把他带到一个地方，给他看他即将拥有的猪或钱，因为这与他发现的那个东西有联系。在班克斯群岛上，那个东西就变成了他的tano-oloolo，即他的献祭之地，他给它献祭是为了得到猪或钱。他的邻居开始明白，他有那个东西而且他的滚滚财源也在于此，因此，他们来他这里，通过他获得他认识的那位神灵的帮助。他把这种知识传给他的儿子或侄子。如果有人病了，他就给那个据说有一块神石的人一小串钱币和一点用来做卡瓦酒的胡椒根，因为人们认为，他冒犯的正是与神石有关的那位神灵。据说，病人要供奉这位拥有石头的人。后者把这些贡物拿到他的圣所，然后扔掉，并且说：'让他如此这般康复吧。'这个病人康复之后，要付费。如果某人想得到石头或者其他人知道的任何一件东西的好处，借以增加钱财、猪或食物，或者想在打架时取胜，那么，拥有石头的人就会把他带到自己的圣所，那里可能有很多石头，每块石头都适合特定的目的。求助人要给钱，大概有一百串，每串长达几英寸。引导人将给他看一块石头并且说：'这是一块大山芋。'求助人把钱放下。对另一块石头，引导人会说：'这是一头公猪。'对于又一块石头，引导人说：'这是长着獠牙的猪。'钱又被留下。这种观念认为，神灵vui就附着在喜欢钱的石头上，钱被留在石头之上或旁边。如果在献祭

① 参见保萨尼阿斯：《希腊志》，第3卷，第22章，第4页。——译注
② 利西波斯（Lysippus），古希腊雕刻家，活动时间在公元前4世纪，其雕塑的形象躯干修长，头较小。——译注
③ 普拉克西特列斯（Praxiteles），活动时间在公元前370年至前330年，是希腊最有创造性的艺术家之一。——译注

之地的献祭成功了，受益者就要向拥有石头和神灵的人付费。"①

从这一颇具启发的陈述中，我们得知，在这些岛上，一个固定的圣所源自某个人的想象，这个人已经注意到特殊形状的石头并梦见了它，于是得出结论说，这块石头中一定有某位威力无比的神灵，该神灵能够佑助他，因此，他和他的后代就要用祭品来讨好这位神灵。而且，我们也看到这样一个圣所在声名鹊起之时如何吸引越来越多的崇拜者，并通过祭品敛财，奉献者的感激之情以及贪婪使他们把这些祭品献给了神庙。在此，我们难道不正是遇到了伯特利历史的一个美拉尼西亚的翻版吗？那种更古老的解释模式可能会把它看做恶魔伪造的神灵起源。

在萨摩亚群岛的一个岛上，图里亚（Turia）神的神龛就是一块非常光滑的石头，这块石头被保存在一片圣林之中。祭司精心地清除周围的杂草，用树枝盖住这块石头，以使神灵保暖。如果因为战争、干旱、饥荒或瘟疫来此祈祷，就要小心翼翼地替换这些树枝。没人敢碰这块石头，以免它发出的有毒而致命的感应力危及冒犯者。②在萨摩亚人的另一个村里，有两块光滑的椭圆形石头，立在一个平台上，据说是控制着雨的神灵萨托（Saato）的父母。当酋长和人们准备外出几个星期到灌木丛中抓鸽子时，他们就把煮熟的芋头和鱼作为祭品放在石头上，祈祷者随身携带这些东西，以求天公作美，不要下雨。任何拒绝给石头奉献供物的人，都会被大家怒目而视，而且，如果下雨了，他就会受到人们的责备和惩罚，因为他惹怒了掌管好天气的神灵，毁了这个狩猎期的活动。当人们在荒年去寻找野山药时，他们会给那两块石头一块山药，作为答谢。他们认为，这些神使山药生长，可以把他们引向发现这种可吃的根茎的最佳地点。无论谁挎着一篮食物偶然从此经过，都要在石头上留下一点吃的东西。如果这些祭品晚上被狗或老鼠吃掉了，人们就认为神暂时在这些动物身上附身了，为的是享用这些食物。③

印度群岛的帝汶岛上的土著更关心大地神，这些神灵栖身于不同寻常和令人注目的岩石和石头之中。但并非所有这样的岩石和石头中都有神灵出没。如果某人发现了其中一块石头，他还得梦见它，才能证实某位神灵确实栖身其中。如果在他的梦中神灵向他显现并要他献祭人、动物或槟榔时，他就请人把石头搬回来，放在他家附近。这些石头就受到整个家族、整个村子甚至整个地区的崇

① 科德林顿（R. H. Codrington）：《美拉尼西亚人》（*The Melanesians*），1891 年，第 140 页以下。——译注

② 参见特纳（G. Turner）：《萨摩亚群岛》（*Samoa*），1884 年，第 327 页。——译注

③ 参见特纳（G. Turner）：《萨摩亚群岛》（*Samoa*），1884 年，第 24 页以下。——译注

拜。栖身于石头中的神灵守护着人们的安康，要求人们回报以槟榔和大米，有时还有家禽、猪和水牛。在石头的旁边，常常还立着尖桩，上面挂着被虏杀的敌人的头盖骨。

在中非维多利亚湖以北的布索加地区，"据说，每一块岩石和大石头都有自己的神灵，这些神灵总是活跃在这个地区为善或作恶。各种疾病，尤其是瘟疫，都被归因于岩石神灵的恶意。当疾病或瘟疫爆发时，一定是神灵在这个地方的某个人（男人或者女人）身上附体了，在神灵的影响下，这个人爬上岩石，从上面向人们呼喊。于是，酋长和巫医把人们召集起来，向神灵献上一只山羊或家禽，然后会得知要制止这种疾病该怎么办。在让人们知道了自己的愿望之后，神灵就离开这个人，回到岩石里，神媒也回去从事他或她的日常事务，而且可能永远不会再次受到神灵的差遣"①。因此，在布索加，有许多神圣的岩石和石头，它们被描述为当地的神祇，在各种情况下，人们都要乞求它们的佑助。尼日尔河南部的法属苏丹的门克拉人（the Menkieras）为岩石和石头献祭。例如，在萨波，酋长的家门口有一块大石头。任何一个还没娶老婆或老婆没孩子的男人，都要给这块石头献上一只家禽，希望这块石头能给他带来老婆或孩子。他把家禽递给酋长，由酋长来献祭并吃了它。如果他的美梦成真，他还要给石头献上另一只家禽作为答谢。

曼丹印第安人（the Mandan Indians）的大神谕所是一块周长约 20 英尺、厚重多孔的石头，其神奇的言语受到这些单纯的野蛮人的绝对信奉。每年春季以及夏季的某些时候，有一组代理人在这块圣石上等待着，郑重其事地对着它抽烟，他们自己轮流抽上一口，然后把烟管递给石头。如期举行了这种仪式之后，这些代理人晚上就睡在旁边的木头上，他们设想那块石头在那里独自冥想。翌日清晨，思考的丰硕成果就显现为石头上的一些白色标记。代理人中的一些成员不用费力就译解了这些标记，因为正是他们在黑夜时分把这些标记绘制上去的，彼时，他们容易轻信的同胞已经沉入了梦乡。此外，我们得知，达科他印第安人（the Dacota Indians）"会捡起任何一种圆石，在它上面涂抹，从他的小屋走出几杆远，清除至少直径有 1—2 英尺的一块地上的杂草，把他的石头或（如他说的）神放在那里，向它供奉一些烟草和羽毛，祈求这块石头让他摆脱他可能梦见或想象的危险"。

苏格兰高地的居民过去相信某种被称为格鲁尔希（the Gruagach）的精灵，它有时被看做男性，有时被看做女性。这种精灵出没于放牛的牧场，照看着牛

---

① 罗斯科（J. Roscoe）：《北部班图人》（*The Northern Bantu*），1915 年，第 250 页。——译注

群，使它们远离岩石。每个乡绅的牛棚里都可以发现一个格鲁尕希，每天晚上，都必须在一块特定的石头上的小坑里给它留一点儿牛奶，这种石头就保存在牛棚里，并被称为格鲁尕希石。如果不这样做，母牛就不产奶，而且碗面上就不会浮出奶油。有些人说，只有在人们准备去夏牧场或从夏牧场回来时，或者当某人拿着牛奶经过牛棚时，才把牛奶倒在格鲁尕希石上。在斯凯岛的波特里附近的霍尔姆、东锡德和斯科里布里克（Scorrybreck），仍可以看到上面洒着奠酒的石头。但是，这些石头与其说被看做格鲁尕希的栖身之所，还不如说被看做是他或她舔食牛奶的容器。他或她通常被想象为长着黄色长发、衣着漂亮的绅士或女士。在挪威的有些山区，直到 18 世纪末，农民们还习惯于保存一些圆石，每星期四的晚上，他们就清洗它们，在近火处给它们抹上黄油或其他动物油，把它们放在铺有新鲜禾秆的尊贵之位上。而且，在一年的某些季节里，他们要把这些石头浸泡在麦芽酒中，相信它们会给家庭带来好运和安宁。①

挪威的这种给石头抹黄油的习俗，让我们想起雅各为了纪念自己在伯特利的幻梦而立石浇油的故事。这个传说是石头的神圣性的最佳证据，而且可能指的就是在圣所给圣石抹油这一古代习俗。当然，给圣石抹油的习俗早已广为流传。在德尔斐，靠近尼奥普托列墨斯②的墓穴，有一块每天都被泼油的小石头，每逢节庆，上面都要铺上没有纺过的羊毛。③据泰奥弗拉斯托斯④的看法，在古希腊人中，迷信者的特点是，当他在十字路口看见光滑的石头时，就把瓶中的油浇在石头上，在继续赶路之前，还要跪下来祭拜它们。⑤同样，吕西安也提到，有一位名叫鲁提里亚努斯（Rutillianus）的罗马人，经常窥视着一块抹了油或戴着花冠的石头，在它前面跪下，在祭拜了这位默不作声的神祇之后，他还要站在它旁边祈祷很长时间。⑥在其他地方，这位怀疑论作家也不屑一顾地提到了被认为是献给神谕所的涂了油或戴上花环的石头。说起他自己不信教时盲目的偶像崇拜，基督教作家阿诺比乌斯⑦说："如果我碰到一块抹了油的石头，我也总要祭

---

① 参见斯文·尼尔森（Sven Nilsson）：《斯堪的纳维亚的原始居民》（*The Primitive Inhabitants of Scandinavia*），1868 年，第 241 页以下。——译注

② 尼奥普托列墨斯（Neoptolemus，亦写作 Pyrrhus），希腊神话中的阿喀琉斯之子。——译注

③ 参见保萨尼阿斯：《希腊志》，第 10 卷，第 24 章，第 6 页。——译注

④ 泰奥弗拉斯托斯（Theophrastus，大约公元前 372—前 287），古希腊逍遥学派（又称亚里士多德学派）哲学家，在植物学和逻辑方面有贡献，著有《植物研究》和《品格论》等。——译注

⑤ 参见泰奥弗拉斯托斯：《品格论》，16.5.——译注

⑥ 参见吕西安：《亚历山大》（*Alexander*），第 30 页。——译注

⑦ 阿诺比乌斯（Arnobius），活动时间在公元 4 世纪，基督教著述家，于公元 300 年信奉基督教。——译注

拜它，就好像它里面栖居着某种力量似的，我讨好它，跟它说话，我要从这个没有感觉的石块中得到好处。"①

居住在孟买辖区贡根北部的一个部落瓦拉里人（the Waralis）崇拜虎神瓦黑亚（Waghia），该神是涂着铅丹和纯净奶油的一块不规则的石头。他们给它献上小鸡和山羊，在它头上把椰子砸开，并把油浇在它身上。作为对这些的回报，它保护他们不受老虎的伤害，给他们提供好的收成，让疾病远离他们。在整个孟买辖区，尤其是在贡根地区，为了辟邪或治病，天真而迷信的人们崇拜物神式的石头。每个村子里都能看见这样的石头，村民们给每个石头都起了神或神灵的名字，对它非常敬畏，相信它控制着所有恶魔或幽灵。当村里发生瘟疫时，人们就用家禽、山羊和椰子之类的食物祭献给这个物神式的石头。②例如，在浦那③就有这样一块被染红和泼了油的圣石。在印度南部尼赫里（Neilgherry）山丘的托达人（the Todas）中，神圣的水牛在一年的某些季节里从山间的一个地方迁徙到另一个地方。在迁徙开始之前，要在神圣的奶牛场的一些石头上浇上油并抹上黄油。例如，莫德（Modr）就有四块这样的石头，它们都是圆的，被磨得非常光滑，大概是在仪式上被反复摩擦的缘故。④

在新几内亚西南部的凯伊群岛（the Kei Islands），每个家庭的主人都在床头前保存着一块黑色的石头，当要去打仗、出海或做生意时，他就在这块石头上涂上油，以确保成功。关于马达加斯加中部的一个部落贝齐寮人（the Betsileo），我们得知，"在这个地区的许多地方，都有让每个游客不得不瞩目的巨石，因为它们的表面全被涂上了油，或者至少顶部被浇上了油脂或油。这使外来人相信，这些石头是贝齐寮人崇拜的神。我认为，不能说它们被崇拜或者被看做神灵，但毫无疑问，它们与迷信有关。在这个地区，人们迷信地看待两种特殊的石头。一种被称为 vátobétròka，受到没孩子的妇女的崇拜。她们带着一点油脂或油，把它们抹在石头上，同时向它呼求，她们保证说，如果她们有了孩子，她们将回来，再给它抹上更多的油。同样的石头也有商人向它乞求，他们保证说，如果他们的货很快能够卖掉而且卖了好价钱，他们就会回到石头这里，给它抹上油，或者在它下面埋进一些银子。这些石头，有时是天然奇特的形状，有时（但更罕

---

① 阿诺比乌斯（Arnobius）：《反对异教徒》（*Adversus nationes*），第 1 卷，第 39 页。——译注
② 参见恩托文（R. E. Enthoven）：《贡根地区的民俗》（*Folklore of the Konkan*），见《印度古代文化补编》（*Supplement to the Indian Antiquary*），第 44 卷，1915 年，第 81 页。——译注
③ 浦那（Poona），印度西部的一个城市。——译注
④ 参见里弗斯（W. H. R. Rivers）：《托达人》（*The Todas*），1906 年，第 130 页以下，第 143 页。——译注

见）是非常古老的墓碑"[1]。在牛都难以行走的山路的某些地方，英属东非的阿坎巴人部落中的每个人都要停下来，给一块特殊的石头抹上黄油或油脂。[2]

根据这些类似的现象，我们有理由认为，在伯特利有一块圣石，自远古以来，崇拜者就习惯于在上面浇油，因为他们相信它实际上就是"神殿"（Beth-el）[3]，即神灵的住所。这种信仰和习俗可以追溯到雅各这位先人在其后代还没有繁衍于此并且拥有这块土地很久以前就领受的启示。我们无法确定，这个启示的故事是体现了一个真实事件的传统，还是仅仅为了解释这个地方与现有习俗一致的神圣性而编出来的。迦南可能有许多这样的圣石或神殿，它们全都被看做威力无比的神灵的居所，因而也被浇上油。Beth-el 或神殿这个名字，似乎成了巴勒斯坦的某种圣石的共同称号，因为希腊语的 baityl-os 或 baityl-ion 来自希伯来语，用来指被描述为圆形和黑色的、有灵魂或者被其激活的、在空气中来回移动并且用一种喘鸣声表达神谕的石头，男巫能够解释它的声音。这样的石头是各种神祇的圣石，希腊人把这些神祇称为克罗诺斯[4]、宙斯、太阳神等等。但是，有关这些石头的描述暗示出，从常规来看，它们都是小型的和便携式的，其中一个据说被弄出完美的球面，直径有一拃宽，虽然其体积可以神奇地增大或缩小，颜色也可以从微白到紫色发生变化，其表面还刻上了字母，用朱红色衬底。另一方面，伯特利的那块圣石可能是希伯来人称为 masseboth 的那些体积庞大的立石或粗柱之一，如我们所见，这些石头或柱子是迦南人和早期以色列人的圣所的常规附属物。最近在巴勒斯坦，尤其是在基色和他纳[5]的圣所，已经发现了保存完好的立石或柱子的样品。其中有些在顶部或在柱子的一侧还雕了小洞，大概是为了放油或血的祭品。因此，我们可以认为，雅各在伯特利立起并浇油的是一块圣石，他的后代多年来可能也以类似的方式对它表示尊崇之意。

---

[1] 肖（G. A. Shaw）：《贝齐寮人》（*The Betsileo*），见《安塔那利佛年鉴和马达加斯加杂志》（*Antananarivo Annual and Madagascar Magazine*），前 5 期重印本，1885 年，第 404 页。——译注

[2] 参见希尔德布兰特（J. M. Hildebrandt）的文章，见《民族学杂志》（*Zeitschrift für Ethnologie*），第 10 卷，1878 年，第 384 页。——译注

[3] 伯特利的名称 Beth-el（或译贝特耳）来源于此，该城在耶路撒冷以北 18 公里处。——译注

[4] 克罗诺斯（Cronus，亦写作 Cronos），希腊神话中的巨人之一，是天神和地神的儿子。——译注

[5] 他纳（Taanach），耶斯列平原上的一座迦南人的城市。——译注

# 第五章　雅各在井边

在天使的幻象以及在伯特利得到的神圣庇护诺言的激励下，这位先人继续赶路，并及时赶到了东方之子（the children of the East）的领地。在那里，他遇到了自己的亲戚；在那里，他遇到了自己的妻子；在那里，他从无家可归的穷流浪汉变成了拥有成群牛羊的富翁。雅各及其后代在历史上如此重大的事件，究竟发生在哪块土地上，现在还没有准确的定论。讲这个故事的历史学家，或者不如说是文学艺术家，满足于留下地理的含混性，与此同时，他又以最生动的笔调描述了这位流放者遇到他的第一个爱人的情形。在他的笔下，这个场面的紧张炽烈，堪比拉斐尔画笔下发生的场景，后者在梵蒂冈的画板上已经为它赋予了第二个不朽的生命。这不是城镇而是田园生活的一幅图画。这对恋人相见了，不是在集市的人群和喧闹中，而是在沙漠边缘绿草地的宁静与平和中，头顶有广阔的天空，周围躺着成群的绵羊在耐心地等待着去井边饮水。这位作者指明了这次见面发生的那一天的时间，因为他告诉我们，这时还没到正午，实际上，他让我们在南方午后的闷热袭来之前，呼吸到了夏季清晨的新鲜气息。对年轻恋人的第一次约会来说，还能想象出比这更合适的时间和地点吗？在这样的时间和场景的吸引之下，甚至雅各那样冷酷无情的贪财性格也被某种类似于温柔的东西感化了。只有这一次，他忘记了冷酷的得失计较，让堪称骑士般的爱占了上风：因为在看到这个漂亮的姑娘和她的羊群走近时，他就跑到井边，把井口沉重的石头搬开，为她饮了羊。然后，他吻了这位表妹的漂亮脸蛋并放声痛哭。他是不是想起了在伯特利的天使之梦而且发现这个幻象在爱情的梦想中变成了现实呢？我们无从知晓。当然，这位自私的阴谋家似乎暂时变成了热情奔放的恋人。这是他平淡无奇甚至卑微的生活中的瞬间诗意和浪漫。

雅各吻了美女表妹拉结之后为什么会放声大哭，这个问题让《创世记》的阐释者们有些一筹莫展。他们设想，他为这次旅行的大团圆结局而热泪盈眶，他们认为，之所以用这种表达快乐的方式，是因为东方民族更加多愁善感，或者他们对自己的情感表达的控制程度较低。这种解释或许包含着一些真理，但这些阐释者显然没有注意到，在不少民族中，哭泣是欢迎陌生人或朋友的一种传统方式，尤其是在长期离别之后，它常常是一种礼节，行这种礼节时，并不比我们履行握手或举帽示意的习俗时更激动。这种习俗的一些实例，将使这一点一目了然。

在《旧约》中，我们碰到了以这种方式向亲友打招呼的另一些实例。当约瑟在埃及同胞面前出现时，他亲吻他们并且痛哭流涕，甚至让房间另一头的埃及人听见了他的声音。可是，他在那种场合流泪，大概是自然的情感表达方式，而不仅仅是习惯使然。实际上，在他第一次遇见便雅悯的感人事件①中，这一点几乎明白无疑地表现了出来。当时，由于无法控制自己与失散多年又最爱的弟弟重逢的激动之情，他迅速离开接待室，回到自己的房间独自哭泣，直到能够重新平静下来，然后，他洗了洗发红的双眼和被泪水打湿的面颊，以镇定自若的神情回到他的同胞面前。此外，约瑟在歌珊遇到年迈的父亲时，也趴在这位老人的颈边哭了好一阵子。可是在这里，当他看见这个灰白的头在他面前谦卑地低下并想起很久以前他还年轻的时候父亲对他的所有善举时，他的眼泪大概也是发自内心的。两个密友大卫和约拿单最后一次在黑夜里相逢时，都觉得以后不大可能相见了，他们互相亲吻，抱头痛哭，大卫甚至伤痛欲绝。②在此，我们也可以相信，这种感情不是装出来的。在《多比传》③中，我们再次读到，多比亚斯作为生人来到他在埃克巴坦纳的亲戚拉古埃勒的家中，他对主人作了自我介绍，"然后拉古埃勒跳起来，亲吻他并落了泪"。不过，即使在这里，眼泪的迸发，大概也是喜出望外的结果，而不是对社会习俗的简单遵从。

然而，对于希伯来人是这样，而对于处在较低文化阶段的种族来说，在相见或分别时落泪，似乎肯定是对礼貌社会规定的礼仪的正式遵循。有些民族严格要求所有声称具有良好修养的人都表现出真实的或人为的情感，新西兰的毛利人（the Maoris）就是这样的民族之一。据说，"在朋友离去和归来时，人们的柔情倾向表现得更多。如果一位朋友要出海去不远的杰克逊口岸（Port Jackson）或范戴曼之地（Van Dieman's Land），许多外露的情感就会展示出来：开始时是一种暗送秋波式的媚眼，然后是抽泣，还有多愁善感的感叹，然后眼泪开始在眼眶里打转，脸也歪了；然后他们将挪近那个人，依依不舍地抱着他的脖子；接着，他们开始放声大哭，用燧石划抹脸和胳膊；最后号啕大哭，亲吻、眼泪和

---

① 便雅悯是约瑟的胞弟。约瑟被众兄长卖到了埃及。后来，便雅悯随众兄来到埃及，约瑟便与便雅悯抱头痛哭，又与众兄弟亲嘴相认。——译注

② 见《撒母耳记上》第20章。——译注

③ 《旧约》中的外典之一卷。——译注

血几乎让人透不过气来，那个可怜的家伙急于从所有这一切中挣脱出来。在朋友归来或者当他们远道而来时，同样会发生这种情形，只是参加的人更普遍而已。在面对他们表现出来的那种忧郁的神情以及他们发出的悲伤的喧闹声和嘈杂的噪音时，你很难止住自己的眼泪。所有这些举动都含有不少虚情假意，因为开始他们会与他们知道必须为之哭泣的那个人保持不远的距离，直到他们自己有了思想准备，而且让自己的情绪达到适当的高度时，他们假装急不可耐地冲上去抓住自己的'受害人'（这是可用的最佳'术语'），马上开始折腾他们自己的身体以及'受害人'的耐心。有一件事情值得注意，那就是：在所有场合，他们都能让眼泪说来就来，当停则止。有一次，我被这种情景逗乐了，它发生在离怀马蒂大约10英里的一个名为凯科伊（Kaikohi）的村里。他们的六个朋友和亲戚在离开六个月后从泰晤士河回来了。他们所有人都忙着例行的哭喊，村里的两个妇女突然互相暗示对方，擦干眼泪，关闭情感的大门，非常坦率地对人群说：'我们还没哭完，我们要把食物放在炉子上，做熟，准备一些盛食物的篮子，然后我们再回来继续哭。也许在吃的东西准备好了之后，已经不需要我们来哭了，要不然，我们晚上还可以再哭。'这些都是用一种假哭的声调说出来的，最后是：'这样不行吗？嘻！这样不行吗？嘻！'我对他们说他们很虚伪，因为他们实际上甚至不会像关心一个土豆的价格那样在意他们是否会再次见到这些人或者他们哭的是谁。我听到的回答是：'哈！新西兰人的爱都是用眼和嘴表达出来的。'"[①]狄龙（P. Dillon）船长就多次成为这些喧闹的情感展示的"受害人"，他向我们讲述了他如何以相应的方式加以应对。他说："新西兰有一种习俗：当亲友久别重逢时，双方要碰鼻子，掉眼泪。出于礼貌，我每每必须遵守这些礼节，因为我在这方面的失礼会被认为是败坏了友谊，按照新西兰的礼貌规则，人们就会认为我比野蛮人好不到哪里去。但不幸的是，我的铁石心肠并不能在所有场合都现成地掉出眼泪，从而产生新西兰人那样的柔情，但通过用口袋里的一条手绢捂着我的眼睛，加上有时再用当地的语言哭号几下，就可以满足所有真实的哀伤的需求。对陌生的欧洲人，可以免去这种礼节，但对我来说，却不能幸免，我是一个Thongata moury，也就是一个新西兰人或乡下人，就像他们喜欢称呼我的那样。"我们还读到："动情是新西兰人见面时的特点，但离别一般并没有表现出任何外在的情感。在见面时，男人和女人互相挤压他们

---

① 耶特（W. Yeat）：《新西兰纪事》（*An Account of New Zealand*），1835年，第100—102页。——译注

的鼻子，在此过程中，还要以催人泪下的哀诉在泪雨滂沱中反复念叨自上次见面以来发生的彼此都感兴趣的事情。如果见面的是关系密切的亲戚而且是久别重逢，挤压鼻子和哭喊就要持续半个小时；如果熟人邂逅，只碰一下鼻子就离开。这种招呼叫做 hongi，被认为是闻味，就像东方国家的吃盐习俗一样，这种做法也解除了敌人之间的敌意。在 hongi 时，从不碰嘴唇，这不是接吻。"[1]

在安达曼群岛的土著中，"亲戚们在离别几个星期或几个月之后，要在见面时用胳膊搂着对方的脖子围坐在一起哭号，足以使外人认为他们有很大的悲痛，并以此证明他们的喜悦之情。而事实上，他们表现出来的欢乐与他们在某人死去时表现出来的悲伤，并没有明显的差异。异口同声的哭喊由妇女开始，但男人很快会加入其中，三四个人一组哭成一片谐音，直到他们声嘶力竭，才不得不停下来"[2]。在印度的比拉斯布尔地区的蒙格里塔希尔（Mungeli Tahsil）民族中，"当亲人久别重逢时，惯常的做法是女性要哭泣而且要放声大哭。儿子离家数月又回到父母的家里，他首先要去摸父母的脚。他坐下之后，母亲和姐妹走过来，依次把双手放在他的肩上，放声痛哭，哭诉他离开后发生的特别之事"[3]。在印度中部各邦的乔汗人（the Chauhans）中，礼节要求妇女在遇到远道而来的亲戚时都应该哭泣。"在这种情况下，两个妇女遇到一起时，她们就一起哭，各自把头放在对方的肩膀上，把手放在对方的身旁。她们在哭泣时，头的位置要改变两三次，根据她们的关系，一个人称呼另一个人为妈妈、姐妹等等。或者如果家里的任何成员死了，她们就会呼唤他或她，喊道：'哦，我的妈呀！哦，我的姐啊！哦，我的爸啊！为什么不让我这个不幸的人替你去死啊？'一个男人和一个女人一起哭泣时，男人把女人的头靠到自己的胸前并不时地喊道：'别哭了，不要哭。'两个女人一起哭泣时，礼节的要点是年长的要首先停止哭泣，然后要她的同伴也这么做，但如果不知道谁大谁小，她们有时就持续哭上一小时，把更年轻的旁观者都逗笑了，直到某位长者过来，让其中一位停止哭泣。"[4]

---

① 汤姆森（A. S. Thomson）：《新西兰的故事》（*The Story of New Zealand*），第 1 卷，1859 年，第 200 页；泰勒（R. Taylor）：《新西兰及其居民》（*Te Ika a Maui, or New Zealand and Its Inhabitants*），1870 年，第 222 页。——译注

② 曼（E. H. Man）：《论安达曼群岛的土著居民》（*On the Aboriginal Inhabitants of the Andaman Islands*），London，无出版时间，第 79 页以下。——译注

③ 参见戈登（E. M. Gordon）的文章，见《皇家亚洲学会杂志》（*Journal of the Royal Asiatic Society*），新系列，第 1 卷，1905 年，第 184 页。——译注

④ 拉塞尔（R. V. Russell）：《印度中央邦的部落和种姓》（*The Tribes and Castes of the Central Provinces of India*），第 2 卷，1916 年，第 428 页。——译注

用挥泪如雨来表示欢迎，似乎是南北美洲印第安人部落的共同习俗。[1]居住在巴西里约热内卢周围的图皮人（the Tupis）有一种礼节，当陌生人进入他希望受到礼遇的小屋时，他应该坐在主人的吊床上，在那里沉思片刻。然后家庭主妇会走过来，坐在吊床周围的地上，她们以手遮面，痛哭流涕，表示欢迎陌生人的到来，同时哭诉着对他的溢美之词。当这些表达在进行时，人们希望陌生人也能够感激涕零，或者至少他应该发出深沉的叹息，尽可能显得忧伤。在按照图皮人的社交礼貌规范履行了这些仪式之后，原先像是一个无动于衷又漠不关心的旁观者似的主人，这才来到他的客人面前，开始跟他搭讪。[2]查科地区的一个印第安部落伦瓜人（the Lenguas），"在别后重逢时，都有一种独特的礼节。这包括：这两个印第安人在彼此开口说第一句话之前要哭一场，否则，就是一种侮辱，或者至少是这次会面不受欢迎的证据"。

16世纪，西班牙探险家卡贝萨·德巴卡（Cabeca de Vaca）描述了印第安人的两个部落遵循的一种类似的习俗，这些印第安人居住在远离现在的德克萨斯海滨的一个岛上。他说："在这个岛上住着说不同语言的两个民族，一个叫卡波奎人（Capoques），另一个叫哈恩人（Han）。他们有一种风俗，当他们相互认识并且时时相见时，先要哭上半个小时，才互相开口说话。然后，接受来访的那个人才把自己的东西给予另一个人，后者接受之后很快就离开，有时，在接受礼物之后，甚至一句话都不说就走了。"17世纪后半叶，有一个法国人尼古拉斯·佩罗特（Nicolas Perrot）曾在这些印第安人中居住了多年，他描述了一群苏人（Sioux）如何造访他们的朋友奥塔瓦人（the Ottawas）的一个村落，"按照习俗，他们一到就开始对遇见的所有人哭泣，以此表示找到他们时感到的实实在在的喜悦之情"。实际上，这个法国人自己不止一次地成为类似的悲伤表演的对象，或者不如说是牺牲品。在受新法兰西总督委派与密西西比河对岸的印第安人谈判之后，他驻扎在河岸上，在那里，他接见了苏人的邻居和联盟阿尧人（the Ayeos）的一个特使。向西走几天就是他们的村子，他们想和法国人搞好关系。一位法国历史学家描述了这些印第安特使与可怜的佩罗特见面时的情形。他们围着他哭泣，直到泪水从他们的眼中夺眶而出；他们用自己嘴和鼻子里流出的

① 参见弗里德里齐（G. Friederici）：《印第安人的流泪问候》（*Der tränengruss der Indianer*），见《球》（*Globus*），第89卷，1906年，第30—34页。——译注

② 参见勒利乌斯（J. Lerius）：《巴西航海志》（*Historia Navigationis in Brasiliam*），1586年，第251—253页；德裕（A. Thevet）：《南极法兰西人的怪异之处》（*Les singularités de la France antarctique*），1878年，第225页以下。——译注

污物对他乱吻一通，把这些东西抹在他的头上、脸上和衣服上，直到他几乎被他们的爱抚弄晕过去，与此同时，他们还极为哀伤地尖叫着、痛号着，最后送的一些刀子和锥子阻止了这些喧闹的迸发。可是，由于他们没带翻译，所以他们根本无法表明自己的来意，只好无功而返。几天之后，来了另外四个印第安人，其中一个会说这个法国人能懂的一种语言。他解释说，他们的村子在河上游离这里9里格远的地方，他邀请这位法国人造访。邀请被接受了。在客人到来之际，妇女们逃向森林和山区，哭着把胳膊伸向太阳。然后，酋长的二十名男丁出现了，他们给佩罗特一只求和的烟斗①，用一张野牛皮把他抬进酋长的小屋。把他安置在那里之后，他们和酋长就开始以通常的方式在他身上哭泣，用他们眼中、嘴里和鼻子里流出的液体弄湿他的头。当这个必不可少的仪式结束时，他们擦干净自己的眼睛和鼻子，再把那只求和的烟斗给他。那位法国历史学家还说："世界上从没有见过这样哭泣的民族，他们的见面以眼泪相伴，他们的离别同样泪水涟涟。"

---

① 北美印第安人有和谈时吸烟斗以表示和好的习俗。——译注

# 第六章　以石堆为誓

雅各为岳父拉班"打工"多年，用他的勤劳和手艺赢得了大量的绵羊和山羊，这时，他开始对漫长的劳役感到厌倦，打算带着他的妻儿和家当回到故土。我们可以推测，促使他作出这个决定的，不仅是思乡的情感。对他来说，人生的早晨已经结束，年轻时的热烈冲动，即使让他了然于心，也已经不再支配他本质上冷静而清醒的性格。促使他作出这个决定的，可能更多的是冷静地盘算得失，而不是对他童年生活场景的渴望以及对祖国的任何感情。在这些年里，他把勤劳和狡诈巧妙地结合在一起，早就算计着从岳父的羊圈里挑出最好的羊，据为己有。他知道，那个地方没有更多的东西可得，他已经像榨干一只柠檬那样把这位老人榨干了。现在，正是把他的才能转移到更加有利可图的地方去的大好时机。由于预见到他的亲戚可能反对他带着更大的羊群离开，所以，他明智地想出了连夜搬走的办法，以避免痛苦的家庭纠纷。为此，就必须让他的妻子们守口如瓶。显然，他有些担心，不知道她们对他要说的话会作何感想，所以，他委婉地引出了这个话题。他先是低声下气地说起她们的父亲对他的态度已经有所改变；接着，又以甜言蜜语的虔诚说神已经站在他这一边，并拿走她们父亲的牲口，给了他本人；最后，为了确定这件事情，他大概眨了眨眼，告诉她们，他昨天晚上做了一个梦，在这个梦里，神的使者向他显现，要他回到他的故乡。但他很快就发现不必再拐弯抹角了，因为他的妻子们早就等着参与这个计划，而且以玩世不恭的坦率态度，公开承认她们唯利是图的动机。她们抱怨说，她们挥霍无度的父亲已经用完了她们结婚时收下的所有彩礼，没给她们留下或赠与她们任何东西，因此，她们早就想背叛他，跟着自己的丈夫远走河对岸的他乡。不过，在他们带着全部财物离开之前，幸好机灵的拉结记得，虽然她们的父亲已经挥霍光了他的绝大多数财产，可是，他还有家神在周围转悠，他们可能会对施加给主人的任何伤害进行抱怨和惩罚。所以，她想办法偷取了神像，藏在行李中，但她并没有把这些告诉自己的丈夫，可能是担心他心中残余的一点男子汉的良心会使他把这些偷来的神像留给它们的主人。

这个不可小觑的家庭的逃跑准备，现在已经就绪，只差等待一个时机，他们能够神不知鬼不觉地偷偷溜走。当拉班外出几天去剪羊毛时，机会来了，时候正好。大型马队出发了，妇女和孩子骑着骆驼走在前面，后面跟着一长串数不清的咩咩叫的羊群。他们的行进速度必然很慢，因为绵羊和山羊走不快，但他们有足足两天的时间起程，因为直到第三天，拉班才得知他们离开了。他带着他的同胞赶紧追赶，经过七天的强行军，他终于在基列的美丽山林中赶上了这支漫长而笨重的逃跑大军，也许是在绵羊吃青草的林中空地，也许是在骆驼蹚过藤丛或者畜群涉过浅滩的一个深深的幽谷。接着，这两个亲人之间发生了一场怒气冲冲的争吵。拉班首先开始了这场口舌之战，他大声斥责雅各偷了他的神像并带走了他的女儿，如同用刀剑掳去一般。对神像一无所知的雅各平和地回答说，他既不是贼也不是窝藏赃物的罪犯，拉班可以随便搜他的行李，如果在雅各这边任何人的行囊中发现丢失的神像，拉班可以随意处死这个窃贼。于是，拉班就逐个细搜这些帐篷，但一无所获，因为狡猾的拉结已经把这些神像藏在了骆驼的驮篓里而且坐在上面，当她父亲在她的帐篷里四处翻腾时，她却用衣袖掩口窃笑。

拉班没找到失窃的财物，这让雅各完全恢复了自信。起初，在这位被他骗过和遗弃的亲戚面前，他可能还有些局促不安，而现在，他甚至觉得自己在道义上占据了一个崇高的位置，他开始用口若悬河和道德义愤的充分表现，让垂头丧气的对手甘拜下风。他以尖刻的嘲笑斥责了强加于他的莫须有的盗窃指控，他声称自己通过多年的辛勤"打工"才诚实地赢得了他的妻子和畜群，他不无伤感地夸大了自己忍受的许多艰辛以及他在自己牧羊时表现出来的良好的道义感。最后，他以热情洋溢的夸夸其谈断言说，如果没有神的佑助，他这个卑鄙的岳父肯定会让他忠实的仆人衣不蔽体、身无分文地到处漂泊。对于这种滔滔不绝的雄辩，拉班几乎无言以对，他似乎在空谈的才能方面逊于他的女婿，就像他在工于心计上略逊一筹一样。与雅各一起喝汤的人需要有一把长勺①，拉班发现自己吃亏上当了。他一筹莫展地回答说，这女儿是我的女儿，这些孩子是我的孩子，这些羊群是我的羊群。事实上，雅各在这个世界上拥有的每一件东西，确实都属于他的岳父。这个回答不只是有理有节的反驳，它甚至几近急中生智式的谎言。但争论的双方都没有任何斗志，他们不想继续交锋，而是同意握手言

---

① 比喻需要提防或多长一个心眼。——译注

和，雅各和他的全部马队继续赶路，拉班则空手而归。但在他们分开之前，他们要立一块巨石作为石柱，把许多小石头堆在它的周围，坐或者站在这个石堆上一起吃面包。这个石堆标出了一个界限，谁也不要越过这个界限去伤害另一方，不仅如此，它还在他们中间充当了他们彼此分开的证据，因此，他们用希伯来语和叙利亚语称它为证据堆。通过一个祭品和一顿共同进餐而缔结盟约，从此以后，对手和解了，至少在表面上，他们退回各自的阵营——雅各无疑对他的手腕感到满意，拉班可能不太满意，即使不满意，他仍旧保持沉默。但是，他对此事想得很开，翌日清晨，他及时起来，吻了他的外孙和女儿，并与他们道别。这样，他就返回自己的地方，雅各则继续赶路。[①]

上面叙述的整个意思似乎表明，这两个亲戚在他们分别的地点树起的石堆，就是一个纪念物，不是他们的友谊和感情而是他们相互的怀疑和不信任的纪念物：石堆提供了信守和约的物质保证，它实际上就是写在石头上的行动或记录，约定的双方把各自的手放在上面，一旦背信弃义，就可以视石头为背叛者背叛的物证。因为显然，这个石堆不仅被看做一个石堆，而且是一种人格，一个威力无比的神灵或神祇，他监视着结盟双方并把他们联结起来。拉班在仪式结束时对雅各说的一席话，暗示了这一点。他说："愿耶和华在你我中间鉴察。你若苦待我的女儿，又在我的女儿以外另娶妻，虽没有人知道，却有神在你我中间作见证。"因此，这个石堆被叫做监视塔（Mizpah），也叫证据堆，因为它把监视人和证人合为一体。

这个栩栩如生的传说中说的石柱和石堆，无疑属于约旦河彼岸地区仍然很常见的那种天然石碑，这些地区包括基列山，传说把雅各与拉班的离别就安排在这里。说起摩押之地，已故牧师特里斯特拉姆（Tristram）观察说："我们的一部分路线是沿着阿特贝耶河谷（the Wady'Atabeiyeh）往南直下泽卡（the Zerka），即一个不长却很深的峡谷。在这里，在一个由岩石形成的高岸上，我们第一次遇到了一个石桌状墓标，由四块粗糙而没有磨光的石头组成，三块在底部，构成一个方形的三条边，第四块与它们交叉，形成顶部。这些石头每块大约有 8 英尺见方。从这里往北，我们接连不断地遇到这类石桌状墓标，有时在一上午的行程中，就能见到二十多个，所有的结构都相似。它们必然会放在山的多岩石的一面，而不是山顶；三块大的放在边上，相互成直角，支撑着横跨在它们之上的巨石，它有 6 至 10 英尺见方。

① 见《创世记》第 31 章。——译注

它们是阿拉伯牧羊人最喜欢的哨所，我们经常看见他们四肢伸展地躺在上面看护他们的羊群。这类石桌状墓标似乎限于卡利赫（the Callirrhoe）和希实本①之间的地区：在这个地区以南的类似区域，它们从没出现过。不过，从前去巴勒斯坦时，我曾在热贝尔奥沙（Jebel Osha）和盖拉什之间的基列的光秃秃的地方，见过许多这类石桌状墓标，很难理解它们何以被立在这些山脚之下。我从没发现有哪一个是把第四块石头竖起来的，这些构造常常已经塌陷，但在这种情况下，石堆仍由四块构成，不多也不少。从浅薄的土壤来看，这里的地下不会有墓地，而且，在相邻地区也没有石冢或其他坟墓的遗迹。可能最初的居民在许多其他情形下树立了这些石桌状墓标，但它们又被后来的农耕民族移到这里，把它们原封不动地放在这些光秃秃的山脚之下，对于农耕而言，它们不会再有任何用处。不过，仍然值得注意的是，在摩押有三类原始的墓碑——石圈、石桌状墓标和石堆，每一种的数量都很多，存在于这个国家的三个不同地区，但它们从来不一起出现：石堆只出现在东面，在隶属阿拉伯人的山坡上；石圈在卡利赫以南；石桌状墓标在这个峡谷的北部。这一事实似乎表明，在史前时期共同存在着三个相邻的部落，每个部落都有不同的丧葬或宗教习俗。当然，现代阿拉伯人把所有这些石桌状墓标都归因于神灵。"②

我们已经看到，当雅各和拉班立起一个石堆时，他们坐在石头上一起吃了饭。③在石头上进食，可能是想认证誓约。何以被认为如此的原因，可以从古代丹麦历史学家萨克索④描述的一种北欧习俗中得到说明。他告诉我们，"古人在遴选国王时，通常要站在埋在地里的石头上宣布他们的选票，用石头的巍然永固来预示这一约定将经久不变"⑤。事实上，石头的稳固性被认为传递给了站在

① 希实本（Heshbon），约旦河河东的一个城市。——译注

② 特里斯特拉姆（H. B. Tristram）：《摩押之地》（The Land of Moab），1874年，第300—302页。——译注

③ 见《创世记》第31章第46节。英文修订本译为 and they did eat there by the heap（他们确实在那里的石堆旁吃了饭），钦定本译为 "and they did eat there upon the heap"（他们确实在那里的石堆上吃了饭）。从我在正文中引证的类似情况来看，可能修订本是错的，而钦定本是对的。文中涉及的介词"על"的原意肯定是"在上面"，在这句话中，它没有理由违背原意。——原注

④ 萨克索（Saxo Grammaticus，约1150—1220），丹麦历史学家，其重要历史著作《丹麦人的业绩》（16卷）记述了从传说中的国王到1185年间的丹麦历史，包括古代丹麦的英雄史诗和民间传说等。——译注

⑤ 奥利弗·埃尔顿（Oliver Elton）译：《萨克索丹麦史的前九章》（*The First Nine Books of the Danish History of Saxo Grammaticus*），1894年，第16页。——译注

它们上面的人，所以也就证实了他的誓言。我们读到爪哇的某个具有神话色彩的酋长，名为塞拉·珀瓦特酋长（Rajah Sela Perwata），"这个名字在其通用语中就相当于 Wátu Gúnung，给他授予这个名字，是因为他曾躺在一座像石头一样的山上，从那里获得了力量和威力，没有用其他的佑助或帮助手段"①。在印度婆罗门人的某个婚礼上，新郎要领着新娘绕行火堆三圈，他每次都要让新娘的右脚踩上一块磨石，并且说："踩在这块石头上，像石头一样坚硬，克敌制胜，把对手踩倒。"印度北部雅利安人的仪典规定的这种古代仪式，在婆罗门种姓界限之外的印度南部也得到了采纳。新婚夫妇"围着圣火走动，新郎把新娘的右脚握在自己的手中，要把它放在一块磨石上七次。这通常被称为 saptapadi（七脚），而且是婚礼不可缺少和必须遵守的组成部分。这意在奉劝新娘，要像她脚下踩的石头那样忠贞不渝"②。同样，在成年仪式上，婆罗门男孩要把右脚踩在一块石头上，同时反复说："踩在这块石头上，像石头一样坚固。让那些想伤害你的东西完蛋，把你的敌人打败。"在加贾尔北部孔基人（the Kookies）的婚礼上，"年轻夫妇分别把一只脚放在村子中央的一块大石头上，加利姆（the Ghalim）（头人）把水洒在他们身上，同时宣布美德和婚姻的忠贞之类的规劝，还说一些祝福以及希望多生贵子之类的话"③。在马达加斯加，据信，在主要的码头或家里的门槛下埋一块石头，就能够防止人间福乐的变动不居。

根据同样的道理，我们能解释把一只脚或双脚放在石头上发誓的习俗。这种观念似乎认为，石头坚硬持久的特点将传递给发誓人，并以此确保他恪守誓言。④例如，在雅典有一块石头，当九位执政官发誓要按照法律公平执政时，他们就站在这块石头上。⑤在爱奥纳岛的圣科伦巴⑥墓西边一点，"有一些黑石头，这样称呼它们，不是根据它们的颜色，因为它们是灰色的，而是根据传说中说的在

---

① 拉弗尔斯（T. S. Raffles）：《爪哇史》（History of Java），第 1 卷，1817 年，第 377 页。——译注
② 瑟斯顿（E. Thurston）：《南印度民族志札记》（Ethnographic Notes in Southern India），1906 年，第 1 页。——译注
③ 参见斯图尔特（R. Stewart）的文章，见《亚洲学会杂志》（Journal of the Asiatic Society），第 24 卷，1855 年，第 620 页以下。——译注
④ 参见拉施（R. Lasch）：《誓言》（Der Eid），1908 年，第 41 页以下。——译注
⑤ 参见亚里士多德（Aristotle）：《雅典政制》（Constitution of Athens），第 3 卷，第 55 页；普鲁塔克（Plutarch）：《索伦》（Solon），第 25 页。——译注
⑥ 圣科伦巴（St. Columba，521—597），爱尔兰基督教教士，563 年与十二名信徒去爱奥纳岛建立教堂和隐修院，向苏格兰传教，使苏格兰信奉基督教，遂被称为圣徒。——译注

发了伪誓之后接着产生的效果，即任何人以通常的方式在这些石头上发过誓之后是否有愧于它，因为在它们上面发出的誓言，在一切论争中都具有决定作用。岛王麦克唐纳举起双手跪在这些黑石头上把其土地的所有权移交给他在岛上和陆地上的诸侯，而且在许多证人面前，他要以这种姿势庄严地宣誓，他再也不会收回他此后许诺的权利：这就代替了他的玉玺。因此，只有在某人对他断言的东西十分肯定时，他才会明确地说，我以这些黑石头自由地就此事宣誓"[1]。在赫布里底群岛之一的弗拉达岛上，从前有一块人们用来发出重要誓言的圆形的蓝砂石。[2]在萨瑟兰郡的莱尔格的老教区教堂，过去在毗连的墙上要嵌进一块被称为盟约石的石头。"它是遐迩闻名的达成协议、保证忠诚和盟誓的一个媒介——我们几乎可以说它是一个神圣的媒介。只要在这块石头上把手握在一起，达成任何约定的双方就把自己与不可违背的神圣誓言连在了一起。"[3]

非洲和印度的原始民族也遵循类似的习俗。当东非阿比西尼亚[4]边界的两个博戈人（Bogos）发生争执时，有时他们就在其中一人骑跨的石头上加以解决。如果他发伪誓，他的对手就会对他发出最可怕的毒咒，石头上的那个人对每个咒语都答曰："阿门！"[5]在英属东非的阿坎巴人（the Akamba）中，郑重的誓言要在一个被称为 kithito 的物体前发出，据信，这个物体被赋予的神秘能量，能要发假誓者的命。在这个物体前放着七块石头，发誓的人要站着，他的脚跟踩在其中的两块上面。[6]在阿萨姆邦的坦库尔人（the Tangkhuls）的奈姆村，有一堆奇形怪状的石头，人们在上面发出郑重的誓言。[7]位于阿萨姆邦的加罗（the Garo）山丘中的科什巩村，有一块当地居民用来发出他们最严肃誓言的石头。在这样做时，他们首先向这块石头致意，然后两手交叉上举，眼睛一动不动地凝视着远山，他们召唤上天见证誓言的真实性。然后，再次以极为敬畏的神情

---

① 马丁（M. Martin）：《记苏格兰西部群岛》（*Description of the Western Islands of Scotland*），见《平克顿的航行》（*Pinkerton's Voyages*），第 3 卷，1808—1814 年，第 657 页。——译注

② 马丁（M. Martin）：《记苏格兰西部群岛》（*Description of the Western Islands of Scotland*），见《平克顿的航行》（*Pinkerton's Voyages*），第 3 卷，1808—1814 年，第 627 页以下。——译注

③《民俗学》（*Folk-lore*）第 8 卷，1897 年，第 399 页。——译注

④ 阿比西尼亚（Abyssinia），东非国家埃塞俄比亚的旧称。——译注

⑤ 参见蒙青格尔（W. Munzinger）：《博戈人的习俗与法律》（*Sitten und Recht der Bogos*），Winterthur，1859 年，第 33 页以下。——译注

⑥ 参见邓达斯（C. Dundas）的文章，见《皇家人类学研究所杂志》（*JRAI*），第 45 卷，1915 年，第 252 页。——译注

⑦ 参见霍德森（T. C. Hodson）：《曼尼普尔的纳加人部落》（*The Naga Tribes Of Manipur*），1911 年，第 110 页。——译注

触摸这块石头，在它上面磕头，再次召唤上天。在发布宣言的时候，他们目不转睛地看着远山，一直把右手放在石头上。①加罗人（the Garos）也在陨石上发誓："如果我说谎，愿 Goera（雷神）用这些石头中的一块杀死我。"②不过，在这种情况下，用石头是为了报复而非证实，它与其说是被用来为誓言赋予石头的稳固性，不如说是为了乞求雷神报复发假誓的人。这大概也是萨摩亚人誓言的意图所在。当受到怀疑的窃贼在酋长面前发誓说他们是无辜的时，他们"捧着一把草或任何被认为代表村神的东西放在石头上，然后把手放在它上面，说：'现在当着酋长的面，我把手放在石头上。如果偷了东西，我马上就会死。'"③

在最后这个例子中，或许也在其他一些实例中，石头似乎被认为天然具有一种神圣的生命，使它能够聆听誓言、断定真伪并惩罚假誓。在石头上发出的当然也被认为是神圣的誓言，显然具有宗教的特点，因为它们包含着对超自然力量的吁求，这种力量会迁怒于背叛者。但在上述一些情况下，人们显然认为，石头纯粹通过重量、坚固和惰性来发挥作用，所以，在这些情况下，或者无论它可能是什么样的仪式，誓言的特点都纯粹是巫术性的。人吸收石头的可贵属性，就像他可以吸收一块电池的电能一样，在这种情况下，他被石头凝固住了，就像在另一种情况下他会触电一样。在发誓人的心目中，石上誓言的宗教方面和巫术方面不一定相互排斥。含混和交融是原始思维的特点，也常常使我们有可能把这种奇异的混合物分解成各种成分。

这两种不同的思维，即宗教思维和巫术思维，似乎都进入了《圣经》中有关雅各和拉班在石堆上盟誓的叙述之中。因为一方面，通过庄严地召唤它们来见证他们的盟约，盟誓的双方显然为石头赋予了生命和意识④，就像约书亚召唤橡树下的巨石成为见证人一样，因为这块石头听见了神向以色列人说的所有言辞。⑤因此，石堆或者它中间立着的石柱被构想为一种雅努斯⑥式的人物，他的头面向两边，以达到密切监视盟誓双方的目的。另一方面，如果我是对的，最好把一

---

① 参见埃利奥特（J. Eliot）的文章，见《亚洲研究》（Asiatick Researches），第 3 卷，1807 年，第 30 页以下。——译注

② 普莱费尔（A. Playfair）：《加罗人》（The Garos），1909 年，第 75 页。——译注

③ 特纳（G. Turner）：《萨摩亚群岛》（Samoa），1884 年，第 184 页。——译注

④ 见《旧约·创世纪》第 31 章第 47—52 节。——译注

⑤ 见《旧约·约书亚记》第 24 章第 26 节以下。——译注

⑥ 雅努斯（Janus），罗马神话中的天门神，头部前后各有一张面孔，所以也叫两面神，司守门户和万物的始末。——译注

起在石堆上进食的行为解释为：企图通过分享共同的美味而在盟约者之间建立一种感应式的联系纽带，与此同时，通过把他们坐的石头的力量和坚固性吸收到自己的身体中来强化并巩固这种纽带。

如果有任何读者苦于生性多疑，仍然怀疑一个人立足的大地是否可能影响他的誓言的道德属性，我就要提醒他注意普罗科匹厄斯①的一段话，这段话将解除他的疑虑。这位诚实的历史学家讲述了一位波斯王如何想办法从一个难以对付的证人那里套出了实情，后者具有一切动机来作伪证。当帕库里斯统治波斯时，他怀疑他的属臣、亚美尼亚的国王阿萨息斯在策划一场叛乱。于是，他派人把他召来，当面斥责他的不忠。这位亚美尼亚国王愤怒地拒斥了这个指控，对所有的神灵发誓说，他的心里从未出现过丝毫反叛的念头。为此，这位波斯国王根据其巫师的暗示，开始想办法揭开这个背叛者的假面具。他在王宫凉亭的地面上撒上牛粪，其中一半牛粪来自波斯，另一半来自亚美尼亚。然后，他和他的属臣在准备好的地面上来回走动，并谴责属臣的背叛意图。这位嫌疑犯的答复显然极为矛盾，只要他踩在波斯的牛粪上，他就用最毒的誓言说他是波斯王忠实的隶臣，一旦他踩在亚美尼亚的牛粪上，他的腔调就变了，他恶狠狠地转向他的君主，威胁君主说要报复对他的侮辱，并吹嘘说，一旦他被放了将如何如何，但是，当他再次踏上波斯的牛粪时，他又战战兢兢，像前面那样讨好，以可怜兮兮的语言，乞求宗主国的宽恕。这种计策成功了：谋杀案水落石出，背叛者自己站了出来。然而，因为他是阿萨息斯家族成员，该家族是王室血统的一支，所以他可能不会被处以死刑。所以，他被按有罪的王子论处。他们把他终身监禁在一个所谓的遗忘城堡里，因为一旦某个入狱者跨入其黑暗的大门，而且这扇大门在他身后发出刺耳的响声，他的名字就再也不会被人提起，违则处死。叛国者在这里变成骷髅，这位发假誓的亚美尼亚国王在此结束了他的生命。

在今天的叙利亚，树起石堆作证的习俗显然并没有销声匿迹。这个国家最著名的一个圣地，就是霍尔山上的阿隆（Aaron）圣地。这位预言家（阿隆）在山上的墓受到朝觐者的光顾，他们乞求这位圣人帮助治好生病的朋友，并要立石堆为证（meshhad），证明他们代表患者发的誓言。②

---

① 普罗科匹厄斯（Procopius），拜占庭历史学家，著有《战争》（8 卷）、《建筑》（6 卷）和《秘史》。——译注

② 参见柯蒂斯（S. I. Curtiss）：《今日的原始闪米特人宗教》（*Primitive Semitic Religion Today*），1902 年，第 79 页以下。——译注

# 第七章　雅各在雅博河的渡口

在石堆旁与拉班分手之后，雅各和他的妻儿以及畜群继续向南赶路。现在，他从基列微风习习、长满树木的高山上，一头扎进数千英尺以下的雅博河①的幽深河谷。这次下行用了几个小时，同行者会感到，在到达这个深谷底部时，已经进入了不同的气候之中。他们首先用大约一个小时穿过高地上的松林和凛冽的寒风，进入波米（Burmeh）村温馨的氛围，这个村子掩映在果树、灌木丛和鲜花之中，这里清澈、冰凉的上等泉水会在正午休息时为他们解渴。继续下行，再陡直而下 2000 英尺，他们发现自己在雅博宽阔纵深的幽谷茂密的亚热带植物中呼吸到了温室的气息。这条峡谷极其蛮荒，景色极其优美。这个峭壁的两边几乎是垂直地升到一个很高的高度，从绝壁或陡直的坡面可以望见上面高远的天际。在这个雅博大峡谷的底部，流淌着一股汹涌的激流，其灰蓝色的流水甚至在很短的一段距离中也被高高的夹竹桃的浓枝密叶装点和遮挡着，其深红的花朵使初夏的幽谷熠熠生辉。这条河现在叫蓝河，它流得迅猛而有力，即使在平时，河水也深及马肚，有时水流大得让人无法蹚过，洪水冲洗着高高漫过两岸的青草和灌木丛。在对岸或南岸，上岸的渡口仍然极为陡峭。山路盘旋而上，游人必须下来牵着他的马。②正是在黄昏时分独自在此缓缓而上时，雅各才看到了骆驼的艰辛并听到了赶骆驼的人的吆喝声逐渐远去，直到他们的身影和声响消失在远方和黑暗之中。

这种情景有助于我们理解雅各在过河时的新奇旅程。他已经让他的妻子、使女和孩子骑着骆驼过了河，他们的前面或后面是他的畜群，所以，他独自留在了渡口。这时正是晚上，或许是一个月色笼罩的夏夜，因为他不可能试图在黑

---

① 雅博河（Jabbok），即现在的色加河，在加利利海和死海之间，雅各曾在此河渡口与一位天使摔跤。——译注

② 参见汤姆森（W. M. Thomson）：《〈圣经〉地理：黎巴嫩、大马士革以及约旦之外》（*The Land and the Book, Lebanon, Damascus, and beyond Jordan*），第 583 页以下；特里斯特拉姆（H. B. Tristram）：《以色列之地》（*The Land of Israel*），1882 年，第 549 页。——译注

夜或者在冬天河水湍急而幽深的时候让这么长的一支队伍过河。但正是在这个月夜或黑夜，在奔流的河边，有一个人来到并整晚与他摔跤，直到清晨的霞光映红了这对对手的身影上方被树木覆盖的谷顶。那位陌生人抬头看见了光亮，说："黎明了，容我去吧。"丘比特在曙光隐约可见之前也要挣脱深情的阿耳克墨娜（Alcmena）的怀抱；[①]哈姆雷特父亲的亡灵在黎明时分也这样消失了；靡菲斯特[②]在狱中用响彻耳边的绞刑架的声音警告浮士德赶快，因为天——格雷琴（Gretchen）的末日——就要亮了。但雅各缠住这个人并且说："你不给我祝福，我就不容你去。"陌生人问他叫什么，当雅各告诉他之后，他说："你的名不要再叫雅各，要叫以色列，因为你与神与人较力，都得了胜。"但当雅各说"请将你的名告诉我"时，那人却拒绝回答，在给了雅各请求的祝福之后，他就消失了。所以，雅各把那个地方叫做毗努伊勒，即神之面。他说："因为我面对面见了神，我的性命仍得保全。"很快太阳就升起来并照在雅各的身上，此时，雅各的腿瘸了，因为在摔打中，他的对手摸了他的大腿窝的筋。"故此直到今日，以色列人不吃大腿窝的筋，因为那人摸了雅各大腿窝的筋。"[③]

这个故事令人费解，它最初的某些特点可能由于有异教的味道，被《创世记》的编撰者删去了。因此，在很大程度上，对它的任何解释都是猜测性的。但把它与这个故事发生的地方的自然特点联系起来，并且与我即将引证的具有类似特征的其他传说联系起来，我们或许可以暂时认为，雅各的神秘对手就是河精或河神，雅各有意寻求这场争斗，以获取他的祝福。这大概能够解释他为什么要把他的女人、仆人和牲畜等大批人马先送过河而独自留在渡口的黑暗之中。他可能估计到，这个胆小的河神受到如此庞大的一队过河人马的踩践声的惊吓，可能就潜伏在某个深水池中，或者在某个安全的距离之外的夹竹桃丛中，当一切都过去并复归平静时，只有平时急流单调的沙沙声，好奇心会驱使他冒险走出藏身之处，探视渡口的动静。然后，在那里守株待兔的狡猾的雅各跳出来就与他展开格斗，直到自己得到渴望的祝福。正是用这种方法，墨涅拉俄斯才在正午金色的沙滩上抓住了睡在海豹群里的腼腆的海神普洛透斯，并逼他不情愿地说出了他的真相。[④]也正是用这种方法，珀琉斯才抓住了海神忒提斯并赢得她这

---

① 参见普劳图斯（Plautus）：《安菲特律翁》（*Amphitryo*），第532页以下。——译注

② 靡菲斯特（Mephistopheles），欧洲中世纪关于浮士德的传说中的主要恶魔。——译注

③ 见《创世记》第32章。——译注

④ 参见《奥德修纪》第4卷，第354—570行。——译注

个希腊人的水精成为他的妻子。在这两个希腊传说中，顺从易变的水精都在它的捕获者的股掌之间挣扎着，一次又一次地逃脱他的手掌，为了逃脱，它的形状从狮子变为蛇，从蛇又变成水，如此等等，直到它极尽变化之能事都无法逃脱之时，他的坚强对手才最终答应他的请求。所以，当赫拉克勒斯与河神阿刻罗俄斯摔跤以争夺美女得伊阿尼拉时，为了甩掉这位强壮的英雄，河精先是变成了蛇，然后又变成了公牛，但一切都是徒劳。①

这些相似之处表明，在这个故事的最初形式中，雅各的对手可能也以类似的方式改变自己的形状，以躲避纠缠不休的追随者。这种变形的一个遗迹，大概还残存在神在何烈山向以利亚现身的故事里。那个庄严的叙述中的风、地震和火，在第一种异文中被看做那个不情愿的神祇的逐个伪装，直到——被不屈不挠的先知征服，他才以仍然很小的声音显了灵。因为必须注意到的是，人们等着给自己祝福或神谕的超自然神灵，不仅有水精。比如，据说，佛律癸亚的神西勒诺斯虽然有放荡不羁的习惯，但他与普洛透斯一样，懂得大量的普通知识，只是在不得已时，他才显示出来。所以，弗里吉亚的国王弥达斯把酒掺在这位先知虚弱时屈尊啜饮的泉水里，才抓住了他。当西勒诺斯从醉醺醺的小睡中醒来时，发现自己成了阶下囚，他必须高谈阔论世界以及生活的空虚，国王才放他出去。古代有些非常严肃的作家给我们留下了有关这种布道的多少有些准确的报告，醉醺醺的酒徒在路边飞溅的泉水旁边或者按其他人的说法，在一个蔷薇园里布道。据说，努玛②使用与弥达斯类似的方法，抓住了粗鲁的神庇库斯③和浮努斯④，并强迫他们用自己的魔力和咒术把丘比特从天上召下来。

在渡口讨好善变而危险的水神，是许多民族共同拥有的一种习俗。这一观察或许可以证实，雅各在雅博河渡口的对手就是河神本人。赫西俄德说，当你准备蹚过一条河时，你应该注视着流动的河水，祈祷并洗手，因为不洗手就过河的人，将引起神的愤怒。⑤当斯巴达国王克莱奥梅尼准备入侵阿尔戈利斯时，他带着军队来到了埃拉希努斯（the Erasinus）河边，向河献祭，但预兆不利于过河。于是，这位国王说，尽管他非常钦佩河神忠于它的人民的爱国精神，但他

①参见奥维德：《变形记》，第 9 卷，第 62—86 行。——译注

②努玛（Numa），神话中的罗马国王，曾俘获了林神庇库斯和牧神浮努斯，两位神祇把人畜避雷的方法教给了他。——译注

③庇库斯（Picus），罗马的田野和森林之神。——译注

④浮努斯（Faunus），罗马的田野和森林之神，畜群和牧人的庇护者。——译注

⑤参见《工作与时日》，第 737—741 行。——译注

将不顾它的反对，入侵阿尔戈利斯。他怀着这种决心，带领军队来到海边，向大海献祭一头公牛，然后用船把部队运到了敌人的国家。[1]当波斯人的军队在薛西斯一世[2]的统帅之下来到色雷斯的斯特蒙（Strymon）河时，巫师要献祭白马并履行其他一些奇怪的仪式，然后，他们才过河。[3]在过幼发拉底河时，身为罗马军队首领的卢卡拉斯[4]要献祭一头公牛。[5]"在河岸边，秘鲁人会捧起一捧水，一饮而尽，祈祷河神让他们过去或者给他们鱼，他们把玉米投入河里作为讨好的供物。甚至在今天，科迪勒拉山系[6]的印第安人在徒步或骑马过河之前，仍要举行仪式性的啜饮。"[7]古代威尔士人"在天黑后过河之前总要往地上吐三次唾沫，以避免神灵或女巫的邪恶影响"[8]。

根据非洲东南部班图人（the Bantu）的信仰，"河流由妖魔或恶毒的精灵把持着，如果要过一条不熟悉的河，必须往河里投一把谷子或其他一些没有多少内在价值的供物，以讨好它们"。东非的马赛人在过河时，要往水里扔一把草作为供物，因为作为其牲口的生命源，草在马赛人的迷信和仪式中起着重要作用。[9]在中非的巴干达人中，如果某个行人要蹚过任何一条河，他都要请求河神让他安全通过，要往水里扔一些咖啡豆作为供品。[10]如果有人被激流冲走，他的朋友不会去救他，因为如果帮助了受淹的那个人，他们担心河神也会把他们带走。他们认为，那个人的守护神已经把他留下来作为献给河神的祭品，他必须死。在乌干达的纳基扎（Nakiza）河和塞济布瓦河的某些地方，有一些草和枝条堆在岸边，每个过河的人在过河之前都要往草堆上扔一些草或枝条，过河以后再往另一个草堆上扔一些，这是为了安全过河而献给河神的供物。这些草堆上经常还

---

① 参见希罗多德：《历史》，第 6 卷，第 76 页。——译注

② 薛西斯一世（Xerxes），波斯国王（公元前 485—前 465），曾镇压埃及叛乱，率大军入侵希腊，后来在宫廷阴谋中被谋杀。——译注

③ 参见希罗多德：《历史》，第 7 卷，第 113 页。——译注

④ 卢卡拉斯（Lucullus），罗马大将，曾任财务官和行政长官等，以宅第、宴饮奢华著称。——译注

⑤ 参见普鲁塔克：《卢卡拉斯》，第 24 页。——译注

⑥ 科迪勒拉山系（the Cordilleras），位于美洲西部，北起阿拉斯加，南至火地岛。——译注

⑦ 泰勒：《原始文化》，第 2 卷，1873 年，第 210 页。——译注

⑧ 玛丽·特里维廉（Marie Trevelyan）：《威尔士的民间传说与民间故事》（*Folk-lore and Folkstories of Wales*），1909 年，第 6 页。——译注

⑨ 参见 S·L·欣德（S. L. Hinde）和 H·欣德（H. Hinde）：《最后的马赛人》（*The Last of the Masai*），1901 年，第 103 页以下。——译注

⑩ 参见罗斯科（J. Roscoe）：《巴干达人》（*The Baganda*），1911 年，第 319 页。——译注

要祭奠更贵重的供物。祭拜者会带着啤酒、一只动物或一只家禽或一些树皮布，把供物绑在草堆上，在向神灵祷告之后，就把这些东西留在那里。对这两条河的祭拜都由一位祭司负责，但并没有庙。①贝恩（The Bean）氏族尤其热衷于崇拜纳基扎河，该氏族的祖先就是祭司。当这条河发洪水时，该氏族没有一个成员想过河，祭司严格禁止他们这样做，违则处死。

在尼罗河上游的一个叫做卡鲁马瀑布的地方，河流受到一排很高的石头的阻拦，河水冲下长长的斜坡，进入一条 10 英尺深的泄水沟。当地传说的原话说，大神的代理人或熟人卡鲁马把石头放在那里，大神对仆人这样设置的障碍物很满意，就用他的名字命名了这条瀑布，以此来奖励他。有一位男巫驻扎在那里，指导过河的献祭活动。当斯皮克（Speke）和他的同伴在这里蹚过尼罗河时，与他们同行的一群巴尼奥罗人（Banyoro）献祭了两只小山羊，两岸各一只。他们剖开小山羊的胸膛和肚子，被宰杀的动物四肢张开，躺在草和树枝上，过河者从它身上踩过，他们的行程就会一路顺风。献祭的地点，在该瀑布的男巫指导下选定。②

刚果河上游的支流之一伊图里河，构成了草地和大森林的分界线。"当我的独木舟几乎快要通过这条有 150 码宽的清澈而迅疾的河水时，我注意到对岸有两座小房子，修得很靠边，各方面都类似于村民的茅舍。老酋长不愿解释这些房屋是干什么用的，但我最终还是得知，它们是为他的前任的阴魂搭建起来的，人们要求这个阴魂守护过河的通路，以回报人们为它建房的劳动。从那时起，一旦有人马接近河岸，就要给这个灵舍留下一点吃的东西，这等于预告说，这队人马准备过河，需要该阴魂的保护。"③在尼日利亚南部的奥卡地区的伊博人（the Ibos）中，当一具尸体被运往墓地而抬尸者必须过河时，就向这条河献祭一只母山羊和一只母鸡。④

印度南部的尼赫里丘陵（the Neilgherry Hills）的巴达加人（the Badagas）相信一个名为冈孕玛（Gangamma）的神，"他们认为它会出现在每条河流中，尤

---

① 参见罗斯科（J. Roscoe）：《巴干达人》（*The Baganda*），1911 年，第 163 页。——译注

② 参见斯皮克（J. H. Speke）：《尼罗河之源发现日记》（*Journal of the Discovery of the Sources of the Nile*），1912 年，第 446 页以下。——译注

③ 参见鲍威尔－科顿（P. H. G. Powell-Cotton）的文章，见《地理学杂志》（*The Geographical Journal*），第 30 卷，1907 年，第 374 页以下。——译注

④ 参见托马斯（N. W. Thomas）的文章，见《皇家人类学研究所杂志》（*JRAI*），第 47 卷，1917 年，第 165 页。——译注

其是在孔德河（the Koondé）与皮卡列河（the Pykaré）中。从前的习俗是，每个要在涨潮时过河的牲口主人，都要向河里扔四分之一卢比，因为他们的牲口常常被激流冲走并淹死。在每个巴达加死者的葬礼上，他被列数的重罪，就是过河时没有参拜冈尕玛"[1]。而且，同一个山区的另一个更小却很有名的部落托达人（the Todas）把他们的两条河泰培河 [the Teipakh（Paikara）] 与帕纳瓦尔河 [the Pakhwar（Avalanche）] 视为神或神的居所。每个要过其中一条河的人，都必须把他的右胳膊从外套里伸出来，以示敬意。从前，只有在一周的某些天里，才能过这两条河。如果是一对堂兄弟或表兄弟要一起过这两条圣河中的一条，他们就必须履行一种特殊的仪式。当接近河边时，他们要拔一些草咀嚼，互相问："我将扔给河（水）吗？我将过河吗？"然后，他们下到岸边，两个人都把手浸在河水里，捧出三捧水。在他们过河之后，要以惯常的方式把他们的胳膊从外套里伸出来。

在英属中非，安戈尼人（the Angoni）的一些著名酋长在一条河附近被火化，在今天，当安戈尼人过这条河时，他们只是出于忠诚，就要用男性低沉的嗓音向河致意。[2]当安戈尼人驾着独木舟涉过任何一条河时，要把自己有愧于配偶的不忠之罪一一坦白出来，这显然是因为他们认为，不然，他们就会淹死在河里。[3]西里伯斯岛中部的托拉查人相信水精以蛇的形状栖居在深水池和河水的急流之中，人必须提防这些危险的生物。因此，当某个托拉查人准备下河出行时，他通常会在岸上喊："我今天不去，我明天去。"精灵听到了这个宣告，如果其中有一个坐等出行者，它就会想象这次出行延期了，因此就会把它的攻击推延到第二天。与此同时，机灵的托拉查人迅速下河，并暗中取笑被他骗过的水精的幼稚。[4]

虽然遵循这些与河有关的习俗的确切原因仍不太清楚，但其一般的原因似乎是对河流的敬畏和惧怕，这些河被当做有威力的人格生命，或者被看做到处作

---

[1] 梅茨（F. Metz）：《居住在尼赫里丘陵的诸部落》（*The Tribes Inhabiting the Neilgherry Hills*），1864 年，第 68 页。——译注

[2] 参见拉特莱（R. S. Rattray）：《钦延贾的一些民俗故事和歌谣》（*Some Folklore Stories and Songs in Chinyanja*），1907 年，第 190 页。——译注

[3] 见拉特莱（R. S. Rattray）：《钦延贾的一些民俗故事和歌谣》（*Some Folklore Stories and Songs in Chinyanja*），1907 年，第 194 页。——译注

[4] 参见阿德里亚尼（N. Adriani）和克鲁伊特（A. C. Kruijt）：《西里伯斯岛中部说巴雷埃语的托拉查人》（*De Bare' e-sprekende Toradja's van Midden-Celebes*），第 1 卷，1912—1914 年，第 276 页。——译注

崇的有权能的神灵。在缅甸北部喀健人（the Kakhyeen）中流行的一种习俗，可以很好地演示把河流当做人格生命的观念。如果该部落有人在过河时淹死了，家族的复仇者每年要去那条有罪的河的岸边一次，在一个容器中装满水，然后用他的剑把它劈开，仿佛杀死了一个人类的敌手。据说，有一次，尼罗河的洪水漫过埃及的土地达 18 肘尺①深，而且河水被一股强风掀起波涛，埃及国王费隆（Pheron）抓起一个飞镖并把它投入旋动的激流中，因为这个鲁莽而不敬的行为，他受到失明的惩罚。我们也读到，当居鲁士（Cyrus）为了对付巴比伦要涉过格内德斯河（Gyndes）时，陪伴部队行军的一匹神圣的白马被急流冲走淹死了。出于对这一亵渎神物的愤怒，国王威胁这条河流慢一些，使女人不用打湿膝盖就能蹚过去。因此，他利用他的军队挖隧道，以使河水从河床上改道。就这样，本该用来围攻巴比伦的整个夏天，却被徒劳地用来满足一位迷信暴君的幼稚奇想。

河精并非大胆的人敢于挑战或惩罚的唯一水神。当一场暴风雨卷走了薛西斯一世为他的军队铺设在达达尼尔海峡的第一座桥时，这位国王一怒之下宣布，这个海峡要挨三百鞭子并且要被扣上锁链。行刑者在用鞭子抽打水面时说："哦，苦水，你的主人对你施以这种惩罚，因为你伤害了他，而他并没有伤害你。但国王薛西斯一世要渡过你，不管你愿不愿意。你活该没有任何人给你献祭，因为你是一条靠不住的咸水河。"②据说，古代凯尔特人在海滨蹚入巨浪时，要用剑或矛砍或刺它们，好像他们能够伤及或者吓到大海似的。③西里伯斯岛中部的托拉查人说起他们的一个出了名的愚蠢的部落，有一次在退潮时来到了海滨。他们立即在高高的水印下面的海滩上建起了一座茅屋。当潮水涨起来要冲走这座小屋时，他们认为这是一个怪物要吞噬他们，就把他们所有的大米扔进波涛中，想以此讨好它，当潮水继续上涨时，他们就把剑、矛和砍刀猛投进海里，显然是想击伤或吓唬这个危险的家伙，并以此强迫它退却。④从前，当一群阿拉富人（Arafoos）（隶属荷兰的新几内亚北海岸的一个山民部落）在海滨戏耍时，其中的三人被退潮的海浪冲进大海淹死了。为了报复，他们的朋友用枪和弓箭向汹涌的波涛发射数小时。这样把水人格化为一个能用身体的暴力吓唬或者征服的

① 肘尺（cubit），一种古代长度单位，自肘至中指端，长约 18—22 英寸。——译注
② 希罗多德（Herodotus）：《历史》，第 3 卷，第 35 页。——译注
③ 参见伊良（Aelian）：《各种历史》（*Varia Historia*），第 7 卷，第 23 页。——译注
④ 参见阿德里亚尼（N. Adriani）和克鲁伊特（A. C. Kruijt）：《西里伯斯岛中部说巴雷埃语的托拉查人》（*De Bare' e-sprekende Toradja's van Midden-Celebes*），第 1 卷，1912—1914 年，第 37 页。——译注

人格生命的行为，有助于解释雅各在雅博河渡口历险的怪异故事。

关于雅各在与夜间活动的对手争斗时扭伤了大腿筋的传说，显然是为了解释希伯来人为什么不吃动物相应部位的筋腱。在北美印第安人中，也有类似的传说和习俗，他们通常要砍掉并扔掉他们宰杀的鹿的后腿筋。①切罗基印第安人（the Cherokee Indian）为这种习俗提出了两个理由：一个理由是，"这部分筋腱被割断时，会缩回肉里去，因此，任何不幸吃到这块肌腱的人会发现，他的四肢也会以类似的方式缩回去"②；另一个理由是，如果猎人不砍掉后腿筋并把它扔掉，而是吃掉它，他以后在旅途中就很容易疲劳。③两个理由都采用了交感巫术，尽管它们应用的方式不同。一个理由认为，如果你吃了收缩的筋腱，你相应部位的筋腱也会出现类似的收缩；另一个理由假定，如果你毁掉了没有它鹿就不能行走的筋腱，你本人也就恰恰以同样的方式不能走路。两种理由完全与野性哲学一致。两者中的任何一个都足以解释希伯来人的禁忌。从这种理论来看，《创世记》的叙述为最初只是基于交感巫术的一个原则提供了一种宗教的支持。

雅各与夜晚出没的幽灵摔跤并在黎明时祈求他的不情愿的对手给他祝福的故事，与古代墨西哥人的迷信非常相似。他们认为，巨神特斯卡特利波卡④惯于在晚上出没，他伪装成一个高大的男人，裹着灰色的被单，手里拿着自己的头。胆小的人见了这个可怕的妖怪早就昏倒在地，很快就被吓死了，但勇敢的人会与这个幽灵搏斗，并且告诉他，在太阳出来之前，他不会放过他。但这个幽灵将乞求他的对手放了他，威胁说否则将诅咒他。不过，如果这个人成功地抓住这个可怕的生物，直到天将破晓，幽灵就会改变腔调，并答应这个人的任何恳求，比如财富或者力大无比，只要他放了他，在黎明之前让他走掉。在与超自然敌手的争斗中获胜的人，会从被他征服的敌人那里收到四根荆棘，作为胜利的象征物。不但如此，一个非常英勇的人还会从幽灵的胸膛中掏出他的心，用布把它包起来，带回家去。但当他解开布得意扬扬地查看战利品时，他会发现，里面只有一些白色的羽毛，一根荆棘，或者可能只有一个煤渣或一块破布，除此无他。

---

① 参见弗雷泽《金枝》第 3 卷《谷物与野生植物的精灵》（*Spirits of the Corn and Wild*），第 264 页以下。——译注

② 参见穆尼（J. Mooney）的文章，见《美国人种学管理局第 7 个年度报告》[*Seventh Annual Report of the Bureau of（American）Ethnology*]，1891 年，第 323 页。——译注

③ 参见《美国人种学管理局第 19 个年度报告》[*Nineteenth Annual Report of the Bureau of（American）Ethnology*]，1900 年，第 263 页。——译注

④ 特斯卡特利波卡（Tezcatlipoca），古代阿兹特克人敬奉的太阳神式的至高神。——译注

# 第八章　约瑟的杯子

当约瑟的同胞在饥荒期间来到埃及寻求粮食并准备出发返回他们的家园巴勒斯坦时，约瑟把他银制的饮杯藏在了便雅悯的行包里。这些人刚出城还没走远，他就派管家追上他们，指责他们偷了他的杯子。按照惯例，要对行囊进行搜查，那个丢失的杯子在便雅悯的行包里被发现了。管家责骂这位同胞对其主人忘恩负义，主人对他们如此热情，而他们却偷了珍贵的酒杯来回报主人的善良。他问道："你们为什么以恶报善呢？这不是我主人饮酒的杯吗？岂不是他占卜用的吗？你们这样行是作恶了。"当这些同胞被带回到约瑟面前时，他重复了这些指责，说："你们做的是什么事呢？你们岂不知像我这样的人必能占卜么？"①因此，我们可以推断，约瑟尤其对自己用卜杯查出窃贼的能力感到扬扬得意。

用杯子占卜，在古代和现代都不少见，虽然为达到那个目的而使用杯子的特定方式并不总是相同。例如，在新柏拉图主义哲学家伊西多罗②的生平中，我们读到，这位先知碰到了一位圣女，她有出色的占卜天才。她通常把清水倒在一只水晶杯里，从水中的影像预测即将发生的事情。根据水中影像预测，构成了占卜的一个特殊分支，希腊人称为 hydromantia。有时，一种特殊的宝石被投入水中，以引发神的意象。据说，努玛王（King Numa）就通过他在水中看见的神的形象来占卜，但没人告诉我们他是用杯子来达到这个目的的，人们更可能认为，他注视着埃吉里亚（Egeria）神泉的池水中的圣像，他娶了这个神泉的女精灵。当卡里亚（Caria）的特拉列（Tralles）族想得知米特拉达悌战争的结果时，他们就雇一个男孩，注视着水中，宣称在其中看见了墨丘利③的形象，而且在占卜的显像的启发下，用160行诗唱出即将发生的事情。据说，波斯人就精通水中占卜的技术，实际上，有人说这种技术已从波斯传入了西方。

我们不知道约瑟怎样用他的神杯探知窃贼或者达到其他的占卜目的，但我们

---

① 见《旧约·创世记》第44章第1—16节。——译注
② 伊西多罗（Isidorus），公元5世纪末古希腊哲学家，是最后一批新柏拉图主义者。——译注
③ 墨丘利（Mercury），罗马神话中众神的信使。——译注

可以猜测，他从水中显示的形象中得出了他的推论。当然，埃及仍有这种占卜方式，而且从远古时代以来，这个保守的国度就时兴这种占卜方式，它的现代名称是魔镜。"这种魔镜用得很多。一个完全不谙此事的男孩（不超过 12 岁）被领过来，看着一只灌满水并刻着经文的杯子，他的帽子下面粘着一张纸，上面也有字，连在他的前额上，他还烧香，与此同时，巫师嘴里念念有词。过了一会儿，有人问这个男孩看见什么，他说他看见了一些人在水中移动，就像在镜子里一样。巫师命令男孩给精灵发出某些指令，例如，搭起一个帐篷，端来咖啡和烟斗。所有这些马上就做好了。巫师要求问卜的旁观者说出任何一个他希望当场出现的人物的名字，有些名字被提出来，无论这个人是死是活，这个男孩要求精灵把他带来。几秒钟之内，他出现了，这个男孩开始描述他。但根据我们自己的观察，这个描述总是有些离谱，这个男孩为自己辩解说，他面前的这个人并没有直接来到中间，而总是有一半在阴影里，但在其他时候他确实看见这些人在动。如果发生了盗窃案，人们有时也求教于魔镜，就像我们自己有一次曾亲眼见到的那样（这被称为 darb el mandel）。这个男孩的指控落在了那个后来证明完全无辜的人身上，但这个男孩似乎出于恶意，要故意指控这个人。因此，这样的试验，从前非常流行，现在被政府严令禁止，虽然仍有人在施行。"[1]

在埃及，用来占卜的魔镜有时不是用杯中的水，而是用占卜人手掌中泼的墨形成的，但这两种情况的原理和程序相同。占卜者声称在墨里看见了人的形象，无论是活着的还是已死的，反正是祈求者想让他召唤的人。墨魔镜与水魔镜一样，被用来探察窃贼或用于其他目的。能在其中看见影像的人，通常是尚未进入青春期的男孩、处女、黑人女奴和孕妇，但最常用的显然是尚未进入青春期的男孩。在他的手掌上用墨画出一个魔术方形，在这个魔术方形的中央有一片墨，就充当了魔镜。占卜者注视着它，香也被点燃，这时，上面写着咒语的纸片被火吞噬了。金莱克在开罗时，曾召来一位巫师并请他演示一下他的技艺。这位巫师是一位长着飘然长须、神情威严的老人，在高高的缠头巾和宽敞的长袍的生动映衬下，他让一个男孩注视着他的手心里的一滴墨，并辨认出英国人可能叫出的那个人的形象。金莱克要召唤基特（Keate），他在伊顿[2]的男校长，老校的凶猛教员，五短身材，脾气很大，和红

---

① 克伦岑格尔（C. B. Klunzinger）：《上埃及》（*Upper Egypt*），1878 年，第 387 页以下。——译注
② 伊顿（Eton），英国英格兰南部城镇，在伦敦西部，是著名的伊顿公学所在地。——译注

色的浓眉毛恰好相配。在回应这个请求时，年轻的占卜师声称在墨魔镜里看见了一个漂亮女孩的形象，有金色的头发，蓝眼睛，白脸，粉红的嘴唇。当金莱克捧腹大笑时，这位窘迫的巫师声称这个男孩肯定已经知罪，并禁不住把他踢下楼梯。①

世界其他地区也有同样的占卜方式。例如，在斯堪的纳维亚，人们通常在星期四晚上去见一位占卜师，以便在一桶水里看见偷了他们东西的窃贼的脸。②塔希提人（the Tahitians）"有一种独特的查明窃贼的方法，在任何私人财产被盗时，就找一个拥有占卜精灵的人，他们注意到，该人常常肯定能让他们看到一个装着清水的葫芦里映出的那个窃贼的脸"。新几内亚东南部的一些占卜者声称，在被挤进了椰子油的一个水池中可以看见某个罪犯的脸。③在爱斯基摩人中，如果有人出海未能及时回来，男巫就会承担起用魔镜确定失踪者是死是活的任务。为此，他用一根棍子抬起失踪者最亲近的亲戚的头，下面放着一盆水，在这个影像中，巫师声称看见了失踪水手的形象，他或者翻了独木舟，或者笔直地坐在上面正在划船。这样，他就能够通过确定其朋友的安全来安慰忧心忡忡的亲戚们，或者用死亡的消息来证实他们极为不幸的恐惧。④

不过，在用水容器作为发现真相的物质工具的占卜中，魔镜并非唯一的形式。印度人探察窃贼的一种方式是，把所有嫌疑犯的名字都刻在用面团或蜡做成的不同的球上，然后把球扔进一个水容器里。据信，刻着窃贼名字的那个球会浮在水面上，其他所有球会沉到底部。⑤在欧洲，年轻人在仲夏夜求助于很多占卜形式来预测他们恋爱的运气。例如，在多塞特郡⑥，一个女孩子在上床时要在一些纸片上写上字母，把它们丢进一个水盆里，字母朝下，第二天早晨，她希望看到写有她未来丈夫名字的第一个字母的纸片会朝上翻过来，而其他所有

① 参见金莱克（A. W. Kinglake）：《日出之处》（Eothen），第18章，1901年，第216—218页。——译注

② 参见斯文·尼尔森（Sven Nilsson）：《斯堪的纳维亚的原始居民》（The Primitive Inhabitants of Scandinavia），第3卷，1868年，第241页。——译注

③ 参见牛顿（H. Newton）：《在遥远的新几内亚》（In Far New Guinea），1914年，第89页以下。——译注

④ 参见克朗兹（D. Crantz）：《格陵兰史》（History of Greenland），第1卷，1767年，第214页。——译注

⑤ 参见福布斯（J. Forbes）：《东方回忆录》（Oriental Memoirs），第2卷，1813年，第245页以下。——译注

⑥ 多塞特郡（Dorsetshire），英国英格兰的一个郡名。——译注

字母仍然朝下。①

有时，人们通过往某个水容器里滴各种各样的物质来测知运气，并通过那种物质在水中呈现的状况或形状来判断结果。例如，在中非乌干达受保护国的一个游牧部落巴希马人（the Bahima）或巴尼亚安科列人（Banyankole）中，巫医有时带着一个水壶并在里面放一些草药，让水中产生一些泡沫，然后，他往水里丢四个咖啡豆，留心它们的溶解情况，根据这些咖啡豆指的方向或它们在浮动时转哪一边来推断神的意愿。②在阿萨姆邦的加罗人（the Garos）中，祭司有时用一杯水和一些生米粒来占卜。他左手拿着水杯，把米一粒一粒地放进去，在每一粒米掉下去时都喊着一个神灵的名字。哪个神灵的名字恰好在浮在水中的两粒米碰在一起时被叫到，他就是必须求助的那个神灵。③在苏格兰高地，用茶叶或茶杯里的沉淀物来占卜的技术，被非常详细地施展出来。我们得知，甚至许多年轻女子也求助于这种占卜师，后者为了得到人们回报的茶叶，就向他们说出最理想的婚姻对象。这种预测的方法是，先用最后的茶水冲洗杯子的 deiseal或右手转方向的一侧，然后把水倒掉，再根据茶叶或沉淀物在杯子里的排列状态来作出预测。④在英格兰，人们尝试从杯底剩下的茶叶或咖啡渣来作出类似的预测。在马其顿，人们这样用咖啡来占卜："在杯子中央的一个孤零零的气泡，预示着拿杯子的人有一个可靠而忠诚的朋友。如果有一些气泡在杯子边形成了一个圈，它们就意味着他的感情易变，他的心被几个崇拜对象分割了。人们也以类似的方式观察咖啡渣，并按照它们的形状，给出各种各样的解释：如果它们绕着杯壁分布成一条小溪或小河的形状，就预示着财源不断，等等。"⑤

在欧洲，受人喜爱的占卜方式是把熔化的铅或蜡倒入一个水容器里，观察它们在水中凝固时形成的形状。在立陶宛、瑞典、苏格兰和爱尔兰，都有人使用这种预知未来的方式。⑥另外，在爱尔兰，人们认为，有一种被称为 esane 的病

———————

① 参见霍恩（W. Hone）：《年鉴》（Year Book），London，无出版时间，第 1176 栏。——译注
② 参见罗斯科（J. Roscoe）：《北部班图人》（The Northern Bantu），1915 年，第 135 页。——译注
③ 参见普莱费尔（A. Playfair）：《加罗人》（The Garos），1909 年，第 97 页。——译注
④ 参见坎贝尔（J. G. Campbell）：《苏格兰高地和群岛的迷信》（Superstitions of the Highlands and Islands of Scotland），1900 年，第 266 页以下。——译注
⑤ 阿博特（G. F. Abbott）：《马其顿民俗》（Macedonian Folklore），1903 年，第 95 页。——译注
⑥ 参见劳埃德（L. Lloyd）：《瑞典的乡间生活》（Peasant Life in Sweden），1870 年，第 187 页；戴利埃尔（J. G. Dalyell）：《苏格兰更愚昧的迷信》（Darker Superstitions of Scotland），1834 年，第 511 页以下；哈登（A. C. Haddon）：《爱尔兰的一些民俗》（A Batch of Irish Folk-lore），见《民俗学》（Folk-lore），第 4 卷，1893 年，第 361 页以下。——译注

是小精灵带来的，为了测知病情或治疗方法，占卜者通常要查看他们扔在一壶清水中的木炭。[①]

我们可以认为，约瑟用他的银杯占卜，正是使用了其中的某种方式。

---

① 参见托马斯（N. W. Thomas）：《水晶球占卜》（*Crystal Gazing*），1905 年，第 42 页以下。——译注

# 第三部

# 士师和诸王的时代

# 第一章 蒲草箱里的摩西

可以说，以色列的族长时代随着约瑟的生命一起结束了。有一系列出色的传记式"素描"，色彩生动，性格描写也很精湛，它们描述了族长们①从幼发拉底河岸向尼罗河岸跋涉的历程。历史学家暂时把他们留在了那里。幕布在第一出戏就落下了，当它在同一个场景中升起时，人们认为大约已经过去了400年，这个族长式的家族已经扩展为一个民族。从此，该民族的历史开始了，第一位统帅人物就是摩西，据说，这位伟大的首领和立法者把他的人民从埃及的奴役中解救出来，带领他们闯过阿拉伯大沙漠，创立了他们的制度，最后，在看见却没能踏上应许之地②的那一刻，他离开了人世。在这些粗线条的概述中，关于摩西的传说大体还是正确的，我们似乎没有足够的理由怀疑这一点。在有关他的丰功伟绩的故事中，正如在许多民族英雄的故事中一样，后来时代无疑会给事实的暗淡质地绣上幻想的艳丽织线，不过，其中添入的变化，还没有大到足以遮盖主线，以至于使人无法辨认。在这位当着法老的面给全埃及带来灾难的巫师的华丽绸缎之下，我们仍然能够勾画出这个人的主干，透过他从山上下来时照在圣徒和先知脸上的超自然的光彩，我们仍然能够感觉到人类的面相，他正是在那座山上与上帝晤谈而且从圣人的手中接过了为他的人民制定的一部新法典。事实上，很明显，尽管摩西远比族长们更接近历史的分界线，但神奇而不可思议的成分更深刻地进入的，却是他的故事，而非他们的故事。虽然他们常说与神灵面对面或者在幻觉中会了面，但他们中没有一个人被表现为预兆和奇迹的创造者，而摩西的一生中却如此频繁地发生了这样的预兆和奇迹。我们看到，他们作为普通人活动在普通人中间，他们参与共同的事务，分享着人类共同的喜怒哀乐。与他们不同的是，从生命的开始到结束，摩西就被表现为卓尔

---

① 族长们（the patriarchs），指《圣经》中的亚伯拉罕、雅各、以撒及雅各的十二个儿子。——译注
② 应许之地（the Promised Land），或译"福地"，指上帝答应给亚伯拉罕及其后裔的土地迦南。——译注

不群，因为他肩负着伟大的使命，因而也活动在一个高于芸芸众生的平面上。他身上几乎没有任何迹象可以表明，他有一切凡人难以避免的那些弱点，这些用生花妙笔勾勒出的弱点为族长们的肖像增添了如此多的栩栩如生的色彩。正因如此，亚伯拉罕、以撒和雅各的纯朴人性远比摩西这个辉煌却孤单的人物更切近地打动我们。

像他生平中的所有事件一样，关于摩西的出生，也有种种带有浪漫光晕的传说。在约瑟和他的兄弟们死后，据说，他们的后代即以色列之子在埃及繁衍得如此之快，以至埃及人对他们怀有恐惧和疑虑，并试图让他们服苦役，以此来抑制他们的增长。当这种虐待举措未能达到预期效果时，埃及的国王就颁布法令，所有希伯来人的男婴，一生下来就要被杀掉，而且，当负责执行的收生婆以人道为托词让这个残酷的命令落空时，他又命令所有臣民把每个刚出生的希伯来男婴扔进河里。因此，摩西出生后，他的母亲就藏了他三个月，后来不能再藏了，她就取出一个蒲草箱或灯芯草箱，抹上石漆和石油，将孩子放在里头。然后，她伤心地把箱子拿出去，搁在河边的芦荻中。但孩子的姐姐远远站着，想知道他的下落如何。这时，恰好埃及王即法老的女儿来河边洗澡，看见芦荻中的箱子，就叫一个婢女拿来。箱子被拿来并打开，公主看见里面的孩子，抱起他，孩子哭了。她很可怜他并且说："这是希伯来人的孩子。"在她看着他时，一直在一边观望并把一切都看在眼里的孩子的姐姐过来对公主说："我去希伯来妇人中叫一个奶妈来，为你奶这孩子，可以不可以？"法老的女儿说："可以。"女孩就去叫了母亲来。法老的女儿对妇人说："你把这孩子抱去，为我奶他，我必给你工钱。"妇人就抱了孩子去奶他。孩子渐长，妇人把他带到法老的女儿那里，他就做了公主的儿子。公主给他起名叫摩西，她说："因为我把他从水里拉出来。"[①]

摩西出生和被收养的故事，没有任何超自然的成分，但它仍然呈现出一些我们有理由怀疑是属于民俗而非历史的特点。显然，为了强化其主人公的传奇生涯，故事讲述人都喜欢说，这位了不起的男子或女子在出生时就遭到遗弃，只是在一般人看来很偶然的某个契机，才免于一死，但后来证明，这实际上是命运女神的干预，为的是留着这个无助的孩子去完成等待着他或她的高尚使命。在绝大多数情况下，这样的事件可能都被看做叙述者杜撰的润饰，他添加上栩栩如生的笔触，以强化某个平淡故事的效果，因为在他看来，这个故事还不足以突出他的高贵主题。

---

① 见《出埃及记》第1—2章。——译注

按罗马人的传说，罗马的开创者本人在襁褓期就被人遗弃，而且，如果不是一只母狼和一只啄木鸟的神助，他可能早就死了。故事是这样的：在阿尔班山的山坡上，有一个修长的白色城市阿尔巴·隆加（Alba Longa），一个名为西尔维（the Sylvii，意即森林）的君王曾经统治着它。牧羊人至今仍在罗马的小山上放牧他们的羊群，狼群出没于山间布满沼泽的幽谷。恰巧，阿尔巴的一个名叫普洛卡的国王遗留下两个儿子，努米托尔和阿穆流斯。努米托尔是哥哥，注定要继承他父亲的王位，但他的弟弟有野心而且肆无忌惮，想凭暴力取代他的哥哥，登上王位。不仅如此，他还密谋夺去他受到伤害的哥哥的继承人并以此确保他的篡位。为此，他派人谋杀了努米托尔的独生子，说服或者强迫他哥哥的名叫雷娅·西尔维娅的女儿祭拜维斯塔①，并发誓永远做处女。但这位维斯塔的处女违背了誓言，她有了身孕，并及时生下一对双胞胎男孩。她说他们的父亲是马耳斯②，但她狠心的叔叔不承认这个理由，命令把这两个孩子扔到河里。碰巧，第伯尔河漫过了河岸，负责淹死孩子这个任务的仆人无法靠近主流，只好把装着孩子的箱子放在帕拉蒂尼山③脚下的浅滩上。他们把孩子丢在那里，让他们听天由命。在那里，有一只母狼听见哭声，发现了他们，给他们喂奶，把他们身上的污泥舔干净。直到帝国时代，一只给两个婴儿喂奶的母狼的铜塑像还立在那个地方，以纪念这个传说，这个塑像仍被保存在罗马的卡皮托里尼博物馆。有人说，一只啄木鸟帮助狼喂养并看护这对被遗弃的双胞胎。而且，由于狼和啄木鸟都是马耳斯的圣兽，人们又从这种证据中得出了新的观点，赞成罗穆卢斯④和瑞摩斯⑤出身于神界。

这类神奇的故事似乎重点要讲述朝代或王朝的开创者，他们的身世和抚养情况已经被人们遗忘，因此，记忆留下的空白，可以由故事讲述人的幻想加以填充。东方的历史提供了一个实例，表明一个强大帝国的蒙昧发端期笼罩着类似的魅力。统治巴比伦的第一个闪米特人国王是老萨尔贡，他生活在大约公元前2600年。作为勇猛的征服者和积极的建设者，他一举成名天下知，但他显然不知道自己的父亲是谁。至少我们从一段铭文中收集的信息就这么多，据说，这

---

① 维斯塔（Vesta），古罗马的灶神和火神。——译注

② 马耳斯（Mars），一译玛斯，罗马神话中的战神。——译注

③ 帕拉蒂尼山（the Palatine Hill），古罗马建城于其上的罗马七丘之一。——译注

④ 罗穆卢斯（Rumulus），战神马耳斯之子，罗马城的创建者，"王政时代"的第一个国王。——译注

⑤ 瑞摩斯（Remus），战神马耳斯之子，罗穆卢斯的孪生兄弟，由母狼哺育长大，因为在修筑城墙时与罗穆卢斯发生争吵，被罗穆卢斯杀死。——译注

段铭文是刻在他的一个塑像上的。这段铭文的一个复制品创作于公元前 8 世纪，存放在尼尼微①的王室图书馆中，到现代才被发现。在这份文献中，这位国王这样陈述他自己早年的历史：

> 我就是萨尔贡，威武的国王，阿卡德的国王，
>
> 我的母亲出身卑微，我的父亲，我不知道是谁，
>
> 我的叔叔住在山里。
>
> 我的城市是 Azuripanu，它就矗立在幼发拉底河岸。
>
> 我卑微的母亲怀了我，偷偷地把我生下来。
>
> 她把我放在一个灯芯草编的篮子里，用沥青封住我的门。
>
> 她把我放进河里，河水没有淹没我。
>
> 河水把我带到汲水人阿基那里，他抱着我。
>
> 汲水人阿基……把我抱出来。
>
> 汲水人阿基，把我当做他自己的儿子……抚养了我。
>
> 汲水人阿基，让我当他的园丁。
>
> 我是一名园丁，女神伊什塔尔爱上了我，
>
> 而且我做了……四年国王。
>
> 我统治并管理着黑头发的人民。②

这个萨尔贡幼时被遗弃在河边灯芯草篮中的故事，与摩西小时候被遗弃在尼罗河的芦荻中的故事非常相似，而且就外表看来，它远比希伯来人的这个传说古老，《出埃及记》的作者可能已经知道它，而且可能根据巴比伦人的原型创作了他的叙述情节。但同样有可能的是，巴比伦人和希伯来人的故事是独立的创作，它们来自民众想象的同一个根源。如果没有证据判定谁影响了谁，擅自作出武断的回答就是不足取的。

从某种程度上说，关于巴比伦人和希伯来人的故事具有独立起源的理论，得到了印度伟大史诗《摩诃婆罗多》中出现的类似传说的证实，因为那部作品的作者几乎不可能对闪米特人的传说有任何了解。这位诗人讲到国王的女儿昆蒂或普丽莎如何受到太阳神的喜爱，而且给他生了一个"美如天仙"的儿子，"身穿铠甲，饰以熠熠发光的金耳环，有狮子般的眼睛和牛一般的肩膀"。不过，由

---

① 尼尼微（Nineveh），古代东方奴隶制国家亚述的首都，遗址在今天伊拉克北部的摩苏尔附近。——译注

② 金（L.W. King）：《巴比伦早期历王纪》（*Chronicles of Early Babylonian Kings*），第 2 卷，1907 年，第 87—96 页。——译注

于羞于自己的过失并且担心她王室里的父母生气，这位公主"和她的奶妈商量，把她的孩子放在一只不透水的篮子里，篮子用柳条编成，光滑、舒适，里面垫上一个漂亮的枕头，外面蒙上背单。她眼含热泪把它放在了阿斯瓦河（水）中"。然后，她回到王宫里，心事重重，唯恐怒不可遏的父亲知道了她的秘密。但那个载着婴儿的篮子顺河漂下，到了恒河，冲到苏塔人（the Suta）境内占婆城的岸边。碰巧苏塔部落的一个男子和他的妻子在河边散步，看见那个篮子，把它从水里捞上来，打开一看，里面有一个小男孩，"（漂亮得）像早晨的太阳一般，身着金色的盔甲，美丽的脸上饰有熠熠发光的耳环"。正好这对夫妇没孩子，男子看着这个漂亮的婴儿，对妻子说："肯定是这样，神知道我没儿子，就给我送来这个孩子。"所以，他们就收养了他，把他带大。他成了一名威武的射手，他的名字是卡尔纳（Karna）。但他王室里的母亲已经通过她的密探得知了他的下落。①

有一个类似的故事，也说到吉尔吉特的国王特拉可汗遭人遗弃并被人领养。吉尔吉特是一个城镇，坐落在冰雪皑皑的喜马拉雅山腹地海拔约 5000 英尺的高地上。该地有良好的气候、中心的位置和辽阔而肥沃的土地，自古以来似乎就是历代统治者的统治中心，这些统治者对周围的山谷和领土或多或少享有无可争辩的统治权。在他们当中，自 13 世纪初开始登基的特拉可汗尤其著名。据说，他的最强大和最强盛的吉尔吉特王国，现在仍有关于他的运气和作为的传说。他出生并被遗弃的故事是这样的：他的父亲特拉－特拉可汗（Tra-Trakhan）是吉尔吉特国王，娶了达里尔一个富人家的女儿为妻。由于对马球非常痴迷，这位国王习惯于每周都去达里尔和他的七个小舅子一起玩他喜欢的这种运动。他们都对这种运动如此痴迷，有一天，竟然约定把输的人处死。比赛的时间漫长而且技巧娴熟，最后国王赢了这场比赛，按照约定，他像一名真正的运动员一样，把他的七个小舅子处死了。他回到家里，当然是精神振奋，把比赛结果及其痛苦却必然的结局告诉了王后，她非但没有分享他的快乐，而且对这个杀害或者不如说是处决了她的七个兄弟的凶手怀恨在心，决心要报仇雪恨。因此，她在国王的食物里下了砒霜，这马上就让他命归黄泉，她继承了他的王位。在她采取这个强硬的手段时，她已经怀上了国王的孩子，大约一个月之后，她生下了一个儿子，取名叫特拉可汗。但由于她对自己兄弟之死感到非常悲痛，不忍心看到杀他们的凶手的孩子，因此，她把这个孩子锁在一只木箱里，偷偷地把它扔

---

① 参见维尔特（A. Wirth）：《基督教圣徒传说中的达那厄》（*Danae in Christlichen Legenden*），1892 年。——译注

进河里。河流把这只箱子冲到了西拉人（the Chilas）的霍达尔村。碰巧，当它浮在水面上时，有两个穷苦的兄弟在岸边拾柴火，他们猜想箱中可能装有财宝，其中一个就跳入水中把它捞了上来。为了不让财宝暴露，以免引起别人垂涎，他们把箱子藏在柴捆里带回了家。然后，他们打开了它，让他们吃惊的是，发现里面有一个可爱的孩子。他们的母亲精心把这个小弃儿带大，这个小孩似乎给这个家带来了福气，因为虽然他们从前很穷，后来却变得越来越富有，他们把自己的富足归因于箱子里的孩子带来的意外收获。这个孩子12岁时，非常渴望去吉尔吉特，关于这个地方，他早就耳熟能详。这样，他就与他的两个义兄弟一起上路了，在半路上，他们在一个位于山坡上的名叫鲍尔达斯的地方逗留了几天。他的母亲那时仍是吉尔吉特的女王，但她已经病入膏肓，由于吉尔吉特没人继承她的王位，人们正在寻找一个从外地来的国王来统治他们。一天早晨，当事情还是这样而且人们的心都悬着的时候，村里的公鸡叫了，但它没像往常那样"喔喔"叫，而是叫着"Beldas tham bayi"，其意思为"有一个国王在鲍尔达斯"。因此，人们马上派人去那里把可能找到的任何陌生人都带来。报信人发现了这三兄弟并把他们带到女王面前。由于特拉可汗长得英俊而威武，女王亲自会见了他，在交谈时引出了他的身世。令她惊喜的是，她得知这个漂亮的孩子正是她失散多年的儿子，她当年在悲伤和怨恨的冲动下把他丢进了河里。她上去拥抱了他并宣布，他就是吉尔吉特王位的合法继承人。[①]

可以设想，在摩西幼时被弃于水中这样的故事中，我们可以想起一种古老的习俗，即为了验证孩子的合法性，就把他们扔到水里，让他们游泳或下沉，会游泳的被接受为合法者，沉下去的被当做私生子。根据这种推测，有意思的是，在这几个故事中，孩子的出生几乎都被表现为超自然的，在这种联想中，玩世不恭的人很容易认为这简直就是不合法的代名词。比如，在希腊的传说中，珀尔修斯和忒勒福斯的父亲，分别是宙斯和英雄赫耳拉克斯；在罗马传说中，罗穆卢斯和瑞摩斯这对孪生子是由战神马耳斯让他们的处女母亲怀上的；在印度史诗中，公主把她生的孩子归因于太阳神的拥抱；而在巴比伦的故事中，国王萨尔贡比他的希腊、罗马和印度的同胞更不幸或更诚实，他坦率地承认不知道

---

① 参见古拉姆·穆罕默德（Ghulam Muhammad）：《孟加拉亚洲学会纪要》（*Memoirs of the Asiatic Soc. of Bengal*），i/7，1905年，第124页以下。——译注

他的父亲是谁。《圣经》中有关摩西诞生的叙述，并没有暗示他的合法性是可疑的，然而，他的父亲暗兰娶了自己的姑姑①，摩西就是这个婚姻的后代②，而且后来犹太人的律法认定所有这类婚姻都是乱伦③，想到这一点，我们大概就可以不算苛刻地怀疑，在这个故事的最初形式中，摩西的母亲把孩子丢入水中的理由，大概比法老把所有希伯来男孩扔进水中的一般命令更为特殊。④实际上，水中的考验似乎被人们用来判定婴儿是否合法，并决定是救他还是毁他。因此，据说，凯尔特人把其后代的合法性问题交给了莱茵河来裁定。他们把孩子扔进水里，如果孩子是私生子，清澈而凛冽的河水就会淹死他们，如果他们血统纯正，它就会宽厚地把他们托上水面，并轻轻地把他们漂送到岸边他们瑟瑟发抖的母亲们的怀抱。同样，在中非，探险家斯皮克得知，"乌尤罗（Unyoro）的乌鲁里省，属于一个著名统治者基梅兹利（Kimeziri）的管辖范围。他给他的孩子戴上珠饰物，把他们扔进尼安扎湖（the N' yanza）里，以证明他们作为他纯正后代的身份，因为如果他们沉下去，就说明他们的父亲一定是别人，但如果他们浮在水面上，他就把他们救上来"⑤。

---

① 据《出埃及记》的叙述，摩西的父亲是利未的孙子，他的母亲约基别却是利未的女儿。——译注
② 见《出埃及记》第 6 章第 20 节。——译注
③ 见《利未记》第 18 章第 12 节。——译注
④ 见《出埃及记》第 1 章第 22 节。——译注
⑤ 斯皮克（J. H. Speke）：《尼罗河之源发现日记》（*Journal of the Discovery of the Sources of the Nile*），1912 年，第 444 页。——译注

# 第二章　参孙和大利拉

在以色列人重要的士师①中，高大魁梧的英雄参孙给人一种奇怪的印象。这位宗教作家实际上告诉我们，他统治以色列达二十年之久，但关于他在司法职责中交付的案子却只字未提，如果他的判决进程能从他的法令性质中推断出来，这就允许我们怀疑他是正义审判席上的特殊装饰。他的才能似乎更多地表现在争斗、烧毁人们的禾堆以及在荡妇那里寻欢作乐等事情上，简单地说，他的出类拔萃似乎表现在浪荡公子和无赖性格方面，而不是表现在严格的司法能力方面。我们面对的不是他的法律案件的乏味清单，而是关于他在爱情和战争或者不如说在阻挠议事方面的冒险经历的叙述，这些叙述即使不太有益，却非常有趣。因为如果我们接受（因为我们不得不接受）有关这个恃强凌弱的流氓的经文记述，那就可以看出，他从未向压迫他的人民的非利士人（the Philistines）发起过一场正式的战争或者为此领导过一场民族暴动，他只是偶尔作为单枪匹马的武士或侠客，用驴腮骨或者手中同样可用的其他任何武器打败了他的敌人。甚至在进行这些掠夺性的征战时（因为他肆无忌惮地剥夺了被他打败的敌人的衣物，可能还有财物），让他的民族挣脱奴役，似乎是他最后才能想起的事情。如果说他屠杀了非利士人，而且是带着充沛而热诚的善意去做的，那也不是出于高度的爱国主义或政治动机，而是纯粹出于个人怨恨，这些怨恨是由他们对他本人、对他的妻子和他的岳父做的错事引起的。自始至终，他的故事就是一个完全自私而无耻的冒险家的故事，他完全由其间歇性爆发的情感支配着，对一切都漠不关心，只想满足自己一阵一阵的突发奇想。只是超自然的力量、一往无前的勇猛和些许冷酷的幽默，抵消了那种司空见惯的流氓行径的俗套和庸俗，所有这些一起把他的故事提升为阿里奥斯托②式的戏仿性的史诗。可是，尽管这些特点为他的业绩故事增添了辛辣的笔调，却不能减少我们在以色列历史的万神殿中

---

① 士师（judges），指犹太诸王之前的统治者。——译注

② 阿里奥斯托（Ariosto，1474—1533），意大利诗人，代表作是长篇传奇叙事诗《疯狂的奥兰多》。——译注

遇见这位与圣贤和英雄圣像放在一起的、恃强凌弱的怪异人物时体验到的那种不协调的感觉。事实似乎是，对参孙形象的过分夸张，更多地应该归因于故事讲述人的笔触，而非历史学家的笔触。他的不太光彩的一生中的这些神奇而有趣的事件，在凝固成有关某个真实人物的记忆之前，可能早就像通俗故事那样自由地"漂浮"在口头传统的"激流"之中，这个真实人物是一个勇猛的高地居民和边境居民，希伯来人的罗布·罗伊①，其暴躁的性格、无畏的气概和过人的体力，使他成为以色列人在多次越过边界进入非利士富庶的低地进行野蛮掠夺时的佼佼者。因此，在参孙萨迦②的薄弱而透明的幻想结构之下，存在着坚实的事实依据，我们没有理由怀疑这一点。他从生到死的生活场景，都被放在了明确的城市和地点，这种详细程度会有力地支持一种观点，即这是真正的地方传说，也会有力地反驳太阳神话的理论，因为有些作者可能会把这个壮汉的故事融入这种理论。③

在讲述一个背信弃义的女人用花言巧语给主人公带来灾难时，故事讲述人的手法就极为清楚地显示了出来。这个女人打探到了他力大无比的秘密，然后向他的敌人出卖了他。这段叙述是这样的：

> 后来参孙在梭烈谷喜爱一个妇人，名叫大利拉。非利士人的首领上去见那妇人，对她说："求你诓哄参孙，探探他因何有这么大的力气，我们用何法能胜他，捆绑克制他，我们就每人给你一千一百舍客勒银子。"大利拉对参孙说："求你告诉我，你因何有这么大的力气，当用何法捆绑克制你。"参孙回答说："人若用七条未干的青绳子捆绑我，我就软弱像别人一样。"于是非利士人的首领拿了七条未干的青绳子来，交给妇人，她就用绳子捆绑参孙。有人预先埋伏在妇人的内室里。妇人说："参孙哪，非利士人拿你来了。"参孙就挣断绳子，如挣断经火的麻线一般，这样，他力气的根由人还是不知道。大利拉对参孙说："你欺哄我，向我说谎言，现在求你告诉我当用何法捆绑你。"参孙回答说："人若用没有使过的新绳捆绑我，我就软弱像别人一样。"大利拉就用新

---

① 罗布·罗伊（Rob Roy），苏格兰高地聚众抢劫、杀富济贫的绿林好汉。——译注

② 萨迦（saga），意思是"话语"，实际上是一种短故事，原指 13 世纪前后被冰岛和挪威人用文字记载的古代民间口传故事，包括家族和英雄传说，主要反映古代斯堪的纳维亚人战天斗地的事迹，表现氏族社会的生活、宗教信仰、精神风貌等，歌颂贵族英雄人物。——译注

③参见耶雷米亚斯（A. Jeremias）：《从古代东方看〈旧约〉》（*Das Alte Testament im Lichte des Alten Orients*），1906 年，第478—482 页。——译注

绳捆绑他，对他说：“参孙哪，非利士人拿你来了。” 有人预先埋伏在妇人的内室里。参孙将臂上的绳挣断了，如挣断一条线一样。大利拉对参孙说：“你到如今还是欺哄我，向我说谎言，求你告诉我当用何法捆绑你。”参孙回答说：“你若将我头上的七条发绺与纬线同织，*再用橛子把它们（整个）钉紧，我就软弱像别人一样。*”①于是大利拉让他睡了，将他的发绺与纬线同织，用橛子钉住，对他说：“参孙哪，非利士人拿你来了。” 参孙从睡中醒来，将机上的橛子和纬线，一起都拔出来了。大利拉对参孙说：“你既不与我同心，怎么说你爱我呢？你这三次欺哄我，没有告诉我你因何有这么大的力气。”大利拉天天用话催逼他，甚至他心里烦闷得要死。参孙就把心中所藏的都告诉了她，对她说：“向来人没有用剃头刀剃我的头，因为我自母胎就归神做拿细耳人，若剃了我的头发，我的力气就离开我，我便软弱像别人一样。”大利拉见他把心中所藏的都告诉了她，就打发人到非利士人的首领那里，对他们说：“他已经把心中所藏的都告诉了我，请你们再上来一次。”于是非利士人的首领手里拿着银子，上到妇人那里。大利拉使参孙枕着她的膝睡觉，叫了一个人来剃除他头上的七条发绺。②于是大利拉克制他，他的力气就离开他了。大利拉说：“参孙哪，非利士人拿你来了。”参孙从睡中醒来，心里说，“我要像前几次出去活动身体”，他却不知道耶和华已经离开他了。非利士人将他拿住，剜了他的眼睛，带他下到迦萨，用铜链拘锁他，他就在监里推磨。

因此，参孙的无穷力量被认为存在于他的头发中，剃除这些披在他肩膀上而且从生下来就没剪过的蓬松长发，就足以夺去其超人的力量并使他变得无能为力。世界各地都流行一种对像参孙那样声称具有过人之力的猛男猛女的类似信仰。③例如，东印度群岛④的安博伊纳岛的土著固执地认为，他们的力量在头发里，如果剪掉他们的发绺，他们就会失去力量。在那个岛上的荷兰法庭上，有一名罪犯忍受酷刑却一直拒不认罪，直到他的头发被剪去，他立即供认不讳。有

---

① 用斜体印刷的文字在希伯来文版中被偶然略去了，但它们在希腊文版中被保留了下来。——原注
② 见《士师记》第 16 章。——译注
③ 参见弗雷泽（J. G. Frazer）与加斯特（T. H. Gaster）：《新金枝》(*The New Golden Bough*)，第 26 节，New York，1964 年，第 500—502 页；佐默（L. Sommer）：《希腊人宗教与迷信中的毛发》(*Das Haar im Religion und Aberglauben der Griechen*)，博士学位论文，慕尼黑，1912 年；史密斯（W. R. Smith）：《闪米特人的宗教》(*The Religion of the Semites*)，1927 年，第 342 页。——译注
④ 东印度群岛（the East Indies），旧时西方国家使用的一个名称，指马来群岛。——译注

一个人因为谋杀罪受审，他的行刑者费尽心机，他都无所畏惧地忍受了下来，直到他看见手持一把大剪刀的外科医生站在那里。他问他们要干什么，当得到的回答是要剪掉他的头发时，他乞求他们不要这样做，而且彻底坦白了罪行。在后来的案例中，当酷刑无法让某个犯人招供时，荷兰当局就剪掉他的头发。东印度群岛的另一个岛即塞兰岛上的土著仍然相信，如果年轻人让人把头发剪了，他们将变得衰弱无力。

在欧洲，人们通常认为，巫婆和男巫的伤害力量在其头发中，只要他们保住头发，就没有任何东西能够奈何得了这些邪恶势力。在法国，人们习惯于在执行死刑之前把被指控行妖术的人的整个身体都刮干净。米拉尤斯（Millaeus）在图卢兹就目睹了对一些人施行的这种刑罚，他们拒不招供，直到他们被脱光并被剃光，才迫不及待地承认被指控的事实。还有一个女人显然过着一种虔诚的生活，由于有行巫术的嫌疑而受刑，但她百折不挠，直到完全去毛才使她认了罪。著名审问官施普伦格（Sprenger）满足于剃掉可疑的女巫或魔术师的头发，而他的同事库马努斯（Cumanus）更彻底，在对四十一名妇女施以火刑之前，他剃除了她们全身的毛发。在这种严密盘查方面，他有充分的根据，因为撒旦①本人在贝里克郡②北部教堂的讲坛上布道时曾安慰他的许多仆人说，他保证不会有任何东西伤害他们，"只要他们的头发在，只要他们的头发继续长着，就不会让他们的眼中掉下一滴眼泪来"③。在印度的伯斯德尔邦，"如果某人被判定为行巫术罪，他就要受到众人的殴打，并被剃光头发，因为头发被认为构成了他的邪恶力量，他的门牙要被敲掉，据说，是为了防止他悄悄地念咒语……被怀疑有妖术的妇女必须承受同样的严酷考验，如果发现有罪，要施以同样的惩罚，剃除她们的头发，然后绑在某个公共场所的一棵树上"④。在印度中部的一个未开化民族比尔人（the Bhils）中，如果人们确认某个妇女会巫术，她就要接受各种形式的说服教育，比如，头朝下挂在一棵树上并把胡椒粉撒在她的眼里，剪去她的一绺头发埋在土里，"这样就切断了她与从前的伤害力的终极联系"⑤。墨西哥的阿兹

① 撒旦（Satan），原指基督教和犹太教中专与上帝和人类为敌的魔王。——译注

② 贝里克郡（Berwick），英国苏格兰原郡名。——译注

③ 戴利埃尔（J. G. Dalyell）：《苏格兰更愚昧的迷信》（*Darker Superstitions of Scotland*），1834年，第637—639页。——译注

④ 克鲁克（W. Crooke）：《印度北部的大众宗教与民俗》（*Popular Religion and Folk-lore of Northern India*），第2卷，1896年，第281页。——译注

⑤克鲁克（W. Crooke）：《印度北部的大众宗教与民俗》（*Popular Religion and Folk-lore of Northern India*），第2卷，1896年，第281页。——译注

特克人（the Aztecs）也有类似的方式，当巫婆和男巫"犯下邪恶的罪行而且需要结束他们可恶的生命时，一些人就抓住他们，剪掉他们头顶上的头发，这就去除了他们所有行妖术和魔法的力量，然后让死亡来结束他们丑恶的生存"[①]。

这样一种如此广泛的信仰进入童话不足为奇，因为童话表面上允许一切幻想，也像一面镜子一样反映了传播这些故事的人们曾经拥有的真实信仰。苏门答腊西海岸的尼亚斯岛的土著说，从前有一个名叫劳博·马罗什的酋长，被西里伯斯岛的望加锡的地震所迫，和他的追随者一起来到了尼亚斯岛。在这些追随他的财产来到这个新地方的人中，有他的舅父和舅母。但这个无赖外甥竟爱上了他的舅母而且想出诡计要占有这个女人。受害的丈夫逃到马六甲，恳求柔佛州的苏丹（the Sultan of Johore）帮他复仇。苏丹同意了，并向劳博·马罗什宣战。但与此同时，这位肆无忌惮的酋长已经用尖竹为他的营地修筑了坚不可摧的篱笆，能够抵御苏丹及其部队的任何进攻。公开宣战失败之后，狡猾的苏丹开始借助计谋。他回到柔佛州，在那里装了一船西班牙草席。然后，他起航返回尼亚斯岛，就泊在靠近敌人要塞的地方，他在枪里装上西班牙草席而不是弹药，就在那里发射了。草席像冰雹一样在空中飞舞，很快就厚厚地堆积在要塞的尖竹篱笆上以及附近的岸上。圈套已经布好了，苏丹要守株待兔。他不用等太久。有一位老太太，沿岸偷偷地溜过来，拾起了一个草席，看见其余草席都诱人地散布在她的周围。她对这一发现喜出望外，并把这个好消息告诉了她的邻居，他们赶到这里，转瞬间，尖篱笆上的草席被一扫而光，而且篱笆也被踩得犹如平地。所以，柔佛州的苏丹和他的部队只需进入要塞，就占领了它。守备者落荒而逃，但罪恶的酋长却落入胜利者的手中。他被判了死刑，但在执行这个判决时，却遇到了很大的困难。他们把他扔到海里，但海水淹不死他；他们把他放在燃烧的柴堆上，但火烧不着他；他们用剑在他身体的各个部位乱砍，但他刀枪不入。他们感到他是一个魔法师，于是向他的妻子请教如何把他处死。和大利拉一样，她泄露了这个致命的秘密。在这位酋长的头上长着一绺硬如铜丝的头发，他的生命就维系在这头发上。所以头发被拔掉，他的精神就没了。[②]在这个故事以及下面一些故事中，人们认为，不仅英雄的力气，而且包括他的生命，都在其头发里，因此，失去头发就意味着他的死亡。

---

①萨哈衮（B. de Sahagun）：《新西班牙纪实》（*Histoire des choses de la Nouvelle Espagne*），乔达内（D. Jourdanet）和西米恩（R. Simeon）译，1880 年，第 374 页。——译注

②参见松德曼（H. Sundermann）：《尼亚斯岛及其使命》（*Die Insel Nias*），1905 年，第 71 页。

像参孙和大利拉这样的故事，在古希腊的传说中也有流传。据说，墨伽拉国王尼索斯的头顶中央有一绺紫色或金色的头发，一旦拔掉那绺头发，他就注定会死。当克里特人围攻墨伽拉时，国王的女儿斯库拉爱上了他们的国王弥诺斯，并拔掉了她父亲头上致命的头发。这样，他就死了。[①]还有一种说法认为，他的金色的头发不是尼索斯的生命所在，而是他的力量所系，拔掉了头发，他就软弱无力，被弥诺斯杀掉了。在这种形式中，尼索斯的故事更接近于参孙的故事。据说，波塞冬让普忒瑞劳斯的头上长了一绺金色的头发，从而使他不死。可是，当安菲特律翁围攻普忒瑞劳斯的家乡塔福斯时，普忒瑞劳斯的女儿爱上了安菲特律翁并拔去父亲生命所系的那绺金发，从而杀了她的父亲。在现代希腊的一个民间故事中，有一个男人的力量在他头上的三绺金发里。他的母亲把它们拔掉后，他就变得孱弱，并被他的敌人杀害了。[②]另一个希腊故事或许能使我们想起尼索斯和斯库拉，它说到某个国王是当时最强壮的人，他的胸部有三根长毛。但当他去和另一个国王打仗时，他不忠的妻子剪去了他这三根毛，他就变成了最孱弱的男人。[③]

参孙受他不守信用的情人的愚弄而泄露他的力气的秘密，这个故事与斯拉夫人和凯尔特人的民间传说很相像，只是有一个差别：在斯拉夫人和凯尔特人的故事中，英雄的力气或生命据说不在他的头发里，而是在某些外在的东西如一个蛋或一只鸟身上。例如，有一个俄罗斯故事说，有个叫做不死的科什切或卡什切的术士抢走了一位公主并把她囚禁在他的金色城堡里。当公主在城堡的花园里闷闷不乐地独自散步时，有一位王子接近了她。在与王子一起逃走的美好前景的激励下，她来到术士面前，用假惺惺的奉承话哄他说："我最亲爱的朋友，我求你告诉我，你永远不会死吗？"他回答说："当然不会。"她说："那好吧，那你的命在哪里？在你的住处吗？"他答道："当然是，在门槛下的那把扫帚里。"于是，公主抓住那把扫帚扔进火里，但烧了扫帚，不死的科什切还活着，实际上，他的头发并没有被烧焦。在第一次尝试受挫之后，这个诡计多端的淘

① 参见阿波罗多洛斯：《书库》，第 3 卷，第 15 章，第 8 页；奥维德：《变形记》，第 8 章以后。——译注

② 参见冯·哈恩（J. G. von Hahn）：《希腊和阿尔巴尼亚的童话》（*Griechische und Albanesische Märchen*），1864 年，第 217 页。——译注

③ 参见施密特（B. Schmidt）：《希腊童话》（*Griechische Märchen*），1877 年，第 91—92 页；施密特（B. Schmidt）：《现代希腊的民众生活》（*Das Volksleben der Neugriechen*），1871 年，第 206 页。——译注

气姑娘撇着嘴说："你不是真爱我，因为你没有告诉我你的命在哪里，但我不生气，我还是全心全意地爱你。"她用这些花言巧语骗这位术士真的说出了他的命在哪里。他笑着说："你为什么想知道？好吧，为了爱，我告诉你它在哪里。地里长着三棵绿色的橡树，在最大的那棵橡树下有一条蚯蚓，如果发现并压碎这条蚯蚓，我就会死。"公主听罢，马上到她的情人王子那里把一切都告诉了他。王子找到那些橡树，掘出那条蚯蚓并碾碎了它。然后，他急匆匆地赶到术士的城堡，发现术士竟然还活着。公主再次用甜言蜜语哄骗科什切，这一次，他被她的花招征服了，向她敞开了心扉并对她说了实情。他说："我的命离这里很远也很难找，在广阔的大海上有一个岛，岛上长着一棵绿色的橡树，橡树下有一只铁箱子，箱子里有一个小篮子，小篮子里有一只兔子，兔子的肚子里有一只鸭子，鸭子的肚子里有一枚蛋，发现并打碎这枚蛋的人同时也就杀死了我。"王子自然弄到了这枚致命的蛋，并拿着它来到这个不死的术士面前。这个怪物本来可以杀了他，但王子开始挤这枚蛋。术士痛苦地尖叫着，转向在一旁冷笑的不守信用的公主，他说："难道不是为了爱，我才把我的命在哪里告诉你的吗？这就是你给我的回报吗？"他说着就要拿他挂在墙钉上的一把剑，但在他够着剑之前，王子已经揉碎了蛋，与此同时，也让这位不死的术士命归西天。①

在同一个故事的另一种异文中，当狡猾的术士骗这个女内奸说他的命在扫帚里时，她给这把扫帚镀了金，在吃晚饭时，术士看见它在门槛下闪闪发光，就尖声问道："那是什么？"她回答说："噢，你看我多尊敬你。"他说："傻瓜！我逗你玩的。我的命被绑在外面的橡树篱笆上。"第二天，术士出去了，王子来把整个篱笆装饰一新。晚上，术士在吃晚饭时往窗外看去，看见那个篱笆像金子一样闪着光。他问公主："请问那是什么？"她说："你看，我多尊重你。如果我珍爱你，也要珍爱你的命。所以我把你的命所在的那个篱笆装饰一新。"这一席话让术士很开心，他毫无隐瞒地把致命的蛋的秘密告诉了她。通过友好动物的帮助，王子得到了这枚蛋，他把它藏在怀里并来到术士的住处，这位术士正闷闷不乐地坐在窗边。王子把蛋拿出来给他看，术士的眼光顿时黯淡下来，他突然变得温顺而柔弱。然后，王子开始玩这个蛋，并把它从一只手扔到另一只手中，这时，不死的科什切就在屋子各个角落走来走去。当王子把蛋打碎时，科

---

①参见迪特里希（A. Dietrich）：《俄罗斯通俗故事》（*Russian Popular Tales*），1857年，第21—24页。——译注

什切就倒地而死。

塞尔维亚人有一个故事说，一个名叫特鲁·斯蒂尔的术士劫持了王子的妻子并把她关在自己的洞穴里。但王子想办法和她说上了话，告诉她必须说服特鲁·斯蒂尔把他的力量所在告诉她。所以，当特鲁·斯蒂尔回到家里时，王子的妻子就对他说："现在你告诉我，你的力量在哪里？"他回答说："我的夫人，我的力量在我的剑里。"然后，她就开始乞求得到他的剑。特鲁·斯蒂尔看到这一切，笑着说："真是愚蠢的女人！我的力量不在我的剑里，而是在我的弓箭里。"然后，她又乞求得到弓箭。但特鲁·斯蒂尔说："我明白了，我的夫人，你有一个聪明的老师教你找出我的力量所在。我差不多可以说你的丈夫还活着，是他教你这样做的。"但她保证说没任何人教她。她发现他再次欺骗了她，又等了几天才再次询问他的力量的秘密。他回答说："既然你对我的力量费了这么多心思，我还是告诉你真相吧。离这里很远有一座高山，山上有一只狐狸，狐狸有一颗心，心里有一只鸟，这只鸟就是我的力量。不过，这只狐狸可不容易抓住，因为它能变成各种动物。"第二天，在特鲁·斯蒂尔离开洞穴后，王子来了并从他的妻子那里得知了术士力量的真正秘密。于是，他就赶到山上，在那里，尽管这只狐狸或者说雌狐狸变成了各种形状，但在友好的苍鹰、猎鹰和龙的帮助下，他想办法抓住并杀死了它。然后，他掏出了狐狸的心，从心里拿出鸟，用大火把鸟烧了。与此同时，特鲁·斯蒂尔也倒地而死。[①]

在塞尔维亚人的另一个故事中，我们读到，有一条住在水磨房里的龙先后吃了国王的两个儿子。第三个儿子想救他的兄弟，他来到水磨房里，发现除了一个老妇人外，没有别人。她给他披露了看管这个磨房的那个生物的可怕特征，以及它如何吃了这位王子的两个哥哥，她恳求他在类似的命运落到自己头上之前，赶快离开这里。但他很勇敢也很机智，他对她说："请听好我要对你说的话。你问那条龙在什么地方，它的非凡的力气何在，接着，把它告诉你的所有它的力量所在的地方都轻轻地摸一下，就好像你非常珍爱它一样，直到你发现了它，然后在我来的时候告诉我。"因此，当龙回到家时，老妇人就问它："你究竟去哪儿了？你去哪里待了这么长时间？你为什么从来都不告诉我你去哪儿了？"龙回答说："哦，我亲爱的老妇人，我确实走了很远。"老妇人哄骗它说："你为什

---

① 参见米雅托维奇（C. Mijatovich）：《塞尔维亚的民间传说》（*Serbian Folk-lore*），登顿（W. Denton）编，1874 年，第 167—172 页；克劳斯（F. S. Krauss）：《南斯拉夫的传说与童话》（*Sagen und Märchen der Südslaven*），第 1 卷，1883—1884 年，第 164—169 页。——译注

么要走那么远呢？告诉我，你的力量在哪里？如果我知道你的力量在哪里，我真不知道为了爱，我会做些什么，我要爱抚所有这些地方。"然后，龙笑着对她说："我的力量在那边的壁炉里。"老妇人就开始爱抚那个壁炉。龙看到这种情景忽然笑起来，并且说："愚蠢的老妇人，我的力量不在那里。它在屋前的树菇里。"老妇人又开始爱抚并亲吻那棵树，但龙又笑着对她说："走开，老妇人！我的力量不在那里。"老妇人问："那在哪儿呢？"他说："我的力量离这里很远，你走不到那里。远在国王的城市下的另一个王国有一个湖，湖里有一条龙，龙的肚子里有一头公猪，公猪的肚子里有一只鸽子，我的力量就在鸽子里。"秘密被泄露了。第二天早晨，在龙离开水磨房去干吃人的日常营生之后，王子来找老妇人，她把龙的力量所在的秘密告诉了他。不用说，这位王子想方设法找到了远方异国的湖，经过一场可怕的搏斗，他杀了湖里的龙并取出了鸽子，驻守磨房的其他有恃无恐的龙的力量也在它身上。在审问了鸽子并弄清楚如何恢复他的两个被杀的哥哥的生命之后，王子扭断了鸽子的脖子。与此同时，那条作恶多端的龙无疑也奄奄一息了，虽然故事的讲述人没有提到这个事实。[①]

　　凯尔特人的故事中也发生了类似的事情。例如，艾莱岛上的一位盲提琴手讲的一个故事说，有个巨人抢走了国王的妻子和两匹马，关在他的洞穴里。但那两匹马把巨人踢得爬都快爬不起来，他对王后说："如果我没把我的灵魂藏起来，这些马早把我踢死了。"她问道："我亲爱的，你的灵魂在哪里？照理说，我该好好照看它。"他回答说："在博纳赫（the Bonnach）石头里。"翌日，在巨人出去之后，王后把博纳赫石头摆得非常整齐。黄昏时，巨人回来了，他对王后说："你为何要把博纳赫石头摆得那么整齐？"她答道："因为你的灵魂在它里面。"他说："是啊，如果你真的知道了我的灵魂在哪里，你会更加珍视它。"她说："我会的。"他说："我的灵魂不在那里，在门槛上。"第二天，王后又把门槛打扫得整整齐齐，巨人回来后又问她："你为何要把门槛收拾得这么整齐？"她回答说："因为你的灵魂在它里面。"他说："是啊，如果你真的知道了我的灵魂在哪里，你会更加珍视它。"她说："我会的。"他说："我的灵魂不在那里，门槛下面有一块大石板，石板下面有一只阉羊，阉羊的肚子里有一只鸭子，鸭子的肚子里有一只蛋，我的灵魂就在蛋里。"第二天，在巨人走了之后，王后搬起石

---

　　① 参见拉蒂斯劳（A. H. Wratislaw）：《斯拉夫人独立起源的六十个民间故事》（*Sixty folk-tales from Exclusively Slavonic Sources*），1889年，第224—231页。——译注

板，拿出阉羊，破开阉羊，取出鸭子，接着破开鸭子取出蛋。王后拿着蛋，用手把它弄碎，正在此时，趁着黄昏往家赶的巨人倒地而死。①

在阿盖尔郡②的一个故事中，我们再次读到，有个巨人即索查（Sorcha）的国王，偷走了牧羊人克鲁阿善（Cruachan）的妻子并把她藏在他居住的山洞里。但通过乐于助人的动物的帮助，这个牧羊人设法发现了这个山洞以及他失踪的妻子。所幸巨人不在家，所以，在给了丈夫一些吃的东西之后，她就把他藏在洞上端的一堆衣服里。巨人回到家里，四处嗅了嗅说："洞里有陌生人的气味。"但她说没有，这只是她刚烤的一只小鸟。她问道："我想让你告诉我，你把自己的命藏在哪儿了，我会好好照看它。"他回答说："在那里的灰石头里。"第二天，在他走了之后，她把那块灰石头拿来，把它收拾得很漂亮，并把它放在洞的上端。巨人在晚上回到家里时说："你在那里摆弄什么？"她回答说："你的命，我们必须小心照料它。"他说："我知道你非常喜欢我，但它不在那里。"她问道："那它在哪儿？"他说："在山那边的灰绵羊身上。"第二天，在他走了之后，她又把那只灰绵羊赶来，把它收拾得很漂亮，并把它放在洞的上端。巨人晚上回到家里时又说："你在那里摆弄什么？"她回答说："你的命，我的爱人。"他说："它不在那里。"她说："好啊！你让我劳神费力地照料它，可你这两次都没跟我说实话。"于是他说："我想我现在就说。我的命在马厩里那匹大马的脚下。那下面有一个小湖，湖上有七张灰色的兽皮，兽皮上有采自荒地的七块草皮，在所有这些下面有七块橡木板。湖里有一条鲑鱼，鲑鱼的肚子里有一只鸭子，鸭子的肚子里有一枚蛋，蛋里有一个黑刺李，只要这个黑刺李不被嚼小，我就不会被杀死。一旦有人碰那七张灰兽皮、七块采自荒地的草皮和七块橡木板，不管我在哪里都会感觉到。我在门上有一把斧头，除非所有这些被一斧头砍掉，谁也别想靠近那个湖，一旦有人靠近，我也能感觉到。"第二天，巨人到山上打猎去了，牧羊人克鲁阿善在曾帮过他的友善动物的协助下，想办法拿到了那个致命的黑刺李，并在巨人还没抓住他之前就嚼了它，巨人立刻挺直不动，变成了一具僵尸。③

印度西北部高地的吉尔吉特土著，也讲了一个类似的故事。他们说，从前，

---

① 参见坎贝尔（J. F. Campbell）：《西部高地的通俗故事》（*Popular Tales of the West Highlands*），第 1 卷，1890 年，第 7—11 页。——译注

② 阿盖尔郡（Argyleshire），英国苏格兰的原郡名。——译注

③ 参见麦金尼斯（D. MacInnes）：《民众与英雄故事》（*Folk and Hero Tales*），1890 年，第 103—121 页。——译注

有一个名叫石里·巴达特的吃人魔王统治着吉尔吉特，他向臣民征收儿童税，并且定期以小孩的肉当午餐。因此，他的绰号叫吃人者。他的一个女儿名叫萨金娜或米约·凯，惯于在高山上赏心悦目的地方度过夏季的几个月，此时吉尔吉特正处于山谷之下的酷热之中。有一天，碰巧有一位名叫沙姆谢尔的英俊王子在公主夏季纳凉之处附近的山上打猎，由于打猎的劳累，他和随从就躺在树阴下涌动的泉水边睡着了。彼时正是正午，阳光灼热难耐。或许纯属偶然，或许是命运的安排，公主的婢女刚好来泉边打水，看见旁边有陌生人，就回去向她的女主人报告了情况。公主对这种闯入她的狩猎场的做法非常生气，派人把这些闯入者带到她的面前。然而，一看到这位英俊的王子，她的怒气马上就烟消云散，她开始与他交谈，虽然中午和晚上都慢慢过去了，王子请求放他下山，但公主仍然扣留他，一字一句地听他给她讲他的冒险和英雄业绩。最后，她终于无法隐瞒自己的感情，她说出了爱意并把手伸给了他。他不无踌躇地接受了，因为他担心她残酷的国王父亲根本不会答应她与他这样一个陌生人结合。所以，他们决心守住结婚的秘密，并且当晚就完婚了。

可是，王子刚赢得公主，他的野心就飞得更高了，他意在夺取王位。为此，他教唆他的妻子背叛并且谋害她的父亲。由于被自己对丈夫的爱冲昏了头脑，公主也决心密谋要她父王的命。不过，在实施这项计划时，他们有一个障碍，因为石里·巴达特国王是巨人的后代，根本就不怕剑或箭之类的攻击，那些武器对他的身体毫发无损，没人知道他的灵魂由什么东西组成。所以，这个野心勃勃的王子要做的第一件事情，就是得知他岳父灵魂的确切特点。有谁比公主更能从国王那里打探到国王的秘密呢？所以，有一天，无论是突发奇想还是为了考验他妻子的忠诚，他告诉她说，一旦树叶凋落并变黄，她就再也见不到她的父亲了。就这样，那年秋天——因为夏天正在过去——碰巧树叶凋落并且黄得比往年更早。看到黄树叶之后，公主想到她父亲的末日到了，或许被心中蓄谋已久的谋杀父亲的悔恨之情触动，她下山独自悲伤了一阵子，并返回了吉尔吉特。但令她吃惊的是，在城堡里，她看见她的父王仍然享有健壮的身体和吃人的嗜好。她吓了一跳，然后解释说，她之所以从山上的避暑地突然意外地归来，是因为有一位圣人预言说，树叶凋零的时候，她的父王也将憔悴而死。她说："现在正是树叶黄的时候，我为你担心，就来躺在你的脚下。谢天谢地，那个预言没有兑现，那个圣人一定是冒牌的先知。"这位吃人的父亲的心被这种孝心的表白打动了，他说："哦，我可爱的女儿，这个世界上没人能杀我，因为没人知道我的灵魂是用什么东西做的。如果没人知道它的特点，它怎能受到损害呢？要伤害我的身体，超出了人的能力。"他的女儿回答说，她的幸福就取决于他的生命和安危，既然她是世界上最疼爱他的人，他就应该不用担心把他灵魂的秘密告诉她。如果只有她知道，她就能够小心应对一切邪恶的预兆，防止任何危险的发生，用全力保护慈父的安全来证明她的爱。但这位谨慎的吃人妖魔不相信她，而且像参孙和童话里的巨人一样，试图用许多假的或含糊的回答来搪塞她。但最后，经不住她的纠缠或者被她的哄骗迷惑，他泄露了这个致命的秘密。他告诉她，他的灵魂是由黄油做成的，一旦她看见城堡里面或者周围烧起了大火，她就可以知道他的末日快到了，因为他灵魂的黄油怎么经得住大火的热度呢？他根本不知道，在他说出这一点时，他已经落入一个软弱女子和忘恩负义的夺命女之手。

在过于轻信的父王那里住了几天之后，这位女内奸回到了山上的住处，发现自己心爱的伴侣沙姆谢尔正焦急地等待着她。他得知了国王灵魂的秘密，非常高兴，因为他正要不辞劳苦地取他岳父的性命呢。现在，他已经能够看见完成计划的路被扫平了。在实施他的阴谋时，他要依靠国王自己的臣民的积极配合，他们正渴望摆脱这位可恶的吃人魔王，挽救他们剩下的孩子的生命，使孩子免遭他的吞噬。王子的如意算盘并没有失算，因为在得知现成地有一个救星之后，人们就准备追随他，在与他们密谋之后，沙姆谢尔就计划在这位怪物的老窝里向他发起挑战。这个计划的好处是极为简单。皇家城堡周围被点起了大火，人们希望在大火的烘烤下，国王的黄油灵魂会融化。在实施这项计划的前几天，王子把他的妻子送到她在吉尔吉特的父亲那里，严令保守他们的秘密，以哄骗这位年迈的吃人妖魔保持一种虚假的安全感。然后一切都就绪了。在寂静的夜里，人们手里举着火把或木棍冲出家门，当他们接近城堡时，国王的黄油灵魂开始感觉不舒服，他一阵不安，时间已经这么晚了，他派他的女儿去察看不安的根源。这个不忠不孝的女人就趁夜出去，磨蹭了一会儿，然后，她让反叛者们拿着火把再靠近一些。她回到城堡，试图安慰她的父亲说，他是虚惊一场，根本没有那回事情。但国王心中即将来临的不幸的预感非常强烈，花言巧语的女儿并不能把它驱散。他亲自走出寝宫，只见城堡周围的熊熊大火照亮了黑色的夜空。没时间犹豫或耽搁了，他飞身跳入空中，飞向霍托可汗的方向，这是吉尔吉特周围高山中的一块冰雪之地。他把自己藏在一片大冰川之下，既然他的黄油灵魂在冰中不会融化，他就一直活到现在。但吉尔吉特的人们仍然相信，他有一天会回来统治他们并且用加倍的愤怒吃掉他们的孩子，因此，每年11月的晚上——他被从吉尔吉特赶走的那一天——人们就整夜点着火，这样，如果他试图回来的话，火就会驱散他的幽灵。那天晚上没人敢睡觉，所以整个时间，人们都在熊熊燃烧的篝火周围唱歌跳舞。①

这个印度故事与参孙的传说以及斯拉夫人和凯尔特人的故事的整体一致性十分明显。如果这个故事讲述人把吃人妖魔告诉女儿的有关灵魂秘密的假答案或含混答案记录下来，它与这些故事的相似点可能会更多。因为根据希伯来人、斯拉夫人和凯尔特人的相似现象的类比，我们可以设想，为了骗过女儿，狡猾的妖怪可以声称他的灵魂藏在实际上根本不相干的东西之中。或许他的一个答案是灵魂在某种树叶里，当它们变黄时，也就是他死亡的先兆，虽然在现在的故事中，说出这个假预言的是第三者，而非这个吃人妖魔自身。

尽管在总体计划或计谋方面，斯拉夫人、凯尔特人和印度人的这些故事与参孙和大利拉的故事是相似的，但它们至少有一个重要差异。在参孙的故事中，读者的同情完全在这位被出卖的术士一方，作者从一种和蔼可亲的角度把他描述为爱国者和人民斗士：我们赞美他非凡的业绩，同情他的痛苦和死亡，憎恨那个诡计多端的荡妇的背信弃义，她的虚情假意给她的情人带来了不该有的灾难。然而，在斯拉夫人、凯尔特人和印度人的故事中，这种情形的戏剧性效果恰好相反。它们从冷酷无情的角度把受到陷害的术士描述为恶棍，他滥用自己的蛮力，作恶多端：我们讨厌他的罪行，庆幸他的覆灭，欢迎或原谅了置他于死地的那个女人的狡诈，因为她这样做只是抵偿他对她或全体人民犯下的大错。这样，在对同一个一般主题的不同表述中，恶棍和受害者的角色换了位：在一种表述中，术士扮演了无辜受害者的角色，女人扮演了狡猾恶棍的角色；在另一种表述中，术士扮演了狡猾恶棍的角色，而女人则扮演了无辜受害者的角色，或者像在印度人的故事中一样，扮演了可爱的妻子和民族救星的角色。不必怀疑，如果看到非利士人对参孙和大利拉故事的叙述，我们会发现，恶棍和受害者的角色也换了位。我们会看到，参孙扮演了一个肆无忌惮的恶棍，他掠夺和屠杀了手无寸铁的非利士人；我们会看到，大利拉是他的蛮横暴力的无辜受害者，她凭借自己的聪明机敏和大无畏精神为自己申了冤并把她的人民从长期以来一直

① 参见古拉姆·穆罕马德（Ghulam Muhammad）：《吉尔吉特的节日和民俗》（*Festivals and Folklore of Gilgit*），见《孟加拉亚洲学会纪要》（*Memoirs of the Asiatic Society of Bengal*），第1卷，第7册，1905年，第114页以下，第115—118页。——译注

折磨他们的怪物手中解救出来。因此，在民族和宗派之争中，英雄和恶棍的角色依我们看他们的角度的不同而不同：同一个人，从一个角度看是最"白"的英雄，从另一个角度看又是最"黑"的恶棍；从一个角度看他会受到花团锦簇的迎接，从另一个角度看他将受到乱石的攻击。我们几乎可以说，在历史的混乱场景中成为大人物的每个人都是一个滑稽角色，他的"外套"会随着你从前面还是后面、从左面还是右面看它而发生变化。他的朋友和他的敌人从相反的方面注视他，他们自然只是看见了他的"外套"恰好朝着他们的那种特殊的色调。公正的历史学家要从各个角度来思考这些滑稽角色，并把他们的"外套"的许多色彩都描绘出来，既不要像他们的朋友眼里那样全是"白"的，也不要像他们的敌人眼里那样全是"黑"的。

# 第三章　灵魂的包裹

离开了朱迪亚中部耕地的旅行者，向东朝着死海方向行进，首先要翻越一系列绵延起伏的小山与覆盖着金雀花和牧草的干沟。但当他继续往前行进时，景色就变了：牧草和大鳍蓟消失了，他逐渐进入了一个贫瘠而干旱的地区，这里有大面积的褐色或黄色的沙地、碎灰岩和碎沙石，只有一些多刺的灌木和多汁的攀缘植物可以缓解这种单调，看不见一棵树。走了一里又一里，眼睛见不到一处人类的住处，没有一点生命的迹象。一道道山冈连成一个单调又似乎是没有尽头的序列，一切都是同样的煞白、陡峭和狭窄，它们的侧面是无数急流的干河床形成的纹沟，当旅行者从柔软的白泥灰土的大平台上爬上来时，它们的顶端赫然耸立而且高低不平地映衬在他头顶的天空中，中间点缀的燧石把每个孤立的山冈分隔开来。近处的荒凉山坡看起来就像是被暴雨撕开和划破的一样，更远的高处呈现出巨大的垃圾堆的样子。在有些地方，地面在马的踩踏下发出空洞的声响；在另一些地方，石头和沙子从动物的蹄下陷落；在频频出现的沟谷中，太阳在没有一丝云彩的天空中无情地照射着岩石，使其散发出暖气炉式的灼热。继续向东行进，闯入眼帘的死海暂时缓解了触目皆是的单调风景，它的深蓝色的海水出现在一个山谷中，与沙漠前景千篇一律的黄褐色形成鲜明的对比。爬过最后一个山脊，旅行者就会站在一个巨大的悬崖边上，一个壮观的全景突然出现在他的眼前。他下面大约 2000 英尺就是死海，可以看见它从一头到另一头的整个长度，它的海岸是一系列城堡式的岩崖，一个"城堡"接着一个"城堡"，由深深的峡谷隔开，白色的海角伸进平静蔚蓝的海水，湖那边耸立的摩押山消融在远方的天际。如果他已经来到隐基底①泉上面的湖上，他会发现自己就站在几乎垂直的悬崖上面的一个圆形剧场的最高处，下面是崎岖不平的蜿蜒小路或者不如说是梯路，在悬崖上凿成，通往一个向水边倾斜的有点像马蹄形的平地。这个令人晕眩的陡坡必须下来牵着马小心谨慎地走，最后边的人

---

① 隐基底（Engedi），死海西面的一个水泉，大卫曾匿居于此。——译注

马要非常小心地逐级而下，因为只要一滑就会蹬下一块石头，它掉下险崖，就会砸着下面的游人，使他们跌入崖底。在悬崖的脚下，隐基底充沛的温泉即"小山羊泉"从茂密的亚热带植物的郁郁葱葱的绿洲中的岩石上迸发成冒着水泡的瀑布，它与数小时以来穿行的干旱无水的荒漠形成的反差，打动着旅行者。那个荒漠就是古希伯来人说的 Jeshimmon，即朱迪亚的荒凉和荒漠。它从水质苦涩却明亮的死海右边进入这个国家的腹地，伸向橄榄山的山脚，很快就到达希布伦、伯利恒和耶路撒冷的门户。①

　　为了躲避无情的敌人扫罗的追击，大卫逃到这些凄凉的荒地。当他和跟随他的落魄下属躲在那里时，这个仗义的亡命徒没有偷养羊富户拿八的羊，为了还这份情，拿八聪明又漂亮的妻子亚比该拜访了扫罗。可是，由于对这帮绿林好汉施与他的恩惠毫不知情，这个凶恶的乡巴佬傲慢地拒绝了以最礼貌的措辞来表达的请求，也就是这帮人的首领派人去借粮的请求。这种冒犯刺痛了这位首领对荣誉的敏感，他率领四百名精兵强将下山，每个人都带着刀，直奔那个牧场，牧人的妻子在沼泽地与他相遇了。她用好话劝慰这位怒不可遏的头领的被激怒了的自尊，大概比好话更管用的是用驴队为这些饥饿的土匪驮着的穗子和酒。大卫被感动了，女人的美貌，她谦和的言辞，看见驴带着驮篮，所有这些都发生了作用。他极为谦恭有礼地接待了这位为她的丈夫开脱的妻子，保证他将保护她，但不是没有隐晦地暗示出，如果不是她来迎接他，明日早晨牧场将会看到怎样的情景，并用祝福把她打发走。然后，这些土匪掉头，后面无疑跟着带驮篮的驴，沿他们的来路返回。亚比该看着这些健壮而晒得发黑的人迈着轻快的脚步离开，直到队伍消失在最近的山冈上，这时，她大概笑着发出了一声叹息。然后，她带着稍微放松一些的心情赶回家，他粗俗的丈夫和他的雇工在剪了羊毛之后正喝得烂醉如泥。那晚醉酒，她什么也没说。到了翌日清晨，他醒了酒，她告诉了他，他就魂不附体了。对他神经系统的震撼，也许是更厉害的某种东西，超过了他的承受力。过了十天，他就死了。在一段适当的时间之后，亚比该就翻过山去，与匪帮的首领私奔了。②

　　在第一次见面时，妩媚的亚比该就对多情的大卫加以奉承，其中有一个值得

　　①参见乔治·亚当·史密斯（George Adam Smith）：《圣地历史地理》（*The Historical Geography of the Holy Land*），1894 年，第 269 页以下；孔德尔（R. C. Conder）：《在巴勒斯坦的宿营工作》（*Tent Work in Palestine*），1885 年，第 262 页以下。——译注

　　②见《撒母耳记上》第 25 章。——译注

我们注意的地方。她说："虽有人起来追逼你，寻索你的性命，你的性命却在耶和华你的神那里蒙保护，如灵魂的包裹①一样，你仇敌的性命，耶和华必抛去，如用机弦甩石一样。"这种语言无疑是隐喻性的，但对一个英国作者来说，这个隐喻奇怪而令人费解。它意味着活人的灵魂能被安全地装在包裹里，当这些是敌人的灵魂时，包裹就可能被打开，这些灵魂就会散入风中。即使作为语言的比喻，这样一种观念也几乎不会出现在希伯来人的心中，除非他很熟悉灵魂能被这样处置的一种实际的信仰。我们认为，只要生命存在，灵魂就内在于身体，对我们而言，这里讨论的这一节所包含的观念，自然荒唐可笑。可是，对许多生命学说与我们大相径庭的民族而言，这并不可笑。实际上，在野蛮人中有一种广泛的信仰，即在灵魂拥有者的一生中，灵魂能够而且经常抽离身体而不会立即让他死亡。通常，做这件事的是幽灵、妖怪或性恶的人，他们对某人怀恨在心并偷走那人的灵魂，以置他于死地，因为如果他们的罪恶目的得逞，把无故缺席的灵魂滞留足够长的时间，这个人就会病倒并死去。②正因如此，把灵魂等同于他们的影子或倒影的人，常常对照相机有致命的恐惧，因为他们认为，把他们的相似图像带走的照相者，也抽走了他们的灵魂或影子。从众多的实例中举出一个：在阿拉斯加的育空河下游的一个村里，有一个探险家架起照相机要给在自己房间里活动的爱斯基摩人拍照。当他调准设备时，村里的头人过来了，坚持要在幕布下看一看。得到允许之后，他迫不及待地立即凝视着毛玻璃上的活动人像，然后，猛地从幕布下把头伸出来，向对着他的人咆哮道："他把你们所有人的影子都装在这个盒子里了。"这在人群里引起一阵恐慌，一眨眼工夫，他们手忙脚乱地逃回了自己的家。据这种理论，一个照相机或一袋照片就是一个灵魂的盒子或包裹，可以现成地包起来拿走，就像罐头中的沙丁鱼一样。

但有时灵魂也被善意地从他们的身体中抽出。野蛮人似乎认为，只要他的灵魂完整无损，无论它在体内还是体外，任何人都不会死。因此，他推断，如果他能想办法把自己的灵魂提取出来，藏在任何东西都无法伤害它的某个地方，只要他的灵魂在避难所里安然无恙，不受侵扰，他就不会死。因此，在危急时刻，小心谨慎的野蛮人有时会小心翼翼地把自己的或某个朋友的灵魂取出来保存好，

① 灵魂的包裹（The bundle of life），《圣经》和合本的汉译文为"包裹宝器"，按字面意思，应为"生命（灵魂、力量或生气之来源）的包裹"。——译注
② 参见弗雷泽（J. G. Frazer）和加斯特（T. H. Gaster）：《新金枝》（*The New Golden Bough*），*New York*，1964 年，第 148—149 节。——译注

好比在某个安全的地方开了一个账户，直到危险过去，他才能重新收回他的精神财富。例如，许多民族认为新房子里充满了危及他们灵魂的危险，因此，在西里伯斯岛的米纳哈萨（Minahassa）地区，每当搬进一所新房子，祭司要把整个家族的灵魂收在一个袋子里，把它们保存在里面，直到危险结束，他才把它们还给各自的主人。此外，在西里伯斯岛南部，当女人快要生产时，去接医生或接生婆的信使要带着一把菜刀或铁制的刀。这个东西，无论它是什么，都代表了这个女人的灵魂，在这个危险的时刻，人们相信它在她的身体之外比在身体里面更安全。因此，医生或接生婆必须格外小心地照看好这个东西，因为如果它丢了，这个女人的灵魂也就跟着它一块儿丢了。所以，医生或接生婆把它保存在房子里，直到产期结束，才把这个珍贵的东西还回去，而且会得到一笔小费。在凯伊群岛（the Kei Islands）上，有时可以看见一个挖空的椰子被劈成了两半，然后被小心翼翼地拼合起来，有时可以看见它被挂了起来。这是一个保存新生婴儿灵魂的容器，可以使它避免成为恶魔的牺牲品。因为在那些地方，人们认为，在肉体获得稳定的持久性之前，灵魂还没有永久地寄居在肉体这个临时住处之中。阿拉斯加的爱斯基摩人为生病孩子的灵魂采取了类似的预防措施。巫医用魔术把它赶进一个护身符里，然后把护身符装入他的魔包中，在那里（如果有地方），灵魂将免于受到危害。[1]在新几内亚东南部的某些地方，当妇女把孩子装在一个包里外出活动时，她"必须在她的裙子上拴某种长藤条，最好在包上也拴一条，这样，它就在她后面一直拖到地上。因为如果孩子的灵魂碰巧漫游到体外，它还能有从地上爬回来的工具，而且，什么东西能有拖在路上的藤条这么方便呢？"[2]

　　不过，也许与"灵魂的包裹"最接近的相似现象是寄魂石[3]的包裹。所谓寄魂石，也就是变平和拉长的一些石头和棍棒，澳大利亚中部的阿兰达人（the Arunta）和其他一些部落极其小心地把这些东西秘密保存在山洞和岩石的缝隙里。每个神秘的石头或每根神秘的棍棒，都与氏族成员的灵魂密切相连，无论该成员是活着还是已经死去，因为一旦某个孩子的灵魂进入了临产的女人体内，人们相信，在母亲的子宫感到胎动的那个地方，会产下一根神圣的棍棒或一块

---

①参见雅各布森（J. A. Jacobsen）：《班达海岛航行记》（*Reisen in die Inselwelt des Banda-Meeres*），1896 年，第 199 页。——译注

② 牛顿（H. Newton）：《在遥远的新几内亚》（*In Far New Guinea*），1914 年，第 186 页。——译注

③ 寄魂石（churinga，也可拼作 tjurunga），该词出于阿兰达语，意思是神圣。——译注

神圣的石头。在她的引导下，父亲要寻找他的孩子的棍棒或石头，找到以后，或者从离得最近的阔叶树上削一个，把它交给这个地区的头人，头人把它和其他的一起丢在岩洞的神圣储藏室里。这些与氏族所有成员的灵魂紧密相连的珍贵的棍棒和石头，常常被小心翼翼、严严实实地绑在包裹里。它们构成该部落最神圣的财产，放置它们的地方，也被巧妙地加以遮挡，洞穴的入口自然地摆放着一些石头挡着，以避免引起人们的疑虑。不仅这个地方本身，而且它的周围，都是神圣的。那里生长的植物和树，从来都没人碰；从那里经过的野生动物，从来都不会受到骚扰。如果有人为了躲避敌人或血亲复仇者，只要待在这个圣所的界限之内，就是安全的。因为他们认为这些神圣的棍棒和石头与这个共同体所有活着和死去的成员联系在一起，所以，失去寄魂石是一个部落可能遭受的最大不幸。不谙此事的白人把它们抢走之后，这些土著就在营地里待了两个星期，为失去它们而痛哭哀号，用白黏土塑出它们的形状，象征着哀悼死者。[①]

正如斯宾塞和吉伦两位先生正确指出的那样，在澳大利亚中部关于寄魂石的信仰和习俗中，我们看到"在许多民族的民俗中都有所表现的一种观念的变形，根据这种观念，把自己的灵魂看做具体的物的原始人会想象，如果需要，他就能把它放在一个离开身体的安全之地，这样，如果身体被毁了，离开身体的灵魂仍然完好无损"。这并不是说，如今的阿兰达人仍然相信这些神圣的棍棒和石头就是他们灵魂的真正容器，好像毁了其中的一根棍棒或一个石头，就必然毁了其灵魂与它相连的那个男人、女人或孩子似的。然而，在他们的传统中，我们确实遇到了清晰的信仰迹象，表明他们的祖先真的把他们的灵魂放进这些圣物之中。例如，我们得知，以野猫为图腾的一些人，把他们的灵魂放在寄魂石中，当他们外出打猎时，通常就把它挂在营地的一个圣柱上，打猎回来后，他们要把寄魂石从柱子上取下来，像以前一样带在身上。在外出打猎时把寄魂石挂在柱子上，是为了在他们回来之前，把他们的灵魂安全地存放起来。

因此，我们有很好的理由认为，澳大利亚中部的阿兰达人和其他一些部落现在仍然如此精心地珍藏在隐秘之处的这些神圣的棍棒和石头的包裹，从前被认为是该共同体每个成员的灵魂之所。只要这些包裹在这个圣所里安然无损，人

---

① 参见斯宾塞（B. Spencer）和吉伦（F. J. Gillen）：《澳大利亚中部的土著部落》（*The Native Tribes of Central Australia*），1899 年，第 128—136 页；斯宾塞（B. Spencer）和吉伦（F. J. Gillen）：《澳大利亚中部的北方部落》（*The Northern Tribes of Central Australia*），1904 年，第 257—282 页。——译注

们就会认为它们与所有人的灵魂一起平安无事。但一旦打开这些包裹，把它们贵重的内容散入风中，就会带来最致命的后果。如果我们断言，原始的闪米特人把自己的灵魂安全地存放在棍棒和石头里，然后把这些东西放在当地野外的山洞和裂缝中，这可能有些草率，可是，如果我们断言，这样一些习俗可以轻松而自然地解释亚比该对被追捕的亡命徒大卫说的那段话，大概就不算鲁莽了。这段话就是："虽有人起来追逼你，寻索你的性命，你的性命却在耶和华你的神那里蒙保护，如灵魂的包裹一样，你仇敌的性命，耶和华必抛去，如用机弦甩石一样。"

无论如何，直到相对晚近的时候，希伯来人似乎仍然十分熟悉一种巫术形式，它旨在抓住并滞留活人的灵魂，以对其造成严重的摧残。先知以西结以下面这样的措辞正式谴责施行这种黑巫术的女巫：

> 人子啊，你要面向本民中，从己心中发预言的女子说预言，攻击她们，说主耶和华如此说：这些妇女有祸了！她们为众人的臂膀缝靠枕，给高矮之人做下垂的头巾，为要猎取人的灵魂。难道你们要猎取我百姓的灵魂，为利己将灵魂救活吗？你们为两把大麦，为几块饼，在我民中亵渎我，对肯听谎言的民说谎，杀死不该死的灵魂，救活不该活的灵魂。所以主耶和华如此说：看哪，我与你们的靠枕反对，就是你们用以猎取灵魂，使人的灵魂如鸟飞的。我要将靠枕从你们的臂膀上扯去，释放你们猎取如鸟飞的人。我也必撕裂你们下垂的头巾，救百姓脱离你们的手，不再被猎取，落在你们手中。你们就知道我是耶和华。①

先知斥责的这些妇女的穷凶极恶的习俗，显然是因为她们企图把走失的灵魂抓进束发带和衣服里。如此一来，通过把某些人的灵魂监禁起来，她们就可以杀死他们；通过抓住流浪的灵魂并让它们回到体内，她们就可以拯救另一些人，也可能是病人的生命。为了同样的目的，世界上许多地方的巫师和女巫已经并

---

① 见《以西结书》第 13 章第 17—21 节。多年前，我的朋友罗伯逊·史密斯（W. Robertson Smith）向我提出了对这段话的本意的解释，注经学者们似乎忽视了这一解释，而洛兹（A. Lods）却接受了它，见洛兹的《古代以色列人中的死神崇拜与永生信仰》(*La Croyance à la Ve Future et le Culte des Morts dans l' Antiquité Israélite*, Paris, 1906, i. 47 sq.) 一书。在《以西结书》第 20 节，我遵循罗斯坦（I. W. Rothstein）的观点 [见基特尔（R. Kittel）的《希伯来语〈圣经〉》(*Biblia Hebraica*, ii. 761)]，把 "פם" 读作 "שם"（"那里"）；如果其中的两个 "לפרחות"（"如鸟"）不应当做注释词加以省略，那么，我就把第一个词当做第二个词的同源异形词加以省略。"פוח" 一词是阿拉姆语，不是希伯来语。而且，我与科尼尔（Cornill）等注经学者都把 "אהז חפשם"（"挣脱它们"）读作 "אה נפאם"（"灵魂"，即 "ופש" 的一种被忽视的复数形式）。——原注

仍在采用类似的手法。例如，斐济的酋长惯于用围巾突然带走犯人的灵魂，而自身不可缺少的一部分被剥夺之后，这些可怜的坏蛋就会衰弱而死。太平洋丹杰岛上的巫师把病人的灵魂抓进他们在患者住处附近设置的陷阱里，他们守望着，直到有一个灵魂惴惴不安地落入这个陷阱，并被缠在网上，此后，这个病人早晚难免一死。这些陷阱由结实的线做成，带各种尺寸的套圈，以便用来抓各种尺寸的灵魂，无论是大还是小，是胖还是瘦。在西非的黑人中，"女巫不断设圈套捕捉在某人熟睡时游离身体的灵魂。抓住这个灵魂后，她们就把它悬吊在独木舟上的火苗上，灵魂一干瘪，它的主人就得病。这只是常规的举措，并非为了报私仇或泄私愤。不管谁的梦魂被陷在圈套里，女巫都要收费才复原它。职业声望无可挑剔的巫医，也为失落的灵魂提供收容所。所谓失落的灵魂，是指那些出去游荡而回到它们的身体后又发现自己的位置被 Sisa 即一个低级灵魂占据了的灵魂……这些医生保存这些灵魂，把它们提供给缺少这些东西的病人"。在象牙海岸的鲍勒人（the Baoules）中，有一次，一位酋长的灵魂碰巧被敌人的巫师取走了，后者成功地把它关在一个盒子里。为了找回它，两个男人拿着受害者的一件外衣，有一个女巫同时表演着某种魔术。过了一会儿，她宣布灵魂现在在外衣里了，于是，赶快卷起衣服包在病人身上，让他的灵魂附体。马来人的男巫把他们喜欢的女人的灵魂关在他们的缠头巾的褶子里，然后，白天让这些可爱的灵魂在他们的腰带里活动，晚上把它们压在枕头底下。在西里伯斯岛中部的托拉查人中，与武装部队一起远征的祭司，通常要在胸前背后挂一串贝壳，为的是抓捕敌人的灵魂。这些贝壳带分叉和钩子，他们认为一旦灵魂被关进这些贝壳中，这些分叉和钩子就会阻止它们逃跑。祭司设置这种灵魂圈套并诱其上钩的方法是这样的：当战士进入敌人的领地时，祭司连夜赶到他们要攻打的那个村里，在那里，他在靠近入口的路上放一串贝壳，形成一个圈，在圈里埋一个蛋和家禽的内脏，在部队从他们自己的领地出发前，就已经从这些东西上得到了预兆。然后，祭司拿起这串贝壳，在那个地方把它挥舞七次，并轻轻地呼唤敌人的灵魂，"哦，某某的灵魂"，提到的是村里某个居民的名字，"来吧，踩我的家禽；你有罪，你犯了错，来吧！"。然后他等着，如果那串贝壳发出叮当的响声，就表明某个敌人的灵魂确实来了并且被贝壳牢牢抓住。第二天，不管他本人怎样，其灵魂被套住的男人就被带到这个地方，抓住他灵魂的那个对手正躺在那里等他，这样，他就轻易地成为他们刀剑下的牺牲品。

这样的习俗可以用来解释以西结怒斥的希伯来女巫的那些做法。那些放浪的女人似乎把流浪的灵魂抓进她们盖在其受害者头上的方头巾中，把她们的精神俘虏滞留并缝在她们自己肘部的带子里。

因此，到了有史时代，希伯来人显然还保留着一种观念，认为灵魂是一种可以分离的东西，通过女巫的妖术，或者通过灵魂主人的自愿行为，可以在人活着的时候把它从身体中取出，以便在或长或短的时间里把它放在安全的地方。如果有一位伟大的先知向我们揭示出希伯来女巫诱骗别人灵魂的邪恶勾当，那么，另一位伟大的先知可能就让我们瞥见了耶路撒冷的某个漂亮女士把她自己的灵魂装在一个随身携带的小盒子里。在以清教徒式的责骂和鄙视的口吻描述了锡安的狂傲女子卖弄眼目、俏步徐行和脚下叮当之后，以赛亚开始罗列珠宝和小饰物、吉服和蒙身的帕子、蒙脸的帕子和裹头巾等所有这些时兴而奢华的贵夫人的华服和俗丽饰物的一长串清单。①在罗列女性小饰品时，他提到了"灵魂的居所"②。这样按字面意思翻译的表述，在《旧约》中绝无仅有。现代翻译者和注释者都追随哲罗姆③，把它译为"香盒"、"香水瓶"等。但这些"灵魂的居所"完全可能是一些护身符，人们认为，佩戴这些护身符的人的灵魂，就栖身于护身符之中。这一段落的注释者认识到，这位先知罗列的许多小饰物可能是护身符，正如在今天的东方国家里个人的饰物常常是护身符一样。正文中紧跟着"灵魂的居所"之后的那个词，在英文修订版中被译成了"amulets"（护身符），它来自一个意思是"低声说"、"施魔法"的动词。

但这种"灵魂的居所"的观念，并不必然排除它们具有"香水瓶"的含义。在一个像希伯来人这样把生命要素等同于呼吸的民族眼里，只要闻一下香水就很容易获得一种精神的外观，吸入的香气似乎是生命的添加剂，是对灵魂本质的一种补充。因此，芳香的东西（无论是香水瓶、香盒还是一朵花）自然都被看做具有放射性的精神能量的核心，一旦想这么做，也自然被看做能够从中呼吸出灵魂的合适地方。在我们看来，这种观念似乎显得牵强，但对于民众及其最好的解释者诗人来说，似乎是再自然不过了：

> 我新送你一个玫瑰花环，

---

① 见《以赛亚书》第三章第16—24节。——译注
② 见《以赛亚书》第三章第20节。——译注
③ 哲罗姆（Jerome，347—420），又称圣哲罗姆，早期西方教会的教父，通俗拉丁文本《圣经》的译者。——译注

不是要给你多少荣光，

希望它

永不凋谢；

你只需真的在它上面呼吸，

再把它送还给我；

因为当它生长并发出芳香时，我发誓，

那不是它而是你！

另一首诗说：

Ihr verblühet，süsse Rosen，

Meine Liebe trug euch nicht. ①

但是，如果可以认为美人把她的生命和灵魂交给了玫瑰的灵魂而使它永不凋谢，那么，设想她也能把自己的灵魂呼吸到她的香水瓶里，也并不过分。无论如何，这些旧世界的幻想，如果它们真是如此，就非常自然地解释了香水瓶之所以被叫做"灵魂的居所"的原因。但香味的民俗还有待研究。在研究它时，就像民俗学的其他每个分支一样，研究者可以从诗人那里学到许多东西，他们通过直觉感受到了我们绝大多数人必须通过辛勤地收集事实才能了解的东西。实际上，没有一些诗性想象的感触，几乎不可能进入人们的内心。一个拘谨的理性主义者将徒然地叩击缠满神秘玫瑰花环的仙界之门，这里的门房是不会给葛擂硬②先生开门的。

---

① 德语，大意是"你们枯萎了，甜蜜的玫瑰/你们让我的爱难以承受"。此段德语的翻译曾得到中国社会科学院文学所张田英女士的帮助，在此致谢。——译注

②英国小说家狄更斯的小说《艰难时世》中的人物，指只讲实惠，把生活看做现金买卖关系的人。——译注

# 第四章　隐多珥的女巫

　　以色列历史上最悲壮的人物之一，就是该民族的第一个国王扫罗。由于不满于那个声称以神的名义并在神的直接引导下治理他们的主教的统治，人们呼唤一位平民王，于是，最后一位大祭司撒母耳先知勉强向他们的纠缠让步，照天意选定扫罗为以色列人的王。一旦有居民厌倦了牧师的压迫和管理不当，起来反对主教，迫使在位的主教（尽管他还把持着天国的钥匙）把权力移交到某个世俗的君主手中，就可能在教会辖地①引起相应的变革。作为敏于处理国事的人和最严谨的牧师，撒母耳巧妙地想出了一个办法，按照天意选定并认命了以色列人众望所归的新王。

　　他选中的人，不仅值得人们交口称赞，也深孚众望。他高大而威武的外形，他骑士般的风度，他在战场上足智多谋的将才和无所畏惧的勇气，所有这些都使他脱颖而出，成为一个天生的领袖人物。但是，在绚丽的外表之下，这位精力充沛又受人爱戴的战士却隐藏着一些致命的弱点——性格多疑，爱嫉妒，脾气暴躁，意志薄弱，主意摇摆不定，而且，在抑郁的忧思之下，他的从来没有达到有条不紊的思虑，有时已经摇摆在疯狂的边缘。在这种晦暗的时刻，他脑海里积聚的深沉的沮丧，大概只有通过庄严的乐曲的舒缓曲调才能缓解和消散。希伯来历史学家为我们描绘的最形象的画面之一，就是这位英俊的国王坐在那里陷入了忧郁，面颊红润的琴童大卫站在他面前，在竖琴的颤弦上奏出甜美的乐曲，直到这位国王紧皱的眉头重新松开，这个备受煎熬的人为他惴惴不安的思绪暂时画上了一个句号。

　　或许当撒母耳屈从于众人的意志假装同意让出最高权限时，他以自己锐利的目光已经觉察甚至料到了这些弱点。他可能已经估计到要把扫罗立为一个装饰性的傀儡，一个花哨的面具，在这个勇敢却很顺从的战士的好战特点之下，隐

---

　　① 教会辖地（the Papal States），指罗马教皇在756—1870年间拥有主权的意大利中部的领地。——译注

藏着这位百折不回的先知的坚贞面容；他大概已经预料到要把这个王当做一个戴着王冠并被授予王权的木偶，在民族的舞台上，他会随着幕后幽灵般的导演弹出的曲调翩翩起舞。如果这就是他把扫罗推上王位时的如意算盘，那么，它们就完全被事实证明了。因为只要撒母耳活着，扫罗就不过是他手中远比他自己强大的一个工具。这位先知实际上是那种具有刚强性格的发号施令者和狂热者中的一员，他错把自己坚定的意图当成了上天的意志，向着他的目标勇往直前，排除一切障碍，他心如磐石，抵得住每一种人性的和仁慈的温情。扫罗满足于服从这位飞扬跋扈的导师，把他的真心交给他，就像交给听忏悔的神父一样，这时，他得到仁慈的许可，在俗众的眼前趾高气扬地戴上虚幻的王冠。可是，一旦他胆敢对他的精神导师给他的无情命令有一丝偏离，撒母耳就会打碎这个傀儡王，并且像对待一个不再合意的工具那样，把他扔掉。这位先知暗中把吟游艺人大卫指定为扫罗的接班人，而且愤然抛弃了现在这个悔恨的和受良心折磨的国王，他拒绝再见到他，一直把他当做死人来哀悼，直到他自己的生命结束。[①]

从那以后，扫罗就走了背运。他长期信赖和倚重的强大军队被剥夺了之后，他走的是一条更加刚愎自用而且反复无常的路。他的忧郁加深了，他的疑虑更多了，他本来就不稳定的脾气变得无法控制，他忍不住要大发雷霆。他想要的不仅是大卫的命，还有他自己的儿子约拿单的命，尽管这些怒气的发作有时也伴随着强烈的自责，但他一度高贵的本性在持续退化，这一点却明白无误。

正当他的落日周围愁云惨淡之时,恰好他终生与之交战的非利士人又以前所未有的兵力侵入了领土。扫罗召集了以色列的军力迎击他们，两军集结在面对面的山坡上，中间隔着耶斯列大山谷。这是大战的前夕，翌日将决定以色列人的命运。这位国王对这场决定性的战役忧心忡忡。他意志消沉，像悬挂着铅一般沉重。他相信自己被神遗弃了，因为他通过合法的占卜形式来拨开迷雾、探知未来的所有企图，最终都一无所获。这位先知沉默了，神谕也默不作声——没有任何夜间的幻象用一线希望照亮他沉重而无梦的睡眠，甚至一度驱散了他的忧虑的音乐，也不再听从他的调遣。他本人的狂暴赶走了灵巧的音乐家，音乐家敏捷的手指曾扫过琴弦，摇醒它们所有的和声来慰藉他苦闷的灵魂，让他在片刻之间忘却忧愁。在绝望中，这位国王的心不由自主地想起了撒母耳，这位他在欢快的日子里从来没有白白求助的忠实顾问。但撒母耳正躺在他在拉玛

---

① 见《撒母耳记上》第 15 章。——译注

的坟墓里。不过，有一个想法打动了国王。他难道不能把这位已故的先知从墓穴中召唤出来并从他的幽灵嘴里套出一些希望和抚慰的话吗？这种事情是可能的，但很难，因为他本人已经赶走了所有施黑巫术的人。他询问自己的仆人，从他们那里得知，在隐多珥村有一个女巫还活着，在北面没多少英里以外，就在山谷那边的山间。如果可能，国王决定请求她来解除自己的疑虑和恐惧。这是一项危险的计划，因为在他和女巫的住处中间是非利士人的全部军队。白天去等于送死，必须等待夜幕降临。

在做好战前的一切准备之后，国王回到他的帐篷里，但并没入睡。他热血沸腾，无法歇息，焦急地期盼着能够在夜幕下起身的时刻早点到来。太阳终于下山了，阴影渐浓，营地的喧嚣归于平静。国王现在丢弃了最近已经向他的部队显示的帝王气派，把自己高大的身躯裹在一件普通的袍子里，他挑起帐篷门帘，与两个随从一起潜入黑夜。在他的周围，星光映出了他熟睡的士兵的轮廓，他们相互叠压的胳膊成堆地伸展在裸露的地面上，篝火的余烬在这里那里发出忽明忽暗的余光，照着入睡的人们。在对面山脚下，在眼睛看不到的地方，闪烁着敌人的营火，远处歌舞欢宴的声音趁着晚风飘过山谷，表明那些傲慢的敌人已经预料到了明天的胜利。

直接穿过平原之后，三个冒险者来到了山脚下，避开非利士人营地的最后一个前哨，然后开始上山。一条荒凉的小径引他们翻过山梁到了贫寒的隐多珥村，用泥巴建起来的茅舍和光秃秃的石坡的石面连在一起。北部他泊山①硕大的黑影隐约闪现在天际，最远处，黑门山②白雪皑皑的顶部在星光下显得煞白如幽灵一般。但这些旅行者既没闲暇也没心情欣赏夜晚的景色。国王的向导把他们带到一个农舍，窗户里透出一丝光亮，他轻轻地敲了敲门。似乎正如他们希望的那样，里面传出一个女人的声音，要他们进去。他们进屋，把门关上，站在了女巫的面前。《圣经》的作者没有描述她的外貌，所以，我们可以根据想象随意描绘她。她可能年轻又漂亮，长着乌黑的头发和炯炯有神的眼睛，或者她是一个老得没牙的巫婆，鼻子都碰到了下巴，长着一双视力模糊的眼睛，还有灰白的头发，更使她显得老态龙钟。我们无法知道，而且国王无疑心事重重，不会过多地注意她的外貌。他直截了当地说出了此行的目的。他说："求你用熟悉幽灵的占卜术，将我所告诉你的死人，为我招上来。"但这位老太婆提醒来

---

① 他泊山（Tabor），耶斯列平原上的一座山，高550米。——译注
② 黑门山（Hermon），黎巴嫩和叙利亚交界处的一座山。——译注

访者说她不认识他，并且声称这违反了国家禁止交鬼和行巫术的法令，无异于要了她的命。只是在这个高个子陌生人用乞求和命令的口气并以他的荣誉保证她不会受到伤害时，她才最后答应为他使用她的神秘本领。她问道："我为你招谁上来呢？"他说："为我招撒母耳上来。"这个要求让巫师大吃一惊，她吃力地看着他的来访者，并认出他就是国王。在震惊之余，她相信自己已经中了圈套，她喊道："为什么欺哄我呢？你是扫罗。"但国王以王者的宽厚保证安慰她，请她继续行法术。她于是就着手她的工作，她有意盯着在他的访客看来只是空地的地方，很快，她狂热而憔悴的外表就表明她看见了某些无形的东西向他们显现了。国王问她看见了什么，她说："我看见，有神从地里上来了。"扫罗问："他是怎样的形状？"她回答说："有一个老人上来，身穿长衣。"所以，扫罗感到这正是撒母耳的幽灵，就屈身，脸伏于地下拜。但这个幽灵声色俱厉地问道："你为什么搅扰我，招我上来呢？"国王回答说："我甚窘急，因为非利士人攻击我，神也离开我，不再借先知或梦回答我。因此，请你上来，好指示我应当怎样做。"当他背弃了这位被认为没有服从他的谕令的国王时，这位闷闷不乐的君主发现该幽灵和活着的先知一样顽固和无情。这位无动于衷的老人以无情的语气质问这个瑟瑟发抖的恳求者：被神遗弃的他怎敢就教于他这位神的先知呢？他再次责备了他的违抗行为：他提醒他说，他已经预言国权已经从他手里夺去，并赐予了大卫。他宣布这个预言即将实现，他宣布明天将目睹以色列人被非利士人打败，在太阳又一次落下之前，扫罗和他的众子必和他同在阴间，幽灵以此结束了他的残酷抨击。说完这些可怕的话之后，幽灵沉入地下，扫罗扑倒在地。[①]

从这段形象的叙述中，我们得知，这种亡灵占卜术或召唤亡灵以得到神谕的活动，在古代以色列人中很常见，严格的司法禁令并不能完全压制它。从扫罗的行为举止中，我们可以看出，这种习俗在民间宗教或人们的迷信中是何等根深蒂固，他在极端沮丧的情况下毫不犹豫地求助的，正是他荣耀一时之时要放逐的巫师。他的例子是那种恢复异教现象的典型，以色列的先知在他们的乡民中觉察并谴责的正是这种现象。在遇到非同寻常的灾难或危险之时，正统宗教的法令似乎失效了，所以，这种现象就表现得极为明显。以色列人有一条律法，其现存形式可能在远远晚于扫罗的时代才出现，但仍然体现了非常古老的一种惯例，它规定：对所有拥有熟悉鬼魂的人或男巫，也就是所有声称唤起亡灵而

---

① 见《撒母耳记上》第 28 章第 3—20 节。——译注

得到神谕的人，处以极刑，用乱石打死。不过，在扫罗的时代很久之后，国王玛拿西①要复兴的异教习俗，正是这种巫术习俗，被法律的惊恐赶到了各个角落的行黑巫术的人，这时被迷信的君主带出来，处于光天化日之下。但是，在对民族宗教的彻底改革中，虔诚的国王约西亚②很快就把所有巫师，包括女巫和男巫都贬为罪犯，他们在短期内就从这些罪犯中暴露了身份。

有关扫罗与撒母耳的幽灵见面的叙述显然意味着，只有女巫能看见这个幽灵，国王虽然看不见，却能听到他的声音并直接回答他的话。我们可以有把握地认为，这是以色列人的女巫和男巫声称与死者对话的常用方式之一。他们假装用魔法招来并见到了幽灵，而他们的上当受骗者什么也看不见，只能听到说话的声音，这被天真地当做那个幽灵的声音，但实际上，它通常是那个巫师或某个同谋者的声音。在这种情况下，无论这种声音来自哪里，它都好像并非出自巫师之口，而是来自他体外的某个地点，轻信的求问者会认为那里就是无形的幽灵所在之地。这种声音效果，用腹语术③很容易做出来，它的好处在于，在没有同谋帮助的情况下，巫师也能行法术，因此也就减少了被识破的几率。

女巫告诉扫罗，撒母耳的幽灵从地下上来了，通过施展她的发声才能，她能产生好像是来自地下的一种沉闷而尖细的说话声，国王误以为这就是那位已故先知的口音，因为人们认为幽灵通常都是以这样一种沉闷而尖细的声调从地下说话的。但是，巫师并非常常要处心积虑地把他的声音投射到体外，他常常满足于把它从自己内部调出来而且骗他的容易上当的听众说，这就是他熟悉的神灵或者他崇拜的幽灵的声音。因此，熟悉的精灵或幽灵，据说就在巫师的体内：那种超自然的声音似乎是从他的肚子里发出来的。但无论这种声音来自何处，无论来自大地的内部还是巫师的腹部，可能幽灵本人总是谦虚地处于背景之中，因为我们几乎不能设想，在希伯来人技术的初级阶段，希伯来男巫就能像他们后来时代的同胞一样，通过在某个黑房子里展示妖怪的形象来吓唬他们的崇信者，这些形象用易燃的颜料画在墙上，在适当的时候用一把火炬把它们点燃，通过科学演示，用黑暗中突然爆发的刺目

---

①《圣经》中公元前 7 世纪时的犹大国王，曾重建他父亲所毁的异教邱坛和神像，并让行法术和巫术的人大行其道。——译注

②《圣经》中公元前 7 世纪时的犹大国王，曾在全国焚烧偶像，废除邱坛，取缔娈童。——译注

③腹语术（ventriloquism），或译口技，指一种说话或发声技巧，说话人嘴唇不动，声音仿佛自他处。——译注

光彩证实这种信仰的神秘。

希伯来人以及闪米特民族的其他分支，大概都有这种亡灵占卜的习俗。[①]《吉尔伽美什》史诗的第十二块泥版清楚地提到了这种习俗，描述的是英雄吉尔伽美什在哀悼他的亡友恩启都（Eabani）。在万分悲痛之中，他祈求神把他死去同胞的亡灵从阴间带给他，但一个又一个神祇都说他们对他的请求无能为力。最后，他祈求死神涅尔迦尔（Nergal）说："开启墓穴并打开地府吧，让恩启都的灵魂像风一样从地下升起。"这位神祇仁慈地听着他的祈求者的话，"他开启了墓穴并打开了地府，让恩启都的灵魂像风一样从地下升起"。通过与这个从万丈深渊招来的幽灵的交谈，吉尔伽美什得知了死者在阴间的悲惨生活状况，那里爬满蛆虫，所有东西都被掩盖在土里。但是，当这个幽灵问起为那些战死沙场的士兵的灵魂举行的葬礼，并与那些死在战场无人掩埋的人的惨状进行对比时，这个信息又使这个描述的抑郁色彩有所缓解。[②]

古希腊人也熟悉这种召唤亡灵来获取信息或让他们息怒的习俗。希腊文献中的第一个亡灵占卜术实例出现在《奥德修纪》的著名段落中。尤利西斯[③]航行到大海最边远的一块阴郁的陆地时，在那里召唤了来自阴间的幽灵。为了能与幽灵们说话，他不得不挖一条壕沟，在那里献祭绵羊，让它们的血流进沟里。这样，孱弱而饥渴的幽灵就聚集在沟里，喝完了血，然后，向这位英雄说出了他们的预言，他就坐在他们旁边，手里拿着剑，在这些幽灵中维持秩序，忍着这种珍贵的液体根本轮不着他喝的馋劲。

在古希腊，巫师从阴间召唤幽灵，似乎并非在任何不加选择的地点来施行，而是要限制在某些特定的地点，这些地点被认为可以通过通道或缝隙直接与冥界交流，幽灵也可以通过这些通道或缝隙上来下去，招之即来，挥之即去。这些地点被称为死者的神谕所，而且就看起来而言，只有在这里，与亡灵的合法交往才能进行。

在塞斯普罗蒂（Thesprotis）的阿努姆（Aornum），有一个这样的死者神谕

---

① 耶雷米亚斯（A. Jeremias）：《从古代东方看〈旧约〉》（*The Old Testament in the Light of the Ancient East*），第 2 卷，1911 年，第 184—185 页。——译注

② 参见金（L. W. King）：《巴比伦的宗教和神话》（*Babylonian Religion and Mythology*），1899 年，第 174—176 页。——译注

③ 尤利西斯（Ulysses），是罗马神话中的称谓，也就是希腊神话中的俄底修斯（一译奥德修），是荷马两部史诗的主人公。——译注

所。据说，传说中的乐师俄耳甫斯①要召唤他深爱并失去的欧律狄刻，但白召了一场。在后来的时代，科林斯的僭主佩里安德②也派人去同一个神谕所，向他已故的妻子墨利萨询问如何处置一个陌生人让他保管的一笔存款，他已经把它弄丢了。但这个幽灵拒绝回答这个问题，她说自己光着身子很冷，因为他下葬时穿在她身上的衣服对她没有派上用场，也没有被烧掉。在得到这个回答后，佩里安德发布了一个公告，科林斯所有女人都要在赫拉的这个圣所集合。于是，她们就身着盛装像过节一样集合在一起，她们刚聚在一起，这位僭主就派卫兵包围了这些衣着漂亮的人群，让每个妇女都进到包围圈里，主妇和姑娘都一样，脱掉她们的衣服，他为死去的配偶把这些衣服堆在一个坑里，把它们烧了。通过烟火的中介，这些衣物到达了它们的去处，因为当佩里安德后来再次派人去神谕所并重复有关那笔存款的问题时，他妻子的幽灵已经感到温暖而舒适，马上作了答复。这个神谕场所的整个邻近地区，即使没有亡灵经常出没，似乎也与它们有关，因为相邻的水系也被命名为冥河的名字。在它旁边流着阿克龙河，不远处流着科库图斯河（the Cocytus），③都是"根据忧伤的水流上听到的大声痛哭而起的名字"。我们大概可以确认，这个与另一个世界保持沟通的地方，就是现在被称为格莱克的一个村子，这里的花岗石柱碎片和白色大理石楣柱的碎块，可以表明这个古代寺庙遗址的位置。阿克龙河，现在叫做苏利奥提克河（the Suliotiko）或帕纳里奥提克河（Phanariotiko），从这里一度非常著名的苏利的荒山秃岭流出蜿蜒、舒缓、浑浊而漂满杂草的溪流，经过一个宽阔潮湿的平原，流入大海。在从像一堵高大的灰墙似的立在后面的群山流进平原之前，这条河要穿越一个幽深的峡谷，这是希腊最暗和最深的幽谷之一。两边的悬崖从水边陡直上升，高达数百英尺，其岩礁和缝隙都长满了矮生的橡树和灌木丛。再往高处，这个幽谷的两边收成垂直的山峦，飞升到3000多英尺的高度，沿着山的险峻边缘攀缘而上的黑松林为这里的景色增添了暗淡的庄严之气。一条危险的人行道沿着一块狭窄的岩礁升高到山的一侧，旅行者从上面可以瞥见下面巨大的深谷，可以

①俄耳甫斯（Orpheus），又译奥菲士，希腊神话和传说中的诗人和歌手，善弹竖琴，演奏时猛兽俯首，顽石点头。他的妻子欧律狄刻死后，他下到冥国，用歌声感动了复仇女神，获准把他的妻子带回人间，但在走出阴间之前，不准回头看他的妻子，不得和她说话。俄耳甫斯没有遵守禁令，因而永远失去了妻子。——译注

②佩里安德（Periander，？—前586），古希腊科林斯僭主，征服埃皮达鲁斯，并吞科西拉，促进城市商业发展，保护文学艺术，被列为"希腊七贤"之一。——译注

③参见保萨尼阿斯（Pausanias）：《希腊志》，第1卷，第17章，第5页。——译注

看见湍急的河水在谷里奔腾、咆哮，河水会在一个幽暗的深渊处飞流直下，形成一个瀑布，但这在他下面非常远的地方，以至瀑布的咆哮声在传入他的耳朵之前就消失在半空之中。整个景色在一定程度上结合了雄伟、孤独和凄凉的成分，适合用一种敬畏和抑郁的感觉来抑制心情，因此容易与超自然存在物交流。难怪在这些高低不平的崇山峻岭中，在这些沉寂的沼泽地里，在这些抑郁的激流中，古人想象他们看见了亡灵的出没。

死者的另一个神谕所被建在比提尼亚的赫拉克利亚①。在普拉台战役中打败波斯人的斯巴达国王保萨尼阿斯②曾求助于这个神谕所，他试图召唤并抚慰一个被他意外杀害的、名叫克莱奥尼塞的拜占庭姑娘的幽灵。她的幽灵出现在他面前，并且用一种含混的语言宣布，当他回到斯巴达时，他的一切麻烦都没了。国王很快就死了，这个预言也就兑现了。

关于这些幽灵在这些地方出现和回答问题的方式，我们没有得到任何信息，因此，我们不知道这些幽灵是自己向祈求者本人显现，还是只对召唤他们的巫师显现，我们也不知道有幸看见这些显现的人，是醒着还是在梦里看见的。但是，在希腊的有些死者神谕所里，我们知道，与亡灵的交流发生在睡梦之中，例如预言家摩普索斯在基利加③的神谕所的习俗。普鲁塔克告诉我们，基利加的统治者是一个怀疑宗教的人，也是伊壁鸠鲁派哲学家的朋友，他嘲笑超自然物。有一次，他想验证一下这个神谕所，为此，他在书版上写了一个问题，而且没对任何人说上面写的是什么，他把这块书版密封起来，委托给一个自由民，命他把这个问题交给这位幽灵般的预言家。于是，按照习俗，这个自由民晚上就睡在摩普索斯的神谕所里。第二天早晨，他就向统治者报告说，他做了一个梦。他看见一个英俊的人站在他的旁边，张开了他的嘴，只说了一个字"黑"，就马上消失不见了。这位统治者的朋友们聚在一起听了这些话，纷纷嘲笑这个来自另一个世界的信使，他们对这个简洁的信息究竟是什么意思，不甚了然，但那位统治者一听，马上以虔诚的态度跪下来。当将书版拆封并大声读出它的内容之后，做出这种非同寻常的举动的理由，就一目了然了。原来，这位统治者在里面写的是这样一个问题："我应该祭祀一头白牛还是一头黑牛？"

---

① 赫拉克利亚（Heraclaea），土耳其埃雷利的旧称。——译注

② 保萨尼阿斯（Pausanias，？—约前470或前465），斯巴达将领，公元前479年在普拉台打败波斯人，次年攻占拜占庭。——译注

③ 基利加（Cilicia），小亚细亚（今土耳其）南部的一个地区，公元前103年成为罗马的省份。——译注

答案的恰切甚至动摇了那些不容易轻信的伊壁鸠鲁派哲学家，至于那位统治者本人，他献祭了一头黑公牛，而且直到他生命结束时，一直崇奉已故的预言家摩普索斯。①

虔诚的普鲁塔克显然非常满意地报告了这次对浅薄的不信态度的胜利驳斥，他还讲到了据说发生在意大利的另一个同类事件。有一个非常有钱的人名叫埃利修斯，他是在布鲁蒂姆（Bruttium）的希腊城市特里纳的当地人，在一次突然而神秘的死亡事件中，他失去了自己的儿子即继承人优锡努斯。由于担心在失去了他所有财产的继承人的过程中有什么不正常的原因，这位焦急的父亲就求助于死者神谕所。他在那里供奉了牺牲，然后，按圣所的习俗，睡下做了一个梦。他好像看见了自己的父亲，他求父亲帮助追查杀他儿子的凶手。幽灵回答说："我正是为此而来，我求你从那个年轻人那里接受我的消息。"他说着，就指着跟在他后面的一个年轻人，年轻人酷似埃利修斯为失去他而悲伤的那个儿子。埃利修斯被这种酷似吓了一跳，问那个年轻人："你是谁？"幽灵回答说："我是你儿子的守护神。拿着这个。"说完，他递给埃利修斯一块书版，上面刻着几行诗句，说明他儿子是自然死亡，因为对他来说，死比活着好。②

在古代，利比亚北部的一个部落纳萨莫尼亚人（the Nasamones）通常要睡在他们祖先的坟墓上来求得神谕之梦，他们可能想象，亡灵会从墓穴中出来，劝解并安慰他们的后代。撒哈拉沙漠的某些图阿雷格人（the Tuaregs）仍在实行一种类似的习俗。如果男人要外出远征，他们的妻子就穿上最漂亮的衣服，来到并躺在古墓上，在那里召唤某个将告诉她们丈夫消息的人的灵魂。在她们的召唤下，有一个名叫伊德伯尼的幽灵以人形出现了。如果女人想办法让他高兴，他就会告诉她远征时发生的一切；如果她没赢得他的欢心，他就会勒死她。同样，"在撒哈拉沙漠北部靠近瓦迪奥吉迪特（the Wady Augidit）有一个很大的椭圆形墓群。在想得知不在身边的丈夫、兄弟或情人的消息时，阿兹加尔人（the Azgar）的妇女就来到这些墓地并睡在它们当中。她相信，肯定能碰到一个幽灵，给她提供自己想要的信息"③。所以，西里伯斯岛中部的托拉查人有时也去某个坟地并睡在上面，以在梦中得到幽灵的忠告。

希腊文献中有关唤魂的最细致的描述，可以在埃斯库罗斯的《波斯人》中找

---

① 参见普鲁塔克（Plutarch）：《论神谕的衰落》（De defectu oraculorum），45。——译注

② 参见普鲁塔克（Plutarch）：《阿波罗的安慰》（Consolatioad Apollonium），14。——译注

③ 奥里克·贝茨（Oric Bates）：《东部利比亚人》（The Eastern Libyans），1914年，第178页以下。——译注

到。戏剧的场景被安排在大流士王的墓地，薛西斯一世的妻子阿托莎王后①（译者按，英文版原文如此，阿托莎王后实际上是薛西斯一世的母亲）正在焦急地等待她的丈夫以及他带去征服希腊的精锐部队的消息。一位信使带来了波斯人在萨拉米斯惨败的消息。在悲伤和惊愕之余，这位王后决心把大流士的幽灵从墓穴里召唤出来，非常迫切地寻求他的忠告。为此，她给这座墓献上了奶、蜜、水、酒和橄榄油等祭品，与此同时，合唱队还唱着赞歌，呼唤阴间神灵把这个已故国王的幽灵送到阳界来。于是，幽灵从地上出现了，并得知灾难已经降临在波斯军队的头上，他给自己罹难的人民提出了忠告和警告。②这个叙述显然意味着，幽灵出现在光天化日之下，而不只是在梦中才向祈求者显现，但我们无法断言，这位诗人描述的是希腊的还是波斯的巫术形式，或者只是根据他自己的想象加以描绘的巫术形式。也可能这种描绘是根据希腊巫师在常规的死者神谕所或他们想求助其灵魂的某个特殊的人的墓地普遍施行的仪式。据其传记作者菲洛斯特拉托斯的报告，毕达哥拉斯派的哲学家提亚纳的阿波罗尼奥斯③就从塞萨利的墓地中召唤了阿喀琉斯的灵魂。这位英雄以一个高大而英俊的青年男子的形象从古墓中出现，以极其和蔼的口气与这位哲人交谈，他抱怨说，塞萨利人已经很久没到他的墓上提供祭品了，并请求哲人对他们的疏忽加以规劝。在普林尼的青年时代，有一个名叫阿皮翁的语法学家承认曾祈求过荷马的幽灵，向这位诗人询问他的父母以及故乡的情况，但他拒绝透露他从幽灵那里得到的答案，因此，后来的时代就无法从这个在源头上解决荷马问题的大胆尝试中受益了。④

诗人卢坎⑤以其通常粗俗而夸张的风格为我们冗长地描述了一次对话，按这位诗人的说法，在法萨利亚（Pharsalia）战役之前，大庞培（Pompey the Great）的儿子塞克斯都·庞培⑥与塞萨利的一个女巫展开过一场对话。由于急于知道战争的结果，（卢坎称之为）这位伟大父亲的不争气的儿子没求助诸神的合法神谕，而是求助于法术和巫术的卑劣伎俩。在他的请求下，一个住在这些坟墓中的丑

① 原文如此，阿托莎王后应是薛西斯一世的母亲。——译注

② 参见埃斯库罗斯（Aeschylus）：《波斯人》（*Persians*），600—838。——译注

③ 提亚纳的阿波罗尼奥斯（Apollonius of Tyana），活动时间在公元1世纪，属于新毕达哥拉斯学派，罗马帝国时期成为神话式的英雄。——译注

④ 参见普林尼（Pliny）：《博物志》（*Nat. Hist.*），第30章，第18页。——译注

⑤ 卢坎（Lucan，39—65），生于西班牙的古罗马诗人，著有拉丁史诗《内战记》。——译注

⑥ 塞克斯都·庞培（Sextus Pompeius，约公元前67—前35），罗马大将庞培之子。公元前48年其父阵亡后，他逃往西班牙，继续与恺撒的军队作战。他曾接替恺撒任海军司令，后来被罗马将军狄托抓获并处死。——译注

陋女巫，让一具还没掩埋的尸体复活了，这个灵魂在人间的躯壳里临时代为讲述了他在阴间听说的灾难马上就要降临罗马世界。在传递了这个消息之后，这个死人要求一个特殊的回报，即让他再死一次，永不复活。女巫答应了他的请求，还为了他的方便，周到地立起了一个火葬柴堆，这具尸体独自走过去，心甘情愿地被烧成了灰。塞萨利的女巫在古代当然臭名昭著，问未来于亡灵的巫术，很可能就是她们拥有的黑巫术中的一种。但卢坎对他们在唤起幽灵时遵循的仪式的绘声绘色的描述也靠不住，比较靠谱的是贺拉斯描述的两个女巫的做法。他写道，她们把一只黑羊羔的血倒进一条沟里，召唤灵魂回答问题。蒂布鲁斯（Tibullus）说起一个女巫用咒语把幽灵从坟墓里召唤出来；在提比略①统治时期，有一个名叫利博的出身名门而意志薄弱的年轻人，涉足了黑巫术，请求尤尼乌斯（Junius）用咒术为他召唤亡灵。

据说，不止一位罗马昏君曾在希望消除恐惧时，求助于亡灵占卜术，他们对自己罪过的记忆，像复仇的幽灵一样频频光顾他们惴惴不安的良心。我们知道，在杀害了自己的母亲阿格里皮娜之后，禽兽不如的尼禄②的内心从来就不得安宁：他承认自己常被母亲的幽灵以及复仇女神的鞭子和燃烧的火炬追赶，他想用巫术仪式召唤母亲的幽灵并平息她的怒火，也终归徒劳。同样，疯狂而血腥的暴君卡拉卡拉③想象他父亲塞维鲁和被他杀害的弟弟盖塔的幽灵手里拿着出鞘的剑追着他，为了减轻这些恐惧，他祈求男巫的帮助。在他们为他召唤的这些幽灵中，有这位皇帝的父亲和康茂德④皇帝的幽灵。但所有这些召来帮他的幽灵，都不愿与这个帝国的凶手说话，只有康茂德的惺惺惜惺惺的亡灵除外，但甚至他也没说任何抚慰或期望的话，只有对即将来临的一场可怕的审判的隐约暗示，这只能用新的恐惧填补卡拉卡拉罪恶的灵魂。

施行这种亡灵占卜术的，既有野蛮民族，也有开化民族。在非洲的某些部落中，流行着通过男女祭司的媒介把已故国王或酋长的幽灵当做神谕的习俗，这些祭司声称受到某个已故统治者的亡灵的感召，并以他的名义来发话。例如，中

---

① 提比略（Tiberius，公元前42—前37），古罗马第二代皇帝，曾与奥古斯都之女尤莉娅成婚。——译注

② 尼禄（Nero，37—68），罗马皇帝，在当政后期转向暴政，杀死了自己的母亲和妻子。——译注

③ 卡拉卡拉（Caracalla，188—217），罗马皇帝，嗜杀成性的暴君，杀害岳父、妻子、兄弟以及其弟的友人，大肆屠杀日耳曼人，217年被罗马近卫军司令刺死。——译注

④ 康茂德（Commodus，161—192），罗马皇帝，实行暴政，精神逐渐失常，经常到斗兽场充当角斗士，被一个摔跤冠军勒死。——译注

非的巴干达人（the Baganda）为每个已故国王建一个庙，其中毕恭毕敬地保存着他的下颌骨。因为非常奇怪，巴干达亡灵附着的身体部位，最常见的就是下颌骨。这种庙即一个普通结构的大圆锥形屋子，被分成两间，一间外室和一间内室，在内室里或最高圣所里，这块贵重的下颌骨被安全地保存在地下挖的一个窖里。先知或灵媒的任务，常常就是受到已故君主幽灵的感召，通过喝国王头盖骨中的啤酒或奶而献身于他的圣所。当幽灵表示接受时，人们就从内室里取出包在一个经过装饰的包里的下颌骨，放在外室里的神龛上，聚集在这里听神谕。在这种场合，先知要走到神龛前，说出神灵透露的事情。然后，他抽一两管本地产的烟草，浓烟带来预言式的痉挛，他开始用那位已故君主的特有声调和声音说呓语并讲话，因为人们认为国王的亡灵就在他体内。但是，他快速的表述很难理解，有一个祭司在那里把这些话解释给求问者听。活着的国王定期向已故的先辈询问国家大事，光顾出于宗教的考虑而保存他们神圣遗物的一个又一个庙宇。①

在居住于罗得西亚北部大高地上的班图人（the Bantu）部落中，已故酋长的幽灵有时控制着活着的男人或女人的身体，并通过他们的嘴说出预言。如果幽灵控制了某个男人，他就开始像狮子那样咆哮，女人们就聚集起来，敲着鼓喊"酋长已经来到村里了"。被控制的那个人将预言未来的战争，并警告人们当心狮子来临。在这种感应持续时，灵媒不能吃任何火烤的东西，只能吃没有发酵的生面团。但是，这种预言的能力通常降临在女人而非男人的身上。这些女预言家宣布她们被某个已故酋长的灵魂附体了，当她们感受到这种神圣的感应时，就把自己的脸弄白，以引起注意，她们给自己抹上面粉，这种东西具有宗教的和神圣化的效力。她们中间的一个人敲着鼓，其他人跳着舞，同时唱着古怪的歌，中间有稀奇古怪的间断。最后，当她们让自己达到了需要的宗教迷狂的程度时，被附体的那个女人就倒在地上，爆发出一种低沉的、几乎含糊不清的吟唱，巫医对在一旁默不作声、充满敬畏的人解释说，这些声音就是那个幽灵的声音。②

---

①参见罗斯科（J. Roscoe）：《巴干达人》（*The Baganda*），1911 年，第 283—285 页；罗斯科：《非洲某些部落实行的死者崇拜》（*Worship of the Dead as Practised by some African Tribes*），见《哈佛非洲研究》（*Harvard African Studies*），第 1 卷，1917 年，第 39 页以下。——译注

②参见戈尔德斯伯利（C. Goldsbury）和希纳（H. Sheane）：《罗得西亚北部大高地》（*The Great Plateau of Northern Rhodesia*），1911 年，第 83 页。——译注

多哥兰①南部说克瓦语的黑人在葬礼结束时，通常要召唤亡灵。他的亲戚把煮好的食物给祭司，并告诉他，他们希望给死去的亲人一些水喝。于是，祭司就亲手收下食物、棕榈酒和宝贝贝壳②，带着这些东西回到他的房子里，把门关上。然后，他召唤幽灵，幽灵一到，就开始哭泣并与祭司交谈，有时是对阴阳两界的生活差异泛泛而谈，有时是对他自己死亡方式的细节进行叙述。通常，他会提到用魔法杀害他的那位邪恶巫师的名字。当死者的朋友们在外面听到了屋里传出的幽灵的哀诉和抱怨时，他们就感动得哭喊起来："我们同情你！"最后，幽灵安慰他们并离开。③在利比里亚边境的一个黑人部落基西人（the Kissi）中，通过在其墓地设立小塑像的形式，已故酋长的灵魂被当做神谕来求问。为了求问，人们把这些小塑像放在一块板上，两个男人一起用头顶着这块板。如果顶的人静止不动，幽灵的回答就被认为是"不"；如果他们来回走动，答案就是"是"。④在新赫布里底群岛之一的安布里姆岛上，象征祖先的木制塑像同样被用作与死者灵魂进行交流的媒介。如果某人处于困境，他就于黄昏在某个祖先的塑像旁边吹口哨，如果听到一种嘈杂的声音，他就相信这位已故男亲属的幽灵已经进入这个塑像，因此，他就向这个塑像诉苦并祈求这个幽灵的帮助。⑤

新西兰的毛利人惧怕并崇拜他们已故亲属的幽灵，尤其是已故酋长和武士的幽灵，他们相信这些幽灵一直在监视着部落里的活人，在战争中保护他们，能够明察任何违反神圣禁律的行为。这些幽灵一般栖居在地下，但他们高兴时就能回到阳界并进入人的身体，甚至进入无生命物体的质料之中。有些部落在他们的房子里保存着小型的木雕像，每一个都敬献给某个祖先的幽灵，这个祖先被认为在某些特定时刻进入这个雕像，以便与活人交谈。这样一种祖先的幽灵（atua）可以在梦中或者在他们醒着的数小时里直接与活人交流。但他们的声音和活人的不太一样，是一种神秘的声音，半是口哨，半是耳语。⑥为我们提供这

① 多哥兰（Togoland），西非一个地区，其西部已经成为加纳的一部分，东部为现在的多哥。——译注

② 宝贝贝壳（cowry-shells），古时在亚非一带曾用作贝币。——译注

③ 参见施皮特（J. Spieth）：《多哥南部说克瓦语民族的宗教》（*Die Religion der Eweer in Süd-Togo*），1911 年，第 238 页。——译注

④ 参见内尔（H. Néel）的文章，见《人类学》（*L'Anthropologie*），第 24 卷，1913 年，第 120—123 页。——译注

⑤ 参见斯派泽（F. Speiser）：《与西太平洋土著在一起的两年》（*Two Years with the Natives in the Western Pacific*），1913 年，第 206 页。——译注

⑥ 参见肖特汉德（E. Shorthand）：《新西兰人的传统与迷信》（*Traditions and Superstitions of the New Zealanders*），1856 年，第 81—96 页。——译注

些细节的英国作者被特许与两个故去多年的酋长的灵魂进行交谈。这次交谈通过一个老妇人的中介进行，她就是毛利人的隐多珥女巫，在她的祈求下，人们认为该部落祖先的幽灵就出现了。

在马克萨斯群岛之一的努库希瓦岛上，男女祭司们声称拥有召唤亡灵的权能，亡灵暂时寄居在灵媒的身体里，以便与他们健在的亲戚交谈。召唤亡灵的时机一般是某个部落成员生病之时，他的朋友们想为他获取亡灵的忠告。一位在19世纪上半叶居住在这个岛上的法国作家参加了一次与亡灵的谈话，并对这次谈话作了描述。这次会面于夜间在病人的屋里进行，为的是弄明白他的病情。一个女祭司充当灵媒，在她的引导下，屋里的火熄灭了，一片黑暗。被祈求的幽灵是一个几年前死去的女士的亡灵，她留下了不下十二个鳏夫来哀悼她的离去。这个生病的男人就是众鳏夫中的一员，实际上，他一直是她宠爱的丈夫，但她的亡灵现在向他宣布他的死期已近，不带丝毫含糊或隐晦。她的声音起初来自远处，然后越来越近，最后落在屋顶上。

隶属荷兰的新几内亚岛南岸的一个部落马林迪内兹人（the Marindineeze）在每年举行的成年仪式上要一起用椰子叶的底部使劲地敲敲达一个小时，以此从地下召唤出他们前辈的幽灵。同样，在节庆时，西里伯斯岛中部说巴雷埃语的托拉查人也通过用一根长棍敲庙里的地面来召唤已故酋长和英雄的灵魂，即村落的守护神。[①]

在婆罗洲的卡扬人（the Kayans）中，当对某个死者的财产分配发生争执时，有时就要求助于职业的男巫或女巫，他们召唤亡灵并询问他对处理自己财产的意见。然而，只有在人死后的收获季节之后，才能进行这种招魂活动。当时间一到，就要做一个小房子的模型，作为亡灵的临时住处，把它放在普通住房的走廊里，紧挨着死者住房的门。而且，为了给幽灵提神，小房子里还要摆上食物、饮料和香烟。男巫就站在小房子旁唱着咒语，召唤亡灵进入这个灵屋，还要提到亡灵的家庭成员的名字。男巫不时地往灵屋里面看一看，最后，他宣布，所有食物和饮料都被享用一空，人们相信幽灵这时已经进入这个灵屋。男巫假装听见了亡灵在灵屋里的低语，里面不时地发出惊讶和咯咯叫的声音。最后，他宣布亡灵对财产分配的意愿，以第一人称来发言，并模仿死者的说话方式以及

---

① 参见阿德里亚尼（N. Adriani）和克鲁伊特（A. C. Kruijt）：《西里伯斯岛中部说巴雷埃语的托拉查人》（*De Bare' s-sprejende Toradja's van Midden-Celebes*），第1卷，1912—1914年，第330页。——译注

其他一些特征。人们通常要遵行这样获得的指导，争端由此得以解决。①

苏门答腊中部的巴塔克人（the Bataks）相信，亡灵是无形的，它只能通过某个活人的角色才能与活人交谈，为了这样的交谈，他们要选择合适的灵媒来充当亡灵信息的载体，这个人要非常贴近地模仿死者的声音、姿态和走路姿势，以至他健在的亲属常常会被这种酷似感动得热泪盈眶。通过灵媒之口，亡灵说出了他的名字，提到了他的亲属，描述了他到底要追寻什么。他披露了活着时一直保守的家庭秘密，而且这种披露使他的亲属们相信，与他们交谈的，确实是他们已故亲人的亡灵。一旦某个家庭成员生病，就要问这个亡灵，这个病人将会活着还是死去；一旦某种传染病肆虐，也要召唤亡灵并给他献上牺牲，他才能保护人们不受传染。如果男人没孩子，他会通过灵媒来询问亡灵如何才能获得子嗣；如果有东西丢失或被偷，也要祈求亡灵说出丢失的财产是否可以找回来；如果任何人在森林里或其他地方迷了路而没回家，焦急的朋友们仍要通过灵媒的介入，凭借某个亡灵得知在哪里才能找到这个迷路的旅行者。如果某个灵媒被问起亡灵怎样在他身上附体，他就说，他看见亡灵来了而且感觉到他的身体被拖走了，他的脚变轻了而且跳来跳去，人似乎变小了而且红扑扑的，房子似乎倒过来了。但这种附体是不连续的，在发作的过程中，亡灵不时地离开灵媒四处玩耍。当发作结束时，灵媒常常生病，有时甚至死去。②

北极的冰雪之地中的人以及热带丛林中的人，也信奉亡灵占卜术。我们读到，在拉布拉多半岛的爱斯基摩人中，只要活人想知道死者的状态或离家外出的亲属在海上的下落，就有一个萨满通过召唤亡灵来帮助他的朋友。他会首先蒙住求问者的眼睛，然后用一根棍子在地上敲三下，在敲第三下时，亡灵出现了，并回答了萨满的问题。在提供了所需的信息之后，再在地上敲三下，把亡灵遣送回他自己的住处。这种亡灵占卜术被称为"用棍子施魔法"。阿拉斯加的爱斯基摩人也用类似的方法招魂。他们相信，从阴间上来的亡灵通过萨满的身体，可以听得见萨满与他们的谈话，在知道了所有想知道的事情之后，萨满就跺一下脚把他们送回地下的住处。怀疑者认为，亡灵对问题的回答是由腹语术来完成的。③

---

①参见霍瑟（C. Hose）和麦克杜格尔（W. McDougall）：《婆罗洲的异教部落》（*The Pagan Tribes of Borneo*），第 2 卷，1912 年，第 38 页以下。——译注

② 参见瓦内克（J. Warneck）：《巴塔克人的宗教》（*Die Religion der Batak*），1909 年，第 89 页以下。——译注

③ 参见霍斯（E. W. Hawes）：《拉布拉多爱斯基摩人》（*The Labrador Eskimo*），见加拿大矿产部地质学调查所《纪要》（*Memoir*），第 91 卷，1916 年，第 132 页。——译注

在中国，对死者的崇拜构成了"国家宗教"的一个主体，亡灵占卜术的习俗自然是普遍的，现在施行这种占卜的似乎主要是老年妇女。例如，这种术士大量存在于广东和厦门。格雷副主教（Archdeacon Gray）在广东逗留期间，曾目睹她们表现了许多这方面的技巧。

　　据说，通过招魂来求问的习俗，在厦门非常普遍，这里的巫师都是职业妇女。在严格的意义上说，这些女人在男性中的声誉似乎并不太高，因为用一个常用的说法，说一个男人正在"招魂"，就几乎等于说他正在说谎。因此，这些女巫师常常喜欢把她们的仪式限制在同性之间，以免她们的高度机密被泄露而成为男性怀疑者的笑柄。在这种情况下，这个过程都在房门紧闭的女人的房间里进行，要不然就发生在客厅的家庭祭坛上，家里的所有成员都可以随便参与。实际上，许多家庭都有一种家规，即在每个死去的亲属离去不久后，至少要通过这些女巫求问一次，看他或她的灵魂在另一个世界里是否安逸，通过家庭的亲情能否做些什么来改善他们的条件。这个仪式要选良辰吉日，洒扫庭除，因为幽灵讨厌肮脏和灰尘。为了吸引这个幽灵，家庭祭坛上要摆上美味珍馐，还要点上香，会面要在密室里的一张普通的桌子上进行。在后一种情况下，当灵媒出现时，其中一个妇女必须走向祭坛，那里挂着一个牌匾，人们相信，家族已故成员的灵魂就住在牌匾里。在祭坛上点了两支蜡烛和三炷香之后，她就请幽灵离开牌位并跟着她。然后，她用手拿着香，慢慢走回房间，把香插入一个装着生米的碗或杯子里。灵媒继续工作，念着咒语，同时，她还弹着琵琶或敲着鼓。最后，她的动作开始战栗，她来回摇摆，她的身体渗出了汗水。这些举动都被认为是幽灵来临的证据。两个女人架着这位灵媒并把她扶到椅子上，她在此进入一种焦躁不安的状态或睡眠状态，她的胳膊就支在桌子上。一块黑色的纱巾搭在她的头上，在睡眠状态中，她才能回答问题，哆嗦着，在座位上摇摆着，用她的手或一根棍子紧张不安地敲着桌子。通过她的嘴，幽灵似乎告诉自己的亲人，自己在另一个世界的状况如何，他们能够做些什么来改善这种状况或者完全解救痛苦。他提到，给他提供的牺牲在神灵驿站的传送过程中是完好无损还是有所损失；他表达了自己的喜好，列数了自己的愿望；他也对家庭事务提出忠告并以此施惠于他的亲属，尽管他的话常常很含混，而且他的评述有时与给他提的问题极少或者根本就没有关联。偶尔灵媒会维持耳语式的独白，或者与幽灵交谈。最后她突然哆嗦着，醒来，站起来宣布幽灵已经离去。她收拾起碗里的米和香烛，收了费用，就走了。"灵媒在会面时经过的不同阶段当然被旁观者看做是她与另一个世界联系的几个重要时刻。不过，我们仍然有权把这些看做心理失常和神经质倾向的症状。她的痉挛和抽搐被当做附体，附体的或者是所祈求的幽灵，或者是她通常与之交往的神灵，他们传给她超人的洞察力，使她能看见那个幽灵。而且，她的催眠状态被公认为是她的灵魂离开她的时刻，以便她光临阴间，在那里见到幽灵并与他交谈，她的窃窃私语的嘴唇表明她在与自己的灵魂或者所祈求的那个幽灵在交谈。既然这个幽灵就栖身于祭坛上的牌位里，可以追问的是，为什么她的灵魂还要去阴间才能见到他呢。我们无法给出答案。"①

由此可见，中国女巫有时并不直接召唤亡灵，而是以她可以支配的某个熟悉的幽灵为中介。同样，格雷副主教告诉我们："在中国，就像在其他地方一样，有些人——通常是老年妇女——声称掌握着熟悉的幽灵，而且假装她们能把亡灵召唤来与活人交谈。"②在这方面，中国的女巫与古希伯来人的女巫很相像，后者似乎也依赖于熟悉幽灵的帮助来召唤幽灵，因为当扫罗想让隐多珥的女巫召唤撒母耳的幽灵时，他对她说："求你用熟悉幽灵的占卜术，将我所告诉你的死人，为我招上来。"

这些实例可以表明，亡灵占卜术的习俗在人类各民族中分布得有多么广泛。

---

① 格鲁特：《中国的宗教制度》(*The Religious System of China*)，第6卷，1910年，第1332页以下。——译注

② 格雷 (J. H. Gray)：《中国》(*China*)，第2卷，1878年，第22页。——译注

# 第五章　人口普查之罪

从《撒母耳记》和《历代志》中的两段著名的叙述中，我们得知，在其生涯的某个时期，耶和华对做人口普查抱有非同一般的反感，他似乎认为，这种做法甚至是比煮牛奶或跳过门槛更为深重的罪孽。[①]我们读到，耶和华或撒旦让大卫王产生了令人不快的清点其人数的想法。[②]无论这一灵感的确切来源是什么——因为在这一点上，《圣经》的作者们有分歧——其后果或者至少说结果，却是灾难性的。清查人数之后，紧接着就是一场大灾难。流俗的见解认为，这场灾祸是对人口普查之罪的正当报应。备受瘟疫折磨的人们具有的活跃想象力，甚至在云中看见了毁灭使者在耶路撒冷上空挥舞刀剑的形象，就像伦敦大瘟疫时（如果我们可以相信笛福的话[③]）街上的一群人想象他们看见了空中盘旋的同样可怕的幻影一样。直到这位悔过的国王认了罪并且用牺牲抚慰了愤怒的神灵，死亡使者才放下了他的刀剑，送葬者才停止在耶路撒冷的街头走动。

许多无知的人们普遍反感对他们及其牲口或财产的清点，耶和华或者不如说犹太人反对统计人口，似乎只是其中的一个特例。这种奇怪的迷信——因为它本身没什么价值——在非洲黑人中似乎很常见。例如，在刚果河下游的巴刚果人（the Bakongo）中，"人们认为一个妇女'1、2、3……'这样数自己的孩子是极其不祥的，因为恶魔会听见，并且会夺取其中一些孩子的性命。这些人自己也不喜欢被别人清点，因为他们担心清点会让恶魔注意到他们，会使他们中的一些人很快死去。1908年，刚果的官府想清点人数以便征税，就派了一名官员带兵去清查人数。当地人本来要反抗这名官员，但他带的兵太多。在非洲的其他地方的白人和黑人之间已经发生了冲突，这并非无稽之谈，不是他们要抗税，而是他们不愿被清点，以免精灵会听见并杀了他

---

[①] 关于后两种大罪，参看下文第330页和第360页（指英文版。——译注）以下。——原注

[②] 见《撒母耳记下》第24章和《历代志上》第21章。——译注

[③] 参见丹尼尔·迪福（Daniel Defoe）：《伦敦灾害史》（*History of the Plague in London*），1810年，第33页以下。——译注

们"①。同样，在刚果河上游的博洛基人（the Boloki）或班加拉人（the Bangala）中，"当地人有一种非常强烈的迷信和偏见，反对数他的孩子，因为他相信，如果他这么做了，或者如果他说出了确切的数目，恶魔就会听见，他的某些孩子就会死去。因此，当你问他'你有几个孩子'这样一个简单的问题时，你会激起他迷信般的恐惧，他会回答说：'我不知道。'如果你强迫他，他就会告诉你有六十个或一百个孩子，或者是他随口蹦出来的一个数字，然后，他就想这些（从当地的观点来看）就被认为是他的孩子的数目。他想骗的不是你，而是那些无所不在而又到处游荡的恶魔，他说出一个大数字，就留下了一个大的余数"②。

此外，东非的马赛人既不清点人也不清点牲畜，他们相信，如果他们这么做了，人或牲畜就会死亡。因此，他们只是以大致的数目来估计一大群人或牲畜，对于更小的一群人或牲畜，他们能够大体准确地估算其总数，不用一个一个地去数。只有死去的人或牲畜才能被一个一个地数，因为数完以后，他们自然没有再死的危险了。③英属东非的瓦萨尼亚人（the Wa-Sania）"极其反感别人数他们，因为他们相信，被清点之后很快就会死去"。④对于同一个地区的另一个部落阿坎巴人（the Akamba）来说，牲畜的安康是他们非常关心的事情，因此，人们遵循着特定的迷信规则，他们相信，违背了它们就会使畜群遭殃。其中的一个规则就是牲畜从来不能数，所以，当畜群回到村里时，主人只需用眼睛打量一下，看看是否丢了牲畜。而且，在这个部落，点数的不吉利不限于牲畜，还扩展到所有有生命的生物，尤其是对女孩子。⑤另一方面，另一个有关阿坎巴人的权威人士告诉我们，"似乎并没有反对清点牲畜的任何迷信。如果一个男人有一大群牲畜，他不知道有多少，但他或他的妻子在挤奶时很快就会注意到有特殊印记的某只牲畜不见了。但是，男人知道自己有几个孩子，却不愿意告诉家庭之外的任何人。据传说，有一个名叫孟达·瓦恩戈拉的男人，住在伊比提山里，他有许多儿女，他颇以他的家庭规模而自豪，声称他和他的儿子们能抵御马赛

---

① 威克斯（J. H. Weekes）：《在原始的巴刚果人之中》（*Among the Primitive Bakongo*），1914年，第292页。——译注

② 威克斯（J. H. Weekes）：《在刚果食人族中》（*Among the Congo Cannibals*），1913年，第136页。——译注

③ 参见默克（M. Merker）：《马赛人》（*Die Masai*），1904年，第152页。——译注

④ 参见巴雷特（W. E. H. Barrett）的文章，见《皇家人类学研究所杂志》（*JRAI*），第41卷，1911年，第36页。——译注

⑤ 参见邓达斯（C. Dundas）的文章，见《皇家人类学研究所杂志》（*JRAI*），第43卷，1913年，第501页以下，第526页。——译注

人的任何进攻，但有一天晚上，马赛人抓住他并杀了他以及他的家人，村里人认为这是对他的报应"①。此外，在英属东非的另一个部落阿基库尤人（the Akikuyu）中，"关于家庭的规模，很难得出哪怕大致准确的数字。我们很快就发现，自然而然地与母亲谈论她有多少孩子也是不智之举。说出孩子的数字被认为极为不祥，这种情感无疑就像《旧约》时代对统计人数的厌恶一样。她们总是用让你自己'来看看'的请求，有礼貌地回避你的这种询问"②。东非的加拉人（the Gallas）认为，数牲畜是不祥的预兆，它妨碍畜群的增长。③霍屯督人（the Hottentots）认为，清点某个群体或人群的成员是一种凶兆，因为他们相信，这个群体中的某些成员将死去。有一位对这种迷信一无所知的传教士清点了他的工作人员，据说，他为自己的鲁莽丧了命。④

迷信式地反对清点人数，在北非似乎是普遍现象。在阿尔及利亚，当地人对法国要求清点居民的所有规章的反对，据说在很大程度上都基于这种对点数的厌恶。这种反感不限于清点人，也表现在清点谷物的多少上，这种运算具有一种神圣的性质。例如，在奥兰⑤，清点谷物的人应该处于纯粹的仪式状态，而不是数 1、2、3 等等，他要说"以上帝的名义"来表示"1"，"两个祝福"表示"2"，"先知的好客"表示"3"，"如系天意，我们将得到"表示"4"，"在魔鬼的眼中"表示"5"，"在他儿子的眼中"表示"6"，"正是神才给了我们富足"表示"7"，等等，一直到"12"，其表达方式是"神的完美"。⑥在巴勒斯坦，如果要计算谷物，许多伊斯兰教徒在数第一个时说"神是一"，数第二个时说"他没有第二个"，然后才说"3"、"4"等等。但"有一些不吉利的数字，首先就是'5'，因此，他们通常不说这个数字，而是说'你的手'，'5'是手指头的数目；'7'是另一个不吉利的数字，说来也怪，它被默不作声地略过去了，或者用'祈神

---

① 霍布莱（C. W. Hobley）：《阿坎巴人和其他东非部落的人种学》（*Ethnology of A-Kamba and Other East African Tribes*），1910 年，第 165 页。——译注

②W · S · 劳特利奇和 K · 劳特利奇：《与英属东非的一个史前民族阿基库尤人在一起》（*With a Prehistoric People*，the Akikugu of British East Africa），1910 年，第 135—136 页。——译注

③ 保利奇克（P. Paulitschke）：《非洲东北部民族志》（*Ethnographie Nordest-Afrikas*），1896 年，第 31 页。——译注

④ 参见哈恩（T. Hahn）的文章，见《球》（*Globus*），第 12 期，第 227 页。——译注

⑤ 奥兰（Oran），阿尔及利亚西北部的港口城市。——译注

⑥ 参见杜特（E. Doutté）：《北非的巫术与宗教》（*Magie et Religion dans l' Afrique du Nord*），1908 年，第 179 页以下；关于摩洛哥清点谷物的方式，参见韦斯特马克（E. Westermarck）：《与农业有关的仪式与信仰》（*Ceremonies and Beliefs Connected with Agriculture*），1913 年，第 31 页以下。——译注

赐福'来代替；数到'9'时，伊斯兰教徒常常说'以穆罕默德的名义祈祷'；'11'也经常被省略，计数人说'10'，然后就跳到'12'"①。对普通数字的这种替代，也许是想骗过恶魔，它正等着偷或损害谷物呢，它大概很愚蠢，难以理解这些古怪的计数方法。

在太平洋西部群岛的肖特兰人（the Shortlands）的族群中，修建酋长的屋子要伴随着各种仪式和惯例。屋顶的每个山墙都要厚厚地覆盖上用象牙椰子叶做成的材料。在收集这些叶子时，建筑者不许数它们的数目，因为计数被认为不吉利。但是，如果收集的叶子不够用，即使房子快盖好了，也会立即停下来。②因此，由误算带来的损失很严重，从其可能的程度来说，我们能够判断当地人反对数这些叶子的态度有多严肃，因为他们不是去数它们，而是准备牺牲他们的劳动成果。北美洲的切罗基印第安人（the Cherokee Indians）有一个规则，即"当西瓜和南瓜还结在秧上时，一定不能数或准确地考察，否则它们就不再茁壮成长"③。有一次，掌管英属哥伦比亚的辛普森要塞的官员对周围的印第安人做了一次统计，其中的许多人很快就被麻疹夺去了生命。当然，这些印第安人把这场灾难归因于他们被数了数，正像大卫王时代的希伯来人把劫难式的瘟疫归因于人口普查之罪一样。④奥马哈印第安人（the Omaha Indians）"对他们的年龄不给任何说法，他们认为，数他们的年龄会招来某些恶魔"⑤。

在今天的欧洲和我们自己的国度，也可以发现类似的迷信。拉普人（the Lapps）过去（可能现在仍然）不愿数他们自己并说出这个数字，因为他们担心这样的清点会在他们的人民中预示并引发大面积的死亡。在苏格兰高地，"人们认为，清点任何家庭的人或牲畜都不吉利，尤其是在星期五。放牛人通过颜色、大小和其他特殊的标记熟悉他掌管的每只动物，但可能完全不知道牲畜的总数。渔夫不想说出他们一网或者一天打了多少条鲑鱼或其他鱼，他们想象这个发现

---

① 威尔逊（C. T. Wilson）：《圣地的农村生活》（*Peasant Life in the Holy Land*），1906 年，第 212 页以下。——译注

② 参见布朗（G. Brown）：《美拉尼西亚人和波利尼西亚人》（*Melanesians and Polynesians*），1910 年，第 204 页。——译注

③ 穆尼（J. Mooney）：《切罗基人的神话》（*Myths of the Cherokee*），见《美国人种学管理局第 19 个年度报告》，第 1 卷，1900 年，第 424 页。——译注

④ 参见梅恩（R. C. Mayne）：《在英属哥伦比亚和温哥华岛的四年岁月》（*Four Years in British Columbia and Vancouver Island*），1862 年，第 313 页。——译注

⑤ 詹姆斯（E. James）：《从匹兹堡到落基山的探险记》（*Account of an Expedition from Pittsburgh to the Rocky Mountains*），第 1 卷，1823 年，第 235 页。——译注

将毁了他们的运气"①。虽然这个叙述出自 18 世纪的一位作家之手，但到了 19 世纪，类似的迷信在苏格兰仍很流行，大概至今仍没有销声匿迹。在设得兰郡②，我们得知，"人们认为，清点羊、牛、马、鱼或某人的任何一种动产，无论是否有生命，总会带来厄运。据说一度盛行着一种观念，即清点之后总会接着爆发一场天花"③。苏格兰东北海岸的渔民，在出海时不数他们的船，也不清点聚集在一起的男人、女人或孩子。用手指指着他们并开始大声地数他们，这比其他任何事情都更让一群在路上艰难跋涉的渔妇们感到怒不可遏：

> 一、二、三，
>
> 我看见一群渔妇
>
> 走过我们的迪河桥，
>
> 撬掉她们贪婪的大眼睛。④

所以，福法尔郡海岸上的奥奇米西亚（Auchmithie）村的渔妇，通常会被顽皮的孩子们惹怒，这些孩子伸出的手指点数并重复着这样的歌谣：

> 一、二、三！
>
> 一、二、三！
>
> 很多这样的渔夫之妻
>
> 我真是眼见不虚！

这种不吉利甚至延伸到清点已经捕捞的鱼或者鲱鱼捕捞船队中的船。⑤

在林肯郡，"没有哪个农夫会在产羔季节清点他的羊羔。可以猜测，这种想法与这样一种观念联系在一起，即非常准确的计数会给邪恶势力提供信息，它们能用这个信息来加害于所计算的那些事物。'Brebis comptées, le loup les mange.'⑥我曾看到有一位牧羊人明显地感到局促不安，因为他的雇工对自己的本职所知

---

①拉姆齐（J. Ramsay）：《18 世纪的苏格兰和苏格兰人》（*Scotland and Scotsmen in the Eighteenth Century*），阿勒代斯（A. Allardyce）编，第 2 卷，1888 年，第 449 页。——译注

②设得兰郡（Shetland），或译谢特兰郡，苏格兰原郡名，由设得兰群岛构成，已改为行政区。——译注

③图德（J. R. Tudor）：《奥克尼群岛与设得兰郡》（*The Orkneys and Shetland*），1883 年，第 173 页；罗杰斯（C. Rogers）：《苏格兰的社会生活》（*Social Life in Scotland*），第 3 卷，1884—1886 年，第 224 页以下。——译注

④沃尔特·格雷戈尔（Walter Gregor）：《苏格兰东北部民俗笔记》（*Notes on the Folk-lore of the North-East of Scotland*），1881 年，第 200 页。——译注

⑤参见西姆金斯（J. E. Simkins）收集的《郡俗》（*County Folk-lore*），1914 年，第 418 页。——译注

⑥法语，意思是"点过的母羊被狼吃"。——译注

甚少，尽管这通常极易掌握，即他每天早晨要知道他的羊群产羔的确切数目。大概出于同样的原因，有些人在被问起有多大年龄时，他们回答说：'和我的舌头一样大，比我的牙齿大一点。'盖多（Gaidoz）先生在《梅吕斯纳①》（第 9 章，第 35 节）中指出，老人不应说出自己的年龄，如果非要说出，他们应回答和自己的小手指一样大。戈达维尔和艾诺的居民的回答是：'我就是一头牛犊的年龄，每年十二个月。'"②在英格兰，迷信式地反对数羊羔并不仅限于林肯郡。有一个家住沃里克郡南部某村的朋友，几年前给我写信说："迷信不易消除。昨天我问一个妇女她的丈夫有多少只羊羔，她说不知道。后来，她觉察到我脸上的诧异，又补充说：'你知道，先生，数它们不吉利。'后来，她又继续说：'不过，我们还一只没丢过。'她的丈夫是驿站长，而且打理着村里的商店，他本人的声誉要高于农民。"③

在丹麦，人们说，你不能数孵蛋母鸡身下的蛋，否则这只鸡妈妈就会踩这些蛋并毁了这些小鸡。而且，母鸡在孵蛋时，你也不该数它们，否则它们就容易成为鸢或鹰的牺牲品。所以，花朵和果实也不能数，否则花就会凋谢，果实就会不到时候就从树枝上掉下来。④在日德兰半岛北部，人们有一种观点认为，如果你数了猫已经抓住的老鼠或者你碰巧发现的老鼠，它们的数目就会增加，如果你数了虱子、跳蚤或其他任何害虫，它们的数目也会增长。⑤据说，希腊人和亚美尼亚人有一种迷信认为，如果你数了身上的疣，它们就会在数量上增多。⑥另外，德国人有一种流行的信仰：如果你经常数你的钱，它们就会逐渐减少。⑦在巴伐利亚的上法耳茨区（the Upper Palatinate），人们认为烤箱里的面包不能数，否则它

----

① 梅吕斯纳（Melusine），原为中世纪的一个传说人物。——译注

② 参见梅布尔·皮科克（Mabel Peacock）的文章，见《民俗学》（Folk-lore），第 12 卷，1901年，第 179 页。——译注

③ 参见 1908 年 2 月 25 日威廉·怀斯（William Wyse）给弗雷泽的信。——译注

④ 参见弗赖贝格（H. Freilberg）：《丹麦习俗与民间信仰中的数字》（Die Zahlen im dänischen Brauch und Volksglauben），见《民俗学协会杂志》（Zs. für Ver. f. Volkskunde），第 4 卷，1894 年，第 383 页。——译注

⑤ 参见弗赖贝格（H. Freilberg）：《丹麦习俗与民间信仰中的数字》（Die Zahlen im dänischen Brauch und Volksglauben），见《民俗学协会杂志》（Zs. für Ver. f. Volkskunde），第 4 卷，1894 年，第 384 页。——译注

⑥ 参见亨德森（W. Henderson）：《英格兰及其边界北部地区民俗札记》（Notes on the Folk-lore of the Northern Countries of England and the Borders），1879 年，第 140 页。——译注

⑦ 参见武特克（A. Wuttke）：《德国民间迷信》（Der deutsche Volksaberglaube），1869 年，第 384页，第 633 节。——译注

们就会不好看。①在巴伐利亚的另一个区上弗朗科尼亚，人们说，在煮汤团时，你不该数它们，因为如果你数了，喜欢汤团的小木女（the Little Wood Women）就不会把它们拿走，而没有了这种营养，小木女就会死去，其必然的结果就是森林将萎缩和凋谢。因此，为了防止该地区变成没有树木生长的荒地，你会得到劝告，不要数锅里的汤团。②在苏格兰东北部，为了稍微不同的理由而遵循着类似的规则，"当家里在烤饼时，不能数有多少块。精灵总要吃数过的饼，饼就不够平时所用了"。

从整体来看，我们可以用相当大的概率认为，大卫王时代的犹太人反对人口统计的依据，并不比纯粹迷信的依据更可靠。清点人数后马上就爆发的瘟疫，证实了这种迷信。③叙利亚的阿拉伯人至今似乎还对清点或被清点保持着同样的反感，因为我们得知，阿拉伯人讨厌清点他们的帐篷、马夫或部落里的牲畜，以免某些不幸会降临在他们头上。④

在后来的时代，犹太人的立法者放松了对人口统计的禁令，也许该民族被清点，条件是每个人要向神付半个谢克尔⑤作为其生命的赎金，以免瘟疫会在人群中爆发。⑥人们认为，在收了这笔小费之后，神显然就不再对人口普查之罪感到不适。

---

① 参见武特克（A. Wuttke）：《德国民间迷信》（*Der deutsche Volksaberglaube*），1869 年，第 378 页，第 620 节。——译注

② 参见维茨谢尔（A. Witzschel）：《图林根的传说、习俗和习惯》（*Sagen, Sitten, und Gebräuche aus Thüringen*），1878 年，第 285 页，第 100 节。——译注

③ 参见斯派泽（E. A. Speiser）：《马里人和以色列人的统计数字和仪式补偿》（*Census and Ritual Expiation in Mari and Israel*），见《美国东方研究院公报》（*Bulletin of the American Schools of Oriental Research*），第 149 卷，1958 年，第 17—25 页。——译注

④ 参见伯克哈特（J. Burckhardt）：《努比亚游记》（*Travels in Nubia*），1819 年，第 741 页。——译注

⑤ 谢克尔（shekel），古希伯来、巴比伦等地的重量和货币单位，约为二分之一盎司。——译注

⑥ 见《出埃及记》第 30 章第 11—16 节。——译注

# 第六章　门槛守护者

在耶路撒冷的神庙里，有三个官员，显然都是祭司，他们有"门槛守护者"这样的头衔①。他们的作用究竟是什么呢？他们可能只是看门人，但他们的头衔暗示出他们不只是看门人，因为有许多奇怪迷信都围绕着古代和现代的门槛。先知西番雅代表耶和华本人说："到那日我必惩罚一切跳在门槛上，将强暴和诡诈充满主人房屋的。"②从这个谴责显然可见，跳在门槛上被认为是一种罪过，与强暴和诡诈相当，会给跳越者带来天谴。在阿什杜德，非利士人的神达贡（Dagon）显然对这样跳在门槛上也持类似的看法，因为我们读到，他的祭司和崇拜者在进入他的神庙时会小心翼翼地不要踩在门槛上。同样的顾虑在同一个地区一直持续到今天。孔德尔③上校给我们讲了叙利亚人的一种信仰，"踩门槛是不吉利的。在所有清真寺里，门上都有一个木条迫使进来的人跨过门槛，乡间圣所也遵守同样的习俗"④。这些乡间圣所是圣徒的小教堂，几乎在叙利亚的每个村子里都可以发现，而且构成了这些农民宗教的真正核心。"对这种小教堂要极为崇敬，因为人们认为，在场却看不见的圣徒一直住在这里。农民们在进去之前要脱鞋，当心不要踩了门槛。"⑤

在叙利亚，这种迷信持续至今。这说明，在耶路撒冷的神庙里，门槛的守护

---

①《耶利米书》，第 35 章第 4 节，第 52 章第 24 节；《列王纪下》，第 12 章第 9 节，第 22 章第 4 节，第 23 章第 4 节，第 25 章第 18 节。所有这些段落，英文的钦定版和修订版都错误地用"门"代替了"门槛"。——原注

②《西番雅书》第 1 章第 9 段。修订版把 on the threshold（在门槛上）这个短语误译为 over the threshold（跳过门槛），钦定版译对了。英文版修订者们和考奇（E. Kautsch）在其《圣经》德译本（弗赖堡和莱比锡，1894）中都歪曲了介词（上面）的本意，这种做法显然是为了与《撒母耳记上》第 5 节取得一致。——原注

③孔德尔（C. R. Conder，1848—1910），英国陆军上校，著有《〈圣经〉与东方》（1896）、《人之兴起》（1908）、《耶路撒冷城》（1909）等多种著作。——译注

④孔德尔（C. R. Conder）：《赫斯与摩押》（*Heth and Moab*），1883 年，第 293 页以下。——译注

⑤孔德尔（C. R. Conder）：《巴勒斯坦的宿营工作》（*Tent Work in Palestine*），1885 年，第 306 页。——译注

者可能是神圣宫殿的入口的门卫，以防任何人践踏门槛。在其他地方，也有用门槛守护者完成类似职责的现象，这些考察可以证实上述观点。当马可·波罗①在著名的忽必烈大汗时代拜访北京②的王宫时，他发现"在大殿的每道门前（或者实际上是这位皇帝所到的任何地方），都有两名高若巨人的男子站在那里，一边一个，手执棍棒。他们的职责就是看着不许任何进来的人踏在门槛上，如果发生了这种事情，他们就会脱去冒犯者的衣服，冒犯者可以付罚金来让他们把衣服还给他，或者不用脱他的衣服，他们就给他一顿棍棒。如果是不懂规矩的外国人，就有一些指定的官员给他们作引导和解释。实际上，他们认为，如果有人碰了门槛，就会带来厄运。尽管如此，当宾客离开大殿时，有些人因为喝醉了酒而无法顾及步态，此时他们就不再固守禁令了"③。从 13 世纪早期曾游历东方国家的和德理④修士的叙述可见，有时候，北京的这些门槛守护者不给犯规者任何选择，一旦某人倒霉地碰了门槛，就要受他们的棍棒伺候。⑤当修道士罗伯鲁⑥作为路易九世派往中国的大使来到蒙古可汗的宫廷时，他的一个同伴在出去时碰巧绊倒在门槛上。守门人马上抓住这个罪犯，并把他带到"字鲁合（the Bulgai）的面前，他是司法官或宫廷的大臣，负责审问那些要犯"。不过，在得知这次冒犯出于无知时，司法官就原谅了他，但以后再不许他踏入蒙古可汗的任何住处。⑦这位修道士幸运地脱身，毫发无损。在这个地区遇到这些情况，最糟的还不是伤筋动骨。大约 13 世纪中叶，比罗伯鲁的出使略早几年，普拉诺·卡尔皮尼（Plano Carpini）在鞑靼地区旅行。他告诉我们，任何人如果触碰了鞑靼王的小屋或帐篷的门槛，都要从这个小屋或帐篷专门为此挖的一个洞里被拖出去，然后毫不留情地被处死。蒙古人有一句格言，简洁地表达出这些限制所

---

① 马可·波罗（Marco Polo，1254—1324），意大利旅行家，曾在中国为元世祖忽必烈效劳达 17 年（1275—1292），著有《马可·波罗行纪》，又名《东方见闻录》。——译注

② 即当时的元大都。——译注

③《马可·波罗的书》（The Book of Ser Marco Polo），亨利·尤尔上校（Colonel Henry Yule）译，第 1 卷，1875 年，第 336 页。——译注

④ 和德理（Odoric），意大利方济各会修士，1318 年离开欧洲，辗转来到北京，在此逗留三年，1330 年回到意大利。——译注

⑤ 参见亨利·尤尔上校（Colonel Henry Yule）：《契丹与前往之路》（Cathay and the Way thither），第 1 卷，1866 年，第 132 页。——译注

⑥ 罗伯鲁（de Rubruquis，约 1220—1293），法国方济各会会士，1252 年奉命出使蒙古。——译注

⑦ 参见《罗伯鲁游记》（Travels of Williams de Rubruquis），见《约翰·平克顿航海志和游记总集》（John Pinkerton's General Collection of Voyages and Travels），第 7 卷，1808—1814 年，第 65—67 页。——译注

依据的理由："切勿踏门槛，那是罪一桩。"

不过，在中世纪，对门槛的这种崇敬态度并不限于鞑靼人或蒙古人。巴格达的哈里发"强迫所有进入他们宫殿的人拜倒在大门的门槛前，他们在那里镶嵌了麦加神殿的一块黑石，为的是使它对那些惯于把前额压在上面的人显得神圣而庄严。门槛有一定的高度，把脚放在上面就会犯罪"[1]。后来，当意大利旅行家彼得罗·德拉瓦列在 17 世纪早期访问波斯王在伊斯法罕[2]的宫殿时，他注意到，"最高的崇敬献给了入口的门，没人敢踩在它的有些架高的木台阶上，相反，人们有时把它当做珍贵而神圣的东西亲吻"。任何罪犯，只要设法过了这道门槛并进入宫殿，就算进了避难所，谁也不能奈何他。当彼得罗·德拉瓦列在伊斯法罕时，有一个住在宫殿里的贵人，国王想处死他。但这个冒犯者非常迅速地逃出了宫殿，在这里他可以免于任何暴力，虽然一旦他走出这个大门，他马上就会被斩首。"谁都有权进入这个宫殿，我在前面已经指出，一旦通过这个他亲吻过的门槛，他就有了受保护的权利。简单地说，这个门槛受到如此的崇敬，以至它的名字阿斯塔纳就是宫廷和皇宫本身的名字。"[3]

野蛮民族以及开化民族，都对门槛有类似的崇敬，而且不愿触碰它。在斐济，"除了最高级别的酋长外，对其他任何人来说，坐在庙宇的门槛上都是一种禁忌。所有人都小心谨慎地避免踩踏供奉神灵的某个地方的门槛：显贵跨过去，其他人用他们的手和膝盖爬过去。在经过酋长家的门槛时，也依照类似的形式。实际上，高贵的酋长与二级神祇之间，只有极小的差别。前者认为自己多半就是神，他的人民也常这么说，在有些时候，他还公开声称自己有神圣的权力"[4]。在西非，"常有临时的轻便栅栏拦着通往村子的路口，只开着用树苗做的一道狭窄拱门。这些树苗上编着树叶或花朵。那个不大结实的栅栏是为了阻挡恶魔，因为这些拱形的树苗上挂着物神式的护符。如果真的要打仗，就用原木挡住这条路的入口，在木头的后面要与人类的敌人而非神灵的敌人作真枪实弹的斗争。有

---

① 德赫伯洛特（B. D' Herbelot）：《东方学目录》（*Bibliotheque Orientale*），第 1 卷，1777 年，第 306 页。——译注

②伊斯法罕（Ispahan，或写作 Isfahan），伊朗中西部城市，古都，古代"丝绸之路"的南路要站，建城历史达 2500 年。——译注

③彼得罗·德拉瓦列（Pietro della Valle）：《波斯游记》（*Travels in Persia*），见《约翰·平克顿航海志和游记总集》（*John Pinkerton' s General Collection of Voyages and Travels*），第 9 卷，第 26 页，第 31 页。——译注

④托马斯·威廉斯（Thomas Williams）：《斐济和斐济人》（*Fiji and the Fijians*），第 1 卷，1860 年，第 233 页。——译注

时，固定在地上、水平地穿过这个狭窄的门槛的树苗，起着进一步守护这道便门的作用。进来的陌生人，必须小心地跨过它，不要踩了它。为了预防大灾难，有时这道门还被洒上献祭的山羊或绵羊的血"①。在英属东非的南迪人（the Nandi）中，没人会坐在房屋的门或门槛上，而且，如果妻子还有一个没有断奶的孩子，丈夫甚至不能碰他自己房间的门槛或其中的任何东西，他自己的床除外。②同样，在摩洛哥，谁都不许坐在房间的门槛上或帐篷的入口处，否则，人们相信他会得病或者会给这个房间带来厄运。米尔扎布尔的一个达罗毗荼部落科尔瓦人（the Korwas）在进出房间时，都不碰门槛。印度中央邦的主要农耕阶层库尔米人（the Kurmis）说："谁都不该坐在房屋的门槛上，这是女财神拉什米（Lakshmi）的宝座，坐在上面就是对她的不敬。"③卡尔梅克人（the Kalmuks）认为，坐在门槛上是一桩罪过。④

在以上列举的绝大多数情况下，碰或坐在门槛上的禁令是普遍的和绝对的，非但不能，而且在任何时候或在任何情况下，谁都不许碰或坐它。只有在一个例子中，这种禁令才是暂时的和有条件的。在南迪人中，似乎只有当妻子有哺乳期的孩子时，才禁止丈夫碰自己房屋的门槛，但在这种情况下，这种禁令不限于门槛，而是扩展到房间里除了他自己的床之外的任何东西。不过，还有其他一些实例，其中的禁令分明仅指某些特殊的场合，尽管如果继续推断说，它的范围果真仅限于此而在其他场合人们可以随意使用这个门槛，未必就妥当。例如，在丹吉尔⑤，当男人从麦加朝觐回来时，通常的习俗是由他的朋友们把他抬过门槛并放在他的床上。但是，由这种惯例推断说，摩洛哥的男人或女人在其他所有时间和场合都可以自由对待门槛或坐在门槛上，那就是错误的。因为我们已经看到，在摩洛哥，任何人在任何情况下都不许坐在房屋的门槛上或帐篷的入口处。而且，在摩洛哥，出嫁的新娘要被抬过丈夫家的门槛，她的亲戚要注意，不让她碰着它。世界上的许多地方都遵循这种习俗，即在新娘第一次进

---

① 纳索（R. H. Nassau）：《西非的拜物教》（Fetichism in West Africa），1904 年，第 93 页。——译注

② 参见霍利斯（A. C. Hollis）：《南迪人》（The Nandi），1909 年，第 17 页，第 66 页。——译注

③ 拉塞尔（R. V. Russell）：《印度中央邦的部落与种姓》（Tribes and Castes of the Central Provinces of India），第 4 卷，1916 年，第 89 页。——译注

④ 参见本雅明·贝格曼（Benjamin Bergmann）：《在卡尔梅克人中的游历》（Nomadische Strei- fereisen unter den Kalmüken），第 2 卷，1804 年，第 264 页。——译注

⑤ 丹吉尔（Tangier），摩洛哥北部港口城市。——译注

入新家时要抬着她过门槛，而且古代和现代对这种习俗都作了讨论并有各种各样的解释。在探讨其含义之前，我们可以先举几个例子。

在如今的巴勒斯坦，"新娘常常被背过门槛，她的脚不能碰它，因为人们认为这样不吉利"[①]。中国人防止新娘的脚碰到门槛的预防措施更加用心良苦。例如，客家人（the Hakkas）的新娘在来到丈夫家门前时，"男方家的一个老妇人把她扶下轿，并挽过门槛，那里放着一把浸泡在醋里的炽热的犁刀"[②]。这种习俗在中国的不同地方大概略有不同。据另一个可能适用于广东及其周边地区的叙述，新娘在新郎家的门前下轿时，"女佣人背着她，拿着一丝用炭烧的文火，火周围放着迎亲队带的鞋，作为给未来丈夫的礼物。在她的头上，由于她被背得高于炭火，另一个女佣人举着一个盘子，里面有几双筷子、一些米和槟榔"[③]。在俄罗斯的莫尔多瓦人（the Mordvins）中，从前和现在新娘被参加婚礼的某些人抱进新郎的房间。在爪哇和巽他群岛[④]的其他岛上，新郎亲自把新娘抱进屋里。在塞拉利昂，当迎亲队快到新郎的镇上时，新娘被一个老妇人背在背上，并且盖着一块漂亮的布，"因为从这时开始，她就不能被任何男性看见了，直到成婚以后。地上铺上席子，背她的那个人的脚不能沾地，她就这样被背进如意郎君的房里"。在英属非洲中部的尼亚萨湖（Lake Nyasa）西部的一个部落阿通加人（the Atonga）中，新娘由年轻姑娘领到新郎家，他正在那里等着她。她在门槛前停下来，直到新郎给她一把锄头，她才能跨过去。她先把一只脚跨过门槛，她的丈夫给她两码布，然后，她才把第二只脚迈进屋里，站在门边，她在这里要收到珠子项链或某些等价的礼物。

在后面的这些传闻中，新娘在进入她的新房时回避门槛，有潜在的含义，并没有明确表达出来。可是，在从印度到苏格兰的雅利安各民族中，新娘在这些场合通常要避免接触门槛，无论是跨过去还是被抱过去。例如，在古代印度，有一种习惯，新娘应该首先用她的右脚迈过丈夫家的门槛，但不应站在门槛上。据说，黑塞哥维那和卡塔罗山口的莫斯塔尔的南方斯拉夫人仍遵循同样的习惯。在阿尔巴尼亚人中，当新娘一方的人到了新郎的房前时，其中的一些成员小心地

---

① 威尔逊（C. T. Wilson）：《圣地的农村生活》（*Peasant Life in the Holy Land*），1906 年，第 114 页。——译注

② 参见《客家人婚俗》（*Hakka Marriage Customs*），见《中国评论》（*China Review*），第 8 卷，1879—1880 年，第 320 页。——译注

③ 格雷（J. H. Gray）：《中国》（*China*），第 1 卷，1878 年，第 205 页。——译注

④ 巽他群岛（the Sunda Islands），马来群岛的主要部分。——译注

越过房间的门槛，特别是放着新娘花冠的那间房子的门槛，要首先用右脚迈进去。在斯拉沃尼亚①，新娘由男傧相抱进新郎的家中。同样，在现代希腊，新娘不能碰门槛，而是被抬过去。在古罗马，新娘进入新家时，禁止她的脚碰门槛，为了避免这种情况，她被抬了过去。在西里西亚，新娘被抬过新房的门槛。同样，在阿尔特马克人（the Altmark）的乡间地区，习惯上或者过去常常让新娘坐着马车或大车到丈夫的家。她一到，新郎就把她抱进屋里，不让她的脚沾地，并把她放在壁炉旁。在法属瑞士，新娘在丈夫家的门前通常受到一位老妇人的迎接，后者要在她的头上撒三把小麦。然后新郎抱起她，帮她越过门槛，她不能用脚碰这个门槛。据说，在洛林和法国的其他一些地方，从前也实行这种把新娘抱过门槛的习俗。在威尔士，"人们认为，新娘把脚放在门槛上或者靠近它，非常不吉利。在举行完婚礼后，新娘总是小心翼翼地越过门槛，进入家中。那些被抬过去的新娘一般都是幸运的，愿意走进屋里的姑娘却留下了隐患"②。在苏格兰的有些地方，迟至19世纪初，当迎亲队伍来到新郎家时，"年轻的妻子就被抬过门槛或第一个门阶，以免任何妖术或魔眼③会攫住并伤害她"④。

这种把新娘抬过丈夫家门槛的习俗有什么意义呢？普鲁塔克认为，在罗马，这种仪式可能是对抢劫萨宾人⑤妇女的回忆，早期罗马人曾把她们抢来为妻。同样，有些现代作家也认为，这种仪式是古代从敌对部落抢妻习俗的遗迹或残余。然而，与这种观点相反，我们可以看到，把新娘抬过门槛的习俗，几乎不能与新娘过门槛时不许碰它的习俗分开。在后一种习俗中，并没有暗示强迫或限制，新娘出于自愿自由地进入新郎的家，只是要小心，不让自己的脚碰上门槛。据我们所知，这种习俗至少与另一种习俗同样古老，因为这是古代印度法典中的一个规定，其中根本没有提到把新娘抬过门槛。因此，我们可以推论说，在婚礼上把新娘抱进丈夫家的习俗，只是防止她的脚触到门槛的一种预防措施，因此，只是我们在人类许多民族中发现的小心回避门槛的一个特例。如果还需要进一步的论证来反对以抢妻习俗来解释这种习俗，似乎可以用孟买附近的萨尔

---

① 斯拉沃尼亚（Slavonia），南斯拉夫北部的一个地区。——译注

② 玛丽·特里维廉（Marie Trevelyan）：《威尔士的民间传说和民间故事》（*Folk-lore and Folk-stories of Wales*），1909年，第273页。——译注

③ 魔眼（ill e'e，后来作 the evil eye），或译"毒眼"，即相信某人的一瞥或一看会使被看人致死、受伤或招致不幸的一种迷信。——译注

④ 詹姆斯·内皮尔（James Napier）：《本世纪苏格兰西部的民俗或迷信》（*Folk Lore, or Superstitious Beliefs in the West of Scotland within This Century*），1879年，第51页。——译注

⑤ 萨宾人（Sabine），古代意大利中部的一个民族，公元前3世纪被罗马征服。——译注

塞特岛（Salsette）的婚俗来作为补充，在这里，新郎本人首先由他的舅舅抱进屋，然后他再把新娘抱进屋。大概没人会把将新郎抱进家解释为抢夫习俗的遗迹，所以，把新娘抱过门槛的类似情况，也不能被解释为抢妻习俗的遗迹。

不过，我们仍然要问，不愿碰触门槛的理由何在？为什么所有这些预防措施都旨在避免接触房屋的那一部分呢？或许所有这些回避的习俗都基于一种宗教的或迷信的信仰，即门槛具有某些危险并且能够影响那些踩或坐在它上面的人。民俗学的先驱之一、博学的瓦罗认为，把新娘抱过门槛的习俗，是为了防止她踩了贞洁的维斯塔①女神的某个圣物而犯下渎圣罪。在把这种仪式归因于宗教方面的考虑时，这位罗马的古典学者瓦罗比希腊的古典学者普鲁塔克更接近事实，后者试图从抢妻习俗或无论如何也是单纯的一个实例来推断这种仪式。当然，在罗马人看来，门槛似乎已经笼罩着高度的神圣性，因为它不仅本身对维斯塔女神来说是神圣的，而且还享有自己特有的神的优待，这是一种神圣的看门人或门槛守护者，名叫利梅提努斯，他受到基督教神父们的粗暴对待，他在生活中的谦卑地位使他受到唐突无礼的自作聪明者的嘲笑。

在另一些地方，门槛被认为是精灵出没之处，这种信仰本身可能足以说明不愿踩或坐它的理由了，因为这样的举动当然会打扰或惹怒住在那里的超自然神灵。因此，在摩洛哥，人们相信，门槛是神灵出没的地方，这种观念显然就是那个国家的新娘被抱过新房门槛的原因。在亚美尼亚，人们认为，门槛是神灵经常光顾的地方，而刚结婚的人特别容易受到邪恶的影响，所以，有一个手持利剑的男子看护着他们，男子用剑在每扇门上方的墙上都刻上一个十字架。在信奉异教的俄罗斯，据说房屋的精灵就住在门槛里。与这一传说相吻合，"在立陶宛，每当新房落成，从上几代传下来的木十字架或某些物品就被埋在门槛下面。当刚刚受洗的孩子从教堂回来时，通常要由父亲托着他在门槛上待一会儿，'以便让家里的新成员处于家神的保护之下'。……一个人独自经过门槛时，总要在自己身上画十字，在有些地方，人们认为不应坐在门槛上。生病的孩子被认为受到魔眼的折磨，也要在其农舍的门槛上受洗，为的是在住在那里的珀那忒斯②的帮助下，把

---

① 维斯塔（Vesta），希腊人称为赫斯提亚，是古罗马的灶神和火神。——译注
② 珀那忒斯（the Penates），罗马神话中的家神之一，储藏室的守护神，与维斯塔同受拉丁语系各民族的崇奉。——译注

病赶出门外"①。德国人有一种迷信，禁止我们在进入新房时踏门槛，因为这样做"会损害受苦的灵魂"。②冰岛人的一种信仰是，坐在庭院门槛上的人，将受到幽灵的袭击。

有时，尽管不是经常，人们可能相信光顾门槛的精灵就是亡灵。一旦人们习惯于把死者或死者的一部分埋在房屋的门口，这种想法自然就会产生。例如，在东非的瓦塔维塔人中，"有子嗣的男人通常被埋在他们仍然健在的年龄最大的妻子的小屋门下，她的职责就是看着不要让四处闲逛的鬣狗侵犯他的遗体。但是，穆因加里（the Muinjari）宗族和恩迪吉里（the Ndighiri）宗族喜欢把他们的墓地设在妻子的小屋里，妇女被埋在她们自己屋子的门边。如果是没有儿女送葬的那些人，就在离一排排小屋有点远的地方挖坑或沟，把他们扔进去。即使捕食的野兽把尸体刨出来吃掉，也没人管"③。在俄罗斯，农民们把死产的孩子埋在门槛下面，因此，人们认为，婴儿的亡灵就在那里出没。同样，在印度中央邦的比拉斯布尔地区，"死产儿或者在 Chhatti（第六天，受洗日）之前夭折的孩子，不会埋在屋外，而是放在陶制容器（a gharā）里，埋在门口或家中的院子里。有人说，这样做是为了妈妈能再生一个孩子"④。所以，在旁遮普的希萨尔地区，"比什诺人（Bishnois）把夭折的婴儿埋在门槛下面，相信这将使其亡灵返回母亲体内。坎格拉人（the Kangra）地区也很流行这种习俗，这里的尸体被埋在后门前面"。我们读到，在整个印度北部，"孩子死了，通常就埋在家里的门槛下，人们相信，由于父母每天踩在他的坟墓上，他的灵魂将在这个家里再生"⑤。对投胎转世的类似信仰，可以解释非洲中部共同具有的一种习俗，即把胎衣埋在小屋的门口或者实际上就在门槛下面，因为许多人认为胎衣是个人的存在物，是在很短的时间间隔里随这个婴儿一起来到这个世界的孪生兄弟或姐妹。母亲显然希望，把孩子或胎衣埋在门槛下面，她从上面越过时，孩子或他的孪生兄弟

---

① 罗尔斯顿（W. R. S. Ralston）：《俄罗斯人的歌》（*Songs of the Russian People*），1872 年，第136 页以下。——译注

② 参见阿道夫·武特克（Adolf Wuttke）：《德国民间迷信》（*Der deutsche Volksaberglaube*），1869年，第 372 页。——译注

③ 克劳德·霍利斯（Claud Hollis）：《东非瓦塔维塔人的历史和习俗札记》（*Notes on the History and Customs of the People of Wataveta, East Africa*），见《非洲协会杂志》（*Journal of the African Society*），第 1 卷，1901 年，第 121 页。——译注

④ 戈登（E. M. Gordon）：《印度民间故事》（*Indian Folk-tales*），1908 年，第 49 页。——译注

⑤ 克鲁克（W. Crooke）：《印度北部的土著》（*Natives of Northern India*），1907 年，第 202页。——译注

姐妹的亡灵就会进入她的子宫并得以再生。

很奇怪，在英国的某些地区，直到现代还用类似的方法消除母牛身上出现的类似灾难，尽管这种方法究竟如何生效，它的实行者或提出者可能也不甚了然。在约克郡的克里夫兰地区，"据说是一个事实，而且绝非没有理由或与经验相冲突，即如果一头母牛在牛棚里不幸早产了牛犊——用当地的说法叫'掏牛犊'——在同一间屋里的其他母牛就非常可能或非常容易像它那样早产，这对主人当然是严重的损失。旧世界①对这种偶发事件的预防措施或民俗办法是，把发生倒霉事件的那个牛棚的门槛取掉，在那里挖一个深坑，实际上要深得足以埋进那头流产的牛犊，让它像死时那样四脚朝天地躺在那里，然后盖起来，恢复原样"②。当阿特金森博士问起这种古怪的习俗是否继续实行时，有一个机灵的约克郡人回答说："噢，有许多人还在这么做。我老爹就做过，但那是许多年以前了，它现在大概已经不管用了，我必须再做。"③显然，他认为，没有理由认为那头被埋的牛犊的有利影响会永远持续下去，必须通过新的埋葬来强化它。同样，剑桥附近的一个大型农场的经营者几年前写道："有一位饲养员（萨福克郡人）最近告诉我，母牛发生流行性流产时的唯一办法，就是把早产的牛犊埋在牛群每天经过的门口。"④英国的一位古典学者在一百多年前也记载了同样的方法："把早产或流产的牛犊埋在牛经常路过的公路下面，将有力地阻止这种不幸在母牛身上发生。萨福克郡普遍实行这种办法。"⑤大概这种古老的信仰认为，被埋牛犊的亡灵会进入从它的身体上路过的某头母牛的身体中，并由此获得再生，但这样一种明显类似于施魔法的观念，几乎不可能在英国残存到现代。

因此，在大众的想象中，门槛萦绕魔力的部分原因是把死婴或死动物埋在门口这种古代习俗。然而，这种习俗并不能完全解释这种迷信，因为如我们所见，这种迷信既依附于帐篷的门槛，也依附于房屋的门槛，而且据我所知，没有证据或可能表明，存在着把死者埋在帐篷门口的习俗。在摩洛哥，人们认为，光顾门槛的并非亡灵，而是精灵。

---

① 旧世界（the old-world），即东半球，主要指欧洲。——译注

② 阿特金森牧师（Rev. J. C. Atkinson）：《在荒野教区的四十年》（*Forty Years in a Moorland Parish*），1891 年，第 62 页。——译注

③ 阿特金森牧师（Rev. J. C. Atkinson）：《在荒野教区的四十年》（*Forty Years in a Moorland Parish*），1891 年，第 62 页以下。——译注

④ 《民俗学》（*Folk-lore*），第 16 卷，1905 年，第 337 页。——译注

⑤ 弗朗西斯·格罗斯（Francis Grose）：《外地词语汇编》（*A Provincial Glossary*），1811 年，第 288 页。——译注

无论人们强调的神灵存在物有什么样的确切性质，下面这种习俗都显示了门槛的神圣性，即在门槛上把献祭动物杀掉，强迫进屋的人跨过流动的血液。通常，在新娘即将第一次进丈夫的家时，举行这样的献祭。例如，在俾路支的布拉灰人（the Brahuis）中，"他们如果是有钱人，就会把新娘放在骆驼背上的 kajāva 或担架上驮到她的新家，新郎骑着一匹马。如果没钱，他们就必须徒步跋涉。一旦他们到了新郎家，就要在门槛上杀一只绵羊，新娘要踩在那里洒的血上，这样，她的一只鞋跟就在上面留下了印记。有些血被收集在一只杯子里，里面放进一束青草，当新娘迈过门槛时，新郎的母亲要把血抹在她的前额上"①。所以，在叙利亚的梅哈德巴人（Mehardeh）的婚礼上，他们在房门外献祭一只绵羊，新娘跨过还在流动的动物血液。希腊人和新教徒（Protestants）显然也遵循这种习俗。同样，"在埃及，当新娘进入新郎的家时，科普特人（the Copts）马上就杀掉一只绵羊，她必须在门口跨过在门槛上流淌的血"②。尼日尔河上游的班巴拉人（the Bambaras）给死者的祭品一般都放在房屋的门槛上，血被注入门口两边的墙内。负责在播种仪式上把谷种从家里拿到地里的那个孩子也正是在门槛上迎接祖先的幽灵的。这些习俗似乎表明，在班巴拉人看来，亡灵主要住在老房子的门槛里。

　　如果人们相信门槛受到神灵的光顾，这些神灵在重要的时节必须得到进出这个房屋的人们的抚慰，那么，所有这些五花八门的习俗就是可以理解的了。同样的信仰也可以解释，在如此多的地方人们在某些情况下为什么要小心地避免触及门槛，以及为什么在某些地方这种避免要由为此而守护在门口的门卫来强制执行。这样的门卫，也就是耶路撒冷的神庙里的门槛守护者，尽管在《旧约》中没有提及他们掌管的职责。

---

　　① 德尼斯·布雷（Denys Bray）：《一个布拉灰人的生活史》（*The Life-History of a Brahui*），1913年，第76页。——译注

　　② 伯克哈特（J. L. Burckhardt）：《关于贝都因人和瓦哈比人的札记》（*Notes on the Bodouins and Wahabys*），第1卷，1830年，第265页注释。——译注

# 第七章　神圣的橡树和笃耨香树

在古希伯来人的圣树中，橡树和笃耨香树似乎占据首要的地位。两者在巴勒斯坦都很常见。这两种树的种类完全不同，但它们外表的总体相似性十分明显，因此，古希伯来人似乎把它们混为一谈，或者至少把它们分成一类，他们给这两种树起了非常相似的名字，在《旧约》的个别段落中，常常不容易判断它指的是橡树还是笃耨香树。

橡树的三个品种在现在的巴勒斯坦都很常见。[①]其中最多的是多刺的常青橡树（Quercus pseudo-coccifera）。这种橡树的总体外观和叶子的颜色非常像我们自己国家小岛上的橡树，但其叶子多刺，形状迥异，更像冬青属植物的叶子。当地人称之为 sindiân，而 ballout 是所有种类的橡树的属名。这种多刺的常青橡树"是整个叙利亚最常见的树，尤其是在巴勒斯坦，常青橡树用长达 8—12 英尺、从山下延伸上来的树枝覆盖着石山，地上覆盖着厚厚的小而硬的常青树叶，还产出大量的橡子。在迦密山[②]上，它占了灌木植物的十分之九，而且它在东黎巴嫩山的西侧和黎巴嫩的许多坡地和山谷，也几乎同样常见。甚至在现在已经看不到的地方，它的根在泥土里仍然可以找到，并被挖出来当燃料，就像在伯利恒南部的山谷中一样。由于对叙利亚森林的任意毁坏，这种橡树很难长到天然的高度"[③]。

巴勒斯坦的第二种橡树是羊麦栎（Quercus aegilops）。它有落叶，外貌和生长很像我们英国的橡树，从不形成灌木丛或林下植物，而是从粗大有节的树干上往上长，围长在 3—7 英尺之间，高达 20—30 英尺不等，叶子非常茂密。这些

---

① 参见斯坦利（A. P. Stanley）：《西奈山与巴勒斯坦》（*Sinai and Palestine*），1856 年，第 139 页，第 515 页以下；特里斯特拉姆（H. B. Tristram）：《〈圣经〉博物志》（*The Natural History of the Bible*），1898 年，第 367 页。——译注

② 迦密山（Mount Carmel），是一个连绵不断的山脉，在今之海法港附近。——译注

③ 胡克（J. D. Hooker）：《论巴勒斯坦的三种橡树》（*On the Three Oaks of Palestine*），见《伦敦林奈学会学报》（*Transactions of the Linnaean Society of London*），第 23 卷，1862 年，第 382 页。——译注

绝大多数出现在开阔的林中空地的树木，把这里的景色装扮得像公园一般。南部极少见，多半在北方。在卡梅尔零星地有一些，在他泊山就很多，在山的北部形成了森林。在巴珊①，它几乎取代了多刺叶的常青橡树，希伯来先知说的自豪和力量所在的那种橡树，无疑正是这种他泊橡树，因为在那个国家，这种树长得非常大，尤其是在较低的山谷地带。当地人就吃其硕大的橡子，而染匠用Valonia（榭斗，橡碗）的名义使用其橡碗，而且大部分都出口了。

巴勒斯坦的第三种橡树——栎树（Quercus infectoria）也有落叶，它不像其他两种那么常见，但生长在卡梅尔，并且在 Kedes 即古代的凯代什纳夫塔利②附近大量出现。大量球形的树瘿和暗褐色的、熠熠闪光的黏质表皮使这种树显得非常引人注目。特里斯特拉姆修士（Canon Tristram）在其他任何地方都没见过这种橡树的大型标本，在撒马利亚的整个南部也没有。③

在巴勒斯坦许多地方都很常见的这些橡树，仍受到农民们迷信的崇拜。因此，谈到巴勒斯坦北部的菲拉湖附近漂亮的橡树林，汤姆森（Thomson）说："我们现在坐在它们下面的这些橡树，据信住着 Jân 和其他神灵。在这些干河床和山上的几乎每个村子里都有一棵或更多这种茂密的橡树，出于同样的迷信，它们也被认为是圣树。这个地区的人们相信其中的许多树上都居住着某些神灵，名叫Benât Ya'kôb——雅各的女儿们——这真是一种古怪难解的观念，我对此从来无法获得一种合理的解释。它似乎是古代偶像崇拜的一种遗存，穆罕默德严厉的法律曾禁止了它的形式，但无法从多数人的心里把它抹去。实际上，正如任何团体的阶层一样，穆斯林也会在不知不觉中接受这些迷信。毫无疑问，这种观念导致了一种习俗，即把他们的圣徒和所谓的先知埋在这些树下，在那里为他们建起麻扎④（圆顶的圣陵），所有非基督教的教派都相信，这些圣徒的幽灵喜欢返回这个世界，尤其喜欢光顾他们的墓地。"⑤

---

① 巴珊（Bashan），加利利湖东的一个肥沃地带，以牧养牛羊和盛产苗壮的橡树著名。——译注

② 凯代什纳夫塔利（Kedesh Naphtail），泰勒凯代什的旧称。——译注

③ 参见胡克（J. D. Hooker）：《论巴勒斯坦的三种橡树》（On the Three Oaks of Palestine），见《伦敦林奈学会学报》（Transactions of the Linnaean Society of London），第 23 卷，1862 年，第 384页；特里斯特拉姆（H. B. Tristram）：《〈圣经〉博物志》（The Natural History of the Bible），1898 年，第 371 页。——译注

④ 麻扎（muzârs，或写作 Mazar），阿拉伯语的音译，意为"先贤陵墓"、"圣徒陵墓"。原为流行于阿拉伯、波斯及中亚地区的伊斯兰教建筑形式，后来专指苏菲派在其圣裔、先贤坟墓上建造的圆拱形建筑物，供人瞻仰拜谒，称为"拱北"。——译注

⑤ 汤姆森（W. M. Thomson）：《〈圣经〉地理：巴勒斯坦中部和腓尼基》（The Land and the Book, Central Palestine and Phoenicia），第 474—476 页。——译注

卜卢丹充满浪漫色彩的村庄，是大马士革人最喜欢的避暑胜地。那里有"巴尔（Baal）神古庙的遗址；它下面斜坡上古老的橡树林，仍是村民们进行迷信祭拜的一个场所"[1]。"在大马士革附近的巴拉多西部，这里的穆斯林（the Moslemîn）中确实还存在某些异教的庆典习俗，我去过两处常青橡树林，它们是农民们的还愿之地。如果要做发誓要做的事情，他们将在这一年的某一天来到某个树林里，在那里打碎一只瓦罐，或者他们在另一个树林的岩石下的小洞里放上一只新瓦罐。我曾在那里往里看，看见里面入口处都是完整的献祭瓦罐；在另一片树林里，你将看到他们打碎的一堆堆陶器碎片。"[2]另一片神圣的橡树林在叙利亚北部的贝努（Beinu），那里有一座废弃的希腊人的教堂矗立在树丛中。此外，我们得知，"在叙利亚北部土耳其人的一个村子里，有一棵硕大又非常古老的橡树，被视为神圣。人们为它焚香，给它敬上祭品，正像对待某些神龛一样。它附近并没有任何圣徒墓地，但人们崇拜这棵树本身"。

人们经常可以发现，这些受到崇敬的橡树生长在伊斯兰教圣徒的有白色穹顶的清真寺或所谓的墓地旁，这些在叙利亚的一端到另一端都可以看到。许多这样的白色穹顶和绿色的树林装点着这里的山顶。"但是，没人知道它们最初在什么时候，由谁以及因为什么特殊的原因变成了神圣的神龛。其中的许多是供奉祖先和先知的，一小部分是供奉耶稣和使徒的，有些有传说中的英雄的名字，另一些似乎是要纪念只有当地人才关注的人物、地点和事件。其中许多'山顶神殿'可能出自远古时代，经过历代各种宗教的沉浮，至今仍未改变。我们可能更容易相信这一点，因为其中的有些地方现在还受到这个国家最古老的族群的光顾，这些族群彼此是对立的——沙漠阿拉伯人、穆斯林、梅塔维勒人（Metawîleh）、德鲁兹教派穆斯林、基督教徒，甚至还有犹太人。因此，我们'在这些位于高山和小山上的每个绿树下的神殿'里，不仅发现了最古的遗址，也发现了人类古老迷信的带有树林和穹顶的现存的纪念碑，如果这还不足以增加我们的崇敬感，它也将极大地增加我们研究它们的兴趣。在黎巴嫩的最高处即杰津村的东面，有一个'山顶神殿'及其神圣庄严的橡树林。山顶呈椭圆形，周围整齐地栽着树丛。"[3]

---

① 特里斯特拉姆（H. B. Tristram）：《以色列之地》（The Land of Israel），第 614 页。——译注

② 道蒂（C. M. Doughty）：《沙漠阿拉伯游记》（Travels in Arabia Deserta），第 1 卷，1888 年，第 450 页。——译注

③汤姆森（W. M. Thomson）：《〈圣经〉地理：黎巴嫩、大马士革以及约旦之外》（The Land and the Book, Lebanon, Damascus, and beyond Jordan），第 169—171 页。——译注

另一位曾长期逗留在这个圣地的作家同样写道："巴勒斯坦的游客常常会看到小树丛里有低矮的石头建筑的白色穹顶探出深绿的树叶。如果问那是什么，有人会告诉你，那是一个 wely 或圣徒——也就是他的著名墓地。①这些建筑虽然不一定但常常在山顶上，而且从方圆数英里之外就能看到，实际上，其中的有些从很远的地方就形成了地标。这些圣祠（Ouliah）为谁而建，多半已经湮没无闻，但真实的解释是，它们标出了迦南地区古老的山顶神殿的某些遗址，我们从《旧约》中的许多段落得知，以色列人在控制了这片土地时，并没有把它们全部毁掉，这在后来的时代屡屡成为他们的一桩罪过。一般会有但并非总有树丛围绕着圣墓。现在，这些墓地最常见的树种就是橡树，这似乎与《圣经》时代的情况一样，尤其是在丘陵地区。除了橡树之外——它必然是常青类的，而不是我们英国的那些落叶类的——还可以见到笃耨香树、红柳、枣树（Zizyphus-spina-Christi，欧洲人有时叫做 Dôm）以及其他树种。有时，一棵在下面庇荫着圣墓的孤零零的大树就代表了这种树林。这种神龛本身通常由平滑的石头建成，绝大多数没有窗户，但有一个 Mihrâb 或祈祷壁龛。它得到很好的维护，里里外外经常被粉饰一新。有时，穹顶下可以发现有一个墓穴在里面，上面盖着难看的竖在那里的石头，大约有 3 英尺高，常常长得出奇。这种所谓的约书亚墓，在约旦东部靠近萨拉特(Es Salt)的地方，有 30 多英尺长。"②

孔德尔上校同样谈到了叙利亚农民现在实行的真实的而非名义上的宗教，他这样写道："这个国家公开承认的宗教是伊斯兰教，其简单的信条是'一个神和神的一个使者'，但你在巴勒斯坦人迹罕至的地方生活上几个月，见不到一个清真寺，也听不到穆安津③祈祷的呼喊声。不过，人们并非没有一种宗教来规范他们日常生活的每一个举动……在这个国家的几乎每个村子里，都可以见到带有粉饰一新的穹顶的小建筑，它们是这里神圣的小教堂。人们把它叫做 Kubbeh（拱北）、Mazâr（圣陵）或 Mukâm（驻地），后者是一个希伯来词语，在《圣经》中用来指迦南人的'圣地'，以色列人接到指令要毁坏'无论是在高山，在小山，在各青翠树下'（《申命记》，第 12 章，第 2 节）的圣地。正像在摩西时代一样，

———————

①在下文中，"wely" 有两个意思，既可以指圣徒，也可以指圣徒的圣陵或墓地。——译注

②威尔逊牧师（Rev. C. T. Wilson）：《圣地的农村生活》（*Peasant Life in the Holy Land*），1906 年，第 25 页以下。——译注

③原文为 the Muedhen，疑为 mueddin 或 muezzin 的变体，或译"宣礼员"，指清真寺塔顶按时召唤信徒做礼拜的人。——译注

现在为 Mukâm 选择的地方，一般也颇为引人注目。在某个山巅或山脊的背面，白色的小穹顶在太阳下熠熠生辉。在橡树或笃耨香树不断伸展的树枝下，在孤零零的棕榈树旁或者在泉边古老的忘忧树下，我们一直可以碰到低矮的建筑，孤零零地立在那里，或者被小型墓地的浅显的墓穴包围着。Mukâm 旁边的树常常被认为是圣树，而且落下来的每条树枝都被珍藏在这座神圣的建筑里。

"Mukâm 的地位等级各不相同。有时，在涅贝·吉卜林（Neby Jibrân），只有一小块空地，周围有一圈石头；或者就像在耶布纳（Yebnah）附近的阿布·哈里伦（Abu Harîreh，先知的一个同伴）的清真寺一样，建筑上有花饰，有铭文和装饰性的石制品。但是，典型的 Mukâm 是一种现代石造技术产生的小型建筑，约有 10 平方英尺，有一个圆穹顶，经过精心粉饰，南墙上有一个 Mihrab 或祈祷壁龛。墙环绕着门，楣石一般都饰有橙色的指甲花的画，门槛边放着一个水壶，给朝觐者振作精神。有时，地上铺着一些旧席子，犁或其他贵重物品常常存放在 Mukâm 里，最大胆的贼也不敢涉足此地，就像没人敢惹怒其神龛里信托着财产的那位圣徒一样。

"这个 Mukâm 代表着真正的农民宗教。和某些圣徒曾'占据'（这个术语意味着'立足之地'）的地方一样，它也是神圣的，或者说，它因为与他的生平有其他联系而受到膜拜。它被认为是这个圣徒的影响力发出辐射的核心，一个有威力的教长，大概能够波及方圆 20 英里的地方。如果发善心，教长会给他的崇拜者带来好运、健康和全面的祝福；如果惹怒了他，他会带来明显的打击、精神错乱甚至死亡。如果某人显得行为怪异，他同村的人就会说：'噢，教长打击了他！'据说，农民宁愿承认是凶手并冒险逃跑，也不愿在某位著名教长的神龛前发伪誓，他认为这样肯定会被灵媒杀死。

"Mukâm 的崇拜仪式很简单。该建筑通常都有护卫，有时是世俗的教主或村里的老人，有时是住在附近的苦修教士，不过总有人给水壶里添水，并照看这个地方。人们对小教堂极为崇敬，因为他们认为，在场的无形圣徒常常住在这里。在进去之前，农民脱掉鞋子，小心谨慎地不要踩到门槛；在靠近时，他使用这样的惯用语：'你恩准哦，圣人。'他的任何举动都尽可能避免冒犯这个地方的守护神。如果村里爆发了流行病，还愿的奉献物就被带到 Mukâm，我经常看见，在丈夫或孩子生病后，可怜的妻子或母亲就把陶制的小灯带到神龛前摔碎。对圣徒许愿，要献上一个所谓的 Kôd 或'报答'的祭品，于是，在 Mukâm 前杀掉一只绵羊，然后在宴会上吃掉，以向仁慈的教主表示敬意。"①

无论是橡树、笃耨香树、红柳还是其他树，这些长在当地圣所旁的圣树掉落的树枝都不能当做燃料。伊斯兰教徒们相信，如果他们把这种圣树用于如此卑下的目的，圣徒就会降祸于他们。因此，在这个木柴稀少的国度里，可以看到巨大的树枝腐烂在地上，实在是一种奇怪的景象。只有在纪念圣徒的节日里，穆斯林才敢焚烧圣木。信基督教的农民们就不太顾忌这些，他们有时偷偷地用掉落的树枝在家里的壁炉里生火。②

因此，数千年前，这种在高地和绿树中进行的崇拜活动就遭到虔诚的希伯来国王的禁止和先知们的大加讨伐，但在同一些地方，它们显然延续至今。那些逝去的帝国以及改变了文明世界面貌的道德革命和精神革命，对无知农民的影响真是微乎其微。

现在，让我们举出地方圣所的几个特殊实例。在巴勒斯坦北部的菲拉湖附近的一个山脊上，有一个圆丘，"上面覆盖着高贵的橡树林，形成一个真正令人崇敬的小树林，带有宗教性的浓荫"。小树林中央是奥斯曼·哈祖雷（'Othmân Hâzûry）教长的 wely 或圣陵。它只是被破旧的石墙围起来的一座普通的穆斯林墓，在圆丘一侧的下面是因这位圣徒得名的一眼小喷泉。③此外，在基列最高的杰贝奥沙山的顶峰，可以在一棵硕大的常青橡树的绿荫下看见先知何西阿著名的墓地。这座墓受到穆斯林、基督教徒和犹太教徒的祭拜，人们常来这里朝觐、献祭、祈祷和宴饮。山顶的景色被认为是全巴勒斯坦最美的，在美而不是在景色的范围方面盖过其他地方，虽然更著名的风景来自尼波山④，摩西于死前在这里眺望了应许之地，他并没有踏入那块绵延在横贯约旦河幽深峡谷的紫色光影之中的土地。⑤

著名的艾布尔（Abel）墓位于黎巴嫩阿巴纳河边的陡壁上，四周有庄严的橡

---

① 孔德尔（C. R. Conder）：《在巴勒斯坦的宿营工作》（*Tent Work in Palestine*），1885 年，第 304—306 页。——译注

② 参见威尔逊牧师（Rev. C. T. Wilson）：《圣地的农村生活》（*Peasant Life in the Holy Land*），1906 年，第 28 页。——译注

③ 参见爱德华·鲁滨逊（Edward Robinson）：《在巴勒斯坦的〈圣经〉学研究》（*Biblical Researches in Palestine*），第 3 卷，1856 年，第 401 页。——译注

④ 尼波山（Nebo），死海以东在摩押的一座山。——译注

⑤ 参见伯克哈特（J. L. Burckhardt）：《叙利亚和圣地游记》（*Travels in Syria and the Holy Land*），1822 年，第 353 页以下。——译注

树。它是普通的穹顶结构，也是穆斯林朝觐的地方。在古代达恩[1]的 Tellel Kadi（"士师坟墩"），也能发现墓地与树的类似联系，约旦河清浅的河水从这里发源。这个地方是约有 80 英尺高和方圆半英里的天然的石灰岩山丘，在从约旦河的上游巴尼亚斯倾斜而下的一长串橄榄园和橡树林的空地之下，它从宽阔的平地边上升起。在这个山丘的西边，清浅的河水哺育着几乎无法穿过的芦苇、橡树和欧洲夹竹桃，有一眼漂亮的喷泉宛如一只冒泡的大盆，据说，它不仅是叙利亚也是世界上最大的单眼喷泉。在这个山丘的东侧，高悬着约旦河的另一条清澈的支流，那里并排立着两棵高贵的大树，一棵冬青橡树和一棵笃耨香树，庇荫着这些伊斯兰教圣徒的墓地，它们的树枝上挂着碎布和其他一些中看不中用的供物。

即使圣徒墓地或神龛旁中空的橡树不再生长了，迷信的农民仍然常常用碎布对它们加以装饰。在古代示罗[2]的遗址 Seilûn，"有一棵被称为 Balûtat-Ibrahîm 的硕大而壮观的橡树，即亚伯拉罕橡树。它是这个地区非常常见的'有人居住的树'之一，迷信的农民把碎布挂在树枝上，以讨好被认为'住'在上面的神秘的神灵"[3]。"往回走一段路，我们会经过一片大橡树林，其中一棵橡树的树枝上挂着各种形状和颜色的碎布条。这种装饰是什么意思呢？那是一棵闹鬼或'有人居住的树'，人们认为它是恶魔的住处，那些布条被挂在树枝上，以保护旅客免遭它们的侵害。这个地区到处都有许多这样的树，迷信的居民不敢睡在它们下面。"[4]在旧贝鲁特的遗址，可以见到其中一棵闹鬼的树。它是长在悬崖边上的一棵令人敬畏的常青橡树。人们在其树枝上挂上衣服的碎布条，相信它有治病的威力。它的一条根在地面上形成了一个拱形，那些得了风湿病和腰痛病的人从其中爬过去治病，孕妇也爬过去，以求顺产。在每年的 9 月 21 日，男男女女整晚围着树唱歌跳舞，男女分开跳。这棵橡树非常神圣，如果某个不信的人胆敢砍掉它的一根树枝，它的大树枝就会枯萎。

在约旦河上游的各个地方，有一些橡树和圣陵的园林用来纪念雅各的女儿。其中一个圣陵在萨费德镇。它是一个小清真寺，那些如花似玉的姑娘被

---

① 达恩（Dan），古代巴勒斯坦北部的一个村名。——译注

② 示罗（Shiloh），以色列人攻占迦南后，会幕就立在示罗，它成为以色列人敬拜的中心。——译注

③ 汤姆森（W. M. Thomson）：《〈圣经〉地理：巴勒斯坦中部和腓尼基》（*The Land and the Book, Central Palestine and Phoenicia*），第 104 页。——译注

④ 汤姆森（W. M. Thomson）：《〈圣经〉地理：巴勒斯坦中部和腓尼基》（*The Land and the Book, Central Palestine and Phoenicia*），第 171 页以下。——译注

认为就生活在其中的墓地里，墓地的门口供着香。有一个英勇的而且此后也非常著名的军官，曾参与勘察巴勒斯坦，他在墓中仔细搜索了那些姑娘，但一无所获。雅各的女儿与橡树的联系，大概表明了对树神或橡树仙女的一种信仰。

希伯来语泛指橡树和笃耨香树的词非常相似，它们的一部分差别只是中世纪的马所拉学士①给《圣经》文字增添的元音附点有所不同。关于正确对应的词是什么，学者们还没有达成一致意见，所以，当我们在《旧约》中遇到其中的一个或另一个时，在一定程度上会怀疑这种树究竟是指橡树还是笃耨香树。笃耨香树（Pistacia terebinthus）是在巴勒斯坦仍很常见的一种树，它单独或者成群地混杂在橡树林中。当地人称之为 butm 树。笃耨香树"是这个地区南部和东部很常见的一种树，一般发现于对橡树来说过热或过于干燥的环境中，它在那里取代了橡树的位置，从远处看，它们的整体外观非常相像。它很少成群出现或形成树丛，从来不会形成森林，而是孤零零甚至有些怪异地立在光秃秃的山涧或山坡上，这里没有别的什么东西高过低矮的灌木丛。初冬时节，它开始落叶，这时，它仍让人想起熟悉的英国橡树，还有其短而多结的树干、胡乱伸展的大树枝和小树枝。树叶是羽状的，嫩叶比乳香黄连木的叶子大，色调是非常深的绿红色，不如洋槐树那么灰暗……往北，这种树变得更加稀少，但在古代摩押和亚扪②，而且在希实本周围的地区，它可是消除蜿蜒向下而又辽阔无垠的牧羊场的单调的唯一树种。在雅博河南部的一些峡谷中，我们注意到许多比约旦河西岸现存的其他任何树都高大的树"③。

不过，如果我们从旅行者们的描述中提到这两种树的比较频率来判断，那么，笃耨香树在巴勒斯坦没有橡树那么常见，显然也更少成为迷信关注的对象。然而，崇拜这种树的例子，并非难得一见。特里斯特拉姆修士告诉我们，"许多笃耨香树在今天的周边地区仍是崇拜的对象，贝都因人（the Bedouin）的教长最

---

① 马所拉学士（the Massoretic scribes），指公元 6—9 世纪一些专门从事编辑传统著作的犹太学者，经他们译注和鉴定的《圣经》，被称为"马所拉本"，是权威版本，甚至被视为《圣经》原本的善本。——译注

② 亚扪（Ammon），约旦以东的一个国家，首都是拉巴（今安曼）。——译注

③ 特里斯特拉姆（H. B. Tristram）：《〈圣经〉博物志》（The Natural History of the Bible），第 400 页以下。——译注

喜欢的埋葬之地，就是在一棵孤零零的树下。东方国家的旅行者会称之为沙漠边缘的'破布之母'（Mother of Rags），因为笃耨香树上覆盖着迷信或钟爱的还愿供物"[1]，特里斯特拉姆在其他地方还提到在约旦河的发源处有一棵笃耨香树上挂着布条。[2]在摩押，"这些圣树——橡树、常青橡树、笃耨香树、洋槐树、橄榄树，特定的种类并不重要——以双重的面貌出现，它们或者依附于某个圣所，或者独自生长。在第一种情况下，它们的来源似乎无非是与它们庇荫的圣地有关，它们的功效也无异于归因于圣徒（wely）的那种影响，正是这位圣徒让它们生长，使它们具有生气并保护着它们……第二种圣树并没有享有周围圣所的好处，它们在某个泉边，在小山上或在山顶上独自生长……在离汗兹里（Hanzireh）不远的泰比（Taibeh）附近，到克拉克河的西南，我走近了一棵神圣的笃耨香树，它有浓密的绿叶，覆盖着碎布，并受到这个地区阿拉伯人的高度膜拜。我问这位圣徒（wely）的墓在哪里，一位刚刚结束祭祀的阿拉伯人回答说：'这里没有墓。'我继续问：'那你为什么来这里祈祷呢？'他不假思索地回答说：'因为有一个圣徒。''他在哪里呢？''这棵树庇荫的所有地面都是他的住处，但他也住在树上，在树枝里，在叶子里。'"[3]在摩押的一个被称为鲁梅利（Rumeileh）的罗马要塞的废墟中，生长着一棵翠绿的笃耨香树，没有哪个阿拉伯人敢折断它的树枝，以免很快就会受到这位圣徒（wely）的幽灵的侵袭，他就住在树里，把树变成自己的地盘。如果问起这位圣徒是否住在树里，有些阿拉伯人回答说，正是他的幽灵给这棵树赋予了生气，另一些人认为他栖身于树下，但他们关于这个问题的想法比较含混，他们一致认为"神知道"。这些有关摩押的神圣笃耨香树的叙述，是若桑（Jaussen）神父为我们提供的，他还告诉我们："在树中受到崇拜的幽灵或 wely 有一个被树包围的住处，他不能离开它，他住在里面，如同住在监狱里一般。因此，他的境遇不同于圣徒（wely）的际遇，确切地应该这么说，也不同于祖先的际遇，他们并不囚禁在这个地方，而是能把自己转移到崇拜者召唤他们的那些地方。如果某个贝都因人出于虔诚要获得治疗，他就睡在一棵圣树下，那位圣徒（wely）或其幽灵常在夜里向他显现，给他吩咐任务或鼓

---

①特里斯特拉姆（H. B. Tristram）：《〈圣经〉博物志》（*The Natural History of the Bible*），第 401 页。——译注

②特里斯特拉姆（H. B. Tristram）：《〈圣经〉博物志》（*The Natural History of the Bible*），第 45 页。——译注

③ 安东尼·若桑（A. Jaussen）：《摩押地区阿拉伯人的习俗》（*Coutumes des Arabes au pays de Moab*），1908 年，第 331 页以下。——译注

动他献上牺牲。他总是听从吩咐。"①

在后面这些情况下，树里的圣徒可能正是古老异教的树精，它以几乎没有伪装的形式生存在基督教和伊斯兰教占优势的所有时代。若桑神父有关阿拉伯人对这些树的迷信崇拜的叙述，证实了这一点。他说："在克拉克河南部，有一片名为梅塞（Meïseh）的壮丽的树林，享有同样的声望和同样的崇拜。同样，埃德迪阿尔（ed-De'al）的树并不覆盖任何一位圣徒（wely）的墓，但它的声望仍然很大，它的威力相当可观。我发现不可能确定是否有一位圣徒（wely），我与之交谈的那些人都认为他们害怕的是这棵树本身。那些胆敢折掉一根树枝、一根大树枝甚至一片树叶的阿拉伯人，都会倒霉！树的精灵或效力马上就会惩罚他，或许还会置他于死地。有一个贝都因人曾把一袋大麦置于它的保护之下刚刚几个小时，就有两只从周围的羊群中走失的羊发现了这个袋子并吃光了大麦，树就派了一条狼尾随其后，在晚上吃掉了那两只羊。实际上是树在实施惩罚，正如正是树本身给予了这些益处。触摸树叶可以治病。在梅塞，在埃德迪阿尔，贝都因人从来都会用他们的脸或胳膊穿过绿树枝，以便让自己摆脱不适，或者获得新的活力。只要一碰，树就可以把活力传递给他们。病人在它的树影下走动和睡觉，可以治愈他们的疾病。它的树枝上绑着那么多各式各样的碎布。布拴到树上的那一天，病就会离开病人的身体，因为就像他们已经向我保证的那样，病被拴在了树上。另一些稍微理智一些的人认为，碎布只不过是看过树的一种纪念。有时，在从一棵树旁经过时，阿拉伯人会拴上一块布或把他的拐杖留在树下，以示崇敬，或者确保它对自己的恩惠及时到达。实际上，常常可以遇到阿拉伯人把红色或绿色（从来不见黑色，极少见白色）的布条拴在某棵圣树上，以确保他心爱的孩子的健康……在梅塞，我发现一根树枝上绑着几绺头发，我的伙伴给我作了这样的解释：'这是某个生病的妇女看过了这棵树，她剪掉了自己的头发，对这棵树表示敬意。'"②

摩押的气候温暖而干燥，笃耨香树是这里主要的树种，橡树更多地在基列更加凉爽和多雨的地区以及加利利③北部旺盛生长。因此，笃耨香树自然就是南方的圣树，橡树自然就是北方的圣树，但在整个巴勒斯坦，如果你根据旅行者的

---

① 安东尼·若桑（A. Jaussen）：《摩押地区阿拉伯人的习俗》（*Coutumes des Arabes au pays de Moab*），1908年，第333页。——译注

② 安东尼·若桑（A. Jaussen）：《摩押地区阿拉伯人的习俗》（*Coutumes des Arabes au pays de Moab*），1908年，第332页以下。——译注

③ 加利利（Galilee），以色列北部一个地区和大湖的名字，是耶稣主要的传教之地。——译注

叙述来判断，那么，橡树似乎是更常见的树种，结果，可能也更多地受到农民们的祭拜。于是，如果考虑到同样的迷信形式在各个时代具有的顽固性和持续性，我们似乎就有理由得出结论说，在古代，那块土地上崇拜偶像的居民们更多地崇拜的是橡树。由此可见，当我们对《旧约》中的希伯来语指圣树的词应该译成"橡树"还是"笃耨香树"有疑虑时，优先的选择应该是译成"橡树"。这个结论得到了古希腊文的译者和哲罗姆的做法的证实，他们在译这些段落时，都把这个含糊不清的词译成了"橡树"，而不是"笃耨香树"。那么，在整体上，我们英文版《圣经》的修订者们在翻译所有这些词时都干得很漂亮，他们都用了"橡树"，而不是"笃耨香树"，只有在同一首诗中同时出现这两个词的两个段落除外。在这两个段落中，修订者把"'allōn"译成了"橡树"，而把"'ēlāh"译成了"笃耨香树"。在另一个地方，他们把"'ēlāh"译成了"橡树"，但同时，他们注明了"笃耨香树"是另一种译法。我将仿照他们的先例，在下文中引用修订版。

喜欢偶像崇拜的古希伯来人崇奉橡树,可以由斥责这种迷信的先知给出的证据来证实。例如，何西阿说："他们在各山顶，各高岗的橡树、杨树和笃耨香树①之下，献祭烧香，因为树影美好，所以你们的女儿淫乱，你们的新妇行淫。我却不惩罚她们，因为你们自己离群与娼妓同居，与妓女一同献祭。"这位先知在此指的是在圣树的阴凉下实行宗教卖淫的习俗。关于信异教的乡下人的圣墓，以西结说："他们被杀的人，倒在他们祭坛四围的偶像中，就是各高岗，各山顶，各青翠树下，各茂密的橡树下，乃是他们献馨香的祭牲给一切偶像的地方，那时他们就知道我是耶和华。"②此外，以赛亚在说起那些遗弃耶和华的罪人时说："那等人必因你们所喜爱的橡树抱愧，你们必因所选择的园子蒙羞。"③后来的预言作者在斥责他那个时代的偶像崇拜时用以赛亚的名义说："你们在橡树中，在各青翠树下点燃自己，在各山谷和各石缝中杀戮儿童。"这里的献祭无疑指的是向摩洛神④献祭儿童。耶利米也在对有罪的以色列人作的激昂演说中提到了同一种习俗："并且你的衣襟上有无辜穷人的灵魂的血，我发现它不是在闯入的地方，

---

① 《圣经》汉译本译作"栗树"，见《何西阿书》第 4 章第 13 节。——译注
② 见《以西结书》第 6 章第 13 节。——译注
③ 见《以赛亚书》第 1 章第 29 节。——译注
④ 摩洛神（Moloch），古代腓尼基等地的亚扪人崇拜的神，信徒常烧死小孩向该神献祭。——译注

而是在每棵橡树上。"①所以，献祭儿童的血似乎被抹在树上，或者至少以某种形式供奉给这些神圣的橡树。在这种联系中，应该记住，牺牲者在被焚之前已经被杀死，所以才可能用他们的血当做一种油膏或奠酒。东非的加拉人（the Gallas）把动物的血泼在他们的圣树根部，防止树枯萎，有时，他们还把血、黄油和奶抹在树干和树枝上。东非的马赛人崇拜一种寄生的无花果树，这种树会逐渐用闪闪发光的一卷卷带白色的根茎和树枝把最初的整个树干都包起来。马赛人杀山羊并把羊血泼在树干底部，讨好这种树。法属苏丹的努努马人（the Nounoumas）在为了好收成向大地献祭时，把家禽的血泼在罗望子树和其他树上。尼日尔河上游的班巴拉人（the Bambaras）把绵羊、山羊和家禽献祭给他们的猢狲面包树或其他一些圣树，把牺牲动物的血抹在树干上，与此同时，还要向树里住的神灵祈祷。古代的普鲁士人也以类似的方式把牺牲动物的血洒在罗摩维（Romove）的神圣橡树上。卢坎说，在马赛的神圣的德鲁伊特②墓地中，每棵树都用人血洗过。

然而，如果说在以色列后来的时代，对橡树或笃耨香树的崇拜被先知们斥为异教的仪式，那么仍有大量证据表明，在更早的时期，神圣的橡树或笃耨香树在民间宗教中起着重要作用，而且耶和华本人也与它们密切相关。无论如何，据说这位神和他的使者就经常在一棵橡树或笃耨香树下向老族长或英雄现身。例如，耶和华在亚伯拉罕面前第一次有案可稽的显现，就发生在示剑的神谕般的橡树或笃耨香树下，亚伯拉罕在那里为他建了一座祭坛。此外，我们得知，亚伯拉罕就住在希布伦的幔利的橡树或笃耨香树旁，他也在那里为耶和华建了一座祭坛。正是在这里，在幔利的橡树或笃耨香树旁，当他在大热天坐在帐篷门口时，耶和华以三个人的样子出现在他面前，在树荫下，这位神祇享用了这位好客的族长给他提供的肉、奶和奶油。③神的使者也来到并坐在俄弗拉的橡树或笃耨香树下，正忙着打麦子的基甸给他准备了一只山羊羔的肉和肉汤以及无酵饼在橡树下享用。但使者没吃这些食物，而是让基甸把肉和饼放在磐石上，把

<hr>

① 见《耶利米书》第 2 章第 34 节。马所拉本中没有实际意义的 "אקה"（"这些"）应被纠正为 "אפה" 或 "אלה"（"橡树"或"笃耨香树"），以与希腊文版《旧约》（ἐπὶ πάσῃ δρυΐ）和叙利亚文版《旧约》的读法取得一致，改动的是元音点法，希伯来原文并不受影响。介词 "צל" 的含混意思让我们难以确定，是把血抹在树上还是倒在树根部位。不过，肯尼特（Kennet）教授给我写信说，他认为，《耶利米书》第 2 章第 34 节中的文本讹误太厉害，难以用我采用的细致校勘法加以补救。他推测，由于缺一个或几个词，这一节的最后一句话是有残缺的。——原注

② 德鲁伊特，古代凯尔特人中的一批有学识的人，担任祭司、教师、巫师、法官或占卜师等。——译注

③ 见《创世记》第 18 章。——译注

汤倒出来，然后用他的杖一碰，就从磐石中取了火，火苗烧尽了肉和饼。此后，这个天界的或者也许是树上的来访者就不见了，基甸和亚伯拉罕一样，在这个地方修了一座祭坛。①

在示剑和幔利都有一种神谕般的橡树或笃耨香树，它与耶和华在其下面向亚伯拉罕显现的树是否为同一种树，我们不得而知。它的名称，"占卜师的橡树或笃耨香树"，似乎表明了有一伙男巫或德鲁伊特（如果我们可以这样称呼他们的话）盘踞在圣树下，向求问者解释树叶在风中的沙沙声、斑尾林鸽在树枝间的咕咕叫声或橡树精灵赐予其崇拜者的其他一些预兆。示剑美丽的溪谷，环抱着橄榄树、柑橘林和棕榈树，得到大量溪流的灌溉，仍然呈现为全巴勒斯坦最为丰饶的景观，从前这里可能是一个很大的树祭场地。无论如何，我们一再发现它的历史中提到了在当时显得很神圣的橡树或笃耨香树。例如，雅各带上家里的偶像或"怪异的神"以及可能被当做护身符的耳环，把它们埋在示剑的橡树或笃耨香树下。据优斯塔修斯的说法，这棵树是一棵笃耨香树，而且直到他本人的时代仍受到周围人们的崇拜。它的旁边有一座祭坛，上面供奉着祭品。此外，正是在示剑的耶和华圣所旁的一棵橡树下，约书亚才立起了一块大石头，并对以色列人说："看哪，这石头可以向我们见证，因为是听见了耶和华所吩咐我们的一切话，倘或你们背弃你们的神，这石头就可以向你们作见证。"②正是在示剑的"橡树旁的柱子那里"，该城的人才选定了亚比米勒为王。③人们认为，橡树或笃耨香树与这位国王密切相关，因为在别的地方，我们读到，在亚设（Asher）部族的边界，有一种树被称为"国王的橡树"。此外，有一种说法认为，扫罗和他儿子的遗骨就被埋在雅比的橡树或笃耨香树下。当利百加的奶妈底波拉离世时，她被葬在伯特利的一棵橡树下，因此，这棵树被称为"哭泣的橡树"。按照先知撒母耳的指示，这棵"哭泣的橡树"可能正是扫罗加冕后不久就在其旁边遇到三个人来到伯特利给耶和华献祭的那棵树，他们向他致意并给了他两个面包。这三个人在橡树底下向未来的国王致意的举动，让我们想起亚伯拉罕在幔利的橡树底下遇到以三个人的模样出现的耶和华。在最初的故事中，在橡树下迎接三个人所具有的含义，可能比现在流传给我们的这种叙述形式所传达的含

---

① 见《士师记》第6章。——译注
② 见《约书亚记》第24章第27节。——译注
③ 见《士师记》第9章第6节："示剑人和米罗人，都一同聚集，往示剑橡树旁的柱子那里，立亚比米勒为王。"——译注

义更深。让亚比米勒在橡树下加冕，意味着人们希望在这位国王即位时，橡树的精灵以三位一体的形式祝福他。根据这个暗示，扫罗的遗骨被埋在橡树下，似乎获得了新的含义。既然橡树神在这位国王开始统治时已经祝福了他，那么，圣树之下当然也适合成为他的永久栖息之地。

不过，在古代巴勒斯坦的所有圣树中，最著名和最受欢迎的显然是幔利的橡树或笃耨香树。在那里，耶和华以三个人的模样向以色列民族的缔造者亚伯拉罕显现。这棵树是橡树还是笃耨香树呢？古代的证据相互矛盾，但权衡之下，证据倾向于笃耨香树。约瑟夫斯①告诉我们，在他那个时代，在希布伦可以看见许多亚伯拉罕的纪念建筑，用漂亮的大理石修得很精致，在离该镇6弗隆远的地方生长着一种硕大的笃耨香树，据说自创世以来，它们就立在这里。尽管他没有明确说出来，但我们可以认为，这棵笃耨香树就是人们相信亚伯拉罕在它下面款待了天使的那棵树。此外，尤西比乌斯证实，直到他本人的公元4世纪早期的时代，这棵笃耨香树还在，而且这个地方仍被周围的人们奉为圣地。有一幅圣画表现了这三个神秘的客人在树下享受亚伯拉罕的热情款待，三人中间的那个人，比其他两人更加显贵，这位仁慈的主教认为，他就是"我们的主本人，我们的救星，那些不认识他的人也敬慕他"。所有这三个天使都受到周围人们的崇拜，他们让我们好奇地想起了在普鲁士人的宗教中心罗摩维的神圣橡树中受到崇拜的那三位神祇。也许，由于某些原因，在希布伦和罗摩维，树神都被想象成三位一体的形式。波尔多的一个朝觐者，也是写于333年的最早一部《耶路撒冷旅行指南》的作者，他告诉我们，这些笃耨香树离希布伦有两英里远，君士坦丁②下令，在那里修建了一座漂亮的长方形大教堂。不过，据我们对他提到它的方式的归类，"笃耨香树"在他那个时代只是一个地名，树本身已荡然无存了，当然，哲罗姆在同一个世纪稍晚的时候似乎也暗示这棵树已不复存在，因为他说，直到君士坦丁在位时还可以看见这棵亚伯拉罕的或幔利的橡树，而周围所有的人们都迷信地崇拜这个"笃耨香树之地"，因为亚伯拉罕在那里款待了天使。

①约瑟夫斯（Josephus，37？—95？），犹太史学家，耶路撒冷反罗马人起义的军事指挥官，后来投降，著有《犹太战争史》《上古犹太史》等。——译注
②君士坦丁（Constantine，288？—337），罗马皇帝，330年迁都拜占庭，改城名为君士坦丁堡，临死前受洗为基督徒。——译注

当君士坦丁决定要在这棵圣树旁建造一座教堂时，他在一封信里把自己的想法告诉了凯撒利亚的主教尤西比乌斯，他有幸在这位皇帝活着的时候保存着这封信的一个副本。我将从中引述涉及这棵圣树的段落："这个地方被称为'幔利的橡树所在之处'，我们知道亚伯拉罕的家就在这里。据说，这里被一些迷信的人以各种方式弄得乌烟瘴气，因为有人报告说，它旁边树起了许多该死的偶像，还建起了一座牢固的祭坛，一直供奉着不洁的祭品。因此，鉴于这显然与目前的时代无关，而且和这个圣地不相称，朕希望阁下知道朕已经写信给朕的朋友阿卡修斯伯爵阁下，命他立即把上述地点发现的所有偶像统统烧毁，毁掉那个祭坛，不得延误。此令颁布之后，任何胆敢在这样的地方表现邪恶言行者，必将严惩不贷。我们已经下令，用纯粹的教堂建筑把那个地方装饰一新，让它成为圣徒值得在此相聚的处所。"

在这封信里可以看到，君士坦丁提到的这棵圣树是一棵橡树，而非一棵笃耨香树，而且它也被教会史学家索克拉蒂斯[1]和索佐门[2]认为是一棵橡树，但他们的证言没多少分量，因为他们三人都可能依从了七十子希腊文本《圣经》[3]的异文，该异文称这棵树为一棵橡树而非一棵笃耨香树。或许出于对七十子希腊文本《圣经》的尊重，在告诉我们直到他的时代还存在着笃耨香树的那个段落里，尤西比乌斯本人也说是"亚伯拉罕的橡树"。教会史学家索佐门给我们留下了有关这个庆典的一段新奇而珍贵的描述，直到君士坦丁甚至后来的时代，每年夏季还在这棵圣树下举行这种庆典。他的叙述是这样的：

> 我现在必须提到君士坦丁大帝就所谓幔利的橡树所颁布的法令。这个地方，他们现在称为笃耨香树，在希布伦以北15弗隆，离耶路撒冷大约250弗隆。天使被派来与所多玛的居民作对，神子向亚伯拉罕显现并预言他的儿子即将出生，这是一个真实的故事。每年夏季，周围的人们以及巴勒斯坦更远地区的居民，还有腓尼基人和阿拉伯人，都要在那里举行一场著名的庆典。许多人也来赶集，做买卖，因为每个民族都非

---

① 索克拉蒂斯（Socrates，约380—约450），拜占庭教会史学家、律师、第一个写教会史的信徒。——译注

② 索佐门（Sozomenus，约400—约450），君士坦丁堡信奉基督教的律师，所著《教会史》可与大致同时代的索克拉蒂斯的著作媲美。——译注

③ 七十子希腊文本《圣经》（*the Septuagint*），或译七十子译本，是《旧约》现存最古老的希腊文本，传说系由七十二位犹太学者共同译成，故名。——译注

常重视这个庆典。犹太人重视，是因为他们以亚伯拉罕是自己的始祖为豪；希腊人这样做是因为天使的光顾；基督徒这样做，也是因为在那个时候向这个虔诚的人显现的神，在后来的时代，为了救赎人类，又通过圣母玛利亚显现了出来。每个民族都依照其信仰的形式尊崇这个地方，有的祷告所有的神，有的召唤天使并且倒酒，或者烧香，或者供奉一头公牛、山羊、绵羊或一只公鸡，因为每个人都在一整年里养肥了一头贵重的动物，发誓要为自己和家人留着在那个地方举办的庆典上享用。他们所有人都远离女色，或者出于对那个地点的崇敬，或者为了避免某些邪恶通过神的怒气降临他们头上，尽管女人们在庆典上把自己装扮得很漂亮，而且在人群中自由出入。没有淫秽的行为，尽管两性宿营在一起而且男女混睡在一起，因为地被犁过了，完全是露天的，除了亚伯拉罕在橡树旁的旧舍以及他挖的井外，根本就没有房子。不过，在举行庆典时，没人从井里打水。因为，按希腊人的做法，有人在那里点了灯，另一些人往里面倒了酒或者扔了饼、钱、香料或香。因此，人们可能认为，水被扔进去的东西搅浑了，不适合饮用。君士坦丁大帝的岳母向这位皇帝讲述了这些遵从希腊仪式的庆典表演，她去那个地方许了一个愿。①

由此可见，在希布伦，对圣树和圣井的一种古老的异教崇拜以巨大的威力一直延续到基督教创立的时代。与夏季庆典一起举办的集市，似乎把商人从闪米特人世界的许多地方吸引到了一起。它在犹太人的历史中起着一种令人伤感的作用，因为在这个集市上，在罗马人于 119 年镇压了犹太人的最后一次反叛之后，大批被俘的男女和孩子被变卖为奴。所以，恰恰在这个地方，在传说中由亚伯拉罕建造的这个地方，在幔利神圣的橡树或笃耨香树旁，犹太民族走到了尽头。如今，在希布伦以西一英里半的一片草地上，仍可看见那棵树或者更确切地说是它的后代，那是一棵漂亮而古老的常青橡树（Quercus-pseudo-coccifera），是巴勒斯坦南部最高贵的树，树干的围长有 23 英尺，伸出的树枝的跨度有 90 英尺。因此，在橡树与笃耨香树为了幔利的那块尊贵之地的漫长竞争中，橡树赢了，希布伦附近并没有单棵的大笃耨香树。②

---

① 索佐门（Sozomenus）：《教会史》（*Historia Ecclesiastica*），第 2 卷，第 4 页。——译注
② 参见爱德华·鲁滨逊（Edward Robinson）：《在对巴勒斯坦的〈圣经〉学研究》（*Biblical Researches in Palestine*），第 2 卷，1856 年，第 81 页以下。——译注

# 第八章 以色列人的山顶神殿

从《旧约》的许多段落中，我们得知，在古代的以色列，宗教崇拜的常规地点被设立在天然的高处，通常可能都处于圣树的浓枝密叶的庇荫之下。这些圣所绝大多数似乎都没有围墙而且是露天的，尽管有时艳丽多彩的天空伸展开来，保护着这些神圣的象征物、木柱和石柱，炎炎夏日的强烈阳光晒不到它们，隆隆严冬的瓢泼大雨淋不着它们。在以色列人定居巴勒斯坦的许多世代以来，人们在古老的橡树或笃耨香树的阴凉下献祭供品。在虔诚的先知和诸王的带领下，他们不仅认为在那里的祈祷没有冒犯之意，而且从内心相信他们会受到神的恩准和祝福。然而，圣所的增加容易让无知的崇拜者相信，在这些圣所里受到崇拜的众神祇的数目也相应地增加了。这样，以色列人中的高人珍视的一神说，就容易散落为对许多神祇或诸地方神祇（Baalim）的默认，每个神主都有被树木覆盖的高地，每个高地都向周围一小圈村庄施与阳光雨露和富饶多产，这些村庄指望他，就像意大利的村庄指望它们的保护圣徒一样，保佑他们的人群和畜群，让他们的田地、葡萄园和橄榄园丰产。理论上的一神教如此轻易地在不知不觉中滑入了实际上的多神教，这引起了先知们的忧惧，而一些庙会场景中的某些色情仪式，又把他们看待这种神学退步时的焦虑心情激发为热情的道德义愤，尽管这些庙会场景可能被大自然本身赋予了纯洁与和平以及圣思与沉思的色彩，因而被神圣化，但它们常常是沉默的，而且我们几乎可以补充说，它们是害羞的、不情愿的证人。另一些我们可以称为政治方面的理由，可以补充这些宗教和伦理方面的理由，因为古希伯来人透过神圣的金色雾霾来看一切事物，在他们的心目中，政治方面的理由也具有神判的性质，最高审判者以此来威胁和处置罪人与作恶者的举动。伟大的亚述帝国和巴比伦帝国日益增长的势力，首先威胁然后毁灭了巴勒斯坦各个小王国的自由。而且，以色列的聪明人早就预见到并且预言了即将来临的大灾难，他们把自己的预告和预示包裹在预言的诗性狂热之中。在想到威胁他们国家的这些危险时，他们认为，主要的危险源在于对山顶神殿的宗教崇拜,这些神殿以多神教的倾向侵犯了真上帝的威严,它们对芸芸众生的诱惑损害了真上帝的纯洁。他们相信,邪恶的根源在于宗教,他们为此提出的对策也是宗教的对策,即扫除对山顶神殿的崇拜以及所有参与者大吃大喝的现象,把国家的整个宗教庆典集中到耶路撒冷。在这里举行的更规矩和更庄重的仪式,剔除了一切不洁的成分,通过每天的代人祷告、可口的祭品和甜美的赞美诗,为整个国家求得神圣的恩典和保护。在伟大先知的灵魂和内心里孕育的这项计划,在约西亚王的著名改革中得以实施,然而,尽管这项措施计划起来如此的一厢情愿,实行起来又如此的充满希望,但最终证明,它无力挽救并阻止犹大王国①的衰颓和倾覆。从取缔山顶神殿并建起锡安山②上的神庙那天起,到耶路撒冷向它的敌人敞开大门、让它的优秀儿女沦为巴比伦的阶下因为止,这个合法的国家圣所经历了还不到一代人的时间。

按有关犹太历史的宗教解释,人们相信地方圣所在很大程度上改变了这个民族的命运,我们对这些圣所的了解部分地来自先知们对它们的责难。他们的责难屡屡把山顶神殿与绿树联系起来,这暗示出,树的出现,大概尤其是常青树的出现,是这些神圣高地的独具特点。例如,《耶利米书》在谈到以色列人的罪过时说:"他们的儿女,记念他们高岗上青翠树旁的坛和他们的圣柱(asherim)。"而且还说:"约西亚王在位的时候,耶和华又对我说:'背道的以色列所行的,你看见没有?她上各高山,在各青翠树下行淫。'"③《以西结书》用耶和华的名义写道:"因为我领他们到了那块土地,我举起我的手给他们,然后他们就看见各高山、各茂密树,就在那里献祭,奉上惹我发怒的供物,也在那里焚烧馨香的祭牲,并浇上奠祭。"④人们普遍认为,《申命记》实际上是一部律法书,也是约西亚国王改革的依据,其中对这些山顶神殿及其偶像设施的厄运作了如下的宣判:"你们要将所赶出的国民侍奉神的各地方,无论是在高山,在下山,在各青翠树下,都毁坏了。也要拆除他们的祭坛,打碎他们的柱像,用火焚烧他们的木偶(asherim),砍下他们雕刻的神像,并将其名从那地方除灭。"⑤我们听说,在更早的时期，当这些枝繁叶茂的山顶还没有声誉扫地的时候，扫罗王坐在其中一个山顶上的一棵柽柳树的阴凉下，手握他的象征王权的长矛，周围围着一圈朝臣和顾问。

我们已经看到，在巴勒斯坦，直到现在，许多顶上长有圣树林尤其是常青橡树的高地，仍受到周围农民的宗教式敬仰，虽然关于它们庄严的阴影下睡着一个伊斯兰教圣徒的传说有点遮蔽了它们古老的异教特点。我们有理由与曾经长期逗留在这个圣地的一些现代作家一起认为，这些阴凉的山顶至少多半正是古代以色列人献祭和焚香的地方，尽管有改革者的热情和砸碎偶像的锤子，然而，这些亭子上的古老圣所历经各个时代一直是世俗宗教的真正中心。或许我们可以进一步推测说，这些被树木覆盖的高地，从辽阔的褐色土地与灰蓝色的橄榄园中明显突出出来，是原始森林最后残存的标本，这些原始森林曾一度覆盖了绵延数英里的乡村，后来人们为了留出耕地，用大规模的劳作把它们从那些低地清除出去。不过，人的迷信却容忍了残存于高地上的少量遗迹，把它们看做伐木工人为林神留下的最后避难所。至少在其他地方，圣树林是以这种方式产生的，而且它们之间的相似也证实了这样一种推测，即类似的原因在巴勒斯坦也产生了类似的结果。

例如，英属东非的阿基库尤人（the Akikuyu）"基本上是一个农业民族，只有很少的牲畜，但每个村子都有山羊，通常也有绵羊。为了造田，必须砍掉数英亩的森林，而且为了使土壤肥沃，还要烧掉这些树木。从前，肯尼亚的很多地方加上阿伯德尔山以及整个这个地区可能都是森林用地。现在尚存的唯一标志，就是各种顶端有树的小山星罗棋布地分布在这个国家的各处。这些小山是神圣的，它们顶上的树丛不能砍掉，正是这一点使它们免遭其他森林的厄运"[1]。卡胡姆布山（Kahumbu）"就是顶部覆盖着圣树林的小山之一，这样的小山在基库尤之地有很多。由于害怕疾病降临这块土地，所以，禁止砍伐这些树和林下植物，从浓密的林下植物中长出的大树覆盖着这些小山。卡胡姆布山上的这种林下植物是许多鬣狗的避难所，周围被耕过的光秃秃的土地为它们提供的藏身之地太少了。山顶上是被灌木丛包围的平台，这是一个祭祀的地方，被称为 athuri aliakuru。如果发生饥荒或者想求雨，就要决定是否应该进行某种献祭。每个人都留在他们的小屋里，除了十四个老人（wazuri）外，谁都不许离开。这些被推

---

[1] 斯蒂甘德上尉（Captain C. H. Stigand）：《英属东非济尼之地纪事》（*The Land of Zinj, being an Account of British East Africa*），1913年，第237页。——译注

选出来的山顶祭司带着一只绵羊上山，在这样的场合，山羊是不会被 Ngai（神）接受的。在山顶上，他们点起火，然后，抓住绵羊的嘴和鼻子，使它窒息而死，接着剥皮，这张皮后来给了其中一个老人的孩子，让他披在身上。把这只绵羊煮熟后，扯下一根树枝，浸入羊油，再把羊油涂在周围的树叶上。老人们吃掉一些肉，如果他们不这样做，这次献祭就不被接受，剩下的肉放在火里烧掉，然后 Ngai 就来吃了。献祭马上就奏效了，甚至在老人们正在下山之时，就雷声大作，倾盆大雨的威力使他们不得不用自己的衣服裹着头，跑回家里。雨水从山顶喷出，向四周流泻而下"①。据说，在被树木覆盖的迦密山的顶部，先知以利亚②结束了在以色列的土地上肆虐数年的干旱。仪式刚一结束，海上就升起一团乌云，使整个天空变得昏暗，这位崇拜偶像而且曾目睹了假先知的失败的国王，急忙坐在他的马车上下了山，穿过平原，躲过了仿佛从愤怒的天庭倾盆而下的大雨。

孟加拉的焦达纳格布尔（Chota Nagpur）的蒙达人（the Mundas），"并不给他们的神塑造任何形象，也不崇拜象征符号，但他们相信，虽然凡胎俗眼看不见，但当神得到祭祀的抚慰时，会暂时栖身于专门供奉他们的地方。因此，他们有自己的'高地'和'他们的树丛'——前者是人既不能增益也不能减少的一些硕大的岩石，后者是一片原始森林，其中的树木数代以来一直被小心地保护着，它们在刚开始砍伐时就被保留了下来，以免把庇荫着林神的树林整个毁坏，让那些林神受到骚扰，从而遗弃这个地方。即使现在，如果这些圣树林（Jáhirá 或 Sarna）中的某棵树被毁坏了，神也会收回合时令的雨，以表示他的不悦"③。蒙达人的每个村子"附近都有一片小树林，一般认为是在最初清除树木时留给当地神祇的原始森林的遗迹。人们认为，当倾听信徒的愿望时，该村的保护神德索利以及他的妻子雅埃拉（Jhár-Era）或马布鲁（Mabúrú）就逗留在这里。每个村都有一个德索利，他的权威不超过其树林所属的那个村子的边界，如果一个村的某个人耕了另一个村的地，他必须向两个村的德索利祈祷。这些树林里的神负责看护庄稼，而且在所有重大的农业庆典中，都格外受到敬重。有人生病时，也向他们祈求"④。

---

① 斯蒂甘德上尉（Captain C. H. Stigand）：《英属东非济尼之地纪事》（*The Land of Zinj, being an Account of British East Africa*），1913 年，第 242 页。——译注

② 以利亚（Elijah），公元前 9 世纪以色列的先知，见《旧约·列王纪》。——译注

③ 多尔顿（E. T. Dalton）：《孟加拉描述民族学》（*Descriptive Ethnology of Bengal*），1872 年，第 185 页以下。——译注

④ 多尔顿（E. T. Dalton）：《孟加拉描述民族学》（*Descriptive Ethnology of Bengal*），1872 年，第 188 页。——译注

另一位作者也告诉我们大致相同的意思，"虽然在蒙达人最初建立村寨的清除过程中，多半原始森林已经消失在斧头或 jārā 火①之下，但许多蒙达人的村子仍保留着一部分原始森林作为 Sarnas 或圣树林。在有些蒙达人的村落，现在只有一小片古树代表着原始森林并且作为村子的圣树林。这些圣树林是蒙达人知道的唯一庙宇，这里住着村神，他们受到定期的崇拜和祭品的抚慰"②。

我们可以设想，这些住在原始森林的遗迹即圣树林中、被认为负责看护庄稼的地方德索利神，与迦南的地方神（the Baalim）非常相像，他也以类似的方式住在村子附近的山顶上的树林里，在那里接受大地最早的果实，周围的农民们把这些果实献给他们，以答谢丰收以及从天而降的清新的雨水。

在阿富汗和印度的边界，"小山常常光秃秃的，没有田地和聚居地，但你却无法在走出很远时不碰见某些 zyarat 或圣所，信徒们在这里祭拜和许愿。它们通常位于山巅或难以接近的悬崖上，让我们想起以色列人的'山顶神殿'。树丛周围是一些发育不良的柽柳树或枣树（Zizyphus jujuba），这些树的树枝上挂着无数布条，因为在圣所许愿的每个信徒都要绑一块布，作为他许愿的外在象征"。苏利马山区（the Suliman Range）就有这样一个非常有名的圣所，"尽管它难以接近，但许许多多的朝觐者每年都光顾它，人们把病人放在床上抬上去，希望圣徒的祝福能治愈他们。病人通常被放在床上，用皮带绑在骆驼背上或者由他们的朋友用肩扛着，因为到这些圣所（zyarat）中的一个或另一个大概要 100 多英里……这些圣所的另一个特点是，其神圣性受到非常普遍的认可，人们可以把个人的私产安全地放在那里很长一段时间，完全可以相信在几个月后取回时，原封未动，就像当初留下时一样。这些圣所的一个独具的优点是，从其周围的树上砍下任何树木都是一桩罪过，因此，在该部落目光短浅的野蛮行径已经将所有树木和灌木砍伐殆尽的情况下，这些圣所成了光秃秃的群山之间仅存的绿地"③。

这些阿富汗的 zyarat 或山顶圣所，显然与巴勒斯坦的现代 welys 非常相似。两种圣所的位置通常都在山顶，周围都有不能砍伐或修剪的树木；两者都被认为从穆罕默德的圣徒之墓获得了神圣性；通常在两种圣所都可以十分安全地放

---

① "通过 jārā 制度，烧毁大量丛林，使土地做好耕种的准备。"关于这种耕作方式，参见前文第180 页以下。——原注

② 萨拉特·钱德拉·罗伊（Sarat Chandra Roy）：《蒙达人及其地区》（*The Mundas and their Country*），1912 年，第 386 页以下。——译注

③ 彭内尔（T. L. Pennell）：《在阿富汗边境的野蛮部落之中》（*Among the Wild Tribes of the Afghan Frontier*），1909 年，第 34 页以下。——译注

置财产而不会受到任何侵害；在两种圣所，朝觐者通常都要以在树枝上绑布条的形式，留下他们来过的纪念。

此外，俄罗斯的切列米斯人（the Cheremiss），"现在仍把单独的小树林当做祭祀和祈祷的地方，这些小树林以 kjus-oto 这个名称而著称。不过，从前，切列米斯人祭祀神灵之地是森林的深处。神意的某些显现形式，例如，某处泉水的突然喷发，一般是人们选择祈祷之地的根据。乌法河①的切列米斯人找出小溪旁边他们喜欢的高地，甚至在伐木者的斧头砍光了这个地区周围的树木时，这些高地还一直是圣地"。

从这些类似情况判断，曾让后来的先知怒不可遏的古代巴勒斯坦的圣树林，正是原始森林的遗迹。它们作为乡间神祇的避难所，是留在孤立高地上的绿色小岛。尽管庄稼汉剥夺了这些神祇的辽阔土地，但他们仍然认为，一定得把自己从土地里获取的一切出产，献祭给这些土地的真正主人或地方神（Baalim）。地方圣所通常配备的圣柱（asherah），无非就是某棵圣树树枝经过人手剥落或自然凋落后剩下的树干。至今，我们仍可以在婆罗洲的卡扬人（the Kayans）中探知这种宗教象征物的制作过程。这些野蛮人相信存在着某些他们称之为 Toh 的危险神灵，当他们清理出一块丛林来种稻子时，"通常要留下一些长在高处地面上的树，为的是避免把所有树都砍光而冒犯当地的 Toh，这些树被含混地当做休憩之地使用。它们有时被剥去所有的树枝，只在顶部留下少许，有时在离地面有一定高度的树干上绑一个柱子，上面挂一串棕榈枝，男孩子用来当玩具的'牛吼器'②有时也挂在这样一个横木上，在微风中晃动和闪烁"③。

① 乌法河（Ufa），在乌拉尔西部。——译注
② 牛吼器，以铜锣等系上木片扔出的一种玩具。——译注
③ 查尔斯·霍瑟（Charles Hose）和威廉·麦克杜格尔（William Mcdougall）：《婆罗洲的异教部落》（*The Pagan Tribes of Borneo*），第 2 卷，1912 年，第 23 页。——译注

# 第九章　沉默的寡妇

在世界上的许多民族（即使不是所有民族）当中，家里死人时，幸存者有义务遵守某些惯例。通常的结果是，从各方面限制人们在日常生活中享有的自由，幸存者与死者的关系越亲近，通常对他或她的自由施加的限制就越严格、越沉重。虽然服从这些限制的人们通常并不知道作出这些限制的理由何在，但有大量的证据表明了一个结论，即其中许多，或许绝大多数都源于对幽灵的恐惧以及逃避它的令人讨厌的关心，办法就是躲过它的注意，阻止它前进，诱使或强迫它认命，至少防止它侵扰自己的亲朋好友。①古希伯来人在死人时会遵循许多限制，这在《旧约》中或者有明确告诫，或者偶尔被提及。②在《圣经》中能汇集起来的哀悼者应遵守的惯例清单中，或许能够加上一条，虽然这些圣书的作者们没纳入也没提到这一条，但它被词源暗示了出来，并且得到其他民族类似惯例的证实。

希伯来语的"寡妇"③一词，在词源上可能与一个形容词含义"哑巴"④有关。⑤如果这个词源是对的，那么，希伯来语指寡妇的那个名称似乎就是"一个沉默的女人"。为什么寡妇被称为沉默的女人呢？我提心吊胆地推测，这个称号可以由如下一种广泛流行的习俗加以解释，即在丈夫死后的一段时间里，通常是很长一段时间，寡妇有义务保持绝对沉默。

---

① 参见弗雷泽（J. G. Frazer）和加斯特（T. H. Gaster）:《新金枝》(*The New Golden Bough*)，New York，1964 年，第 172 节；弗雷泽:《心灵的任务》(*Psyche's Task*)，1913 年，第 111 页。——译注

② 主要参见《民数记》第 19 章以及格雷（G. B. Gray）的评论，见《国际考经学注疏》(*International Critical Commentary*)，1903 年，第 241 页以下。——译注

③ 拉丁字母转写形式为"'almanah"。——译注

④ 拉丁字母转写形式为"'illem"。——译注

⑤ alemanah（寡妇）可能与 illem（哑巴）有关。这个词源似乎得到牛津希伯来语词典的作者们的证实，因为他们把这两个词归为由同一个词根派生出来的同类词。参见布朗（Fr. Brown）、德赖弗（S. R. Driver）和布里格斯（Ch. A. Briggs）的《希伯来语和英语〈旧约〉辞典》（牛津，1906），第 48 页。——原注

例如，在刚果河上的一个部落库图人（the Kutus）中，寡妇要居丧三个太阴月。她们剃光头发，脱得几乎全裸，全身抹上白灰，整整三个月都待在屋里不说话。①马达加斯加的西哈纳卡人（the Sihanaka）遵守相似的惯例，但沉默的时间更长，至少要持续八个月，有时甚至是一年。在这整个时期里，寡妇要脱去所有的衣物，披上粗席，人们给她一把破勺子和一只破碟子，让她进食。她也不能洗脸或手，只能洗指尖。在这种状态下，她还要一整天待在屋里，不能与进来的任何人说话。②在英属东非的南迪人（the Nandi）中，只要寡妇在居丧，人们就认为她是不洁的，虽然没有绝对禁止她说话，但她说话的声音不能高过耳语。③在描述加利福尼亚印第安人的尼希南（the Nishinam）部落时，一位非常了解这些印第安人的作者提到他们在 1875 年前后见到的情景："在奥本附近，在丈夫死后的数月有时甚至一年里，无论在什么场合或者出于何种借口，虔诚的寡妇从来都不说话。这个独特的事实，我是眼见为实。在其他地方，比如在亚美利加河（the American River），在几个月里，她只能用耳语说话。当你往下来到科松尼人（the Cosumnes）那里，这种习俗就消失了。"④在英属哥伦比亚的夸扣特尔印第安人（the Kwakiutl Indians）中，在丈夫死后四天里寡妇必须静静地坐着，她的膝盖要靠近她的下巴。此后的十六天里，她必须待在同一个地方，但她有权伸开她的腿，尽管不能动她的手。在所有这些时间里，谁也不能与她说话。人们认为，如果任何人敢打破这条沉默的规矩，与这个寡妇说话，他就会受到惩罚，他的某个亲戚就必死无疑。在妻子死后，鳏夫也必须受到同样的约束。⑤在同一个地区的贝拉库拉印第安人（the Bella Coola Indians）中，寡妇必须禁食四天，在这期间，她不能说一句话，否则，他们认为她丈夫的幽灵就会回来，把一只手伸到她的嘴里，她就会死去。出于类似的原因，在妻子死后，鳏

① 参见《刚果博物馆民族志藏品分析札记》（*Notes analytiques sur les collections ethnographiques du Musée du Congo I/ii, Religion*），1906 年，第 186 页。——译注

② 参见拉伯斯哈纳卡（Rabesihanaka，一位马达加斯加土著）：《西哈纳卡人及其故乡》（*The Sihanaka and their Country*），见《安塔那利佛年鉴和马达加斯加杂志》（*The Antananarivo Annual and Madagascar Magazine*），前三卷重印本，1885 年，第 326 页。——译注

③ 参见霍利斯（A. C. Hollis）：《南迪人》（*The Nandi*），1909 年，第 72 页。——译注

④ 鲍尔斯（S. Powers）：《加利福尼亚诸部落》（*Tribes of California*），1877 年，第 327 页。——译注

⑤ 参见博厄斯（F. Boas）：《关于加拿大西北部落委员会的第五个报告》（*Fifth Report of the Committee on the North-Western Tribes of Canada*），见《不列颠协会……会议报告》（*Report of the British Association... Meeting*），1889 年，第 43 页。——译注

夫也要遵守同样的沉默规则。[1]这里要注意的是，保持沉默的理由是害怕引起幽灵的注意，因为这种注意很危险，甚至会丧命。

但是，没有哪个民族比澳大利亚中部和北部的某些野蛮部落更严格地遵守这种奇怪的沉默习俗。例如，在北部边界的维多利亚河上的两个部落瓦杜曼人（the Waduman）和穆德布拉人（the Mudburra）中，不仅男人的妻子，而且他兄弟的妻子，在他死后都要遵守沉默的禁忌达三至四周。在此期间，尸体被放在用树枝搭在树上的平台上，直到所有肉都从骨头上消失。然后，尸骨被包在树皮里，带到一个特殊的营地，该部落的成员都围坐在那里哭泣。当这种居丧仪式举行完之后，尸骨被带回树那个地方，最终就留在那里。在从死去到尸骨最终被放在树枝里的整个时间里，谁也不能吃属于死者图腾的动物或植物。但当尸骨放在树枝里的最终栖息地时，就有一个或两个老人出来并进入丛林中，去找某些属于死者图腾的动物或植物。例如，如果死者的图腾是狐蝠，老人们就会抓一些狐蝠带到营地里，那里生着火，狐蝠就被放在上面煮熟。在它们被煮着的时候，遵守沉默禁忌的那些女人，也就是已故男人的寡妇及其兄弟的妻子来到火堆旁，呼喊"Yakai! Yakai!"，然后，把她们的头伸进烟里。一位老人轻轻地敲她们的头，然后伸出手，让她们咬一根手指。这种仪式解除了这些女人们费力遵守的沉默禁忌，她们就可以像平常一样让她们的舌头自由了。此后，死者的一些男性亲属开始吃煮好的狐蝠，这一步完成之后，所有人都可以随便吃剩下的肉了。[2]

在澳大利亚中部的阿兰达人（the Arunta）中，寡妇要用白黏土抹她们的头发、脸和乳房，并且要沉默一段时间，直到举行了某个仪式，才能让她们重新使用自己的舌头。这个仪式是这样的：如果某个寡妇想解除沉默禁忌，她就找来一个大的木制容器，里面装满可以吃的种子或小块茎，在女人的营地里把自己身上抹上白黏土，自丈夫去世后，她一直住在那里。她带上这个容器，在她为解除沉默禁忌叫来的一个女人的陪伴下，走到整个营地的中间，即该部落的男女占据的两块地方的中间。她们都坐下来，大声哭泣，而支持她们的男人都

---

① 参见博厄斯（F. Boas）：《关于加拿大西北部落委员会的第七个报告》（*Seventh Report of the Committee on the North-Western Tribes of Canada*），见《不列颠协会……会议报告》（*Report of the British Association... Meeting*），1891 年，第 13 页。——译注

② 参见斯宾塞（B. Spencer）：《澳大利亚北部边境的土著部落》（*Native Tribes of the Northern Territory of Australia*），1914 年，第 249 页以下。——译注

与死者的儿子或弟弟有实际的或分类上的亲属关系，他们走过来加入其中。然后，这些男人从寡妇手中把那个装满种子或块茎的容器拿走，尽可能多抓一些，并大声喊"哇！哇！哇！"。除了那个寡妇，所有女人都停止哭泣，也开始喊叫。喊过一阵之后，拿着装种子或块茎的容器的男人们靠近但并不碰到寡妇的脸，在其左右面颊两边挑逗她，所有人也喊"哇！哇！哇！"。寡妇这时也不再哭泣，只是以一种柔和的声调，也喊出同样的声音。几分钟之后，装种子或块茎的容器被传到男人的背后，他们正蹲在地上，两手拿着盾牌，用它们重重地击打寡妇面前的地面。当这些都完成以后，男人们就各自返回他们的营地，吃寡妇用那个容器带给他们的食物。寡妇这时可以随意与他们说话了，虽然她仍要继续往自己的身上抹黏土。①

斯宾塞和吉伦两位先生对阿龙塔的寡妇借以恢复说话自由的这种奇怪仪式作了如下的解释："用汇集块茎或草种来象征的这种仪式的意义是，寡妇打算恢复妇女生活的正常地位，因为当她留在营地里处于我们可以称为正式居丧的状态时，这种地位在很大程度上已经被中止了。实际上，这在感情上非常类似于某些开化程度更高的民族居丧时从纯黑的纸向窄条黑边纸的过渡。给儿子或弟弟的块茎或草种，既向他们表明她已经恰当地完成了居丧的第一个时期，也是为了获得他们的好感，因为人们认为他们，尤其是弟弟，有时会对一个死了丈夫而她本人却活着的女人产生反感。事实上，如果弟弟在丛林外遇到已故哥哥的妻子在其丈夫去世的很短一段时间里做女人的本分之事，比如寻找马铃薯，他就有正当的理由用标枪刺她。当地人对这种敌意的情感给出的唯一理由是，看见这个寡妇使他们过于伤心，因为这使他们想起了死者。但是，这几乎不可能是全部的原因，因为同样的规则并不适用于哥哥。在某种程度上说，这种情感的真正原因很可能与一种习俗有关，即在居丧的最后阶段结束以后，这个寡妇会嫁给她最初小心回避的弟弟中的一个。"②

在澳大利亚中部的其他两个部落翁马杰拉人（the Unmatjera）和凯蒂什人（the Kaitish）中，寡妇的头发在贴近脑袋的地方被用火棒烧掉，她用营地的火灰抹在自己的身上，在整个居丧期间，她要不断抹这种灰。如果她不这样做，人

---

① 参见斯宾塞（B. Spencer）和吉伦（F. Gillen）：《澳大利亚中部的土著部落》，1899 年，第500—502 页。——译注

② 斯宾塞（B. Spencer）和吉伦（F. Gillen）：《澳大利亚中部的北方部落》（*The Northern Tribes of Central Australia*），1904 年，第507 页以下。——译注

们就相信一直跟着她的已故丈夫的幽灵会杀了她，并剥去她尸骨上的肉。而且，如果她已故丈夫的弟弟在正式居丧期间的任何时候遇到她没有这个悲伤的标志，就有理由痛打甚至杀了她。她必须遵守沉默的禁忌，一般而言，直到她丈夫死了多月之后，由她的小叔子来解除这个禁忌。当此之时，她要给他提供大量的食物，而且他用其中的一些碰一下她的嘴，以此向她表明，她又可以随便说话并参与妇女的日常活动了。[1]

然而，在澳大利亚中部的另一个部落瓦拉蒙加人（the Warramunga）中，男人死后给女人强加的沉默控制，要远为普遍和非同寻常。根据这种控制，不仅已故男人的寡妇在持续一或两年的整个居丧期间必须保持沉默，他的母亲、姐妹、女儿、岳母，也同样必须装聋作哑，而且要持续同样久的时间。不仅如此，除了他实际的妻子、女儿、母亲、姐妹和岳母遵守这个沉默的规则之外，还有许多被当地人按照分类原则（尽管我们可能不这样划分）归入这些关系的女人，也同样不得不管住她们的舌头，时间可能长达一年，也可能长达两年。这样，在瓦拉蒙加人的营地里，如果发现多数妇女被禁止说话，也就并非不同寻常之事了。甚至当居丧期结束之后，有些女人宁愿保持沉默，只用手势语，在实际应用时，她们表现得非常熟练。屡见不鲜的情况是，当一群女人待在营地里时，几乎完全沉默，但她们正在用手指或者用手和胳膊在进行轻松的交流，因为她们通过手或肘摆的各种姿势来做出许多信号。在滕南特克里克，几年前有一个老妇人，除了吃喝，根本不张嘴达二十五年以上，从那以后大概直到进坟墓，她也没有吐出一个音节。但是，在经过或长或短的绝对沉默期之后，瓦拉蒙加人的寡妇如果想恢复说话的自由，她就要请求在儿子的分类关系或部落关系中支持她的男人们。此时，按惯例，她必须给出食物作为礼物。仪式本身非常简单：寡妇带来食物，通常是用草籽做的大饼，并依次咬即将解除她的沉默禁忌的那些男人的手指。此后，她想说多少话，就说多少话。[2]只是要补充说明的是，在瓦拉蒙加人的部落中，寡妇要把她的头发剪短，割开她头皮的中线，用一根燃烧的火棒从裂口的伤处烫过去，这种可怕的残害，后果有时很严重。

另外，澳大利亚中部的迪埃里人（the Dieri）部落，不许寡妇说话，直到她

---

① 参见斯宾塞（B. Spencer）和吉伦（F. Gillen）：《澳大利亚中部的北方部落》（*The Northern Tribes of Central Australia*），1904 年，第 502 页。——译注

②参见斯宾塞（B. Spencer）和吉伦（F. Gillen）：《澳大利亚中部的北方部落》（*The Northern Tribes of Central Australia*），1904 年，第 525 页以下；斯宾塞（B. Spencer）和吉伦（F. Gillen）：《澳大利亚中部的土著部落》，第 500 页以下。——译注

抹在身上象征居丧的白土整个溃散并自行脱落为止。这一时间可能要持续数月，在这期间，她只能用手势语与他人交流。①

可是，为什么在丈夫死后或长或短的时间里寡妇必须沉默呢？遵守这种习俗的原因可能是害怕引起已故丈夫的幽灵的危险注意。实际上，这种恐惧直接被贝拉库拉印第安人当做理由，而且这也被翁马杰拉人和凯蒂什人当做往寡妇身上抹灰的理由。这些习俗的整个意图显然是躲避、憎恶并逐出幽灵。寡妇通过保持沉默来躲避它，通过放弃自己的华服，剃掉或烧掉自己的头发并给自己身上涂上土或灰来憎恶并逐出它。澳大利亚习俗的某些特征，证实了这种解释。

首先，在瓦杜曼人（the Waduman）和穆德布拉人（the Mudburra）中，只是在肉还黏附在已故丈夫的尸骨上时，寡妇才遵守这种沉默的习俗，一旦尸体很快腐烂而尸骨变得光秃秃之后，她又可以自由地使用自己的舌头了。似乎人们普遍认为，幽灵徘徊在仍然留存着肉的腐烂遗体上，只有肉整个消失以后，他才离开，到或远或近的神灵之地去。②在这样一种信仰流行的地方，只要丈夫遗体的腐化还没有完成，寡妇自然应该保持沉默，因为人们认为他的灵魂一直在周围游荡，而且在任何时候都很容易受到她的熟悉声音的吸引。

其次，阿龙塔人、翁马杰拉人和凯蒂什人的寡妇与已故丈夫的弟弟的关系支持这样一个假设，即限制她的原因是害怕这个幽灵。在这些部落中，已故丈夫的弟弟在居丧期间似乎对寡妇进行一种特殊的监督，他看着她严格遵守习俗在此期间要求的规矩，如果她违反这些规矩，他有权严惩她，甚至杀了她。而且，在翁马杰拉人和凯蒂什人中，正是死者的弟弟最终解除了寡妇的沉默禁忌，使她恢复日常生活的自由。现在，寡妇与已故丈夫的弟弟的特殊关系，依据下面这种推测就完全可以理解了，即在居丧结束后，她就成了他的妻子，就像在一般的娶寡嫂制中把男人的遗孀转让给他的某个弟弟那样。实际上，所有这三个部落——阿龙塔人、翁马杰拉人和凯蒂什人——中都有这种习俗，这些部落的寡妇都遵守沉默的惯例，并与已故丈夫的弟弟保持特殊关系。在阿龙塔人中，居丧结束时寡妇成为她已故丈夫的某个弟弟的妻子，这是一种习俗。③至于翁马杰拉人和凯蒂什

---

① 参见豪伊特（A. W. Howitt）：《澳大利亚东南部的土著部落》（*Native Tribes of S. E. Australia*），1904 年，第 724 页以下；参见加森（S. Gason）的文章，见《人类学研究所杂志》（*JAI*），第 24 卷，1895 年，第 171 页。——译注

② 参见弗雷泽（J. G. Frazer）和加斯特（T. H. Gaster）：《新金枝》（*The New Golden Bough*），New York，1964 年，第 172 节。——译注

③ 参见斯宾塞（B. Spencer）和吉伦（F. Gillen）：《澳大利亚中部的土著部落》，第 502 页。——译注

人，我们得知，"把寡妇转让给弟弟但从来不是哥哥的做法，是这些部落非常独特的一个特点"①。同样，迪埃里人的部落也强迫寡妇在居丧期间遵守沉默的惯例，男人的遗孀在他死后被转让给他的弟弟，后者变成她的丈夫，她的孩子叫他父亲。②但在相信男人的幽灵会寻找他的遗孀并以不受欢迎的形式纠缠她的野蛮民族中，娶寡妇自然也被认为会给新郎带来某些危险，因为他死去的情敌会嫉妒，不愿让自己的配偶投入他人的怀抱。我在其他地方已经引述了一些实例，表明人们想象在与寡妇结婚时可能出现的危险。它们可以帮助我们理解，为什么在我们讨论的澳大利亚的这些部落中，男人要如此警戒着已故哥哥的遗孀的一言一行。从动机上说，对已故哥哥的荣誉的无私关注，大概比不上考虑其个人安危的私心杂念。如果他在寡妇严格遵守通常为了那个目的而设置的一切忠告（包括沉默的惯例）之前就娶了她，他的安全就会危在旦夕了。

因此，从相距如此之远的民族中观察到的这些风俗的相似性证实了一种推测，即在古希伯来人中，在其历史的早期阶段，人们希望寡妇在丧夫后的一段时间里保持沉默，以便让丈夫的幽灵溜走，而且，大概她已故丈夫的弟弟尤其强调要严格遵守这种忠告，根据娶寡嫂的习俗，在她居丧的日子结束以后，他打算娶她为妻。但也应当指出，除了类似之外，希伯来人强迫寡妇沉默的直接证据无非是一个可疑的词源，而且，由于根据词源对习俗作的一切推断都是非常不可靠的，所以，我不能说目前的这种推断有多大的可能性。

---

① 斯宾塞（B. Spencer）和吉伦（F. Gillen）：《澳大利亚中部的北方部落》，第 510 页。——译注

② 参见加森（S. Gason）的文章，见《人类学研究所杂志》（*JAI*），第 24 卷，1895 年，第 170 页。——译注

# 第四部

# 律　　法

# 第一章　律法在犹太人历史中的地位

既然现代学者的考证分析已经确定了律法在犹太人历史中的地位，那么，在考察犹太人律法的某些特点之前，我们最好简略地思考一下，律法作为一个整体在以色列历史中占据的位置。

有关《旧约》的语言学校勘和历史学考证取得的最重要和最确凿的成果已经证明，我们现在研究的这种《五经》①立法形式，不可能在以色列人进入巴勒斯坦之前由摩西在沙漠和摩押颁布，它的最终形成时间，只能在公元前586年尼布甲尼撒夺取了耶路撒冷并放逐了犹太人之后的某段时间里。简单地说，如我们现在所见的那样，《五经》中的立法部分不属于以色列人历史的最早阶段，而是属于后来的时期，在该民族拥有应许之地之前，它还远没有颁布，直到民族独立快结束时，它似乎也只写出并发表了其中很少一部分，它的主要部分，即构成考证家说的祭司法典②的部分，是在他们被俘期间或者之后，才首次以现在的形式写出并付诸文字的。

然而，我们有必要仔细区分这些律法本身的时代与它们首次以成文法典的形式问世的时间。有一个小小的想法让我们安下心来，即一般的律法不会在它们被编纂的时候像雅典娜从宙斯的头中生出来那样全副武装地蹦出来，立法和编纂法典是全然不同的两回事情。立法是对某些行为规范作的权威性颁布，在强制执行这些规范的法令被最高权力机构通过之前，这些规范或者还没有被人们察觉，或者在法律上还没有约束力。不过，即便是新律法，也很少或从来就不是完全新创的，它们几乎总是要凭借并且以现有的习俗和公众意见为前提，后者或多或少与新律法相一致，人们的内心早已默默地准备接受它们了。世界上最专制的君主也无法强迫他的臣民接受一种绝对新式的律法，因为它可能违背

---

①《五经》（the Pentateuchal），即《摩西五经》，又译《梅瑟五经》，犹太教和基督教指《旧约》首五卷即《创世记》《出埃及记》《利未记》《民数记》和《申命记》。——译注

② 祭司法典（the Priestly Code），《旧约》首六卷所载有关祭司和献祭仪式的律法条文的总称。——译注

了他们自然习性的整个倾向和趋势，触犯了他们世袭的观点和习惯，玷污了他们最珍视的一切情感与渴望。甚至表面看来最具革命性的立法活动，也总是有一些保守的成分来成功地确保某个共同体的普遍认可和遵守。只有在一定程度上与某个民族的过去相一致的律法，才能塑造这个民族的未来。从根基上重构人类社会，是一项无法实行的规划。如果这项规划只是哲学梦想者的乌托邦，那也不会有什么危害，然而，一旦有人试图付诸实施，无论他是煽动者还是暴君，都会带来危险，甚至可能造成灾难。恰恰是这种企图证明，这些人根本不了解自己急于解决的这个问题的基本原理。社会是一种生长，而非一种结构。虽然我们可以改变那种生长，把它变成更加公平的形式，就像园丁用他的技艺让田地、草地、灌木篱与河边不值钱的花长出更可爱的形状和更丰富的色彩一样，但是，我们无法重新创造社会，正如园丁无法创造出一朵百合或者一朵玫瑰。因此，就像每种植物一样，每种律法也总是包含着过去的成分。如果我们要追索其终极渊源，这种成分就会把我们带回到人类生活和植物生活的最早阶段。

当我们从立法过渡到编纂法典时，有一点很明显，即这些被编定的律法可能非常古老，这几乎毋庸赘言。一切法典中最著名的法典即查士丁尼一世①的《学说汇纂》②或《法学汇编》，用作者的原话，摘录古罗马法学家著作中的学说，编纂成书，每段不同的引文中都仔细标明了所有作者的名字，所以，这部法典并非一系列新的律法，它只是罗马帝国在数个世纪里已经得到公认的旧律法的新汇编。尽管拿破仑法典取代了许多独立的地方司法制度——关于这一点，有人说，法国的旅行者改换法律比换马还频繁——但它也远没有构成崭新的立法文本，相反，它是"罗马法和习惯法以及诸王的法令和革命法的产物"。不过，我们大概无须再举出更多的现代实例。

在闪米特人的世界，立法的过程可能是相似的。世界上流传下来的最古老的法典是《汉谟拉比法典》，汉谟拉比是古巴比伦国王，在位的时间大约在公元前2100年。但我们没有理由假定，它包含的法规都是这位王室立法者的崭新创造，相反，可能性和证据都支持这样一个观点，即他只是在古老的习俗和惯例的旧基础上搭起了他的律法构架，这些习俗和惯例至少有一部分是从巴比伦人和苏美尔人的古代先贤那里传递给他的，它们在漫长的数世纪中受到流行的偏见的尊崇，被诸王认可，由士师们来实施。同样，那些把所谓摩西律法的主要部分

---

① 查士丁尼一世（Justinian，483—565），拜占庭皇帝，曾主持编纂《查士丁尼法典》。——译注
②《学说汇纂》，公元6世纪查士丁尼命令汇编的著名法学家的学说摘录，共50卷。——译注

定在失去民族独立之前或之后不长一段时间的那个时代的考证家们完全意识到，这部律法最晚近的形式不仅记录而且强化了各种习俗和礼仪制度，其中许多最基本的形式，无疑远比《五经》在早于公元前 5 世纪时获得的最后的形式还要早得多。如果与其他民族的制度进行比较，那就可以充分地证实一个结论，即以色列人主要的礼仪制度非常古老。因为这样的比较表明，在希伯来人的惯例中，有不少蒙昧甚至野蛮的痕迹，这不可能是在这部律法最终编纂时才首次铭刻上去的，而肯定是远在历史发端之前的时代就黏附在它上面的。下文将指出一些这样的痕迹，但其数量很容易被大为扩展，例如，割礼、妇女的仪式性不洁以及使用替罪羊之类的习俗，在世界许多地方的野蛮部落中也有类似的发现。

我说的话已足以消除一种误解，即当《圣经》的考证家们认为希伯来人的律法产生的时期较晚时，也就暗中假定这部法典中的所有律法都起源于较晚的时期。但在继续探讨之前，我们最好先纠正对这种考证学说可能产生的另一种误会。由于《五经》中所谓的摩西律法极少能或者根本不能证明是出自摩西，但我们绝不能由此推论说，这位伟大的立法者只是一个神话式的人物，是大众或祭司们幻想的创造，他被发明出来只是为了解释该民族宗教法和市民法的起源。任何这样的推断都不仅会损害证明摩西的历史真实性的特殊证据，也会歪曲普遍的可然律。因为如果没有伟人的推动，伟大的宗教运动和民族运动就几乎或者从来不会发生。假如没有摩西，那么，要理解以色列人和犹太教的起源，其难度也不亚于理解没有佛陀的佛教的起源、没有基督的基督教的起源或者没有穆罕默德的穆罕默德教①的起源。实际上，目前在某些地方有一种倾向认为，历史是由群众盲目的集体冲动创造的，并不需要超凡人物的启发和引导。然而，这种假定出自一种人天生平等的错误而有害的学说，或者是由这种学说孕育出来的，与历史的教益和生活的经验相矛盾。群众需要领袖，虽然群众有很大的破坏力，但是，如果没有领袖，群众就很少有或者根本没有创造力。如果没有在思想、言语、行动方面以及对同伴的影响力方面的伟人，任何伟大的民族在过去和将来都不可能建立起来。摩西就是这样一个人物，他完全可以被视为以色列人的真正缔造者。如果剥除像石头周围聚集的苔藓和地衣一样在有关民众英雄的记忆周围自然积聚的非凡特点，我们就可以看到，希伯来早期历史对他的记述可能大体上是准确的：他团结以色列人抗击埃及的压迫者，带领他们走向

---

① 穆罕默德教（Mohammedanism），西方对伊斯兰教的误称。——译注

自由的荒野，把他们塑造成一个民族，在他们的民事制度和宗教制度中印上他自己出色天才的印记，并领导他们来到摩押，他死于瞥见应许之地之时，他没有踏上那片土地。

在构成《五经》主体的繁复律法中，考证者目前一般至少分出了三组或三套不同的法典，它们彼此的特点和时代各异。按照年代顺序，它们是《约书》①、《申命记》法典和祭司法典。简要地关注一下这些文献，将有助于读者理解它们各自在犹太人立法史上的地位，因为考证学家的研究已经确定了这一点。支持这些论断的论证过多也过于复杂，无法在这里征引，想了解这些论证的读者，可以在许多很容易找到的、有关这个问题的著作中发现充分的论述。

《五经》中最古老的法典，一般都认为是所谓的《约书》，构成了《出埃及记》的第 20 章第 22 节至第 23 章第 33 节的内容，这已经被称为第一立法。与它密切相关的是《出埃及记》的第 34 章第 11—27 节，后者有时被称为《小约书》。《约书》嵌入埃洛希姆派②的文本中，人们一般都认为，不迟于公元前 8 世纪早期，该文本就在以色列北部被写定。《小约书》嵌入耶和华派的文本中，一般认为，略早于埃洛希姆派文本即大概在公元前 9 世纪，该文本在朱迪亚被写定。然而，远在纳入这些文本之前，这些律法本身可能已经作为一部或数部独立的法典存在了。我们可以认为，甚至在编纂它们之前，人们就已经把这些律法当做习惯条例来普遍遵行，其中许多大概来自无法追忆的时代。这些"约书"作为一个整体反映了早期诸王和士师的时代。"这个立法中所思考的社会，结构非常简单。它的生活基础是农业，牲畜和农产品是财富的要素，而财产法全部涉及的几乎就是这些东西。沙漠里的阿拉伯人仍然遵守这些民事司法和刑事司法的原则。这些原则有两个，即报复与财产处罚。谋杀罪由血债要用血来还的律法来处置，无辜的杀人者会在上帝的祭坛寻求避难所。与谋杀罪并列的罪行有偷人、冒犯父母和行巫术。其他伤害是私了③的案件或者在圣所得到调解的个人诉讼的案件。人身伤害罪就像谋杀罪一样，被列入报复的律法。以牙还牙仍是阿拉伯人的律法，而且在迦南与在沙漠中一样，通常无疑会以私了的形式寻求报复。"

---

① 《约书》(the Book of the Covenant)，《摩西五经》的原始资料之一，系古希伯来典章律例的汇集。——译注
② 埃洛希姆派，指称上帝为埃洛希姆而不称为耶和华的希伯来文《旧约》的作者。——译注
③ 私了（self-help），指以自己的行动维护自己的权利，排除他人的侵害，而不诉诸法律或司法机关。——译注

考证家在《五经》中区分出来的第二个法典是《申命记》中的法典。它包括我们目前见到的《申命记》的大部分，除去历史引论和结尾几章。现代考证家们似乎普遍认为，《申命记》中的法典实际上就是公元前621年在耶路撒冷神庙中发现的"律法之书"，约西亚王正是以它作为宗教改革的依据。这次改革的主要特点，首先是铲除该地所有的地方圣所或"山顶神殿"，其次是把对耶和华的仪式性崇拜集中在耶路撒冷这一个地方。《申命记》中对这些措施的记述可谓谆谆教诲，看来，这位勇于改革的国王付诸实施的理想以及在艰苦努力中激励并鼓舞他的狂热的宗教激情，都来自本卷的训诫。因为通过读这一卷，对他的心理产生的深刻印象很容易被解释为：《申命记》的作者们许诺说，遵守律法就会得到祝福的奖赏，否则就会受到诅咒的惩罚。

　　因此，由约西亚首创的改革之所以显得非常重要，不仅由于它实施的各项措施，而且由于这些措施的颁布方式。就我们所知，在以色列人的历史上，一部成文法典第一次被政府的权威发布出来，成为全民族生活的最高准则，在此之前，律法都是习惯法，而不是法令法。它多半只是作为惯例已经存在了，每个人都依据公众的意见和习惯的势力遵守它；它的来源或者被解释为古代的传统，或者在古代的雾霾中已经整个湮没无闻。有些习俗的确被改写成了较短的法典，至少我们知道，《约书》中就有这样的一卷。但这似乎并不表明这些著作得到官方的任何认可，它们大概是注定在私人中流传的手册。这些律法的真正保存者，显然是地方圣所的祭司，他们以口耳相传的形式一代一代地把这些仪式和宗教的法规传递下来，在原始社会中，这些法规与道德法则几乎密不可分。如果遇到惯例的一切疑点以及所有的法律争端，人们都要寻求祭司，与其说他们是普通的人类判官，不如说他们是以神祇代言人的资格作出裁定，他们通过抽签或其他神谕手段询问并解释神意。祭司的这些口头的裁定，就是这个地方最初的法律。它们在权威指向或引导的确切意义上就是 Torah[①]，远在这个词的词义逐渐缩小之前，它先是指一般的律法，后来特指《五经》中的成文律法。但在最初的指导或教导的意义上，the Torah（律法书）并不限于祭司们给出的教益，它也包括先知们灵机一动时说出的劝示或忠告，他们及其听众相信这些话是神圣的。因此，有先知的律法书和祭司的律法书，但在最初以及在后来的漫长世纪里，两者都是口传的而非书面的。

　　文字形式的《申命记》法典的出版，在犹太人的历史以及人类的历史中，都

---

　　① Torah，指律法书或《摩西五经》。——译注

具有划时代的意义，它是《圣经》的正典化以及用书面文字代替口传文字成为至高无上的和不会出错的行为准则的第一步。完成这部正典的过程所取得的成就，在后来的数世纪里成为思想的桎梏，从此以后，西方世界从未完全成功地从这种桎梏中解放出来。从前，口传的语词是自由的，因此，思想也是自由的，因为语言无非是有声的和表达出来的思想而已。先知们享有充分的说话和思想的自由，因为人们相信他们的思想和言语受到神灵的启示。甚至祭司也远没有墨守传统，虽然人们并不认为上帝通过祭司的嘴来说话，但在操纵抽签和其他神谕手段时，祭司无疑给自己留有相当大的余地，正是通过这些手段，神灵才向焦急的问讯者显现并赐予他们神谕。然而，一旦这些神谕付诸文字，它们就定型了，不能改变了，它们已经从流动状态凝固为晶体形式，具有硬度和耐久性，活生生的生长已被僵死的字母取代了，就祭司的职能是负责神谕而非献祭而言，书写员赶走了先知甚至祭司。从此，以色列人成了"书的民族"，最高的智慧和知识，不是来自独立观察以及对人和自然的自由研究，而是来自对书面记录的毫无创造性的解释，作者必须给注释者留下余地。已经创造了《圣经》的民族天才，俯就于书写《塔木德经》[①]的任务。

虽然我们有十分的把握确定《申命记》法典发表的年代，然而，关于它的创作年代，我们却没有得到任何信息。在约西亚在位的第 18 年（公元前 621 年），它得以发现和颁布。它的写定时间，肯定是在这位国王统治的前期，或者在他的前任玛拿西[②]在位之时。因为内在的证据表明，该卷不可能更早，因此，它的创作肯定在公元前 7 世纪的某个时间。从整体来看，最有可能的假设似乎是，《申命记》在玛拿西在位时被写定，而在这位昏君的压迫和残酷统治之下，它一直被安全地藏在神庙里，直到虔诚的约西亚下令修复这座神圣建筑时，才重见天日。事实上，偶尔有人怀疑，这一卷是庙里的祭司伪造的赝品，他们想方设法用虔诚的欺骗手法把它伪装成一部灰白的古籍，变卖给年轻而正直的国王。但任何一个人，只要坦率地考虑到这部新法典为了接受来到耶路撒冷的乡下牧师而制定出来的自由条款，他就会觉得这种怀疑既不正当，也不够厚道，因为毁坏地方圣所的法令已经剥夺了这些乡下牧师的教俸。这些被革除教职并被剥夺了捐赠的祭司，沦为无家可归的流浪汉，只能来到都市，谋求与他们在城里的

---

①《塔木德经》(the Talmud)，关于犹太人的生活、宗教、道德的口传律法集，全书分《密西拿》和注释篇《革马拉》两部分，是犹太人仅次于《圣经》的主要经典。——译注
②玛拿西（Manasseh），《圣经》中公元前 7 世纪的犹大国王。——译注

同事处于同等地位，也享有祭司职业的一切尊严和薪水。如果要我们给城市牧师说句"公道话"，那大概就是说，他们固守着 Beati possidentes①的古训，除非在律法的严厉逼迫之下，否则，他们绝不可能向他们来自乡下的贫穷同胞敞开他们的怀抱和钱包。

无论《申命记》的无名作者是谁，他无疑都是一位无私的爱国者和改革家。在对祖国的挚爱以及对圣洁宗教和道德的忠实热忱的激励之下，他相信地方圣所的迷信习俗和过分淫荡正威胁着这种宗教和道德。很难断定，他是祭司还是先知，因为这一卷明显把祭司的或者总之是法律的事务与先知的精神融合在了一起。似乎可以肯定，他的写作受到公元前 8 世纪的伟大先知阿摩司、何西阿和以赛亚的激励，他接受了他们的道德法优于仪式法的观点，然后又提出了一种以宗教和伦理的原则、仁慈与人性、上帝之爱与人类之爱为基础的立法制度。在向听众和读者推荐这些原则时，他自然而然地陷入了诚挚的请求甚至哀求，这更像是演说家的热情和生动，而不是立法者在司法上的镇定和庄重。他给现代读者留下的印象是一个布道者，他正在宽敞的大教堂带有回声的耳堂里向着迷的听众滔滔不绝地讲述他的热情洋溢的辩词。我们几乎看见了这位说话者放着光的双眼和热切的姿势，捕捉到了他那回荡在拱形屋顶上的洪亮声调，这种声调用愉快的保证和希望、强烈的自责和懊悔以及极度的恐惧和绝望交替出现的情绪激励着他的听众。正是在对犯罪者和违背者即将接受神谴的庄严警告和强烈指责的高音符上，这位布道者的声音最终戛然消失在沉寂之中。如一位著名考证家已经准确指出的那样，在其经久不衰的雄辩力量方面，这位演说家的结语在《旧约》中无与伦比。

虽然这次改革无疑受到最纯粹动机的激励并且出于一股真正的热情来实施，但对宗教进行哲学研究的学者可能会允许我们表达一种疑惑：从理论的立场来看，把崇拜集中在单一的圣所是否标志着一种退步而不是进步；从实践的立场来看，它是否又伴随着某些不便，从而抵消了它的好处。一方面，现代人认为，上帝没有时间或空间的限制，因而他的崇拜者随时随地都可以接近他，对于习惯于这一观念的心理来说，上帝只能在耶路撒冷才能受到恰当的崇拜这一想法，即使不荒谬，也非常天真。当然，这个国家星罗棋布的许多圣所，比首都的一座孤零零的圣所更适合表达神无处不在这种抽象观念。另一方面，从实际方便

---

① 拉丁语，意思是占有者是快活的，实际占有者在诉讼中总是占上风。——译注

的角度考虑，未经改革的旧宗教比其对手具有某些明显的优势。在古代制度中，每个人可以说都有自己的家神，一旦出现疑虑和困难、痛苦和悲伤，他就会求助于家神。在新制度中就并非如此了。要到达耶路撒冷的神庙，农民大概常常要走很长一段路，由于在他的小农场专心致志地劳作，他很少有时间进行这种长途跋涉。因此，毫不奇怪，即使在新制度下，他偶尔还会怀念旧制度。难怪对他来说，毁坏地方圣所就像一桩骇人听闻的渎圣罪，这就好像我们自己的农民看见英国所有的农村教堂都成为废墟，而且古榆树和年代无法追忆的紫杉木轰然倒地一样，"村里古朴的祖先就睡在"这些树的神圣阴凉之下。如果看不见掩映在树林中或者隐约闪现在山梁上的熟悉的灰塔或塔尖，我们淳朴的乡民该是何等的悲伤！他们又是何等频繁地听到安息日甜美的钟声徒然回荡在田野上，召唤他们去他们以及他们的祖先曾如此频繁地聚集在那里崇拜万有之父的祈祷室呢？我们可以设想，当这种变革像一场飓风似的席卷整个农村时，他们和朱迪亚的农民并没有本质的不同。他们会带着沉重的心情眼睁睁地看着反对偶像崇拜的人进行毁坏和破坏。正是在那里，在那里的山顶上，在伸展着茂密树叶的那棵橡树的阴凉下，他和父亲年复一年地献上第一捆金灿灿的谷物和第一串紫色的葡萄。他是多么频繁地看见献祭的蓝色炊烟卷起树上静谧的空气，他又是多么频繁地想象着上帝本人就在离这里或近或远的地方——大概就在日光倾泻在朦胧的景色时透过的那片裂开的云团里，呼吸着祭祀礼物带来的甜蜜芳香并祝福他和他的家人呢？而现在山顶上却是光秃秃的一片荒凉，长久以来庇荫着它的古树被砍倒了，他经常泼上祭油的那根古老的灰色石柱被打碎了，碎块散落了一地。似乎上帝已经离去，他已经去了首都，如果农民要找到他，就必须随他而去。这可是一个漫长而令人厌倦的旅程，乡下人极少能够成行，带着他的供物翻山越岭，穿过耶路撒冷狭窄拥挤的街道，混入教堂区嘈杂拥挤的人群，在那里和他的小羊一起排在一长队走痛了脚的、风尘仆仆的崇拜者中，而祭司里的屠夫正卷起袖子在处死他面前所有的羊羔，最后终于轮到他了，他的羊羔溅出的血又给院子里流淌的殷红的潮水增加了一道小溪。不错，他们告诉他最好这样，大概上帝的确喜欢住在这些地区的建筑和宽敞的庭院里，看着所有这些血，听着教堂合唱团的所有圣歌，但对他本人来说，他的思绪早已回到对那个寂静的山顶及其古老得无法追忆的树荫还有宁静景色的开阔视野的怀想之中。不过，祭司们当然比他更聪明，上帝的旨意已经这样完成了！这大概是许多淳朴的乡下人在改革后第一次去耶路撒冷朝觐时的一个粗略的写照。他们中的不少人大概是第一次见到这个伟大城市的辉煌和龌龊，因为我们可以设想，那时朱迪亚的乡下人就像现在英国偏远地区的农民一样，会守在家里，他们到死都不离开自己村子几英里之外的地方。

然而，在朱迪亚的王国，这种变革却是短命的。从约西亚在这个国家采取宗教革新和道德革新的措施，到巴比伦的军队横扫耶路撒冷，占领这个城市并掳走了国王和他的优秀臣民之前，才经历了不到一代人的时间。恰恰是当初推动改革的因素，阻碍了这些改革的完成。因为我们不能怀疑，对外来征服的日益增长的恐惧，是唤醒良知并激励大部分犹太人保卫家园的主要动机之一，如果行动太迟，就会让南部王国落入巴比伦人之手，从而重演一个世纪之前北部王国落入亚述人（the Assyrians）手中的相同命运。乌云从东方渐渐升起，已经遮蔽了朱迪亚的整个天空。正是在这种即将来临的暴风雨的阴影下，在从远处听到的雷鸣声中，这位虔诚的国王和他的大臣们才煞费苦心地要进行改革，他们希望以此避免这场悬在头顶的灾难。因为对超自然力量的绝对信仰，正是以色列人世界观的长处或弱点，他们把民族的危险溯源到民族的罪恶，并且相信，压制异教崇拜和更好地规范祭祀仪式，能够阻止入侵敌军的进行。在完全失去政治自由的威胁之下，他们显然从来不曾想到去使用纯粹世俗的武器，而不太虔诚的民族在这样的危急时刻往往会求助于这样的武器。修建堡垒、加固耶路撒冷的城墙、武装并训练男性居民、寻求外国同盟的帮助——这些都是常识教给非犹太人的做法，可是，对犹太人来说，它们似乎意味着对耶和华的不信任，因为他能独自保护他的人民免遭敌人的毒手。事实上，古希伯来人极少想到纯自然因素在历史事件中的作用，就像他们很少想到下雨、刮风或季节的变化一样。同样，在人类事务和自然过程中，犹太人总是满足于追寻神力，这种把超自然力量沉着地默许为万物的终极原因的做法，几乎总是在会议室里冷静地协调各种政治关系时的一大障碍，正如也是在实验室里不动声色地研究体力时的一大障碍一样。

约西亚以改革来阻止民族灭亡的完全失败，丝毫没有动摇犹太人对他们有关历史的宗教解说的信仰。与这位国王一起崩溃的改革，不仅没有取消，反而明显增强了他们对宗教仪式和庆典效力的信任。他们没有怀疑采用这些手段的完美智慧，而只是总结说，他们贯彻得还不够彻底，于是，他们在巴比伦做阶下囚时，马上就想出了一种更加周密的宗教仪式制度。他们希望以此确保神恩的回归，并再次流放到自己的祖国。在被流放到迦巴鲁河①时，以西结描绘出这个新制度的第一个方案。他本人是一位祭司和先知，所以对原来庙里的仪式一定了如指掌，他作为未来改革的理想计划提出的这个方案，无疑以他过去的经验为基础。尽管它包含了许多旧的东西，但也提出了许多新的东西，包括更丰富、更定期和更庄严的祭祀，牧师与俗人的更可怕的分离，教堂及其教区与世俗接触的更严格的限制。放逐以前的大先知们与放逐之后的以西结之间的反差非同寻常。大先知们把教义的所有重点都放在自然道德上，拒绝把仪式和庆典看做人能够把自己献给上帝的最好或唯一的手段，而以西结似乎颠倒了两者的关系，因为他很少说到道德，反而更多地谈到仪式。他在囚禁的早年岁月里发表的计划，后来得到流放中的教士学校的思想家和作家的发展，直到持续了一个世纪的孕育期之后，公元前 444 年，以斯拉②在耶路撒冷才把成熟的利未人的律法制度展示给了世界。这份体现了如此多的劳动和思想成果的文献是祭司法典，它构成了《五经》的框架。犹太教的时代随之开始，以色列人完成了从一个民族向基督教徒的转化。这部为大厦奠定压顶石的祭司法典，就是考证家们在《五经》中辨别出来的第三个和最后一个文本。《旧约》的现代考证学的基本学说认为，这个文本产生的时期较晚。

---

① 迦巴鲁河（the River Chebar），在巴比伦（南伊拉克）的幼发拉底河分流出来的一条运河，以西结在这条河边上见到了上帝的异象。——译注

② 以斯拉（Ezra），公元前 5 世纪的以色列祭司、先知和宗教改革者。——译注

# 第二章　不可用山羊羔母的奶煮山羊羔

在耶和华给古以色列人提出的严肃戒律中，当某位现代读者发现了"你不可用山羊羔母的奶煮山羊羔"①这一条时，自然被吓了一跳。经过仔细研究记载这条戒律的三个段落中的一段，他的惊奇非但没有减少，反而大大增强了，因为这段话的语境似乎表明，正如自歌德以来的一些著名考证家已经指出的那样，"不可用山羊羔母的奶煮山羊羔"这条训诫实际上是最初的十诫之一。这段话出现在《出埃及记》第34章里。在这一章中，我们读到的文字讲述了耶和华第二次向摩西显示十诫的意图，此前，出于对以色列人崇拜偶像的愤怒，他打碎了写着第一版十诫的那些石版。因此，这一章里明确表示要让我们看到的是第二版的十诫。从十诫条目前后的那些诗句来看，这一点无可置疑。例如，这一章开头说："耶和华吩咐摩西说，你要凿出两块石版，和先前你摔碎的那一版一样，其上的字我要写在这版上。"接着是有关耶和华与摩西在西乃山上的会晤和第二次启示十诫的叙述。在这一段的结尾，我们读到："耶和华吩咐摩西说，你要将这些话写上，因为我是按这话与你和以色列人立约。摩西在耶和华那里四十昼夜，也不吃饭，也不喝水。耶和华②将这约的话，就是十条诫，写在两块版上。"因此，毫无疑问，这一章的作者认为其中给出的戒律就是十诫。

但这里出现了一个难点，因为本章记载的戒律与我们在《出埃及记》第20章和《申命记》第5章中读到的更熟悉的十诫异文所包含的戒律，只有部分吻合。而且，在我们正讨论的这个公开声称是第二版的十诫中，这些戒律并没有以第一版特有的简洁和精确表达出来，所以很难对它们加以准确的界定。《约书》里出现的一种重复的异文，没有减少反而增加了使这些戒律脱离语境的难度，如我们所见，《约书》普遍被现代考证家认为是《五经》中最古老的法典。《约书》里出现的那种重复异文，虽然增加了使这些戒律脱离其语境的难度，但与此同

---

① 这条戒律出现过三次，分别见《出埃及记》第23章第19节、第34章第26节，《申命记》第14章第21节。——译注

② 采用《圣经》和合本译文，原文是"he"，似可指摩西。——译注

时，它也进一步表明，含有"你不可用山羊羔母的奶煮山羊羔"这条戒律的那个版的十诫，的确年代古远。

对这个古代版的十诫的大部分，考证家们都没有异议，他们的分歧仅限于确定其中的一两个条例以及其他一些条例的顺序。下面是布德（K. Budde）教授在《希伯来古代文学史》中列出的十诫。它根据的是《出埃及记》第34章中的那一版十诫，但有一条戒律，选择了《约书》中的类似异文：

1. 你不可敬拜别的神。

2. 你不可为自己铸造神像。

3. 凡头生的都是我的。

4. 你六日要作工，第七日要安息。

5. 谷物正在抽穗的那个月你要守除酵节。

6. 在收割初熟的麦子的时候，要守七七节①，又在年底，要守收藏节。

7. 你不可将我祭物的血，和有酵的饼，一同献上。

8. 我节上的脂油，又不可过一整夜留到早晨。

9. 地里首先初熟之物，要送到耶和华你神的殿。

10. 你不可用山羊羔母的奶煮山羊羔。

韦尔豪森（Wellhausen）列举的戒律与此相似，只是他略去了"你六日要作工，第七日要安息"，而代之以"你在年底，要守收藏节"作为一个单独的条例，而非另一条戒律的一部分。②

与布德和韦尔豪森的列举基本一致的是肯尼特（R. H. Kennett）教授采用的十诫目录，但他与布德的不同在于把收藏节那一条当做单独的一条戒律，他与韦尔豪森的不同在于保留了七日安息那一条，他与他们两人的不同在于略去了不可铸造神像那一条训诫。他对十诫的重构，与他们一样，主要依据《出埃及记》第34章中的那一版，与那一版不同的地方用斜体字标出。他的条目如下：

1. *我是耶和华你神，*你不可敬拜别的神（见第14节）。

2. *你要守除酵节吃无酵饼七天*（见第18节）。

3. 一切打开子宫的都是我的；一切牲畜头生的，无论是牛是羊，*公的都是我的*（见第19节）。

4. *你要守我的安息日；*你六日要作工，第七日要安息（见第21节）。

---

① 七七节是古代以色列民族的节期，从开镰收割庄稼时算起，共计四十九天。——译注

② 参见韦尔豪森（J. Wellhausen）：《〈旧约〉史书和前六书的构成》（*Die Composition des Hexateuchs und der historischen Bücher des Alten Testaments*），第331页以下。——译注

5. 在收割初熟麦子的时候，要纪念七七节（见第22节）。

6. 你在年底，要纪念收藏节（见第22节）。

7. 你不可在有酵的饼上献祭（字面意思：杀戮）我祭物的血（见第25节）。

8. 我节上的脂油，又不可过一整夜留到早晨。（见《出埃及记》第23章第18节，《出埃及记》第34章第25b节把这条律法限定在逾越节）。

9. 地里首先初熟之物，要送到耶和华你神的殿（见第26节）。

10. 你不可用山羊羔母的奶煮山羊羔（见第26节）。

无论我们采用十诫的哪一种重构，它与我们熟悉的那种版本的十诫，都有十分明显的差异。这里，道德完全付诸阙如。这些戒律无一例外都纯粹指的是仪式方面的事情。它们在严格意义上是宗教性质的，因为它们以一丝不苟甚至吹毛求疵的精确性界定了人与耶和华的关系，然而，对人与人之间的关系，却只字未提。在这些戒律中，耶和华对人的态度就像封建领主对其封臣的态度一样。他约定，他们要尽其所能地给他进贡，但他们彼此做什么，只要不影响采邑税的支付，显然并非他关心的事情。另一个版本的十诫中包含的六条总结性的戒律却是如此的不同："孝敬你父母。不可杀人。不可奸淫。不可偷盗。不可作假证陷害你的邻人。不可贪恋邻人的房屋，不可贪恋邻人的妻子，他的男仆，女婢，他的牛、驴和邻居的任何东西。"

如果我们问这些不尽相同的十诫版本哪个更早，答案不能含糊。我们的答案恰恰与通常的一切类推相反。人们通常认为，最初构成古代法典的道德训诫，后来被删掉了，代之以仅仅涉及仪式的条款。例如，"不可偷盗"这条训诫后来从这部法典中删去，代之以"逾越节的祭物，又不可过一整夜留到早晨"这条训诫，或者"不可杀人"这条训诫被"你不可用山羊羔母的奶煮山羊羔"这条训诫取代了，这种说法可信吗？其实，这种假设根本不符合人类历史的整个进程。所有的可能性都支持这样一个观点，即道德版的十诫（如果我们从其主导成分来看可以这样说的话）要晚于仪式版，因为文明的整体倾向已经是、仍然是而且我们希望将来也总是坚持道德优于仪式。正是这种坚持才首先给希伯来诸先知的教义后来又给基督本人的教义赋予了力量。我们推测，从仪式十诫向道德十诫的转变，是在先知的影响下完成的，这大概不会有大错。

然而，即使我们可以（像我认为的那样）有把握地认为仪式版的十诫在两者中更早，我们仍然要问，为什么"你不可用山羊羔母的奶煮山羊羔"这条训诫被认为如此重要，以至于会在希伯来人的原始法典中占有一席之地，而在我们看来极其重要的一些训诫如杀人、盗窃和奸淫的禁令却被排除出去了呢？这条训诫后来成为考证家们的一块巨大的绊脚石，而且对它的解释方式也各不相同。有人说，在仪式立法的整个文本中，几乎没有哪一条能比"用山羊羔母的奶煮山羊羔"这条禁令更频繁地让耶和华谆谆教诲或更严重地被人们误解的了。神灵或者总之是立法者如此煞费苦心地铭刻在人们心中的一条戒律，一定非常值得我们做仔细的研究。如果说迄今的诠释者们未能确定其真实的含义，他们的失败就在于他们探讨这个问题的立场，或者在于他们的资料不完备，而不在于这个问题的内在难度。例如，在古代和现代都颇受青睐的一种假设，即这条训诫是有教养的人性的一个实例，这种说法与该训诫出现于其中的那部法典的整体意思相抵牾。就原始十诫的其余部分来看，一个不关心人类情感的立法者，不可能对山羊母亲的情感给予过多的关注。更合理的解释是，这条禁令针对的是这位立法者谴责并且想压制的某些巫术仪式或偶像崇拜仪式。从迈蒙尼德斯到罗伯逊·史密斯这样一些著名学者都认为，这是最可信的一种理论，[①]只是缺乏确切的证据。因为人们很少或者根本不重视中世纪的一位匿名作者即犹太教卡拉派成员提出的一种未经证实的叙述，他说："古代异教徒中有一种习俗，当他们收完所有庄稼时，就要用山羊羔母的奶煮山羊羔，然后作为一个巫术仪式，把羊奶洒在树上、田里、花园里和果园里，他们相信这样能在来年获得更大的丰收。"[②]就这一解释认为该禁令的基础是一种迷信而言，它可能是对的。因此，值得探究的是，这些相似的禁令以及有关它们的理由能否在现代未开化的游牧部落中找到，因为从表面来看，遵循这一惯例的，可能是依靠畜群为生的民族，而不是以田里和果园里的出产为生的民族。

在现在非洲的游牧部落中，似乎对煮他们的牛奶有一种广泛流行又根深蒂固的反感，这种反感基于一种信仰，即母牛的奶被煮之后，它就不产奶了，而且这头牲畜甚至会因此而死去。例如，母牛的奶和油是塞拉利昂穆斯林土著的主食，但"他们从来不煮牛奶，因为担心会让母牛的奶水枯竭，他们也不会把牛奶卖给任何要煮奶的人。布隆人（the Bulloms）对甜橙也有类似的偏见，也不会

---

① 参见迈蒙尼德斯（Maimonides）：《难题指南》（*Guide of the Perplexed*），第 3 卷，第 48 页；史密斯（W. R. Smith）：《闪米特人的宗教》（*The Religion of the Semites*），1927 年，注释 221。——译注
② 约翰·斯宾塞（John Spencer）：《论希伯来人的仪式法》（*De legibus Hebraeorum ritualibus*），1686 年，第 271 页。——译注

把它们卖给把甜橙皮扔进火里的人，'以免引起未成熟的果子掉下来'"①。所以，在这些民族看来，反对煮奶似乎根据的是交感巫术的原理。甚至在奶已经从母牛身上挤出来之后，人们认为它仍与这头牲畜有这种致命的联系，对牛奶的任何伤害，这头母牛都能感应到。于是，在锅里煮牛奶，就像煮了母牛乳房里的奶一样，煮干了这种液体的源头。摩洛哥穆斯林的信仰证实了这种解释，尽管对他们来说，煮牛奶的禁令仅限于牛犊出生后的一段时间。他们认为，"如果牛奶在火上煮了以后，母牛的乳房就会得病，或者就不产奶了，或者它的奶就没奶油了；如果初乳碰巧落在火上，这头母牛或牛犊可能会死去。艾特瓦亚格人（the Ait Wäryâgäl）认为，牛犊生下之后的第三天到第四十天，初乳一定不能煮，否则，牛犊就会死去，或者母牛的奶中只会有一点点奶油"②。在这里，煮牛奶的禁令不是绝对的，而是限定在牛犊出生后的一段时间内，人们认为，在此期间，母牛与牛犊以及它的奶的交感关系比以后更密切。因此，对这一惯例的遵守很重要，它证实而不是否定了我们对这一禁令的解释。关于牛奶落到火上会影响母牛的迷信，也进一步证实了我们的解释，这样一个事件如果发生在平时，人们相信母牛或者它的奶会受到损害，如果发生在母牛刚生下牛犊之后，这时厚厚的凝乳状的奶有一个特殊的英语名称 biestings（初乳），那么，人们认为这头母牛或牛犊就必死无疑。显然，这种观念表现在，如果在这样一个重要的时刻，初乳掉进了火里，那就无异于这头母牛或牛犊掉到火里被烧死。人们认为，母牛及其牛犊和牛奶之间的交感联系就是如此紧密。这种思路可以得到西里伯斯岛中部的托拉查人的一种类似迷信的证实。这些民族大量喝棕榈酒，这种酒的沉淀物是烘烤面包时绝好的酵母，但有些托拉查人却拒绝为此把这种酒酵卖给欧洲人，因为他们担心，如果这种酵母在烘烤过程中接触了火的热量，产酒的那棵棕榈树很快就会不再产酒，并且会干枯。③不愿让棕榈酒的酵母受热以免产这种酒的棕榈树会因此而干枯，与非洲部落不愿让牛奶受热以免产奶的母牛会没奶或真的死掉，二者的确非常相似。同样非常相似的是布隆人不愿把甜橙皮扔进火里，以免产甜橙的那棵树受到热量的烘烤，它的果子就会掉下来。

<hr>

① 温特鲍特姆（T. Winterbottom）：《记塞拉利昂周围的非洲土著》（*An Account of the Native Africans in the Neighborhood of Sierra Leone*），1803 年，第 69—70 页。——译注

② 韦斯特马克（E. Westermarck）：《摩尔人的神圣观》（*The Moorish Conception of Holiness*），1916 年，第 144—145 页。——译注

③ 参见阿德里亚尼（N. Adriani）和克鲁伊特（A. C. Kruijt）：《西里伯斯岛中部说巴雷埃语的托拉查人》（*De Bare's-sprejende Toradja's van Midden-Celebes*），第 2 卷，1912—1914 年，第 209 页。——译注

由于害怕殃及母牛，中非和东非的游牧部落也反对煮牛奶。当斯皮克和格兰特在进行从桑给巴尔到尼罗河源头的难忘旅程时，曾穿越了位于维多利亚湖南端的乌昆尼地区。这个国家的国王住在楠达村，而且"拥有三百头奶牛，但每天买奶都很困难，为了保存，我们不得不煮奶，因为担心第二天就没奶了。当地人反对这种做法，他们说：'你们这样做，母牛就不产奶了。'"①同样，斯皮克告诉我们，他曾为一些瓦胡马（巴希马）妇女治好了结膜炎，这些妇女给了他一些牛奶，他补充说："可是，除非偷偷地进行，我根本不能煮这些奶，否则，她们就会停止赠送，理由是这样加工是一种妖术或魔法，他们的牲畜会因此而得病，并且断奶。"②东非的马赛人现在或过去都是以畜群为生的纯粹游牧部落，在他们看来，煮牛奶"是十恶不赦的犯罪行为，而且会被当做屠杀商队的一个充分理由。因为他们相信，那头牛将不再产奶了"③。同样，中非的巴干达人相信，煮牛奶会引起母牛断奶，他们谁也不许煮奶，只有一种情况例外，这就是"当生过牛犊的母牛第一次挤出奶时，这些奶归于牧童，并由他把奶带到牧场的某个地方，在那里，按照习俗，他让自己的牧牛伙伴看这头母牛和牛犊。然后，他慢慢地煮牛奶，直到它们变成一个饼，他和同伴们就一起分享这块奶饼"④。中非的一个游牧部落巴希马人（the Bahima）或巴尼扬科勒人（Banyankole），遵循相似的惯例和例外。"牛奶一定不能煮着吃，因为煮沸就会危及畜群的健康并可能让某些母牛死去。牛犊的脐带掉了之后，为了仪式之用，可以煮牛奶，这种神圣的牛奶就变成普通牛奶了。任何刚生了牛犊的母牛产出的奶，都要禁忌几天，直到牛犊的脐带掉下来为止。在此期间，家里只有某个成员可以喝牛奶，但他必须小心，不要接触其他任何母牛的奶。"⑤所以，在非洲东南部的一个班图部落通加人（the Thonga）中，"母牛生下牛犊的第一个星期产下的奶，是禁忌。它一定不能与其他母牛的奶混在一起，因为牛犊的脐带还没脱落。但它可以煮来给小孩喝，因为他们不算数！此后，从不煮牛奶：并不是因为有什么可怕的禁忌，而是因为不符合习惯。对这些牛奶禁忌，当地人没给出任何清晰的

① 格兰特（J. A. Grant）：《走过非洲》（*A Walk across Africa*），1864 年，第 89 页。——译注

② 参见斯皮克（J. H. Speke）：《尼罗河之源发现日记》（*Journal of the Discovery of the Sources of the Nile*），1912 年，第 138 页。——译注

③ 汤姆森（J. Thomson）：《穿越马赛之地》（*Through Masai Land*），1885 年，第 445 页；赖夏德（P. Reichard）：《德属东非》（*Deutsch-Ostafrika*），1892 年，第 287 页以下。——译注

④ 罗斯科（J. Roscoe）：《巴干达人》（*The Baganda*），1911 年，第 418 页。——译注

⑤ 罗斯科（J. Roscoe）：《北部班图人》（*The Northern Bantu*），1915 年，第 137 页。——译注

理由"①。也许，通加人已经忘却了对牛奶的用法作这些惯例式限制的最初理由。因为该部落的领地位于并靠近葡萄牙边境的德拉瓜湾，所以，数世纪以来，他们一直与欧洲人保持接触，自然比中非的那些部落少一些原始状态，后者直到大约19世纪中叶仍生活在与欧洲的所有影响绝对隔绝的状态中。因此，根据与这些在长期隔绝中保留原始观念和习俗而很少变化的游牧民族的类比，我们可以有把握地得出结论说，在通加人看来，拒绝煮牛奶的最初动机，是担心以交感的方式伤害产奶的母牛。

回到中非的巴希马人中，他们甚至说"如果欧洲人把牛奶倒进茶里，就会杀了那头产奶的母牛"②。在这个部落中，"竟流行着母牛知道它们的奶被如何处置了的奇怪想法，我们经常从某个牧牛人那里听说这样的寓言，即某头母牛拒绝产奶，'因为你们煮了牛奶'"。最后这句话可能有点误解了当地人对这个问题的看法。根据类比来判断，人们认为奶断流了，不是因为母牛不想产奶，而是因为它无法产奶，它的乳房被煮它的奶的热量烤干了。在中非的另一个游牧部落巴尼奥罗人（the Banyoro）中，有一种惯例是"牛奶既不能煮也不能用火来加热，因为这种伤害可能会殃及畜群"。大概出于同样的理由，该地区南部的加拉人（the Gallas）③、英属东非的南迪人（the Nandi）④以及东非最近归属于德国的三个部落瓦戈戈人（the Wagogo）、瓦梅吉人（the Wamegi）和瓦洪巴人（the Wahumba）⑤，都遵循同样的禁令。在英国和埃及共有的苏丹的那些部落中，"多数哈登多亚人（the Hadendoa）不煮牛奶，在这方面，阿尔特加人（the Artega）和阿什拉夫人（the Ashraf）与他们相似"。

有报道说，今日欧洲更落后的一些民族，也有相信母牛与所产的奶之间存在交感关系的类似遗迹。爱沙尼亚人（the Esthonians）在煮母牛生下牛犊后的初乳时，锅底要先放一枚银环和一只小垫盘，再倒入牛奶。这样做是"为了母牛的乳房仍保持健康，奶也不会坏掉"。此外，爱沙尼亚人相信，"如果奶在煮的时

---

① 朱诺德（H. A. Junod）：《南非一个部落的生活》（*The Life of a South African Tribe*），第2卷，1913年，第51页。——译注

② 参见梅尔登（J. A. Meldon）的文章，见《非洲学会杂志》（*Journal of the African Society*），第22期，1907年，第142页。——译注

③ 参见塞利格曼（C. G. Seligmann）：《英属埃及苏丹含米特语问题的某些方面》（*Some Aspects of the Hamitic Problem in the Anglo-Egyptian Sudan*），见《皇家人类学研究所杂志》（*JRAI*），第43卷，1913年，第665页。——译注

④ 参见霍利斯（A. C. Hollis）：《南迪人》（*The Nandi*），1909年，第24页。——译注

⑤ 根据罗斯科私下告知弗雷泽，罗斯科与这三个部落有私人接触。——译注

候溢出来掉进火里，这头母牛的乳房就会生病"[1]。保加利亚农民有类似的认识，"如果牛奶在煮的时候溢出来掉进火里，母牛的奶源就会减少，甚至可能完全没了"[2]。在后面这些例子中，虽然对煮牛奶似乎没有多少顾忌，但仍然强烈反对在煮的过程中把它掉进火里，因为人们认为，通过伤及乳房或者阻塞奶流，煮奶会殃及产奶的母牛。我们已经看到，摩洛哥的摩尔人（the Moors）恰好也有类似的观念，即在锅里煮牛奶并溢到火里，会产生有害的结果。我们不必认为，这种迷信从摩洛哥经过保加利亚传到了爱沙尼亚，或者以相反的方向从爱沙尼亚经过保加利亚传到了摩洛哥。在所有这三个地区，这种信仰大概独自起源于所有人类心理共同具有的那些基本的思维联想规律，这些规律构成了交感巫术的基础。类似的思路可以解释爱斯基摩人的一种惯例，即捕鲑鱼时不能在屋里烧开水，因为"对捕鱼有害"[3]。虽然没人告诉我们，但我们可以猜测，人们认为此时在屋里烧开水会以交感的方式伤害或吓着海里的鲑鱼，所以会毁了这次抓捕行动。

"你不可用山羊羔母的奶煮山羊羔"这条古老的希伯来训诫，也说出了对损害主要生活资源的类似忧虑。根据这种理论，就会觉得要反对在任何奶里浸煮山羊羔，因为这个过程会伤害产奶的母山羊，无论它是不是这只羊羔的母亲。母山羊的奶之所以被特别提及，大概是因为这头母山羊的奶比任何其他母羊的奶更方便用于这种情况，或者因为人们认为在这种情况下对这头母山羊的伤害比对其他任何母羊的伤害都大。既然有两条交感纽带把这头母山羊与煮锅连接在一起，因为羊羔和奶都是从它的肚子里产出的，那么，它断奶或立刻被热量和沸腾杀死的可能性，大概是其他任何母羊的两倍。

但有人会问："如果只是反对煮牛奶，为什么在这条训诫中会提到山羊羔呢？"巴干达人的实践（如果不是理论的话）似乎提供了答案。这些民族都承认，奶里煮肉是一大美味，那些更多地想着自己享受而非畜群的安危的淘气男孩和不守规矩的人，就会满足于他们罪恶的贪欲，一旦他们能偷偷摸摸地这么干，根本就不

---

① 维德曼（F. J. Wiedemann）：《爱沙尼亚人的内在生活与外在生活》（Aus dem inneren und äusseren Leben der Ehsten），1876 年，第 480 页。——译注

② 参见多尔（W. H. Dall）的文章，见《美国自然主义者》（The American Naturalist），第 12 卷，1878 年，第 4 页。——译注

③ 参见塞利格曼（C. G. Seligmann）：《英属埃及苏丹含米特语问题的某些方面》（Some Aspects of the Hamitic Problem in the Anglo-Egyptian Sudan），见《皇家人类学研究所杂志》（JRAI），第 43 卷，1913 年，第 655 页。——译注

管他们非法的享宴给可怜的牛羊造成的危害。因此，希伯来人的这条训诫"你不可用山羊羔母的奶煮山羊羔"，大概针对的就是这种恶棍，他们的偷食被公众意见看做是对该共同体的主食的致命一击。因此，我们能够理解，在原始的游牧民族看来，煮牛奶为什么看起来是比抢劫和杀人更严重的罪行。因为抢劫和杀人危害的只是个人，而煮牛奶就像往井里投毒，切断了主要的营养源，从而危及整个部落的生存。大概正因如此，我们在第一版希伯来十诫中看到的训诫是"你不可煮奶"，而不是"你不可偷盗"、"你不可杀人"等等。

动物与其产的奶之间有交感联系，这种观念似乎也可以解释游牧民族的其他一些惯例，因为还没人对其中的一些惯例提出充分的解说。例如，奶是非洲西南部的达马拉人（the Damaras）或赫雷罗人（the Herero）的主食，但他们从不清洗饮奶或吃奶的容器，因为他们坚信，一旦洗了这些容器，母牛就会停止产奶。他们的想法显然是，洗掉锅里的奶垢，就会洗掉母牛乳房中少量的奶。马赛人有一种惯例，即"牛奶必须挤进专门用来接奶的葫芦里，里面不能沾水——用草木灰来保持清洁"。

正如游牧的赫雷罗人由于关心他们的母牛而不用水洗奶容器一样，游牧的巴希马人也出于类似的原因不洗澡。"男人和女人都不洗澡，因为人们认为这对他们的牲畜有害。因此，他们用干洗的办法来清洁皮肤，把黄油和一种红土而不是水抹在身上，在皮肤晾干之后，他们把黄油擦入肌肤。"男人让自己的身上沾水，"据说会伤害他的牲畜和家人"。

此外，有些游牧部落相信，不仅用来清洗奶容器的物质的性质，而且制作这些容器的材料，都会以交感的方式影响他们的牲畜。巴希马人"不用铁容器装奶，只用木碗、葫芦容器或陶锅。他们相信，使用其他种类的容器，对牲畜有害，而且可能让母牛生病"。巴尼奥罗人的奶容器几乎都用木头或葫芦做成，虽然在牛栏里也可以发现一些盛奶的陶壶。"不能用金属容器，游牧民族不许用这种容器倒牛奶，以免母牛会遭殃。"同样，巴干达人的"绝大多数奶容器都是陶制的，只有一小部分是木制的。人们反对用锡或铁的容器，因为它们会对母牛造成伤害"。南迪人"所有的奶容器都是葫芦容器或葫芦。如果用了其他任何一种容器，人们相信就会危及牲畜"。阿基库尤人（the Akikuyu）常常认为"如果不把动物的奶挤在他们常用的半个葫芦里，而是挤在其他任何容器里，也就是放在欧洲人的白搪瓷碗里，就可能使奶坏掉"。

母牛和产的奶处于直接的物理交感之中，即使它已经与奶分开了，依然如此。有些游牧民族把这种理论实行到了这样的程度，以至于他们禁止奶接触肉或蔬菜，因为他们相信，这样的接触会伤害产奶的母牛。例如，马赛人想方设法不让奶接触肉，因为他们普遍认为，这样的接触会让那头奶牛的乳房生病，它就不再产奶了。所以，很难说服他们卖奶，即便被说服，他们也只是极不情愿地卖他们的牛奶，害怕买奶人让奶接触肉，让他们的母牛生病。出于同样的原因，他们也不会用煮过肉的锅来盛牛奶，装过牛奶的容器，也不会再用来放肉，这样，他们就有了两套不同的锅，分开使用。[①]巴希马人的信仰和习俗与此相似。有一次，在他们的地区宿营的一位德国军官想用自己做饭的锅换他们的奶锅，他们不干，并且声称，如果把牛奶倒进煮过肉的锅里，产奶的母牛就会死去。[②]

但牛奶和肉并非只在锅里不能相互接触，在人的胃里，它们也不能碰在一起，因为在胃里的接触会污染奶，同样会危及产奶的母牛。所以，以牛奶和牛肉为生的游牧部落都小心翼翼地避免同时吃牛肉和喝牛奶。他们在一顿牛肉餐和一顿牛奶餐之间留有很长的时间间隔，有时，他们甚至用催吐或通便的办法，在接受另一种食物之前，先把胃里的这种食物整个清理出来。例如，"马赛人的食物只有肉和奶，战士喝母牛的奶，妇女喝山羊的奶。同时享用奶（从来都不允许煮）和肉，被认为是大错特错，因此，马赛人十天里只喝奶，然后十天里只吃肉。对这两种东西一起享用的厌恶到了如此地步，以至在从一种食物变换为另一种之前，马赛人要采取催吐的办法"[③]。这些进食惯例尤其是马赛战士义不容辞的责任，他们的做法是，在十二天或十五天里只喝奶和蜜，然后在另外的十二天或十五天里只吃肉和蜜，在从一种饮食向另一种过渡时，他们要将血和奶混合着喝下去，据说这会让人上吐下泻，能使他们胃里不再有前一种食物的一点残渣。他们就是如此处心积虑地不让奶和肉或血接触。有人明确告诉我们，他们这么做，并非顾及他们自己的健康，而是出于对他们的牲畜的关心，因为他们相信，如果他们忘了遵守这条忠告，母牛就差不多不再产奶了。如果某

---

① 参见默克（M. Merker）：《马赛人》（*Die Masai*），1904 年，第 33 页；魏斯（M. Weiss）：《北德属东非的民族部落》（*Die Völker-Stämme in Norden Deutsch-Ostafrikas*），1910 年，第 380 页；赖夏德（P. Reichard）：《德属东非》（*Deutsch-Ostafrica*），1892 年，第 288 页。——译注

② 参见魏斯（M. Weiss）：《北德属东非的民族部落》（*Die Völker-Stämme in Norden Deutsch-Ostafrikas*），1910 年，第 46 页；参见魏斯的文章，见《球》（*Globus*），第 91 卷，1907 年，第 157 页。——译注

③ 参见《费希尔博士的马赛地区之旅》（*Dr. Fischer's Journey in the Masai Country*），见《皇家地理学会学报》（*Proc. Royal Geographical Society*），新月刊系列，第 6 卷，1884 年，第 80 页。——译注

个马赛人违背这个习俗，禁不住在同一天里吃牛肉并喝牛奶，他就会在转换到另一餐之前用一根草呵痒喉咙，让自己呕吐，并以此来遏止这一举动的不良后果。①东非的瓦桑巴人（the Washamba）同样从来不在同一餐里喝奶并吃肉，他们相信，如果这样做了，无疑会让产奶的母牛死去。所以，他们当中的许多人都不愿把他们的母牛产的奶卖给欧洲人，因为担心不谙此事或粗心大意的购买者会在他的胃里把奶和肉混在一起，使他们的动物一命呜呼。②巴希马人是游牧民族，主要以牛奶为生，酋长和富人们在喝奶时又加上肉。但是，"牛肉或其他肉只在晚上吃，然后喝啤酒。他们不把任何蔬菜与牛肉一起吃，而且几个小时内不能喝奶：通常在吃了牛肉之后要隔上一夜，而且在喝奶之前要再喝啤酒。他们坚信，如果奶和肉或蔬菜在胃里搅和在一起，母牛就会生病"③。所以，游牧的巴尼奥罗人在吃了肉喝了啤酒之后，也在大约十二小时之内不能喝奶，他们说，这样的一个戒期是必须的，因为"不加区分地吃食物，会让牲畜得病"④。英属东非的南迪人认为，"肉和奶不能一起吃。如果喝了奶，在二十四小时内不能吃肉。汤里煮的肉要先吃，然后再吃烤肉。吃了肉以后，十二小时内不能喝奶，然后，只有在吞下盐和水之后，才能喝奶。如果手头没有从动物爱舔食的盐碱地弄到的盐，也可用喝血来代替。这个惯例的例外情况是幼童、刚刚行了割礼的男孩和女孩、临产前的妇女和得了重病的人，这些人可以同时吃肉和喝奶，而且被称为 pitorik。如果其他任何人打破了这个惯例,他就会挨一顿狠狠的鞭打"⑤。英属东非的游牧民族苏克人（the Suk），禁止同一天享用奶和肉。⑥尽管报告苏克人和南迪人有这个惯例的那些作者没有说明这种禁令的任何理由，然而，根据上述部落的类似情况，我们可以认为，苏克人和南迪人禁止同时享用肉和奶的动机，很可能也是担心这两种东西在人胃里的接触会让母牛丧命，至少会对它

---

① 参见赖夏德（P. Reichard）：《德属东非》（*Deutsch-Ostafrica*），1892 年，第 287 页以下；魏斯（M. Weiss）：《北德属东非的民族部落》（*Die Völker-Stämme in Norden Deutsch-Ostafrikas*），1910 年，第 380 页。——译注

② 参见克拉塞克（A. Krasek）的文章，见《巴塞尔档案》（*Baesler Archiv*），第 3 卷，1913 年，第 102 页。——译注

③ 罗斯科（Roscoe）：《北部班图人》（*The Northern Bantu*），第 108 页。——译注

④ 参见罗斯科（Roscoe）：《北部班图人》（*The Northern Bantu*），第 64 页，第 67 页，第 71 页。——译注

⑤ 霍利斯（A. C. Hollis）：《南迪人》（*The Nandi*），1909 年，第 24 页。——译注

⑥ 参见比奇（M. W. H. Beech）：《苏克人及其语言和民俗》（*The Suk, Their Language and Folklore*），1911 年，第 9 页。——译注

有害。

犹太人至今仍遵守肉与奶分开食用的类似惯例，虽然不太严格。吃了肉或喝了肉汤的犹太人，在此后的一小时内，不能尝奶酪或任何奶制品，极其严格地遵守惯例的人，把这个禁食期延长到六小时。而且，肉和奶被小心翼翼地分开存放，它们有不同的容器，每个容器都有特殊的记号，用来装奶的容器，不能用来盛肉。他们还有两套刀具，一套用来切肉，另一套用来切奶酪和鱼。此外，肉与奶不能在烤炉里一起烤，也不能同时放在桌子上，甚至放它们的桌布都应该不一样。如果某个家庭穷得没有两块桌布，那么，在吃了肉以后，他们至少要洗一洗唯一的这块桌布，再把奶放上去。[①]这些惯例，已经被拉比著作的微言大义渲染出各种微妙的差别，它们似乎从"不可用山羊羔母的奶煮山羊羔"这条戒律衍生而来。根据本章收集的所有这些证据，我们几乎无法怀疑，这里讨论的这些惯例和这条训诫，确实都是犹太人得到的共同遗产的一部分，当时他们的祖先是以牛奶为生的游牧者，他们与现在非洲的这些游牧部落一样，担心奶源会减少。

不过，为了牲畜的利益，非洲游牧部落通过饮食惯例来避免的危险，不仅是肉玷污奶，还有蔬菜污染牛。因此，他们避免同时喝奶并吃蔬菜，因为他们相信，这两种东西在胃里的混合会对畜群造成一定的危害。在安科莱的巴希马人中，"该族的任何成员，只有在吃一顿蔬菜饭之后的数小时内禁食了牛奶，才能再吃各种蔬菜，如豌豆、蚕豆和白薯。如果有人饿得吃了蔬菜，他就必须在吃了以后禁食一段时间；如果他出于偏爱吃了大蕉，在他再次喝奶之前，必须禁食十或十二小时。人们相信，在菜食还在胃里的时候喝奶，会危及母牛的健康"[②]。安科莱的拜罗人（the Bairo）"吃了白薯和花生，就不能喝奶，因为这样会伤害牲畜"[③]。当斯皮克在他说的巴希马人或瓦胡马人（the Wahuma）的领地旅行时，他体验到了这种谨小慎微的不便之处，因为虽然牛很多，但人们"不能把奶卖给我们，因为我们吃家禽和一种被称为maharagŭé的蚕豆"。"自从进入卡拉圭（Karagŭé）以来，无论用爱心还是用钱，我们没有得到一滴奶，我想知道瓦胡马人不给的动机是什么。我们听说他们有一些迷信的畏惧，任何吃了猪、

---

① 参见布克斯托夫（J. Buxtorf）：《犹太教堂》（*Synagoga Judaica*），1661年，第594—596页。——译注

② 参见梅尔登（J. A. Meldon）的文章，见《非洲协会杂志》（*Journal of the African Society*），第22卷，1907年，第142页。——译注

③ 参见罗斯科（Roscoe）：《北部班图人》（*The Northern Bantu*），第70页以下。——译注

鱼、家禽的肉或被称为 maharagǔé 的蚕豆的人，如果再喝他们的母牛的奶，就会毁了他们的牲畜。"在斯皮克的追问下，当地首领回答说，这只是穷人的想法。因为现在他知道我们需要，就会特意留出自己的一头母牛为我们所用。在巴尼奥罗人中，"养牛并耕地的中产阶层，在饮食中最小心谨慎地尽量不同时吃蔬菜并喝牛奶。早晨喝了奶的人，直到晚上都不吃其他食物，晚上喝了奶的人，直到第二天也不吃任何蔬菜。白薯和蚕豆是他们最忌讳的蔬菜，吃了这些食物的每个人，在此后两天内都小心避免喝牛奶。作出这一告诫，是为了防止奶在胃里与肉或蔬菜接触。人们相信，不加区别地吃这些食物，会让牲畜生病"[1]。因此，在这个部落中，"任何陌生人来到牛棚都不会得到牛奶，因为他们认为，他先前大概已经吃了某种食物，如果他在喝奶之前不禁食，以清除他体内的蔬菜食物，就会危害他们的牲畜。他们的热情款待表现为给来访者一些其他食物，如牛肉和啤酒，在第二天早晨再为他准备一顿牛奶。如果牛棚里的牛奶不能满足人们的需要，他们就在晚上让其中的一些人吃蔬菜，并且禁食到第二天早晨。如果没有大蕉而人们只能吃白薯，那么在吃了白薯之后的两天内，必须禁喝牛奶，直到他们把身体清理干净，才可以重新喝奶"。事实上，在这个部落中，蔬菜食物完全禁止牧人吃，因为"据说他们吃了这样的食物会危及畜群的健康"。既然牧人一直与畜群接触，他们胃里五花八门的东西显然比一般人更容易危及动物的健康，因此，日常的审慎似乎规定了这条惯例，让他们完全断绝蔬菜食物。

在巴干达人中，"谁也不许在喝奶时吃蚕豆或甘蔗、喝啤酒或抽印度大麻。喝了奶的人在可能吃或喝被禁食物之前，要禁食数小时，在吃了这些食物之后的同样一段时间里，他也不能喝牛奶"[2]。在苏克人中，任何嚼了生粟的人，都要禁喝牛奶七天。毫无疑问，虽然没说出来，但这两个部落中的禁令的依据是，人们认为，混合饮食对他们的牲畜会产生有害影响。同样，马赛人如此关心其牲畜的安危，如此确信煮奶或喝奶的时候吃肉会使动物受害，以至他们的战士被严格禁止吃蔬菜。马赛人的士兵宁可饿死也不吃蔬菜；仅仅把蔬菜拿给他，就是最大的伤害；如果他心不在焉地尝了这种被禁食物，他就会见不得人，没有哪个女人会让他做丈夫。

---

① 罗斯科（Roscoe）：《巴干达人》（*The Baganda*），第 418 页。——译注

② 比奇（M. W. H. Beech）：《苏克人及其语言和民俗》（*The Suk, Their Language and Folklore*），1911 年，第 9 页。——译注

相信吃蔬菜会减少或中止奶源从而危及主要生活来源的游牧民族,当然不可能鼓励农业生产,所以,不足为奇的是,"在布尼奥罗地区,游牧民族避免耕地。据说,游牧民族中的某个男人的妻子耕田是有害的,而她这样做也会伤害牲畜"。在那个地区的游牧民族中,"除了搅奶锅和洗奶锅之外,女人什么都不干。手工活通常被认为是下贱的,而耕地肯定会伤害他们的牲畜"。巴干达男人在养牛的同时,还是勤劳的耕夫。在丈夫的母牛生下牛犊的头四天里,妻子也不能耕她的园地。尽管没人提到这种禁令的缘由,但根据前面的证据,我们可以推测,这种强行禁止农业劳动的原因是,担心妇女在这个时候从事这种工作会危及新生牛犊及其母亲的健康甚至生命。

另外,有些游牧部落禁吃野生动物,其公开或隐讳的根据是,如果他们吃了这些动物的肉,他们的牲畜就会因此而遭殃。例如,在英属东非的苏克人中,"过去肯定有过一种迷信认为,吃了某些被称为 kiptorainy 的森林猪的肉,就会让吃肉者的牲畜不产奶,不过,既然他们已经下到根本没有这种猪的平原上来了,这也就只是一个传说而已"。在同一个部落,人们相信,"如果某个富人吃了鱼,他的母牛就会断奶"。在南迪人中,"如果有可能得到其他食物,就不能吃某些动物,这些动物是水羚、斑马、大象、犀牛、塞内加尔麋羚、普通小羚羊和蓝羚羊。如果某个南迪人吃了其中任何一种动物的肉,他在此后至少四个月内不能喝奶,而且必须先吃用 segetet 树混合着血制成的一种强力泻药,把自己清洗干净"。迄今,只有南迪人的一个宗族基帕斯索人(the Kipasiso)可以不受这种限制,其成员在吃了这些肉之后的第二天,可以随便喝奶。在南迪人作出某些限制后允许吃的动物中,水羚被认为是一种不洁的动物,人们常常称之为 chemakimwa,意思是"不能谈论的动物"。在野生的禽类中,鸨鸹或赤鸡鹑和水羚一样不受他们待见,人们也吃它的肉,但吃肉的人在此后几个月内禁止喝奶。这些限制的理由没说出来,但据上文的证据,我们可以有把握地认为,规定在吃了某些野生动物或禽类后的几个月内禁奶,是担心他们的奶在食者的胃里接触这些动物,从而祸及母牛。东非的瓦塔图鲁人(the Watataru)遵循的一个惯例,即吃了某种羚羊(斯瓦希里语叫做 povu)肉的人在当天不能喝奶,也潜藏着同样的忧虑。

另外,值得思考的是,某些游牧部落对吃一般猎物的这种反感,与担心在消化过程中因为野生动物的肉污染了他们的奶而伤害了牲畜,是否出于同一种迷信的恐惧。例如,马赛人在其本土是纯粹的畜牧民族,完全靠他们牲畜的肉、血和奶为生,据说,他们鄙视各种猎物,包括鱼和禽兽。我们得知,"在以前人们都有牲畜的时候，马赛人不吃任何野生动物的肉，可是现在，那些没了牲畜的人，有些也开始吃野味"。由于他们不吃野味，只是捕猎那些捕食他们牲畜的凶猛食肉动物，所以，野生的食草动物群在马赛人的整个领地里长得格外温驯，经常可见羚羊、斑马和瞪羚在马赛人牛棚附近的家畜中悠闲地吃草，丝毫没有害怕的迹象。不过，马赛人一般既不捕猎也不吃野生动物，他们的这个惯例有两个例外，而且这些例外很有意思。有人告诉我们说，"大羚羊是马赛人捕猎的极少数猎物之一。它被追得筋疲力尽，然后被刺死。很奇怪，马赛人也吃它的肉，因为他们认为它是一种母牛"。马赛人捕猎并食用的另一种野生动物是野牛，他们非常看重它的皮和肉，但我们得知，"马赛人并不把野牛看做野味"，大概他们有更好的理由把野牛和大羚羊同样看做一种母牛。果真如此，那他们杀食野牛和大羚羊的理由就是同样的，即相信这些动物与牲畜并没有本质的不同，因此，饲养牲畜的人就可以合法地杀掉它们来吃肉了。这种实用的结论大概是合理的，尽管推出这种结论的动物学分类仍有某些缺陷。另一个主要以牛奶为生的游牧部落巴希马人，也根据对动物的类似分类采取类似的进食惯例，因为我们得知，"他们会吃某些种类的野生动物，尽管仅限于他们认为与母牛有关的那些野生动物，如野牛以及一两种羚羊、水羚和麋羚"。另一方面，"他们认为，山羊、绵羊、禽兽的肉和一切种类的鱼肉都是有害的，该部落的任何成员，都绝对禁食这些动物的肉"，这显然是因为，即使在最宽泛的意义上理解牛属动物，也不能把这些动物看做与母牛同属一类。因此，在几乎不许吃野生动物的情况下，游牧的巴希马人很少关心打猎，虽然一旦出现麻烦，他们也能捕到这些猎物，"其他猎物几乎完全留给了那些养狗并以此猎取食物的农耕民族"。巴尼奥罗人的游牧民族同样禁食绝大多数野生动物，所以，这些民族的成员很少打猎，除非需要攻击和捕杀捕食他们畜群的狮子和豹子，"因此，狩猎主要限于农业民族的成员，他们为了肉食而捕猎"。

在所有这些情况下，游牧部落厌恶吃野味大概都出于一种信仰，即一旦他们的奶在部落成员的胃里与野生动物的肉发生接触，母牛就会直接受到伤害，要遏止这种对牲畜造成的危险，办法只有一个，那就是完全禁绝野味，或者无论如何要在吃了野味与喝了奶之间留出足够的时间间隔，在接受一种食物之前，先把另一种食物完全从胃里清理出去。其中有些部落对一般的惯例有明显的例外，他们允许吃多少有些像牛的野生动物，这让我们想起与古希伯来人对洁净动物和不洁动物的区分①作一个比较。这种区分是否可能来自某个游牧民族的初级动物学呢，它把动物分成与他们家养的牛相似的动物和不相似的动物，并且根据这个基本的分类制定了一种重要的律法，即第一类动物可吃，第二类动物不能吃呢？有关洁净动物和不洁动物的实际的律法，就像在《五经》中阐明的那样，大概过于复杂，不会由这么简单而稀少的因素决定，但它的主导原则却奇妙地让我们想起了我们已经讨论过的某些非洲部落的习俗："可吃的牲畜就是牛、绵羊、山羊、鹿、羚羊、狍子、野山羊、麋鹿、黄羊、青羊。凡蹄子分成两瓣，又倒嚼的走兽，你们都可以吃"②。在这里，判断某种动物是否适合作为人类食物的标准，是它与家养反刍动物的动物学方面的相似性，而且由这个标准来判断，各种鹿和羚羊都被非常正确地纳入了可吃的动物之列，正像马赛人和巴希马人根据类似的依据把各种羚羊纳入他们的食谱一样。但是，希伯来人的饮食范围远比马赛人的开放，即使它可能源于一种纯粹的游牧状态，后来也可能不断被扩充，以满足农耕民族的需要和口味。

因此，我已尽力追溯了希伯来人和非洲人在煮牛奶、奶肉混吃的规则以及区分洁净与不洁、可吃与不可吃的动物等方面的习俗之间存在的相似关系。如果这些相似关系能够成立，它们就证明，希伯来人在这些问题上的习俗产生于游牧社会阶段，因此，它们就证实了以色列人本土的传说，即他们的祖先是牧人，赶着他们的畜群从一个牧场到另一个牧场。许多世代之后，他们的后代才从摩押绿草茵茵的高地成群地翻过约旦河的渡口，在巴勒斯坦肥沃的土地上过上农夫和普通园艺工的定居生活。

---

① 关于古希伯来人对饮食的洁净与不洁的划分，参见《利未记》第 11 章。——译注
② 见《申命记》第 14 章第 4—6 节。——译注

# 第三章　为死者割体剪发

在古代以色列，悼亡者习惯于割伤自己的身体，并剪掉自己的一些头发，使头上留下秃斑，以此表明他们对死去朋友的悲伤。在预言犹大王国即将出现的凄凉景象时，先知耶利米描述了人们会如何死去，如何没人埋葬他们或为他们履行通常的哀悼仪式。"连大带小，都必在这地死亡，不得葬埋。人必不为他们哀哭，不用刀划身，也不使头光秃。"[①]此外，我们在《耶利米书》中读到，在犹太人被尼布甲尼撒国王掳去当俘虏之后，"有八十人从示剑和示罗，并撒玛利亚来，胡须剃去，衣服撕裂，身体划破，手拿素祭和乳香，要奉到耶和华的殿"[②]。为了表明他们对降临在犹大和耶路撒冷的大灾难的悲伤，这些虔诚的朝觐者穿上了表示极度哀痛的衣服做了表示极度哀痛的标志。更早的先知也提到，这种虽然没有割体却把头剃秃的习俗，是宗教认可甚至责令的一种表达悲伤的常规标志。例如，我们见到的最早的先知著作出自阿摩司之手，他在以耶和华的名义宣告以色列人的毁灭时说："我必使你们的节期变为悲哀，歌曲变为哀歌。众人腰束麻布，头上光秃，使这场悲哀如丧独生子，至终如痛苦的日子一样。"[③]此外，在《以赛亚书》中，我们读到："当那日，主万军之耶和华叫人哭泣哀号，头上光秃，身披麻布。"[④]在预言突然降临在南部王国的灾难时，弥迦吩咐居民预先把自己剃得像悼亡者一样来预示他们的悲伤："要为你所喜爱的儿女剪除你的头发，使头光秃，要大大的光秃，如同秃鹰。因为他们都被掳去离开你。"[⑤]这里不是像英文版说的那样与鹰比较，而是与大秃鹫比较，它的脖子和头都是秃的，而且被绒毛覆盖着，任何鹰都没有这一特征。另外，在巴比伦人占领犹大王国，从而使这些预言逐一兑现之后，先知以西结在流放中仍写道："他们将用麻布束

---

① 见《耶利米书》第 16 章第 6 节。——译注
② 见《耶利米书》第 41 章第 5 节。——译注
③ 见《阿摩司书》第 8 章第 10 节。——译注
④ 见《以赛亚书》第 22 章第 12 节。——译注
⑤ 见《弥迦书》第 1 章第 16 节。——译注

腰，被战兢所盖；各人脸上羞愧，头上光秃。"①

看来，犹太人与他们的邻居非利士人和摩押人（the Moabites）都有一种类似的习俗，即在悼亡时割肉并剪掉部分头发。例如，耶利米说："迦萨成了光秃，平原中所剩的亚实基伦归于无有。你用刀划身，要到几时呢？"②另外，在谈到摩押的不幸时，这位先知宣布："各人头上光秃，胡须剪短，手有划伤，腰束麻布。在摩押的各房顶上和街市上，处处有人哀哭。"③以赛亚以相同的意思写道："摩押人因尼波和米底巴哀号，各人头上光秃，胡须剃净。他们在街市上都腰束麻布，在房顶上和宽阔处俱各哀号，眼泪汪汪。"④

但是，以色列人长期以来在悼亡时奉行不悖的礼仪，最终被看成野蛮的异教行为。在犹太君主制临近结束时和被巴比伦人俘虏期间或者之后形成的法典中，它们遭到了禁止。例如，在公元前621年即被占领前一代在耶路撒冷颁布的《申命记》法典中，我们读到："你们是耶和华你们神的儿女。不可为死人用刀划身，也不可将额上剃光，因为你归耶和华你神为圣洁的民，耶和华从地上的万民中，拣选你特作自己的子民。"⑤这里的禁令，依据的是以色列人作为耶和华的选民所拥有的独特宗教地位，该民族得到告诫，要戒除它毫无罪感地沉溺于其中而且迄今仍被一些异教民族遵行的某些放肆的悼亡形式，并以此使自己出类拔萃。就我们能够判断的而言，这种改革源于一种逐渐改良的情愫，这种情愫把这些放肆的悲伤形式斥为背离高雅趣味和人性的形式。不过，这位改革者仍给他的戒律披上了宗教的外衣，这不是出于对任何策略的审慎考虑，而只是因为，根据他那个时代的观念，他想到的对人类行为的终极制裁，只能是对上帝的敬畏。

创作于流放期间或之后的《利未记》的法典，重申了同样的禁令。"头的周围不可剃，胡须的周围也不可损坏。不可为死人用刀划身，也不可在身上刺花纹，我是耶和华。"⑥不过，这位立法者也感到，人们心中根深蒂固而且自以为清白的习俗，仅用笔墨，难以根除。因为在稍后，他好像对整个民族戒除这种古老的悼亡风尚并没抱多少希望，所以他又指出，至少祭司应绝对摈弃它："耶和华对摩西说，你告诉亚伦子孙作祭司的说，祭司不可为民中的死人沾染自己。除

---

① 见《以西结书》第7章第18节。——译注
② 见《耶利米书》第47章第5节。——译注
③ 见《耶利米书》第48章第37—38节。——译注
④ 见《以赛亚书》第15章第2—3节。——译注
⑤ 见《申命记》第14章第1—2节。——译注
⑥ 见《利未记》第19章第27—28节。——译注

非为他骨肉之亲……祭司既在民中为首，就不可从俗沾染自己。不可使头光秃，不可剃除胡须的周围，也不可用刀划身。要归神为圣，不可亵渎神的名。"[1]显然，这位立法者对他的匡正邪恶的办法能否完全奏效心存疑虑，而后来的结果证实了他的一切疑虑，因为在他的时代之后的许多世纪里，哲罗姆告诉我们，有些犹太人仍然划他们的胳膊并剪秃一部分头发，作为哀悼死者的象征。

在悼亡时剪或剃头发以及划身或残身的习俗，在人类中非常普遍。我现在想列举这两种习俗并探讨它们的意义。在这样做时，我将主要关注损伤、刺破或撕裂身体的习俗，并把它当做两者中更值得注意和更神秘的一种习俗。

在闪米特诸民族中，古代阿拉伯人和古代犹太人一样，实行这两种风俗。阿拉伯妇女在哀悼死者时撕裂上衣，用指甲抓自己的脸和乳房，用鞋击打并弄伤自己，还要剪掉头发。当巴努穆吉拉人（the Banu Mugira）的伟大战士哈利德·本·阿勒瓦利德死去时，他的部落中的妇女无不剪掉头发，放在他的墓穴上。[2]至今，摩押的阿拉伯人中仍流行类似的习俗。一旦有人死了，家里的妇女就把脸抓得流血，把长袍撕到腰部。[3]如果死者是丈夫、父亲或其他近亲，她们就剪掉长发，把它们撒在墓穴或绕在墓碑周围，或者在地上插上两根桩子，一根在墓穴前头，一根在后头，用一根细绳把它们连起来，然后把她们剪下的头发系在上面。

同样，在古希腊，在哀悼近亲和心爱的亲戚时，妇女会剪掉头发，用指甲抓脸颊，有时是脖子，直到出血。希腊男人也剪去头发，以示对死者的哀伤和尊敬。荷马告诉我们，希腊战士在特洛伊城前用剪下来的头发盖在普特洛克勒斯[4]的遗体上，阿喀琉斯也把一绺头发放在已故朋友的手中，他的父亲珀琉斯曾发誓，一旦他的儿子打完仗回到家里，就会把这绺头发献给斯佩尤斯河（Sperchius）。据说，俄瑞斯忒斯[5]在被谋害的父亲阿伽门农的墓上，也放了一绺头发。然而，

① 见《利未记》第21章第1—6节。——译注
② 参见韦尔豪森（J. Wellhausen）：《阿拉伯人的异教遗迹》（*Reste d. arab. Heidentums*），1897年，第181—182页；戈德齐赫尔（I. Goldziher）：《穆罕默德教研究》（*Muhamedanische Studien*），第1卷，1888—1890年，第248页；雅各布（G. Jacob）：《前伊斯兰教时期贝督因人的生活》（*Das Leben der vorislamischen Beduinen*），1897年，第139页以下。——译注
③ 参见梅里尔（S. Merill）：《约旦河之东》（*East of the Jordan*），1881年，第51页。——译注
④ 普特洛克勒斯（Patroclus），希腊战士，在特洛伊战争中被特洛伊王的长子赫克托耳所杀，后来他的朋友阿喀琉斯杀死赫克托耳，为他报了仇。——译注
⑤ 俄瑞斯忒斯（Orestes），特洛伊战争中希腊联军的统帅阿伽门农之子，其母与人私通并杀害其父，后来他杀死了自己的母亲及其情夫，为父亲报了仇。——译注

正如《申命记》在耶路撒冷的人道立法一样，梭伦①在雅典的人道立法也禁止在悼亡时抓破并刺伤身体的野蛮习俗。尽管法律并没有明令禁止那种为纪念死者剪发的习俗，但是，在文明进步的影响下，它在希腊大概也就销声匿迹了。至少，我们主要是通过一些诗人的著作，才知道了这两种痛失亲友的表达方式，而这些诗人描述的是远在他们之前的往昔英雄时代的生活和习俗。

我们从色诺芬②那里得知，古代亚述和亚美尼亚的妇女也常抓破腮帮子来表达悲伤。在万人大撤退③时，色诺芬目睹了这些表达悲伤的方式，作为士兵，他曾参与了这次大撤退，而作为作家，他又使它名垂青史。在古罗马，同样的习俗并非不为人知，因为根据梭伦的立法产生的"十大法典法"（the laws of the Ten Tables）之一就禁止妇女在悼亡时用指甲抓破面颊。博学的罗马古文物研究者瓦罗认为，这种习俗的本质在于给死者献上血祭，从妇女面颊流出的血，部分地替代了在墓穴献祭的俘虏或角斗士的血。我们马上就会看到，现代野蛮人的习俗在某种程度上证实了对这种仪式的解释，维吉尔描写了安娜（Anna）在得知妹妹狄多被烧死时用指甲毁容并用拳头捶打自己的乳房。但在这种描写中，诗人在心里指的是迦太基人的还是古罗马人的悼亡习俗，可以存疑。

古代的西徐亚人（the Scythians）在哀悼驾崩的国王时，会把头周围的头发全部剪掉，在手臂上刻上花纹，划破前额和鼻子，在耳朵上割下几片肉，用箭刺穿左手。在匈奴人（the Huns）中，悼亡者通常划破脸，剪掉头发，例如，在哀悼阿提拉④时，"用男人的血，不用女人的哀怨和眼泪"。⑤"在所有斯拉夫国家里，从无法追忆的时代以来，就格外重视大声表达对死者的悲伤。从前，在这样表达时还要抓破悼亡者的脸，达尔马提亚⑥和黑山的某些居民，仍保留着这种

---

① 梭伦（Solon，公元前 638？—前 559？），古希腊政治家、诗人，公元前 594 年当选执政官，曾修改宪法，制定新法典。——译注

② 色诺芬（Xenophon，公元前 431—前 355？），古希腊将领、历史学家，苏格拉底的学生，曾率领 1 万希腊雇佣军参加波斯王子反对其父的战争，著有《远征记》《希腊史》《回忆苏格拉底》等。——译注

③ 万人大撤退（retreat of the Ten Thousand），公元前 401 年，色诺芬参加波斯小王子小居鲁士招募的希腊雇佣军。在库纳克战役中，小居鲁士兵败被杀，色诺芬被推举为领袖之一。公元前 400 年，他率领万余人沿黑海南岸返回希腊城市特拉佩祖斯，史称"万人大撤退"。——译注

④ 阿提拉（Attila，？—435），匈奴王，绰号"上帝之鞭"，443 年首次进攻罗马。453 年在准备再度进攻罗马时，突然在新婚之夜死去。——译注

⑤ 参见乔南德斯（Jornandes）：《罗马人与哥特人》（*Romana et Getica*），1882 年，第 124 页。——译注

⑥ 达尔马提亚（Dalmatia），南斯拉夫西部沿亚得里亚海的一个地区。——译注

习俗。"①在高加索的明格列尔人（the Mingrelians）中，如果有人死在家里，悼亡者就把脸抓破，并撕扯自己的头发。据一种说法，他们把整个脸都剃一遍，包括眉毛，但据另一种说法，似乎只有妇女才沉浸在这些表达悲伤的方式之中。聚集在死者的屋子之后，寡妇与死者最亲近的女性亲属，尽情发泄自己的悲伤，总之要尽量展示悲伤，她们拔掉头发，划破脸和乳房，埋怨死者临终时的不敬行为。寡妇此时从头上拔下的头发，后来由她放进棺材里。②在类似的场合，高加索的奥塞梯人（the Ossetes）的亲戚们也聚在一起：男人们剃光头和臀部，用鞭子抽打自己，直到血流如注；妇女抓破脸部，咬伤胳膊，拔掉头发，并伴着痛苦的哀号捶打乳房。③

在非洲，除了有人说过的砍下指关节的习俗外，悼亡时割体剪发的习俗相对比较少见。阿比西尼亚人（the Abyssinians）在哀悼血亲时，通常剪掉头发，在头上撒灰，抓破鬓角的皮肤，直到出血。④在东非的瓦尼卡人（the Wanika）中，一旦有人死去，亲朋好友们就聚在一起，大声痛哭，剪掉头发，抓破脸颊。⑤在利比里亚边界上的一个部落基西人（the Kissi）中，妇女在悼亡时要用厚厚的一层泥盖住身体，尤其是头发，并用指甲抓破脸和乳房。⑥在南非的某些卡菲尔人（Kafir）的部落中，在丈夫死后，寡妇通常要被关在一个离群索居的地方达一个月之久，在期满回家之前，她必须脱掉衣服，洗遍全身，用尖石头划破乳房、胳膊和腿。⑦

另一方面，如果说在非洲人们很少实行悼亡时割体剪发的习俗，那么，在北美洲的印第安人部落中，这种习俗却很常见。美洲西北部的德内（the Tinneh or

---

① 罗尔斯顿（W. R. S. Ralston）：《俄罗斯人的歌》（*The Songs of the Russian People*），1872 年，第 316 页。——译注

② 参见默利尔（G. Mourier）的文章，见《宗教史杂志》（*Revue de l'histoire des religions*），第 16 卷，1887 年，第 90 页，第 93 页。——译注

③ 参见克拉普罗特（J. von Klaproth）：《高加索与格鲁吉亚之旅》（*Reise in den Kaukasus und nach Georgien*），第 2 卷，1814 年，第 604 页。——译注

④ 参见吕佩尔（E. Rüppell）：《阿比西尼亚之旅，1838—1840》（*Reise in Abyssinien，1838-1840*），第 2 卷，第 57 页。——译注

⑤ 参见克拉普夫（J. L. Krapf）：《东非之旅》（*Reisen in Ost-Africa*），第 1 卷，1858 年，第 325 页。——译注

⑥ 参见内尔（H. Néel）的文章，见《人类学》（*L'anthropologie*），第 24 卷，1913 年，第 458 页。——译注

⑦ 参见利希滕施泰因（H. Lichtenstein）：《南非之旅》（*Reisen im südlichen Africa*），第 1 卷，1811—1812 年，第 421 页；凯（S. Kay）：《在卡菲拉利亚的旅行和探索》（*Travels and Researches in Caffraria*），1833 年，第 199 页以下。——译注

Déné）印第安人在死了亲戚时，通常会切开身上的肉，剪掉头发，撕碎衣服，在土里打滚。①此外，在分布于加拿大西部广大地区的克尼斯特诺人（the Knist-eneaux）或克里人（the Crees）中，如果有人死了，"要发出大声的哀哭，如果死者非常令人惋惜，其近亲就会剪掉头发，用刀箭等刺大腿和胳膊，用炭把脸涂黑"。②在阿拉斯加的特林基特或特林吉特印第安人（the Thlinkeet or Tlingit Indians）的一支凯加尼人（the Kyganis）中，当尸体被放在柴堆上火葬时，聚集在一起的亲戚们通常要无情地折磨自己，砍破或割破胳膊，用石头捶打脸部等等。③在进行这些自我折磨时，他们非常自豪。在这些哀伤的场合，另一支特林基特印第安人把头探进燃烧的火葬堆的火焰中，烧或燎头发，而另一些人更加慎重或更加不动声色一些，他们只是把头发剪短并且用死者的骨灰把脸涂黑。

在华盛顿州的弗拉塞德印第安人（the Flathead Indians）中，最勇敢的男人和女人在仪式上会割掉几片肉，把它们与草根一起扔进火里，以此来悼念某个死去的战士。在这个地区的印第安人中，"只要有部落之灾，比如某位出色的酋长死了或者一群战士被敌对部落杀了，他们就全部沉浸在极其狂热的示威活动之中，撕扯头发，用燧石割肉，这些举动常常会造成重伤"。在俄勒冈或哥伦比亚河的奇努克人（the Chinooks）和其他印第安人部落中，按照惯例，死者的亲戚们要毁掉死者的财产，剪掉自己的头发，毁坏或弄伤自己的身体。④"看到这些野蛮人一个个都血流如注，我们本以为他们自己施行这种酷刑肯定活不了了，但这样的伤虽然很糟糕，却并不危险。为了使自己受伤，野蛮人把他的任何一块皮肤捏在拇指和食指之间，把它拉起，然后用刀从拉起的皮肉上刺穿过去，皮肤恢复原位时，刀却在上面留下了两个看不见的切口，就像弹孔一样，血就从其中大量涌出。这些伤，有时还有更严重的其他一些伤，完全让死者的近亲们毁了形。"

在加利福尼亚半岛的印第安人中，"如果有人死了，那些想向死者的亲戚表

① 参见佩蒂托特（E. Petitot）：《德内人专论》（Monographie des Déne-Dindijé），1876年，第61页。——译注

② 参见麦肯齐（A. Mackenzie）：《从蒙特利尔穿越……北美的航程》（Voyages from Montreal through... North America），1801年，第xcviii页。——译注

③ 参见多尔（W. H. Dall）：《阿拉斯加及其资源》（Alaska and Its Resources），1870年，第417页；班克罗夫特（H. H. Bancroft）：《太平洋各州的土著种族》（The Native Races of the Pacific States），第1卷，1875—1876年，第173页。——译注

④ 参见罗斯（A. Ross）：《俄勒冈或哥伦比亚河拓荒者历险记》（Adventures of the first Settlers on the Oregon or Columbia River），1849年，第97页。——译注

明自己对死者心存敬意的人，就等着那些亲戚，那些亲戚一过来，他们就从躲藏的地方出来，几乎爬行着，嘴里唱着哀伤而痛苦的'嗯，嗯，嗯！'，用尖利的石头把自己的头刺伤，直到血从肩膀上流下来。虽然这种野蛮的习俗屡屡被禁，但他们并不愿意中止它"①。波莫印第安人（the Pomo Indians）的一个分支加利诺梅罗人（the Gallinomeras），居住在加利福尼亚的俄罗斯河（the Russian River）河谷。"一旦生命停息，他们就把尸体端端正正地放在火葬堆上，用火炬点燃。接下来发生的怪诞而可怕的场景：尖叫声，令人毛骨悚然的号叫以及他们在火葬堆燃烧时的自残，可怕得难以描述。约瑟夫·菲奇（Joseph Fitch）说，他曾看见一个印第安人变得如此疯狂，他竟冲向火葬堆，从尸体上揪下一把燃烧着的肉，吞了下去。"在加利福尼亚的某些印第安人部落中，最亲近的亲属要剪掉头发扔到火葬堆上，他们还要用石头击打身体，直到出血。

为了证实他们对死去亲朋的悲伤，落基山脉的斯内克印第安人（the Snake Indians）通常要切割全身有肉的地方，而且对死者的感情越深，他们在身上切得就越深。他们郑重其事地对一位法国传教士说，这些伤解除了他们内心感到的痛苦。②同一位传教士还告诉我们，他遇到了一群悼亡的克劳族妇女，她们浑身都是血块，身体已经被毁了形，这种情景既可怜又可怕。在死者去世后的几年里，每当经过亲戚的墓地时，这些可怜的人们都必须重新履行这些悼亡仪式，而且，只要她们的身上有一个血块，她们就不能洗澡。③在德克萨斯骑马印第安人的一个著名部落科曼奇人（the Comanches）中，一般要把死者的马杀掉并埋掉，以便让死者骑着马去快乐的狩猎场，并烧掉他所有最好的财产，让他到了那个更好的地方使用。他的遗孀们聚集在死马周围，一手拿刀，另一只手拿着磨石，一边大声号啕，一边在自己的胳膊、腿和身上割出伤口，最后，她们因失血过多而精疲力竭。为了在这些场合表达悲伤，科曼奇人割下马尾巴和鬃毛，剪掉自己的头发，用各种方式割破自己的身体。阿拉帕霍印第安人（the Arapaho Indians）妇女在悼亡时轻轻地划破上下臂以及膝盖之下的腿部。该部落的悼亡者散开头发，有时把它剪掉。对已故朋友的爱越深，他们剪掉的头发就越多，剪下来的头发随尸体一起埋葬。而且，把尸体运到最后安息地的马的尾巴和鬃毛

①参见贝格特（J. Baegert）的文章，见《史密斯研究院董事会1864年年度报告》（*Annual Report of the Board of Regents of the Smithsonian Institution for the Year 1864*），第387页。——译注

② 参见斯梅神父（Father de Smet）：《落基山之旅》（*Voyages aux Montagnes Rocheuses*），1873年，第28页。——译注

③ 参见斯梅神父（Father de Smet）：《落基山之旅》（*Voyages aux Montagnes Rocheuses*），1873年，第66页。——译注

也被剪下，撒在墓穴上。①印第安人的另一个部落索克人（the Sauks）和福克斯人（the Foxes），在丧亲之后，"要切割胳膊、腿和身体的其他部位，这样做不是为了苦行或造成伤痛，通过转移注意力，抹去他们丧亲的记忆，而是完全出于一种信仰，即他们的悲伤是内在的，其唯一的排遣方式就是给它一个解脱的出口"②。达科他人（the Dacotas）或苏人（the Sioux）在朋友死后也用类似的方式割胳膊、大腿、小腿、胸部等身体部位。记录这一习俗的作者认为，他们这样做可能是为了解除精神上的痛苦，因为这些印第安人为了治疗身体的疼痛，同样常常割破皮肤吸血，还伴以唱歌③或更确切地说是念咒语，这无疑被认为有助于治疗。在苏人世系的一支堪萨斯人（the Kansas or Konzas，美国的一个州由此得名）中，在丈夫死后，寡妇通常要划伤自己并在身上抹土，她要变得不修边幅，连续一年保持这种悲伤的状态，此后，她已故丈夫健在的最年长的兄弟会娶她为妻，不举行婚礼。④

苏人家族的另一支即内布拉斯加州的奥马哈人（the Omahas）的寡妇悼亡习俗与此相似，"丈夫死后，妻子们把她们拥有的每件东西都送给左邻右舍，只留下能够蔽体维持体面的衣物，并以此显示她们悲伤的真诚。她们走出村子，用草或树皮为自己搭建一个小棚子；她们剪掉头发，划开皮肤，并以此伤害自己，在与世隔绝的小屋里哭号个不停。如果死者有一个兄弟，他就会在一定时间间隔之后把寡妇带到自己的住处，不用准备任何礼节，就把她当做自己的妻子"⑤。但在奥马哈人中，不只是寡妇在悼亡时承受这些苦行，亲戚们也要"在身上抹上白灰，用一块燧石割他们自己，把皮肉割成碎片，用箭穿过皮肤。如果要走远路，他们就隔开一定距离光着脚离开家，以证明他们发自内心的哀伤"⑥。在这些印第安人中，"如果死的是一位非常受人爱戴的男人或女人，有时就要举行下面这样的仪

---

① 参见克罗伯（A. L. Kroeber）的文章，见《美国博物学博物馆公报》（*Bull. Amer. Museum of Natural History*），第 18 卷，1902 年，第 16 页以下。——译注

② 基廷（W. H. Keating）：《圣彼得河之源探险记》（*Narrative of an Expedition to the Source of St. Peter's River*），第 1 卷，1825 年，第 232 页。——译注

③ 参见基廷（W. H. Keating）：《圣彼得河之源探险记》（*Narrative of an Expedition to the Source of St. Peter's River*），第 1 卷，1825 年，第 433 页。——译注

④ 参见埃德温·詹姆斯（Edwin James）：《从匹兹堡到落基山的探险记》（*Account of an Expedition from Pittsburgh to the Rocky Mountains*），第 1 卷，1823 年，第 116 页。——译注

⑤ 参见埃德温·詹姆斯（Edwin James）：《从匹兹堡到落基山的探险记》（*Account of an Expedition from Pittsburgh to the Rocky Mountains*），第 1 卷，1823 年，第 222 页以下。——译注

⑥ 参见埃德温·詹姆斯（Edwin James）：《从匹兹堡到落基山的探险记》（*Account of an Expedition from Pittsburgh to the Rocky Mountains*），第 2 卷，1823 年，第 2 页。——译注

式：年富力强的青年男子在死者家附近的一个小屋里聚集起来，脱掉所有衣物，只留下围腰布。每个人都在左上臂切两个口，然后插入一端带枝叶的小柳枝。当血顺着插在他们胳膊上的枝叶流下来时，男人们排成一路纵队来到停尸房。在那里，他们面对住处并肩排成一行，伴随柳树枝挥动的音乐节奏，一起唱起丧歌——该部落只有这一种丧歌……在唱歌快结束时，死者的一位近亲走向唱歌的人们，抬手表示感谢，从他们的胳膊上抽出柳枝，扔在地上"①。此外，作为在亲戚或朋友去世时悲伤的象征，奥马哈人通常剪掉头发，扔在尸体上。②同样，在维吉尼亚州的印第安人中，悼亡的妇女有时要剪掉辫子，扔在墓穴上。③

在巴塔哥尼亚④的印第安人中，如果死了人，悼亡者通常要向死者的遗孀或其他亲戚表示悼念，他们以最凄凉的方式哭喊、号啕和歌唱，用尖刺扎破胳膊和大腿，让它们流出血来。由于表达了这些悲伤，他们可以得到玻璃珠和其他一些小玩意。⑤一旦火地人（the Fuegians）得知某个亲戚或朋友死了，他们就会爆发悲伤、哭泣和呻吟的激烈展示活动，用边角锋利的贝壳划破脸部，把头顶的头发剪短。⑥在火地人的一个部落奥纳人（the Onas）中，悼亡时划脸的习俗仅限于死者的遗孀或其他女性亲属。⑦

古代突厥人（the Turks）在悼念死者时通常用刀子划破脸部，所以，他们的血和泪一起从脸颊上流下来。⑧在苏门答腊东部几乎无法进入的森林中，生活着以农业和狩猎为生的原始异教部落奥朗萨凯人（the Orang Sakai）。他们在出殡之

①参见艾里斯·弗莱彻（Alice C. Fletcher）和弗莱谢（F. La Flesche）的文章，见《美国人种学管理局第 27 个年度报告》，1911 年，第 592—594 页。——译注

②参见艾里斯·弗莱彻（Alice C. Fletcher）和弗莱谢（F. La Flesche）的文章，见《美国人种学管理局第 27 个年度报告》，1911 年，第 591 页。——译注

③参见拉菲托（J. F Lafitau）：《美洲野蛮人的风俗》（*Moeurs des sauvages amériquains*），第 2 卷，1724 年，第 441 页。——译注

④巴塔哥尼亚，在阿根廷南部，当地的印第安人是全世界身材最高的种族。——译注

⑤参见福克纳（T. Falkner）：《巴塔哥尼亚记述》（*A Description of Patagonia*），1774 年，第 118 页。——译注

⑥参见哈德斯（P. Hyades）和德尼克（J. Deniker）：《在合恩角的科学传教》（*Mission scientifique du Cap Horn*），第 7 卷，1891 年，第 379 页。——译注

⑦参见库珀（J. M. Cooper）：《有关火地岛及其相邻地区诸部落的分析与考证文献》（*Analytical and Critical Bibliography of the Tribes of Tierra del Fuego and Adjacent Territory*），见《美国人种学管理局通报》，第 63 卷，1917 年，第 160 页。——译注

⑧参见儒莲（Stanislas Julien）：《关于突厥人的历史文献》[*Documents historiques sur les Tou-Kioue（Turcs）traduits du Chinoise*]，1877 年，第 10 页，第 28 页；卡恩（L. Cahun）：《亚洲史导论：突厥人与蒙古人》（*Introduction à l' histoire de l' Asie, Turcs et Mongols*），1896 年，第 59 页。——译注

前，亲戚们通常用刀割头部，让血滴在死者的脸上。另外，在英属新几内亚的圣约瑟夫河口的一块领地上，生活着几个讲罗洛语（the Roro-speaking）的部落。当他们发生了死亡事件时，死者的女性亲属要用尖贝壳割破脸、乳房、腹部、胳膊和腿，直到血流如注，她们精疲力竭地倒下。[①]在英属新几内亚的科亚里人（the Koiari）和托亚里皮人（the Toaripi）中，悼亡者们用贝壳或燧石割自己，直到血到处乱流。[②]所以，在新赫布里底群岛的埃法特岛上，丧礼是痛哭的场合，悼亡者把脸部划出血。[③]同样，在新赫布里底群岛的马拉库拉岛上，悼亡者的身上当场或事先要划出伤口。[④]

新几内亚西部哈马黑拉岛上的加莱拉兹人（the Galelareeze），在亲戚去世后的第三天，即下葬后的第二天，把他们的头发献给亡灵。由一位近期家里没有丧亲之痛的妇女，为悼亡者们剪掉眉毛梢以及鬓角上的头发。这样剪了之后，他们就去海里洗浴，用磨碎的椰子壳洗头发，以消除死者的传染，因为他们认为，走近或接触尸体会使人不洁。例如，他们觉得，如果一个预言家受了这种污染或多吃了死者屋里放的食物，他就会失去看见幽灵的能力。如果活人不把头发祭献给死者然后又把自己清洗干净，他们就认为自己无法摆脱已故兄弟姐妹的亡灵。例如，如果有人死在外面，他的家人对他的死全然不知，所以，他们在第三天既没剪头发也没洗澡，死者的幽灵（soso）就会光顾他们并干扰他们的一切工作。他们挤椰子时，会挤不出油；他们舂谷米时，会得不到任何粗粉；他们打猎时，会看不见任何猎物。直到他们得知了死讯，剪掉头发并洗了澡，这个亡灵才停止这种阻挠和破坏他们的工作。报告这些习俗的这位博闻强识的荷兰传教士相信，献上头发是为了骗这个傻亡灵，让它想象它的朋友已随它去了遥远的国度，但我们会怀疑，即使是容易轻信的亡灵，真的会把几绺头发误认为是剪下头发的人吗？

太平洋地区的波利尼西亚民族广泛分布的所有分支，似乎也遵循同样的习俗。例如，在奥大赫地（Otaheite），如果有人死了，尸体通常被运到专门搭建的一个

---

① 参见桂斯神父（Father Guis）：《卡纳克人的丧期》（*Les Canaques. Mort-deuil*），见《天主教传教会》（*Les Missions Catholiques*），第 34 卷，1902 年，第 186 页。——译注

② 参见查默斯（J. Chalmers）：《新几内亚的托亚里皮人和科亚里人部落》（*New Guinea, Toaripi and Koiati Tribes*），见《澳大拉西亚科学促进会第二次会议报告》（*Report of the Second Meeting of the Australasian Association for the Advancement of Science*），1890 年，第 316 页，第 322 页。——译注

③ 参见特纳（G. Turner）：《一百年前的萨摩亚群岛》（*Samoa, a Hundred Years Ago*），1884 年，第 335 页。——译注

④ 参见莱加特（T. W. Leggart）：《新赫布里底群岛的马拉库拉岛》（*Malekula, New Hebrides*），见《澳大拉西亚科学促进会第四次会议报告》（*Report of the Fourth Meeting of the Australasian Association for the Advancement of Science*），1892 年，第 700 页。——译注

名叫 tupapow 的屋子或小屋里，让它留在那里腐烂，直到骨头上的肉整个荡然无存。"一旦尸体被放在 tupapow 里，哀悼就要重新开始。妇女们聚集起来，并被最亲近的亲属领到门口，后者把一颗鲨鱼牙齿反复敲进自己的头顶，使头顶血如泉涌，血被小心地接到几片亚麻布上，这些布片被扔在棺材上。其余妇女也如法炮制，而且这个仪式每隔两三天就重复举行，只要他们的热情和悲伤还在。在这些场合掉下的眼泪也被接在一些布片上，作为祭品，献给死者。有些更年轻的人剪掉头发，把头发与其他供品一起，扔在棺材上。这种习俗的基础观念是，他们相信，亡灵存在于一种不同的状态中，它就徘徊在放尸体的地方：它注视着活人的一言一行，会对他们情感和悲伤的这些证明表示满意。"按后来一位作者的说法，塔希提人（the Tahitians）在悼亡时"不仅以最低沉和最深情的语调号啕大哭，而且扯头发，撕衣服，以令人震惊的方式，用鲨鱼牙齿或刀子划他们自己。他们通常用的工具大约有 4 英寸长，两边固定进去五或六颗鲨鱼牙齿。每个妇女在婚后都配着这样一个工具，在死人时，它就大有用武之地了。对于有些人，这还不够，他们准备了一种短工具，有点像管子工的木槌，大约有 5—6 英寸长，一头弄成弧形便于手握，另一头用木头固定着两排或三排鲨鱼牙齿。在亲朋好友去世时，他们就用它毫不留情地割自己，击打头、太阳穴、面颊和胸部，直到伤口血流如注，与此同时，他们还发出最震耳欲聋和最令人坐卧不安的叫声。他们相貌的扭曲，他们被揪扯的散乱的头发，他们的身上血与泪的混合物，他们粗野的姿态和任性的举止，常常让他们显现出一副令人毛骨悚然而且几乎是非人的外观。这种残酷行为主要由女性来执行，但也不仅是她们，在这些场合，男人们也实施同样的暴行，他们不仅切割自己，而且来时还拿着棍棒和其他致命的武器"。在这些哀伤的仪式中，妇女有时围着短围裙，她们用一只手割自己，用另一只手拿着围裙接血。浸透了鲜血的围裙，后来在太阳下晾干，作为情感的象征物送给失去亲人的那个家庭，后者把它当做死者受到高度景仰的证物来加以保存。某个国王或大酋长去世时，他的属民就聚集起来，撕扯头发，割身体，直到浑身是血，而且常常用棍棒和石头打斗，直到他们中的一个或更多的人被打死为止。在某个大人物去世时的这种打斗，有助于我们理解罗马格斗习俗的起源，因为古人自己告诉我们，这些打斗首先出现在丧仪上，代替在墓地杀俘虏。公元前 264 年，为了纪念亡父，尤尼乌斯·布鲁图斯举办了罗马的首次格斗表演。

奥塔黑特的妇女用鲨鱼牙齿作为从自己头上取血的刺血针，但并不限于丧仪的场合。如果某位妇女的丈夫、她的亲朋或她本人的孩子发生了任何事故，她就把鲨鱼牙齿用在自己身上，即使孩子只是跌倒摔了一下，母亲也会把自己的血和孩子的眼泪混在一起。可是，如果孩子死了，满屋子的亲戚就割自己的头部并放声痛哭。"在这个时候，除了其他的悲伤表现形式，父母还要把头上的一部分头发剪短，让其他地方仍然很长。有时，这只限于在头前面弄一个方块形；在另一些时候，他们留着这一块，把其他地方剃掉；有时，每个耳朵上留一绺头发，有时只留一边；有时一半剪得很短，另一半留得很长。这些悲伤的象征形式有时要延长至两到三年。"①这个描述可以说明以色列人把头上的某些地方剃光来表示哀悼的习俗。

在夏威夷岛或桑威奇岛上，当国王或大酋长去世时，人们表达悲伤的方法是"使用最令人震惊的个人暴行，不仅全部扯掉衣服，而且用棍棒和石头敲掉自己的眼珠和牙齿，拔掉自己的头发，烧割自己的肉"。在这些残体行为中，敲掉牙齿似乎是这些场合中最流行和最普遍的。两性都用这种方法，尽管男人大概用得最普遍。在国王或重要的酋长去世时，人们希望与他有血缘或朋友关系的不太重要的酋长，用石头敲掉一颗门牙，以表示他们的依附关系，他们这样做了之后，其随从感到也必须仿效他们。有时，某个男人打掉了牙齿，但更经常的情况是通过互助仪式让另一个人把一根棍子的一头顶着牙齿，然后用榔头敲另一头，敲掉或打碎牙齿。如果男人害怕接受这种"手术"，妇女们就常常在他们熟睡时下手。一次拔掉的牙很少超过一个，但在每个显贵的或有权的酋长去世时，都要重复进行这种残体行为，所以成年男子极少看见有完整牙齿的，许多人已经失去了上下颚的门牙，除了其他的不便，这还引起他们说话的很大障碍。不过，有些人敢于特立独行，保留着自己的绝大多数牙齿。

汤加人（the Tongans）在悼亡时同样用石头敲牙齿，在身上烧出圆圈和伤疤，把鲨鱼牙齿刺入头部，直到一股股的血流出来，把矛刺进大腿内侧、腋窝下的肋部，刺穿面颊进入口腔。②19 世纪初，漂流的英国海员威廉·马里纳（William Mariner）在汤加人中住过，他曾目睹并且形象地描述了为汤加王菲诺举行的过度哀悼。他告诉我们，当此之时，聚在一起的酋长和贵人用棍棒、石头、刀子或尖利的贝壳弄伤自己，以此表达他们的悲伤。每次有一个或两三个人一起，跑到由旁观者围成的圆圈中间，证明他们对死者的极度哀伤以及对追忆这位离去的主人和朋友的高度重视。于是，一个人会喊："菲诺! 我很了解你的心。你已去了

---

① 威尔逊（J. Wilson）：《南太平洋的传教航行》（*Missionary Voyage to the South Pacific*），1799 年，第 352 页以下。——译注

② 参见《库克船长的环球之旅》（*Voyages of Captain Cook Round the World*），第 420 节。——译注

Bolotoo[①]，让你的人民怀疑我和他们中的一些人对你不忠，但不忠的证据在哪里呢？哪有一个不敬的例子呢？"这样说了之后，他会用棍子、石头或刀子暴打或深深地切自己的头，不时地呼喊着："这难道不是我忠贞的证明吗？这难道不表明对那位离去战士的忠诚和依恋吗？"另一个人在用一种粗野而颇具煽动性的步态四处炫耀了之后，旋转并舞弄着一根棍子，用它的棱用力在自己的头顶或后脑勺上打两三下，然后突然停下来，凝视着这个溅满血的工具，喊道："唉！我的棍子，什么人本来要说，你已经为我做了这种事，让我能够证明我对菲诺的尊敬！不，不，不，你再也不能劈开敌人的头颅！唉！多么伟大而威武的一位战士倒下了！哦！菲诺，不要再怀疑我的忠诚，相信我的忠实吧！"有些人更粗暴，他们用这种剧烈而频繁的打击把头上打得露出了颅骨，以至他们眩晕得时时神志不清。其他人在哀悼菲诺时，剃头，用燃烧的布条烧面颊，用涩浆果擦伤口，让它们出血。他们把流出的血抹在伤口周围直径将近 2 英寸的圆圈内，这使他们的外表不堪入目，他们每天都反复用浆果擦，让血重新流出来。为了表达他们对死去的主人的爱，这位国王的渔夫用船桨打伤自己的头。而且，他们每个人都用三支箭斜着穿过自己的面颊，所以，箭头通过嘴，伸到背部，和渔夫背上的另一支箭的两端绑在一起，就保持这种样子，构成了一个三角形。渔夫们带着这种奇怪的装备绕着墓穴走，用桨打自己的脸和脑袋，或者揪起胸部的皮肤，用矛穿过去，这些都是为了证明他们对已故国王的感情。

在萨摩亚群岛，悼亡者们通常也以类似的方式表达他们的悲伤。他们狂哭乱喊，撕衣服，拔头发，用火把烧自己的肉，用石头砸身体，用尖石、贝壳和鲨鱼的牙齿划伤自己，弄得浑身是血。这被称为"血祭"（taulanga toto）。[②]但据乔治·布朗（George Brown）博士的说法，这种表达并不意味着把血献给神灵，它表达的只是对死者的情感和失去他的哀伤。在赫维群岛（the Hervey Islands）之一的芒艾亚岛上，一旦病人断气，其近亲就把脸染黑，剪掉头发，用鲨鱼的牙齿划身体，直到血一股股地淌下来。[③]在拉拉通加岛（Raratonga），通常要敲掉几

---

① Bolotoo，死者之地，冥府。——原注

② 参见威尔克斯（Ch. Wilkes）：《美国探险队纪事》（*Narrative of the U. S. Exploring Expedition*），第 2 卷，1851 年，第 139 页；斯泰尔（J. B. Stair）：《老萨摩亚群岛》（*Old Samoa*），1897 年，第 182 页；布朗（G. Brown）：《美拉尼西亚人和波利尼西亚人》（*Melanesians and Polynesians*），1910 年，第 401 页以下。——译注

③ 参见吉尔（W. W. Gill）：《赫维群岛的芒艾亚岛》（*Mangaria Hervey Islands*），见《澳大拉西亚科学促进会第二次会议报告》（*Report of the Second Meeting of the Australasian Association for the Advancement of Science*），1890 年，第 344 页。——译注

颗门牙来表示哀伤。在马克萨斯群岛，"在某个大酋长死去时，他的遗孀和部落里的女人发出刺耳的尖叫，用竹片割前额、面颊和乳房。这种习俗至少在努卡—希瓦（Nuka-Hiva）已经消失了，但在东南部的群落中，妇女仍遵循这种习俗，她们脸上深深的伤口流着血，纵情在亲人的丧礼上展示绝望的心情"①。

新西兰毛利人的悼亡习俗与此相似。"妻子们和亲戚们，尤其是女性亲属，用贝壳或黑曜石的碎片割脸和前额，流出大量的血，像小溪一样干在脸上，并以此证明她们的悲伤，脸上凝结的血块越多，她们敬慕死者的证据就越多。他们的头发也经常被剪掉，作为悲伤的标志，男人一般从前额到脖子只剪一边。"据另一种叙述，毛利人为死者割体绝不限于脸和前额。"死者的所有直系亲属和朋友，如果他有奴隶或其他仆人或侍从，也算在内，都要极为残忍地割他们自己，这在欧洲人眼里呈现为一幅恐怖的图景。一片燧石（由于它上面洒的血以及它用于这种目的而变得神圣）被夹在拇指和第三个指头之间，它割入皮肤的深度似乎超过指甲的宽度。从前额中间开始切，从脸两边往下呈曲线切割，然后腿、胳膊和胸部被极端无情地割破。女人们比男人更广泛也更深地割乳房，有时乳房被惨不忍睹地划开了。"②

这种割活人身体来纪念死者的习俗，如果从实行的系统性和认真程度来看，大概没有哪里可以比得上未开化的澳大利亚土著部落。例如，在维多利亚西部的部落中，鳏夫要哀悼他的妻子三个月。每隔一晚，他都要哀号并历数妻子的优点，用指甲抓前额，让面颊流血，还要把头和脸抹上白灰。如果他非常爱她并且想表达失去她的悲伤，就用一块炽热的树皮沿腰部烫三条线。寡妇要哀悼自己的丈夫十二个月。她把头发剪得很短，用热灰烧大腿，再压上一块树皮，直到她疼得发出痛苦的尖叫。每隔一晚，她都要哀号并历数丈夫的优点，还割前额，让面颊流血，与此同时，她要在头和脸上抹上白灰。她必须照这样做三个月，违则处死。哀悼其父母的孩子划破自己的眉毛。③在维多利亚中部的土著中，死者的父母必须可怕地弄伤自己，父亲用一把短柄小斧敲打并切割头部，母亲

---

① 克拉弗（C. Clavel）：《马克萨斯群岛》（*Les Marquisiens*），1885 年，第 39 页，第 44 页；拉迪古（M. Radiguet）：《最后的野蛮人》（*Les derniers sauvages*），1882 年，第 284 页。——译注

② 参见耶特（W. Yeat）：《新西兰纪事》（*An Account of New Zealand*），1835 年，第 136 页以下；迪芬巴赫（E. Dieffenbach）：《新西兰之旅》（*Travels in New Zealand*），1843 年，第 62 页；布朗（W. Brown）：《新西兰及其土著》（*New Zealand and Its Aborigines*），1845 年，第 19 页；汤姆森（A. S. Thomson）：《新西兰的故事》（*The Story of New Zealand*），第 1 卷，1859 年，第 186 页。——译注

③ 参见道森（J. Dawson）：《澳大利亚土著》（*Australian Aborigines*），1881 年，第 66 页。——译注

则用一根烧火棒烫乳房和肚子。他们每天都这样做数小时，直到悼亡期结束。[1]
这些部落中的寡妇，不仅要用烧火棒烫乳房、胳膊、小腿和大腿，而且要把灰抹进伤口，抓脸，让血和灰混在一起。[2]在维多利亚东南部的库尔奈人（the Kurnai）中，悼亡者用尖石头和短柄小斧割划自己，让头和身体血流如注。[3]维多利亚西部的穆克贾拉瓦因特人（the Mukjarawaint）中的某人死去时，他的亲戚们为他恸哭，用短柄小斧和其他利器割他们自己达一周之久。[4]

在墨累河下游和达令河下游的一些部落中，悼亡者用炽热的木棒烙背、胳膊，有时甚至包括脸部，这会引起可怕的溃疡，然后，他们趴在墓穴上，一把一把地拽头发，往头上和身体上大量抹土，剥开发青的溃疡，直到血和灰的混合呈现出一幅恐怖的景象。[5]在新南威尔士东部的一个大部落卡米拉罗人（the Kamilaroi）中，悼亡者，特别是妇女，通常要把白泥抹在头上和脸上，然后用斧子在头上割出伤口，让血从泥里流到肩膀上，在那里晾干。[6]在谈到埋在墨累河的一位土著时，一位作者写道："棺材周围有许多妇女和死者的亲戚，他们痛苦地哀号着，用贝壳或燧石划破大腿、背部和乳房，直到伤口流出大量的血。"

在昆士兰东南部玛丽河周围的卡比人（the Kabi）和瓦卡人（the Wakka）的部落中，悼亡要持续六周。"每天晚上，一般都要持续数小时放声痛哭，每个人边哭边用尖利的燧石或其他砍砸器割体。男人们在头后面弄一些切口，女人们则从头到脚地划伤自己，并且让血干在皮肤上。"[7]在昆士兰中部的布尔利亚地

① 参见斯坦布里奇（W. Stanbridge）的文章，见《伦敦民族学学会学报》（*Trans. Ethnological Soc. of London*），新系列，第 1 卷，1861 年，第 298 页。——译注

② 参见布拉夫·史密斯（R. Brough Smyth）：《维多利亚的土著》（*The Aborigines of Victoria*），第 1 卷，1878 年，第 105 页。——译注

③ 参见豪伊特（A. W. Howitt）：《澳大利亚东南部的土著部落》（*The Native Tribes of S. E. Australia*），1904 年，第 459 页。——译注

④ 参见豪伊特（A. W. Howitt）：《澳大利亚东南部的土著部落》（*The Native Tribes of S. E. Australia*），1904 年，第 453 页。——译注

⑤ 参见贝弗里奇（P. Beveridge）的文章，见《新南威尔士皇家学会 1883 年杂志与公报》（*Journal and Proc. of the Royal Society of New South Wales for 1883*），1884 年，第 28 页以下。——译注

⑥ 参见里德利（W. Ridley）：《卡米拉罗语与澳大利亚的其他语言》（*Kamilaroi and Other Australian Languages*），1875 年，第 160 页；豪伊特（A. W. Howitt）：《澳大利亚东南部的土著部落》（*The Native Tribes of S. E. Australia*），1904 年，第 467 页。——译注

⑦ 马修（J. Mathew）：《昆士兰的两个典型部落》（*Two Representative Tribes of Queensland*），1910 年，第 115 页；柯尔（E. M. Curr）：《澳大利亚的种族，1886—1887》（*The Australian Race, 1886—1887*），第 3 卷，第 165 页；参见麦克唐纳（A. McDonald）的文章，见《人类学研究所杂志》（*JAI*），第 1 卷，1872 年，第 216 页，第 219 页。——译注

区，妇女在悼亡时要用利石或玻璃片划大腿的内外侧，以便产生一系列平行的划痕；在与昆士兰邻近的一些地区，男人们在大腿相应的部位刻出一个更大也更深的十字形切口。①澳大利亚北部边境的卡卡杜人（the Kakadu）部落的成员在悼亡时，割头部，让血从脸部流到身上，男人和女人都要这样做。有些血后来被收藏在一块树皮里，并被显眼地放在靠近那个人死去之地的一棵树里。②

在澳大利亚西部的卡列拉人（the Kariera）中，如果有人死了，男女亲属都哭号着割头皮，让血从头上滴下来。③死者的头发被剪下来并被保存着，亲戚们把这些头发结成线，穿戴在身上。在澳大利亚南部的一个部落纳里涅里人（the Narrinyeri）中，死者的遗体通常被用文火部分地烘干，然后剥皮，用赭石涂红，裸露着放在台子上。"此时，死者的亲朋好友们发出巨大的哀号声。他们把自己的头发剪得贴近头皮，把油和捣碎的炭抹在身上。女人们给自己抹上最恶心的污物，她们都割打自己，狂暴地展示悲伤。所有亲戚在出场时都小心翼翼，不能显得不够悲伤，以免让人怀疑自己是造成这次死亡的同谋。"

在澳大利亚中部的阿兰达人（the Arunta）中，男人在哀悼岳父时必须割肩膀，如果他不这样做，人们就把他的妻子送给另一个男人，以平息幽灵对其不尽职的女婿的怒气。阿兰达男人经常压肩上鼓起的伤疤，以表明他们对已故岳父尽了职责。④在阿兰达人的部落中，死去男人的女性亲属也要割或砍自己，以表示悲痛，在这样做时，她们尽量让自己进入一种疯狂状态，不过，在貌似激动的同时，她们小心翼翼地从不伤害致命的部位，而是把怒气发泄在头皮、肩膀和腿上。⑤在澳大利亚中部的瓦拉蒙加人（the Warramunga）的部落中，寡妇剪短头发，割开头皮中线，用烧火棒沿着伤口烫过去，常常造成严重的后果。⑥在瓦拉蒙加人中，死者的其他女

① 参见罗思（W. E Roth）:《在昆士兰中西北部土著中的研究》（*Studies among the North-West-Central Queensland Aborigines*），1897 年，第 164 页。——译注

② 参见斯宾塞（B. Spencer）:《澳大利亚北部边境诸土著部落》（*Native Tribes of the Northern Territory of Australia*），1914 年，第 241 页以下。——译注

③参见布朗（A. R. Brown）的文章，见《皇家人类学研究所杂志》（*JRAI*），第 43 卷，1913 年，第 169 页；参见克莱门特（E. Clement）的文章，见《民族学国际档案》（*Internat. Archiv für Ethnographie*），第 16 卷，1904 年，第 8 页。——译注

④参见斯宾塞（B. Spencer）和吉伦（F. Gillen）:《澳大利亚中部的土著部落》（*The Native Tribes of Central Australia*），1899 年，第 500 页。——译注

⑤参见斯宾塞（B. Spencer）和吉伦（F. Gillen）:《澳大利亚中部的土著部落》（*The Native Tribes of Central Australia*），1899 年，第 510 页。——译注

⑥参见斯宾塞（B. Spencer）和吉伦（F. Gillen）:《澳大利亚中部的土著部落》（*The Native Tribes of Central Australia*），1899 年，第 500 页，注释 1。——译注

性亲属只用山药茎反复抽打并打烂头皮，直到血流满面；男人们用刀子或深或浅地划大腿，切口两边用绳结紧绕着腿部，以使大腿上的这些伤口尽可能张大，这样造成的伤疤是永久性的。有一个人的身上可见到在不同悼亡场合造成的不少于二十三处这样的伤疤。此外，某些瓦拉蒙加男人在悼亡时也把头发剪短，烧掉，给头皮抹上白黏土，其他一些男人剃掉胡须。①所有这些事情都遵循非常明确的惯例。划大腿甚至剪头发和剃胡须，并非听其自然或让悼亡者们随心所欲，实行这些切割的人必须与死者有某种特定的关系，而且这些关系是只被这些澳大利亚土著们认可的分类或族群的序列。在这个部落中，"如果一个和你有特殊关系的人碰巧去世了，你就必须做适当的事情，你要划大腿或剪头发，根本不用考虑你本人是否认识死去的这个人，或者他是否就是你最亲近的朋友或最大的敌人"。

值得注意的是，在这些澳大利亚人为死者割体时，从悼亡者身上流下来的血有时被直接滴在尸体上，或者至少滴在墓穴里。例如，在达令河边的某些部落中，几个男人站在敞开的墓穴旁，用一个飞去来器②割每个人的头，然后他们把流着血的头伸到墓穴上，让血滴到躺在里面的尸体上。如果死者备受尊敬，那么，尸体上盖了一些土之后还要再滴一次血。③同样，居住在新南威尔士西北部托罗沃塔湖（the Torrowotta Lake）周围地区的米尔亚乌巴人（the Milya-uppa）在悼念死去的战士时，悼亡者们要割头部，让血滴在躺于墓穴中的尸体上。此外，在达令河的伯克（Bourke）居住的巴昆吉人（the Bahkunjy）中，"我出席了一次葬礼，当时鳏夫（这位主要的悼亡者碰巧就是这样一个鳏夫）跳下墓穴，用双手的手指把自己的头发分开，另一个随他跳下去的黑人用一个飞去来器在他头发的'分离处'猛地一敲，一大股血流了出来。然后，这个鳏夫要在他的伙伴面前履行同样的职责。我想，这种事情就发生在尸体被处置之前的灵床（the bed of leaves）上"。在澳大利亚中部的阿兰达人中，死者的女性亲戚通常跳进墓穴中，用打架的棍子或挖掘棒敲自己和别人的头，让血一股股地从弄白她们身体的白黏土中浸出，滴在墓穴里。④有一位作者描述了澳大利亚西部瓦塞河的一次葬礼。墓穴

---

①参见斯宾塞（B. Spencer）和吉伦（F. Gillen）：《澳大利亚中部的土著部落》（*The Native Tribes of Central Australia*），1899年，第516—523页；斯宾塞（B. Spencer）和吉伦（F. Gillen）：《穿越澳大利亚》（*Across Australia*），第2卷，1912年，第426—430页。——译注

②飞去来器（boomerang），澳大利亚土著居民扔出后能够飞回的飞镖。——译注

③参见邦尼（F. Bonney）的文章，见《人类学研究所杂志》（*JAI*），第13卷，1884年，第134页以下。——译注

④参见斯宾塞（B. Spencer）和吉伦（F. Gillen）：《澳大利亚中部的土著部落》（*The Native Tribes of Central Australia*），1899年，第507页，第509页以下。——译注

挖好后，当地人把尸体放在墓穴的一侧，然后"割他们的大腿，在血流着时，他们一起说：'我已经带来了血。'他们用脚用力地踩地，把血洒在地上，然后用一把叶子擦伤口，最后把沾满血的叶子扔在死者身上"①。

而且，值得注意的是，澳大利亚的土著们有时把剪下的头发和流出的血都放在已故亲朋的尸体上。例如，乔治·格雷（George Grey）爵士告诉我们，"澳大利亚许多地方的土著在丧礼上都剃掉一部分胡须，烧焦它们，把它们扔在尸体上。在某些情况下，他们剃下尸体的胡须，烧焦它，用烧焦的部分擦他们自己和尸体"②。通过对现代澳大利亚人的悼亡习俗与古希伯来人的类似习俗的比较，乔治·格雷爵士补充说："在哀悼死者时，当地的女性必然要割自己并划破脸部，她们也实实在在地把两眼之间剃秃，这也常常是她们用手指甲抓皮肤的地方之一。"③

塔斯马尼亚未开化的土著的悼亡习俗与此相似。"女人们用白黏土糊上剃过的头，用炭和鸸鹋或细嘴海燕的油脂的混合物覆盖在脸上，一边哭，一边用尖利的贝壳和石头划破身体，甚至用一根烧火棒烫大腿。鲜花会被扔进墓穴，缠绕在一起的树枝盖在她们心爱的死者身上，在悲伤中剪掉的头发被扔在坟丘上。"④

现在，我们已经在相当一部分人类中追溯了这些用割体剪发来哀悼死者的习俗，这些人类包括从古代享有最高文明的民族到现代最低级的野蛮人。我们仍然要问，这些习俗的意义是什么？尼科巴人（the Nicobarese）在悼亡时剃头发和眉毛，据说是为了向幽灵伪装自己，他们想避开其讨厌的注意，他们显然想象，他们剪了头发之后，幽灵就认不出他们了。那么，用这两种习俗真的能让幽灵无法辨认或者十分讨厌活着的亲戚，从而达到欺骗或驱逐它的目的吗？据这种理论推断，两种习俗都是出于对幽灵的恐惧。通过割体和剪发，悼亡者希望幽

---

① 格雷（G. Grey）：《澳大利亚西北和西部两次探险之旅日志》（*Journals of Two Expeditions of Discovery in North-West and Western Australia*），第 2 卷，1841 年，第 332 页。——译注

② 格雷（G. Grey）：《澳大利亚西北和西部两次探险之旅日志》（*Journals of Two Expeditions of Discovery in North-West and Western Australia*），第 2 卷，1841 年，第 335 页。——译注

③ 格雷（G. Grey）：《澳大利亚西北和西部两次探险之旅日志》（*Journals of Two Expeditions of Discovery in North-West and Western Australia*）；米切尔（T. L. Mitchell）：《澳大利亚东部腹地的三次探险》（*Three Expeditions into the Interior of Eastern Australia*），第 2 卷，1839 年，第 346 页；参见弗雷瑟（J. Fraser）发表在《新南威尔士皇家学会杂志和公报》（*Journal and Proc. Of the Royal Soc. Of New South Wales*）上的文章，见 1882 年第 16 卷，第 229 页，第 231 页；参见帕尔默（E. Palmer）的文章，见《人类学研究所杂志》（*JAI*），第 13 卷，1884 年，第 298 页以下。——译注

④ 邦威克（J. Bonwick）：《塔斯马尼亚人的日常生活和起源》（*Daily Life and Origin of the Tasmanians*），1870 年，第 97 页以下。——译注

灵会认不出他们，或者即使认出了他们，但由于讨厌他们剃过的头和流血的身体，也会跑得远远的，在这两种情况下，它都不会来打扰他们了。

这种假设怎样才能与我们已经评述过的事实相符呢？对幽灵的惧怕，当然是澳大利亚悼亡仪式的一个原因，因为我们已经看到，在阿兰达人中，如果某个男人在哀悼岳父时不割身体，人们认为这位老人的亡灵就会生气，平息他的怒气的唯一办法，就是从其不尽职的女婿的怀抱里把他的女儿夺走。此外，在澳大利亚中部的翁马杰拉人（the Unmatjera）和凯蒂什人（the Kaitish）的部落中，寡妇要用灰覆盖身体，而且在整个悼亡期间，都要重复这种悲伤的表达，因为如果她不这样做，"一直跟随她左右的死者的 atnirinja 或幽灵就会杀了她，并剔除她骨头上所有的肉"。[1]在这些习俗中，对幽灵的惧怕是明显的，但显然不存在使幽灵无法辨认或十分讨厌而达到欺骗这个幽灵或者招它厌弃的意图。相反，澳大利亚的悼亡习俗似乎旨在强迫悼亡者抚慰亡者，以使他对他们无法挽回地失去他的悲伤表现感到满意。澳大利亚中部的阿兰达人和其他一些部落担心，如果他们不表现出充分的悲伤，亡灵就会冒犯他们并给他们带来不幸。关于他们用白黏土把悼亡者的身体涂白的习俗，我们得知，"并没有向亡灵隐藏悼亡者身份的想法。另外，其想法是使他或她更加引人注目，以便让亡灵看见它得到了应有的哀悼"[2]。简而言之，澳大利亚中部的悼亡习俗，似乎意在讨好或抚慰亡灵而不是躲避它的注意或引起它的厌烦。这是澳大利亚习俗的真实意图，这一点得到下列做法的强烈暗示，即悼亡者让血滴在尸体上或墓穴中，把剪下的发卷放在无生命的尸体上，因为这些行为几乎不能不解释为是给亡灵的供品或祭品，以满足它的愿望或平息它的怒气。我们同样看到，在苏门答腊的奥朗萨凯人（the Orang Sakai）中，悼亡者让血从受伤的头上滴在死者的脸上，在奥大赫地，悼亡者自己弄的伤口中流出的血，通常接在碎布上，这些碎布被放在棺材里的尸体旁边。另外，古代或现代的阿拉伯人、希腊人、明格列尔人（Mingrelians）、北美印第安人、塔希提人和塔斯马尼亚人以及澳大利亚土著，都实行把悼亡者剪下的头发放在尸体上或墓穴中的习俗。因此，我们似乎有理由得出结论说，讨好并使幽灵得益的意图，至少是导致许多民族实行我们在此讨论的那些肉体自

---

[1] 参见斯宾塞（B. Spencer）和吉伦（F. Gillen）：《澳大利亚中部的土著部落》（*The Native Tribes of Central Australia*），1899 年，第 507 页。——译注

[2] 斯宾塞（B. Spencer）和吉伦（F. Gillen）：《澳大利亚中部的土著部落》（*The Native Tribes of Central Australia*），1899 年，第 510 页以下。——译注

残的一个动机。但这样说并不证明抚慰幽灵是实行这些苦行的唯一意图。不同民族可以出于不同的动机让他们自己受苦或毁容，而且在这些不同的动机中，想躲过或欺骗危险的亡灵，有时也是其中的动机之一。

我们还要探讨：人们如何认为血和头发的祭物能够讨好并使幽灵得益？是否人们认为他看到朋友们对他的死表现出真诚的悲伤就高兴了？这当然是塔希提人对这种习俗的解释，因为他们给亡灵献上的，不仅有血和头发，还有眼泪，他们相信，幽灵"注视着活人的一言一行，而且会对他们情感和悲伤的这些证明表示满意"。不过，即使我们承认野蛮人的自私自利，如果我们认为野蛮人的幽灵索取血、眼泪和头发等供品的动机只是从活着的亲戚的痛苦和匮乏中得到残忍的快乐，那么我们可能就冤枉了他。也许最初人们相信，亡灵从这些情感和忠诚的展示中得到了某些看得见摸得着的更加实际的好处。罗伯逊·史密斯认为，悼亡者以血祭亡灵，目的是在活人与死者之间缔结一种血盟，这样就证实或建立了与神灵的友好关系。[1]为了支持这一观点，他指出了达令河边的某些澳大利亚部落的习俗，除了弄伤头让血从伤口流出来滴到尸体上之外，他们通常还要把尸体上的一片肉割下来，在太阳下晾干，把它切成小碎块，在亲戚和朋友之间分发，有些人吞掉它以得到力量和勇气，另一些人在既想要水涨又想要鱼时，就把它扔进河里，以带来这些东西。[2]这里，给死者献上血并吞食他的肉，无疑暗示着活人与死者的一种互惠关系，无论这种关系是否被看成盟约。同样，澳大利亚西部的卡列拉人（the Kariera）在悼亡时也让自己流血，他们剪掉死者的头发，编成辫子戴在亲戚们的头上。这里，似乎又是活人与死者之间的利益交换，活人把他们的血献给已故亲属，得到他的头发作为回报。

但是，这些在悼亡者与死者之间利益互换的证据过于稀少和薄弱，无法保证我们得出结论说，丧亲的亲戚们让自己残体和受伤总是或一般就是为了与死者建立互助和保护的盟约。我们在本章中概述的多数习俗可以合理地解释为，这些好处可以说是活人给死者提供的。但是，除了我刚才引述的澳大利亚人的习俗之外，其中很少或没有任何习俗暗示出亡灵给活着的亲属有任何相应的善意回报。因此，显然必须放弃这种把为死者割体剪发解释为试图与他们建立血盟

---

[1] 参见史密斯（W. R Smith）：《闪米特人的宗教》（*The Religion of the Semites*），1927年，第322页以下。——译注

[2] 参见邦尼（F. Bonney）的文章，见《人类学研究所杂志》（*JAI*），第13卷，1884年，第134页以下。——译注

的假设，理由是它得不到我们手头证据的充分验证。

某些野蛮人自残的习俗，对割体有一种更简单也更显而易见的解释。例如，我们已经看到，在达令河流域的澳大利亚部落中，流行着弄伤悼亡者的头部并让血滴在尸体上的习俗。现在，同样在这些部落中，成为男人的成年礼仪式的习俗现在是或者不如说过去是这样的："在最初两天里，年轻人只喝他朋友胳膊上的静脉中流出的血，后者自愿提供他需要的这种食物。他们把一根线绑在胳膊的上部，切开前臂下方的一条静脉，让血流在一个木制容器或碟形的树皮里。那个年轻人跪在用灯笼海棠木的细枝编成的床上，身子前倾，把双手背在身后，像狗一样用舌头舔放在他前面的容器里的血。然后，才允许他吃鸭肉，喝鸭血。"[1]另外，在达令河流域的这些部落中，"人们给重病或孱弱的人喂男性朋友提供的血，这些血用刚才已经描述的方法从他们的体内得来。病人一般生喝这些血，他把食指和拇指之间像胶状物的血放入嘴中。我见过他们在一个木制容器里煮血，还在里面放了一些炽热的灰"[2]。说起同一些部落，这位作者告诉我们，"有时碰巧要换营地，要翻越某个干燥的地区进行长途跋涉，还要带上无助的病人，他们由强壮的男人背着，后者自愿给他们供血，直到他们也变得孱弱不堪，他们认为给病人提供这种食物是最好的"[3]。既然如此，如果这些野蛮人用自己的血喂活着的朋友中的病弱者，为什么他们不为了同样的目的把血给死去的亲属呢？与绝大多数野蛮人一样，澳大利亚土著们相信，人类的灵魂在身体死去时还活着，所以，还有什么比活着的亲戚仍要给离开身体的灵魂提供他们在生活中常常用来强壮灵魂的同样的补给营养更自然的呢？根据同样的原理，当尤利西斯即将到达远方辛梅里安人的黑暗王国的死亡之地时，他献祭了绵羊，让它们的血流进一条沟里，羸弱的饿鬼焦急地聚集在周围喝血，这样才有了与他说话的力气。[4]

但是，如果悼亡者提供的血是为了使幽灵重新振作，他们同样献上自己的头

①参见邦尼（F. Bonney）的文章，见《人类学研究所杂志》（*JAI*），第 13 卷，1884 年，第 128 页。——译注

②参见邦尼（F. Bonney）的文章，见《人类学研究所杂志》（*JAI*），第 13 卷，1884 年，第 132 页。——译注

③参见邦尼（F. Bonney）的文章，见《人类学研究所杂志》（*JAI*），第 13 卷，1884 年，第 133 页。——译注

④参见《奥德修纪》第 11 卷，第 13 页以下。——译注

发又该怎么说呢？幽灵可以被认为喝了血，但我们不能说他饿得到了吃头发的地步。不过，不要忘了，在某些民族看来，头发是其主人的力量所在，于是，通过剪掉头发并把它献给死者，他们就可以想象，他们正在给幽灵提供一种生命能量，其丰富性和可靠性不亚于让幽灵喝他们的血。果真如此，整个割体剪发的悼亡习俗的相似性就是可以理解的了。但是，我们掌握的证据还不足以让我们有把握地断言，这就是这两种习俗的真正答案。

但就目前的情况而言，前面的探讨倾向于证实一种观点，即活人为死者割体剪发这种广泛流行的习俗，最初旨在以某种方式取悦亡灵或使它受益，因此，无论这些习俗在哪里流行，它们都可被看做一种证据，表明实行这些习俗的人相信，人的灵魂在死后还继续存在并且想与它保持友好的关系。换言之，遵循这些习俗就意味着对死者的讨好或崇拜。既然希伯来人似乎长期以割体剪发的方式纪念死去的亲戚，我们可以有把握地说，他们与许多部落和民族一样，一度醉心于祖先崇拜，在原始宗教的一切形式中，这大概是最流行并且对人类产生最大影响的一种形式。直到君主制结束时，这些悼亡习俗与死者崇拜的密切联系可能仍然留在以色列人的记忆里，并给当时的宗教改革者提供了主要动机，禁止对悲伤的过度表达，他们有充分的根据认为，这是异教的习俗。

# 第四章　触人的牛

　　《五经》中最古老的法典《约书》规定："牛若触死男人或是女人，总要用石头打死那头牛，却不可吃它的肉，牛的主人可算无罪。倘若那牛素来是触人的，有人报告了牛主，他竟不把牛拴着，以致把男人或是女人触死，就要用石头打死那牛，牛主也必治死。"①在后来许多祭司法典中，有关惩罚杀人动物的法则，被更广泛地确立为血亲复仇②的普通法的组成部分，这个普通法是大洪水后耶和华向挪亚默示的律法："流你们血，害你们命的，无论是兽是人，我必讨他的罪，就是向各人的弟兄也是如此。凡流人血的，他的血也必被人所流。"③

　　野蛮部落也以同样严厉的方式实行这种复仇原则，事实上，其中有些部落甚至把这种报复原则推进了一步，即毁掉碰巧致人死亡的无生命的东西。例如，印度东北部吉大港的库基人（the Kookies or Kukis），"像所有野蛮民族一样，极具报复习性，血债总是要由血来还，如果老虎在村子附近吃了他们中的任何一个人，整个部落就都武装起来，去追那只老虎。如果杀了它，死者的家人还要饱餐一顿虎肉，为他们的亲人复仇。如果部落里的人在第一次追捕时没能杀了这只老虎，死者家里的人必须继续追捕，因为他们只有杀了这只或另一只老虎，吃了它的肉，才在村里有面子，才可与其他居民相处。同样，如果一只老虎在某次外出时不够友好，吃了一群打猎的人或一群战士，剩下的人（无论他们已经取得什么样的战果）谁也不能体面地返回村子，除非他们杀了那只老虎。还有一种情况更明显地体现了这种复仇精神：如果有人偶然从树上掉下来摔死了，他的亲戚们就聚集起来，把树砍倒，无论这棵树多么高大，他们都会把它劈成碎片，撒在风中，因为就像他们说的那样，它是他们兄弟的死因"④。

---

　　① 见《出埃及记》第 21 章第 28—29 节。——译注

　　② 血亲复仇（blood-revenge），指古时由受害死者的近亲寻觅并杀死凶手来复仇。——译注

　　③ 见《创世记》第 9 章第 6—7 节。——译注

　　④ 参见麦克雷（J. Macrea）的文章，见《亚洲记录（研究）》[*Asiatic Records（Researches）*]，第 7 卷，1803 年，第 189 页以下。——译注

同样，只要有人从树上掉下来摔死，日本的一个原始民族阿伊努人（the Ainos or Ainu）就要向树复仇。当这种事发生时，"人们非常生气，并开始向树宣战。他们聚集起来，举行一种他们叫做 niokeush rorumbe 的仪式。在问起这类事情时，阿伊努人说：'如果有人爬树掉下来摔死了，或者有人砍树而树倒下来把人砸死了，这种死亡就叫做 niokeush，它是由许多住在树干、树枝和树叶上的恶魔造成的。因此，人们应聚集起来，把树砍倒，把它劈成碎片，撒在风中。因为那棵树不毁掉，它就总是危险的，恶魔继续住在它上面。但如果这棵树太大，没法砍，那个地方就被做上明显的标记，让人们不要靠近它。'"在维多利亚西部的土著中，如果有朋友被敌人所杀，死者的亲戚总要烧掉杀人时用的矛或其他武器。同样，澳大利亚西部的某些土著，通常要烧掉杀死某人的矛头。他们解释这种习俗说，被杀的那个人的灵魂就附着在那个武器的头上，只有烧了那个头，它才能去它该去的地方。当英属东非的阿基库尤人（the Akikuyu）中的某个杀人犯已经认罪时，老人们拿着那刺死人的矛或剑，把它敲得非常钝，然后扔进附近河里的深水处。他们说，如果他们忘了这样做，那件武器就会继续带来凶杀。曾亲自调查过英属东非某些部落的一个作者给我们说的意思也差不多，"要过人命的武器被看做是可怕的。只要杀过一个人，它就永远具有招致死亡的邪恶倾向。因此，在阿基库尤人和阿特拉卡人（the Atheraka）中，老年人要把这种武器弄钝，然后埋起来。阿坎巴人（the Akamba）用另一种方式，这更典型地体现了他们狡诈的性格。他们的信仰是，杀了人的箭，从不会失去其致命的活力，这种活力就与箭的主人在一起，弓也有同样的活力。所以，一旦某个 Mkamba[1] 杀了人，他就用骗人的手段哄别人带着它。最初，被杀者的亲戚得到这支箭。他们会从伤口上拔出箭，在夜里把它藏在罪犯的村子附近。那里的人们要寻找它，如果找到了，他们就或者把它放到其他村里，或者放在路上，希望有路过的人捡到，把这种诅咒转移到他身上。但人们对这些发现非常警惕，所以，这支箭多半仍归凶手所有"。

在马六甲的马来人法典中，涉及有劣习的水牛和牛的那一节规定："如果该动物被拴在森林里，在人们不常经过的地方把人触死了，它也要被处死。"[2]在西

---

① Mkamba 是复数形式的 Akamba（阿坎巴人）的单数形式。——原注

② 纽博尔德（T. J. Newbold）：《对马六甲海峡英国殖民地的政治学和统计学描述》（*Political and Statistical Account of the British Settlement in the Straits of Malaca*），第 2 卷，1839 年，第 257 页。——译注

里伯斯岛中部说巴雷埃语的托拉查人中，"血亲复仇也延伸到动物：一头杀了人的水牛，必须被处死"。[①]这很自然，因为"托拉查人认为，动物与人只是在外形上有所不同。动物不能说话，因为它的喙或鼻子不同于人的嘴，动物用四蹄走路，因为它的手（前爪）不同于人的双手，但动物与人的内在特点是一样的。如果鳄鱼吃了人，被害者的家人就要杀了这条鳄鱼，也就是说，杀死它家里的那个凶手或成员。然而，如果多杀了鳄鱼，鳄鱼当然有权报仇，它们肯定会在某个人身上行使它们的权利。如果狗没有分到应得的猎物，下次它就会拒绝去打猎，因为它觉得自己受了委屈。托拉查人远比我们对动物的权利更敏感，尤其是他们认为取笑禽兽会非常危险。例如，如果他看到有人给猿穿上人的衣服，他就会强烈抗议并预言有大风暴以及由下雨造成的洪水。如果嘲笑了猫或狗，谁也难逃惩罚"[②]。在阿比西尼亚北边的一个部落博戈人（the Bogos）中，公牛、母牛或任何一头牛杀了人，都要被处死。[③]

在刚果河谷巴亚卡人（Bayaka）的一个村子的入口处，托尔代先生看到过一个构造简易的绞刑架，上面吊着一条死狗。他听说，这家伙是一个有恶名的窃贼，惯于袭击家禽，所以才被杀一儆百。[④]在阿拉比亚佩特拉[⑤]的阿拉伯人中，如果某只动物杀了人，它的主人就必须把它赶走，而且在它后面喊："卑鄙，卑鄙！"他再也不能养这只动物，否则，他就必须为这只畜生犯下的杀人罪抵罪。如果羊群里的绵羊或山羊致人死亡，比如，从陡坡上猛然飞下来的大石头砸死了人，但不知究竟是哪只动物弄下了那块石头，人们就要把整个羊群都赶走，并边赶边喊："滚开，你们这些卑鄙的家伙！"[⑥]

---

① 参见阿德里亚尼（N. Adriani）和克鲁伊特（A. C. Kruijt）：《西里伯斯岛中部说巴雷埃语的托拉查人》（De Bare' s-sprejende Toradja's van Midden-Celebes），第 1 卷，1912—1914 年，第 182 页。——译注

② 阿德里亚尼（N. Adriani）和克鲁伊特（A. C. Kruijt）：《西里伯斯岛中部说巴雷埃语的托拉查人》（De Bare' s-sprejende Toradja's van Midden-Celebes），第 2 卷，1912—1914 年，第 349 页以下。——译注

③ 参见蒙青格尔（W. Munziger）：《博戈人的习俗与法律》（Sitten und Recht der Bogos），1859 年，第 83 页以下。——译注

④ 托尔代（E. Torday）：《在非洲野地的露营和跋涉》（Camp and Tramp in African Wilds），1913 年，第 42 页。——译注

⑤阿拉比亚佩特拉（Arabia Petraea），阿拉比亚是罗马的一个行省，其旧王都佩特拉曾是宗教中心。——译注

⑥ 参见穆齐尔（A. Musil）：《阿拉比亚佩特拉》（Arabia Petraea），第 3 卷，1908 年，第 368 页。——译注

犹太人之外的古代民族也认可类似的报复性司法原理。波斯人的古代律书《阿维斯陀古经》中规定，如果"疯狗或狗没叫就咬死了绵羊或伤了人，则狗要按故意杀人罪论处。若第一次咬死了绵羊或伤了人，应砍下它的右耳；第二次，应砍下它的左耳；第三次，应砍下它的右脚；第四次，应砍下它的左脚；第五次，应砍掉它的尾巴。因此，应把它拴在桩子上，用颈圈的两边把它拴牢。否则，疯狗或狗没叫就咬死绵羊或伤人，则主人应按故意杀人罪受罚"①。大家都会承认，在这项法规中，古波斯的这位立法者以极大的克制态度来对待惹麻烦的狗，因为在给这个屡教不改的罪犯宣判法律的极刑之前，他给了它至少不下五次的机会，让它改良自己的习性。

古文明全盛时期的中心雅典，为审判伤害或杀了人的动物和无生命的物设立了一个特别法庭。这个法庭坐落在市政厅（prytaneum）里，法官直接就是所有阿提卡地区的虚衔国王和阿提卡不同部落的四个虚衔国王。既然除了雅典卫城要塞（其险峻的岩崖和嶙峋的城垛直接耸立在法院背后），市政厅很可能是雅典最古老的政治中心，而且，既然虚衔的部落国王是古代部落王的代表，而阿提卡居民在推翻君主制、采取共和制政府之前的数百年间，一直由这些古代部落王来统治，因此，我们有理由认为，这个位于古老建筑中并由这些威严的法官主持的法庭极其古老。这里要审理的案件的特点可以证实我们的结论，因为要找到与它们完全相似的现象，我们必须去印度、非洲和西里伯斯岛的未开化之地，看看野蛮部落粗鲁的审判。雅典特殊法庭的围栏里关的犯人，不是男人和女人，而是动物和石制、木制或铁制的工具或投射器，它们曾落下来砸破了人的脑袋，却不知道是谁的手投掷了它们。②我们不知道，这些被定罪的动物会受到怎样的处置，但我们得知，掉下来砸死人的无生命的东西，也被这些部落王逐出领地。每年，当着在法院的法官席上就座法官们的面，在雅典卫城为宙斯节杀牛用过的斧子或刀子，都要被庄严地宣判为凶手；每年，它都被庄严地定罪，被宣判，然后被扔进海里。为了嘲笑这些雅典人坐在陪审席上的激情，喜剧诗人阿里斯托芬在一个剧本中描述了一位可笑的老陪审员用法律的一切正式手续审一只偷吃了奶酪的狗。③这位雅典诗人在法院的旁听席上消磨闲暇时光时，忍俊不禁地看着那些关在法庭围栏里的狗、牛或驴之类的囚犯被指控蓄意并凶

① 见《阿维斯陀古经》（*The Zend-Avesta*）第 1 部分。——译注
② 参见亚里士多德：《雅典政制》（*Constitution of Athens*），57。——译注
③ 参见《马蜂》（*Wasps.*），835—1082。——译注

险地咬、触、踢或攻击了某个雅典市民，这时，他或许就萌生了这个著名场景的创作念头，拉辛在其唯一的喜剧《讼棍》中曾模仿了这个场景。

非常奇怪的是，唯心论大哲学家柏拉图提出，要把这种野蛮法学纳入他在生命最后时段仍在构想的理想国的律法之中，从而给这些野蛮法学的古怪遗迹披上他的权威外衣。不过，必须承认，在开始创作《法律篇》时，这位年迈艺术家颤颤巍巍的手已经灵巧难再，他用来描绘他的最后画卷的画布如此庞大，与《理想国》①空想的壮丽景象相比，这块画布的色彩显得苍白。很少有哪部著作能够如此清晰地印上衰退想象力的余晖和天才已老的痕迹。②在这部最后的著作③中，柏拉图的太阳透过厚厚地聚集在其背景周围的云团发出暗淡的光芒。这位哲学家提出，要以雅典市政厅为榜样建立一种司法程序，这段话是这样的："如果一只驮兽或任何其他动物杀了任何一个人（除非它们在一场公共对抗的比赛中发生突然事故），那么亲属们必须控告谋杀者，近亲必须指定某些城市维护者（他高兴要谁就谁，要多少就多少），由他们审理案件。如果动物被判有罪，他们应该把它杀了，扔出国境线。如果有一样无生命的东西使人丧失了性命（但不是雷击或神使用的某种类似武器，而是其他东西砸着他，或者他倒在某一东西上），那么近亲必须指定一个近邻审理此物，从而实现他自己和死者整个家族系统的道德净化，被判的物件必须扔出国境线，办法同动物案。"④

控告无生命的东西杀人，并非古希腊的雅典独有的情况。萨索斯岛的一条律法规定，任何掉下来砸死人的无生命的东西，都要被带去审判，如果发现有罪，就应扔到大海里去。当时，在萨索斯市的中心还立着一位名叫泰格涅斯（Theagenes）的著名拳击手的铜像，他曾在一生的比赛中多次获奖，于是，市民们珍藏着关于他的记忆，把他的铜像当做当地最耀眼的装饰物之一。但有一个坏蛋对这位已故职业拳击手怀有恶意，他每天晚上都来狠狠地抽打这个塑像。该塑像一度对这样的待遇保持高贵的沉默，但终于还是忍不住垮了下来，掉在它胆战心惊的攻击者身上，把他压死了。死者的亲属起诉了这个塑像，指控它是杀人犯，它被定罪和宣判，并被扔到海里。奥林匹亚也盛行一种与杀人塑像有关的类似法

---

① 《理想国》（*The Repulic*），又译《共和国》。——译注

② 弗雷泽曾说，柏拉图是他的旧爱，他在年轻时曾读过柏拉图希腊文版的全部著作。他在剑桥大学三一学院古典系的竞聘论文就是《柏拉图理念论的生成》（*The Growth of Plato's Ideal Theory: An Essay*，Macmillan and Co.，limited，Lodon），后来于 1930 年出版。——译注

③ 指《法律篇》（又译《法篇》），这是柏拉图最后一部作品，在他去世前若干年内写成。——译注

④ ［古希腊］柏拉图：《法律篇》，张智仁、何勤华译，孙增霖校，上海人民出版社 2001 年版，第 307—308 页。——译注

律，或者说，无论如何，我们都可以感到其中有类似的顾虑。有一天，一个男孩在圣区里立着的一个铜牛塑像下玩耍，这个小家伙忽然爬了上去，用他的头撞动物塑像坚硬的腹部，熬过几天之后，他因这次撞击而死。奥林匹亚当局决定，把这头铜牛从教区地上移走，因为它犯了故意杀人罪，但德尔斐神谕对此案件却采取了更加宽容的态度，裁定该塑像的杀人不是蓄意伤害罪。当局接受了这个裁定，按神谕的指示，他们给这个铜牛举行了神圣的净化仪式，依照惯例，非故意杀人案都要履行这种仪式。据说，当大西庇阿斯①去世时，罗马的一尊阿波罗塑像竟伤心地哭了三天。罗马人认为这次悲伤太过了，根据占卜师的建议，他们把这个过于多愁善感的塑像打碎，然后沉入海里。在罗马，动物常常不能免于法律的严厉制裁。传说出自王室立法者和改革家努玛（Numa）的一条古代法令或习俗规定，如果有人犁倒了一块界石，不只他本人，还有在这个渎圣罪中协助他并唆使他的牛，都要献祭给界神。换言之，人和他的牲畜都被置于法律的范围之外，任何人都可以杀了他们而不犯法。②

以此为根据的这些想法和习俗，不限于野蛮人的部落和古代异教的文明民族。在欧洲大陆，直到相对晚近的时候，人们仍然认为，更低等的动物在各方面都要遵从法律。家养动物在普通的刑事庭受审，它们受的刑罚是死刑；野生动物在教会法院受审，它们受的刑罚是用驱除邪魔的诅咒或开除教籍的方式被放逐或处死。如果圣帕特里克真的用驱除邪魔的诅咒把爱尔兰的爬虫都赶到海里或把它们变为石头，③而圣伯纳德通过把他周围嗡嗡叫的苍蝇逐出教会而真的把它们全都拍死在教堂的地板上，那么，这种刑罚就绝非轻刑。④受审家养动物拥有的特权，以《约书》的犹太人律法为依据，这种依据坚如磐石。在每个案件中，都要指定律师为动物辩护，整个诉讼过程，包括审判、宣判和执行，都以最严格的审判形式和法律尊严来进行。法国文物工作者的研究已经公布了 12到 18 世纪法国法庭的 92 个诉讼程序的审判记录。这个国家的所谓犹太教规的最后一个受害者是一头母牛，它于公元 1740 年被这种律法判处极刑。另一方面，教会当局审判的那些野生动物以及老鼠、蝗虫、毛虫等害虫的权利，并不完全

---

① 大西庇阿斯（Scipio Africanus，公元前 236—前 183），古罗马的执政官。——译注
② 费斯图斯（Festus）：《语词的含义》（De verborum significatione），第 318 页，参见词条 "sacrae leges"。——译注
③ 参见泰勒（E. B. Tylor）：《原始文化》（Primitive Culture），第 1 卷，1873 年，第 372 页。——译注
④ 参见米尔曼（H. H. Milman）：《拉丁基督教史》（History of Latin Christianity），第 4 卷，1905年，第 313 页。——译注

（至少初看起来不是明白无疑地）以《圣经》为依据，而是用一连串推论从《圣经》中推导出来的，其中最牢固的环节如下：因为耶和华诅咒蛇引诱了夏娃，因为大卫为了扫罗和约拿单的死而诅咒基利波山①，因为我们的救世主诅咒无花果树在海那边结不出无花果，所以，以此类推，天主教堂显然有充分的权力和权威驱逐、诅咒、咒骂、咒逐一切有生命和无生命的造物，或者革除其教籍，毫无例外。的确，有些博学的教会法规学者，用单纯的人类学问和假哲学的自负夸夸其谈，擅自对一般人看来肯定毋庸争辩的一系列论据吹毛求疵。他们认为，审判和处罚犯罪行为的权限，隐含着制定法律的至高无上的权力与遵守它的国民之间的一种契约、条约或约定，而更低级的动物，由于没有智力，根本不能缔结任何一种契约、条约或约定。由于它们对法律一无所知，它们在这种情况下做出的行为，也不能受法律的制裁。而且，他们声称，教会不能以任何审判的形式驱逐它拒绝洗礼的动物。他们特别强调由米迦勒天使长②提供的判例，他在与撒旦争夺摩西的尸体时并没有责骂撒旦，而是留待耶和华去惩罚他。但是，这种遁词和诡辩带有强烈的理性主义味道，根本不能对抗教会立法所依据的《圣经》权威和传统习俗的坚不可摧的力量。教会实施立法的方式一般是这样的：

当某个地区的居民受过多的有害动物或昆虫的侵犯时，他们就会去对口的教会法院起诉这些动物或昆虫，法院指派专家评估和报告它们造成的损害。然后指定一位律师替动物辩护，并提出它们之所以不应被传唤的理由。然后，传唤它们三次，但似乎都没有回音，于是，在它们缺席的情况下，作出审判。然后，法院正式通告这些动物，警告它们在特定时间内离开本地区，违者严惩。如果它们没在指定的日期之内或之前离开，就要郑重其事地用驱除邪魔的诅咒驱逐它们。但是，法院似乎极不情愿这样做把事情推向极端，他们寻求一切变通手法和便利条件来避免或者至少推迟这种痛苦的必然结局。在树立教会神威时的这种迟迟拖延的原因，大概是对被其破坏的动物情感的温柔眷顾，尽管有怀疑者声称，真正的原因是害怕这些动物根本不听这些禁令，而且在诅咒之下，它们非但没有减少，反而繁殖得更多更快，就像某些案例中说的那样。教会法院的律师们并不准备否认害虫在被开除教籍的命令之下超常增殖的情况，但他们有各种理由把这一点归因于魔鬼的诡计，就像我们从约伯的案例中得知的那样，

①基利波山（Mount Gilboa），巴基斯坦北部的一个山脉。扫罗王及其军队在此北山与非利士人决战时，他和约拿单均被杀。——译注

②米迦勒天使长（the Archangel Michael），《圣经》中的天使之一，曾率领他的使者与魔鬼撒旦战斗。——译注

魔鬼得到许可，徘徊在大地上，给人类带来巨大的烦恼和痛苦。

　　但照理说，不能指望这种诅咒的实施会给拖欠什一税的教区居民带来好处。因此，关于这个问题，一位法律权威规定，赶走蝗虫的最好办法就是交什一税，这是首要的原则，他用先知玛拉基①的高级权威来支持这个有益的学说②。后者描绘了上帝以最激烈的言辞谴责犹太人迟迟不交什一税，并以最为诱人的色彩描绘了上帝给纳税人播撒的祝福，只要他们交了税，上帝在收到欠税后，就会履约，毁掉吃庄稼的蝗虫。这种既求助于钱袋子又诉诸崇拜者的虔诚的迫切要求，表明在先知时代庙宇的财源已经退至低潮。他的振奋人心的告诫所提供的雄辩布道文句，在中世纪许多布道坛上的类似情形下被一再宣讲。③

　　欧洲从前审判和处罚动物的一般原则就这么多。有些民事案件和教会案件的范例，即使不会加深我们对法律威严的尊敬，也将有助于适当地阐明我们祖先的睿智。

　　在圣于连社区的全体居民与甲虫类昆虫（现在博物学家一般称为 Rhynchites auratus④）之间的一个诉讼案，断断续续持续了四十二年多。最终，疲于诉讼的居民们要对此事妥协，他们提议，永远放弃该地区的一块肥沃土地，留给昆虫独自享用和受益。这些动物们的律师坚决反对这种提议，因为它会极大地限制他的当事者的天然自由权，但法庭驳回了这一抗辩，并指定评审员去评估那块土地，证明那里有木有水，非常适合昆虫的生长，教会当局下令用正规的大字体写下并执行这个财产转让手续。人们为摆脱了昆虫和诉讼案而欢欣鼓舞，但他们高兴得

---

　　① 玛拉基（Malachi），《旧约》中公元前 5 世纪希伯来十二小先知之一，希伯来语的意思是"我的使者"。——译注

　　② 见《玛拉基书》第 3 章第 7—12 节。——译注

　　③ 参见诺克（F. Nork）:《德国人及其相邻民族的风俗和习惯》（*Die Sitten und Gebräuche der Deutschen und ihre Nachbarvölker*），1849 年，第 941 页以下；巴林-古尔德（S. Baring-Gould）:《旧时奇事》（*Curiosities of Old Times*），1869 年，第 50—71 页；钱伯斯（R. Chambers）:《节日之书》（*The Book of Days*），第 1 卷，1886 年，第 126—129 页；韦斯特马克（E. Westermarck）:《道德观念（1906—1908）》[*Moral Ideas（1906-1908）*]，第 1 卷，第 254 页以下；埃文斯（E. P. Evans）:《对动物的犯罪起诉和判处死刑》（*The Criminal Prosecution and Capital Punishment of Animals*），1906 年，第 1—192 页，第 257—371 页。——译注

　　④ Rhynchites auratus，拉丁文，意思是"樱桃虎象"或"杏虎"。——译注

太早了，调查又发现了一个令人不快的事实：在昆虫生活的那块土地上，有一个被用作颜料的赭石质的土矿或采石场，尽管这个采石场早就开采完了，但有人原来就拥有它的通行权，如果他行使这种权利，那么，这些新的昆虫领主当然就有极大的不便，更不要说，把它们踩在脚下它们还会有伤害身体的危险呢。这个障碍很要命——合同作废了，整个程序重新开始。它如何结束或者什么时候结束，大概从来没人知道，因为记录残缺不全。可以十分肯定的是，这个案子始于 1445 年，它或者是同类的另一个案子到了 1487 年仍在诉讼过程当中。我们可以由此推断，圣于连社区的居民们很可能没有得到任何赔偿，而昆虫仍占据着那块土地。

16 世纪初，对欧坦教区老鼠的另一个诉讼案非常有名，因为有著名律师兼法官巴塞洛缪·德·沙瑟努(Bartholomew de Chasseneux)或称沙瑟尼(Chassenée)的参与，人们称他为法兰西的柯克①，这次为老鼠作的精彩辩护，也为他的声名鹊起奠定了基础。那时老鼠大量偷吃粮食，吞噬了勃艮第大部分地区的庄稼。居民们提出起诉，老鼠被传讯到法庭上应诉。诉讼形式非常正规：为了防止一切偏差，它们称被告为灰色的、住在洞里的肮脏动物，法庭的一位办事员按常规对待它们，他在老鼠最常出没的地方宣读诉状。不过，在指定的那天，老鼠并没出现在法庭上。它们的律师代表其委托者辩护说，这些起诉过于局部和个别，既然涉及该教区所有老鼠，就应该从教区的各个地方把它们传讼过来。这个辩护得到批准，在后来的某一天，该教区的每个堂区牧师受命要传唤每只老鼠。到了这一天，仍不见老鼠，沙瑟努声称，由于他所有的当事者都要被传讯到，年轻的和年老的，生病的和健康的，大的准备工作需要就绪，某些安排需要实施，所以，他要求延期。这也被批准了，确定了另一天，但老鼠仍没有如期而至。然后，它们的律师对这次传唤在某些情况下的合法性提出了质疑。他貌似有理地指出，法庭的传唤意味着被传唤者来回都要有安全通行权，但他的当事者老鼠，尽管迫不及待地要响应传唤，却不敢走出它们的洞穴，因为它们害怕原告豢养的喜欢作恶的猫。他接着说："让原告们订立契约，违则施以钱财方面的重罚，他们的猫就不会再骚扰我的当事者了，传唤马上就能得到执行。"法庭认可了这个辩护的有效性，但原告们拒绝为他们的猫的善举担保，所以，老鼠出庭的日期就被无限期地拖延下去。

---

① 柯克（Sir Edward Coke，1552—1634），英国法学家，曾经任下议院议长和民事法院首席法官。——译注

1519 年，蒂罗尔①的斯泰尔维奥社区的全体居民对鼹鼠或田鼠（Lutmäuse）提起刑事诉讼，认为它们"打洞并扬土，毁坏了庄稼，致使草和绿色植物都不能生长"。不过，"为了让所说的鼹鼠或田鼠能够说明它们的迫切要求和苦衷，从而表明它们这样做的理由"，一个名叫汉斯·格里嫩纳的律师被指定为它们辩护，"以便让它们对这些诉讼程序毫无怨言"。起诉方的辩护人是施瓦茨·米宁（Schwarz Mining），他从许多证人口中得到的证据无可辩驳地证实被告对原告的土地造成了严重的破坏。实际上，被告方的律师出于职责，要尽力代表他的当事者来打这场对它们不利的官司。他站在它们的立场上提出，鼹鼠或田鼠给这个社区尤其是农业带来许多裨益，它们消灭了有害的昆虫和幼虫，松动并养肥了田地。在结束辩护时，他表达了一个希望，即如果他的当事者输了这场官司并被宣判离开现在的居住区，必须给它们另行指定一个适合居住的地方。他出于单纯的公正进一步要求，应该给它们安全通行的权利，使其免遭猫、狗或其他敌人的危害或侵扰。法官认可了最后一个请求的合理性，而且出于宽大的仁慈，不仅给了它们安全通行权，而且允许所有怀孕的鼹鼠和幼鼠缓期十四天执行。

1478 年，伯尔尼当局对一种统称为 inger 的害虫提起刑事诉讼，它大概就是一种豆象属甲虫类昆虫。据说，而且我们也相信，挪亚方舟上并没有发现这种昆虫的样本。该案由洛桑的主教来审理，但被拖延了很长一段时间。这些被告已被证明对田地、牧场和花园造成了很大破坏，它们以常规方式受到传唤，在发出传唤之后的第六天的下午一点整，要在威夫利斯堡（Wifflisburg）的洛桑的主教大人面前，由它们的律师为它们的行为申辩。然而，这些昆虫对传唤置若罔闻，它们的律师即弗赖堡的一个名叫让·佩罗德的人，在替他的当事者辩护时，似乎没有表现出多少能力或精力。总之，宣判对它们不利，教会的威吓措辞如下："我们，蒙费朗的本尼迪克特、洛桑的主教等人，已听取了伯尔尼高贵而伟大的主人对 inger 的请求以及后者毫无成效并可以驳回的申辩，因此，出于我们被圣十字架坚定起来的意志，出于对我们眼中唯一能作出一切公正审判的上帝的畏惧，而且基于我们就此案向法律专家委员会的咨询，在此宣判中认可并公开宣布，对可恶的害虫和 inger 危害青草、葡萄、牧场、谷粒和其他果实的申诉有效，由它们的律师让·佩罗德亲自用驱除邪魔的诅咒加以驱逐。遵此，我们把我们的诅咒加于其身，命它们服从，并以圣父、圣子和圣灵的名义谴责它们，责令它们离开所有田地、土地、圈地、种子、果实和出产。我以此项判决

① 蒂罗尔（Tyrol，或写作 Tirol），中南欧的一个地区，在奥地利西部和意大利北部。——译注

批准并宣布，你们被放逐并用驱除邪魔的诅咒加以驱逐，凭借全能的神的威力，你们将被称为该诅咒的，无论你们走到哪里都会日渐减少，除了为人利用和谋利外，你们将一无所剩。"人们焦急地等待着这个裁决，而且为这个判决欢呼雀跃。但他们高兴得太早，因为说来也怪，顽固的昆虫们似乎置宗教的威吓于不顾。据说，它们照旧侵扰并折磨着伯尔尼人，以示对他们的报应，直到这些"罪人"求助于通常令他们痛苦却有效的良方，即交了他们的什一税。

13 世纪，瑞士格劳宾登州首府库尔的居民状告美因茨的选帝侯领地的一种名叫西班牙蝇的绿甲虫。传唤它们的法官出于对其身体之小和极端年幼的怜悯，批准为它们指定一个监护人和律师，此人为他们的案件辩护，并为它们赢得了一块驱逐之地。历史学家补充说："直到现在，仍在及时奉行这种习俗，每年都要给这些甲虫留出明确的地盘，它们聚集在那里，没人受到它们的侵扰。"1451年，在洛桑审判水蛭的诉讼过程中，有许多水蛭被带上法庭，听取对它们发出的通牒，即在三天之内要所有水蛭离开该地区。这些水蛭竟然抗命，拒绝离开这个地区，它们被正式用驱除邪魔的诅咒加以驱逐，但这次驱逐的形式与平时略有不同，因此，它受到某些宗教法规学者的批评，虽然也得到另一些人的有力维护。尤其是当时的著名学府海德堡的学者，不仅表示他们完全一致地赞成驱逐，而且让所有声称反对此事的人变得哑口无言。虽然他们公开承认这与为此制定的公认程式有些偏差，但他们胜利地欢呼，驱除的效果已得到结果的证明，因为它实施以后，水蛭马上就开始一天天死亡，最后全部灭绝。

在法律起诉的动物虫害中，毛虫灾害大概是最频繁的一种。1516 年，维勒诺斯（Villenose）的居民对这些毁灭性的昆虫提起了诉讼，此案由特鲁瓦的修道院长来主审，他在判决中，告诫毛虫在六天内离开维勒诺斯的葡萄园和土地，如若不然，他就用庄严的诅咒和咒语威胁它们。在 17 世纪，皮德蒙特的斯特兰比诺的居民深受毛虫或他们所说的 gatte 的危害，它们毁坏了葡萄园。这种灾害持续了数年，祈祷、列队行进唱赞美诗和圣水的一般方法都被证明无济于事，法警就以适当的形式把这些昆虫传唤到法官或市长面前，为它们给本地区造成危害的指控作出申辩。这场审判在 1633 年进行，其原始记录仍保存在斯特兰比诺市的档案馆。下面是这份文件的译文：

公元 1633 年 2 月 14 日，由最著名的杰罗拉莫·圣·马蒂诺·代·西尼奥里（Gerolamo San Martino dei Signori）先生和马泰奥·雷诺（Matteo Reno）、巴尔贝里斯（G. M. Barberis）、梅尔特（G.

Merlo）诸先生及代表每个人的斯特兰比诺执政官依法进行审理。数年来，在每年 3 月和春季会出现名为 gatte 的小蠕虫，从它们出生开始，就在上面提到的诸先生和普通百姓的葡萄园中侵蚀并吞吃刚刚发芽的葡萄。一切权力均来自上帝，所有造物，包括那些没有理性的造物，都要服从他，当他人的帮助无济于事时，出于神圣的怜悯，就要诉诸世俗的审判加以补救。因此，我们提请阁下的部门尽快对付这些为害的动物，你们可以迫使它们停止上述危害，放弃葡萄园，传唤它们到理性的审判席上表明它们之所以不能停止侵蚀和破坏的理由，违者罚其被逐出此地并没收财产。执行的判决已被大声宣读，其副本已附送法庭。

鉴于这些事情已被证实，法官先生命令这些有罪的动物到审判席上表明它们之所以不能停止上述危害的理由。我们，罗拉莫·迪·圣·马蒂诺（Girolamo di San Martino）、斯特兰比诺的法官和这些在场者，依法传唤并指定这些叫做 gatte 的动物在 5 时来到法庭，在我们面前说明它们不能停止为害的原因，违者罚其被逐出此地并没收财产。本文件自公布时起开始执行，其副本附送列席法官，自 1633 年 2 月 14 日开始生效。

签名：圣·马蒂诺（法官）

在相邻的萨沃伊省，自 16 世纪以来，"有一种非常奇怪的古老习俗，当毛虫和其他昆虫造成严重破坏时，牧师们就把它们逐出教会。堂区牧师来到被毁的地里，有两个律师辩护，一个为昆虫辩护，另一个指控它们。前者提出的论据是，由于上帝创造动物和昆虫比人早，所以，它们对地里的出产有优先权，后者抗辩说，危害如此之大，即使这些昆虫有优先权，农民们也已不堪劫掠。在最终的审判中，牧师庄严地把它们逐出教会，并命令它们待在为它们划定的一块地里"。

对毁灭性的害虫采取法律诉讼的习俗，一直保留到 18 世纪前半叶，并且通过教会传到了新大陆。1713 年，巴西马拉尼昂州的彼达迪省的小兄弟会修士们状告该地区的蚂蚁，因为这些蚂蚁在修道院的地基下恶毒地打洞，侵蚀了教友们的地窖，削弱了该修道院的墙壁，甚至可能让它整个坍塌。这些蚂蚁并不满足于挖掘这座圣殿的根基，还像夜贼似的潜入储藏室，偷走本该由教友们享用的面粉。是可忍孰不可忍，于是，在其他所有方法都不能奏效时，有一位修士想出了一个主意，恢复他们天使般的创办人特有的那种谦恭和淳朴的精神，既然这位创办人把一切造物称为他的教友或姐妹，例如太阳兄弟、狼兄弟、燕子妹妹等等，那么，他们也应把他们的蚂蚁妹妹告到神圣的天命法庭，应为被告和原告指定律师，主教也应以最高法庭的名义听取这个案件并作出审判。

这个明智的提议得到赞许，在审判的一切准备都就绪之后，律师为原告提交了诉状。由于被告律师要辩驳它，所以原告律师开始他的诉讼，说明他的当事人为什么应受法律的保护。他表明，他善良的当事人修士们靠公众的仁爱过活，用许多劳动和个人的不便从信众那里得到施舍，而蚂蚁，其道德和生活方式显然与《福音书》的训诫相反，因而被兄弟会的创始人圣弗兰西斯视为可怕之物，它们靠掠夺和欺诈生存，而且不满足于小偷小摸的举动，还要忙着用公开的暴力在他的当事人修士们的耳畔把房子弄倒。结果，被告就不得不说明原因，否则就被判处法律的极刑，或者被时疫处死，或者被水淹死，总之，要从那个地区被根除。

另一方面，蚂蚁的律师认为，在从其创造者那里接受了生命的馈赠之后，它们受自然规律的支配，要靠它们固有的自然本能来保存自己。在遵循这些手段时，它们把人当做慎重、怜悯和其他美德的样板，并以此来侍奉上帝，为了证明这一点，它们的律师援引了《圣经》、圣哲罗姆、阿布萨隆大主教①甚至普林尼的段落。蚂蚁们的工作远比修士们辛苦，它们背负的重物常常大于它们的身体，它们的勇气比它们的力量还大。在造物主的眼里，人本身不过是蠕虫，他的当事者远在原告立足之前就拥有了大地。所以，是修士而非蚂蚁才应从土地上被赶走，他们的理由无非是强取豪夺。最后，原告应该用人类的手段来保卫他们的房屋和粮食，这一点被告并不反对，而它们，被告，也要继续它们的生活方式，服从它们自然禀有的规律，享有大地的自由，而且大地并不属于原告而是属于主，因为"大地及其上面的所有东西都是主的"。

这个答辩接着是回答与反驳，在此过程中，原告律师自己不得不承认，论辩已经在很大程度上改变了他对被告罪行的看法。整个事情的结局是，法官在心里细细掂量了证据之后，宣判教友们应在附近指定一块适合蚂蚁栖居的土地，而这些昆虫也应马上从它们的住处搬到新的居所，违者将被大批逐出教会。他指

---

① 阿布萨隆大主教（the Abbot Absalon，约1128—1201），丹麦大主教、政治家，先后任罗斯基勒和隆德大主教。——译注

出，这样安排，双方都会满意并达成和解，因为蚂蚁必定记得是这些修士们进入这块土地播撒福音的种子，而蚂蚁在其他地方很容易谋生，甚至付出的代价更少。这项判决的递交带有法律的严肃性，法院委派一位修士去把它送给蚂蚁，他在蚂蚁洞口大声宣读了这项判决。这些昆虫们忠实地接受了它，它们成群结队急忙离开蚂蚁窝，向着给它们指定的栖息地，笔直挺进。

1733 年，硕鼠和小耗子给博兰顿（Bouranton）的村庄和土地带来了很大的麻烦，它们挤满了屋子和粮仓，毁坏了田地和葡萄园。于是，村民们状告这些害虫。1733 年 9 月 17 日，法官路易·居布兰审理了这个案子。检察官代表原告，被告的代表名叫尼古拉·居布兰，他替当事者辩护说，它们也是上帝的造物，因此有生存的权利。对此，起诉人的律师回答说，他并不想妨碍上述动物的生命，相反，他准备给它们指定一个地方，让它们在那里歇息并寻求住处。于是，硕鼠和小耗子的律师请求三天的宽限，让他的当事者撤离。在听了双方的陈词之后，法官总结并作了宣判。他说，考虑到上述动物已经造成很大的破坏，他判它们三天之内从博兰顿的房屋、粮仓、耕地和葡萄园里撤走，但它们如果觉得合适，可以自由前往沙漠、未耕的土地和公路，只要它们不祸害田地、房屋和粮仓，否则，他就不得不求助于上帝，通过教会的谴责，宣布把它们逐出教会。这项判决按规定形式用大字体清晰端正地写成，由法官路易·居布兰亲笔签署。

很容易理解所有这类案件的判决执行为什么要交给教会而非民事的权威部门。对一个普通的执行者来说，即使他热情、积极而强壮，要对整个地区所有硕鼠、小耗子、蚂蚁、苍蝇、蚊子、毛虫和其他害虫实行绞杀和斩首，在体力上也是不可能的，但对人不可能的事情，对上帝来说就是可能的，实际上更是容易的事情，因此，把超越了民事执法官及其属的行刑者能力的问题交给上帝在世间的牧师们来尽力解决，就是顺理成章、合情合理的事情。另一方面，当罪犯不是野生动物而是驯养动物时，处理它们的问题就更简单了，实际上，这就在民事权利的范围之内。因此，在所有这些案件中，审判都采取了正常的程序，在逮捕罪犯以及在公平审判之后，送它们上绞刑架、垫头木或火刑柱，易如反掌。正因如此，在那些年代，害虫还能享有牧师的开恩，而驯养动物却不得不承受民事审判权的严厉制裁。

例如，1457 年，在萨维尼，有一个名叫让·贝利（化名瓦洛）的人的一头母猪和它的六只猪崽受到起诉，它们"杀害了萨维尼的让·马丁（Jehan Martin）的 5 岁的儿子，名叫让·马丁"。在充分考虑了证据之后，法官宣判"让·贝利

（化名瓦洛）的母猪，由于杀害了萨维尼的名叫让·马丁的人，被萨维尼的女修道院长（Madame de Savigny）的法官充公，以便受到法律的极刑，倒着吊死在一棵歪脖树上"。这个宣判被执行了，因为在仍然保存的该案件的记录中，我们读到，"我们，尼古拉·夸罗里隆法官，昭谕所有人，在上述诉讼之后不久，我们确实而且实际上把所说的猪移交给住在索恩河畔沙隆的高级司法部长艾蒂安·普安斯奥先生，来按照我们上述宣判的形式和要旨执行。如上所述，我们已移交了那头猪，艾蒂安先生确实在萨维尼的女修道院长的法官的权限之内立即用大车把那头猪带到所说的一棵歪脖树下，艾蒂安先生把那头猪倒着吊死在那棵歪脖树上，按我们上述宣判的形式和要旨，执行了我们的上述宣判"。至于那六只小猪，虽然发现也沾上了血，但"由于没有任何迹象表明这些小猪确实吃了所说的让·马丁"，它们的案子被延期了，它们的主人保证，只要有证据表明它们帮助它们杀人的妈妈吃掉了让·马丁，它们就会出现在法院的被告席上。在重审时，由于没有这样的证据，而且它们的主人拒绝为它们今后的善举负责，所以，法官宣判"这些小猪作为无主财产，的确属于萨维尼夫人，我们兹按照本国的理性、惯例和习俗决定，把它们判给她"。

1386 年，有一头母猪在诺曼底的法莱斯抓破了一个男孩的脸和胳膊，根据"以牙还牙"的原则，它被判处以同样的方式残体，后来被吊死。罪犯被带到刑场，穿着马甲、长裤，戴着手套，头上戴着人的面具，完全就像一个普通罪犯。这次行刑要给行刑人 10 苏①、10 个德尼厄尔②和一副手套，他在处理专职工作时不能弄脏了手。有时，动物的行刑开销更大。这里有一份处死 1403 年在巴黎附近的默兰吃了一个孩子的母猪时的账单：

　　　它在监禁中的开销支出………………6 苏
　　　账目：奉法警和国王检察官之命和安排
　　　　　从巴黎来默兰执行上述刑罚的行刑人支出……………54 苏
　　　账目：载它行刑的大车支出………………6 苏
　　　账目：绑它的绳子支出………………2 苏、8 个德尼厄尔
　　　账目：手套支出………………2 个德尼厄尔
　　1266 年，有一头母猪在巴黎附近的丰特奈—欧罗斯被烧死，因为它吃了一

---

① 苏（sou），旧时法国辅币名，20 苏等于 1 法郎。——译注
② 德尼厄尔（denier），旧时在法国和西欧使用的一种小硬币，原为银质。——译注

个孩子，行刑的命令由圣热钠维埃芙①修道院的法官发出。

　　尽管母猪似乎屡屡被处以法律的极刑，但它绝非唯一受此刑的动物。1389年，据蒙巴尔的地方行政官的报告，有一匹马在第戎②受审，并被判处死刑，因为它杀了一个人。1499年，博韦附近的博普雷的西多会修道院当局判一头公牛"上绞刑架受死"，因为它"在考罗（Cauroy）的领地即该修道院的属地残忍地杀害了一个14或15岁的小伙子"。另一次，在1314年，穆瓦西的一个农工让一头疯牛跑了，这头牛把一个人触得非常严重，他只活了几个小时。听说这个事件之后，瓦卢瓦的伯爵查尔斯下令抓捕并审判这头公牛。这也被照办了。伯爵的官员们收集了所有需要的信息，收到了证人的宣誓书，给这头公牛定了罪，它被判处死刑，被绞死在穆瓦西教堂的绞刑架上。后来，有人给议院递交了一份反对伯爵官员判决的上诉，但议院驳回了这个上诉，判定公牛罪有应得，尽管瓦卢瓦的伯爵干预此事时已经越权。迟至1697年，经过埃克斯议院的判决，有一匹母马被烧死。

　　1474年，在巴塞尔，有一只老公鸡受审并且被判犯了下蛋罪。原告律师证实，公鸡蛋是无价之宝，因为它混有某些巫术配料，巫师宁可要一只公鸡蛋而不愿成为点石成金的大师，在异教徒之地，撒旦雇佣女巫孵出了这样的蛋，并从中产生了绝大多数危害基督教徒的动物。这些事实非常明显而且尽人皆知，因而难以否认，囚犯的律师并不想对此持有异议。他承认了当事者被指控的所有行为，然后，他问道，它下了一只蛋会有什么邪恶意图呢？它对人或牲畜有什么危害呢？此外，他认为，下蛋是一种非自愿行为，所以，法律不能惩罚它。至于巫术的控告，如果是指他的当事者，他完全否认此事，他还举出了撒旦和禽兽缔结契约的一个例子来反驳这一起诉。原告律师抗辩说，虽然撒旦并没有与禽兽缔结契约，但他有时就进入它们中间，为了证实这一点，他引述了加大拉的猪③这个著名的例子，并颇有说服力地指出，虽然这些被魔鬼附身的动物是非自愿者，就像被告席上的囚犯在非自愿的情况下下了蛋一样，但它们仍然被罚从一个陡峭的地方猛跑到湖中，淹死了。这个著名的先例显然给法庭留下了深刻的印象。总之，这只公鸡被判了死刑，不是以公鸡的身份，而是以已经附形

---

　　① 圣热钠维埃芙（422？—500？），巴黎的女主保圣人，传说曾劝说巴黎居民留城固守并击退了匈奴入侵者。——译注

　　② 第戎（Dijon），法国东部城市。——译注

　　③ 加大拉的猪（the Gadarene swine），典出《圣经·马太福音》，说鬼入猪群，猪群闯湖而死。——译注

为家禽的巫师或魔鬼的身份，人们带着常规行刑时的一切庄严性，用火烧死了公鸡和它下的蛋。据说，这个案子的辩护状卷帙浩繁。

如果说撒旦折磨了旧大陆的动物，那么，并没有理由认为它会放过新大陆的动物。因此，我们毫不奇怪地读到，在新英格兰，"一只狗在塞勒姆莫名其妙地受到了折磨，那些有幻视能力的人说，审判员的一个兄弟通过隐身术骑在它身上，折磨这只可怜的动物。那个人跑了，但狗却被非常不公平地绞死了。另一只狗被控折磨另一些人，它一看他们，他们就昏死过去。它也被处死了"[1]。

在萨瓦[2]，据说动物有时既出现在证人席上，也出现在被告席上，在权限分明的案件中，它们的证言具有法律效应。如果有人在日落到日出的这段时间里闯入另一个人的房屋，主人杀了闯入者，这个行为就被认为是合法的杀人。但也有可能是一个独自生活的恶人，引诱另一个人与他一起过夜，在把他杀了之后，又说受害人是强盗，他出于自卫杀了他。为了防止这种不确定性，给谋杀犯定罪，法律机敏地认定，在这些情况下，一旦有人被杀，独居的房主就不能被认为是无辜的，除非他出示一只狗、猫、公鸡或他屋里的一个居住人，他们能替杀人者作证并且根据自己的了解证明其主人是无辜的。房主必须在动物面前宣称自己是无辜的，如果禽或兽不反对他，他就被认为是无罪的。法律上认为理所当然的是，上帝会直接介入此案并开启猫、狗、公鸡的嘴，就像他曾打开巴兰的驴子[3]的嘴而不会让杀人犯逃之夭夭一样。[4]

在现代欧洲，正如在古希腊一样，无生命的东西有时似乎也因为它们的过失而受罚。1685 年，在南特赦令[5]废除以后，拉罗谢尔的新教教堂被宣判拆毁，但大概考虑到其价值，钟被留下了。不过，为了弥补它曾为异教徒祈祷奏鸣的罪过，它首先被判鞭刑，然后被埋，再被挖出来，以此象征它在天主教徒的手中获得了新生。此后，它接受了问答法传授的教义，被迫认错并保证再也不会滑向罪恶。在进行了这些大量的和体面的改过自新之后，这口钟被恢复洁净，受到洗礼，并被送给或者不如说是卖给圣巴塞洛缪的教区。但当主管人把这口钟的账单送给教

---

① 赖特（Thos. Wright）：《妖术与巫术的叙事》（*Narratives of Sorcery and Magic*），第 2 卷，1851 年，第 309 页。——译注

② 萨瓦（Savoy），前萨伏依公国所在地，曾属意大利，现在是法国东南部的一个地区。——译注

③ 巴兰是《旧约》中的著名巫师和先知，被派去诅咒以色列人，在遭到自己所骑驴子的责备后，转而祝福了以色列人。——译注

④ 参见钱伯斯（R. Chambers）：《节日之书》（*The Book of Days*），第 1 卷，第 129 页。——译注

⑤ 南特赦令（the edict of Nantes），1598 年法国国王亨利四世在南特城颁布的法令，在政治上给予胡格诺派教徒一定的权利。——译注

区当局时，他们却拒绝为它买单，认为那口钟最近才皈依天主教，他们想钻国王新批准的一项法律的空子，该法律让所有新皈依者延缓三年偿还他们的债务。①

在英国法律的奉献物②学说和惯例中，同样的古代思维模式一直残留到将近19 世纪中叶。习惯法的一条准则规定，不仅杀了人的禽兽，而且任何致人死亡的无生命之物，比如轧了人的车轮或者砸着人的树，都是奉献物或献给上帝之物，其结果是被国王没收，卖掉赈济穷人。因此，在所有对杀人者的起诉中，致死之物通常由大陪审团来估价，以便将其币值转让给国王或他的受让人，用于敬神。实际上，所有的奉献物渐渐都被看做只是给国王的充公物。由此看来，它们就非常不受欢迎。后来，陪审团在法官们的纵容下，发现只有某些无足轻重的东西或者某个东西的一部分才是致死的原因，从而减少了充公的数量。直到1846 年，法律才最终废止了这种原始蒙昧的奇怪残余。它在法庭上逗留了如此长的时间，这一点自然证明，哲学律师们的道路上有一块绊脚石，他们试图把英国律法的条例还原为自然理性和公正的第一法则，却不太明白，薄薄的一层现代法律和文明的基础，是岌岌可危的无知、野蛮和迷信的无底深渊。因此，布莱克斯通③指出，没收致死之物的初衷，是为偶然被杀的那个人置办弥撒筹款，所以，他认为，奉献物应给予教会而不是国王。哲学家里德（Reid）认为，这条法律的宗旨不是惩罚作为杀人之物的动物或东西，而是"激起人们对人的生命的神圣敬畏"。

爱德华·泰勒爵士推断，奉献物的做法以及所有这些由于伤害了人而惩罚动物或东西的习俗，与野蛮人咬绊倒他的石头或伤了他的箭，很可能出于同一种原始冲动，这种冲动促使孩子有时甚至包括成人踢或打让他遭殃的无生命之物。亚当·斯密用他一贯具有的清晰、洞见和机智表述了这种原始冲动的原则（如果我们可以称之为原则的话）。他说："痛苦与快乐的原因（无论它们是什么，也无论它们怎样发生作用）似乎就是在所有动物身上直接引起憎恶和感激这两种情感的东西。这些刺激源既包括无生命的东西，也包括有生命的生物。有时，我

---

① 参见布莱克斯通（Wm.Blackstone）:《英格兰法律评论》(Commentaries on the Laws of England)，第 1 卷，1829 年，第 299 页以下；泰勒（E. B Tylor, ):《原始文化》(Primitive Culture)，第 1 卷，1873 年，第 286 页以下。——译注

② 奉献物（deodand），英国法律曾规定，对直接致人死亡的私人动产或物予以没收，用于宗教、慈善事业，并称为奉献物。——译注

③ 布莱克斯通（Sir William Blackstone，1723—1780），英国法学家，当过法官、下议院议员，主要著作有《英格兰法律评论》。——译注

们甚至对伤害我们的石头发怒。孩子会打它，狗会向它狂吠，暴躁的人会诅咒它。事实上，只要稍作反思就会纠正这种情绪，我们很快就会感觉到，没有情感的东西绝非复仇的合适对象。但是，如果危害很大，造成它的东西甚至在事后仍然让我们十分厌恶，我们必烧之或毁之而后快。我们会以这样的方式处置偶然把某个朋友致死的东西，如果我们没把这种荒唐的报复发泄在它身上，我们就会觉得自己犯了某种残忍的罪行。"

现代对人类进步的研究已经有可能表明，人类童年时的自然倾向可能容易将外物人格化，无论是有生命的还是无生命的，换言之，就是给它们赋予人类的属性。更加高深的思想首先对有生命与无生命的造物之间的差别，其次对人与兽之间的差别作出反思，但这些反思根本不能纠正这种倾向，或者只能在非常不完美的程度上对它加以改进。在人类精神的迷惘状态中，很容易而且不可避免地要把驱使人的理性动机与引领兽的冲动甚至与推动一块石头或一棵树倒下的力量混为一谈。正是在这样的精神混淆中，野蛮人才对伤害或冒犯他们的动物和东西采取故意的报复行为，这种行为得以可能的智力迷雾仍遮蔽着原始立法者的眼睛，他们在各个时代和国家，以法律和正义的神圣形式，尊崇着同一种野蛮的报复制度。

# 第五章　金铃铛

祭司法规定，祭司的外袍应该全部做成紫罗兰色的，它的底边应该用蓝色、紫色、朱红色的织物做石榴穗，每对石榴中间有一只金铃铛。祭司在圣所供职时要穿上这种漂亮的外袍，金铃铛是为了让他在进出圣所时可以听见袍上叮当的响声，让他免除死亡之虞。[①]

为什么穿着紫罗兰色外袍的祭司，脚跟旁有艳丽的石榴穗垂荡，如果在他进出圣所时听不见金铃铛的响声就怕得要死呢？最可能的答案似乎是，人们认为，这些圣铃的鸣奏赶走了潜伏在圣所门口的嫉妒而邪恶的精灵，当衣着华丽的牧师跨过门槛处理圣务时，它们本会攻击他并掳走他。至少通过类推，可以有力地支持这种为现代学者赞同的观点。[②]因为自古以来就有一种共同的看法，即金属的声音可以使恶魔和幽灵飞走，无论它是小铃铛的悦耳铃声、大钟深沉而洪亮的叮当声、钹的尖利锵锵声、锣的当当声，还是铜盘或铁盘碰在一起或用榔头或棍子敲它们而发出的单纯的丁零当啷声。因此，在驱魔仪式上，通常的习惯是由司仪神父摇响手里的铃铛，或者他身上的某些部位戴着铃铛，只要他一动就会发出声响。[③]有些实例将表明这些信仰和习俗的古老程度以及流传的广泛程度。

吕西安告诉我们，幽灵听见铜和铁的声音就跑，他还将这些金属的叮当声给

---

① 见《出埃及记》第 28 章第 31—35 节。希伯来语"מכלח"在英译文中通常被译为"blue"，意思是淡紫色，以区别于另一个词"ארפמן"，意思是紫红色，它近似于另一种可以逐渐变为紫色的深红色。——原注

② 参见韦尔豪森（J. Wellhausen）:《阿拉伯人的异教遗迹》(Reste d. arab. Heidentums)，1887 年，第 144 页；伊尔库（A. Jirku）:《〈旧约〉中的恶魔以及对恶魔的防卫》(Die Dämonen und ihre Abwehr im AT)，1912 年，第 85 页。——译注

③ 关于铃铛的民俗，参见萨尔托利（P. Sartori）的文章，见《民族学杂志》(Zeitschrift für Völkerkunde)，第 7 卷，1897 年，第 113—129 页，第 270—286 页，第 385—369 页；第 8 卷，1898 年，第 29—38 页。泰克（G. S Tyack）:《铃铛之书》(A Book about Bells)，1898 年，第 170 页以下。关于古希腊罗马文化对铃铛的信仰，参见库克（A. B. Cook）的文章，见《希腊化研究杂志》(Journal of Hellenic Studies)，第 22 卷，1902 年，第 5—28 页。——译注

幽灵造成的排斥力与银币的丁零声对某类妇女的吸引力作了对比。[①]在罗马，当亡灵每年 5 月光顾旧宅并享用俭朴的黑豆膳食时，房主通常指着门，请求它们说："先父先祖们的幽灵，走吧！"与此同时，还要用青铜的锵锵声来强调这种恳求或命令。[②]幽灵不喜欢金属的丁零声，这种观念并没有与奄奄一息的异教一起消亡。在基督教的推进下，这些观念完全有效地进入了中世纪和后来很长一段时期。博学的基督教学者约翰·策策斯（John Tzetzes）告诉我们，在驱鬼时，铜器的锵锵声与狗叫一样有效，[③]大概没有多少通情达理的人会对这一意见持有异议。

然而，在基督教的时代，人们认为，最让魔鬼和妖魔的耳朵反感的声音，就是甜美而神圣的教堂钟声。科隆[④]的第一次大教区会议把神父们的看法确定为：召唤基督教徒祈祷的钟声一响，恶魔就被吓跑了，风暴精灵和风神都躲了起来。[⑤]但是，与会者们自身显然倾向于把这种幸运的结局归因于信徒的热情调解，而不是钟的悦耳响声。此外，名为《罗马主教仪典》（the Roman Pontifical）的祈祷书认为，无论在哪里听见教堂钟声，它的好处就在于把恶魔、唧唧喳喳扮怪相的鬼魂以及所有风暴精灵都赶得无影无踪。[⑥]在名噪一时的论圣职的论文中，13 世纪伟大的宗教法规学者迪朗[⑦]告诉我们："钟声连续敲响，就会吓跑恶魔。因为当它们听见教堂战士的号角，也就是钟声时，它们就害怕了，就像暴君在他的领地害怕听见他的敌人即强大的国王的号角一样。正因如此，当看见风暴即将来临时，教堂就要敲它的钟，让恶魔听见永恒国王的号角即钟声便闻声丧胆，不再掀起暴风雨。"[⑧]关于这个问题，英国古文物学家、诗人拜伦的朋友弗朗西斯·格鲁斯（Francis Grose）上尉这样写道："古代敲丧钟有两个目的：一个是

---

① 参见吕西安（Lucian）：《谎言钟爱者》（Philopseud.），第 15 页。——译注

② 参见奥维德：《岁时记》（Fasti），第 419—444 行。——译注

③ 参见《注疏家论吕哥弗隆》（Scholiast on Lycophron），第 77 页。——译注

④ 科隆（Cologne），又译科伦，德国中西部城市。——译注

⑤ 参见梯也尔（Jean Baptiste Thiers）：《敲钟》（Traités des Cloches），1721 年，第 145 页。——译注

⑥ 参见梯也尔（Jean Baptiste Thiers）：《敲钟》（Traités des Cloches），1721 年，第 44 页。——译注

⑦ 迪朗（Durandus，1230—1296），法国教士，教会法规学者，著有《圣经基本原理》综论崇拜仪式及其意义。——译注

⑧ 迪朗（G. Durandus）：《圣仪基本原理》（Rationale Divinorum Officiorum），第 1 卷，第 4 章，1584 年，第 14 页以下。——译注

要求所有善良的基督徒为刚刚离去的灵魂祈祷；另一个是赶走站在床脚、在屋子里准备捕捉猎物的恶魔，或者至少要在恶魔经过时折磨并吓唬它们一下。钟声敲响（因为迪朗告诉我们，恶魔非常害怕钟声），恶魔就躲得远远的了，灵魂就像一只被四处追赶的野兔，赢得了先跑权或如运动员说的那种宽限的时间。因此，有时，教堂要想敲响最大的钟，需要的不仅是额外的劳力，也包括不菲的财力。因为它的声音更大，一定会把恶魔赶得更远；它的声音更清晰，可怜的幽灵就会赢得更多的先跑时间。此外，钟声传得越远，为垂死者赢得的祈祷者就越多。沃德（W. de Worde）在金色传说中提到了幽灵对钟声的厌恶。'据说，他们那个地区的恶魔在听到钟声时非常害怕：正因如此，打雷时以及出现大风暴和老天爷发怒时，就要敲钟，为的是让嫉妒而邪恶的精灵落荒而逃，不再煽起风暴。'"①

在诗篇《金色的传说》②中，朗费罗③以出色的效果介绍了这种别具一格的迷信。在序诗中，他描绘了斯特拉斯堡大教堂的尖顶，明亮之星④和风神在它上面徘徊着，试图扯倒十字架并消除讨厌的钟声。

> 明亮之星。低点！低点！
> 向下盘旋！
> 抓住那些大声喧闹的钟，
> 锵锵，当当，把它们从风中的塔上
> 扔到路上。
> 声音。你的所有雷声
> 不能给这里造成丝毫的危害！
> 因为这些钟已被涂了圣油，
> 并由圣水施洗！
> 它们可是挑战了我们力量的极限。

---

① 格罗斯（F. Grose）：《外地词语汇编：附带辑录地方谚语和大众迷信》（*A Provincial Glossary, with a Collection of Local Proverbs and Popular Superstitions*），1811 年，第 297 页以下。朗费罗把这种迷信引入了他的《金色的传说》。——译注

② 《金色的传说》是朗费罗的长篇诗剧，全诗见《朗费罗诗歌作品集》（*The Poetical Works of Longfellow*，Oxford University，1904），第 459—527 页。——译注

③ 朗费罗（Longfellow，1807—1882），美国诗人，曾任哈佛大学近代语言学教授，诗集有《夜吟》《海华沙之歌》等，还翻译了但丁的《神曲》。——译注

④ 明亮之星（Lucifer），早期基督教教父著作中对堕落之前的撒旦的称呼。——译注

毕竟，喧嚣的风暴和地狱里嗥叫着的鬼魂也听见了庄严的钟声：

Defunctos ploro!

Pestem fugo!

Festa decoro! [①]

而且，

Funera plango

Fulgura frango

Sabbata pango. [②]

直到这些手足无措的恶魔愿意消失在黑暗中，而它们身后的大教堂毫发未损，在那里，透过昏暗可见米迦勒天使长拿着出鞘的剑，闪出金光，映红了被照亮的窗格。它们飞行着远去时，还受到风琴的震耳乐曲声和唱诗班吟唱声的追随：

Nocte surgentes

Vigilemus omnes! [③]

在格罗斯为敲响丧钟确定的两个理由中，我们可以猜测，赶走恶魔的意图是主要的和原始的理由，而要求所有善良的基督教徒为刚刚飞走的灵魂祈祷，是次要的和派生的理由。总之，在从前，当病人还活着但死期将至时，钟常常就开始敲响了。[④]这一点，可见于古物学家从古代作家的著作中辛勤收集来的不少段落之中。施图贝斯在其《恶习的解析》中讲述了一位异教宣誓者倒在林肯郡的可怕结局："最后，人们感到他的末日已近，就让钟声鸣响。他听到丧钟为他而鸣，就非常激动地要从床上坐起来，说：'神的血，他还没有收留我呢。'说话之间，他的血就从他的脚趾、指尖、腕部、鼻子和嘴中，从身体的各个关节上流个不停，最后，他体内的所有血都流了出来。这样就结束了这位血淋淋的发誓者的生命。"[⑤]

①拉丁文，意思是："我哭泣亡故的人们！/我驱除灾难！/我装饰庆典！"此段和下文中的拉丁文均蒙中国社会科学院外国文学研究所王焕生研究员帮助翻译，在此致谢。——译注

②拉丁文，意思是："我为葬礼痛哭/我驯服霹雳/我指定了安息日。"——译注

③拉丁文，意思是："夜晚起来的人们/我们全都一夜无眠。"——译注

④ 参见布兰德-埃利斯（Brand-Ellis）：《大不列颠的大众古俗》（*Popular Antiquities of Great Britain*），第 2 卷，1882—1883 年，第 202 页以下；泰克（G. S. Tyack）：《铃铛之书》（*A Book about Bells*），1898 年，第 191 页以下。——译注

⑤ 施图贝斯（Stubbes）：《恶习的解析》（*Anatomie of Abuses*），London，1836 年，第 153 页。——译注

当伦敦塔①里的俘虏凯瑟琳·格雷（Catherine Grey）夫人垂危时，该城堡的狱长感到，在没有王室的许可证的情况下，他的囚犯即将脱离他的管辖范围，于是就对博克哈姆（Bokeham）先生说："是否最好派人去教堂敲响钟声？"她也感到自己末日已近，就祈祷说："哦，主啊！我把我的灵魂交在你手中！主耶稣，接受我的灵魂吧！"②因此，对她来说，就像对许多人一样，丧钟的声音就是Nunc dimittis③。此外，在谈到一位已经克制了激情的垂危基督徒时，18世纪前半叶的一位作家说："如果他的感官能撑这么长时间，他甚至可以心平气和地听见丧钟的声音。"④

丧钟的真正目的是为了赶走无形地徘徊在空中的邪恶生灵，而不是要告知远方的人们并请求他们祈祷。这种保留至今的古俗具有的明显的原始形式，强烈地暗示出了这一点。例如，在莱茵河畔普鲁士地区的艾菲尔山的某些地方，当病人垂危时，朋友们通常要摇响一只小手铃，称为《和散那颂》⑤铃，"以使恶魔远离快死的那个人"。⑥另外，在匈牙利北部的诺伊索尔，据说通常要在人快死的时候轻轻地摇小手铃，"以便让在死神引诱下即将离开的灵魂，可以暂时逗留在其僵硬的躯体附近"。人死之后，铃被一点一点地往远摇，然后离尸体越来越远，出了门，再绕着屋子摇，"为的是陪灵魂走上离别之路"。此后，有人给教堂司事传话说，村里教堂的钟可以开始敲响了。⑦据说，类似的习俗在波西米亚林山中也很流行，这座山是波西米亚与巴伐利亚的界山。⑧为它指定的动机——想用甜美的铃声暂时挽留离去的幽灵——过于伤感，不会是原始的动机，其最初的原始动机无疑是，像艾菲尔山中类似习俗的例子一样，赶走可能在关键时刻带

---

①指伦敦泰晤士河北岸的一组建筑群，原为古堡，曾先后用作王宫和监狱，后来为兵器库和博物馆。——译注

② 参见布兰德－埃利斯（Brand-Ellis）：《大不列颠的大众古俗》（*Popular Antiquities of Great Britain*），1882—1883年，第206页。——译注

③Nunc dimittis，拉丁语，意思是西缅祷词，指《路加福音》第2章第29—32节西缅的祈祷语，开头是"主啊……释放仆人安然去世"。——译注

④尼尔森（R. Nelson）：《英格兰教堂节日和斋戒手册》（*A Companion to the Festival and Fasts of the Church of England*），1732年，第144页。——译注

⑤《和散那颂》，弥撒中所唱的以"Benedictus"一词开始的一首颂歌。——译注

⑥参见施米茨（J. H. Schmitz）：《艾菲尔山区民众的习俗、歌谣、谚语和谜语》（*Sitten und Bräuche，Lieder，Sprüchwörter und Räthsel des Eiflen Volkes*），第1卷，1856—1858年，第65页。——译注

⑦参见费尔纳莱肯（T. Vernaleken）：《奥地利民众的神话与习俗》（*Mythen und Bräuche des Volkes in Oesterreich*），1859年，第311页。——译注

⑧参见罗赫霍尔茨（C. L. Rochholz）：《德国人的信仰与习俗》（*Deutscher Glaube und Brauch*），第1卷，1867年，第179页。——译注

走胆小的幽灵的恶魔。只有当小铃铛履行了善意的职责、为它的出发鸣响时，教堂尖顶上的大钟才开始轰鸣，其洪亮的声调，就像护卫天使一样，跟随这个逃亡者走过漫长旅途，来到神灵之地。

在《炼狱》的一个著名段落中，但丁用丧钟的构想出色地表现了航海者在海上听到晚祷钟声从远处传来，仿佛在为白天的死亡或太阳沉入殷红的西方而敲响。同样著名的是拜伦对这一段的模仿：

柔和的时辰啊！当远航海上的人们

第一天和他们心爱的友人分离的时候，

你使他们的愿望醒来，使他们的柔肠寸断；

或者你使正在途中的游子充满着爱，

当远处晚祷的钟声使他吃惊，

似乎要为白昼的即将消逝而流泪。①

我们自己的诗人格雷②用同样的想法也同样精彩地表现了夜晚在英国的一个教堂墓地庄严的紫杉树和榆树之间传来的晚钟声：

晚钟时刻响起了末日的丧钟声。

实际上，在这样的时间和地点听到的教堂钟声里，的确有某种特别庄严和感人的基调，用弗劳德③的话来说，它落在耳朵里，如同一个逝去世界的回声。当美国作家布雷特·哈特④听见或者不如说是在想象中听见奉告祈祷钟夜晚在早已废弃的西班牙传教团留在加利福尼亚的多洛雷斯的遗址响起时，他非常贴切地表达了这种感觉：

往日的钟声，它久被遗忘的乐音，

仍然充满了广袤的太空；

用传奇般的色彩，

震颤着今日素净的黄昏！


我听到你的召唤，看见太阳沉落

在岩石、波涛和沙滩上，

---

① [英] 拜伦：《唐璜》（上），朱维基译，第三歌第 108 节，上海译文出版社 1978 年版，第 285 页。——译注

② 格雷（Thomas Grey，1716—1771），英国诗人，一生只写过十几首诗，最著名的是《墓园挽歌》（1750）。——译注

③ 弗劳德（Froude，1818—1894），英国历史学家，著有《卡莱尔传》等。——译注

④ 布雷特·哈特（Bret Harte，1836—1902），美国小说家。——译注

就像传教团的声音落在海滨，掺和，
包围着异教的大地。

在你的魔咒圈里，
落不进疫病和霉病；
狂热的骚乱或贪欲或卑鄙的野心，
过不了这些无形的墙壁。
在你一长串消退的波涛推拥之下，
我触摸到了遥远的往昔——
我看见西班牙的日华发出奄奄一息的余光，
落日之梦和最后之梦。

…………

哦，圣钟！它的信众
令人想起古老的信仰——
哦，丁零作响的钟！用黄昏的音乐抚慰了
精神的信徒！①

在勒南特有的一段话中，也包含着对钟具有的触动心灵和圣化精神的威力的类似感觉。在这段话中，宗教怀疑论者的严格自信幸好被文学艺术家的敏锐感知冲淡了。在反对德国神学家费尔巴哈的枯燥无味的理性主义时，他指出："但愿费尔巴哈先生沉浸在其中的生活的来源比他全部的和高贵的日耳曼精神的来源丰富！哦！如果坐在帕拉蒂尼山②或科埃列阿山（the Coelian）的废墟之上，他就会听到永恒的钟声萦绕并消失在古罗马一度坐落在那里的荒凉的山间。或者，如果他从利多孤寂的海滨听到了圣马可教堂的钟声漫过了泻湖，如果他已经见过阿西西（Assisi）极其神秘的奇迹和两个大教堂以及由契马布埃③和乔托④的笔触追溯的中世纪第二个基督的伟大传说，如果他凝视过佩鲁

---

① 此诗名为《奉告祈祷钟》，写于 1868 年，全诗见 Bret Harte, *Stories and Poems*, Selected and Edited with an Introduction and Notes by William MacDonald, pp. 532-533, Oxford University, 1915。——译注
② 帕拉蒂尼山，古罗马建城于其上的罗马七丘之一。——译注
③ 契马布埃（Cimabue），原名本韦尼托·迪·佩波，意大利佛罗伦萨的画家和装饰艺术家。——译注
④ 乔托（Giotto，约 1266—1337），14 世纪意大利画家，被誉为意大利第一位艺术大师，1305—1306 年在帕多西瓦阿雷那教堂创作的壁画是其代表作。——译注

吉诺①的贞女们甜蜜而恍惚的神情，如果他在锡耶纳②的圣多明我教堂（San Domenico）看到了迷狂中的圣凯瑟琳③，不，费尔巴哈先生就不会责骂人类诗意的那一半了，也就不会大喊大叫，仿佛要把加略人④的幽灵赶出自己的内心似的。"

这些证据表明了教堂钟声对听众产生的情绪效果，它们与这个主题的民俗并不矛盾。如果不承认人的观念具有深刻的情感和情绪色彩，我们就无法理解这些观念，至少在宗教领域，无法让思想与情感泾渭分明。在理性的观念、身体的感觉和心灵的情操之间，并没有不可逾越的界限，在情感的波涛中，它们很容易融化并彼此融合，没有什么东西能比音乐的力量更有力地为情感推波助澜。还没有人尝试对民俗的情感基础加以研究，研究者们的注意力几乎完全集中在民俗的逻辑的和理性的因素，或者是某些人可能提出的非逻辑的和非理性的因素上。但我们可以预期，未来对激情在塑造人类制度和命运的过程中起到的作用的研究，无疑会有大的发现。

从整个中世纪到现代，急需用教堂钟声来赶走女巫和男巫，他们躲在空中看不见的地方，对人和牲畜玩他们邪恶的恶作剧。这些家伙特别留出一年中的某些日子作为他们亵渎神明的聚会或（如人们说的）恶魔聚会的日子，于是在这些天里，教堂的钟就专门为此敲响，有时会整夜响个不停，因为在夜幕之下，女巫和魔术师会为他们在阴间的勾当忙得不亦乐乎。例如，在法国，人们认为女巫在2月5日的圣阿加托⑤纪念日的夜里在空中频繁出没。因此，在那天晚上，为了把她们赶走，教堂的钟通常要敲上一宿。据说，西班牙的某些地方也奉行同样的习俗。一年里巫术闹得最凶的日子之一是仲夏夜，于是，在施瓦本地区⑥的罗滕堡，教堂的钟声从晚上9点到天亮要响一个晚上，而老实的民众要把他们的护窗板关紧，塞住裂缝和缝隙，以免那些可怕的家伙潜入他们的家中。⑦另一些恶魔聚会通常在主显节的前夜、著名的华尔普吉

---

① 佩鲁吉诺（Perugino，1446—1523），意大利文艺复兴时期的画家，拉斐尔的老师，主要作品有罗马西斯廷教堂的壁画《基督向圣彼得授钥匙》和宗教画《圣母和圣徒》等。——译注

② 锡耶纳（Sienna，或写作 Siena），意大利中部城市。——译注

③ 圣凯瑟琳（Saint Catherine，1347—1380），又称为锡耶纳的圣凯瑟琳，意大利主保圣人，多明我会三品教士，神秘主义者。——译注

④ 加略人（Iscariot），《圣经》中说加略人犹大出卖了耶稣。——译注

⑤ 圣阿加托（St. Agatha，577—681），意大利籍教皇。——译注

⑥ 施瓦本地区（Swabia），原指中世纪的一个公国，包括德国的斯图加特、巴伐利亚和瑞士的部分地区。——译注

⑦ 参见比尔林格（A. Birlinger）：《出自施瓦本的民间习俗》（*Volksthümliches aus Schwaben*），第 1 卷，1861—1862 年，第 278 页，第 437 节。——译注

斯之夜①和五朔节之夜举行，在这些天里，欧洲各地的习惯通常是弄出巨大的噪音，驱除那些隐形的恶魔，还要用手铃的响声和鞭子的噼里啪啦声助威。②

不过，虽然女巫和男巫选择一年的某些季节庆祝他们邪恶的欢宴，但他们每晚在外面作恶时，总要碰见走夜路的人，他们每晚都想强行闯入平静却绝非安全地睡在床上的善民的家中。因此，必须采取一些措施来防止和平的市民在夜间担惊受怕。为此，在街上巡逻的更夫不仅要制止一般的罪行，还负有额外的责任，即驱除空中和黑暗中可怕的神灵，它们像咆哮的狮子一样四处寻找着可吃的东西。为了完成这项任务，更夫使用了两种具有同样威力的精神武器，他一边摇响铃铛，一边吟唱祝福，如果隔壁的入睡者被铃声吵醒并且心生怒气，那么，另一种低沉的声响也许会让他得到安慰，怒气全消，当他们重新沉入梦乡时，会回想起：用弥尔顿的话来说，只有——

> 更夫昏昏欲睡的咒语
>
> 保佑着各家各户免遭夜间的侵害。

打破夜的宁静的祝福，通常被投射在这种无比粗俗的诗歌形式之中，以至有一首更夫歌此后变成了谚语。③其要旨来自赫里克④让某个公共卫士说的话。与弥尔顿一样，这位诗人肯定经常受到这些晚间祈祷的骚扰：

更　夫

> 全靠火焰吓人的喧声，你们才能远离
>
> 凶险的眷顾以及
>
> 所有骇人的厄运，
>
> 才有你们夜里惬意的酣睡。
>
> 仁慈护卫着你们所有人，使
>
> 小妖精离你们远远的，让你们睡过
>
> 一小时，快到两小时，

---

① 华尔普吉斯之夜（Walpurgis Night），指 4 月 30 日夜晚，民间传说这一夜女巫在德国的布罗肯山聚会狂欢。——译注

② 参见弗雷泽（J. G. Frazer）和加斯特（T. H. Gaster）：《新金枝》（*The New Golden Bough*），New York，1964 年，第 451 节。——译注

③ 参见钱伯斯（R. Chambers）：《节日之书》（*The Book of Days*），第 1 卷，1886 年，第 496 页以下。——译注

④ 赫里克（Robert Herrick，1591—1674），英国牧师、诗人，著有《西方乐土》等，"好花堪摘须及时"是其名句。——译注

我所有的主人，"再见"。①

艾迪生②告诉我们，他听见更夫用通常的开头开始了午夜布道，近二十年来，他在每个冬夜都向听众重复着这样的开头：

噢！凡夫俗子，你生来有罪！

这种贬抑性的定位可能在艾迪生的心里激起了虔诚的反思，但在一般人的胸中，它似乎恰好激发了愤怒甚至义愤的情感，因为他们一觉醒来，却只是在一个不合时宜的时刻让他们想起了原罪说。

我们已经看到，根据中世纪一些作者的看法，教堂的钟通常在打雷时被敲响，为的是赶走被认为造成了这场风暴的恶魔。16 世纪德国的一位老作家也说了类似的意思，他以诺吉奥古斯的笔名创作了一首诗，讽刺天主教教会的迷信和恶习，这首诗写道：

如果碰巧雷声大作，风雨飘摇，

想不到可怜的人们是何等心惊胆战，

他们根本没有信仰，也不再相信任何事情。

教堂司事立即敲响所有塔顶上的钟：

比他从前敲的声音更加奇特而深远，

直到雷声在晦暗的高空中不再吼叫，

因为他们认为施洗的钟就有这种威力和能量，

能平息暴风骤雨。

有一次我在托林海岸的尼默堡镇看见

一口钟上有这样大胆自我标榜的字样：

"我被叫做玛丽，我用声音吓跑了

轰隆的雷、造孽的风暴和各种邪恶的精灵。"

这些钟能做这样的事情，当属无可置疑。

一旦看见冰雹或任何凶猛的风暴、骤雨，

晴天霹雳或到处是迅猛的闪电，

天主教徒总要跑去把钟敲响。③

---

① 罗伯特·赫里克（Robert Herrick）：《著作集》（*Works*），第 1 卷，Edinburgh，1823 年，第 169 页。——译注

② 艾迪生（Joseph Addison，1672—1719），英国散文家、剧作家、诗人，英国期刊文学创始人之一。——译注

③ 诺吉奥古斯（T. Naogeorgus）：《教皇制度的王国》（*The Popish Kingdom*），英译者：巴纳比·古奇（Barnabe Googe），1880 年，第 41 页以下。——译注

我们知道，在中世纪，整个德国教堂的钟在打雷时通常都会敲响。由于在这些紧急情况下费力拉动了钟绳，教堂司事通常可从教区居民那里得到谷物，作为酬劳。迟至 19 世纪，有些地方还在付这种酬劳。[①]例如，在阿尔特马克地区的朱巴尔（Jubar），一旦爆发雷声，教堂司事就必须敲响教堂的钟，每个农夫给他五"捆雷"谷，以酬谢他费力救了这些谷物，使它们免于雷灾。[②]在写到 19 世纪中叶施瓦本地区的习俗时，一位德国作者告诉我们："在绝大多数天主教教区，尤其是在上施瓦本地区，下雷雨时要敲钟，以赶走冰雹，防止受到闪电的伤害。许多教堂专门为此挂钟，例如，阿尔特多夫附近的魏恩加滕修道院就有所谓的'圣血钟'，在下雷雨时要敲响。在沃姆林根，他们敲响莱米吉乌斯山（Remigius）上的钟，而且如果他们的动作足够快，该地区的任何地方都不会遭到雷击。但相邻的一些村子，如耶辛根，就经常对敲钟不满，因为他们相信，雨和雷一起被赶走了。"[③]尤其是关于康斯坦斯镇，我们读到，一旦爆发雷雨，就要敲响该教区的城里以及周围所有教堂的钟，因为它们被奉为神圣，许多人相信，它们的声音完全可以防止闪电的伤害。实际上，不少人还热情地帮助教堂司事拉钟绳，使出全力抢绳，使钟摆得更高。我们得知，虽然有些志愿者在敲出这些响声的时候被雷击死了，但这并没有阻止其他人照样这么做。甚至孩子在这时候也会摇响用铅或其他金属做的小手铃，这些手铃饰有圣徒的图案，在施泰尔马克或艾恩西德伦的马利亚·洛雷托（Maria Loretto）教堂受过祝福。[④]封建所有制规定，在各种情况下，尤其是在雷雨期间，封臣必须敲响教堂的钟。[⑤]

---

① 参见普凡嫩施密特（H. Pfannenschmid）：《日耳曼人的收获感恩节》（*Germanische Erntefeste*），1878 年，第 90 页以下，第 394 页以下，第 396 页以下；曼哈特（W. Mannhardt）：《德国和北欧诸民族的神界》（*Die Götterwelt der deutschen und nordischen Völker*），第 1 卷，1860 年，第 93 页；雅恩（U. Jahn）：《德国耕作与家畜饲养的献祭习俗》（*Die deutschen Opfergebräuche bei Ackerbau und Viehzucht*），1884 年，第 56 页以下。——译注

② 参见库恩（A. Kuhn）和施瓦茨（W. Schwartz）：《北德的传说、童话和习俗》（*Norddeutsche Sagen, Märchen und Gebräuche*），1848 年，第 454 页。——译注

③ 迈尔（E. Meier）：《出自施瓦本的德国传说、风俗和习惯》（*Deutsche Sagen, Sitten und Gebräuche aus Schwaben*），1852 年，第 260 页以下。——译注

④ 参见比尔林格（A. Birlinger）：《出自施瓦本的民间习俗》（*Volksthümliches aus Schwaben*），第 2 卷，1861—1862 年，第 443 页；也可参见潘策尔（F. Panzer）：《论德国神话学》（*Beitrag zur Deutschen Mythologie*），第 2 卷，1848—1855 年，第 184 页，第 417 页。——译注

⑤ 参见普凡嫩施密特（H. Pfannenschmid）：《日耳曼人的收获感恩节》（*Germanische Erntefeste*），1878 年，第 609 页；雅恩（U. Jahn）：《德国耕作与家畜饲养的献祭习俗》（*Die deutschen Opfergebräuche bei Ackerbau und Viehzucht*），1884 年，第 57 页。——译注

这些钟被奉为神圣，而且人们普遍认为它们受过牧师的洗礼。当然，它们接受命名、受洗、受到祝福并被抹上圣油，"为的是驱赶恶魔"。[1]教堂的钟上镌刻的铭文通常表明，人们认为它们具有驱除雷电和冰雹的威力。有些铭文大胆声称这些钟本身就有这些威力；另一些铭文更谦和地祈求从这些灾难中被解救出来，例如，哈斯伦的一口钟就有这样的拉丁文："主耶稣基督从闪电、冰雹和暴风雨中把我们解救出来！"[2]18 世纪，在谈到弗林特郡的圣韦内弗雷德（Wenefride）泉时，旅行家和古物学家彭南特（Pennant）告诉我们："属于教堂的一口钟被施洗，以表敬意。我无法知道这些教父的名字，但他们通常无疑都是有钱人。在仪式上，他们全都抓住绳子，给这口钟起一个名字，牧师把圣水泼在它上面，以上帝的名义给它施洗，等等，然后，他给它穿上漂亮的衣服。此后，教父们要大吃大喝，送大礼，牧师代表这口钟悉数收下。这样被祝福之后，它就被赋予了巨大的威力，在被敲响时可以消除一切风暴，移除雷电，赶走恶魔。这些被封圣的钟通常都刻有铭文。我们说的这口钟上的铭文是：

Sancta Wenefreda，Deo hoc commendare memento

Ut pietate sua nos servet ab hoste cruento. [3]

稍微下面一些是另一个请求：

Protege prece pia quos convoco. Virgo Maria." [4]

但是，博学的耶稣会会士马丁·德尔里奥[5]曾出版了一部有关 17 世纪早期巫术的缜密著作，他义愤填膺地否认这些钟得到了洗礼，虽然他完全承认教会当局用圣徒的名字给它们命名，而且为它们祝福并涂油。在这位博学的耶稣会会士看来，教堂钟声缚住了恶魔，阻止或扭转了由这些人类的敌人掀起的暴风雨，

① 参见梅耶（C. Meyer）：《中世纪及其之后几个世纪的迷信》（*Der Aberglaube des Mitelalters und der nächtsfolgenden Jahrhunderte*），1884 年，第 186 页以下；沃尔特斯（H. B. Walters）：《英格兰的教钟》（*Church Bells of England*），1912 年，第 256 页以下。——译注

② 参见梅耶（C. Meyer）：《中世纪及其之后几个世纪的迷信》（*Der Aberglaube des Mitelalters und der nächtsfolgenden Jahrhunderte*），1884 年，第 185 页以下；普凡嫩施密特（H. Pfannenschmid）：《日耳曼人的收获感恩节》（*Germanische Erntefeste*），1878 年，第 395 页。——译注

③拉丁文，意思是"圣韦内弗雷德，请记住把自己托付给上帝，凭我们的虔诚，听他保护我们免遭凶残敌人的伤害"。——译注

④拉丁文，意思是"请你保护我虔诚召唤的人们，处女玛利亚"。引自布兰德-埃利斯（Brand-Ellis）：《大不列颠的大众古俗》（*Popular Antiquities of Great Britain*），1882—1883 年，第 215 页。——译注

⑤马丁·德尔里奥（Martin Delrio，1551—1608），西班牙裔耶稣会会士和巫术理论家，曾于 1599—1600 年首次出版六卷本《研究巫术》（*Disquisitionum magicarum libri sex*），该书成为教会处理当时欧洲社会迫害巫婆问题的神学基础。——译注

这是日常经验的一个非常明白而难以否认的事实。但他认为，造成这些幸运结果的原因，仅在于为这些钟封圣或祈福，根本不在于铸造它们的形状或金属质地。黄铜的声音本身就足以赶跑恶魔，这种观念被他斥为异教的迷信。有人认为，教堂的钟一旦由牧师的姘妇命名——他不允许我们说施洗——就会失去它的神奇效力，他对这种观念嗤之以鼻。[1]培根也屈尊提到了这种信仰："人口密集的城市的洪亮钟声赶走了雷声，也驱散了致疫的气息。"但他想对这种假定的事实提出物理的解释，他补充说："所以这些大概也来自空气的混合，而不是来自声音。"[2]

尽管所有圣钟无疑都具有同等程度的神奇属性，能赶跑恶魔和女巫，防止打雷和闪电的侵害，但是，有些钟因为有效地释放出这种赐福的威力，比其他钟更为人称颂。例如，马姆斯伯里修道院的圣艾德尔姆钟和巴黎的圣热尔曼斯修道院的大钟就是这样的钟，它们被定期地敲响，以赶走雷鸣和闪电。[3]在古老的圣保罗大教堂，为了"在大风暴和闪电时敲响圣钟"，有一份特别的捐赠。[4]然而，与南美洲的卡洛托的钟相比，欧洲人的钟在这方面的业绩就相形见绌了。尽管卡洛托的钟有至高无上的声誉，但其声誉与其说来自内在的优势，不如说因为安第斯山（the Andes）区雷雨非常频繁，给该市的钟提供了更多机会，让它们显得出类拔萃。关于这个问题，我将引述西班牙一位著名学者和航海家的证据，他在 18 世纪前半叶曾在南美洲旅行过。他告诉我们，波帕扬（Popayan）辖区甚至比基多[5]更多地受雷雨、闪电和地震的影响，"但在这个辖区的所有地方中，人们认为，卡洛托受雷雨和闪电影响最多，这使卡洛托的钟很时兴，不少人用钟，而且坚信它们有抗闪电的奇效。实际上，有如此多的故事在讲述这个结论，我们不知道该信哪一个。我既不相信也不完全否认他们说的一切，还是把每个故事留给读者自己来自由裁决吧，我这里只讲一种被广泛接受的观点。卡洛托镇从前非常大，它的领地里有许多印第安人，他们被称为派桑人（Paezes）。这些

---

① 参见马丁·德尔里奥：《研究巫术》（*Disquisitionum magicarum libri sex*），1624 年，第 1021—1024 页。——译注

② 培根：《博物学》，第 2 卷，第 127 页。——译注

③ 参见奥德丽（J. Aubrey）：《非犹太人和犹太人的遗迹》（Remaines of Gentilisme and Judaisme），1881 年，第 22 页，第 96 页。——译注

④ 参见沃尔特斯（H. B. Walters）：《英格兰的教钟》（Church Bells of England），1912 年，第 262 页；也可参见胡安（G. Juan）和乌尔瓦（A. De Ullva）：《南非之旅》（Voyage to South Africa），第 1 卷，1807 年，第 341—343 页。——译注

⑤ 基多（Quito），厄瓜多尔的首都。——译注

印第安人突然袭击了这个镇，很快就强行闯入并烧毁房屋，屠杀居民，被杀的还有该教区的牧师，他们尤其憎恶这位牧师，因为他传播福音，他们觉得这个福音与自己的生活方式相抵牾，他还揭露他们崇拜偶像的愚蠢和邪恶，在他们面前展示他们的卑鄙恶习。甚至教堂的钟也逃不过他们的仇恨，因为钟声让他们想起了接受神的引导的职责。经过多种努力，仍然无法砸烂它，于是他们想，最好的办法莫过于把它埋在地下，看不见它，他们也就不会把福音的训诫记在心上，因为这些训诫让他们的自由大打折扣。得知他们暴动后，卡洛托附近的西班牙人武装了起来，他们打了一仗，向这些暴动者痛快地复了仇，并且重建这个城镇，挖出那口钟，把它挂在新教堂的尖顶上。从此以后，居民们非常惊喜地发现，当暴风雨笼罩在空中时，钟声就可以驱散它，即使各地的天气都没有晴朗和变好，至少风暴散到别的地方去了。这个奇迹的消息传遍各处，人们强烈恳求得到它的碎片，用来做小铃铛的铃舌，以便分享它的效力的好处，在这样一个暴风雨既可怕又频繁的地区，这一定是最大的好处。因此，卡洛托就因为它的钟而享有盛名"。

仅仅敲钟就有可能消解雷声并铲除霹雳，这一重大发现并不限于欧洲的基督教诸民族及其在新大陆的后裔，至少非洲的有些异教野蛮人也有这样的发现。我们得知，"特索人（the Teso）用铃铛驱赶暴雨恶魔，一个因闪电或由此引发的大火而受伤的人，在此后数周要在脚踝周围戴上铃铛。乌干达的雨几乎总是伴有打雷和闪电，无论什么时候要下雨了，这个人就要在村里游走一小时，小腿上响着铃铛，手里拿着纸莎草的细枝，他的许多在近旁的家人也加入其中，但这并非他们必须的义务。按照一般的习俗，任何当场被闪电击死的人，都不能埋在屋里，而是要抬到远处，埋在森林地带的某条溪流边，墓穴上放着死者拥有的所有锅和其他家用器皿，在发生电击的小屋门口，后来当然留下了灼痕，放着锄头作为祭祀物，一直要放几天。有趣的是，我们注意到，人们认为铃铛和流水具有的效力，与某些欧洲旧迷信如出一辙"[1]。

巴特索人（the Bateso）似乎不可能从传教士那里学到这些习俗，我们大概可以专门称赞他们独自发明了这种办法，用铃铛来驱赶暴雨恶魔，并在它的破坏现场和受害者墓穴上放上锅和锄头，以此来安慰它。中国人也求助于锣，它的实际意图可以认为就相当于钟，为的是对付打雷造成的不良后果，但他们这

---

[1] 基钦（A. L. Kitching）：《在尼罗河的逆流上》（*On the Backwaters of the Nile*），1912年，第264页以下。——译注

样做的机会很少。有人如果得了天花，就会起小脓包，但在第七天结束之前，一旦打雷，家人就替他敲锣或打鼓，这些早就准备好了，以应急需。敲的人有家里的其他人帮助，告诉他什么时候雷停了，因为敲的人本人弄出许多噪音，根本无法分清雷的隆隆声和锣的锵锵声或鼓的咚咚声。有人告诉我们，敲锣打鼓的目的是防止天花的脓包破裂或溃烂，但我们认为，关于敲锣打鼓如何产生这样的结果，中国人的解释几乎不能令人满意。[1]根据欧洲人见解的类比，我们可以推测，脓包破裂最初被认为是由雷魔造成的，锣的锵锵声或鼓的咚咚声可以赶走雷魔。

尽管野蛮人非常可能自己灵机一动想到了用巨大的噪音吓跑恶魔的方法，但有证据表明，只要他们认为能够达到同样的目的，他们也随时准备采纳欧洲人的任何习俗。有两位传教士，曾在英属新几内亚的莫尔兹比港的土著中工作并记录了这样一个借鉴的例子。他们说："有天晚上雷雨交加，我们听见村里有一种可怕的噪音——土著们敲起他们的鼓，起劲地喊叫，以赶走风暴神灵。当他们的鼓声和喊叫声停下来时，风暴的确也没了，村民们感到非常惬意。在一个恶魔聚会的晚上，他们以同样的方式驱除已经使几个土著死去的致病神灵！当教堂的钟首次启用时，这些土著感谢劳斯先生已经——如他们断言的那样——赶走了来自内陆的许多幽灵。同样，他们对传教士屋里养的一条漂亮的狗（野狗不会叫）的叫声也感到高兴，因为他们肯定，所有幽灵现在不得不返回内陆。不幸的是，幽灵们习惯了钟和狗！所以，年轻人不得不在夜里出来——通常是胆战心惊地藏在树和丛林后面——手里拿着弓和箭，射倒那些讨厌的精灵。"[2]因此，莫尔兹比港的野蛮人完全同意博学的基督教学者约翰·策策斯的意见，防止恶魔的好办法，莫过于青铜的锵锵声和狗叫声。

亚利桑那的一些普埃布洛（the Pueblo）印第安人用钟声驱除女巫，他们可能是从西班牙老传教士那里借鉴了这种习俗，因为在欧洲人到来之前，除了金和银，美洲土著根本不知道其他一切金属，因此也不会铸钟。一位美国军官描述了他在莫基人（the Moquis）的一个村里见到的驱魔场面，这个村子就像普埃布洛人的许多村庄一样，坐落在高台地的顶峰上，可以俯瞰下面幽谷里果实累

---

① 杜利特尔（J. Doolittle）：《中国人的社会生活》（*Social Life of the Chinese*），1868 年，第 114 页。——译注

② 湛约翰（J. Chalmers）和吉尔（W. W. Gill）：《在新几内亚的工作和历险》（*Work and Adventure in New Guinea*），1885 年，第 259 页以下。——译注

累的大地。

"莫基人对女巫和巫术有一种潜在的信仰，相信他们周围的空气里有许多作恶的精灵。这些生活在奥拉比（Oraybe）的人，用唱赞歌和敲钟的办法驱除精灵有害的影响。1874年秋，我与克鲁克（Crook）将军一起待在那个孤立而鲜为人知的小镇上，因而有幸目睹了这种奇怪的驱魔方式。全部村民似乎都聚集了起来，他们先以大声挑战的声调喊着一种赞歌或单调的音调，然后用精神饱满的钟声来烘托气氛，他们排成纵队迅速前行，沿峭壁顶端的小径下到下面的桃园。表演者中的重要人物多半是妇女，她们围着果园边缘欢跃，在各个角落暂时停顿一下，一边放声歌唱，一边从钟里拿出他们的钱财。领头的人发出信号之后，大家就冲向那些树，在不到一小时之内，树枝就被弄下，并被妇女和孩子们扛回村里。"①因此，围着果园跳舞，大声唱赞歌并使劲敲钟，无疑是要赶走女巫，人们认为她们就栖息在桃树枝上，用甘美的果实养肥了自己。

不管怎样，用钟和锣驱魔是许多民族都熟悉的办法，他们无须从欧洲基督教各民族借鉴这些工具或用法。在中国，"产生驱魔声音的主要工具是锣，这种著名的青铜圆盘是中国的特产。在这个国家的各处，尤其在夏天，当死亡率上升而引发驱魔活动增加时，每天都响彻着锣声。击铜钹，敲用木头和兽皮制成的鼓，会强化锣的有用效果。经常可见一小群男人甚至女人连续几小时敲锣、钹和鼓。听不见邻居有抗议声，他们也不会抱怨打扰了自己晚间的休息。在中国人的耳朵听起来，这种喧闹声一定悦耳动听，或者他们是心怀感激地把它当做一种善举，是那些心里惦记着个人和大家的福利和安康的善民做出的义务劳动"②。在中国南方，这些神圣的公众驱魔仪式主要在炎炎夏日举行，当此之时，霍乱猖獗，人们普遍认为，这种灾害是四处流窜的无形恶魔的恶意所为。这些仪式的目的是，把这些有害生灵赶出屋子和家里。整件事情由一个委员会来操办，费用来自捐赠，地方官吏一般要带头捐一大笔钱。实际的驱魔活动由一队队男人和孩子来完成，他们在街上游行，正儿八经地击界碑列队游行③，用剑和斧击打

---

① 伯克（J. G. Bourke）：《亚利桑那莫基人的蛇舞》（*The Snake-dance of the Moquis of Arizon*），1884年，第258页以下。——译注

② 格鲁特（J. J. M. de Groot）：《中国的宗教制度》（*The Religious System of China*），第6卷，1910年，第945页。——译注

③ 击界碑列队游行（beat the bounds），原为英国古俗，在耶稣升天节由教士率学童沿教区属地游行，边走边以柳条击界碑，意在警戒顽童越界。——译注

看不见的敌人，用锣的锵锵声、铃铛的丁零当啷声、爆竹的噼里啪啦声、火绳枪的一起发射和旧式霰弹枪的爆发声来吓唬它们。①

在安南②，如果要驱除私宅的病魔，驱魔者就要弹鲁特琴③，在大脚趾上绑上一串丁零作响的铜铃，他的助手还要给他伴奏弦乐和鼓。可是，听众认为，这些铃声来自前来帮助主祭的那位神祇骑的动物脖子上挂的铃铛。④铃铛在缅甸的宗教仪式中起着很大作用，每个大寺庙都有很多，人们似乎非常喜欢其甜美而响亮的乐音。据说现在，它们的用途更多的不是赶走恶魔，而是昭示守护神：赞美佛陀的赞美诗已经唱起，因此，在祭拜结束时，崇拜者要在钟上敲三下，宣布他履行了自己虔诚的义务。⑤但我们推测，这种解释是事后的想法，一种发达的宗教可以以此为借口，替最初为了不太文雅和美妙的目的而设立的古老而野蛮的仪式遗迹开脱，并将它神圣化。大概在欧洲，许多虔诚的心灵都喜爱教堂钟声那内在的甜美和亲切的联想。祈祷者原先用它赶走家中的恶魔，后来才直接把它当做召唤崇拜者去圣地祈祷的单纯手段。

不过，在亚洲更原始的民族中，单纯用铃铛驱魔一直持续到现代。阿萨姆北部边境附近的米什米人（the Michemis）有一种在夜间举行的葬礼，祭司用虎牙、多彩的羽毛、铃铛和贝壳装饰自己，狂热地跳一种狂野的舞蹈来驱除恶魔，他身上的铃铛在丁零当啷地响着，贝壳在他周围噼里啪啦地晃着。喜马拉雅山中部的一个部落基兰蒂斯人（the Kirantis）把他们的死者埋在山顶，"祭司必须出席丧礼，当他和尸体一起前往墓地时，他用一根棍子不时地敲一个铜器，同时召唤亡灵，要它平安地离去，加入先它而去的那些亡灵"。⑥这种在丧礼上敲铜器的做法，可能是为了催促幽灵赶快离开他的家，或者是为了赶走干扰它上路的恶魔。大概同样是为了这两种目的之一，当古代斯巴达人的国王驾崩时，妇女们通常要在城市的街头敲着锅，四处走动。⑦在中非卡维龙多（Kavirondo）海湾

---

① 参见格鲁特（J. J M de Groot）：《中国的宗教制度》（*The Religious System of China*），第 6 卷，1910 年，第 981—986 页。——译注

② 安南（Annam），越南东部一个地区的旧称。——译注

③ 鲁特琴（the lute），14—17 世纪使用较多的一种形似吉他的半梨形拨弦乐器。——译注

④ 参见迪古（E. Diguet）：《安南人》（*Les Annamites*），1906 年，第 280 页。——译注

⑤ 参见尤萧（Shway Yoe，即 G. George Scott）：《缅甸人及其生活和观念》（*The Burman, His Life and Notions*），第 1 卷，1882 年，第 241 页以下；巴蒂安（A. Batian）：《东亚诸民族》（*Die Voelker des Oestlichen Asien*），第 2 卷，1866—1871 年，第 33 页，第 105 页以下。——译注

⑥ 参见霍奇森（B. H. Hodgson）：《印度文化主题杂集》（*Miscellaneous Essays relating to Indian Subjects*），第 1 卷，1880 年，第 402 页。——译注

⑦ 参见希罗多德：《历史》，第 6 卷，第 58 页。——译注

的班图人（the Bantu）部落中，当妻子告别了死去的丈夫又回到自己人中间时，她认为自己仍有责任在他的村子里为他的死哀悼。为此，"她在自己后腰上绑一只牛铃，把她的朋友们召集在一起，一群人在村里小跑，铃铛一路上都发出忧郁的叮当声"①。这里的铃声是想让丈夫的幽灵保持在安全的距离之外，或者可能是让他注意到他的遗孀在哀悼他的死亡时恪尽了职守。在荷属婆罗洲的东南地区，只要尸休还在房屋里，迪雅克人（the Dyaks）通常就要白天黑夜地敲锣。一旦垂危的人断气，这种抑郁的乐曲就开始了。这种曲调由四个不同音调的锣奏出，它们以大约每两秒钟的定期间隔被交替敲响。一小时又一小时，一天又一天，这种曲调保持不变。有人告诉我们，没有任何声音，甚至包括欧洲天主教堂的丧钟声，会比这种在婆罗洲宽阔的河流上单调地鸣响并消失的死亡之锣的庄重音符更不可思议、更扣人心弦。②

尽管没人告诉我们，在婆罗洲这个地区的迪雅克人为什么在人死后不断地敲锣，但我们可以推测，其意图是要避开恶魔，而不只是向远方的朋友表明丧亲之痛，因为如果其目的只是要把死者的消息传递给左邻右舍，为什么只要尸体还在屋里就要夜以继日不停地敲锣呢？另一方面，我们知道，在婆罗洲，金属器具的声音有时专门用来驱魔。有一位英国旅行家描述了他在婆罗洲北部的经历。有一次，寄宿在杜松人（the Dusuns）的一间大房子里，里面大约有一百个男人和他们的家人住在一起，"随着夜幕降临，他们用手鼓奏起了一种奇怪的乐曲。其中明显有一种神秘的韵律和乐调，我问这是否就是 main-main（即闹着玩），他们说不是，而是有人病了，他们必须敲一晚上，让恶魔离得远远的"。③此外，婆罗洲北部的杜松人每年都要有一次正式把所有恶魔赶出他们村子的仪式，在赶的时候，要敲锣打鼓，催这些恶魔赶快离去。当男人敲锣打鼓时，女人们在各个房子之间来回走动，伴着她们手中的铜响板发出的整齐乐音以及她们腕上的一串串小铜铃的叮当声，载歌载舞。把恶魔从家里赶走以后，这些女人们互相追逐着来到河边，那里准备好的一个木筏将载她们出村界。木筏上装饰着用椰子叶做成的男人、女人、动物和鸟的形象，筏上的厚板上还放着更具吸引力的食物、衣物和煮锅等供物。当这些神灵的游客都上来之后，锚被解开，木筏顺流而下，它绕过河的最远处，消失在森林中。这样，经过一个漫长的旅

① 霍布莱（C. W. Hobley）：《东部乌干达》（*Eastern Uganda*），1902 年，第 17 页。——译注

② 参见佩勒拉尔（M. T. H. Perelaer）：《对迪雅克人的民族志描述》（*Ethnographische Beschrijving der Dajaks*），1870 年，第 220 页以下。——译注

③ 参见哈顿（F. Hatton）：《婆罗洲北部》（*North Borneo*），1885 年，第 162 页以下。——译注

程，恶魔就被送到了人们一厢情愿地希望它不再回来的地方。①

1845 年 8 月，休·洛（Hugh Low）爵士访问了瑟邦浩山丘（the Sebongoh Hill）迪雅克人的一个村子。作为那里从未见过的第一个欧洲人，他受到许多仪式性的礼遇。这个英国人耐心地参与了对太阳、月亮和沙捞越的拉甲②的祈祷，为的是让大米丰收，猪多产，保佑妇女生男孩，他还强调说，为了突出这些请求，还要频繁地向空中抛撒少量的黄米，可能是为了让这三个神祇关注其崇拜者的卑微请求。在参加了房前公共舞台上的这些训导式的祈祷之后，休·洛爵士回到走廊里，在那里，用这位旅行者的话说，该村的酋长"在我的手腕上绑了一只小鹰铃③，要我同时绑上他为我准备好的另一只，绕着我右手的同一个关节。此后，喧嚣的锣鼓开始敲起来，这些锣鼓挂在走廊一头的椽子上，酋长把另一只小铃铛系在我的右手腕上，这时，所有在场的老头都仿照他的样子，每个人都对我说点什么，或者不如说他们是在自言自语，我根本不懂它们是什么意思。每个人现在都进来了，都带着几竹筒煮好的米，每个人到了之后都给我添一只铃铛，所以渐渐地它们就难以计数了，我求他们开恩，如果对仪式来说没什么区别的话，就把剩下的都系在我的左腕上。于是，他们就按我乞求他们的那样做了"。虽然休·洛爵士没解释而且大概也不知道这样给尊贵的客人系铃的意义何在，但我们可以推测，它旨在善意地使恶魔无法靠近。

米尔扎布尔的帕塔里人（the Patâri）祭司和整个印度的许多苦行阶层都戴着铁铃铛和报警器④，他们在走路时会摇着吓跑恶魔。显然，出于同样的目的，贡德人（the Gonds）中特殊的魔鬼祭司（被称为 Ojhyâls）总是戴着铃铛。⑤在特殊场合或在很长一段时间内，在身体各个部位尤其是脚踝、手腕和脖子上戴铃铛，这种习俗无论在什么地方大概都潜藏着同样的动机：我们可以设想，最初人们认为，铃铛的叮当声可以防止戴它的人受到妖魔的侵袭。正是出于这种目的，中国南方各省的孩子才普遍戴铃铛，北方各省的孩子戴

---

① 参见艾弗·埃文斯（Ivor Evans）的文章，见《皇家人类学研究所杂志》（JRAI），第 42 卷，1912 年，第 382—384 页。——译注

② 沙捞越的拉甲（the Rajah of Sarawak），拉甲指马来、爪哇等地的酋长、首领等。——译注

③ 鹰铃（hawk-bell），一种内含小丸的小空心铃，常系于鹰胫。——译注

④ 报警器（rattles，又写作 watchman' rattle），一种装有簧片的造声装置，原为看守人使用，现在多为取乐者使用。——译注

⑤ 参见克鲁克（W. Crooke）：《印度北部的大众宗教与民俗》（Popular Religion and Folk-lore of Northern India），第 1 卷，1896 年，第 168 页。——译注

得少些。①那不勒斯妇女把挂有小铃铛的银饰佩戴在衣服上，作为护身符，以防止魔眼。②耶西迪人（the Yezidis）固执地相信魔鬼的存在，在朝觐节结束时，他们要举行一个仪式，据说是为了让掠食的狼远离忠实的信徒。有一位老人脱光衣服，披上一张山羊皮，他的脖子上拴挂着一串小铃铛。这样装扮一番之后，他就围着聚集在一起的朝觐人群爬动并发出模仿公山羊咩咩叫的声音。人们相信，这个仪式使人群神圣化了。③但我们可以推测，它用精神篱笆把信众包围了起来，让狡猾的敌人无法跨进来。大概出于类似的意图，印度南部的巴达加人（Badaga）祭司在举行圣仪时，要先在腿上系上铃铛，再赤脚走过火坑中炽热的火炭，这显然是为了祈祷五谷丰登。④

在非洲，当地人多用铃铛来吓跑恶魔，我们不必假定他们总是或者一般来说从欧洲人那里借鉴了这种习俗，因为黑人们相信精灵，而且从无法追忆的时代以来，他们就非常了解金属，尤其是铁。例如，奴隶海岸⑤说约鲁巴语的民族相信，有某种被称为 abikus 的恶魔，在森林和荒地流窜，饿得发慌，很想住进人的体内。为此，它们就瞅着妇女怀孕的时候，潜入子宫内的胎儿中，这个孩子生下来时就会很瘦弱，因为饥饿的恶魔吃光了给婴儿提供的好营养。为了让可怜的孩子摆脱这种麻烦的处境，妈妈要给恶魔提供食物祭品，在它吃的时候，她就趁它分心时把小铃铛和铁环绑在孩子的脚踝上，把铁环系在他的脖子上。人们认为，铁的叮当声和铃铛的丁零声可以让恶魔离得远远的，因此，许多孩子的脚上都坠着铁饰。⑥在中非的巴干达人（the Baganda）和巴尼奥罗人（the Banyoro）中，幼儿学走路时通常要在他们的脚上系上小铃铛。据说，这种风俗的理由是，这些铃铛可以帮助孩子走路或使他的腿有

① 参见德尼斯（N. B. Dennys）：《中国的民俗》（*The Folk-lore of China*），1876 年，第 55 页。——译注

② 参见埃尔沃西（F. T. Elworthy）：《魔眼》（*The Evil Eye*），1895 年，第 356—358 页，第 368 页。——译注

③ 参见赫德（W. B. Heard）的文章，见《皇家人类学研究所杂志》（*JRAI*），第 41 卷，1911 年，第 214 页。——译注

④ 参见瑟斯顿（E. Thurston）：《印度南部的种姓和部落》（*Castes and Tribes of Southern India*），第 1 卷，1909 年，第 98 页以下。——译注

⑤ 奴隶海岸（the Slave Coast），指西非贝宁湾沿岸一带，因 16 世纪至 19 世纪末西方殖民者由此大量贩运非洲黑人到美洲为奴而得名。——译注

⑥ 参见埃利斯（A. B. Ellis）：《西非奴隶海岸说约鲁巴语的民族》（*The Yoruba-speaking Peoples of the Slave Coast of West Africa*），1894 年，第 112 页以下。——译注

劲。①但其最初的动机大概是，在这个关键时刻，让小家伙免受恶魔讨厌的注意。或许出于同样的意图，巴干达人的迷信式信仰规定，生了双胞胎的父母要举行一个漫长而细致的仪式，在仪式过程中，他们要在脚踝上戴上铃铛，还要各备一只特制的鼓，日夜敲个不停。②

在阿比西尼亚北部的博戈人（the Bogos）中，如果有妇女生产，她的女性朋友们就在房门前点起火，那位母亲抱着婴儿围着火慢慢地走，同时用铃铛和棕榈树枝弄出很多噪音，我们得知，这旨在吓跑恶魔。③据说，印度的贡德人"总是在生孩子时敲一个铜碟，噪音可以进入孩子的耳朵，这样就可以祛除他听力中的任何障碍"④。这里为这个习俗指定的理由，可能并非原始的理由，像博戈人的铃铛声一样，敲铜碟的噪音可能主要意在保护母亲和新生婴儿免遭恶魔的侵袭。所以，在希腊传说中，据说枯瑞忒斯⑤围着婴儿宙斯跳舞，用他们的矛击他们的盾，以压倒孩子的哭声，防止他的哭声引起反常的父亲克洛诺斯的注意，后者习惯于在自己的孩子一出生时就把他吃掉。⑥我们可以猜测，这个希腊传说体现了人们对一种古老习俗的回忆。为了使婴儿不至于夭折，人们曾遵行这种习俗。原始人把夭折的诸多原因解释为恶毒而危险的精灵的作用。更明显的是，我们可以推测，在从前的时代，当希腊人的孩子出生时，父亲和他的朋友们必须拿着矛或剑和盾，围着孩子跳一种战争舞，用他们的矛或剑击他们的盾。有一部分目的是为了盖过婴儿的哭声，以免引起周围潜伏的精灵的注意，但另一部分目的是为了用喧嚣声吓跑恶魔，为了完全挫败那些隐形的敌人，他们挥舞着手中的武器，使劲砍刺空气。至少下面的类比可以证实我们的推测。

18世纪初，有一位西班牙牧师描述了菲律宾群岛的他加禄人（the Tagalogs）在孩子出生时实行的一种习俗："patianak，有些人称之为妖魔鬼怪（如果它不是虚构、梦或他们的想象），是通常骚扰他们的妖怪或恶魔……他们把生孩子的不

---

① 参见罗斯科（J. Roscoe）：《巴干达人》（*The Baganda*），1911年，第444页；罗斯科（J. Roscoe）：《北部班图人》（*The Northern Bantu*），1915年，第46页。——译注

② 参见罗斯科（J. Roscoe）：《巴干达人》（*The Baganda*），1911年，第65页。——译注

③ 参见蒙青格尔（W. Munzinger）：《博戈人的习俗与法律》（*Sitten und Recht der Bogos*），1859年，第37页。——译注

④ 拉塞尔（R. V. Russell）：《印度中央邦的部落与种姓》（*Tribes and Castes of the Central Provinces of India*），第3卷，1916年，第88页。——译注

⑤ 枯瑞忒斯（the Curetes），又译库列特，希腊神话中的女神瑞亚的祭司们。——译注

⑥ 这个传说是古代艺术家喜爱的题材，参见奥弗贝克（J. Overbeck）：《希腊艺术神话学》（*Griechische Kunstmythologie*），1871年，第328页，第331页，第335—337页。——译注

良后果都归因于它。他们说，为了伤害他们或让他们迷路，它藏在树里，或者藏在离分娩妇女家较近的任何地方，在那里学四处闲逛的人的样子唱着歌，等等。为了阻止 patianak 的邪恶行径，他们把自己脱光，穿上铠甲，带上大砍刀、长矛和其他武器，藏在屋顶的横梁上，也藏在房屋下面，他们在那些地方猛击乱砍，做出许多姿势和动作，为的是同样的目的。"①按另一种叙述的说法，丈夫和他的朋友们带上剑、盾和矛，这样装备好之后，就在屋子上下的空中狂暴地砍杀空气（屋子高出地面的部分是用杆子支起来的），为的是吓唬并赶走有可能伤害母子的危险精灵。②这些武装起来的男人用他们的武器砍刺空气，以此从新生儿那里把恶魔赶走，他们似乎是古希腊枯瑞忒斯的蛮族同类。

关于婴儿暴露给敌对精灵就有危险的类似信仰，也使缅甸野蛮的克钦人（the Kachins）采取了类似的措施，以保护母亲及新生儿。"在生的一刹那，接生婆就说'这个孩子叫什么什么'，如果她不这么做，有些恶意的 nat 或精灵就会首先给这个孩子起名字，这样就会让他憔悴而死。如果母子都平安，大家就吃喝一顿，还要揶揄高兴的父亲。然而，如果孩子生得很费力，显然 nats 就在活动，就要请一个 tumsa 或预言家。这个人到村里的另一间屋子里求问竹竿（chippawt），以便确定，是那个屋里的 nat 不耐烦了，还是丛林里的 nat 来了并赶走了守护的nat。丛林 nats 被称为 sawn，而且是难产的死婴或暴死者的亡灵，它们自然想有些伴，所以会进屋抓妇女和孩子。如果竹竿表明是屋里的 nat 生气了，人们就会以一般的方式用牺牲或神灵祭品来抚慰它。然而，如果某个 sawn 已经得手，就必须采取紧急行动，在屋子周围和通往村子的路上鸣枪，往屋子的地上射箭，用dhas（剑或大刀）和火炬在那个妇女的身体上方挥舞，最后是旧衣服、干辣椒和其他可能产生气味的东西，被堆在凸起的屋内地面上点燃，这样，除了最顽固难除的精灵之外，其他的都被吓跑了。"③克钦人中的一位天主教传教士告诉我们，只要难产，这些野蛮人"就指控 sawn（死在产床上的妇女的幽灵）想杀掉这位母亲，他们就会照例追逐它们。他们翻查屋子的每个角落，挥舞着矛和刀，发出各

---

① 参见加德纳（F. Gardner）的文章，见《美国民俗学杂志》（*Journal of American Folklore*），第19 卷，1906 年，第 192 页以下。——译注

② 参见布卢门特里特（F. Blumentritt）的文章，见《维也纳地理学会通报》（*Mitt. der Wiener geograph. Gesellschaft*），1882 年，第 178 页；马拉（J. Mallat）：《菲律宾群岛》（*Les Philippines*），1846 年，第 65 页。——译注

③ 斯科特（J. G. Scott）和哈迪曼（J. P. Haidiman）：《上缅甸和掸邦公报地名词典》（*Gazetteer of Upper Burma and the Shan States*），第 1 部，第 1 卷，1900—1901 年，第 339 页。——译注

种噪音，用最臭的东西发出的噪音是最有效的；除了受害者，他们都脱得精光，以吓唬恶魔；他们在屋子内外烧树叶，还有米、胡椒和所有能够产生恶臭的东西；他们向各个方向呼喊，放枪，射箭，用剑击打，沿森林的主要道路继续这种骚乱，远至最近的溪流处，他们想象他们在那里把 sawn 赶跑了"。

当卡尔梅克（Kalmuk）妇女临产时，她的丈夫要在帐篷周围罩一个网，然后跑来跑去，用一根棍子击打空气并喊道："恶魔走开！"直到孩子生下来。他这样做是为了让可恶的恶魔走得远远的。①在鞑靼人（Tartars）的一个部落诺盖人（the Nogais）中，"当男孩生下来时，每个人都拿着锅来到其家门口。他们弄出巨大的噪音，并且说他们这样做是为了赶跑恶魔，让它无力支配这个孩子的灵魂"。在西里伯斯岛南部的一个叫波尼或称博恩的侯国，当妇女难产时，男人"有时要大喊或者鸣枪，这样做是为了驱赶阻碍生产的恶魔"，在生王子时，一旦婴儿脱离了胞衣，就要敲打一切用来驱魔的金属器皿，"为的是赶跑恶魔"。出于同样的目的，在新几内亚西南部的阿鲁群岛上，如果分娩时间拖延太长，就要敲鼓。附近的土著相信，某条溪流的精灵流进了坦噶尼喀湖上的伯顿湾，它对有孩子的妇女非常不友好，会不让她们生产。如果某个妇女感觉自己受到了它的坑害，就要安排一些献祭并举行某些仪式。村里所有居民都聚在一起，在受害者住的小屋附近敲鼓，并喊着跳着，"以赶走恶魔"。在锡兰的僧加罗人（the Singhalese）中，当有人生产时，"婴儿的哭声要被照料者的声音盖过，以免森林的精灵知道了他的存在并加害于他"。②所以，古罗马人相信，生了孩子的妇女很容易受到森林之神西尔维乌斯③的攻击，后者在晚上潜入屋里，折磨并袭击她。因此，在夜间，通常要有三个男人在屋子的门槛周围巡逻，手里分别拿着斧头、杵和扫帚，他们在每个门槛前都停下来，前两个男人用斧头和杵敲它，第三个男人用扫帚扫。他们认为，用这种方法可以防止这位母亲受到森林之神的攻击。④

同样，我们可以认为，在古希腊，从前的习惯是，为了使产床上的妇女免遭敌对神灵的侵袭，武装起来的男人要围着她们跳舞，用他们的矛击他们的盾，甚

---

① 参见帕拉斯（P. S. Pallas）：《俄罗斯帝国各省游记》[*Reise durch verschiedene Provinzen des Russischen Reichs* （1771–1776）]，第 1 卷，第 36 页；格奥尔基（J. G. Georgi）：《俄罗斯帝国古代民族描述》[*Beschreibung alter Nationen des Russischen Reichs* （1776）]，第 412 页。——译注

② 参见佩莱拉（A. A. Perera）的文章，见《印度文物工作者》（*The Indian Antiquary*），第 31 卷，1902 年，第 379 页。——译注

③ 西尔维乌斯（Silvanus），拉丁语的意思是"森林的"。——译注

④ 参见奥古斯丁：《上帝之城》，第 9 页。——译注

至当男人不再遵循这种旧俗时，传说仍在讲述枯瑞忒斯如何在婴儿宙斯的摇篮周围举行这种仪式。

然而，我们必须言归正传，回到铃铛的驱魔防害的用途上来。苏纳尔人（the Sunars）是印度中央邦的金匠和银匠，他们的孩子和年轻女子都戴着中空的脚镯，里面有丁零作响的铃铛。不过，如果已婚妇女有了几个孩子，她就不再戴这种中空的脚镯，而代之以实心的。"现在，据说女孩戴发出响声的脚镯的理由是，人们随时可以得知她们的下落，防止她们在阴暗角落里遭遇不测。但真正的原因可能是，它们可以吓唬精灵。"①在英属东非的南迪人中，当女孩要行割礼时，她会收到情人和追求者借给她的大铃铛，他们平时把这些大铃铛戴在腿上，但在这个仪式场合，他们暂时把它交给这位姑娘。通常，一位受人喜爱的姑娘收到的铃铛会有十个或二十个之多。当其下体实行那种痛苦的手术时，她把它们都戴在身上。一旦手术结束，她就站起来，摇摇头上的铃铛，然后去会她的情人，把借来的铃铛还给他。②如果知道南迪战士为什么要定期在腿上戴铃铛，我们就可能知道女孩子为什么在行割礼时要戴同样的铃铛了。在没有肯定的信息之前，我们可以推测，这些铃铛被当做护身符，凭借其特殊的功能，可以保护两性免于超自然的危险，这些都是他们或者永久或者暂时容易遭受的危险。

在刚果河地区，土著们担心，在他们喝东西时，恶魔会通过嘴进入身体，因此，在这些时候，他们挖空心思让这些危险的存在物远离自己，其中一种办法是在每次喝液体之前摇铃铛。有人看到一位酋长以这种方式一口气喝了十杯啤酒，每次在把他的杯子放到嘴边之前，他都要摇他的魔铃，为了格外小心起见，一个男孩在这位显贵面前挥舞着酋长的矛，以防恶魔和啤酒一起溜进他的胃里。在这个地区，拜物者施过魔法的铃铛也被人们当做护身符戴在身上，它可以避开发烧、子弹和蝗虫，可以使佩戴的人隐形。居住在维多利亚尼安萨湖（Lake Victoria Nyanza）最大的乌凯雷韦岛的巴克雷韦人（the Bakerrewe），通常在每家门上直接绑一个铃铛，每个进入这个住处的人都小心地用头碰响它，并非像在欧洲那样告诉主人他来了，而是

---

① 拉塞尔（R. V. Russell）：《印度中央邦的部落与种姓》（*Tribes and Castes of the Central Provinces of India*），第4卷，1916年，第527页。——译注

② 参见霍利斯（A. C. Hollis）：《南迪人》（*The Nandi*），1909年，第58页以下，第88页；参见霍布莱（C. W. Hobley）的文章，见《皇家人类学研究所杂志》（*JRAI*），第33卷，1903年，第351页以下。——译注

要防止恶魔并驱除巫师的魔咒。①在西非，铃铛的叮当声有助于增强定期除妖仪式上整体的喧嚣声。②

不过，在非洲，祭司、先知和巫医在履行他们神圣的仪式时，尤其要带或戴铃铛，无论是为了驱魔、治病还是为了向凡夫俗子显示神的意志。例如，在英属东非的阿坎巴人（the Akamba）中，巫师把铁制牛铃绑在皮带上，他们在开始算命时就要摇牛铃，铃声被认为吸引了神灵的注意。其中有位巫医告诉霍布莱（Hobley）先生，他梦见神告诉他如何得到一只铃铛，所以，他走了一段特殊的路去吉库尤买了这只铃铛，在回来时，他请神灵喝啤酒并杀了一头小公牛慰劳神灵。在东非的加拉人（the Gallas）中，祭司阶层（Lubas）与驱魔师阶层（Kalijos）不同，但在履行他们特有的仪式时，祭司和驱魔师都要带着铃铛，此外，驱魔师还拿着一条鞭子，他毫不犹豫地用力抽打在患者身上，赶走被认为附在病人身上的恶魔。另外，在加蓬的范人（the Fans）中，在协助巫师查案时，巫医会在脚踝和手腕上戴许多小铃铛，他可以根据铃声的引导从焦急而兴奋的围观人群中挑出那个嫌疑犯。西非多哥兰的霍人（the Hos）相信存在着一种"苦魔"或"傻鬼"，它可以神奇地增加某人宝箱里的玛瑙贝和地里的庄稼。这种有用精灵的名字是 Sowlui，非常奇怪，霍人把小铃铛的声音也叫做这个名字，他们的祭司就像古代犹太人的祭司那样，把这种小铃铛系在袍子下摆上。中非的巴尼奥罗人（the Banyoro）认为，艾伯特湖的神通过一位女先知的中介与人交流，这位女先知的皮衣上戴着一圈玛瑙贝和小铁铃铛，她走动时，这个圈饰像湖里的波纹一样上下波动。同一个部落还相信，名为 Wamala 的丰产神使人、牲畜和庄稼兴旺，有一位先知代表它并以它的名义讲出神谕。当预言的灵感在他身上附体时，这个人就在他的脚踝上戴上铃铛，在他的腰部绕上两块白色的小牛皮，牛皮下边悬挂着小铁铃铛。

这些例子足以表明，铃铛在巫术仪式或宗教仪式中的使用有多么广泛以及对它们的响声有除魔威力的信仰又是多么普遍。从我已经举出的一些例子中可见，有时铃铛的声音与其说是驱魔，不如说是吸引善良的或护卫的精灵的注

---

① 参见胡特尔（P. E. Hurtel）的文章，见《人》（*Anthropos*），第 6 卷，1911 年，第 74 页。——译注
② 参见麦克唐纳（J. Macdonald）：《宗教与神话》（*Religion and Myth*），1893 年，第 106 页；关于西非定期举行的驱魔仪式，参见弗雷泽（J. G. Frazer）和加斯特（T. H. Gaster）：《新金枝》（*The New Golden Bough*），New York，1964 年，第 444 节以后。——译注

意。①但从整体来看，在原始仪式中，这些乐器的吸引力远不如排斥力明显。铃铛用于吸引而非排斥，这可以与更发达的宗教意识阶段相对应，此时，对善的信任压倒了对恶的恐惧，此时，虔敬之心的欲望，与其说是逃避魔王，不如说是靠近上帝。本章收集的这些习俗和信仰，可以设法用来说明，大概也可以解释我们在本章开头提到的那种犹太人的习俗，无论祭司穿着紫罗兰色长袍跨过圣所门槛时让金铃铛发出的铃声和叮当声是为了驱除恶魔的侵袭，还是为了引起神灵的注意。

---

① 参见罗斯科（J. Roscoe）：《北部班图人》（*The Northern Bantu*），第 90 页。关于非洲祭司或巫医用铃铛的更多证据见斯皮克（J. H. Speke）：《尼罗河之源发现日记》（*Journal of the Discovery of the Sources of the Nile*），1912 年，第 419 页以下；蔡鲁（P. B. du Chaillu）：《赤道非洲探险记》（*Explorations and Adventures in Equatorial Africa*），1861 年，第 253 页以下；塔尔博特（P. A. Talbot）：《在丛林的阴影中》（*In the Shadow of the Bush*），1912 年，第 328 页。——译注

# 一个人一生能讲几个故事？

## ——译后记

译完这本书的后半部分，我特意请求叶舒宪老师允许我写一篇后记，因为有关弗雷泽以及这本书，还有一些不能不说的"故事"。

至少从 20 世纪初开始，弗雷泽就开始影响中国的学术研究。20 世纪 20—30 年代，江绍原的《发须爪》和郑振铎的《汤祷篇》都是在弗雷泽的启发下写出的名著。80 年代之后，随着《金枝》《魔鬼的律师》等汉译本的问世，弗雷泽的名字在国内已经"耳熟"，但多数人可能不一定"能详"。以我为例，尽管也曾深受弗雷泽的影响，但我还不能算是弗雷泽的"粉丝"，至少在翻译弗雷泽之前，我并不真正了解弗雷泽。

## 一、书斋学者弗雷泽

1854 年元旦，弗雷泽出生于苏格兰的格拉斯哥市。弗雷泽来到世上似乎就是为了读书，他从小就比较内向，表现出对书的痴迷和书呆子气。父亲对他的这种天性了然于心，于是也就顺其自然。

在弗雷泽写作的为数不多的诗歌中，有一首《学子的诱惑》，写浮士德在书房中昏昏欲睡，灯火已暗，天将破晓。魔鬼们唱道：

夜晚已逝！
天上的群星暗了，
鸟儿醒了，天亮了，
别再睡了！

白天已逝！
红日西沉，

花儿睡了，群星出来了，

别再工作了！

青春已逝！

生命的短暂春天很快将尽，

花儿谢了，夏天飞了，

时不我待！①

　　这无异于弗雷泽的夫子自道。书生所思所想，可谓三句话不离本行。在另一篇散文《我的旧书房》中，弗雷泽感谢剑桥大学三一学院理事会成员三次延长了他的特别会员资格，让他可以常年远离尘嚣，在书房中"聆听真理的静谧之音"。②据他的秘书兼助手安格斯·唐尼说，弗雷泽在剑桥的书房很大，堆满了大量人类学书籍，四壁的书架上，除了各种杂志、年鉴和无数小册子之外，大约有三万册图书。为了寻找第一手资料，弗雷泽还广泛利用剑桥大学图书馆、伦敦图书馆以及英国皇家地理学研究所、英国皇家人类学研究所等各种研究机构或协会的图书馆。他是大英博物馆的常客，有段时间，博物馆还专门为他提供了一间书房，这原先是只有寇松勋爵（Lord Curzon）和英国前首相罗斯伯里勋爵（Lord Rosebery）才能享用的"御室"。③从本译本补充译出的各语种文献资料中，我们或许可以略窥弗雷泽阅读量之一斑。

　　弗雷泽的知识面很广，他可以与物理学家讨论物理学，他对生物学和自然科学的其他一些分支也知之甚多。弗雷泽堪称语言天才：他阅读希腊文就像别的英国人阅读英语一样流利，他能用西塞罗式的拉丁文写作，他的法语写得比绝大多数法国人好，他的德语水平也不低，他能读阿拉姆语版的《圣经》，他的西班牙语、意大利语和荷兰语可以当做工作语言，也就是：不会说，但能流利地阅读。④

---

　　① Sir James George Frazer，'The Student's Temptation," in *The Gorgon's Head and other Literary Pieces*，p. 438，London：Macmillan & Co.，Limited，1927.

　　② Sir James George Frazer，"My old study," in *The Gorgon's Head and other Literary Pieces*，p. 441，London：Macmillan & Co.，Limited，1927.

　　③ 参见 R. Angus Downie，*James George Frazer：The Portrait of a Scholar*，p. 103，London：Watts & Co.，Limited，1940.

　　④ 参见 R. Angus Downie，*James George Frazer：The Portrait of a Scholar*，pp. 98-99，London：Watts & Co.，Limited，1940；Bronislaw Malinowski，Sir James George Frazer：A Biographical Appreciation，in *A Scientific Theory of Culture and other Essays*，p. 179，New York：Oxford University Press，1960.

弗雷泽年轻时曾醉心于柏拉图，21 岁时就已经读过柏拉图、欧里庇得斯和品达的全部希腊文版著作。[①]1879 年，弗雷泽凭一篇长文《柏拉图理念论的生成》获得剑桥大学三一学院六年期的研究人员资格，此后一直没有离开剑桥。这篇五十一年后才正式出版的长文出自一个 25 岁的青年之手，它明显表现出弗雷泽流畅利落的语言表达能力、清晰的逻辑分析能力和惊人的判断力。[②]1907 年 10 月 22 日，弗雷泽在给他的朋友、人类学家马雷特（Robert Ranulph Marett，1866—1943）的信中说："我在年轻时的确曾对哲学和心理学发生过兴趣，只是没有坚持研究，我对这些问题的想法可能非常陈旧。"[③]但在我看来，这本书即使放在古典哲学的一流研究著作中，也毫不逊色。如果弗雷泽继续这方面的研究，即使成不了最优秀的古典学者，也必定是其中的佼佼者，因为他不仅有所谓识文断字的功夫——也不是做单纯的年代梳理和文献研究——而且在此基础上有远见卓识和清晰的甄别能力，这些都是一般古典学者难以具备的素质。

弗雷泽的学术研究始于译注保萨尼阿斯的著作。保萨尼阿斯是公元 2 世纪的希腊地理学家和旅行家，活动时间在 143—176 年，著有《希腊志》，详细记述了古希腊的艺术、建筑、风俗、宗教和社会生活。这本书激起了弗雷泽对民族志材料的兴趣。1890 至 1895 年，他曾骑马周游希腊腹地，考察古俗遗风，并写成六卷本《保萨尼阿斯对希腊的描述》（*Pausanias's Description of Greece*），于 1898 年出版。这本书成为他的古典学代表作。据说，在出版后的七十五年里，它一直是标准著作，直到近年才由于有了大量新的考古发现而作出修订，不过，参加修订的并非一人一力，而是一个学者委员会。[④]

弗雷泽对社会人类学的兴趣源自对泰勒《原始文化》的阅读，他的老师兼朋友、《圣经》学者罗伯逊·史密斯（William Robertson Smith，1846—1894）的宗教研究，使弗雷泽迷上了希伯来宗教、习俗和信仰。泰勒和史密斯的比较方法，都对弗雷泽产生了决定性影响。

在一篇回忆文章中，弗雷泽写道：罗伯逊·史密斯的宗教史研究，尤其是有

---

[①] 参见 Robert Ackerman，*J. G. Frazer：His Life and Work*，p. 21，Cambridge University Press，1987.

[②] 参见 Sir James George Frazer，*The Growth of Plato's Ideal Theory：An Essay*，London：Macmillan and Co.，Limited，1930.

[③] Robert Ackerman（ed.），*Selected Letters of Sir J. G. Frazer*，p. 272，New York：Oxford University Press，2005.

[④] 参见 Robert Ackerman（ed.），*Selected Letters of Sir J. G. Frazer*，pp. 2-3，New York：Oxford University Press，2005.

关闪米特人宗教的研究，深深影响了他们这一代人的思想，而他用来开启新思想脉络的有力工具，就是著名的比较方法。只有到了 19 世纪，人们才能不再以教条的方式而是以历史的方式看待世界上的宗教，也就是说，不是把这些宗教证之为真或斥之为伪，而是把它们当做意识现象加以研究。只有悬置了宗教信仰的真假问题以及宗教习俗是聪明还是愚蠢的问题，才能把不同种族和时代的宗教放在一起加以比较，这样就可以发现，尽管它们有许多细节方面的差异，但更有诸多基本的相似之处可以相互补充和说明。因此，通过对宗教的比较研究，他认为，人类的宗教演化进程在某些方面非常相似。一种宗教，尤其是其早期阶段，如果不与其他宗教进行比较，就很难获得对它的全面理解。[①]

弗雷泽的主要资料来源是古史以及通过向世界各地的传教士和殖民官员邮寄调查表而获取的资料。1933 年 11 月 22 日，年近 80 岁的弗雷泽说，他的工作的大部分，甚至绝大部分，并不是已经出版的那些书，而是五十多本笔记手稿。这些四开大本笔记是他半个世纪研究的精华，他已经出版的著作，仅体现了其中很小一部分。他把这些笔记分为两类：第一类约四十本，是没有分类的笔记，内容主要是权威文献摘录，涉及人类各民族的礼仪、习俗、制度、法律、宗教和迷信，原文是法语、德语或荷兰语，弗雷泽的引文或文摘有时用原文，有时用英译文，但通常都有英文摘要，有些笔记按地区分类，如欧洲、亚洲、非洲、美洲、东印度群岛等等；第二类是按主题分类的笔记，这些主题包括出生、成年仪式、婚姻、狩猎与捕鱼、农业、战争、疾病与死亡等等。[②]1938—1939 年，弗雷泽的秘书兼助手安格斯·唐尼把那些没有分类的笔记整理成书，以"人类学辑录"（Anthologia Anthropologica）为题，分四卷出版。

弗雷泽数十年患有眼疾。由于用眼过度，在 1931 年的一次演讲中，他突然失明。尽管如此，弗雷泽仍在秘书和记录员的协助下坚持工作。他从各种书籍中收集资料，为《金枝》出版了《再生草：〈金枝〉补编》（*Aftermath: A Supplement to The Golden Bough*，1936）。在晚年，弗雷泽还不停地辗转于伦敦和巴黎的旅馆以及在剑桥租住的一间平房之间。

1941 年 5 月 7 日，弗雷泽在剑桥辞世，享年 87 岁。几个小时后，他的妻子离世。一年之后，马林诺夫斯基也撒手人寰。弗雷泽的一生，几乎是工作的一

---

① 参见 Sir James George Frazer，"William Robertson Smith," in *The Gorgon's Head and other Literary Pieces*，pp. 281-282，London: Macmillan & Co.，Limited，1927.

② 参见 Theodore Besterman，*A Bibliography of Sir James George Frazer*，London：Macmillan and Co.，Limited，1934.

生。据他的传记作者统计，他一年工作48—50周，一周工作7天，一天工作12小时甚至更多，每天都忙于阅读、写作、校对和写信，没有节假日。即使结婚以后，他与妻子也达成协议：每天早晨8点在学院开始工作。弗雷泽的勤奋是加尔文教徒"工作狂"伦理的出色典范。弗雷泽的朋友、人类学家马雷特在弗雷泽的讣告中称他为"学界的运动健将"（an athlete of the study）。[1]在我看来，弗雷泽堪称学术的圣徒，他向我们显示了人性所能达到的境界和高度，用今天的流行语来说，他不仅是牛人，而且简直就是神人。

## 二、弗雷泽其人

弗雷泽对知识的热爱和投入程度，罕有人及。他的诚实、勤奋和判断力固然十分了得，但他同时又十分谦虚，这种谦虚不是做作，而是发自一个见过大世面和大境界的学者的内心，或许极少有人能比弗雷泽更真切、更深刻地体会到人生的有限与知识的无涯。他的眼中只有事实和真理，求真意志驱使他不断前行，生命不息，求真不止。1900年9月18日，弗雷泽在《金枝》第二版前言中写道："无论从中得出什么，无论它把我们引向哪里，我们都必须仅仅跟随真理。它是我们唯一的引路明星：凭此印记，汝等必胜（hoc signo vinces）。"[2]这可以看做弗雷泽的座右铭。1908年，弗雷泽在就任利物浦大学社会人类学教授的演讲中说："拿我本人来说，我就不妄求去探讨整个人类社会的过去、现在和未来。是否有某一个人思维的广度和知识的范围足以完成这样宏伟的事业，我不敢贸然下结论，但是，我可以毫不犹豫也绝不含糊地说，我的头脑和知识肯定不够。我只能讲授我已经研究过的东西，而我的研究绝大部分限于人类社会史上的一小部分，非常小的一部分，这一部分就是人类社会的原始时期，或者更准确地说是初级阶段、幼儿时期。"他把自己对社会人类学的研究范围限定在这一部分，他认为，这是他的学识强加给他的局限，尽管其他人或后来者完全可以越出这个狭隘界限而扩展他们的研究范围。在弗雷泽看来，人类学家既不是先知和预言家，也不是江湖郎中和骑士，而只是历史的学生或研究者，他能够告诉我们的知识非

---

[1] 参见 R. Angus Downie, *James George Frazer*：*The Portrait of a Scholar*, p. 100, London：Watts & Co., Limited, 1940; Robert Ackerman（ed.）, *Selected Letters of Sir J. G. Frazer*, p. 2, New York：Oxford University Press, 2005.

[2] Sir James George Frazer, *The Golden Bough*：*A Study in Magic and Religion*, Part 1："The Magic Art and the Evolution of Kings," Vol. 1, p. xxvi, London: Macmillan & Co., LTD, 1955.

常有限，但他应该具有为人类知识殿堂添砖加瓦的决心。"因为我们坚信，如果我们真正是为了知识本身去热爱和寻求知识，没有任何别有用心的目的，那么我们将发现，我们为之添加的每一点东西，无论它显得多么意义重大或毫无用处，最终都将融入为了人类的普遍利益而积累起来的整个知识宝库。"①

在弗雷泽生命的最后三十一年里，人类学家马林诺夫斯基与他交往甚深。据马林诺夫斯基的记述，作为一个人，弗雷泽很难让人理解，他的人格充满了矛盾和悖论。尽管他眼界开阔，兴趣广泛，可在理论观点和一般的成见方面却狭隘而固执，比如，弗雷泽深受弗洛伊德的推崇，但他从来不看弗洛伊德及其学派的任何东西。他对人性中一切稀奇古怪的事情有巨大的热情，但在遇到生人时，却很容易陷入窘迫和不知所措。他本人讨厌甚至不屑于成为大众关注的焦点，所以，弗雷泽的学术声誉，尤其是在大众中的影响力，主要应该归功于他的夫人。1896 年，四十二岁的弗雷泽"力排众议"，娶了法国寡妇伊丽莎白·格拉芙 [Elizabeth (Lilly) Grove]。弗雷泽夫人在南美洲学过西班牙语，她与外界的朋友保持着广泛的通信联系，是弗雷泽的"耳目"和"外交大臣"。为弗雷泽带来学术声誉的一卷本《金枝》和一卷本《〈旧约〉中的民间传说》，就与弗雷泽夫人的编辑和促动密不可分。这两本书的畅销和不断再版，使弗雷泽成为西方人类学史上的畅销书作者。在这方面，只有玛格丽特·米德（Margaret Mead，1901—1978）才能与他比肩。但这样的普及也未必全是好事，因为普及得越广，误解就可能越深。

弗雷泽有明显的怯场症，他的演讲都是先写好稿子，再照本宣科，而不是即席发挥。弗雷泽也完全避开争论和公开的讨论。有一次，人类学家安德鲁·兰（Andrew Lang，1844—1912）在对《金枝》的书评中嘲笑了弗雷泽的理论，弗雷泽怒不可遏，甚至为此中断了手头的工作达数月之久。从此以后，弗雷泽再也不看对他的任何负面的批评和评论。②

除了到过希腊和意大利，弗雷泽没出过远门，可谓足不出户而知天下事。弗雷泽的书稿和信都是手写，他没有打字机，也极少用电话。弗雷泽生活在别处，他像所有思想者和书痴一样，永远有些不合时宜，永远具有与当下的时尚格格不入的地方。

---

① 阅 J. G. 弗雷泽：《魔鬼的律师——为迷信辩护》，阎云祥、龚小夏译，东方出版社 1988 年版，第 152—154 页。

② 参见 Bronislaw Malinowski, "Sir James George Frazer: A Biographical Appreciation," in *A Scientific Theory of Culture and other Essays*, pp. 181-183, New York: Oxford University Press, 1960.

马林诺夫斯基评价弗雷泽说："他不是一个辩证论者，甚至可能不是一个善于分析的思想家。但另一方面，他被赋予了两种伟大的品质：艺术家创造他自己的一个幻想世界的能力；真正的科学家对必然的和偶然的、主要的和次要的东西的直观辨别能力。"①马林诺夫斯基最推崇的正是弗雷泽的直观辨别能力，无论这种能力的对象是在书本里还是在所谓的田野里。

# 三、扶手椅上的人类学家

后世人类学家嘲笑弗雷泽是扶手椅上的人类学家。其实，弗雷泽与其说是今天意义上的人类学家，不如说是一位人文学者。弗雷泽的另一位传记作者罗伯特·阿克曼认为："尽管在他的个人生活中，弗雷泽是一位极其诚实的人，但在智力、气质方面，只能把他描述为一位积重难返的对人类本性和动机的思索者，他是溯源于苏格兰启蒙时代的哲学传统的最后一位代表人物。"②

弗雷泽曾指出，我们人都意识到自己有许多不完美的地方，因而与那些高高在上、对我们漠不关心的人相比，我们与那些能够理解并分担我们的弱点的人，会有更多的相通之处。他认为，这至少是柏拉图比亚里士多德更动人心弦的原因之一。柏拉图在对话录中证实了他极其细腻的喜剧能力和悲剧能力，但亚里士多德却像牛顿一样，对生活中的诙谐一面缺乏敏感。③这也从一个侧面说出了弗雷泽早年迷恋柏拉图的一部分原因。弗雷泽的一生都在展示人类的戏剧，但他并非无动于衷，他看到了文明下面的野蛮，看到了理性下面涌动的非理性，这有些像弗洛伊德，尽管弗雷泽并不从非理性的角度看人。

弗雷泽不善与人交往，但他有设身处地、感同身受地理解人的出色能力。弗雷泽保持着一颗赤子童心，与土著朝夕相处的田野人类学家每每惊异于从来没离开过欧洲的弗雷泽竟对所谓的原始民族有惊人的洞察力和理解力。在与弗雷泽交谈时，来自中非的传教士们不止一次地惊呼："为什么你比在黑人中生活过二十年的我还要了解他们？"有一次，有人提议去新几内亚的远征军带上弗雷泽，

---

① Bronislaw Malinowski, "Sir James George Frazer: A Biographical Appreciation," in *A Scientific Theory of Culture and Other Essays*, p. 184, The University of North Carolina Press, 1944.

② Robert Ackerman (ed.), *Selected Letters of Sir J. G. Frazer*, p. 6, New York: Oxford University Press, 2005.

③ 参见 Sir James George Frazer, "William Cowper: An Appreciation," in *The Gorgon's Head and other Literary Pieces*, p. 361, London: Macmillan & Co., Limited, 1927.

但当时新几内亚的总督威廉·麦格雷戈爵士（Sir William MacGregor）急切地抗议说："弗雷泽必须留在家里，因为他是大脑，而我们只是触角。"在《〈旧约〉中的民间传说》第三部第三章末尾，弗雷泽说了一段话，可以看做对上述问题的回答："实际上，没有一些诗性想象的感触，几乎不可能进入人们的内心。一个拘谨的理性主义者将徒然地叩击着缠满神秘玫瑰花环的仙界之门，这里的门房是不会给葛揾硬先生开门的。"

## 四、精神人类学：弗雷泽的问题何在？

弗雷泽的时代，是一个求同存异的时代。无论是所谓文化影响研究还是文化独立起源说，都在寻求文化相通之根源。如果考虑到19世纪之前各民族、国家之间的根本隔阂、互不理解以及由此造成的我族中心主义的强大思维惯性，我们就不难理解后启蒙时代的欧洲学术的求同诉求，也不难体会这种求同诉求对首先破除欧洲中心主义的思维定式起到的巨大作用。

1921年11月4日，在《精神人类学的范围和方法》[①]这篇重要演讲中，弗雷泽集中阐述了他对人类学的构想。他认为，人类学迟至19世纪中叶才诞生，而对野蛮社会的研究，正是这门关于人的科学的组成部分。由于劳动分工，我们已无法具有亚里士多德或培根那样的整体知识视野，所以，每个研究者只能把自己的研究限定在一小块领域。人类学分为体质人类学和社会人类学，弗雷泽把后者称为心理人类学或精神人类学（mental anthropology）。顾名思义，精神人类学研究人的精神或心理，但是，有些古已有之的学科，如心理学、逻辑学、伦理学和哲学，早就在研究人的精神或心理，精神人类学还有什么存在的地位和必要呢？弗雷泽认为，既然在进化论的推动下产生了比较解剖学，并由此证明动物结构的比较可以相互印证和发明，那么，这同样可以开启以往哲学留下的一个新的研究领域——即人类的精神或心理进化历程的比较研究。因为正如人类的身体一样，人类的精神或心理也经历了类似的或平行的从低到高的进化过程。但是，我们不能把现存的人类种族都编入一个累进的序列之中，认为低级的就必然发展为高级的，因为我们不知道人类是否具有共同的祖先或血统，我们没有准确的标准来评判某个种族所达到的进化程度。因此，人类学家只能在

_____

① Sir James George Frazer, "The Scope and Method of Mental Anthropology," in *Garnered Sheaves: Essays, Addresses, and Reviews,* pp. 234-251, London: Macmillan and Co., Limited, 1931.

相对意义上使用"原始"这样的形容词，把不太先进的种族与比较先进的种族区分开来。由此看来，精神人类学的核心问题就是研究人类的心理和精神的起源。在所谓文明民族中，这种起源已不可复得，但"礼失求诸野"，弗雷泽认为，我们只能通过研究未开化的种族、研究儿童、研究精神或心理病理学来进行这样的溯源研究。他采取的是第一种途径。在他看来，所谓未开化的种族，就是不会文字技术（ignorant of the art of writing）的种族，因为文字技术是文明的试金石。既然这些种族没有文字，要了解他们，首先且主要得靠在亲自观察的基础上对他们做出的全面、忠实而精确的记录。这种记录最好出自那些常年生活在他们中间、会当地语言并赢得他们信任的人之手，因为他们愿意向他敞开心扉、吐露心迹。这些人首先是各国的传教士，他们的神学信念不允许他们玷污或歪曲对土著信仰和习俗的描述；其次是派往各地的政府官员，但他们经常流动，不容易掌握当地语言，也不容易取得信任；第三是旅行家和探险家，但他们的走马观花容易流于肤浅，往往不值得信赖，科学价值较小；第四是训练有素的人类学家，尽管他们在当地的时间可能相对不长，甚至来不及学习当地语言，但由于有科学的研究方法，他们常常能够提供重要的信息和最重要的知识。

有了这些大量的准确信息之后，就要用归纳法来比较和分析这些基于亲自观察得来的信息，看看是否能够从中推出普遍的结论。但是，弗雷泽认为，田野中的观察者从来都不该进行这种比较，因为与其他民族，尤其是与犹太人，其次是与希腊人、罗马人的比较，会极大地损害对某个特定民族的观察的价值，蛮族的每一个观察者都应该像地球上根本不存在别的民族那样来准确地描述这个蛮族，也就是把它当做独一无二的"这一个"民族来描述，比较不是他作为观察者的分内之事。如果他想与其他民族进行比较，他当然完全有这个自由，但他应该把这种比较与他的观察严格区分开来。把二者混为一谈，即使不是绝对致命的，也至少会对两者的功用大有妨碍。除了比较与观察不能同时进行之外，弗雷泽还提出了一个重要步骤，即比较方法不必立即使用，可以留待将来。因为一般而言，田野中的人类学观察者只注意田野的局部，看不见更大范围内的材料之间的相似之处，所以，比较的工作不一定要由观察事实的同一个人来做，最好由别人来做。因为这需要不同能力的训练，而敏锐的观察者常常不具备这些能力。好的观察者不一定是好的理论家，好的理论家也可能是非常糟糕的观察者。因此，精神人类学的推进，需要研究者与观察者的通力合作。

弗雷泽的这些观点可谓合情合理。他的求同存异并没有错，经验内容之同，永远是或然的，这一点，弗雷泽比任何人都清楚。只是他没有进一步看到，在他寻求的不同文化之"同"中，不仅有他通过归纳法看到的内容之同，也应该有他没意识到或没强调出来的先验形式之同，而这种先验形式之同不能通过归纳法得到，只能通过演绎法推导出来。文化之同是人类学研究的前提，只有在"同"的前提下才能谈"异"和所谓多样性。

弗雷泽当然有实证主义的倾向，他总是以"事实（facts）的仆人"自居，认为他的一切理论观点都是临时的假说。"只有不断地检验假说，剔除错误，才能最终推导出真理。归根结底，我们所谓的真理，也不过是最有成效的假说而已。因此，在评论较不开化的时代和种族的观点和习俗时，我们最好宽容一些，把他们的错误看成是求真理过程中不可避免的失误，把将来某一天我们自己也需要的那种宽容给予他们：cum excusatione veteres audiendi sunt①"。②1900 年 9 月 18 日，弗雷泽在《金枝》第二版前言中写道："与此同时，我当然一如既往地感觉到在推进本书研究进程时有许多假设的性质。我一贯的希望和意图是，在我的事实与我试图用来综合事实的假设之间，画一道尽可能分明的界线。假设是必要的，但通常也是为了联系各种孤立的事实而临时搭建的桥梁。如果我的轻便的桥梁早晚坍塌了或者被更坚实的构造取代了，但我希望，我的书作为事实的库存仍有其用处和影响。"③后来，他又指出，由于古代神话的整体结构对现代思维方式来说过于陌生，而且研究者得到的材料又不完整，甚至相互矛盾，因而在把它们拼合起来加以解释时，很难得出让别人甚或自己满意的结论。因此，在这个领域，正如在其他研究领域一样，理论的宿命就像儿童的沙画一样，会被不断上涨的知识大潮冲走。弗雷泽自然不敢奢望自己能够成为例外。"因为我相信，理论是暂时的，而事实的记录则有永久的价值。即使我的理论像这些习俗和信仰本身那样应遭淘汰，但我的书作为古代习俗和信仰的记载，仍有其效用。"④但是，什么是事实？事实是铁板一块、不可更改或不以人的意志为转移的

---

① 拉丁语，意思是：it is with good reason, then, that old people must be heard（必须倾听古人的声音，这有正当的理由）。《金枝》汉译本漏译了这句话，现根据原文补上。

② [英] J. G. 弗雷泽：《金枝：巫术与宗教之研究》，徐育新、汪培基、张泽石译，汪培基校，中国民间文艺出版社 1987 年版，第 390 页。引文据英文本（Sir James George Frazer, *The Golden Bough: A Study in Magic and Religion*, pp. 261-262, Abridged Edition, London: Papermac, 1995）有所改动。

③ Sir James George Frazer, *The Golden Bough: A Study in Magic and Religion*, Part 1: "The Magic Art and the Evolution of Kings," Vol. 1, pp. xix-xx, London: Macmillan & Co., LTD, 1955.

④ Sir James George Frazer, *The Golden Bough: A Study in Magic and Religion*, Part VII: "Balder the Beautiful: The Fire-festivals of Europe and the Doctrine of the External Soul," Vol. 1, Preface, p. xi, London: Macmillan & Co., LTD, 1955.

东西，还是人的主观选择的产物？有没有客观的、对每个人都有效的事实？弗雷泽主要从实证和因果关系上考虑他的事实与理论之间的关系，他大概没有意识到（果真如此的话，那正是他作为一个大学者的可悲之处），他皓首穷经地成就的，并不仅仅是用尽可能多的材料来证明自己的观点，同时也是要通过扩大研究的视阈来增加解释的有效性。

我们今天也许不会像弗雷泽那样回答甚至解决他提出的问题，但他提出的问题却值得我们用新的方式予以回答，他的这本书非常值得我们寻味和思索的地方之一也恰恰在于此。这大概就是人文科学的名著之所以能够"出名"的一个原因吧。

弗雷泽死后，几乎经历了许多名人共同遭遇的所谓毁誉参半的命运。批评者认为他早已过时和落伍[①]，但后现代人类学尤其是文学人类学又打出回归弗雷泽的旗号，并从他的文字中找到新的灵感源和学术生长点。在世界范围内，尽管弗雷泽的比较话语形式在马林诺夫斯基之后几乎没有人类学的追随者，但它以及从中演化而来的修辞形式却对文学批评、古典文学艺术研究和神话学的研究产生了重要影响。但所有这些，其实与九泉之下的弗雷泽已经无关。

弗雷泽死后，他的好友马林诺夫斯基在悼文中写道："1941 年 5 月 7 日，詹姆斯·乔治·弗雷泽之死象征着一个时代的结束。"[②]这句话意味深长。我们可以理解为弗雷泽的离去结束了弗雷泽式的人类学（Frazerian anthropology），但我更愿把它理解为弗雷泽仿佛带走了另一些让我们怀念和向往的东西，弗雷泽成长和生活在一个可以悠闲地追求无功利的知识和学术的时代。在今天看来，弗雷泽"掉书袋式"的渊博（bookish plenitude），现在的学者很少有出其右者，在他的身上最明显地体现了人类求知的限度。或许有人说，知识的获取在质不在量，但我要说，弗雷泽的知识绝非简单的量的积累和叠加。尽管弗雷泽主要依凭的进化论在人文和社会科学领域似乎有些过时，但真正的思想无所谓新旧或是否过时，精神科学的成果尤其如此。尽管弗雷泽的价值判断标准可能不是完全没有问题，但这并不能让我们得出结论说，人类的文明或文化不存在客观的价值判断标准，就没有高下之分。

---

[①] 例如，参见 Edmund R. Leach, "Golden Bough or Gilded Twig?" in Robert A. Segal (ed.), *Anthropology, Folklore and Myth,* New York and London: Garland Publishing, Inc., 1996；Marty Roth, "Sir James Frazer's The Golden Bough: A Reading Lesson," in Marc Manganaro (ed.), *Modernist Anthropology: From Field to Text,* Princeton University Press, 1990.

[②] Bronislaw Malinowski, "Sir James George Frazer: A Biographical Appreciation," in *A Scientific Theory of Culture and other Essays,* p. 179, New York: Oxford University Press, 1960.

在我看来，文化相对主义大潮影响下的当代人类学，不免有些"数典忘祖"。如果没有弗雷泽，欧洲人对异族的了解可能要少得多，人类学的产生也可能要晚得多。当代人类学只是回避了起源问题或者转移了视线，它不再提出弗雷泽式的问题，当然也不可能比弗雷泽更好地回答这些问题。

我无意指责后弗雷泽时代的人类学局限于小村落、小社区的研究趋势，但不可否认的是，当代人类学已经变得日益琐碎和小家子气，失去了人类学产生之初或弗雷泽时代的宏伟抱负。后世人类学家对弗雷泽的指责也不免苛刻、无理或不得要领，比如，有人指责弗雷泽这样一位书斋学者缺乏田野经验，这无异于我们反过来指责所有的田野人类学家肯定没有弗雷泽读书多，因而不够"书斋"。田野是什么？田野能够带来先天的优势吗？田野的所谓亲身经历，就足以表明眼见为实吗？眼见真的为实吗？如果没有好的案头功夫和同感（sympathy）能力，我们在田野中又能看见什么？所谓田野，只是人类学的手段，而不是目的，进一步说，即便是它的主要手段，也不是它的唯一手段。换言之，人类学的目的在于达成对异民族或异文化的理解，但这种理解不一定非要通过所谓的田野。姑且不说把他人或他者作为"田野"（对象化）的怪异之处和致命局限，只消看一看当代人类学家吉尔兹对人类学家"在那里"和"在这里"的反思[1]，我们就不难明白：对人类学研究而言，田野是实地的文本，而文本正是纸上的田野。所谓"读万卷书，行万里路"，实际上在精神上应该是统一的。弗雷泽已经告诉我们，即使这种统一在学者个人身上难以实现，却可以通过不同学者的合作来实现。进而言之，人类学的研究并非单纯描述事件过程，还必须理解人类实践的动机、情感、功能和意义。弗雷泽在评价马林诺夫斯基《西太平洋的航海者》一书时说，马林诺夫斯基没把自己局限于单纯描述交换的过程，而是洞察了交换背后的动机和情感。动机和情感的分析在逻辑上与行为的描述不可分，而且，如果不了解行为者的思想和情感，这种行为对观察者就没有意义，也就是说，没有心理学的帮助，社会学和人类学就无法完成它们的任务。[2]这也就意味着，人类学研究不仅是单纯的理论描述，更是对人的行为的实践认识。我们在弗雷泽的书中可以看到他对异文化和异民族的尊重、他的对话态度、他的不仅有同情而且有同感的"以意逆志"的理解能力，尽管他用了"野蛮"之类的词，但他早已说过只是在相对的、无文

---

① 参见 Clifford Geertz, *Works and Lives: The Anthropologist as Author*, Stanford University Press, 1988.

② 参见 Sir James George Frazer, *Garnered Sheaves: Essays, Addresses, and Reviews*, pp. 392-393, London: Macmillan and Co., Limited, 1931.

字的意义上使用这样的词。他非常明白自己结论的推测性质，有时甚至用了类似中文"提心吊胆"之类的修饰语来表明自己作出推论时的心情。这些都表明了弗雷泽把"他者"当做"你"（人）而不是"它"（物）的根本态度，因此，弗雷泽为人类学研究启示了一种马丁·布伯式的"我与你"研究模式，从而与一切以"我与它"为研究模式的人类学划清了界限。

再比如，有人说弗雷泽的研究忽视了不同民族、时代、文化的差异，这几乎等于什么也没说，因为弗雷泽的目的就是求同存异，他不是不承认差异，只是他的重点不在差异，而是异中之同。又比如，有人说弗雷泽很少涉及具体的社会，这也有些缘木求鱼，因为弗雷泽研究的是精神或心理，他当然有理由不关注具体社会。

今天，有谁还愿意去细心并耐心地体会弗雷泽的苦心孤诣呢？他在万卷书中所行的又何止千里万里？弗雷泽像一位孜孜不倦的导游一样，带领我们进行一场思接千载的人类学思想之旅，如今又有哪一位人类学家甚至学者能够做到？尽管可能有许多人认为他们自己根本不屑于甚至认为不值得这样去做！

我不是说不能批评弗雷泽，更不是要为他的错误或失误辩护。我们应该真正在弗雷泽的"本意"上批评弗雷泽。如果他的前提、推论步骤或论据错了，或者他歪曲了原始材料，或者他具有实证主义倾向，或他有时堆砌材料甚至有些拖泥带水，我们当然都可以批评。[①]对于研究过柏拉图的弗雷泽来说，他本人非常清楚自己的理论归纳法是一种或然推论。他没有从现象学角度思考他可能从大量的事实材料中直观到事情的本质，事实上，弗雷泽的确有这种天才的能力，他从材料中看到的本质无关乎时间和社会，尽管他本人不一定没有清晰地意识到这一点。弗雷泽曾奉劝我们以宽容的态度对待前人的错误或失误，因为有朝一日我们自己也需要后人把这种宽容给予我们。那么，为什么我们不能把宽容给予这样一位为人类的自我认识奋斗终生的伟大学者呢？据说，弗雷泽一生从许多角度讲了一个故事，而马林诺夫斯基则用一种方法或从一个角度讲了许多故事。[②]在翻译《〈旧约〉中的民间传说》时，我时常怀有愧疚之心，因为从客观

---

①哲学家维特根斯坦曾对弗雷泽的《金枝》作出批评，参见 Ludwig Wittgenstein, *Bemerkungen über Frazers Golden Bough,* herausgegeben von Rush Rhees, Brymill, 1979. 尽管我不完全同意维特根斯坦的结论，但认同他的批评方式。

②人类学家斯蒂芬·泰勒（Stephen A. Tyler）和乔治·马尔库斯（George E. Marcus）就持这种观点，参见 Marc Manganaro (ed.), *Modernist Anthropology: From Field to Text,* p. 126, Princeton University Press, 1990；玛里琳·斯特拉森认为，弗雷泽用多维的再现取代了一维的报道，参见 Marilyn Strathern, "Out of Context: The Persuasive Fictions of Anthropology," in Marc Manganaro (ed.), *Modernist Anthropology: From Field to Text,* p. 113, Princeton University Press, 1990.

上说，作为一个以读书和思考为业的人，我自觉还远没有达到弗雷泽那样的用功程度，还远没有像弗雷泽那样把一个故事讲到极致，把一件事情做到极致！因而我对自己批评甚至翻译弗雷泽的资格都产生了怀疑，至少常怀敬畏之心。

1927 年 1 月 26 日，弗雷泽在对古旧书商国际协会的演讲中曾说，书越古越好。原因很简单：适者生存的法则既适用于人，也适用于书，坏书消亡了，而好书存活了下来，因为人们不愿让它们死去。[1]同样，弗雷泽的书，今天仍然不断再版和重印，人们不愿让它们随风而逝，而是从时光中把它们打捞上来，留在历史的长河之中，这自然也说明了它们本身的价值。这种价值不是因为它们完美无缺——人的作品从来不可能完美无缺——而是因为它们是智慧和思想的结晶，是能够让我们后人继续上升和进步的阶梯。

# 五、关于《〈旧约〉中的民间传说》

人类学家利奇（Edmund Leach，1910—1989）把弗雷泽的著作分为六类：（1）古典著作的翻译和编辑；（2）有关灵魂的原始观念的著述；（3）有关图腾制的著述；（4）《〈旧约〉中的民间传说》；（5）《〈圣经〉之路》[2]；（6）《金枝》。[3]可见，在弗雷泽的整个著述中，《〈旧约〉中的民间传说》占有比较重要的地位。

这本书的原名为 Folk-lore in the Old Testament: Studies in Comparative Religion, Legend and Law，过去曾译为《〈旧约〉中的民俗》，当然不错，但弗雷泽距汤姆斯（William John Thoms，1803—1885）生造 "folk-lore" 一词的 1846 年仍不算太远，而且他仍像汤姆斯那样在 "folk" 和 "lore" 之间加了一个连接符，因而似乎更加突出了 "lore" 的意思。据《牛津高阶英汉双解词典》的解释，"lore" 这个词的意思是：knowledge and information related to a particular subject, especially when this is not written down; the stories and traditions of a particular group of people，即："（尤指口头流传的）某一方面的学问；（某一群体

---

① 参见 Sir James George Frazer, "Address to the International Association of Antiquarian Booksellers," in *Garnered Sheaves: Essays, Addresses, and Reviews,* p. 129, London: Macmillan and Co., Limited, 1931.

② Sir James George Frazer, *Passages of the Bible: Chosen for Their Literary Beauty and Interest,* London: A. & C. Black, Ltd., 1895.

③ 参见 Marvin Harris, *The Rise of Anthropological Theory: A History of Theories of Culture,* p. 204, Thomas Y. Crowell Company, Inc., 1968.

的）传说、传统"。①也许在我们看来，弗雷泽在本书中涉及的有不少都属于神话，但在 19 世纪，西方学者并不轻易把"神话"这个词用于《圣经》研究。或许与这种传统有关，弗雷泽在本书中也慎言神话，他研究的恰恰是以口头形式流传又被外来或后来的文字记录下来的各种广义的传说即 traditions，其中包括我们现在说的神话、传说和故事。这一点集中体现在弗雷泽混用 tradition、legend 和 story 来称谓著名的大洪水"神话"，他明确说："我已经从另外一个方面，即从传说（tradition）的方面切入了这个主题……我尝试要做的工作，是收集和比较这些传说，然后从比较中探索出某些结论。简而言之，我对这些故事（the stories）的探讨是一种比较民间传说（comparative folk-lore）的研究。"这无异于对本书核心主旨和方法论的一种阐释。或许正因如此，前辈学者苏秉琦先生在节译本书中的洪水故事章节时曾把本书书名译为"《旧约》中的民间传说"②，《大不列颠百科全书》和《简明大不列颠百科全书》也将本书书名译为"《旧约》中的民间传说"。我们遵从这种译法，但需要说明的是，本书副题中的"Legend"一词本应译为"传说"，由于与汉语书名正题中的"传说"重复，而且弗雷泽书中确实涉及许多在今天看来属于神话的内容，同时为了与丛书名"神话学文库"相呼应，我们将此词改译为"神话"。

说起《圣经》，弗雷泽在少年时就通过父亲的教授和自己的阅读对英文钦定版了如指掌。1895 年，弗雷泽从文学审美的角度编选了《〈圣经〉之路》，该书不断再版，至少影响了后来的两代人。弗雷泽认为，除了宗教和历史的影响外，《圣经》还是一部世界的史诗，是一种高贵的文学，它蕴含着人生的爱与希望、欢乐与悲伤、罪与罚。③

然而，弗雷泽并不满足于"隔靴搔痒"。为了能够阅读希伯来语版《圣经》，他在 1904—1905 年参加了希伯来语的一个私授班，老师是钦定希伯来语教授罗伯特·肯尼特（Revd Robert H. Kennett），参加的其他学生都是后来赫赫有名的人物，如赫丽生（Jane Ellen Harrison，1850—1928）、康福德（Francis Macdonald Cornford，1874—1943）和库克（Arthur Bernard Cook，1868—1952）。弗雷泽的

---

① 参见《牛津高阶英汉双解词典》，第 6 版，大字本，商务印书馆、牛津大学出版社 2005 年版，第 1037 页。

② 参见苏秉琦译《洪水故事的起源》，见徐旭生《中国古史的传说时代（增订本）》，附录一，科学出版社 1960 年版，第 261 页。

③ 参见 Sir James George Frazer, "William Cowper: An Appreciation," in *The Gorgon's Head and other Literary Pieces,* pp. 448-449, London: Macmillan & Co., Limited, 1927.

同学们很快都打了退堂鼓，但他坚持了下来。阅读希伯来语版的《圣经》很快就成了他的一般消遣。

1907 年，为了纪念著名人类学家泰勒的生日，弗雷泽写了一篇长文，题为"《旧约》中的民间传说"，发表在托马斯主编的文集中①。这篇文章就是后来《〈旧约〉中的民间传说》一书的萌芽。不过，1918 年出版的三卷本，是弗雷泽近十五年沉浸于希伯来语言和思想的一个结晶。

《金枝》展露出来的才华，同样表现在《〈旧约〉中的民间传说》里。但除此之外，《〈旧约〉中的民间传说》还显示了弗雷泽在《金枝》中没来得及施展的才华，即刻画人物性格的出色才能。他对雅各、参孙和大利拉的描写可圈可点，入木三分，让这些《圣经》人物仿佛戏剧角色一般，如在眼前。在有些人类学家看来，这种文学手法似乎有违学术写作的常规，但我认为，这恰恰体现了弗雷泽对人生戏剧的高度关注。他从柏拉图那里学会了对人类生活的戏剧性因素的同情式理解和悲天悯人式的关注。在他看来，《旧约》就是人生悲喜剧的一个缩影，而他的《〈旧约〉中的民间传说》同样不能少了这样的成分。阅读这本老书，我非但没有恍若隔世的感觉，倒是时时感觉与弗雷泽的心心相印和思虑相通。弗雷泽像一位思想的导游，带领我们穿越时空，让我们身临其境地体会历历在目的历史情境和活灵活现的人物心理。在有些地方，哪怕是人物性格和环境细节的描写，都不仅体现出弗雷泽出色的想象力，更表现出他的典雅而流畅的文风。在汉译文中，我们也注意保留并再现原文的"文气"，在尊重原意的前提下，让弗雷泽说汉语。

与弗雷泽的其他书一样，《〈旧约〉中的民间传说》同样印证了他对文明甚至人性之荒诞性的看法，即我们所谓的文明，我们的人性现在达到的理性高度，不过是一层薄薄的"糖衣"，在此之前或之下，是漫长而深厚的"苦果"层——那就是野蛮或不开化，希伯来人的历史也不例外。《〈旧约〉中的民间传说》就是要证明，《旧约》中的律法和习俗有更深厚、更久远的传说渊源。只有立足跨文化比较的广阔视野，才能阐明这种在历史上多已湮没无闻的古俗和神话观念。

另外，弗雷泽的父亲曾希望他从事法律工作。在大学里，弗雷泽的法律学得相当不错，他取得过律师资格，1881 年，他获准成为著名的伦敦法学协会之一——中殿律师学院（the Middle Temple）的律师。尽管弗雷泽并没有从事法律职

---

① 参见 N. W. Thomas (ed.), *Anthropological Essays Presented to Edward Burnett Tylor*, p. 101-174, Oxford University Press, 1907.

业，但良好的法学训练对他遴选和甄别研究材料的论证价值和逻辑力度无疑有相当大的助益。这一点，在他写作《〈旧约〉中的民间传说》一书的各个章节尤其是"律法"部分时，都有出色的集中体现。

事实证明，弗雷泽的这本书不仅赢得了神学界和学术界的好评，也受到了普通读者的欢迎，尽管精装三卷本定价不菲，但 8 个月就卖出了 6500 套。该书1923 年出版的删节一卷本可与《金枝》的删节一卷本并称为弗雷泽的学术"双峰"，这两本书对他的世界知名度和国际影响力贡献尤著。

## 六、关于本书的翻译

1992 年底，叶舒宪老师在《诗经的文化阐释》一书的《后记》中不无遗憾和伤感地写道：1983 年，他在北师大进修时，从北京图书馆借得盖有"巴金赠书"图章的《〈旧约〉中的民间传说》，可惜当时全部复印的这本又黄又脆的英文书在回校装订时遗失了。叶老师岂能料到，当时在上研究生的我，有一次去母校印刷厂复印资料，偶尔在几本无人认领的书中发现了这本书，我记得当时大概花了 3 元钱，买下这个精装的复印本，如获至宝。1994 年，我读到叶老师的《后记》，没想到这本书的原主人就是他——真是一本书有一本书的命运！这本书遗落到学生手中，似乎还算不幸之幸。更让我始料未及的是，事隔多年之后，叶老师又邀我与他一起翻译弗雷泽的这本名著。这是叶老师与我合作翻译的第二本书，它不仅让我感到了师生的情谊和缘分，也让我回想起上个世纪 80年代跟随叶老师学习翻译的情景。记得当时翻译列维－斯特劳斯的一篇文章，有几句关于孕童仪式的话[①]，我译错了，被叶老师校了出来，他的一句话，让我一直记忆犹新："不要自己砸自己的锅。"是啊，要真正做到这一点，谈何容易！从那时到现在，我陆续做的翻译也不算少，但惭愧的是，直到近些年才对翻译的难度和重要性有了切身的体会和敬畏。

我从《金枝》中译本《序言》里得知，1965 年，曾在中国社会科学院文学所工作过的徐育新先生以抱病之身翻译了《金枝》，后来由汪培基、张泽石补译了遗失和漏译的部分。所以，当我数年后坐在文学所里翻译弗雷泽的这本书时，

---

① 参见［法］列维－斯特劳斯：《结构与辩证法》，见叶舒宪编选《结构主义神话学》，陕西师范大学出版社 1988 年版，第 57 页。

仿佛感到了弗雷泽与文学所的另一种缘分，同时也意识到传递学术薪火的一份责任。

本书译文完成于2004年，但因出版社等诸多因素，迟迟未能出版。在此期间，叶舒宪老师的一部分译文已在杂志上发表，童炜钢先生的译本也先于我们而问世。我们之所以还要出版我们的译著，在我看来，至少有如下几个原因：

第一，名著有几个译本是很正常甚至很必要的事情。弗雷泽的用语典雅而又古色古香，用汉语准确而又流畅地传达出来，并非易事。为了减少我们的遗憾，在本书出版之前，我对我们的译文作了校订和修改，并对人名、地名和民族名称等做了统一。在此过程中，我参照了童炜钢先生的译本，改正了我们的一些误译和不够贴切的表达方式。当然，有些地方，我们译对了而童先生译错了或译得不够准确，则仍保留我们的译法。在此，谨向童炜钢先生致谢！

第二，我们对原书的目录、正文和作者原注未作任何删节。具体分工是：叶舒宪译第一部第一至五章，第二部第一至三章；户晓辉译两篇作者序言，第二部第四至八章，第三部第一至九章，第四部第一至五章。

第三，我们增加了大量译注，使本译本具有英文版不具备的学术价值。《〈旧约〉中的民间传说》一卷本原书只有很少几个文字辨析性的注释，文献出处一律省略未注，叶老师建议我加以增补。本来，国家图书馆藏有原书三卷本，可惜因为装修，查阅殊为不便。所幸，我在清华大学图书馆查得三卷本，叶老师手头又有西奥多·加斯特的《〈旧约〉中的神话、传说和习俗：与弗雷泽〈旧约中的民间传说〉各章的比较研究》（Theodor H. Gaster, *Myth, Legend, and Custom in the Old Testament: A comparative study with chapters from Sir James G. Frazer's Folklore in the Old Testament,* Harper & Row, Publishers, New York and Evanston, 1969）一书。因此，除了对地名、人名和相关知识的注释之外，我还增补并翻译了相关的文献注释，均标明为"译注"。

应该说明的是，书中的人名、地名、民族名称等一般均按通行译法译出，主要依据的工具书有：

新华通讯社译名室主编《世界人名翻译大辞典（修订版）》，上、下册，北京：中国对外翻译出版公司，2007；

新华通讯社译名资料组编《英语姓名译名手册（第二次修订本）》，北京：商务印书馆，1985；

新华通讯社译名室编《德语姓名译名手册（修订本）》，北京：商务印书馆，

1999；

李毅夫、王恩庆主编《世界民族译名手册》，北京：商务印书馆，1982；

[苏联] M·H·鲍特文尼克等编著《神话词典》，黄鸿森、温乃铮译，北京：商务印书馆，1985；

萧德荣、周定国主编《21世纪世界地名录》，上、中、下册，北京：现代出版社，2001；

中国地名委员会编《外国地名译名手册》，中型本，北京：商务印书馆，1993；

中国地名委员会编《联邦德国地名译名手册》，北京：商务印书馆，1988。

本书最终在叶老师和我的母校出版社出版，再续了书与人的情缘。另外，刘魁立先生不仅关心本译本的出版，还把手头的一本英文新版书惠借予我们，在此，也向他表示感谢！

户晓辉

2004年11月18日初稿

2012年8月16日改定